Dr. Elke-H. Schmidt
Dr. Jan Glockauer
Henry Chr. Osenger

Zusammengestellt von Elke-H. Schmidt

# Der Technische Betriebswirt

Lehrbuch zur Weiterbildung
Technische Betriebswirtin
Technischer Betriebswirt

## Material-, Produktions- und Absatzwirtschaft

14. Auflage

Zur Sparte »Technischer Betriebswirt« im FELDHAUS VERLAG gehören:

»Der Technische Betriebswirt« Lehrbuch 1
»Der Technische Betriebswirt« **Lehrbuch 2**
»Der Technische Betriebswirt« Lehrbuch 3
»Der Technische Betriebswirt« Arbeitsbuch

Die Verfasser und ihre Buchabschnitte in Lehrbuch 1

| | |
|---|---|
| Jan Glockauer | 4.2.3; 4.4 |
| Henry Chr. Osenger | 4.3; 4.5 |
| Elke-H. Schmidt | 4.1; 4.2; 4.6; 4.7 |

ISBN 978-3-88264-616-0

© 2017
FELDHAUS VERLAG GmbH & Co. KG
Postfach 73 02 40
22122 Hamburg
Telefon +49 40 679430-0
Fax +49 40 67943030
post@feldhaus-verlag.de
www.feldhaus-verlag.de

Satz und Gestaltung: FELDHAUS VERLAG, Hamburg
Umschlaggestaltung: Reinhardt Kommunikation, Hamburg
Druck und Verarbeitung: WERTDRUCK, Hamburg

**Bibliografische Information der Deutschen Nationalbibliothek**
Die Deutsche Nationalbibliothek verzeichnet diese Publikation in der
Deutschen Nationalbibliografie; detaillierte bibliografische Daten
sind im Internet über http://dnb.d-nb.de abrufbar.

# Vorwort

Vor über zwanzig Jahren wurde der Weiterbildungsabschluss »Technischer Betriebswirt«[1] aus der Taufe gehoben – damals noch mit dem Zusatz »IHK« und auf Basis »Besonderer Rechtsvorschriften« einzelner Kammern. Ende der neunziger Jahre wurden einheitliche Prüfungen eingeführt und in 2004 trat eine bundesweite Rechtsverordnung in Kraft.

Unsere drei Lehrbücher orientieren sich an den Strukturen von Rechtsverordnung und Rahmenplan des Deutschen Industrie- und Handelskammertages (DIHK); nur in wenigen Fällen sind die Autoren aus didaktischen Gründen davon abgewichen oder haben durch zusätzliche Themen die Stoffsammlung ergänzt.

Mehr denn je verbindet der Technische Betriebswirt in idealer Weise die bei dieser Zielgruppe vorhandene technische Vorbildung mit fundiertem betriebswirtschaftlichem Wissen, das zur Übernahme von Führungsaufgaben besonders an den Schnittstellen von technischen zu kaufmännischen Bereichen befähigt. Weit über 25.000 Menschen haben sich der Prüfung bereits erfolgreich unterzogen, was man als eindrucksvollen Beweis für den Stellenwert dieser Weiterbildung werten kann.

Die Autoren der – sorgfältig koordinierten[2] – Lehrbuchbeiträge sind sowohl durch ihre Unterrichtserfahrung in der Erwachsenenbildung als auch durch ihre tägliche berufliche Praxis ausgewiesen. Das Ergebnis ihrer Zusammenarbeit ist ein Lehrwerk, das sich besonders für den unterrichtsbegleitenden Einsatz eignet: Es behandelt den gesamten prüfungsrelevanten Stoff in der von der DIHK-Lernzieltaxonomie jeweils geforderten Intensität.

Die vierzehnte Auflage wurde gründlich durchgesehen und überarbeitet.

Autoren, Koordinatorin und Verlag wünschen Ihnen viel Erfolg beim beruflichen Aufstieg mit diesem Lehrwerk!

Hamburg, Juni 2017

---

[1] Mit der männlichen Form sind selbstverständlich stets auch die Betriebswirtinnen angesprochen – wie bei allen anderen Berufsbezeichnungen oder Funktionsträgern in diesem Buch ebenfalls.
[2] Kritik und Anregungen sind willkommen und können auch direkt an die Koordinatorin des Autorenteams gerichtet werden: mail@elkeschmidt.de

# Inhaltsverzeichnis

# A Grundlagen wirtschaftlichen Handelns und betrieblicher Leistungsprozess

Der Technische Betriebswirt Lehrbuch 2 © FELDHAUS VERLAG, Hamburg

## Literaturverzeichnis

## Stichwortverzeichnis

Inhaltsübersichten zu den Lehrbüchern 1 und 3 befinden sich am Ende dieses Buches.

Der Technische Betriebswirt Lehrbuch 2 © FELDHAUS VERLAG, Hamburg

# 4  Material-, Produktions- und Absatzwirtschaft

Die Tätigkeit eines Industrieunternehmens teilt sich in drei Funktionsbereiche: die Beschaffung, die Produktion und den Absatz.

Material-, Produktions- und Absatzwirtschaft hängen in einer »logistischen Kette« zusammen, die vom Lieferanten über die Produktion bis zum Kunden reicht. Die Zusammenhänge und Abhängigkeiten zwischen den einzelnen Kettengliedern und die Wechselwirkung unternehmerischer Entscheidungen auf vor- oder nachgelagerte »Stationen« transparent zu machen, ist Ziel dieses Kapitels.

## 4.1  Marktgegebenheiten, Unternehmenspositionierung und Marketingaktivitäten

### 4.1.1  Marktgegebenheiten in Absatz- und Beschaffungsmärkten

Jedes Unternehmen bewegt sich gleichzeitig auf verschiedenen Märkten, nämlich auf dem Beschaffungs(güter)markt, dem Absatzmarkt, dem Kapitalmarkt und dem Arbeitsmarkt, wobei es »den« Markt jeweils nicht gibt: Lokale und regionale Unterschiede, nationale Besonderheiten und die zunehmend globale Sicht haben die Unterscheidung in entsprechende Märkte zur Folge.

In den folgenden Abschnitten stehen die Märkte für Güter und Dienstleistungen im Vordergrund. Dabei werden zunächst allgemein gültige Zusammenhänge betrachtet, die (noch) nicht nach einer Differenzierung nach Beschaffungs- und Absatzmärkten verlangen.

#### 4.1.1.1  Marktstrukturen

Die Struktur eines Marktes wird durch eine Reihe von Faktoren bestimmt, deren wichtigste die folgenden sind:

– Die Zahl und Art der **Marktteilnehmer** (Anbieter und Nachfrager), deren jeweilige Marktanteile sowie die auf dem Markt vertretenen Unternehmenstypen bestimmen über die Höhe der Marktzutrittsschranken für neue Marktteilnehmer und die Möglichkeit des einzelnen Marktteilnehmers, auf die Verhältnisse auf dem betreffenden Markt Einfluss nehmen zu können (vgl. »Marktformen«, Abschn. 1.3).

– Der Grad der **Marktsegmentierung,** d. h. die Aufteilung des Marktes auf an bestimmten Zielgruppen orientierte Teilmärkte, bestimmt maßgeblich über die Art und Gestalt der Produkte und den Diversifizierungsgrad, aber auch über die Art der Kundenansprache. Auf Marktsegmentierung wird im Folgenden noch näher eingegangen werden.

– Die **Art der Produkte** wiederum, insbesondere deren Homo- bzw. Heterogenität, Diversifikationsgrad, Haltbarkeit und Wertigkeit bestimmt maßgeblich über die Art des Güterumschlags und damit auch über die Transparenz des Marktes.

*Beispiele:*

*Homogene/fungible (= vertretbare) Güter können an Börsen gehandelt werden, die eine hohe Markttransparenz hinsichtlich angebotener und nachgefragter Menge, Preise und sonstiger Konditionen bieten.*

*Güter, die nicht von raschem Verderb bedroht sind, können ortsunabhängig angeboten und nachgefragt werden. Für wertvollere Güter werden eher Preis- und Konditionenvergleiche sowie Überlegungen hinsichtlich der Beschaffungsstrategie angestellt als für geringwertige Güter.*

– Die Fähigkeit des Marktes zur **Anpassung** an veränderte Umweltbedingungen hängt maßgeblich von der Art der Produkte und den mit ihnen verbundenen Anforderungen an die Produktion ab: Sachanlagenintensive Produktionen können weniger rasch und nur unter Inkaufnahme erheblicher Kosten auf veränderte Nachfragegepflogenheiten reagieren als Unternehmen mit geringer Anlagenbindung.

– Die **Marktphase**, d. h. die Lebenszyklusphase, in der sich das auf dem betreffenden Markt angebotenen Produkt gerade befindet, hat entscheidenden Einfluss z. B. auf die Gewinnmöglichkeiten, die Wettbewerbssituation, die Notwendigkeit bestimmter Maßnahmen (z. B. Werbung, Produktforschung, preispolitische Maßnahmen) und die Zukunftsperspektiven.

– Die **Konjunktur** kann für verschiedenen Märkte unterschiedlich geprägt sein: Bestimmte Ereignisse und Entwicklungen können einzelne Märkte oder Marktsegmente in stärkerem Maße als die Gesamtwirtschaft betreffen.

*Beispiel:*

*Die Terroranschläge vom 11. September 2001 hatten unterschiedliche Auswirkungen auf die Reisebranche: Dem gravierenden Einbruch bei Auslands-, insbesondere Flug- und Überseereisen stand ein Zuwachs des inländischen Tourismus gegenüber.*

## 4.1.1.1.1   Marktsegmentierung

Mit der Überwindung der Mangelwirtschaft nach dem Zweiten Weltkrieg, dem seit Mitte des zwanzigsten Jahrhunderts wachsenden Wohlstand der breiten Bevölkerung und der Ausweitung der technologischen Möglichkeiten zur Massenproduktion wandelten sich die Endverbrauchermärkte in der Bundesrepublik Deutschland von verkäuferdominierten Märkten zu so genannten **Käufermärkten.** Käufermärkte sind gekennzeichnet durch verschärften Wettbewerb, die Notwendigkeit der aktiven Kundengewinnung und die strikte Ausrichtung des Leistungsangebots der Unternehmen an den Wünschen und Ansprüchen der potenziellen Konsumenten. Konsequenz aus der Notwendigkeit der Kundenorientierung ist die Konzentration auf bestimmte **Marktsegmente,** d. h. Gruppen von Zielpersonen, die anhand demografischer, soziografischer, psychografischer und ggf. weiterer Merkmale (vgl. Abschn. 4.1.3.5.1) definiert, differenziert und mit speziell auf sie zugeschnittenen Angeboten umworben werden.

Hauptzwecke der Segmentierung sind u. a.

– die erleichterte Identifikation und Bedienung von **Marktlücken** und besonderen Bedürfnislagen. Ohne Segmentierung bestünde die Gefahr, dass sich das Angebot auf die Befriedigung der Bedürfnisse der »Mehrheit« beschränkt und sich damit auf den Bereich konzentriert, in dem der Wettbewerb naturgemäß am stärksten ist;

– die Verbesserung des zielgerichteten Einsatzes des **Marketing-Instrumentariums** (vgl. Abschn. 4.1.3.8);

– die Präzisierung von **Marketingzielen** und Zielerreichungsindikatoren;

– Verstärkung der **Kundenbindung.**

Voraussetzung jeder Marktaufteilung ist die Analyse der Zielgruppen, Konkurrenten und Markttrends im Rahmen einer systematischen **Marktforschung** (vgl. Abschn. 4.1.3.5). Diese ist unerlässlich, weil mit zunehmender Segmentierung Kostensteigerungen (z. B. durch höhere Variantenvielfalt = kleinere Serien, diffizilere Lagerhaltung, differenzierte Werbeansprache) und eine gestiegene **Abhängigkeit** von bestimmten, kleineren Abnehmergruppen einhergehen.

Der Segmentierungsprozess wird sich im Allgemeinen mehrstufig – von einer ersten Grobsegmentierung zu einer immer differenzierteren Feinsegmentierung – vollziehen. Anschließend ist zu entscheiden, ob

– der Markt vollständig bedient, aber eingedenk der Erkenntnisse über die unterschiedlichen Zielgruppen differenziert bearbeitet werden soll oder

– nur einzelne, im Zuge des Segmentierungsprozesses identifizierte Marktsegmente differenziert bearbeitet werden sollen.

### 4.1.1.1.1.1 Zielgruppenanalyse

Die Zielgruppenanalyse zielt darauf ab, solche Gruppen potenzieller Käufer zu identifizieren und gegeneinander abzugrenzen, für die es Sinn macht, ihnen speziell auf sie angepasste Produkte anzubieten. Diese Zielgruppen müssen sich auszeichnen durch

– **interne Homogenität,** d. h. die für die Kaufentscheidung relevanten Merkmale müssen innerhalb der Zielgruppe möglichst gleich ausgeprägt sein,

– **Abgrenzbarkeit** gegen andere Zielgruppen (»externe Heterogenität«),

– **Wirtschaftlichkeit:** Die gebildeten Zielgruppen müssen eine in wirtschaftlicher Hinsicht hinreichende Größe (hinsichtlich ihres Marktanteils und/oder ihres Marktvolumens) aufweisen und in dieser Hinsicht auch zukunftssicher sein. Auch die Zahl der gebildeten Segmente ist von großer Bedeutung für die Wirtschaftlichkeit: Eine zu starke Differenzierung bedingt möglicherweise eine überproportional aufwändige **Produktdiversifikation,** eine zu geringe Differenzierung kann – je nach Wettbewerbssituation – Absatzchancen schmälern.

Die Merkmale, nach denen die Zielgruppentrennung vorgenommen wird, müssen ebenfalls bestimmte Bedingungen erfüllen, z. B.:

– **Messbarkeit** und **Eindeutigkeit:** Es muss möglich sein, unterschiedliche Ausprägungen eines Merkmals bei einzelnen Konsumenten festzustellen und danach eine trennscharfe Zuordnung vorzunehmen.

Ergänzend ist die **Operationalität** des Segmentierungsmerkmals zu berücksichtigen: Welchen Aufwand erfordert die Erhebung; welche »Halbwertzeit« haben die erhobenen Daten; welche Quellen der Informationsgewinnung stehen zur Verfügung; sind die durch Segmentierung ermittelten Zielgruppen tatsächlich durch spezielle Marketingmaßnahmen erreichbar?

*Beispiele:*

*In der Werbewirtschaft wird oft mit Altersgruppen operiert, denen bestimmte homogene »Vorlieben« unterstellt werden. Die Ausprägungen des Merkmals »Lebensalter« können durch Befragung unschwer herausgefunden werden. Anschließend können alle befragten Personen eines Alters einander zugeordnet werden.*

*Schwieriger, weil objektiv nicht auf Richtigkeit der Angaben überprüfbar und auch weniger leicht erfragbar, ist die Erhebung von/die Zuordnung nach persönlichen Werthaltungen, Meinungen und anderen subjektiven Merkmalen; zudem können sich persönliche Einstellungen verändern (wohingegen die Zugehörigkeit einer Person zu einem bestimmten Geburtsjahrgang eine Konstante darstellt).*

– **Zielführende Klassierbarkeit/Abgrenzbarkeit:** In den Fällen, in denen die Zielgruppen durch eine Klassierung (= Zusammenfassung benachbarter Werte) von Merkmalsausprägungen gebildet werden, muss darauf geachtet werden, dass durch die Klassenbildung tatsächlich intern homogene und extern heterogene Zielgruppen entstehen.

*Beispiel:*

*Die in der Werbewirtschaft beliebte Gleichsetzung von Alters- und Werbezielgruppen ist häufig nicht zielführend: So vereinigt die gern als »Kernzielgruppe der Werbewirtschaft« bezeichnete Gruppe der »14- bis 49jährigen« in vielerlei Hinsicht durchaus sehr unterschiedliche individuelle Konsumbedürfnisse in sich. Daher taugt sie in den meisten Fällen nicht als trennscharfe Zielgruppe. Eine Zielgruppenabgrenzung nach Lebensalter wird heute zunehmend als weniger sinnvoll angesehen als eine Differenzierung nach Lebensumständen und -stilen.*

– **Aussagefähigkeit/Relevanz:** Das Merkmal muss für die betreffende Problemstellung von Bedeutung sein und tatsächlich – und zwar längerfristig – etwas über das Konsumverhalten der nach diesem Merkmal gegeneinander abgegrenzten Zielgruppen aussagen.

*Die Unterscheidung von Konsumenten in »Alleinlebende«, »in Partnerbeziehung Lebende« und »Familien mit Kindern«, letztere weiter differenziert nach Zahl der Kinder, kann für ein zielgruppengerechtes Angebot von Portionsgrößen bei Fertiggerichten oder zielgerichtete Reiseangebote sinnvoll sein. Für die Vermarktung von Brillengestellen wäre sie es eher nicht.*

Bei alledem muss beachtet werden, dass der Käufer einer Leistung nicht unbedingt zugleich ihr Verwender ist, sondern häufig als »Einkäufer« für Dritte (z. B. Mütter für ihre Kinder/Familien; Angestellte für ihren Arbeitgeber) fungiert. Ergänzend sei hier auf die in Abschnitt 4.1.3.5.1 ausführlich behandelte Abgrenzung von »Käufertypen« hingewiesen.

Die Segmentierung kann **eindimensional** (an einem einzigen Merkmal orientiert) oder **mehrdimensional** (unter Berücksichtigung von Merkmalskombinationen, etwa Lebensalter kombiniert mit Bildungsabschluss, Familienstand kombiniert mit Einkommenshöhe) erfolgen, wobei der Differenzierungsgrad, aber auch der Schwierigkeitsgrad der Ermittlung mit der Anzahl der zu berücksichtigenden Merkmale ansteigen.

Bei Vorhandensein entsprechender Informationen ist es möglich, in der Zielgruppenbetrachtung so fein zu differenzieren, bis schließlich der einzelne Nachfrager als »Zielperson« verbleibt, der ein individuelles Angebot unterbreitet wird.

Als Datenbasis können Kaufhandlungen oder auch nur Interessenbekundungen der Vergangenheit dienen; elektronisch verarbeitbare Kundenkarten und der zunehmende Internethandel eröffnen hier zahlreiche Möglichkeiten.

*Beispiele:*

*Versandhäuser und Versicherungsgesellschaften schicken ihren Kunden Geburtstagsgrüße und unterbreiten »altersgerechte« Angebote.*

*Versandbuchhändler registrieren, welche Bücher von einem Kunden online angesehen wurden, und unterbreiten Hinweise auf sonstige Angebote, die ggf. von Interesse sein könnten.*

Ein solches Zielgruppenmarketing wird auch als »**Mikromarketing**« bezeichnet.

### 4.1.1.1.1.2  Methoden der Segmentierung

Die Zerlegung des Marktes in seine Segmente kann unter Einsatz statistischer Verfahren erfolgen. Beispielhaft sollen hier einige Methoden kurz vorgestellt werden. Der Einfachheit halber beschränkt sich die Darstellung jeweils auf solche (um der besseren Verdeutlichung willen stark vereinfachten) Beispiele, in denen die Segmentierung auf Basis einer geringen Zahl von Merkmalen erfolgen soll. Auf mathematische Erläuterungen wird verzichtet.

Welches Verfahren in der Praxis zum Einsatz kommt, hängt stark von der Verfügbarkeit und dem Charakter des Datenmaterials ab. Intensitätsmäßige Merkmale, die in eine Reihenfolge gebracht werden (»skaliert«) werden können, erlauben eine andere Datenverarbeitung als rein qualitative Merkmale, die nur nach »gleich« oder »verschieden«, »zutreffend« oder »nicht zutreffend« geordnet werden können. Nähere Ausführungen enthalten die Ausführungen zur Statistik in Kapitel 7.

#### Clusteranalyse

Die Clusteranalyse dient der Identifizierung von zuvor unbekannten Gruppenbeziehungen innerhalb eines Gesamtmarktes.

*Beispiel:*

*Bei einer Erhebung unter Einwohnern eines »Szene«-Stadtteils wurden die Einkommenshöhe und das Alter erhoben. Dabei fand sich der folgende Zusammenhang:*

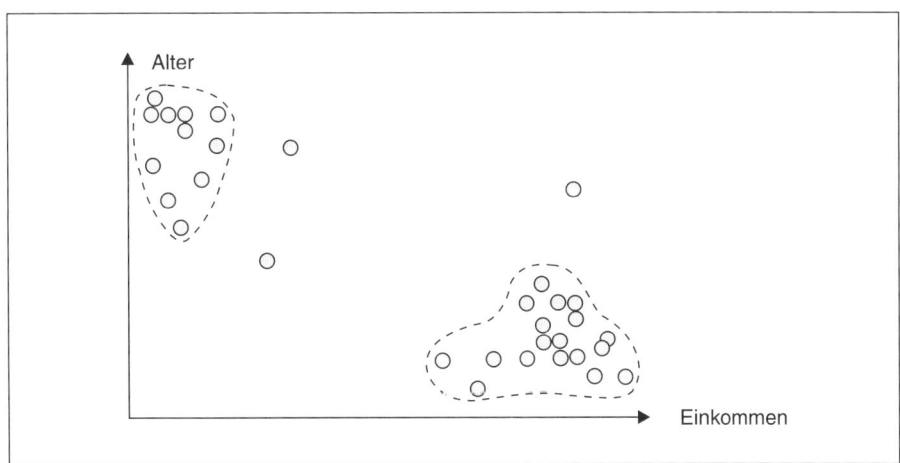

*Die Analyse ergibt eine deutliche Segmentierung in die beiden Gruppen »alte Geringverdiener« und »junge Gutverdiener«. Will man Bewohner dieses Stadtteils in einer Marketingaktion ansprechen, kann das Wissen um diese Cluster hilfreich sein.*

#### Diskriminanzanalyse

Die Diskriminanzanalyse untersucht, inwieweit Gruppen mit bekannten Ausprägungen bestimmter Merkmale durch die Betrachtung eines weiteren Merkmals getrennt werden können.

*Beispiel:*

*Von einer Personengruppe sind das Alter und die Jahrgangsstufe, in der die Schule verlassen wurde, für jedes Individuum bekannt. Aus ihrer Verteilung ergeben sich keine erkennbaren Häufungen:*

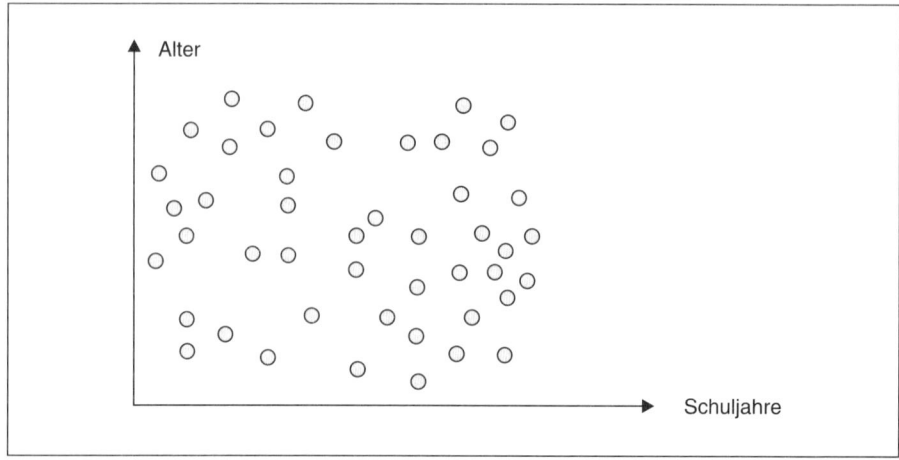

*Als weiteres Kriterium wird erhoben, ob das Individuum Raucher (schwarz eingefärbt) oder Nichtraucher (grau belassen) ist. Nun ergibt sich das folgende Bild:*

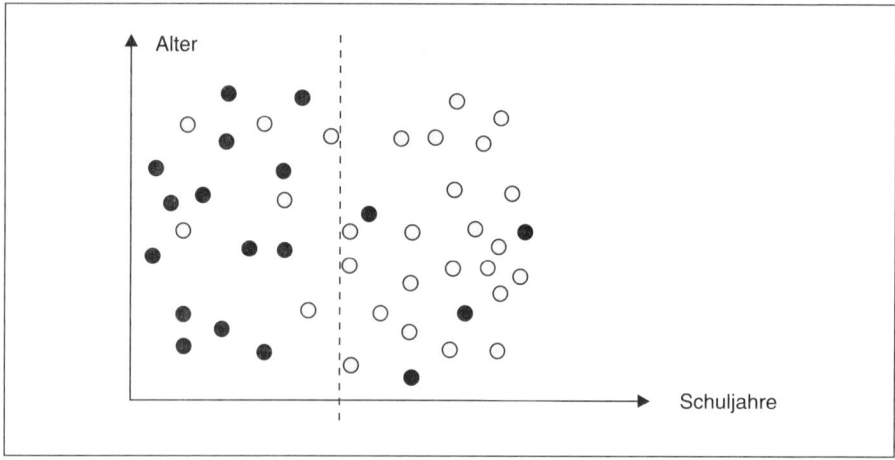

*Die Analyse ergibt einen deutlichen Zusammenhang zwischen Rauchen und geringerem Bildungsstand. Das Wissen um diesen Zusammenhang kann für die Konzipierung einer Nichtraucher-Kampagne wertvoll sein.*

## Regressionsanalyse

Die Regressionsanalyse untersucht die lineare Abhängigkeit zwischen mehreren Variablen und bezweckt die Ermöglichung von Prognosen.

*Beispiel:*
*Über Jahre wurde in einer Region der Zusammenhang zwischen dem realen Durchschnittseinkommen und der Zahl der Bauanträge für Einfamilienhäuser ermittelt. Dabei ergab sich das folgende Bild:*

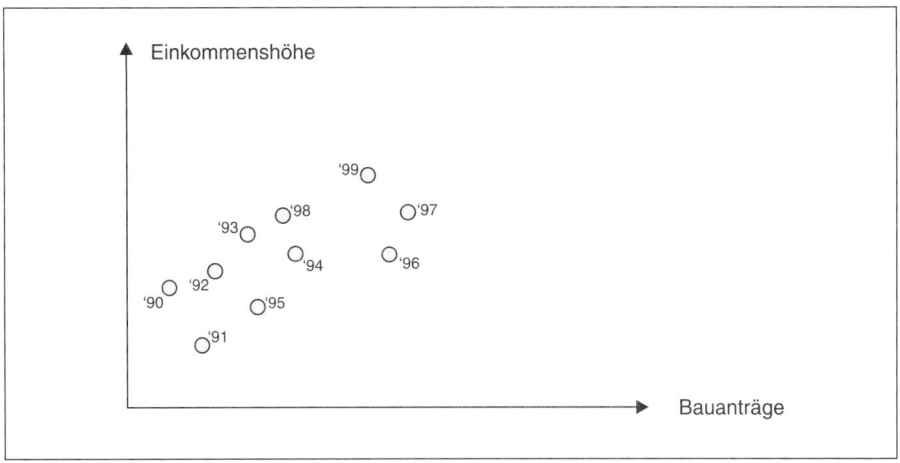

Nun wird versucht, eine »Regressionsgerade« so zwischen die mit Jahreszahlen versehenen Punkte einzubetten, dass die Summe der ins Quadrat erhobenen Abstände dieser Punkte von der Summe der durch die Gerade repräsentierten, ebenfalls quadrierten Schätzpunkte möglichst wenig abweicht.

Hierdurch ergibt sich das folgende Bild:

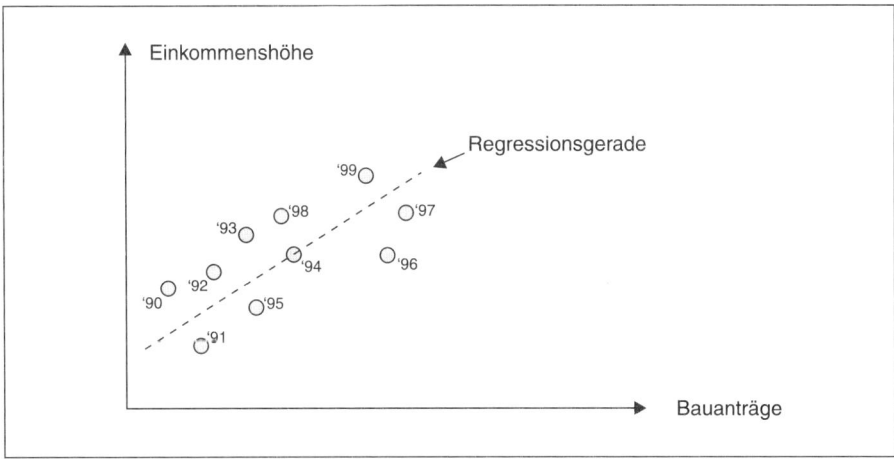

Wenn nun Daten über die Einkommensentwicklung des nächsten Jahres vorliegen, dann kann mit Hilfe der ermittelten Regressionsgerade auf die Anzahl der im nächsten Jahr eingehenden Bauanträge (und abzuschließenden Bauaufträge, Bausparverträge, Hypothekendarlehen usw.) geschlossen werden. Eine Zuordnung von Individuen zur Gruppe der Hausbauer und Nicht-Hausbauer ist allerdings nicht möglich: Das Verfahren hilft lediglich, diese Marktsegmente größenmäßig für die nähere Zukunft abzuschätzen.

Weitere Verfahren sind z. B. die Varianzanalyse und die multidimensionale Skalierung, auf die an dieser Stelle aber nicht eingegangen werden soll.

## 4.1.1.1.2 Marktteilnehmer

Die Anzahl und Art der Marktteilnehmer, ihre Marktanteile und ihr Marktpotenzial entscheiden wesentlich über Aktions- und Entscheidungsspielräume am Markt. Während die Volkswirtschaftslehre die Wirtschaftssubjekte im einfachen Wirtschaftskreislauf in Unternehmen (Anbieter von Gütern, Nachfrager nach Produktionsfaktoren Arbeit, Boden, Kapital) und private Haushalte (Nachfrager nach Gütern, Anbieter von Produktionsfaktoren) unterscheidet, beschreibt die Betriebswirtschaftslehre eine Reihe konkreter Marktteilnehmer, etwa

– auf dem Beschaffungsmarkt: Lieferanten, Arbeitskräfte, Kapitalgeber;
– auf dem Absatzmarkt: Mitbewerber, Kunden, Handel, sonstige Absatzhelfer.

An dieser Stelle soll jedoch auf eine zusammenhängende Behandlung verzichtet werden, da auf alle genannten Gruppen im jeweiligen Sachzusammenhang sehr ausführlich eingegangen wird. Im Einzelnen sei auf folgende Abschnitte verwiesen:

**Lieferanten:** Abschnitte 4.3 und 4.4

**Arbeitskräfte:** Teil B II (Lehrbuch 3), Kapitel 10 bis 15

**Kapitalgeber:** Abschnitt 3.5

**Mitbewerber:** Abschnitt 4.1.2.2

**Kunden:** vgl. die vorstehenden Ausführungen zur Marktsegmentierung in Abschnitt 4.1.1.1.1 sowie Abschnitt 4.1.3.5

**Handel:** Abschnitt 4.1.3.8.6.8

**Absatzhelfer:** Abschnitt 4.1.3.8.6.3

## 4.1.1.1.3 Marktpotenzial, Marktvolumen, Marktanteil

Im Marketing wird immer wieder mit den Begriffen »Kapazität«, »Potenzial« und »Volumen« operiert:

**Marktkapazität** ist die theoretische, die Kaufkraft jedoch nicht berücksichtigende und damit fiktive mengenmäßige Aufnahmefähigkeit des Marktes, bezogen auf eine bestimmte Produktart. Wird die Kaufkraft dagegen berücksichtigt, spricht man von **Marktpotenzial.** Die Aufnahmefähigkeit eines Marktes hängt ab von der Zahl der möglichen Nachfrager, von der Dringlichkeit und Häufigkeit ihres Bedarfs, von der Sättigung des Marktes und von den eigenen Aktivitäten bzw. dem Vorhandensein und den Aktivitäten konkurrierender Anbieter. Der Teil des Marktpotenzials, den ein Unternehmer für sein eigenes Produkt realisieren zu können glaubt, nennt man **Absatzpotenzial.**

Die realisierte (retrograd – durch Rückwärtsbetrachtung – ermittelte) oder prognostizierte (in der Vorwärtsbetrachtung für wahrscheinlich gehaltene) Absatzmenge einer Produktart in einer bestimmten Periode auf einem bestimmten (z. B. regional begrenzten) Markt ist das **Marktvolumen.** Der davon auf ein bestimmtes Unternehmen und sein bestimmtes Produkt entfallende Teil ist das **Absatzvolumen.** Aus diesem ergibt sich der **Marktanteil.**

## 4.1.1.2 Komplexität, Diskontinuität und Dynamik des Marktes

Wie die Unternehmensumwelt insgesamt, so sind auch die Märkte, auf denen das Unternehmen operiert, gekennzeichnet durch

– **Komplexität** (Vielschichtigkeit, »Kompliziertheit«, hoher Verflechtungsgrad): Zum einen ist die Unternehmenstätigkeit von mehreren Märkten beeinflusst bzw. abhängig: Neben dem Absatzmarkt und dem Beschaffungsmarkt sind dies der Arbeits- und der Kapitalmarkt. Je nach Größe und Position des eigenen Unternehmens sind die Möglichkeiten, selbst gestaltend auf den jeweiligen Markt einzuwirken, nur bedingt vorhanden oder verschwindend gering, sodass meist davon ausgegangen werden, kann, dass das Unternehmen als **Marktanpasser** handelt. Zum anderen ist kaum durchschaubar, wie ein Markt »funktioniert«: Die schiere Menge an handelnden Personen und Institutionen, an Produkten, an Bedürfnislagen, an Gesetzen, ungeschriebenen Regeln, sonstigen Umweltbedingungen usw. macht das Marktgeschehen intransparent. Gegenseitige und sonstige Abhängigkeiten und Verflechtungen von Wirtschaftselementen, aber vor allem das breite Spektrum an möglichen, oft irrationalen Reaktionen von Marktteilnehmern auf Änderungen von Marktbedingungen lassen die Zahl der Faktoren, die »den Markt« ausmachen, ins Unendliche wachsen.

– **Diskontinuität** (Ablauf mit Unterbrechungen; »Zusammenhangslosigkeit«) und **Unsicherheit:** Die Märkte verändern sich unregelmäßig. Anstelle kontinuierlicher Trends (stetiges, gleichmäßiges Wachstum) oder langfristig gültiger Konstanten (z. B. gleichbleibendes Preis-, Zins-, Beschäftigungsniveau) sind periodische (z. B. saisonale, konjunkturelle) Schwankungen und nichtperiodische Brüche, Stillstände oder Richtungswechsel (verursacht z. B. durch Technologieschübe, Katastrophen) zu beobachten. Sicher ist nur der Wandel als solcher: Zeitpunkt, Richtung und Intensität von Veränderungen entziehen sich häufig jeder Vorhersagbarkeit.

– **Dynamik** (Bewegung): Die Geschwindigkeit, mit der Produkte zur Marktreife getrieben, weniger erfolgreiche Produkte eliminiert, Anbieter den Markt betreten und wieder verlassen, vollzieht sich mit großer Geschwindigkeit. Insbesondere bei der technologischen Entwicklung ist zu beobachten, dass die Abstände zwischen den »Generationen« immer kürzer werden (kürzer werdende Innovationszyklen).

Die möglichst synchrone Anpassung **(Adaption, Adaptation)** an geänderte oder sich ändernde Marktbedingungen stellt eine dauerhafte Herausforderung für das Unternehmen dar, deren erfolgreiche Bewältigung für das Überleben am Markt unbedingte Voraussetzung ist.

**Markttrends**

Als Trend wird die Grundrichtung einer Entwicklung bezeichnet, die über einen längeren Zeitraum beobachtet und statistisch erfasst wurde. Grundrichtungen der Entwicklung auf den relevanten Märkten zu erkennen, in ihrem Ausmaß zu erfassen und in ihrer Bedeutung für die Zukunft richtig zu interpretieren, ist für Unternehmen überlebenswichtig. Zur erforderlichen Bewältigung der vorgenannten **Adaptationsproblematik** reicht es nicht aus (wie etwa noch in den fünfziger Jahren), Daten über die Vergangenheit zu sammeln und mittels simpler Extrapolation (Fortschreibung eines Trends unter der Annahme der Stetigkeit und Sicherheit) in die Zukunft fortzuschreiben **(zu prognostizieren).** Vielmehr gilt es, die Entwicklungen der verschiedensten Marktfaktoren (wie überhaupt aller Faktoren der Unternehmensumwelt, auch derjenigen, deren Markteinwirkungen nicht unmittelbar ersichtlich sind) ständig und systematisch zu beobachten und ein »Frühwarnsystem« zu installieren, das Veränderungen, die eine Gefahr darstellen, aber auch mögliche Chancen signalisiert. Diese Vorgehensweise ist jedoch nur sinnvoll in Verbindung mit einem »strategischen Management«, das nicht nur Ziele und Strategien festlegt, sondern auch die Unternehmungsstrukturen in Anpassungsüberlegungen einbezieht, diese also gleichfalls nicht als starr und unveränderlich auffasst.

Marktentwicklungen können sowohl quantitative Markt- und Umweltgrößen (z. B. Zins-, Lohn-, Preisniveau, Marktwachstum, Bevölkerungsentwicklung) als auch qualitative Tatbestände (z. B. Durchsetzung bestimmter technologischer Lösungen, Vorliebe für bestimmte Materialien, bestimmte Verhaltensweisen) betreffen. Nicht alle Märkte sind von allen Entwicklungen gleichermaßen betroffen.

*Beispiele:*

- *Der Trend zur Konsumzurückhaltung in der Bevölkerungs-Mittelschicht bedingt Umsatzrückgänge z. B. bei mittel- bis hochpreisigen Textilien und bei hochwertigen Haushaltsgeräten aus deutscher Produktion. Dagegen steigen die Umsatzzahlen bei niedrigpreisigen Textil- und Geräteimporten.*

- *Die demoskopische Entwicklung in Deutschland in Richtung eines beständig steigenden Durchschnittsalters der Bevölkerung begünstigt den Absatz seniorengerechter Produkte, die teilweise als Varianten vorhandener, nun immer weniger absetzbarer Produkte neu auf den Markt gebracht werden (z. B. Handys, die nur einfache Funktionen und wenige, gut erkennbare Bedienelemente aufweisen).*

- *Steigende Ölpreise und Experten-Vorhersagen über eine sich verschärfende Verknappung des Rohstoffs durch Markteintritte neuer internationaler Mitbewerber wie China führen zu Kaufzurückhaltung bei PKWs mit konventioneller Verbrennungstechnik, begünstigen aber den Absatz von Fahrzeugen mit Hybridmotoren.*

Entgegen der obigen Aussage, dass es sich bei Trends um über einen längeren Zeitraum beobachtete Phänomene handle, wird der Begriff »Trend« im Sprachgebrauch häufig als Synonym für »Modeerscheinung« benutzt und steht dann für die – kurzfristig aufgetretene und nur relativ kurze Zeit bestehende – Neigung bestimmter Anbieter- und Konsumentengruppen zu bestimmten Produkten, Produkteigenschaften oder Verhaltensweisen (Trend zu Pastellfarben, Trend zur Kurzhaarfrisur...). Diese »Trends« haben teils mehrjährigen Bestand und sind teils »Eintagsfliegen«, ohne dass dies immer von vornherein zu erkennen wäre.

Die Herkunft solcher Trends ist häufig nur schwer auszumachen. In manchen Branchen kommt bestimmten Unternehmen oder Schlüsselfiguren die Rolle des »**Trendsetters**« zu (z. B. wenn Ideen der Haute Couture in der Konfektionsbekleidung aufgegriffen werden), womit die Herkunft der Ideen aber nicht geklärt ist: Insbesondere Markendesigner mit vorwiegend jugendlicher Kundschaft versuchen, Ideen über die Beschäftigung von »**Trendscouts**«, die auf der Straße und in Szenetreffpunkten nach Anregungen suchen, zu gewinnen.

Welche Ideen sich in welchem Maße durchsetzen, ist insbesondere in solchen Bereichen, in denen Geschmacksfragen eine Rolle spielen, eher dem Zufall überlassen. Im Gegensatz dazu ist bei neuen Technologien – Vertrieb durch hinreichend marktstarke Unternehmen zu akzeptablen Preisen vorausgesetzt – zu erwarten, dass sich Innovationen, die einen echten technischen Fortschritt darstellen, durchsetzen.

### Saisonale Schwankungen (»Saisonalitäten«)

Wie bereits in Kapitel 1 gezeigt wurde, werden die mittelfristigen Konjunkturwellen, bei denen die Spanne zwischen zwei Wellenbergen in der Regel mehrere Jahre (je nach Theorie 3–4 oder 7–11 Jahre) ausmacht, von kurzfristigen Schwankungen umgeben, von denen einige wiederum zyklisch – häufig im Ein-Jahres-Rhythmus – auftreten. Diese Schwankungen, die als Saisonalitäten bezeichnet werden, gehen meist auf Ereignisse zurück, die sich im Laufe jeden Jahres zuverlässig wiederholen: Etwa Festtage, an denen Bräuche gepflegt werden, oder klimatische Verhältnisse, die jeweils zu bestimmten Produktionsausstößen, Konsumausgaben und sonstigen Marktphänomenen führen. In ihrer Regelmäßigkeit sind Saisonalitäten sowohl für Produzenten als auch für Konsumenten planbar. Auf Unternehmerseite werden sie durch Vorrats- und Mehrproduktion, auf Konsumentenseite durch Sparen und Konsumverzicht vorbereitet.

Auch Phänomene, die mehrmals im Jahr auftreten, aber bestimmten Ereignissen zugeordnet werden können, zählen zu den Saisonalitäten: Der vor jedem Ferienbeginn zu beobachtende Anstieg des Benzinpreises ist ein solches Phänomen.

**Technischer Fortschritt**

Die Auswirkungen bahnbrechender technologischer Innovationen beschrieb der russische Wissenschaftler Nikolai KONDRATIEFF 1926 in einem Phänomen, dessen Existenz bis heute allerdings von vielen Wirtschaftswissenschaftlern bestritten wird: Oberhalb der »normalen« Konjunkturwellen von 7–11 Jahren Dauer machte er lange Wellen mit einem Zyklus von 40–60 Jahren aus. Ihre Ursache sei die der Marktwirtschaft innewohnende Dynamik, nach der jede Produktionsweise zwangsläufig früher oder später, bedingt durch das Knappwerden eines Produktionsfaktors, an ihre Grenzen stoße und unrentabel werde. Die Suche nach innovativer Technik, die geeignet sei, die alte Technik abzulösen, führe zu grundlegend neuen Lösungen (»**Basisinnovationen**«). Diese wiederum dienten als Ausgangspunkt für eine Reorganisation der Volkswirtschaft die Entstehung einer neuen, das Wirtschaftswachstum der nächsten Jahrzehnte tragenden Wertschöpfungskette.

Den Rang von Basisinnovationen schrieb KONDRATIEFF folgenden technologischen Schritten zu, die ihm zu Ehren heute als »**Kondratieffzyklen**« bezeichnet werden:

1. Kondratieffzyklus: Dampfmaschine/Baumwollverarbeitung (ca. 1780–1850)
2. Kondratieffzyklus: Stahlverarbeitung/Eisenbahnbau (bis ca. 1890)
3. Kondratieffzyklus: Elektrotechnik und Chemie (bis ca. 1940)
4. Kondratieffzyklus: Petrochemie/Automobilismus (bis ca. 1980)
5. Kondratieffzyklus: Informationstechnik

Einige Wirtschaftsexperten konstatieren analog zur allgemein beobachtbaren Dynamisierung der Wirtschaft eine Verkürzung der Zyklen und damit das Bevorstehen – oder den schon vollzogenen Eintritt – des »sechsten Kondratieff«. Als »Kandidaten« werden z. B. die (Tele)-Kommunikationstechnik (im Gegensatz zur hardwarebasierten Computertechnik des 5. Zyklus), die Umwelttechnik und die Laser- und Optotechnologie gehandelt. Als wahrscheinlichster Anwärter gilt vielen Wirtschaftsexperten jedoch der Bereich, der unter dem Oberbegriff »Life Sciences« sowohl die Biotechnologien (Erforschung, Entschlüsselung und Nutzung der DNA) als auch das gesamte Gesundheitswesen – Medizintechnik, Pharmazie, Naturheilkunde, Ernährungswesen, Sanatoriums- und Pflegebereich, Wellness, Anti-Aging usw. – erfasst. Angesichts der demografischen Entwicklung in den »alten« Industrienationen erscheint dies als nicht unwahrscheinlich.

**Produktsubstitution**

Die Produkte im Konsumgüterbereich sind zu einem hohen Anteil durch eine kurze Lebensdauer und gute Substitutionsmöglichkeit (Ersatz eines Produktes durch ein ähnliches oder ein andersartiges, jedoch dasselbe Bedürfnis befriedigende Produkt, vgl. auch Abschn. 4.1.3.4 »Marktkonzept«) gekennzeichnet. Hinzu kommt, dass der Konsumgütermarkt sehr umkämpft ist. Produktsubstitution als Aktivität von Konsumenten zum Nachteil des eigenen Produkts gilt daher vielen Unternehmen als eines der bedeutendsten unternehmerischen Risiken.

Das Risiko kann durch eine sorgfältige Beobachtung des Marktes, insbesondere der Aktivitäten von Konkurrenten, zwar nicht eliminiert, aber zumindest kalkulierbarer gemacht werden. Besonders bedeutsam werden vor diesem Hintergrund die Bemühungen um eine ständige Produktverbesserung und -innovation (vgl. Abschn. 4.2.2.2).

Die guten Möglichkeiten der Produktsubstitution können einem produzierenden Unternehmen jedoch auch auf der Beschaffungsseite zugute kommen: Dann nämlich, wenn bei der Herstellung des eigenen Produkts auf alternative Grundstoffe zurückgegriffen werden und die Abhängigkeit von bestimmten Rohstoffen oder bestimmten Lieferanten eingedämmt werden kann.

**Sondereinflüsse**

Neben den zyklischen Schwankungen beeinflussen externe Einflüsse und einmalige Ereignisse das Marktgeschehen und die Situation einzelner Unternehmen, die hierauf in unterschiedlichem Maße (oft aber auch gar nicht) Einfluss nehmen können.

Hierzu zählen

- **politische** und gesellschaftliche Bedingungen;

  *Beispiel:*
  *Vom Ausgang der nächsten Wahlen hängt es ab, ob die XY-GmbH künftig schärfere Emissionsauflagen beachten muss. Die parlamentarische Demokratie lässt eine unmittelbare Einflussnahme des Unternehmens auf derartige politische Entscheidungen nicht zu. Die Geschäftsleitung vertritt ihren Standpunkt jedoch öffentlich auf Bürgerversammlungen und in den Medien und trägt so zur öffentlichen Meinungsbildung bei.*

- **rechtliche** Bedingungen;

  *Als Gesellschaft mit beschränkter Haftung unterliegt die XY-GmbH den speziellen Rechtsvorschriften nach dem GmbH-Gesetz. Daneben wird sie von einer Vielzahl anderer Rechtsnormen berührt, so etwa von steuer- und arbeitsrechtlichen Vorschriften, aber auch von der bereits oben geschilderten Verschärfung der Umweltschutzbestimmungen.*

- **soziale** und kulturelle Bedingungen;

  *Die XY-GmbH beschäftigt in zunehmendem Maße ausländische Arbeitnehmer. Hierdurch entstanden in letzter Zeit häufiger Spannungen innerhalb der Arbeitnehmerschaft.*

# 4.1.2 Die Positionierung des Unternehmens

## 4.1.2.1 Positionierung nach Produkt, Markt, Bekanntheitsgrad, Image und Marktanteil

### 4.1.2.1.1 Strategische Positionierung

Für das einzelne Unternehmen kommt es entscheidend darauf an, sich innerhalb der Märkte – und hier vor allem innerhalb des angestrebten Absatzmarktes – so gut wie möglich zu positionieren. **Strategische Positionierung** bedeutet, das Unternehmen in einer Weise in seiner Umwelt und vor allem im Bewusstsein der potenziellen Kunden zu platzieren, die den Bedingungen der Unternehmensumwelt bestmöglich angepasst ist, den Bedürfnissen der Kunden bestmöglich entspricht und damit geeignet ist, dem Unternehmen einen Wettbewerbsvorteil zu verschaffen.

Positionierungsentscheidungen setzen Entwicklung und Ausformulierung einer »Vision« für das Unternehmen voraus: Wer ist man, wer will man sein? Hieraus lassen sich wiederum Antworten auf diejenigen Fragen ableiten, die sich auf die notwendigen Aktionen beziehen: In welche Richtung muss sich das Unternehmen bewegen, und welche Schritte muss es jetzt, als nächste, sowie mittelfristig und langfristig gehen, um die unausweichlichen Veränderungen der Unternehmensumwelt in Wettbewerbsvorteile umzumünzen? Unternehmensintern muss die Positionierung unter Beteiligung der Mitarbeiter vollzogen und kommuniziert werden.

Wesentliches Element der Positionierung ist, dass sich das Unternehmen mit seinen Positionierungsabsichten öffentlich macht und seine Wunschposition auch in den Köpfen potenzieller Geschäftspartner – Kunden, Anteilseigner, Banken, Lieferanten, Mitbewerber und Einfluss ausübender Personen und Institutionen – etabliert. Die Kunst ist, einerseits »Position zu beziehen« und andererseits gerade dadurch den Eindruck von starrer Konzentration auf bestimmte Produkte und Lösungswege nicht aufkommen zu lassen, sondern sich als anpassungsfähiges Unternehmen zu präsentieren, das Marktveränderungen nicht passiv erleidet, sondern aktiv gestaltet und dabei an der Spitze neuer Entwicklungen steht. Positionierung ist also in erster Linie ein **imagebildender** Prozess.

In Zusammenhang mit der strategischen Positionierung stehen

– eine **Organisationsentwicklung** – OE – (vgl. Lehrbuch 3, Kap. 6), durch die sich das Unternehmen als »lernende Organisation« begreift und betätigt, um Veränderungen optimal begegnen zu können;

– ein **Change Management,** d. h. das Management der Veränderungsprozesse nicht nur in Hinblick auf die technisch-organisatorische Umsetzung, sondern vor allem hinsichtlich der »weichen Faktoren«. Gemeint ist damit die (psychologische) Begleitung der Betroffenen (insbesondere also der Mitarbeiter), um Verunsicherungen aufzufangen, innere Widerstände aufzubrechen und in positive Motivation umzuwandeln;

– eine **Corporate Identity,** d. h. ein generelles Identitätsverständnis im Unternehmen, das als »gemeinsame Klammer« über alle Unternehmensteile und -aktivitäten Veränderungen zu überdauern imstande ist.

Positionierung kann – je nach Art des Unternehmens, seiner Standorte und der Vertriebsgebiete seiner Produkte – auf die lokale Ebene beschränkt sein oder auf regionaler, nationaler oder internationaler Ebene angestrebt werden. Oft geht es dem Unternehmen vor allem darum, sich mit seinen Produkten, häufiger noch: mit seinen Marken zu positionieren. Ausführliche Ausführungen zur **Produktpositionierung** enthält Abschnitt 4.1.3.6.1. **Marken** und ihre Positionierung werden ausführlich in Abschnitt 4.1.3.7 behandelt.

Eine gute Positionierung drückt sich in (durch Marktforschung überprüfbaren und in Kennzahlen ausdrückbaren) positiven Werten und Entwicklungen beim Bekanntheitsgrad, Image und – darum geht es letztlich – **Marktanteil** aus.

## 4.1.2.1.2    Branchenstrukturanalyse

Die Branchenstrukturanalyse geht auf das Fünf-Kräfte-Modell von Michael PORTER von der Harvard Business School zurück. Diesem liegt die Annahme zugrunde, das die Attraktivität eines Marktes durch dessen Struktur bestimmt wird, auf die die folgenden wesentlichen Wettbewerbskräfte einwirken:

– Der **brancheninterne Wettbewerb** (d. h. die Rivalität zwischen den Mitbewerbern): Die hiervon ausgehende Bedrohung ist z. B. als hoch einzuschätzen, wenn
  – es viele Konkurrenten gibt, die dem eigenen Betrieb ähnlich sind;
  – die Märkte nur langsam oder überhaupt nicht wachsen;
  – es für die auf diesem Markt tätigen Unternehmen schwierig ist, die Branche zu verlassen und sich anderen Aufgaben zuzuwenden, etwa weil Kapital in speziellen Betriebsmitteln gebunden ist, die nicht für andere Zwecke genutzt werden können (hohe Marktaustrittsbarrieren).

– Die **Verhandlungsmacht der Abnehmer:** Diese ist u. a. dann besonders hoch, wenn
  – es nur wenige Abnehmer gibt und diese große Aufträge oder langfristige Verträge zu vergeben haben,
  – die Produkte der verschiedenen Anbieter innerhalb der Branche sich nicht signifikant unterscheiden,

– die Gefahr besteht, dass die Abnehmer im Falle zu hoher Preise die Produktion der benötigten Teile selbst übernehmen (»Rückwärtsintegration« in die Zulieferbranche).

In diesen Fällen können die Abnehmer niedrige Verkaufspreise durchsetzen.

– Die **Verhandlungsmacht der Zulieferer:** Auch hier ist die Bedrohung hoch, wenn
  – es nur wenige potenzielle Zulieferer gibt,
  – deren Produkte nicht substituiert (durch andere Produkte ersetzt) werden können,
  – die Gefahr besteht, dass die Zulieferer in dem Falle, dass sie zu stark im Preis gedrückt werden, in die eigene Branche vorstoßen (»Vorwärtsintegration«).

In diesen Fällen können die Zulieferer hohe Einkaufspreise durchsetzen.

– Die **Bedrohung durch Ersatzprodukte (Substitute),** die denselben oder einen ähnlichen Nutzen für den Abnehmer stiften wie das eigene Produkt: Diese Bedrohung kann z. B. akut werden, wenn Patente auslaufen.

– Die Bedrohung durch neu auf den Markt tretende Anbieter: Diese Bedrohung ist umso größer, je einfacher es ist, in den bestehenden Markt einzudringen oder – anders ausgedrückt – je niedriger die Zugangsbarrieren sind. Solche Barrieren können in hohen Anfangsinvestitionen mit entsprechendem Risiko, in stark eingefahrenen Kundenkaufgepflogenheiten oder in neu zu erschließenden Vertriebskanälen bestehen.

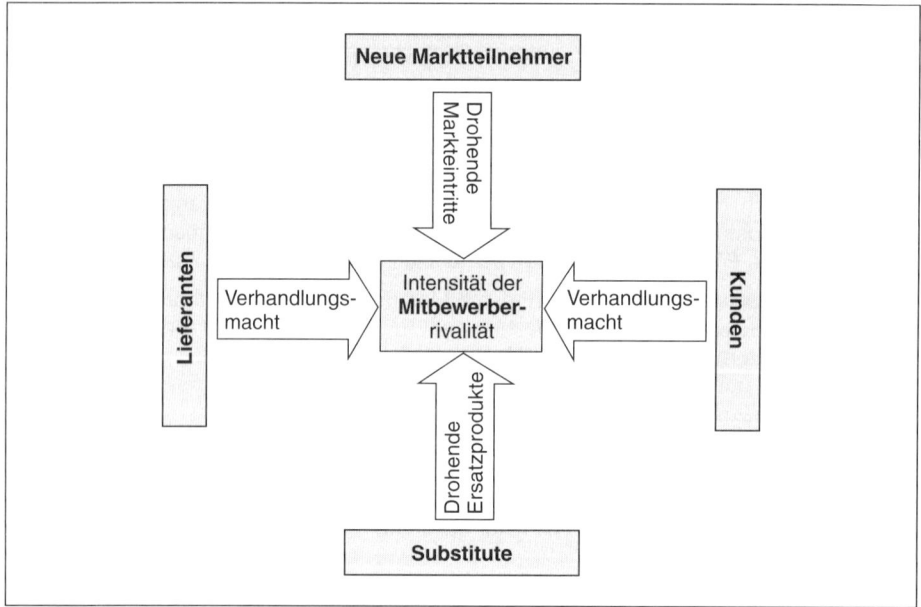

Das Fünf-Kräfte-Modell nach PORTER

Je stärker die Bedrohungen sind, umso »unattraktiver« ist die Branche, weil es umso schwieriger ist, auf ihrem Markt zu bestehen. Nun kann sich ein bestehendes Unternehmen zwar nicht ohne weiteres einer anderen, attraktiveren Branche zuwenden; es empfiehlt sich aber, die Bedrohungen innerhalb der eigenen Branche zu kennen (in welcher Hinsicht sind sie besonders ausgeprägt, welche Kernkompetenzen können ausgeschöpft werden, wo liegen eigene Wettbewerbsvorteile?) und diese Kenntnis in die Marktstrategie einfließen zu lassen.

In einer in Zusammenhang mit der Branchenstrukturanalyse entwickelten **Wettbewerbsmatrix** unterscheidet PORTER drei Strategie-Grundtypen, die auch als Normstrategien oder generische Strategien bezeichnet werden:

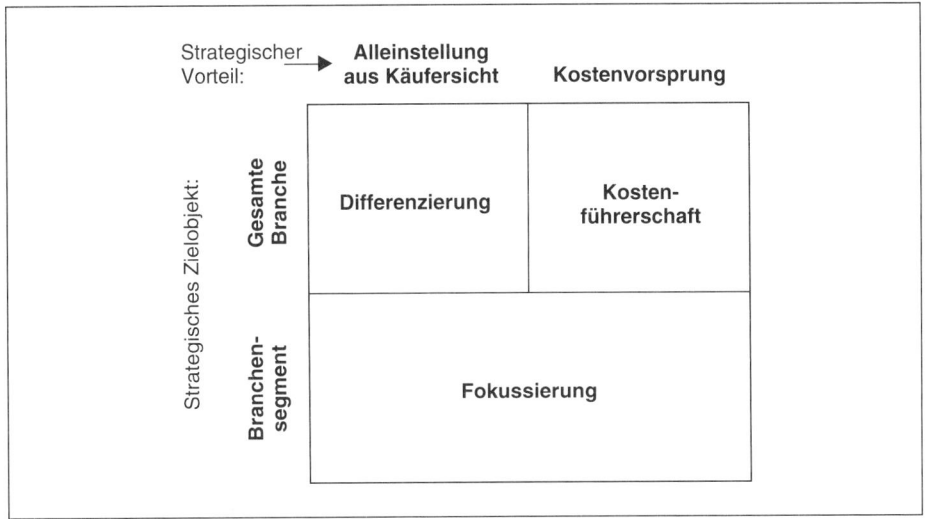

Strategische Hauptrichtungen des Wettbewerbs (nach: Michael E. PORTER)

Zur weiteren Erläuterung:

- **Kostenführerschaft (Preis-Mengen-Strategie):** Der Wettbewerbsvorteil resultiert aus vergleichsweise geringeren Kosten (Anbietervorteile Kostenvorteile). Kostenführerschaft zieht nicht automatisch günstigere Abgabepreise nach sich, ist aber Voraussetzung für diese und wird häufig auch deswegen verfolgt, um Preisvorteile aus Nachfragersicht zu ermöglichen. Eine strikte Orientierung an den Kosten birgt verschiedene Risiken: Unabwendbare Teuerungen, etwa bei Rohstoffen oder Arbeitskosten, machen die Strategie rasch zunichte; und wenn Investitionen in die Weiterentwicklung der Produkte und in neue Technologien vernachlässigt werden, können neu in den Markt eintretende Mitbewerber zur existenziellen Bedrohung werden.

- **Differenzierungsstrategie:** Der Wettbewerbsvorteil resultiert daraus, dass sich das Unternehmen aus Verbrauchersicht von den Mitbewerbern positiv abhebt, indem es dem Käufer Nutzenvorteile bietet. Höhere Qualität, besserer Service, ein hochwertigeres Design oder ein »exklusives« Image stehen allerdings häufig der Erringung eines hohen Marktanteils entgegen, weil Exklusivität und weite Verbreitung kaum vereinbar sind. Zudem birgt diese Strategie das Risiko, dass die Kosten vernachlässigt werden; auch die Bedrohung durch Imitationen ist nicht zu vernachlässigen.

Nach PORTER muss sich ein Unternehmen auf lange Sicht für die eine oder die andere Strategie entscheiden: Der Versuch, beide Strategien gleichzeitig zu verwirklichen (hohe Leistung bei zugleich geringen Kosten und Preisen, »Outpacing-Strategie«), ist auf Dauer wenig profitabel und lässt das Unternehmen im Mittelmaß verharren (»stuck in the middle«).

Vereinbar mit jeder dieser Strategien ist aber die

- **Fokussierung (Nischenstrategie):** Das Unternehmen konzentriert sich auf bestimmte Schwerpunkte, z. B. indem es nur ein bestimmtes Produkt anbietet, nur in einer bestimmten Region tätig wird oder sich nur ab eine bestimmte Kundengruppe wendet, und versucht sich auf diese Weise Vorteile im branchinternen Wettbewerb zu verschaffen. Es verfolgt dabei entweder eine den gesamten Wettbewerbsbereich abdeckende Strategie der Kostenführerschaft oder der Qualitätsführerschaft oder aber eine Differenzierungsstrategie der selektiven Qualitäts- bzw. Kostenführerschaft:

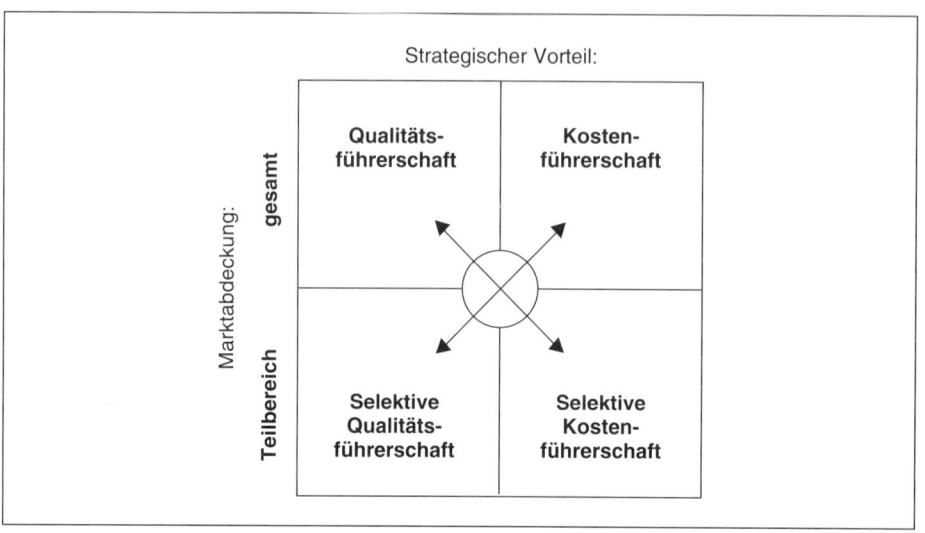

Wettbewerbsstrategien (nach: Michael E. PORTER)

### 4.1.2.1.3    Konkurrenzanalyse

Ein wichtiger Gegenstand der Forschung ist die Konkurrenz, für die heute vorwiegend der Begriff »Mitbewerber« verwendet wird.

Die Konkurrenzlage ist gekennzeichnet durch

– die **Anzahl** der Mitbewerber,

– deren **Standorte** und **Absatzgebiete** sowie

– deren **Größe, Marktanteile** und **Leistungsfähigkeit** und

– deren **Aktionen am Markt.**

Das Verhalten der Mitbewerber beeinflusst die eigene Entscheidung für eine Marketing-Strategie (vgl. Abschn. 4.1.3.6.3). Daher sind Informationen über Marktabsichten und Einsatz absatzpolitischer Instrumente der Mitbewerber von besonderem Interesse. So ist bei der Auswertung der Ergebnisse von Markt- oder Produkttests zu berücksichtigen, dass diese nicht nur dank eigener Aktivitäten zustande gekommen sind, sondern auch vom Marktverhalten der Konkurrenten beeinflusst wurden. Die Informationen über das Verhalten der Nachfrager und der Konkurrenten ergeben in ihrer Gesamtheit ein transparentes Bild des jeweiligen Marktes.

Im Rahmen der Konkurrenzanalyse werden die wesentlichen Mitbewerber zunächst identifiziert und ihre Leistungen mit den Leistungen des eigenen Unternehmens verglichen. Zuvor muss die Frage beantwortet werden, nach welchen Kriterien ein anders Unternehmen als Mitbewerber einzuschätzen ist: Weil es ähnliche Produkte anbietet? Oder weil es dieselben Kundenbedürfnisse mit andersartigen Produkten zu befriedigen versucht? Auf diesen Unterschied wird in Abschnitt 4.1.3.4 unter dem Stichwort »Marktkonzept« noch näher eingegangen.

Als Informationsquellen kommen Zeitungen und Zeitschriften, Telefon- und Branchenverzeichnisse, Firmendatenbanken (»Wer liefert was?«), Kammern und Verbände, Gewerbe-, Wirtschaftsförderungs- und statistische Ämter, Messen und andere Fachveranstaltungen in Betracht. Eine sehr ergiebige und leicht anzuzapfende Quelle ist das World Wide Web mit frei zugänglichen oder gegen Entgelt nutzbaren Datenbanken.

In die vergleichende Analyse kann bei einem größeren Mitbewerberfeld nicht jeder einzelne Mitbewerber einbezogen werden; vielmehr wird man diejenigen Mitbewerber auswählen, die als »wichtigsten« eingestuft werden: Neben den aktuellen Marktführern können dies auch Unternehmen sein, denen – auch als »Nischenanbieter« mit einen spezialisierten Angebot im eigenen Produktfeld – ein dauerhafter Markterfolg zugetraut wird.

Nach einer Untersuchung von SIMON ist für den Erfolg eines Marktanbieters vor allem die Qualität seiner Produkte maßgeblich. Ebenfalls wichtig, aber bereits mit großem Abstand folgend, sind der Stand der genutzten Technologie, die Integration der Produkte in Produktlinien und der gebotene Service.

*Beispiel:*

*Ausgewählt wurden drei Mitbewerber (MBW) und eine Reihe von Vergleichskriterien in verschiedenen Kategorien. Die Bewertung erfolgt in einem Wertebereich von −2 (Mitbewerber ist deutlich schlechter als das eigene Unternehmen) bis ±2 (Mitbewerber ist deutlich besser):*

| Hauptkategorie | Kriterium (Beispiele) | MBW 1 | MBW 2 | MBW 3 |
|---|---|---|---|---|
| Produkte | Produktqualität | −1 | −2 | 1 |
| | Produktvariationen | 0 | −1 | 1 |
| | Umfang d. Produktlinie | 0 | 1 | 2 |
| | Produktdesign | 0 | 1 | 2 |
| | Patente/Schutzrechte | 1 | 0 | −1 |
| | Innovationsfähigkeit | 0 | 0 | 1 |
| Wettbewerbsprofil | Marktanteil | 1 | 1 | 0 |
| | Unternehmensimage | 0 | −1 | 1 |
| | Produktimage | 0 | −1 | 1 |
| | Wirtschaftskraft | 2 | 1 | 0 |
| | Kundenorientierung | 1 | −1 | 1 |
| | Internetauftritt | 1 | 2 | 0 |
| Service | Pre-Sales-Services | 1 | −1 | 0 |
| | After-Sales-Services | −1 | −2 | 1 |
| Personal | Qualifikation | −1 | −2 | 0 |
| | Belegschaftsstruktur | 0 | 0 | 1 |
| | Betriebsklima | −1 | 0 | 1 |
| ...usw... | ...usw... | ... | ... | ... |
| Summe | | 3 | −5 | 12 |

*Bei einfacher Summenbildung wird jedem Kriterium die gleiche Gewichtung beigemessen. Eine differenziertere Bewertung ergibt sich, wenn die verschiedenen Kriterien vor der Summenbildung mit einem Gewichtungsfaktor multipliziert werden.*

Interessanter als die Betrachtung der Summe ist allerdings die Ergründung der Ursachen für das nach eigener Einschätzung bessere Abschneiden von Mitbewerbern bei bestimmten Kriterien: Ziel der Konkurrenzanalyse sollte sein, vom Wettbewerb zu lernen!

Konkurrenzanalysen können hinsichtlich der einbezogenen Kriterien, der Anzahl der berücksichtigten Mitbewerber und der Skalierung der Bewertung erheblich variiert werden.

Zur Durchführung von Marktanalysen stehen auf dem Markt etliche Software-Tools zur Verfügung.

Für Branchen- oder Betriebsvergleiche auf Basis konkreter Zahlenwerte (Umsätze, Gewinne, Absatz, Kosten usw.) wird häufig auch der Begriff »**Benchmarking**« verwendet.

## 4.1.2.2    Produktportfolio

Im Finanzbereich wird der Begriff Portfolio für ein im selben Besitz befindliches Bündel von Wertpapieren und sonstigen Kapitalanlagen verwendet. Da jeder einzelnen Anlage bestimmte Konditionen, Chancen und Risiken anhaften, gehen dem Aufbau eines solchen Portfolios in der Regel strategische Überlegungen voraus. Ziel ist dabei im Allgemeinen, das Risiko durch Streuung zu senken. Analog zur Finanzwelt konnte sich der Begriff des Produktportfolio etablieren. Er steht für die Gesamtheit der Produkte des Unternehmens in Zusammenhang mit ihrer jeweiligen Marktposition.

Die Portfolio-Analyse untersucht die Produkt-Markt-Kombinationen eines Unternehmens mit dem Ziel, ein mit Blick auf die Zukunft möglichst optimales Mischungsverhältnis von solchen Produkten, die einen positiven Deckungsbeitrag abwerfen, von aufstrebenden Produkten, die diesen Part in Zukunft übernehmen können, und Nachwuchsprodukten mit Entwicklungspotenzial herzustellen.

Das Portfolio-Management-Konzept der Boston Consulting Group (auch als **BCG-Analyse** bekannt) konzentriert sich dabei auf die Erfolgsgrößen »durchschnittliches **Marktwachstum**« und »relativer **Marktanteil**« und stuft alle Produkt-Markt-Kombinationen in Bezug auf diese beiden Größen als »hoch« oder »niedrig« ein. Hieraus resultiert eine Vier-Felder-Matrix, die so genannte **Portfolio-Matrix.**

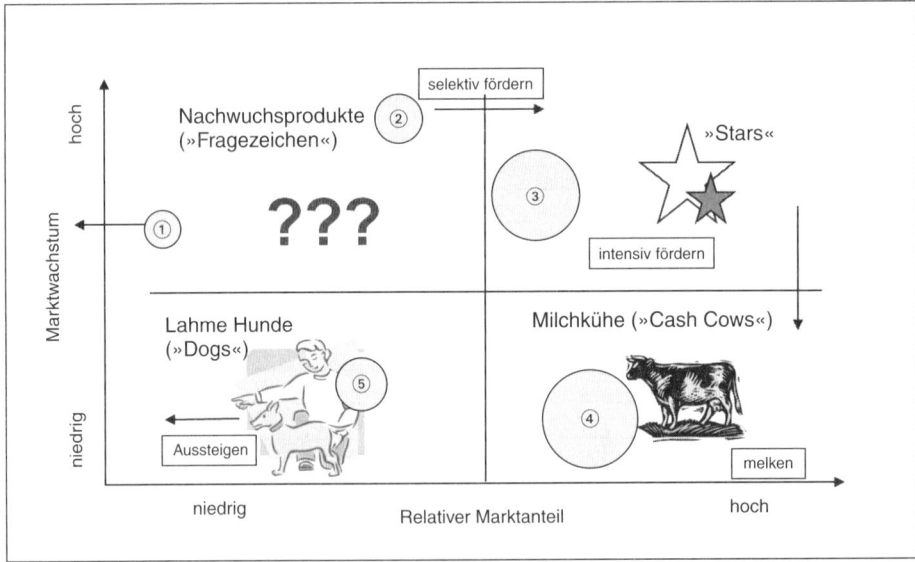

Portfolio-Matrix nach dem BCG-Konzept     Die Anordnung der Felder ist abhängig von Anordnung und Richtung der Achsen! In der Literatur finden sich unterschiedliche Darstellungen.

Der Zusammenhang zwischen den beiden Schlüsselgrößen »Marktwachstum« und »Marktanteil« erklärt sich über den **Erfahrungskurveneffekt,** eine empirisch gestützte Hypothese, nach der die Stückkosten eines Produktes bei jeder Verdoppelung der kumulierten Produktmengen um bis zu 30 % sinken. Ein expandierender Markt bedingt bei konstantem relativem Marktanteil einen Anstieg der absetzbaren Produktmenge.

Gleichzeitig sinkende Stückkosten führen zur Verbesserung des Verhältnisses zwischen Umsatz und Kosten und damit des Netto-**Cash-Flow.** Dieser Effekt ist um so größer, je größer der relative Marktanteil ist.

Die »Geldsäcke« oder »Milchkühe« **(Cash Cows)** sind durch hohe Erträge und hohen Cash-Flow gekennzeichnet. Für sie gilt die Strategie des »Melkens«, um mit den hierbei erwirtschafteten Mitteln die »**Nachwuchsprodukte**« oder »Fragezeichen« fördern zu können. Diese Förderung darf sich nicht auf alle Nachwuchsprodukte erstrecken, da diese aufgrund ihres schwachen Marktanteils einen hohen negativen Cash-Flow erzeugen; vielmehr muss für jedes einzelne Produkt entschieden werden, ob die Erhöhung des Marktanteils forciert oder eine **Desinvestitionsstrategie** (die einem Ausstieg aus dem Markt gleichkommt) verfolgt werden soll. Nachwuchsprodukte werden gefördert mit der Zielsetzung, »Stars« aus ihnen zu machen, also solche Produkte, die zwar gegenwärtig noch keinen Cash-Flow erwirtschaften, jedoch wahrscheinlich eines Tages zu Milchkühen avancieren und das Überleben der Unternehmung in der Zukunft sichern. Im ungünstigen Falle können sich geförderte Nachwuchsprodukte jedoch als »Cash Traps« erweisen, also als schwarze Löcher, in denen die in sie investierten Mittel verschwinden, ohne Wirkung zu zeigen.

Für die als »**Arme Hunde**« oder »Lahme Enten« bezeichneten Produkte, die sowohl hinsichtlich des Marktwachstums als auch im Hinblick auf ihren Marktanteil als niedrig eingestuft wurden, gibt es nur eine strategische Empfehlung, nämlich den Ausstieg.

Die Portfolio-Analyse führt bei isolierter Betrachtung zu eher globalen Erkenntnissen. Es versteht sich daher von selbst, dass ihr tiefergreifende Analysen sowohl voranzugehen als auch nachzufolgen haben.

## 4.1.2.3    Stärken-/Schwächenanalyse

Die Stärken-Schwächen- oder auch **Potenzialanalyse** ist ein Werkzeug des strategischen Controlling, das, ebenso wie die Konkurrenzanalyse, die für das Unternehmen relevanten Erfolgsfaktoren systematisch untersucht. Im Unterschied zur Konkurrenzanalyse wird aber stärker auf das eigene Unternehmen abgestellt: Dabei werden die eigenen Ressourcen und Potenziale entweder anhand zuvor gesetzter Vorgabewerte beurteilt oder in einem Zeitvergleich mit den Ergebnissen von Vorperioden verglichen.

Denkbar ist auch ein Vergleich mit dem in der Konkurrenzanalyse als stärkstem Mitbewerber identifizierten Konkurrenten bei differenzierterer Wertung oder die Berücksichtigung der Produktlebenszyklusphase (siehe unten), in der sich das (Haupt)produkt des Unternehmens befindet.

Ziel ist die Erstellung und Visualisierung eines Stärken-Schwächen-Profils. Zu diesem Zweck werden die Bewertungskriterien untereinander aufgelistet und die auf sie entfallenden Bewertungen für zwei Betrachtungsobjekte (je nach gewähltem Vergleichsansatz also z. B. für das eigene Unternehmen und den stärksten Mitbewerber, für das eigene Unternehmen heute und zu einem früheren Zeitpunkt) in ein einheitliches Bewertungsraster eingetragen.

Ein Beispiel für ein Stärken-Schwächen-Profil befindet sich in Lehrbuch 3, Abschnitt 5.3.2.4.

## 4.1.2.4    Chancen-/Risikenanalyse

Wie zuvor schon dargelegt wurde, ist die Unternehmensumwelt ständigen Veränderungen unterworfen, die dazu führen können, dass die Stärken von heute die Schwächen von morgen sind und umgekehrt. Die Stärken-/Schwächen-Analyse als jetztbezogene Analyse kann in Zusammenhang mit einer Analyse der externen Faktoren, die auf das Unternehmen wirken, und der daraus abgeleiteten Prognose zu einer zukunftsbezogenen **Chancen-/Risiken-Analyse** weiterentwickelt werden. Beide Analysen können in der **SWOT-Analyse** (**S**trengths, **W**eaknesses, **O**pportunities, **T**hreats) zusammenfließen.

Die inneren Felder der folgenden Matrix beinhalten die Strategien, die jeweils im Kreuzungsbereich von Stärken/Chancen, Schwächen/Chancen, Risiken/Stärken und Risiken/Schwächen zu verfolgen sind.

| SWOT-Analyse | Stärken (Strengths) | Schwächen (Weaknesses) |
|---|---|---|
| Chancen (Opportunities) | Identifikation von Möglichkeiten am Markt, die mit den eigenen Stärken harmonieren | Aufdecken und Beseitigen von Schwächen, um neue Möglichkeiten nutzen zu können |
| Risiken (Threats) | Identifikation drohender Risiken und Ausspielen der eigenen Stärken zur Risikoabwehr | Identifikation drohender Risiken und Entwicklung von wirkungsvollen Abwehrmaßnahmen |

SWOT-Analyse

Chancen-Risiko-Darstellungen werden von Aktiengesellschaften auch erstellt, um Anlegern – etwa anlässlich eines Börsenganges – eine Beurteilung des Unternehmens zu ermöglichen. Eine solche Darstellung wird auch als »Equity Story« bezeichnet.

# 4.1.3    Marketing

## 4.1.3.1    **Vom Absatz zum Marketing**

Der Absatz – hier nicht im Sinne von »abgesetzter Menge«, sondern im Sinne von Absatzwirtschaft zu verstehen – ist klassisch definiert als

> **Übertragung der in der Unternehmung erstellten oder von Dritten bezogenen Wirtschaftsgüter auf Personen außerhalb der Unternehmung.**

Die Übertragung der Wirtschaftsgüter, die Sachgüter oder Dienstleistungen darstellen können, erfolgt in der Regel gegen Entgelt. Die empfangenden Personen sind Konsumenten, aber – im übertragenen Sinne – auch Unternehmungen und Institutionen.

Die Annahme, dass sich die unternehmerischen Aktivitäten auf die rein technische Aufgabe der Übertragung (Verkaufsaktion, Übergabe, Lieferung...) beschränken könnten, ist heute längst nicht mehr haltbar. Praktisch würde sie ja bedeuten, dass ein Unternehmen genau das produziert oder leistet, wozu es aufgrund seiner Ausstattung, seines Knowhow oder seiner Tradition imstande ist, und sein Ergebnis an eine Kundschaft abliefert, die, weil sie es benötigt und keine Alternativen hat, wie selbstverständlich zugreift. Was wann wie produziert und angeboten wird, entscheiden in diesem Modell allein die Unternehmen. Für die ungesättigten Märkte in der Frühzeit der Industrialisierung, aber auch z. B. in den Jahren nach dem Zweiten Weltkrieg, und für planwirtschaftliches Handeln mag dies gegolten haben bzw. gelten, nicht jedoch für die Käufermärkte, mit denen die Unternehmen heute durchweg konfrontiert sind: Was, wenn die Kundschaft nicht mehr »wie selbstverständlich zugreift«?

Die Vorstellung von Absatz als produzentenbestimmte Aktivität ist heute weitgehend abgelöst durch den aus den USA übernommenen Begriff des »**Marketing**«.

KOTLER/BLIEMEL definieren Marketing wie folgt:

»Marketing ist ein Prozess im Wirtschafts- und Sozialgefüge, durch den Einzelpersonen und Gruppen ihre Bedürfnisse und Wünsche befriedigen, indem sie Produkte und andere Dinge von Wert erzeugen, anbieten und miteinander austauschen.«

Die meisten Unternehmen finden sich heute mit nachfragedominierten Märkten (Käufermärkten) konfrontiert. Die ebenso triviale wie überlebenswichtige Erkenntnis, dass der Kunde das Maß der Dinge ist, kann folgendermaßen »auf den Punkt gebracht« werden:

**Nicht das Produktprogramm bestimmt, was am Markt durchgedrückt wird, sondern der Markt bestimmt, was angeboten wird!**

Damit ist klar, was der moderne Marketingbegriff ausdrückt:

Modernes Marketing versteht sich als **unternehmerische Konzeption,** die alle Unternehmungsaktivitäten vollständig am Markt und damit an den Bedürfnissen der Abnehmer orientiert und dabei neben der Befriedigung vorhandenen Bedarfs auch die Weckung neuer Bedürfnisse anstrebt.

Der Marketing-Begriff **im engeren Sinne** umfasst in der einschlägigen Literatur insbesondere die Bereiche Marktforschung, Produktentwicklung, Verkaufsförderung, Public Relations und Werbung, während Absatzmethoden und -durchführung unter dem Oberbegriff »Vertrieb« abgehandelt werden.

Selbstverständlich spielen die im Folgenden dargestellten Marketingüberlegungen nicht nur in Hinblick auf den Absatzmarkt eine Rolle, sondern beeinflussen ebenso den Beschaffungsmarkt und damit den Einkauf. Auf die Aspekte des Einkaufsmarketings wird ausführlich in Abschnitt 4.3 eingegangen werden; hier soll es zunächst um den Absatzbereich gehen.

## 4.1.3.2    Grundsätze, Aufgaben, Grundformen und Ziele des modernen Marketing

Die voranstehenden Ausführungen verdeutlichen die **Grundsätze** des modernen Marketing, nämlich

– vollständige Ausrichtung am Markt und am Kunden,

– Erfassung und Durchdringung aller unternehmerischen Bereiche durch den Marketing-Gedanken,

– bewusste und aktive Gestaltung des Marktgeschehens.

Die **Aufgaben** des Marketing sind dementsprechend vielfältig und sowohl strategischer (langfristiger) als auch taktischer/operativer (mittel- und kurzfristiger) Natur. Betrachtet man die Aufgabenbereiche, die speziell bei der Marketingabteilung eines Betriebes angesiedelt sind, so findet man dort

– **Informationsbeschaffung und -analyse:** Marktforschung und Marktbeobachtung als Grundlage für Entscheidungen über den

– **Einsatz der Marketing-Instrumente** zur Produkt- und Sortimentspolitik, Servicepolitik, Kontrahierungspolitik, Distributionspolitik und Kommunikationspolitik.

Im Marketing werden im Allgemeinen folgende **Grundformen** unterschieden:

– **Konsumgütermarketing** bezieht sich auf standardisierte Massenprodukte, die vorwiegend von Betrieben des Handels angeboten und von privaten Verbrauchern gekauft werden. Als teils von den Produzenten und teils vom Handel betriebenes **Massenmarketing** setzt es vor allem auf Produktpositionierung, Werbung und Preisgestaltung.

– **Dienstleistungsmarketing** bezieht sich auf immaterielle Güter (darunter auch Vermitt-lungsleistungen von Maklern usw.), die von privaten oder gewerblichen Nachfragern nachgefragt werden. Als **Imagemarketing** bedient es sich vorrangig der Kommunikati-ons- und der Servicepolitik.

– **Investitionsgütermarketing** bezieht sich auf Güter, die wiederum für die Produktion von Gütern und Dienstleistungen benötigt werden. Als ausschließliches »**Business-to-Business-Marketing**« und Individualmarketing setzt es auf Produktpolitik, Werbung und individuellen Service.

Der Katalog der **Ziele,** die mit dem Marketing erreicht werden sollen, muss in Einklang mit den übergeordneten Unternehmenszielen stehen und wird sich vielfach auch in den kon-kreten Einzelzielen begrifflich mit dem allgemeinen Zielkatalog decken. In der einschlägi-gen Literatur findet sich eine Vielzahl von Gliederungen der Ziele; häufig unterschieden werden

– **Finanzziele:** Diese richten sich auf Renditen oder direkt monetäre Größen, wobei ent-weder Steigerungsraten in Prozent oder absolute angestrebte Ergebnisse angegeben werden können;

– **Marktziele:** Hierunter werden zum einen Mengengrößen (Absatzsteigerung, Absatz-menge), zum anderen nicht-monetäre Größen wie Marktanteil, Bekanntheitsgrad, Kun-denbindung usw. verstanden.

Bisweilen (z. B. bei THEIS) finden sich auch Unterscheidungen wie

– **allgemeine Marketingziele:** Umsatz, Marktanteil...,

– **spezielle Marketingziele, Instrumentalziele:** Qualitätssicherung, (»Leistungsziel«), Steigerung der Bekanntheit (»Kommunikationsziel«)...

## 4.1.3.3 Das betriebliche Marketing-Umfeld

Wie bereits ausgeführt wurde, finden sich nahezu alle Unternehmen heute mit von der Nach-frageseite dominierten Märkten, sogenannten **Käufermärkten,** konfrontiert. Die notwendige Ausrichtung am Absatzmarkt bestimmt die Planungen des Betriebes daher schon in allen vorgelagerten Bereichen: Was, wann und wie viel produziert wird, kann nur auf Basis über-lebensnotwendiger Kenntnisse über das Nachfragerverhalten festgelegt werden; daraus wiederum ergeben sich Konsequenzen für die Beschaffung, die Investitions- und Beschäfti-gungspolitik – kurz, alle Tätigkeitsfelder und Aktivitäten des Unternehmens sind tangiert.

Im Zuge der mehrfach erwähnten »Verschlankung« der Produktion und – damit einher-gehend – der Verlagerung klassischer Management-Funktionen auf unmittelbar in den Fertigungsprozess eingebundene Stellen kommen auch die traditionell mit technischen Fragestellungen befassten Funktionsträger nicht umhin, sich mit Problemstellungen des Absatzes zu befassen.

Die Einbettung von Marketing und Vertrieb als Abteilung in die Gesamtorganisation des Betriebes kann nach den bereits bekannten Prinzipien entweder funktionsbezogen (funk-tional) oder objektbezogen (divisional) erfolgen.

In letzterem Falle bieten sich folgende Unterscheidungskriterien an:

– Verkaufsgebiete,
– Produkte,
– Vertriebswege,
– Kunden.

Das Marketing im engeren Sinne (s. o.) wird meist **produktbezogen** als Stabsstelle organisiert. Einzelne Produkte werden von so genannten Produktmanagern betreut. Die Aufbauorganisation des Vertriebes orientiert sich dagegen häufig am **Regionalprinzip.** Zwischen dem Marketing-Stab und den Vertriebsregionen können Konflikte daraus resultieren, dass die regionalen Vertriebsleiter ihre Märkte und Kunden eigenständig bedienen und betreuen, während die einzelnen Produktmanager mangels entsprechender Kontakte lediglich produktbezogen, ggf. herstellerbezogen, jedoch kaum kundenbezogen planen.

Ein Ansatz, der diesen Mangel vermeiden soll, ist der **Profit-Center**-Gedanke: Das Unternehmen wird in selbstständige Einheiten, so genannte »strategische Geschäftseinheiten«, aufgeteilt, von denen jede einen Markt bedient. In den Bereichen Marktforschung, Vertrieb und Kommunikation erfolgt diese Teilung notwendigerweise strikt und vollständig, während es häufig nicht sinnvoll und wirtschaftlich vertretbar ist, Funktionen wie Einkauf, Produktion, Verwaltung von jeder einzelnen Geschäftseinheit wahrnehmen zu lassen.

KLIS stellt folgende Grundsätze für die Bildung von **strategischen Geschäftseinheiten** (SGE) auf:

– Das **Produktprogramm** der Geschäftseinheit muss nach Markt und Technik abgrenzbar und strategisch zu beschreiben sein.

– Der Leiter und das Team der Geschäftseinheit müssen **Dispositionsfreiheit** bei Einkaufs-, Produktions-, Lagerhaltungs- und Absatzentscheidungen haben.

– Kosten und Leistungen müssen nach Geschäftseinheiten **verursachungsgerecht zugeordnet** werden können. Die Geschäftseinheiten müssen eigene Informationsverarbeitung nach innen (Soll-/Ist-Vergleich) und nach außen (Markt, Konkurrenten etc.) haben.

Der Vorteil der Profit Center-Organisation liegt darin, dass große Unternehmen etwas von der Flexibilität kleiner Unternehmen erhalten. KLIS weist jedoch auf die Gefahr hin, dass eine Fixierung auf den Deckungsbeitrag der eigenen Geschäftseinheit zu Egoismen und einer Vernachlässigung der Ziele und Möglichkeiten des Gesamtunternehmens führen kann.

### 4.1.3.4    Der Marketingablauf: Vom Marketing-Konzept zum Marketing-Mix

Modernes Marketing will das Marktgeschehen bewusst und aktiv gestalten.

Ausgehend von der Ist-Situation und von Erwartungen über zukünftige Entwicklungen werden Ziele gesetzt, Strategien entwickelt und absatzpolitische Maßnahmen geplant.

Den Ablauf eines Marketing-Prozesses zeigt die folgende Abbildung.

Die Zielfestlegung, Strategieentwicklung und die konkrete Maßnahmenplanung orientieren sich am verfolgten **Marketingkonzept,** das zunächst als grundsätzliche Prämisse formuliert und im Laufe des Marketing-Prozesses immer weiter konkretisiert wird.

Die Literatur beschreibt im Wesentlichen die folgenden Marketingkonzepte (meist, wie auch hier, als Antonyme, d. h. gegensätzliche Begriffe):

– Verkaufskonzept und Modernes Marketingkonzept,
– Branchenkonzept und Marktkonzept,
– Produktkonzept und Produktionskonzept.

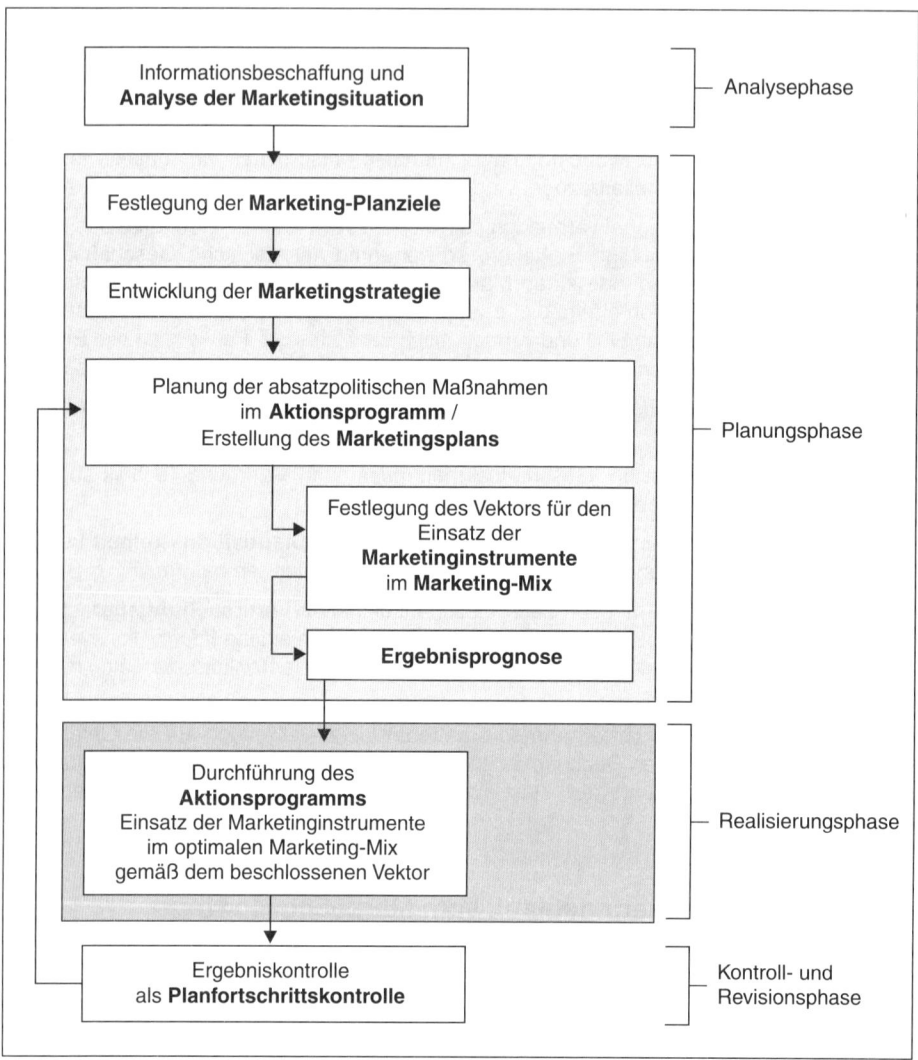

Marketing-Prozess

## Verkaufskonzept und Modernes Marketingkonzept

Während sich die klassische produzentenorientierte Absatzwirtschaft in mehr und mehr gesättigten und von Vielfalt gekennzeichneten Märkten mit dem Problem konfrontiert sieht, vorhandene Produkte mit immer aggressiveren Methoden »an den Mann bringen« zu müssen und alle Verkaufsbemühungen und Werbeanstrengungen hierauf abstellt (**»Verkaufskonzept«**), stellt das **moderne Marketingkonzept** als Unternehmensführungskonzept den Kunden und seine Wünsche in den Mittelpunkt.

Wenn Marketing in diesem Sinne konsequent betrieben, also genau das angeboten würde, was sich eine bestimmte Gruppe von Nachfragern zu genau diesem Zeitpunkt zu den gebotenen Konditionen wünscht, ergäbe sich als logische Konsequenz der Absatz quasi »von selbst«: Aggressive Verkaufsmethoden und marktschreierische Werbung wären in diesem Idealfall nicht mehr erforderlich, denn es würde genügen, die Zielgruppe über das

Angebot in Kenntnis zu setzen und von seiner »Passgenauigkeit« zu überzeugen. Ein erfolgversprechendes Marketing-Konzept muss daher das Ziel verfolgen, markt- und kundenorientiert zu sein.

– **Marktorientierung** bedeutet hier präzise Bestimmung eines Zielmarktes,

– **Kundenorientierung** stellt die Erforschung von und Ausrichtung an Kundenwünschen in den Mittelpunkt.

Der Zusammenhang soll anhand eines Beispiels verdeutlicht werden.

*Die neu gegründete »Freezy Tiefkühlgerichte GmbH« will nicht einfach noch eine weitere Anbieterin von Tiefkühlkost sein, sondern einen ganz bestimmten Markt bedienen, nämlich den der berufstätigen Singles. Die Geschäftsleitung vermutet, dass im Marktsegment »Tiefkühl-Fertiggerichte für berufstätige Singles« vor allem einzeln portionierbare, für Mikrowellenzubereitung geeignete und besonders gesunde – z. B. vollwertige und vegetarische – Gerichte von hoher Qualität den Nerv der – auch zur Zahlung höherer Preise bereiten – Kunden treffen. Diese Vermutung soll durch entsprechende Marktforschung untermauert werden.*

In obigem Beispiel muss das Konzept zunächst geeignet sein, Neukunden zu erschließen. Ein Marketing-Konzept ist aber nur dann dauerhaft erfolgreich, wenn es gelingt, Neukunden in Stammkunden zu wandeln; denn diese sind langfristige Garanten der Unternehmensexistenz und zudem »billiger« als Neukunden, da sie keiner besonderen werblichen Anstrengungen bedürfen. Neukunden werden aber nur dann zu Stammkunden, wenn sie durch die erhaltene Leistung zufriedengestellt wurden. Oberstes Ziel erfolgreichen Marketings ist daher die Erreichung der **Kundenzufriedenheit.** Hieraus wird deutlich, dass es beim Marketing nicht allein um auffällige Werbung und originelle Verkaufsmethoden gehen kann, sondern letztlich Werte wie Produktqualität und Service die entscheidende Rolle spielen. Damit ist Marketing ganz offensichtlich nicht alleinige Aufgabe der Absatzabteilung, sondern erfasst und betrifft das Unternehmen in seiner Gesamtheit, und das Marketing-Konzept ist die Unternehmensphilosophie, die die Ermittlung der Kundenwünsche und deren wirksame und zugleich wirtschaftliche Befriedigung in den Vordergrund stellt.

**Branchenkonzept und Marktkonzept**

Wesentlich für den Erfolg des eigenen Marketing ist die genaue Kenntnis der Konkurrenzsituation auf dem Markt, den das eigene Unternehmen bedient oder bedienen will. Häufig konzentrieren sich Unternehmen in ihren Untersuchungen auf diejenigen Mitbewerber, die das gleiche oder annähernd gleiche Produkt anbieten. Diese Betrachtungsweise wird als **Branchenkonzept** bezeichnet.

Aus Sicht der Kunden-Zielgruppe, die ein Bedürfnis empfindet, gibt es aber möglicherweise auch anders geartete Produkte, die geeignet sind, dieses Bedürfnis zu befriedigen. Aus dem Kundenstandpunkt heraus ist die Gruppe der zu beachtenden Mitbewerber also durchaus erheblich größer. Es macht daher Sinn, den Mitbewerbermarkt aus Marktsicht zu betrachten; in diesem Falle spricht man vom **Marktkonzept.**

*Auf dem Markt für einzeln portionierte Tiefkühl-Fertiggerichte kann die von der Freezy GmbH beauftragte Marktforschungsgruppe nur einen Mitbewerber ausmachen. Kundenbefragungen ergeben jedoch, dass der Zielgruppe die Eigenschaft »tiefgekühlt« an sich nicht besonders wichtig ist, sondern die Anforderungen »haltbar, schnell zuzubereiten und platzsparend aufzubewahren« im Vordergrund stehen. Diese werden sowohl von Tiefkühlkost als auch von haltbaren, nicht gekühlten – eingedosten oder -geschweißten – Fertiggerichten erfüllt. Hier wiederum gibt es zwei weitere bundesweit anbietende Mitbewerber, die folglich in die weitere Betrachtung einbezogen werden müssen.*

## Produktkonzept und Produktionskonzept

Die Begriffe des Produktkonzepts bzw. Produktionskonzepts in der folgend wiedergegebenen Bedeutung (Achtung: Abschnitt 4.2.2.1.2 verweist auf einen hiervon abweichenden Gebrauch des Begriffs »Produktkonzept« – wie etliche andere Marketingbegriffe auch ist dieser Begriff in der einschlägigen Literatur mehrfach besetzt) entstammen dem klassischen Industriemarketing und stehen insoweit im Gegensatz zur modernen Marketing-Philosophie, als sie das Produkt bzw. die Produktion und nicht den Kunden bzw. den Markt in den Vordergrund stellen.

– Beim **Produktkonzept** ist es das Bestreben des Unternehmens, Produkte von möglichst guter Qualität, hoher Leistung, bestmöglicher Gestalt usw. herzustellen und ständig zu verbessern, weil angenommen wird, dass die Konsumenten Produkte mit optimalen Produkteigenschaften bevorzugen. Man kann diesem Konzept daher nicht vorwerfen, dass es sich nicht um Kundenwünsche kümmere; andererseits untermauert es seine Annahme nicht durch Marktforschung und birgt auch die Gefahr der Verzettelung und Verzögerung des Markteintritts: Möglicherweise kommt das Produkt nach vielen Optimierungsschritten erst dann auf den Markt, wenn es für die Konsumenten schon nicht mehr interessant ist.

– Im Gegensatz hierzu bevorzugt das **Produktionskonzept** diejenigen Produkte, die am effizientesten hergestellt und vertrieben werden können. Dabei wird unterstellt, dass die Konsumenten solche Produkte bevorzugen, die preisgünstig und überall ohne Zeitverlust erhältlich sind. Dies soll durch einen hohen Fertigungsausstoß zu optimierten Stückkosten und flächendeckende Distribution erreicht werden. Auch hier stehen der Kunde bzw. der Markt nur scheinbar im Vordergrund, denn tatsächlich ist die unterstellte Kundenpräferenz nicht belegt, und die Konzentration auf schnelle und billige Bereitstellung birgt die Gefahr der Vernachlässigung der Qualität.

Ein in den USA gängiger Spruch besagt:    ...oder kurz und knapp:

You can have it
fast,
cheap
or good
– select any two
of the above!

Fast,
cheap,
good

**choose two!**

(»Sie können es schnell, billig oder gut haben – wählen Sie zwei dieser Eigenschaften!«)

Damit ist auch das Dilemma dieser beiden Konzepte »auf den Punkt gebracht«: Das Produktkonzept ist möglicherweise nicht schnell, das Produktionskonzept möglicherweise nicht gut genug.

Das Marketingkonzept mündet ein in einen **Marketingplan (»Policy-Paper«).**

Die konkrete Ausgestaltung der Marketingplanung bis hin zur Festlegung des Marketing-Mix wird in Abschnitt 4.1.3.6 ausführlich behandelt. Die Prozesse, die bei neuen Produkten von der ersten Idee bis zur Markteinführung vollzogen werden, sind Gegenstand der Darstellung in Abschnitt 4.2.2. Zuvor soll aber auf die Informationsbeschaffung mittels des Instrumentariums der Marktforschung eingegangen werden.

## 4.1.3.5    Marktforschung

Im Unterschied zur Markt**erkundung,** die eine unsystematische Beschäftigung mit den Absatzmöglichkeiten – etwa durch den Besuch von Messen oder das Studium von Fachveröffentlichungen – darstellt, ist die Marktforschung eine systematische Untersuchung des Marktgeschehens mit wissenschaftlichen Methoden. Angesichts immer kürzerer Produktlebenszyklen, eines ständig härter werdenden Wettbewerbs und einer zunehmenden Komplexität der Unternehmensumwelt, die Entscheidungen »aus dem Bauch heraus« deutlich erschwert und nach objektiven Kriterien für die Entscheidungsfindung verlangt, wächst der Bedarf der Unternehmen an aktuellen, verlässlichen Marktinformationen. Dies gilt vor allem in Zusammenhang mit der Konzipierung und Markteinführung neuer Produkte, die mit beträchtlichen wirtschaftlichen Risiken verbunden ist: Produkt-»Flops« zu vermeiden ist ein wesentliches Anliegen von Unternehmen, die Marktforschungen betreiben oder in Auftrag geben. Aber auch für gut im Markt positionierte Unternehmen und Produkte gilt das Gebot der ständigen Beobachtung der Unternehmensumwelt und des Marktgeschehens. Die Aufbereitung und Analyse der von der Marktforschung gelieferten Informationen stellt ein **Frühwarnsystem** dar, das die rechtzeitige Gegensteuerung bei Auftreten unerwünschter Effekte (etwa der Häufung von Unzufriedenheit bei Kunden) oder die rechtzeitige Reaktion auf Veränderungen (etwa sich abzeichnende Modewechsel oder Änderungen in der Werthaltung potentieller Kunden gegenüber bestimmten Sachverhalten) ermöglicht.

Ausgangspunkt jeder Marktforschung ist die präzise Ausformulierung der zu untersuchenden Fragestellung als Voraussetzung für die Festlegung, welche Informationen überhaupt gewonnen werden sollen. Der Charakter und die Verfügbarkeit dieser Informationen entscheidet wiederum über die in der Marktforschung anzuwendenden **Methoden** (= begründete, planmäßige Vorgehensweisen) und **Verfahren** (= ausführbare Vorschriften zur gezielten Anwendung von Methoden – oft auch als **Techniken** bezeichnet). Alle getroffenen Entscheidungen bilden gemeinsam das so genannte **Forschungsdesign (Research Design).**

Im Folgenden wird die Marktforschung aus dem Blickwinkel der Absatzwirtschaft betrachtet. Marktforschung findet aber auch an den anderen Märkten statt, auf denen sich das Unternehmen bewegt. Die Ausführungen sind – entsprechend modifiziert – auf den Beschaffungs-, den Kapital- und den Arbeitsmarkt übertragbar.

## 4.1.3.5.1    Anwendungsgebiete der Marktforschung

Aufgabe der Marktforschung ist es, das Marktgeschehen transparent zu machen und so die optimale Gestaltung des Absatzmarktes für eigene Produkte zu ermöglichen. Moderne Marktforschung fragt danach, »wer wie viel wovon wann weshalb wo und zu welchen Bedingungen benötigt«. Die für die Beantwortung dieser Fragen benötigten Informationen betreffen

– die allgemeine Wirtschaftslage,
– allgemeine Entwicklungstendenzen in der Wirtschaft,
– die Branchenlage und -entwicklung, vor allem die Konkurrenzsituation,
– Marktchancen für Produkte,
– Vertriebswege,
– Werbestrategien,
– Käufermotive.

Im Mittelpunkt aller Fragestellungen stehen das Käuferverhalten (Bedarfsforschung) sowie die Wettbewerbssituation. Letztere wurde bereits in Abschnitt 4.1.2.2 ausführlicher betrachtet. An dieser Stelle wird daher nur näher auf die Bedarfsforschung eingegangen.

### Bedarfsforschung: Die Erforschung des Käuferverhaltens

Manche Eigenschaften der (potenziellen) Produktnachfrager sind Fakten, die entweder direkt von Außenstehenden wahrgenommen werden oder eindeutig erhoben werden können.

Zu diesen **objektiv wahrnehmbaren Käufermerkmalen** gehören

- Alter, Geschlecht, Familienstand (biologisch-demografische Merkmale),
- Beruf, Einkommen, Wohnverhältnisse, soziale Schicht (soziografische Merkmale) und
- Aktionen am Markt, z. B. Kaufhandlungen.

Dagegen sind

- Vorstellungen, Meinungen und Werthaltungen,
- Kenntnisse und
- Wahrnehmungen

**subjektive Merkmale,** für Außenstehende nicht ohne weiteres wahrnehmbar.

Die Erkundung soll Informationen darüber liefern, mit welchen Mitteln das gewünschte Kaufverhalten hervorgerufen werden kann, d. h. welche Marketing-Instrumente in welcher Weise sinnvoll einzusetzen wären.

Mit den nachfolgend geschilderten Methoden der Marktforschung – Befragung, Beobachtung, Experiment – kann das Käuferverhalten nicht restlos befriedigend ermittelt und erklärt werden. Eine sinnvolle Ergänzung der Analyse stellen die Erkenntnisse der Psychologie und Soziologie dar, die für die Unterscheidung von »Käufertypen« eine Rolle spielen.

In einer »klassischen« Einteilung werden folgende **Käufertypen** unterschieden:

- **Rationaler Typ:** Der rational handelnde Käufer trachtet nach optimaler Befriedigung seiner Bedürfnisse. Er kauft erst nach ausführlicher Information und umfänglichem Vergleich.

- **Impulsiver Typ:** Der impulsive Käufer reagiert spontan auf den von einem Produkt ausgehenden Kaufanreiz.

- **Gewohnheitskäufer:** Gute Erfahrungen aus der Vergangenheit lassen den gewohnheitsmäßig handelnden Käufer immer wieder zu den gleichen bewährten Produkten greifen; eine Überprüfung oder Revision der einmal getroffenen Wahl durch Vergleich findet nicht statt.

- **Sozial abhängiger Käufer:** Dieser Typ entscheidet nicht ökonomisch nach dem Prinzip des maximalen Nutzens, sondern entsprechend den Vorgaben seiner sozialen Umwelt.

Diese Idealtypen sind aber in reiner Form kaum anzutreffen; jeder Käufer vereinigt Eigenschaften aller Typen in sich, die – je nach Art und Bedeutung der Kaufentscheidung – diese in unterschiedlichem Ausmaße beeinflussen.

In den letzten Jahrzehnten hat eine Fülle von Untersuchungen, die in den letzten Jahrzehnten teils im Auftrag von Unternehmen oder Unternehmensverbänden, teils auch von unabhängigen Instituten und an Hochschulen durchgeführt wurden, eine ebensolche Fülle von Klassifizierungen von »Käufertypen« oder »Kundentypen« (was nicht zwangsläufig dasselbe bedeutet) hervorgebracht. Relativ bekannt ist die Unterscheidung, die auf eine repräsentative Untersuchung der Zeitungs-Marketing-Gesellschaft (ZMG) in Frankfurt aus dem Jahre 1999 zurückgeht. Sie ergab die folgenden sechs Käufertypen:

- Der **anspruchsvolle Käufer** ist markenbewusst, ausprobierfreudig, kauft gern in modern wirkenden Geschäften und leistet sich ab und zu Güter, die er als luxuriös einstuft. Zu dieser Gruppe, zu der viele Gutverdiener gehören, zählt sich etwa jeder fünfte Deutsche.

- Der **Schnäppchenjäger** achtet besonders auf den Preis und auf Sonderangebote. Dieser Gruppe rechnet sich etwa jeder sechste Deutsche zu; der Einkommensdurchschnitt ist eher niedrig.

– Der **informationsorientierte Käufer,** ebenfalls jeder sechste, nimmt sich Zeit für seine Kaufentscheidung und bereitet sich intensiv vor. Diese Gruppe verfügt durchschnittlich über ein gehobenes Einkommen.

– Einer Mischung aus Schnäppchenjäger und informationsorientiertem Käufer (**»informationsorientierter Schnäppchenjäger«**) rechnet sich etwa jeder zehnte Deutsche zu.

– Die mit 30 % größte Gruppe stellen die **»hybriden Käufer«** dar, die hohe Ansprüche haben, gleichzeitig nach Schnäppchen jagen und sich vor dem Kauf informieren.

– Die verbleibenden ca. 10 % bezeichnen sich als **»Einkaufsmuffel«.**

Diese Gruppeneinteilung darf jedoch nicht dahingehend missverstanden werden, dass es sich um jeweils intern homogene Gruppen handelte: Tatsächlich unterscheiden sich vor allem in der größten Gruppe der »hybriden Käufer« die individuellen Gepflogenheiten sehr stark: So kann nicht verallgemeinert werden, für welche Güter bereitwillig hohe Preise gezahlt werden und bei welchen Gütern auf den Cent geachtet wird.

Faktoren, die in die Kaufentscheidung einfließen und in der Person des Käufers belegen sind, werden **endogene** Faktoren genannt. Unterschieden werden diese in

– **ökonomische Faktoren:** Der Käufer bildet eine Rangordnung seiner persönlichen Konsumziele, handelt nach dem ökonomischen Prinzip der Nutzenmaximierung und berücksichtigt dabei die ihm verfügbaren Mittel;

– **psychologische Faktoren:** Kaufentscheidungen werden von Gefühlen, Stimmungen, Meinungen, Vorurteilen und weiteren Faktoren mitbestimmt. Eine wesentliche Rolle spielt hierbei die Dringlichkeit des Mangels, der durch einen Kauf behoben werden soll;

– **soziologische Faktoren:** Das Kaufverhalten wird durch die Zugehörigkeit des Käufers zu einer sozialen Schicht und die damit einhergehenden Normen, Werte, Regeln und Vorschriften geprägt. Wichtigste einflussnehmende Gruppe ist die Familie.

## 4.1.3.5.2 Informationsquellen der Marktforschung

In Hinblick auf die heranzuziehenden Informationsquellen werden primäre und sekundäre Quellen unterschieden. Dementsprechend wird von Sekundärforschung (**Desk Research**) und Primärforschung (**Field Research**) gesprochen.

– Unter **Sekundärforschung** ist die Auswertung bereits vorhandenen, für andere als marktforscherische Zwecke beschafften Materials (»Sekundärmaterial«) zu verstehen. Für die Gewinnung des Sekundärmaterials kommen (unternehmens-)interne und externe Quellen in Betracht. Interne Quellen sind z. B. das Rechnungswesen und Controlling, Absatzstatistiken oder von Außendienstmitarbeitern aufgezeichnete Kundenwünsche. Als externe Quellen kommen z. B. Fachveröffentlichungen, Untersuchungsergebnisse der Verbände und Kammern, statistische Jahrbücher usw. in Betracht.

– **Primärforschung** ist die erstmalige Erhebung von Marktdaten speziell zum Zwecke der Marktforschung. Verfahren der Primärforschung sind

– die **Marktanalyse,** eine einmalige, zeitpunktbezogene Untersuchung der Marktstruktur, die z. B. häufig vor der Einführung eines neuen Produktes durchgeführt wird;

– die **Marktbeobachtung** als fortlaufende Erfassung der Marktentwicklung mit dem Ziel, Veränderungen und Tendenzen frühzeitig anzuzeigen;

– die **Marktprognose,** die die Ergebnisse der Marktanalyse bzw. Marktbeobachtung zwecks Abschätzung künftiger Marktentwicklungen in die Zukunft überträgt (extrapoliert).

### 4.1.3.5.3   Methoden und Techniken der Marktforschung

Die Methoden der Marktforschung unterscheiden sich hinsichtlich des Untersuchungs-gegenstandes, der angewendeten Verfahren und Techniken sowie des ausgewerteten Materials.

Nach dem Untersuchungsgegenstand unterscheidet man

- **demoskopische** Marktforschung als Erforschung des Käuferverhaltens (etwa durch Befragung oder Beobachtung von Angehörigen der Zielgruppe);

- **ökoskopische** Marktforschung als Untersuchung objektiv quantifizierbarer Marktgrö-ßen wie Preise, Mengen und Marktanteile.

In der Durchführung von Marktanalysen und -beobachtungen werden folgende Verfahren und Techniken angewendet:

- **Befragung:** Schriftliche oder mündliche Auskunftseinholung bei bisherigen und/oder künftigen Käufern zur Ermittlung ihrer Kaufgewohnheiten, Erwartungen, Vorlieben usw. mittels **Fragebogen** oder **Interview.** Während Interviews sehr zeit- und personalauf-wändig sind, dafür aber ausführliche und präzise Antworten liefern, sind Fragebogenak-tionen mit geringerem Aufwand durchführbar; der Rücklauf ausgefüllter Fragebögen ist jedoch zumeist gering.

- **Beobachtung:** Das Verhalten von Menschen in Marktsituationen, etwa das Einkaufs-verhalten im Supermarkt, wird entweder in Form einer teilnehmenden Beobachtung, bei der der Untersuchungsdurchführende die Testperson begleitet, oder als nichtteilneh-mende Beobachtung festgestellt.

- **Experiment:** Beim Laborexperiment wird eine feste Anzahl von Testpersonen im Rah-men einer kontrollierten Versuchsanordnung befragt oder beobachtet. Dagegen ist der Markttest oder Produkttest ein Feldexperiment, bei dem ein Produkt auf einem regional begrenzten Markt getestet wird (nicht zu verwechseln mit dem **Warentest,** der die Er-probung eines Produktes hinsichtlich Funktionalität, Qualität und Sicherheit darstellt). Beim **Storetest,** der auch als kontrollierter Markttest bezeichnet wird, werden neue Produkte probeweise in das Sortiment bestimmter, in einem **Handelspanel** beteiligten Läden aufgenommen und dort unterschiedlich platziert und präsentiert. Die Auswirkun-gen der einzelnen Verkaufsförderungsmaßnahmen auf den Absatz können anhand der Abverkäufe kontrolliert werden.

Eine Befragung, eine Beobachtung oder ein Experiment kann in aller Regel nicht als Voller-hebung durchgeführt werden, also nicht jeden einzelnen (potenziellen) Käufer einbeziehen. Vielmehr wird eine Personengruppe gebildet, die in ihrer Zusammensetzung die Gesamtheit repräsentiert. Die Mitglieder dieser Gruppe werden durch ein **Stichproben**verfahren ermit-telt. Häufig wird der auf diese Weise ermittelte Personenkreis über einen längeren Zeitraum beobachtet. Diese Form der permanenten Stichprobe wird als **Panelforschung** bezeichnet.

#### *Marktforschung in der Praxis: Das Beispiel Haßloch*

*Wie wirken Werbebotschaften auf das Konsumverhalten? Die Gesellschaft für Konsum-forschung (GfK) hat schon 1986 eine ganze Gemeinde angeworben, um die Wirkung von TV-Werbespots auf den Absatz vor allem neuer Produkte zu testen. Die pfälzische 20000-Einwohner-Gemeinde Haßloch ist der ideale Testmarkt; denn 90–95 % aller Einkäufe erledigen die Haßlocher in den Einzelhandelsgeschäften am Ort, und ihre Kaufkraft entspricht zu 100 % dem Bundesdurchschnitt. Entscheidend für die Auswahl von Haßloch war aber der Umstand, dass hier das erste deutsche Kabelfernseh-Projekt durchgeführt wurde. Die 3000 beteiligten Haushalte (von 9000 insgesamt im Ort vorhandenen) wurden so ausgewählt, dass sie in ihrer Zusammensetzung den*

*Durchschnitt aller bundesdeutschen Haushalte hinsichtlich Alter, Familiengröße und Einkommenshöhe repräsentieren.*

*Wenn ein Hersteller die GfK beauftragt, den Absatz eines neuen Produktes in Abhängigkeit von den gewählten Verkaufsförderungsmaßnahmen zu testen, wird dieses Produkt in den Supermärkten des Ortes platziert und gleichzeitig eine Werbekampagne gestartet, die aber nur von 2000 der beteiligten 3000 Haushalte wahrgenommen wird: Mittels einer speziellen Vorrichtung an ihrem Fernseher können die von den meistgesehenen sieben Sendern ausgestrahlten Werbespots mit speziell für den Testmarkt produzierten Spots überblendet werden, während die anderen 1000 beteiligten Haushalte, ebenso wie der Rest der Republik, den regulären Werbefilm sehen. Ein anderes Werbemedium ist die Fernsehzeitschrift »Hör zu«: Alle 3000 Testhaushalte erhalten diese Zeitschrift kostenlos, aber in 2000 Exemplaren sind zusätzliche Werbeanzeigen platziert. In der Folgezeit wird festgestellt, welche Haushalte zu dem neuen Produkt gegriffen haben, denn jeder Testhaushalt ist mit einer Identifikations-Chipkarte ausgestattet, die bei jedem Einkauf vorgelegt wird und die Einkäufe registriert.*

*Je Produkt dauert die Testphase für gewöhnlich 28 Wochen. Diese Zeit reicht in der Regel aus, um auch die Produktakzeptanz zu messen: Diese drückt sich in der Wiederverkaufsrate aus. Für Produkte, die für gewöhnlich sehr lange in Gebrauch sind (z. B. Seife), kann die Testphase verlängert werden.*

*Den Unternehmen, die ihre Produkte und ihre Werbung zunächst in Haßloch testen lassen, liefert dieser Mikromarkttest wichtige Erkenntnisse für die Einführung auf dem angestrebten Gesamtmarkt: Vor allem können kostenträchtige »Flops« rechtzeitig erkannt und vermieden werden. Die in der Regel sechsstelligen Kosten der Beteiligung an dem Feldexperiment sind daher durchaus gut angelegt. (Quelle: Frank GOTTA: »Haßloch, das Experimentierfeld für Marktforscher«, aus »Die Welt« vom 21.6.1996)*

## 4.1.3.6    Marketingplanung

Für die Marketingplanung empfiehlt sich ein System aus strategischen (langfristigen, auf ca. fünf bis zehn Jahre angelegten) und operativen **Plänen,** wobei letztere in mittelfristige (> 1 Jahr bis 5 Jahre) und kurzfristige (max. 1 Jahr umfassenden) unterteilt werden können.

Der Konkretisierungsgrad der Planung ist umso größer, je kürzer der Planungszeitraum ist. Planungsprinzip ist die **rollierende Planung:** Aktuelle Entwicklungen und die aus ihnen resultierenden Planabweichungen im Kurzfristbereich werden analysiert und zum Anlass für Nachsteuerungen im Mittel- und Langfristbereich genommen.

Ausgangspunkt der Marketingplanung ist eine Situationsanalyse, auf deren Basis die strategische Zielsetzung und Planung erfolgt. An dieser wiederum orientieren sich die mittel- und kurzfristigen Planungen. Eine beispielhafte Abfolge für eine Marketingplanung, die sich an der in Abschnitt 4.1.3.4 enthaltenen Abbildung der Abfolge des Marketingprozesses orientiert, zeigen die folgenden Abschnitte. In der einschlägigen Literatur finden sich darüber hinaus viele weitere Empfehlungen und Vorschläge für die Abfolgen im Marketingprozess und die darin einzusetzenden Instrumente. Nicht zuletzt ist die Konzeption und Begleitung von Marketingprozessen ein wesentliches Betätigungsfeld professioneller Unternehmensberatungen.

## 4.1.3.6.1    Situationsanalyse

Daten zur Marktsituation können betriebsintern (aus dem Controlling) oder extern (durch Marktforschungsinstitute, Veröffentlichungen von Kammern und Verbänden usw.) gewonnen werden. Ausgehend von dieser Analyse der aktuellen Marketingsituation kann eine

Chancen- und Gefahrenanalyse durchgeführt werden. Ein dem BCG-Ansatz (vgl. Abschn. 4.1.2.3) ähnelndes, aber weniger das Unternehmens- als vielmehr das Kundeninteresse in den Mittelpunkt stellendes Instrument ist das **Produktpositionierungs-Diagramm,** mit dessen Hilfe bereits von Mitbewerbern besetzte bzw. noch nicht besetzte, also Marktchancen eröffnende, Marktfelder identifiziert werden können. Die Einordnungskriterien sind dabei Preis und Qualität, die Einordnung erfolgt aus Kundensicht.

*Die Leitung der »Freezy Tiefkühlgerichte GmbH« hat eine Untersuchung der Konkurrenzsituation auf dem Markt für Fertiggerichte in Auftrag gegeben und betrachtet nun das Ergebnis, das in Form eines Produktpositionierungs-Diagramms vorliegt:*

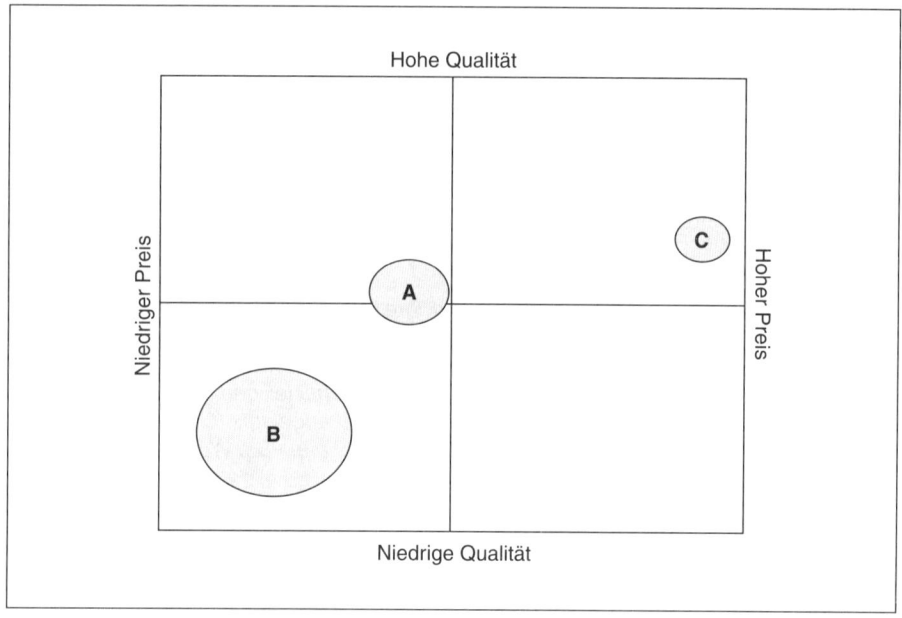

Produktpositionierungs-Diagramm

*Nach ihrem jeweiligen Marktanteil sind die Mitbewerber A, B und C unterschiedlich groß eingezeichnet. Der als qualitativ am besten eingestufte Mitbewerber C ist aufgrund des vergleichsweise sehr hohen Preises zugleich der absatzschwächste. Mitbewerber B gilt als »eher schlecht, aber billig« und besetzt einen erheblich höheren Marktanteil als der im Preis-Leistungsverhältnis als besser einzustufende Mitbewerber A.*

*Da Fa. Freezy an der Gewinnung von Stammkunden gelegen ist, versteht sich von selbst, dass die Besetzung des freien Feldes »hoher Preis/niedrige Qualität« nicht in Frage kommt. Die Geschäftsleitung ist sich vielmehr einig darin, sich rechts oberhalb von A anzusiedeln: Mitbewerber A vertreibt seine Produkte bekanntermaßen nur über Reformhäuser und betreibt kaum Werbung. Die Freezy-Leitung sieht daher ihre Chance im Verkauf in Supermärkten in Verbindung mit größeren Werbeanstrengungen. Im Marketing-Plan werden neben den Chancen auch die Gefahren und Probleme ausführlich dargelegt.*

*Als Gefahr wird die demographische Entwicklung angesehen: Es scheint, dass sich der typische Singlehaushalt mehr und mehr vom jungen, freizeitorientierten Menschen mit wenig Lust zum Kochen zum Ein-Rentner-Haushalt entwickelt. Einige Mitglieder der Geschäftsleitung bezweifeln, dass Tiefkühl-Fertiggerichte von dieser Gruppe gekauft werden. Künftige Marktforschung soll sich unter anderem auf diese Frage konzentrieren.*

## 4.1.3.6.2   Festlegung der Planziele

Eine sehr wesentliche Festlegung im Rahmen der Marketing-Planung betrifft die zu verfolgenden Ziele. Dabei ist für jede Planungsstufe (strategisch/langfristig, mittelfristig und kurzfristig) anzugeben, welches Ziel bis wann erreicht werden soll und an welchen Kenngrößen die Zielerreichung gemessen werden kann.

*Die Freezy-Geschäftsleitung legt folgende **Finanzziele** fest:*

*Die Eigenkapitalrentabilität soll im ersten Jahr 10 % betragen und in jedem weiteren Jahr bis einschließlich 2018 um jeweils 2 % steigen. Demzufolge muss im ersten Jahr ein Gewinn von 2 Mio EUR erwirtschaftet werden.*

*Hieraus sind folgende **Marktziele** ableitbar:*

*Die Umsatzrendite im Zielmarkt ist mit 3 % anzunehmen. Folglich muss sich, damit ein Gewinn von 2 Mio erzielt werden kann, der Umsatzerlös auf ca. 66 Mio belaufen. Bei einem angenommenen Erlös von 1,70 je Packung (= Abgabepreis an den Handel; der empfohlene Verkaufspreis soll 3,20 betragen) müssen also im ersten Jahr 38,9 Mio Packungen abgesetzt werden. Nach Ablauf des ersten Jahres soll die Markenbekanntheit für Freezy-Tiefkühlgerichte in der Käufer-Zielgruppe mindestens 30 % betragen; bis 2018 soll der Bekanntheitsgrad auf 75 % gestiegen sein.*

## 4.1.3.6.3   Die Marketing-Strategie

Die Marketing-Strategie gibt an, auf welche Weise die Marktziele – und damit auch die Finanzziele – erreicht werden sollen. Entscheidend für die Wahl der Marktstrategie ist die Entwicklung auf diesem Markt, denn aus dieser ergibt sich, wie der **Markteintritt** gelingen kann:

– Auf einem **stagnierenden Markt** müssten bereits von Mitbewerbern besetzte Marktanteile übernommen, schon eingeschliffene Konsumentenvorlieben also – etwa durch preispolitische Maßnahmen – durchbrochen werden **(Marktdurchdringungsstrategie)**, oder es müsste gelingen, über entsprechende Werbemaßnahmen ein Marktwachstum anzuregen.

– **Marktwachstum** wiederum könnte bedeuten, dass entweder die vorhandenen Konsumenten öfter als bisher zu dem betreffenden Produkt greifen oder neue Abnehmergruppen gewonnen, also neue Märkte für das Produkt eröffnet werden können **(Wachstumsstrategie, Marktentwicklungsstrategie)**.

– Konsequente Kundenorientierung und Orientierung am Marktkonzept bedingen die Suche nach Produktinnovationen, mit denen am Markt vorhandene und noch nicht hinreichend bediente Bedürfnisse befriedigt werden können. Unternehmen, die sich vorrangig auf spezifische Kundenkreise und weniger auf bestimmte Produkte konzentrieren, werden die **Produktentwicklungsstrategie,** also die Entwicklung neuer Produkte für bereits erschlossene Märkte und Zielgruppen, lohnend finden. Sie ist allerdings mit größeren Unsicherheiten behaftet als diejenigen Strategien, die sich auf die Marktpositionierung vorhandener Produkte stützen.

– Anders als die Produktentwicklungsstrategie setzt die **Diversifikationsstrategie** auf die Entwicklung neuer Produkte für neu zu erschließende Märkte. Sie ist damit die chancen-, aber zugleich – zumindest in der Phase des Markteintritts – risikoreichste der hier aufgeführten Strategien. Ist die Diversifikation gelungen, verfügt das Unternehmen also über »mehrere Standbeine« in Form unterschiedlicher Produkte und/oder Märkte, die sich jeweils hinreichend unterscheiden, gilt die Diversifikation als probates Mittel der Risikoverteilung. Hierauf wird später noch näher eingegangen werden.

Diese Strategien können in einer **Produkt-Markt-Matrix** dargestellt werden, die nach ihrem Erfinder, dem russischen Mathematiker und Wirtschaftswissenschaftler Harry Igor ANSOFF (1918–2002) auch als **Ansoff-Matrix** bekannt ist.

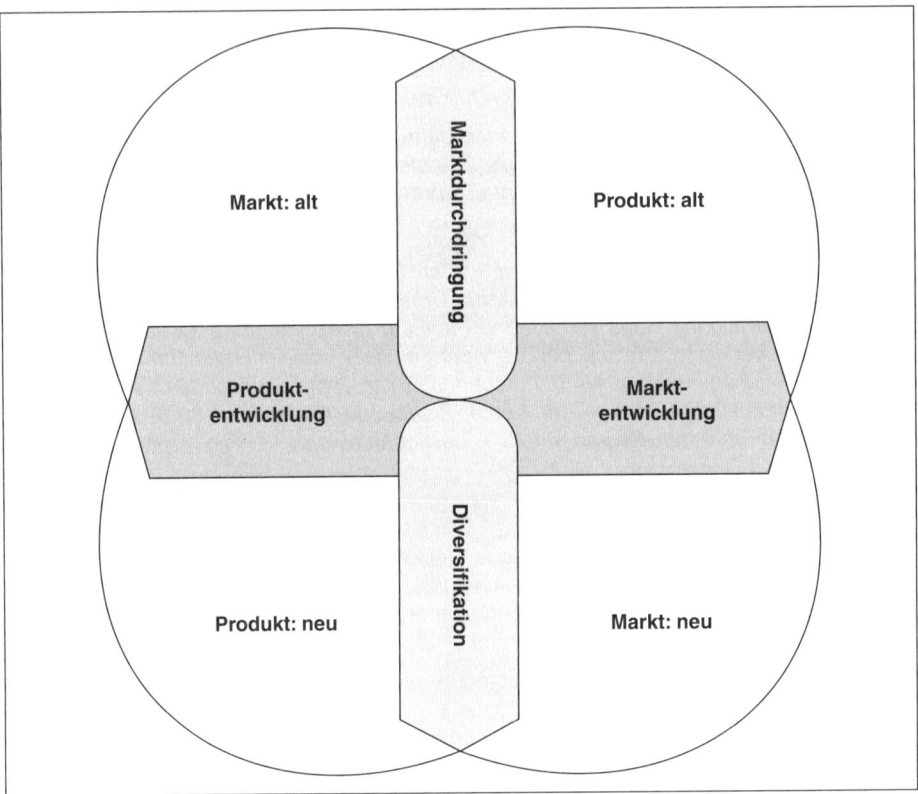

Produkt-Markt-Matrix (»Ansoff-Matrix«)

Eine strategische Entscheidung betrifft auch die Frage, ob die Endverbraucher direkt durch Werbemaßnahmen angesprochen und zur Nachfrage angeregt werden sollen (so genannte **Pull-Strategie**), oder ob der Handel über günstige Einkaufspreise, die Zurverfügungstellung von Werbe- und Präsentationsmaterial zur Aufstellung am Verkaufsort (»Point of Sale«) oder das Verkaufspersonal motivierende Maßnahmen dazu gebracht werden soll, das Produkt in besonderer Weise zu präsentieren und so die Ladenkundschaft anzusprechen **(Push-Strategie).**

*Die Produkte von Freezy werden neu in einen schon bestehenden und verteilten Markt eintreten. Der Markt für Tiefkühlgerichte befindet sich aber noch im Wachstum. Zum einen wird für die nächsten Jahre ein Zuwachs an Single-Haushalten prognostiziert, zum anderen hat die durchgeführte Marktforschung ergeben, dass die überwiegende Anzahl der befragten Singles künftig mehr Fertiggerichte kaufen und weniger selbst kochen will.*

*Es ist aber unerlässlich, beide Wachstumsfaktoren genauer zu beleuchten, um die Zielgruppen näher eingrenzen zu können: Unter den neuen Single-Haushalten wird der überwiegende Teil von den schon erwähnten Rentner-Haushalten gestellt und ein weiterer, nicht unerheblicher Teil aus jungen Leuten bestehen, die ihre erste eigene Wohnung beziehen. Beide Gruppen sind weniger interessant, weil die ersteren kaum Tiefkühlgerichte verzehren, während die letzteren nur über geringes Einkommen verfügen und eher die Produkte des Mitbewerbers C kaufen werden. Attraktiv sind dagegen die Scheidungs- oder Trennungs-Singles, da sich in dieser Gruppe überdurchschnittlich viele gut situierte, beruflich sehr engagierte und daher an »schneller Küche« interessierte Personen befinden, die zudem altersbedingt eher qualitäts- und gesundheitsbewusst ausgerichtet sind. Die Strategie des Unternehmens wird sein, in erster Linie diese Neu-Haushalte anzusprechen und als Stammkunden an sich zu binden. Zu diesem Zweck sollen Werbespots produziert werden, die Menschen in der Neu-Single-Situation zeigen und der Zielgruppe ein hohes Maß an Identifikation bieten. Zusätzlich muss es aber gelingen, bisherige Käufer der Konkurrenzprodukte für die Freezy-Gerichte zu interessieren, damit ihre verstärkte Nachfrage nach Tiefkühlkost nicht vollständig von den Mitbewerbern aufgesogen wird. Hier soll über günstige Einführungspreise eine* **Penetrationsstrategie** *(vgl. Abschn. 4.1.3.8.5.3) umgesetzt werden.*

### Exkurs: »Guerilla-Marketing«

Der heute häufig gehörte Begriff des »Guerilla Marketing« wird uneinheitlich auf unterschiedliche, jeweils durch Aggression oder Geschwindigkeit gekennzeichnete Strategien bezogen:

Zum einen wird darunter häufig eine Strategie ständiger Attacken gegen Mitbewerber verstanden, die deren eigene Marketingbemühungen ver- oder wenigstens behindern sollen. Beliebtestes Mittel ist das rechtliche Vorgehen gegen Werbekampagnen der Wettbewerber, indem gerichtlich durchgesetzt wird, dass diese so lange gestoppt werden, bis alle in Zweifel gezogenen Details abgeklärt sind. Ein anderes Instrument ist das regelmäßige Stören von Vor-Ort-Werbeaktivitäten der Mitbewerber durch eigene Promotion. In diesem Sinne angewandt, ist die Guerilla-Strategie eine rein destruktive Strategie.

Zum anderen wird der Begriff des »Guerilla Marketing« heute häufig angewandt auf eine Marketingstrategie, die (nach RIES/TROUT) wie folgt abläuft:

– Ausmachen einer Marktnische, die besetzt und gehalten wird,

– konsequentes Festhalten an einer schlanken Organisationsstruktur mit geringstmöglichem Verwaltungsanteil, auch bei großem Erfolg,

– Flexibilität und die Bereitschaft, jederzeit das Tätigkeitsfeld zu wechseln, wenn sich eine attraktivere Betätigung anbietet.

## 4.1.3.6.4   Das Aktionsprogramm

Auf Basis der festgelegten Strategie wird ein Aktionsprogramm beschlossen, das vorgibt, was genau wann von wem zu tun ist. Für jede Aktivität wird ein Budget beziffert (vgl. **Marketing-Mix-Vektor,** Abschn. 4.1.3.8.2).

*Die Freezy-Geschäftsleitung legt fest, dass im ersten Jahr 8 % des erwarteten Umsatzes für Marketing-Aktivitäten ausgegeben werden sollen. Konkret werden die folgenden Maßnahmen beschlossen:*

**März:** *Die Freezy-Tiefkühlgerichte »Freezy-Dinner for one« kommen in zehn Menüvariationen bundesweit gleichzeitig in die den drei größten Handelsketten angeschlossenen Supermärkte. In den 100 größten Märkten werden in den Monaten März und April wechselnd Propagandistenteams eingesetzt, die Kundenverköstigungen durchführen. Anwerbung, Schulung und Einsatz der Propagandisten obliegen Marketingleiterin Zech. Hierfür wird ein Budget von 100.000 € geplant (die gleichzeitige Preissubventionierung des Handels schlägt mit 500.000 € zu Buche). Zeitgleich setzt die Fernseh- und Radiowerbung ein, für deren Produktion und ganzjährige Ausstrahlung 2,9 Mio € veranschlagt werden. Das Budget wurde einer renommierten Werbeagentur übertragen; die*

*Abnahme der Spots wird seitens der Geschäftsleitung durch Mehrheitsentscheid erfolgen.*

*Juni: Freezy führt ein Preisausschreiben durch. Die Teilnahmekarten werden durch Illustrierte verbreitet, in denen ganzseitig geworben werden soll. Die Produktion der Zeitschriftenwerbung durch die Werbeagentur und der Abdruck inklusive Druck und Einheftung der Teilnahmekarten kostet insgesamt 900.000 €, die begleitende Plakatwerbung verschlingt noch einmal 200.000 €. Die Preise haben einen Einkaufswert von 80.000 €. Zuständig ist Frau Zech.*

*September: Jeder Menüpackung wird ein Ratgeberheftchen »Freezy-Wellness Guide« aufgeklebt. Darin befinden sich neben Gesundheits- und Fitnesstipps auch »Treuepunkte«, die gesammelt und gegen spezielle »Freezy-Mikrowellenboxen« getauscht werden können. Die Aktion, mit deren Anbahnung und Durchführung Marketingassistent Paulick betraut wird, wird 350.000 € kosten.*

*November/Dezember: Ein Marktforschungsinstitut soll die bisher eingetretene Markenbekanntheit herausfinden. Auftragswert für die bundesweite Aktion: 350.000 €; zuständig bei Freezy: Frau Zech.*

## 4.1.3.6.5   Ergebnisprognose und Planfortschrittskontrollen

Der Marketing-Plan schließt ab mit einer **Ergebnisprognose,** die für den gesamten Planungszeitraum die monats- oder quartalsweise erwarteten Absatzmengen und -preise angibt und den aus dem Aktionsplan abzuleitenden Kosten gegenüberstellt.

Anhand dieser Prognose können während der Realisierungsphase zu bestimmten, vorab festgelegten Zeitpunkten **Fortschrittskontrollen** durchgeführt werden, die eventuelle Planabweichungen offen legen, die wiederum Anlass für gegensteuernde Maßnahmen sein können.

## 4.1.3.7   **Marken**

Nach dem Markengesetz »können alle Zeichen, insbesondere Wörter einschließlich Personennamen, Abbildungen, Buchstaben, Zahlen, Hörzeichen, dreidimensionale Gestaltungen einschließlich der Form einer Ware oder ihrer Verpackung sowie sonstiger Aufmachungen einschließlich Farben und Farbzusammenstellungen geschützt werden, die geeignet sind, Waren oder Dienstleistungen eines Unternehmens von denjenigen anderer Unternehmen zu unterscheiden« (§ 3 Abs. 1 MarkenG).

Nach KOTLER ist die Marke ein Name, Begriff, Symbol oder Design oder eine Kombination hiervon, die dazu bestimmt ist, Waren oder Dienstleistungen zu kennzeichnen und von der Konkurrenz abzugrenzen.

Ein **Markenartikel** ist eine (meist Massen-)Ware, die sich durch ihre Marke von anderen gleichartigen Artikeln abhebt. Etablierten Markenartikeln haftet die Anmutung einer höheren Qualität gegenüber vergleichbaren Waren an, die aber nicht unbedingt den Tatsachen entspricht; allerdings wird sich ein Markenartikel kaum als solcher in größeren Verbraucherkreisen etablieren können, wenn die Qualität nicht tatsächlich einwandfrei ist.

Ein sehr gut eingeführter Markenartikel kann, vergleichbar einer patentierten Erfindung, einen Quasi-Monopolstatus erwerben; sein Name kann gar zum Synonym für eine ganze Warengattung werden (»Tempo« für Papiertaschentücher; »Tesa« für Klebestreifen). Bis 1974 machten viele Markeninhaber Gebrauch von der bis dahin legalen Möglichkeit der **Preisbindung** für ihre Markenartikel.

Bei der Vermarktung eines Produktes oder einer Dienstleistung kommt der Marke – ihrer Bekanntheit, ihrem Image – besondere Bedeutung zu. Marken können **Markentreue** und damit eine langfristige **Kundenbindung** erzeugen. Daher ist vielen Unternehmen der Schutz ihrer eingeführten Marken ein wichtiges Anliegen.

## 4.1.3.7.1   Markenschutz

Rechtliche Grundlage für das deutsche Markenrecht ist das **Markengesetz (MarkenG),** das der deutsche Gesetzgeber auf Basis einer EU-Richtlinie von 1988 am 1. Januar 1995 in Kraft setzte. Damit wurde das aus dem Jahre 1874 stammende Warenzeichengesetz abgelöst. Zugleich wurde die bis dahin verwendete Bezeichnung »Warenzeichen« durch die neue Bezeichnung »Marke« ersetzt.

Das MarkenG regelt nun auch den – zuvor nur im Gesetz gegen den unlauteren Wettbe-werb (UWG) verankerten – Schutz der geschäftlichen Bezeichnungen (»Firmenschutz«) sowie die geographischen Herkunftsangaben, die Gemeinschaftsmarken und die interna-tional registrierten Marken.

Der Markenschutz kann gem. § 4 Ziff. 1 MarkenG durch Eintragung der Marke nach erfolg-ter Anmeldung beim **Deutschen Patent- und Markenamt (DPMA)** erlangt werden. Darü-ber hinaus gewährt das MarkenG gem. § 4 Ziff. 2 Schutz für »Marken mit Verkehrsgel-tung« und gem. § 4 Ziff. 3 für »**notorisch bekannte Marken«,** worunter im Ausland benutzte Marken zu verstehen sind, die auch in Deutschland überragende Bekanntheit genießen. Letztere Vorschrift wurde aus der Pariser Verbandsübereinkunft übernommen zu dem Zweck, den Weltmarken auch ohne förmliche Registrierung Markenschutz zu ge-währen.

Die Schutzdauer einer Marke beträgt 10 Jahre (§ 47 MarkenG) ab dem Anmeldetag. Sie kann beliebig oft um weitere 10 Jahre verlängert werden.

Marken sind übertragbar (§§ 27 ff. MarkenG). Außerdem hat der Markeninhaber das Recht, seine Marke zu lizenzieren (§ 30 MarkenG). Die Firma eines Unternehmens ist ebenfalls übertragbar, jedoch gem. § 23 Handelsgesetzbuch nur zusammen mit dem Un-ternehmen.

Geschützte Marken werden von den Herstellern meist durch die Kennzeichnung ® **(Regi-stered)** oder TM (**Trademark;** juristische Schutzbezeichnung in USA) kenntlich gemacht. Markenschutz verleiht jedoch nicht die Verwendung des Zeichens ® oder TM, sondern al-lein die Eintragung im Markenregister (vgl. zum Thema »Markenschutz« ausführlich Abschn. 4.2.3.4).

## 4.1.3.7.2   Markenarten und Markenstrategien

Marken sind zunächst nach dem **Eigentümer** zu unterscheiden:

– **Herstellermarken** sind Marken im Eigentum von Herstellern, die von diesen etabliert werden. Teilweise entsprechen sie dem Firmennamen (**Firmenmarken,** z. B. Miele, Sie-mens), häufig aber werden Marken eigens für bestimmte Produkte oder Produktarten kreiert (z. B. Jacobs, Philadelphia und Kraft als Marken des Unternehmens Mondelez Int.).

– **Handelsmarken,** auch **Eigenmarken** genannt, sind Marken im Eigentum von Handels-unternehmen, die für eine Eigenleistung oder ein Leistungsbündel des Unternehmens genutzt werden (auch »Eigenmarke« genannt). Beispiele sind »gut und günstig« (Ede-ka), »gut und billig« (Marktkauf), »Rios« (Eismarke von Penny).

Die Tabelle zeigt eine Übersicht zu weiteren Markenarten.

| | |
|---|---|
| **Dachmarke** | Marke, unter der alle Leistungen eines Unternehmens geführt werden; häufig als Firmenmarke identisch mit dem Firmennamen (z. B. Miele, Siemens). |
| **Dienstleistungsmarke** | Marke, die sich auf Dienstleistungen bezieht. Dienstleistungen sind im Gegensatz zu Waren immateriell; sie entstehen und vergehen im Augenblick der Leistung und sind demzufolge weder lager- noch veräußerungsfähig und setzen meist die Mitwirkung des Kunden oder eines anderen externen Faktors voraus, an dem die Leistung erbracht wird. |
| **e-brand** | Internetmarke, die ausschließlich oder ganz überwiegend im Internet genutzt wird (z. B. ebay, google). |
| **Familienmarke** | Marke, die einer »Markenfamilie« angehört (wie z. B. Milka, Jacobs und Philadelphia jeweils zur Gruppe Kraft Foods gehören) und für eine ganze Palette gattungsverwandter Leistungen oder Produkte genutzt wird. |
| **Gattungsmarke** | Gemeinsame Handelsmarke für verschiedene Discountlebensmittel (z. B. Marke »Ja« des Rewe-Konzerns), auch »Weiße Ware« oder »Generica« genannt. |
| **Gemeinschaftsmarke** | Marke, die in allen Ländern der Europäischen Union angemeldet wurde. |
| **Hybridmarken** | Marken, die in Folge einer Unternehmensfusion aus der Verschmelzung zweier Marken entstehen (z. B. Daimler). |
| **Labelmarke** | Lizenzmarke, unter der nicht (nur) der Eigentümer, sondern auch andere Hersteller Leistungen vermarkten (häufig bei Kosmetikprodukten und Parfums unter dem Label bekannter Modehäuser anzutreffen). |
| **Mega-Marke** | (Mega-Brand), Marke, die einen Zusammenschluss bekannter Marken für bestimmte Zwecke repräsentiert (z. B. Star Alliance für den Zusammenschluss international tätiger Fluggesellschaften wie Lufthansa, Varig, Qantas usw. bei internationalen Flügen). |
| **Segmentmarke** | (Auch: Warengruppenmarke); Marke, die für ein bestimmtes Produktsegment Anwendung findet (z. B. Milbona als Marke für Milchprodukte, die von Lidl vertrieben werden, wobei diese Produkte von unterschiedlichen Herstellern stammen). |
| **Submarke** | Untermarke einer eingeführten Marke (z. B. Kinder Überraschung, Kinder country, Kinder Schokolade als Untermarken der Marke Kinder). |

Markenarten

**Markenstrategien** zeichnen sich unter anderem aus

– durch ihre **Breite,** die angibt, wie viele Produkte unter einer Marke vertrieben werden, und sich außerdem in der Größe der Unterschiede zwischen diesen Produkten unterscheiden lässt.

*Beispiele:*

*Unter der Marke »Nutella« wird ein einziges Produkt vertrieben; man spricht in einem solchen Fall von einer **Monomarke** oder **Individualmarke.***

*Die Marke »Milka« wird als **Familienmarke** für eine ganze Reihe artverwandter Produkte verwendet, die aber durch die gemeinsamen Merkmale des Markenauftritts gekennzeichnet sind, und auch im so genannten »Co-Branding« (s.u.) mit anderen Marken (z. B. Langnese & Milka Kuhflecken-Eis) eingesetzt.*

– durch ihre **Tiefe,** die angibt, wie viele Marken das Unternehmen für die Vermarktung einer bestimmten Produktart einsetzt.

*Mondelez International Inc., vormals Kraft Foods, vermarktet Kaffee in Deutschland unter den Marken Jacobs, Kaffee Hag und Onko.*

*Der Tabakwarenkonzern British American Tobacco BAT vermarktet Zigaretten in Deutschland unter anderem unter den Marken HB, Lucky Strike, Lord, Prince, Pall Mall.*

Wichtige Markenstrategien sind die folgenden.

**Ein-Marken-Strategie:** Strategie, bei der nur eine einzige Marke verwendet wird; im Gegensatz zur

**Mehr-Marken-Strategie:** Ein Unternehmen nutzt mehrere Marken parallel im selben Produktbereich (z. B. vermarktet Kraft Foods Kaffee in Deutschland unter den Marken Jacobs, Kaffee Hag und Onko).

**Markenallianz:** Mindestens zwei selbstständige, am Markt bekannte Marken schließen sich für bestimmte Marktaktivitäten zusammen:

- **Co-Branding:** Bestimmte Produkte oder Leistungen vereinigen marktbekannte Eigenschaften zweier Marken; eine profitiert von der Bekanntheit der anderen (z. B. Langnese-Milka-Eis; Haribo-Fruity-Smarties);

- **Co-Promotion:** Marken werben miteinander, wobei eine Marke auf eine andere verweist (»führende Waschmaschinenhersteller« empfehlen einen Wasserenthärter);

- **Ingredient Branding:** Eine Marke wirbt mit einem in seinem Markenprodukt enthaltenen Markenprodukt eines anderen Herstellers (bekanntes Beispiel: Computerhersteller werben mit dem in ihren Rechnern enthaltenen Prozessor »Intel Inside«);

**Globale Markenstrategie:** Die Vermarktung eines international vertretenen Produkts folgt derselben Strategie; das Produkt wird weltweit in gleicher Aufmachung, unter demselben Leitbild usw. vertrieben. Alternative Strategie ist die

**Multinationale Markenstrategie:** Die Produktaufmachung oder auch das Produkt selbst weisen länder- oder regionenspezifische Eigenschaften auf.

Ein häufig beklagtes Phänomen im Markengeschäft ist die **Markenpiraterie,** d. h. die widerrechtliche Verwendung einer Marke, oft in Verbindung mit gefälschten Markenprodukten **(Produktpiraterie).**

## 4.1.3.7.3   Markenbildung und Markenpflege

Einige der heute bekannten Marken sind 100 und mehr Jahre alt. Offensichtlich ist es also möglich, trotz der in dieser langen Zeit sicherlich vielfach geschehenen Anpassung an Markterfordernisse und neue Technologien die Identität einer Marke zu bewahren. Andererseits sind in der gleichen Zeit unzählige Marken kreiert worden und früher oder später wieder untergegangen. Marken bedürfen offensichtlich einer Pflege durch ein engagiertes **Markenmanagement.**

Ziel der Markenpflege ist die Erhaltung und Ausweitung der kundenseitigen Markentreue. Erreicht wird diese unter anderem durch die Verbindung der Marke mit einem bestimmten **Markenleitbild,** das in der Werbung kommuniziert werden muss.

*Beispiele:*

*Der Hersteller Miele wirbt mit dem Slogan »Miele – immer besser« und verbindet damit die Firmenmarke Miele einerseits mit der Vorstellung ständiger eigener Verbesserung und andererseits mit dem Anspruch, stets besser zu sein als die Angebote der Konkurrenz.*

*Der Autohersteller Toyota verbindet die an sich unverbindliche Aussage »Nichts ist unmöglich« mit dem eigenen Markennamen und suggeriert damit besondere Innovationskraft, aber auch die Bereitschaft zur besonderen Anstrengung, auch »unmögliche« Kundenwünsche in die Tat umzusetzen.*

Eingeführte Marken setzen meist auf die Betonung ihrer **Markentradition,** indem sie in ihrem öffentlichen Auftritt auf über Jahrzehnte gehütete Rezepturen und Werte verweisen.

Marken repräsentieren einen konkreten **Markenwert (»Brand Equity«):** Auch wenn dieser (in Deutschland) nicht als bilanzieller Aktivposten bewertet werden darf, offenbart er sich beim Verkauf des Unternehmens oder auch der Marke selbst. Dabei zeigt sich, welches Wertschöpfungspotenzial einer Marke am Markt beigemessen wird. Der Verkauf einer Marke ist nicht ungewöhnlich: Weitgehend unbemerkt durch die Verbraucher, haben in den vergangenen 20 Jahren bekannte Marken wie z. B. Adidas, Birkel, Jacobs, Puma und 4711 ihren Eigentümer gewechselt.

Die Etablierung einer Marke am Markt gelingt, wenn sie von den Verbrauchern als einzigartig und zum Produkt passend wahrgenommen wird. Dabei kommt es darauf an, eine Markenidentität zu entwickeln, die sich durch ein klares Profil auszeichnet und geeignet ist, bestimmte Assoziationen bei den Verbrauchern zu erzeugen.

Eigenschaften eines solchen Identitätsprofils sind z. B.

– bestimmte **objektive Merkmale** (z. B. Design, Farbe, Form);

*Die Marke Milka wird mit der Farbe lila assoziiert. Von der konsequenten Verwendung ein- und desselben Farbtons über viele Jahre profitieren auch neue Milka-Produkte.*

*Ritter-Sport-Schokolade wird mit quadratischer Form assoziiert.*

*Elektrogeräte der Marke Braun sind mit edlem, preisgekröntem Design verbunden.*

– der **Qualitätsanspruch;**

*Die Marke Mövenpick wird – unabhängig vom Hersteller des jeweiligen Produkts, das mit dieser Marke versehen ist – mit besonders edler Qualität assoziiert.*

*Die Marke Miele ist mit den Qualitätsmerkmalen »höchste Haltbarkeit/Zuverlässigkeit« verbunden.*

– **Persönlichkeit/Charakter/»Markenimage«**

Eigenschaften, die einer Marke beigemessen (und damit auf Grundhaltungen ihrer Verwender übertragen werden), werden stark durch die Werbung kommuniziert.

*Beispiele:*

*Die Marke Marlboro wird dank der jahrzehntelangen Werbung mit Cowboy- Motiven mit »Freiheit und Abenteuer« assoziiert, auch wenn beides mit Zigarettenrauchen ursächlich wenig zu tun hat.*

*Der edel-sportliche Charakter der Marke BMW wird durch die Kampagnen des Unternehmens und sein Engagement im Motorrennsport unterstrichen.*

Im Interesse der Kundenerhaltung darf die »gewachsene« Persönlichkeit einer Traditionsmarke nicht ignoriert, verletzt und nur behutsam korrigiert werden. Der Übergang von einem Markenimage zu einem anderen kann im besten Falle den Zugang zu neuen Kundenkreisen erschließen, ohne Altkunden zu verschrecken.

*Durch das selbstironische Aufgreifen des Images von »Spießigkeit« konnten die Landesbausparkassen einen Imagewechsel einleiten, der das Produkt nun auch jüngeren Nutzerkreisen sympathisch macht. Die LBS-Kampagne ist zugleich Beispiel dafür, wie eine ganze Branche von der Imagepflege eines einzelnen Unternehmens bzw. einer Unternehmensgruppe profitieren kann.*

*Aus dem von 1955 bis Ende der 1980er Jahre verbreiteten Slogan »Beck's Bier löscht Männerdurst« wurde inzwischen »The Beck's Experience« mit einer Fernsehwerbung, die junge, sportliche Menschen beiderlei Geschlechts zeigt. Der Wechsel vom »männlichen« Durstlöscher zum Sportgetränk mit »Lifestyle«-Charakter wurde über mehr als 20 Jahre behutsam vorgenommen.*

Bei der Bildung einer Marke müssen die Identitätsmerkmale sorgfältig geplant und aufeinander abgestimmt werden. Sehr wichtig ist, dass die Vermittlung des angestrebten Image in der Kommunikation mit dem Verbraucher, vor allem in der Massenwerbung, gelingt.

Um die werbliche Darstellung bedeutender Marken kümmern sich in der Regel längerfristig beauftragte Agenturen.

## 4.1.3.8    Marketing-Mix

### 4.1.3.8.1    Die Marketing-Instrumente im Überblick

Das Unternehmen »Freezy Tiefkühlgeräte GmbH« aus den vorangegangenen Beispielen hat sich für eine bestimmte Mischung von Marketingaktivitäten entschieden und ihr dafür vorgesehenes Budget entsprechend auf verschiedene Instrumente verteilt.

Häufig werden die Instrumente, derer sich Industrie und Handel bei der Entwicklung und dem Absatz von Produkten bedienen, wie folgt eingeteilt:

– **Produkt- und Sortimentspolitik;** diese betrifft die Gestalt der Produkte und des Produktionsprogrammes.

– **Kontrahierungspolitik;** die Gestaltung der kaufvertraglichen Bedingungen umfasst dreierlei:

  – **Preispolitik;** bei Festlegung des Verkaufspreises stellen sich regelmäßig z. B. folgende Fragen:
  »Soll der Verkaufspreis die Kosten übersteigen – falls ja, um wie viel?«
  »Soll der festgelegte Preis für längere Zeit gelten, oder soll der Preis variabel sein?«

  – **Rabattpolitik:** »Soll der Preis gegenüber unterschiedlichen Abnehmern gestaffelt werden?«

  – **Konditionenpolitik:** Gestaltung der Lieferungs- und Zahlungsbedingungen.

– **Distributionspolitik,** d. h. Entscheidung für Absatzwege und -mittler.

– Verkaufsförderung, Werbung und Öffentlichkeitsarbeit, zusammenfassend auch als **Kommunikationspolitik** bezeichnet.

Diese Instrumente, die in den folgenden Abschnitten noch wesentlich eingehender beschrieben werden, werden nach einem Vorschlag von MCCARTHY auch in »product, price, place, promotion« (**»4 P's«**) eingeteilt.

Zusätzlich zu nennen ist die **Servicepolitik,** die den Umfang der den Absatz flankierenden Dienstleistungen vor und nach dem Verkauf (Pre-Sales- bzw. After-Sales-Service) betrifft.

Die absatzpolitischen Instrumente können sinnvoll nur in einem koordinierten Miteinander eingesetzt werden, das der sorgfältigen Planung bedarf.

### 4.1.3.8.2    Der Marketing-Mix-Vektor

Der zu einem bestimmten Zeitpunkt verwirklichte Marketing-Mix lässt sich durch einen **Vektor** ausdrücken, der die Produktleistung, den Preis, die Distributions- und die Absatzförderungsausgaben beinhaltet.

Eine wesentliche Entscheidung im Rahmen der Marketingplanung betrifft die Festlegung der angestrebten **Produktleistung.**

Die Kunden stellen bestimmte Leistungsanforderungen an ein Produkt, die sich vor allem auf dessen Qualität, Funktionalität und Ausstattung beziehen, aber auch das Aussehen, den Produktnamen, Service- und Garantieleistungen usw. einbeziehen. Dabei vergleichen sie die verschiedenen auf dem Markt befindlichen, das gleiche Bedürfnis befriedigenden Produkte miteinander.

In welchem Maße ein Produkt diese Leistungsanforderungen erfüllt, kann in Relation zum Wettbewerbsdurchschnitt angegeben werden: Wird dieser auf 1,0 festgesetzt, so bedeutet ein Leistungsindex von 1,3, dass die Verbraucher dem so bewerteten Produkt eine deutlich überdurchschnittliche Produktleistung beimessen.

*Beispiel:*
*Der Vektor (1,3; 3,20 €; 1,2 Mio €; 440.000 €) bedeutet: Das (fertige oder noch zu entwickelnde) Produkt weist einen Leistungsindex von 1,3 auf; der empfohlene Verkaufspreis ist 3,20 €; die Vertriebskosten werden 1,2 Mio € betragen; und es werden im Monatsdurchschnitt 440.000 € für die Absatzförderung ausgegeben.*

Offensichtlich gibt es eine nahezu unendliche Menge unterschiedlicher Kombinationen, aus denen der optimale Mix zu ermitteln ist. Würde man nur drei Variationen für jede einzelne der vier Größen zulassen, ergäben sich 81 unterschiedliche Kombinationsmöglichkeiten. Es gilt also, plausible Kombinationen zusammenzustellen und jeder dieser Kombinationen einen Erwartungswert für eine Erfolgsgröße – etwa die Absatzmenge – zuzuordnen.

Auf diese Weise kann versucht werden, die **Optimalkombination** herauszufinden. Dass dies ein schwieriges Unterfangen ist, zumal sich die verschiedenen zu variierenden Größen gegenseitig beeinflussen und außerdem auch nicht unmittelbar in die Berechnung einfließende Größen – etwa Reaktionen von Mitbewerbern auf eigene Aktionen am Markt – den Erfolg mitbestimmen, liegt auf der Hand. Hier kann nur auf die weiterführende, spezielle Literatur verwiesen werden.

### 4.1.3.8.3    Das Marketing-Audit

Im Rahmen des Marketing-Audit, das eine unternehmensinterne Maßnahme darstellt, werden Marketingziele, -konzepte und -strategien regelmäßig vor dem Hintergrund der aktuellen Marketing-Umwelt hinterfragt. Ergibt sich dabei, dass bisher verfolgte Ziele und angewandte Strategien nicht mehr »passen«, werden Ursachen und Folgerungen, die sich daraus ergeben, ermittelt und dementsprechend Maßnahmen getroffen, die geeignet sind, dem Unternehmen eine Anpassung an die geänderten Umweltbedingungen zu ermöglichen.

Formen und Durchführung von Audits werden ausführlicher in Kapitel 8 behandelt.

### 4.1.3.8.4    Produkt- und Sortimentspolitik

Die Produkt- und Sortimentspolitik einer Unternehmung umfasst alle Maßnahmen zur marktgerechten Gestaltung des Produktprogramms und der darin enthaltenen Produkte.

Ihre vorrangigen **Ziele** sind

- Umsatz- und Gewinnsteigerung,
- Ausweitung des Marktanteils,
- Auslastung von Produktion und Lagerhaltung und
- Image-Verbesserung.

Ihre Aufgaben sind die Entwicklung neuer Produkte, die Weiterentwicklung vorhandener Produkte sowie die Positionierung der Produkte am Markt.

An dieser Stelle soll insbesondere auf die Produktprogramm- bzw. Sortimentsgestaltung und die damit verbundenen Diversifikationsentscheidungen sowie auf Produktinnovation und -differenzierung eingegangen werden.

Die Produktplanung und -forschung ist Gegenstand der Betrachtungen in Abschnitt 4.2.2.

## 4.1.3.8.4.1  Produktprogramm und Handelssortiment

Das Gesamtangebot an Produkten eines Produktionsbetriebes wird üblicherweise als **Programm** bezeichnet. Der Begriff des **Sortiments** wird dagegen zur Umschreibung des Angebots eines Handelsbetriebes verwendet.

Das Produktprogramm eines Industriebetriebes ist beschrieben durch verschiedene **Produktlinien,** deren Menge die **Breite** des Programms bestimmt. Innerhalb der Produktlinien werden unterschiedliche Produktausführungen unterschieden, deren Anzahl die Tiefe des Produktionsprogramms ausmacht.

*Beispiel:*

*Ein Unternehmen stellt verschiedene Arten von Kraftfahrzeugen her: Personenkraftwagen, Lastkraftwagen und landwirtschaftliche Nutzfahrzeuge stellen jeweils eine Produktlinie dar. Innerhalb der Produktlinie der Personenkraftwagen werden zwei Kleinwagen, drei Mittelklassemodelle in acht verschiedenen Ausführungen und ein in vier Varianten erhältliches Modell der unteren Spitzenklasse angeboten.*

Im Handelsbetrieb werden verschiedene **Warengruppen** unterschieden, innerhalb derer diverse **Artikel** angeboten werden. Artikel wiederum stellen die durch ihre Ähnlichkeit begründete Zusammenfassung kleinster Sortimentseinheiten, der so genannten **Sorten,** dar.

*Ein Supermarkt bietet folgende Warengruppen an: Obst und Gemüse, Milchprodukte, Fleisch- und Wurstwaren, Backwaren, sonstige Lebensmittel, Non-Food-Artikel. Innerhalb der Backwaren gibt es den Artikel Brot, der in verschiedenen Sorten (Weißbrot, Mischbrot, Schwarzbrot, Knäckebrot usw.) angeboten wird.*

Das Risiko eines Unternehmens, durch Umsatzrückgänge bei einer Warengattung bzw. Produktlinie in seiner Existenz bedroht zu werden, ist um so größer, je geringer die von ihm angebotene Anzahl von Artikeln bzw. Produkten ist. Deshalb kommt der Gestaltung der Sortimentsstruktur bzw. des Produktprogramms, also der Zusammensetzung der Angebotspalette hinsichtlich ihrer Breite und Tiefe, eine besondere Bedeutung zu. Analog zur Marketingplanung beinhaltet die Programm- bzw. Sortimentsplanung strategische und operative Elemente, wobei insbesondere für das produzierende Gewerbe gilt, dass Reaktionen auf geänderte Marktsituationen und -einschätzungen kaum kurzfristig vorgenommen werden können.

Damit kommt in diesem Bereich den **strategischen Instrumenten** der Programmplanung, zu denen die bereits beschriebenen Analysen der Konkurrenzsituation, des Portfolio, der Stärken und Schwächen sowie der Chancen und Risiken auf den jeweiligen Märkten gehören, große Bedeutung zu. **Operative Programmplanung** steht für Maßnahmen der mittleren Frist, insbesondere der Ausgestaltung von Produktlinien auf Basis der langfristig bindenden Entscheidung für ein grundsätzliches Produktprogramm.

Kurzfristigere Reaktionen auf Nachfrageveränderungen sind im Bereich des Handels- und Dienstleistungsgewerbes möglich, wo Auslistungen und Neuaufnahmen von Artikeln häufig relativ rasch erfolgen können.

## 4.1.3.8.4.2 Diversifikation

Die wichtigste Maßnahme der Produktprogramm- bzw. Sortimentsgestaltung, die zugleich als wirksamstes Mittel der Risikoverteilung gilt, ist die Diversifikation. Hierunter wird eine Erweiterung des Angebots- bzw. Leistungsprogramms um ein in gleicher Form bisher nicht angebotenes Produkt verstanden. Ziel der Diversifikation ist nicht immer Umsatzsteigerung, sondern häufig die **Absicherung** gegen Risiken auf bestimmten Märkten, denen Chancen auf anderen Märkten gegenübergestellt werden.

### Horizontale Diversifikation

Durch die Aufnahme neuer Produktlinien bzw. Warengruppen wird das Sortiment um Produkte verbreitert, die zwar neu im Angebot des Unternehmens sind, jedoch in irgendeiner Weise (etwa beim Fertigungsverfahren, bei den Vertriebswegen und -partnern) mit der bisherigen, bestehen bleibenden Angebotspalette korrespondieren. Dabei kann der Unterschied zwischen den Produkten durchaus beträchtlich sein.

*Beispiel:*
*Einige deutschlandweit agierende Kaufhausketten und Versandhändler haben ihr »klassisches« Handelsgeschäft in den letzten beiden Jahrzehnten auf die Bereiche Touristik, Versicherungen und Bankleistungen ausgedehnt.*

Kennzeichnend für die horizontale Diversifikation ist, dass die neuen Produkte zwar möglicherweise neue Abnehmerschichten ansprechen, sich aber immer an Kunden derselben Wirtschaftsstufe wenden, also etwa immer an Endverbraucher, und dass die verschiedenen Produkte keine unterschiedlichen Fertigungsstufen darstellen, also etwa das eine Produkt eine Weiterverarbeitung oder Veredelung eines anderen Produktes darstellt.

Gelegentlich wird eine Diversifikation, bei der die Verwandtschaft zwischen den Produkten relativ eng ist, als **konzentrische Diversifikation** bezeichnet.

*Das Automobilwerk nimmt zusätzlich Motorräder in sein Produktprogramm auf.*

In der Literatur ist die Abgrenzung zwischen horizontaler Diversifikation und Produktvariation/-modifikation (vgl. Abschn. 4.1.3.8.4) unscharf: Diese Begriffe werden häufig (unrichtigerweise) als Synonyme verwendet.

### Vertikale Diversifikation

Die Aktivitäten des Unternehmens werden auf vor- oder nachgelagerte Stufen im Transformationsprozess, etwa Beschaffung und Absatz, ausgeweitet.

*Beispiel:*
*Das Automobilwerk kauft einen Zulieferbetrieb auf, von dem bisher verschiedene Karosserieteile bezogen wurden. Außerdem werden die Fahrzeuge künftig nicht mehr über Vertragshändler, sondern ab Werk von einer werkseigenen Verkaufsstelle verkauft.*

### Laterale Diversifikation

Das Unternehmen dehnt sein Betätigungsfeld auf andere Branchen aus und erweitert sein Angebot damit um Produkte, die zu den bisherigen Produkten sowohl hinsichtlich des Fertigungsprozesses als auch hinsichtlich des Marketing in keinerlei Zusammenhang stehen.

*Das Automobilwerk erwirbt und betreibt eine Imbisskette.*

Diese Form der Diversifikation wird auch als konglomerate Diversifikation bezeichnet.

### 4.1.3.8.4.3  Produktinnovation und Produktdifferenzierung

Welche Kaufanreize von einem Produkt ausgehen, hängt von einer Reihe von Produkteigenschaften ab, deren Festlegung in der Produktentwicklung und -gestaltung (vgl. Abschn. 4.2.2) erfolgt:

- Funktionale Eigenschaften: Art, Nutzen, Konstruktion, Bedienung;
- Qualitative Eigenschaften: Material, Verarbeitung; im weiteren Sinne auch Beratung, Service, Zubehörangebot;
- Ästhetische Eigenschaften: Form, Farbe, Design (auch der Verpackung), Name;
- Soziale Eigenschaften: Image.

Im Zusammenhang mit der Produktgestaltung stehen folgende Aktivitäten:

- Entwicklung neuer Produkte **(Produktinnovation),**
- **Variation** von Produkten und
- Änderung von Produkteigenschaften **(Produktmodifikation).**

Produktvariation und -modifikation werden auch als **Produktdifferenzierung** bezeichnet.

**Produktinnovation**

Produkte im Konsumgüterbereich sind, anders als im Investitionsgüterbereich, heute fast durchweg von kurzer Lebensdauer (womit nicht die Haltbarkeit des einzelnen »Stückes«, sondern die Zeitspanne, in der ein bestimmtes Produkt auf dem Markt angeboten wird, gekennzeichnet ist).

Erfolgreiche Produkte finden schnell Nachahmer, und echte Neuerfindungen sind selten: Deswegen stehen den Konsumenten für nahezu jeden Artikel mehrere Alternativen (Substitute) zur Auswahl. Der Konsumgütermarkt ist sehr umkämpft: Daher kommt der Produktinnovation große Bedeutung zu.

Der Weg zum neuen Produkt über die in Abschnitt 4.2.2.1.2 skizzierten Stationen der Ideenfindung, Ideenbeurteilung und Ideenverwirklichung nimmt seinen Anfang, indem Ergebnisse der Marktforschung oder Erkenntnisse der eigenen Forschungs- und Entwicklungsabteilung umgesetzt werden, oder indem eigens für die Ideenfindung gebildete, möglichst interdisziplinär besetzte Gremien gezielt Vorschläge für neue Produkte entwickeln.

Ebenso wie beim betrieblichen Vorschlagswesen (vgl. Kap. 8) handelt es sich bei alledem um interne Quellen der Ideenfindung.

Sehr häufig werden Produktideen aber von außen, von externen Quellen also, kommen, wobei Angebote, mit denen Mitbewerber auf den Markt gehen, eine große Rolle spielen. Selbstverständlich sind bei Anlehnung an ein Konkurrenzprodukt die patentrechtlichen Einschränkungen ebenso zu berücksichtigen wie die Marktaussichten eines mehr oder weniger nachempfundenen Produktes. Einerseits kann es Sinn machen, das Konkurrenzprodukt auf seine Stärken und Schwächen zu untersuchen, aus den Fehlern und Versäumnissen der Mitbewerber zu lernen und mit einem reiferen Produkt auf den Markt zu gehen; andererseits verbinden Konsumenten mit Nachahmerprodukten oft die Vorstellung von schlechterer Qualität, nicht zuletzt aus der Erfahrung heraus, dass dieses »**Me-too**«-Verhalten eine typische Billiganbieter-Strategie ist.

Außer Mitbewerbern können auch der Handel (über die Rückmeldungen an die Produzenten, vor allem dann, wenn eine **Pull-Strategie** – vgl. Abschn. 4.1.3.6.3 – angewendet wird), die Verbraucher selbst (über Rückmeldungen an den Produzenten z. B. im Rahmen des **Beschwerdewesens**) oder eigens beauftragte Marktforschungsunternehmen wichtige Anhaltspunkte für neue Ideen liefern.

Nicht alle Ideen, auch wenn sie noch so gut sind, können umgesetzt werden: Dies verbietet sich allein deshalb, weil die Ressourcen begrenzt und die Kosten von der Idee bis zur Marktreife immens sein können. In der Ideenbeurteilung erfolgt die Auswahl derjenigen Ideen, deren Realisierung weiter betrieben werden soll, daher nicht nur anhand von Marktbedürfnissen und -chancen oder von Sortimentsüberlegungen (Kann das neue Produkt bisherige Produkte ergänzen/ersetzen?), sondern auch anhand der Kostenfaktoren wie Entwicklungszeit, -aufwand und Investitionskosten. In diesem Zusammenhang kommt der Entscheidung über die **Fertigungstiefe** (vgl. Abschn. 4.2.2.4) besondere Bedeutung zu.

**Produktvariation und Produktmodifikation**

Eine beliebte, vor allem im Konsumgüterbereich praktizierte Marketingstrategie ist die Produktvariation: Dabei wird ein Produkt in bisweilen nur geringfügig unterschiedlichen Varianten angeboten. Ziel ist, den Geschmack möglichst vieler Verbraucher zu treffen und dem Bedürfnis nach Abwechslung nachzukommen.

*Beispiele:*
*Die Tafelschokolade »Paletti« wird in den Geschmacksvariationen Vollmilch, Haselnuss und Vanille angeboten; außerdem gibt es noch eine weiße Variante. Das Mittelklasseauto »Mikla« ist mit drei unterschiedlichen Heckvarianten erhältlich. Das Freezy-Menü »Hühnerfrikassee« gibt es mit Nudel-, aber auch mit Reisbeilage.*

Produktvariation korrespondiert häufig mit einer Fertigung im **Baukastensystem** (vgl. auch Abschn. 4.6.2.6.1), bei der sich die Varianten einer gemeinsamen Plattform bedienen.

*Alle Varianten des Automodells »Mikla« werden auf demselben Fahrgestell aufgebaut. Dieses stellt die gemeinsame Plattform dar. Wie in einem Baukasten werden verschiedene Bauteile – z. B. vorgefertigte Armaturenbretter, Motoren, Sitze, Karosserieteile – unterschiedlich kombiniert. Dabei können im Innenausbau sogar individuelle Kundenwünsche berücksichtigt werden.*

Unter **Produktmodifikation** ist die Veränderung – im Allgemeinen sicherlich im Sinne von Verbesserung – eines schon am Markt eingeführten Produktes zu verstehen. Diese kann in einer Veränderung von Ausstattungs- oder Designmerkmalen oder in qualitativen Verbesserungen (Haltbarkeit, Geschwindigkeit, Geschmack) bestehen. Eine Sonderform ist das Angebot von zukaufbaren **Zusatzausstattungen,** wie sie etwa bei Automobilen üblich sind.

Produktmodifikationen werden häufig vorgenommen, um die Lebensdauer eines Produktes nach eingetretener **Produktreife** zu verlängern. Diese »Wiederbelebung« stößt aber, bedingt durch Modewechsel, technologischen Fortschritt oder Marktsättigung, irgendwann an eine Grenze, unterhalb derer sich das Festhalten an dem Produkt wirtschaftlich nicht mehr lohnt. Die **Eliminierung** eines Produktes aus der eigenen Produktpalette muss noch nicht gleichbedeutend mit seinem Verschwinden vom Markt sein: Möglicherweise interessiert sich ein anderes Unternehmen für den Kauf. Soll die Produktion aber eingestellt werden, muss möglicherweise noch für eine bestimmte Zeit ein Ersatzteillieferungs- oder Reparaturservice für Altkunden aufrechterhalten werden.

Für die **Wiedereinführung** eines Produktes in modifizierter Form oder den Versuch einer Wiederbelebung eines schon im Verfall befindlichen Produktes durch intensive Marketingmaßnahmen hat sich der Begriff des **Relaunch** durchgesetzt.

## 4.1.3.8.5   Kontrahierungspolitik

Die Kontrahierungspolitik umfasst alle Entscheidungen zur vertraglichen Ausgestaltung am Absatzmarkt (Kontrakt = Vertrag). Hierzu gehören die Preispolitik und die Konditionenpolitik, wobei letztere die Rabattpolitik und die Gestaltung der Lieferungs- und Zahlungsbedingungen beinhaltet.

## 4.1.3.8.5.1   Preispolitik

Die Preispolitik umfasst alle Maßnahmen zur Gestaltung der Absatzpreise und der übrigen Verkaufsbedingungen mit dem Ziel der Gewinnmaximierung.

**Einzelziele,** die mit preispolitischen Maßnahmen verwirklicht werden sollen, sind z. B.

– die Ausweitung des Marktanteils,
– die Anpassung des Absatzes an die Produktion,
– die Einführung eines neuen Produktes,
– die Ausschaltung von Konkurrenten.

Die **Wirksamkeit preispolitischer Maßnahmen** wird von einer Reihe von Faktoren beeinflusst, nämlich von

– der Zahl der Mitbewerber und der Nachfrager, ausgedrückt durch die Marktform,
– der Markttransparenz, d. h. inwieweit Nachfrager Alternativangebote einholen können,
– der Elastizität der Nachfrage, d. h. der Reaktion der Nachfrager auf Preisveränderungen,
– den Kosten, die in aller Regel nur kurzfristig unterschritten werden dürfen.

Bereits in Kapitel 1 wurden die unterschiedlichen Marktformen und die Mechanismen der Preisbildung thematisiert. Zur Vertiefung soll hier das klassische Modell der Preisbildung im Monopol nach COURNOT ausführlich dargestellt werden; hinsichtlich des Oligopols und des Polypols sei auf die o.g. Ausführungen verwiesen.

**Preisbildung im Monopol**

Im Angebotsmonopol gibt es für das betrachtete Produkt nur einen Anbieter. Der französische Sozialwissenschaftler Augustin Antoine COURNOT entwickelte für diese Situation das bereits im Jahre 1838 veröffentlichte und seither nach ihm benannte Modell zur Preisbildung im Monopol. Die Vorgehensweise des Monopolisten bei der Preisfestsetzung erklärt er am Beispiel einer Mineralquelle, das hier wegen seiner Anschaulichkeit im wörtlichen Zitat[1] wiedergegeben werden soll:

*»Setzen wir, der einfachen Darstellung halber, voraus, dass ein Mensch im Besitz einer Mineralquelle sei, der man Heilwirkungen zuschreibt, welche keine andere bietet. Er könnte zweifellos den Literpreis dieses Wassers auf 100 Franken festsetzen, aber er würde sehr bald an der geringen Nachfrage merken, dass das nicht der richtige Weg sei, aus seinem Besitz viel herauszuholen. Er wird also den Literpreis nach und nach ermäßigen bis zu dem Betrag, der ihm den größtmöglichen Gewinn bringt. Das heißt, wenn F(p) das Gesetz der Nachtrage darstellt, so wird er nach verschiedenen Versuchen mit dem Preis p endigen, der das Produkt p · F(p) zum Maximum macht.«*

Der Absatz des Produktes hängt also, wie obiges Modell zeigt, ab vom jeweils geforderten Preis, ist also um so größer, je geringer der Preis ist. Dabei versteht sich jedoch von selbst, dass das Ziel des Anbieters nicht in der Erreichung der maximalen Absatzmenge besteht: Diese könnte dadurch erzeugt werden, dass das Gut kostenlos abgegeben wird. Vielmehr wird der Anbieter nach dem maximalen Umsatz streben, der in diesem – ohne Kosten auskommenden – Modell dem maximalen Gewinn entspricht. Wie findet er diesen Punkt nun heraus?

Die nachfolgende Abbildung zeigt den Zusammenhang zwischen Preis und Menge. Die Menge $x_s$ kennzeichnet dabei die größtmögliche Absatzmenge, die dadurch erzeugt wird,

---

[1]  A. Cournot, Recherches sur les principes mathematiques de la theorie des richesses, Paris 1838, in der Übersetzung von W.G. Waffenschmidt erschienen als: Untersuchungen über die mathematischen Grundlagen der Theorie des Reichtums, in: Sammlung sozialwissenschaftlicher Meister, Bd. 24, Jena 1924

dass das Produkt verschenkt wird. Diese – nicht unendlich große – Menge wird als **Sätti-gungsmenge** bezeichnet. Der Preis $p_p$ ist derjenige Preis, zu dem kein Absatz mehr statt-findet. Er wird als **Prohibitivpreis** bezeichnet. Zwischen diesen beiden Punkten sei der Einfachheit halber ein gleichförmiger (linearer) Verlauf der so genannten **Preis-Absatz-Funktion** angenommen: Im selben Maß, wie der Preis steigt, sinkt die absetzbare Menge.

In der grafischen Darstellung stellt sich diese Preis-Absatz-Funktion wie folgt dar:

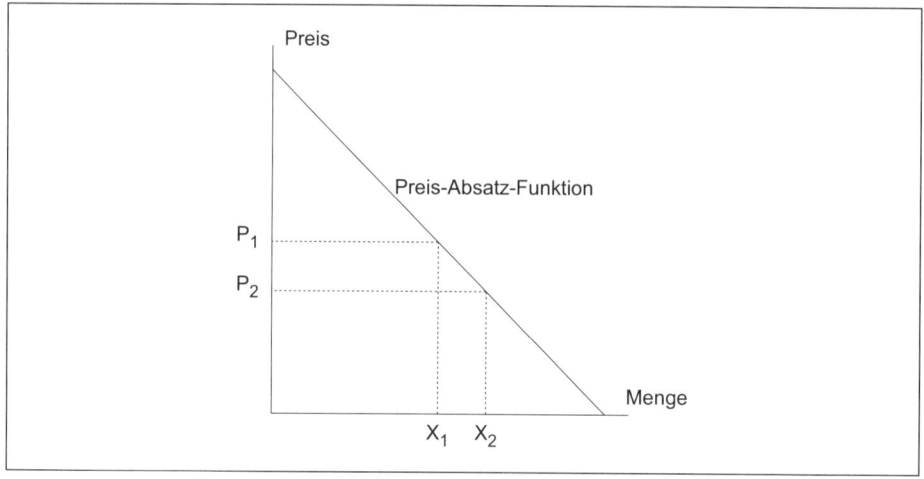

Lineare Preis-Absatz-Funktion

Für jeden Punkt auf der Preis-Absatz-Funktion kann ein Wertepaar, bestehend aus einem Preis und der hierfür absetzbaren Menge, abgelesen werden.

*Beispiel:*
*Ein Quellenbesitzer nach Cournot'schem Vorbild hat durch Ausprobieren herausgefun-den, dass, wenn er Menschen erlaubt, mit mitgebrachten Eimern und Flaschen kosten-los Wasser aus seiner Quelle zu zapfen, täglich 600 Liter abgeholt werden. Indem er ei-ne Woche später begonnen hat, ein Entgelt zu erheben, und dieses Woche für Woche erhöht hat, konnte er die folgenden Preis-Mengen-Verhältnisse beobachten:*

| Preis je l in € | Absatz in l |
|---|---|
| 0,00 | 600 |
| 0,50 | 500 |
| 1,00 | 400 |
| 1,50 | 300 |
| 2,00 | 200 |
| 2,50 | 100 |
| 3,00 | 0 |

*Der Absatz hängt in einer nicht-zufälligen Weise vom Preis ab, man sagt auch »die Menge ist eine Funktion des Preises«. Diese kann im gegebenen Falle durch folgende Rechenvor-*

schrift wiedergegeben werden, die sich (in diesem einfachen Fall eines linearen Verlaufs) durch das Einsetzen der Sättigungsmenge von 600 l als Konstante herleiten lässt:

x = 600 – 200p

*Mit Hilfe dieser Rechenvorschrift kann für jeden Preis die absetzbare Menge errechnet werden; diese würde etwa bei einem Literpreis von 2,98 € folglich 600 – 596 = 4 (Liter) betragen.*

Der Umsatz U errechnet sich aus der Multiplikation des Preises p mit der dazugehörigen Menge x zur Umsatzfunktion

$$U = p \cdot x$$

bzw., wenn die Preis-Absatz-Funktion x = F(p) eingesetzt wird, zu

$$U = p \cdot F(p)$$

Für den Anbieter ist also zu formulieren:

$$U = p \cdot F(p) \rightarrow max!$$

Unter der Annahme einer linearen Preis-Absatz-Funktion nimmt die **Umsatzfunktion** die nachfolgend abgebildete Gestalt an:

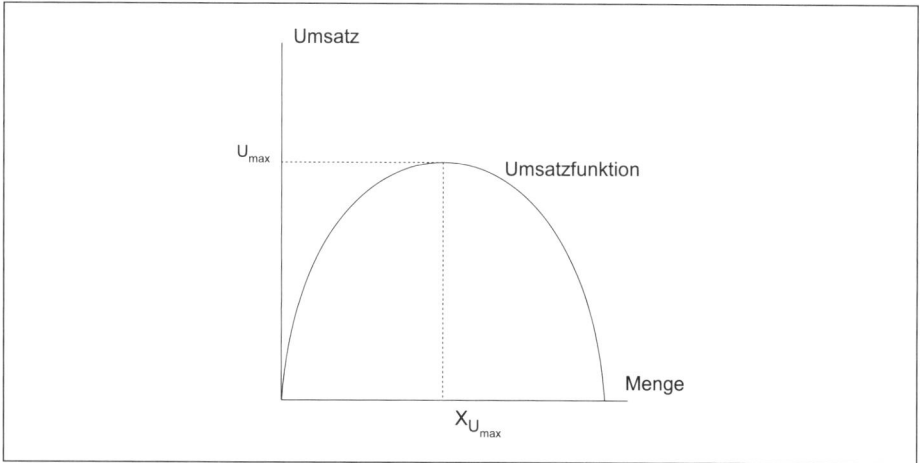

Umsatzfunktion

*Fortsetzung des Beispiels:*
*Der Umsatz ergibt sich für die gefundenen Preis-Absatz-Kombinationen wie folgt:*

| Preis in € | Absatz in l | Umsatz in € |
|---|---|---|
| 0,00 | 600 | 0 |
| 0,50 | 500 | 250 |
| 1,00 | 400 | 400 |
| 1,50 | 300 | 450 |
| 2,00 | 200 | 400 |
| 2,50 | 100 | 250 |
| 3,00 | 0 | 0 |

*Rechnerisch kann er für alle Zwischenwerte nach der Rechenvorschrift*

$U = p \cdot x$

$= p \cdot (600 - 200p)$

$= 600p - 200p^2$

*ermittelt werden. Für einen Preis von 2,98 € ergibt sich also ein Umsatz von*

$U = 600 \cdot 2,98 - 200 \cdot 2,98^2$

$= 1788 - 1776,08$

$= 11,92$ *(€).*

Das **Umsatzmaximum** liegt auf dem Scheitelpunkt der Umsatzfunktion. Den Zusammenhang zwischen dem optimalen Preis und der optimalen Menge bzw. zwischen der Preis-Absatz-Funktion und der Umsatzfunktion zeigt die folgende Abbildung:

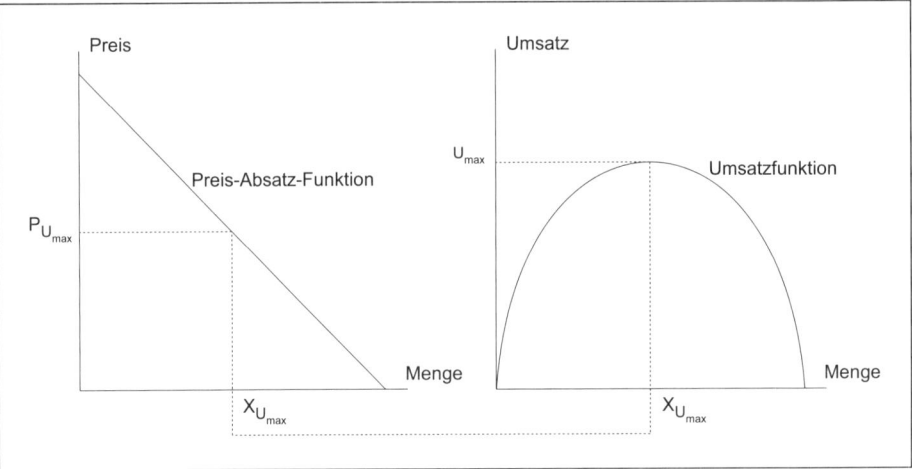

Bestimmung der umsatzmaximalen Menge und des umsatzmaximalen Preises

*Fortführung des Beispiels:*

*Es ergibt sich (wie die Wertetabelle bereits vermuten ließ) ein Umsatzmaximum beim Preis von 1,50 € je Liter, zu dem eine Menge von 300 l abgesetzt werden und ein Umsatz von 450 € erzielt werden kann.*

*Der umsatzmaximale Preis kann auch rechnerisch bestimmt werden, nämlich durch die Nullsetzung der 1. Ableitung der Umsatzfunktion:*

$U = 600p - 200p^2 \to max\ !$

$600 - 400p = 0$

$p_{U_{max}} = \dfrac{600}{400} = 1,50$

Das Mineralquellenbeispiel von COURNOT wie auch das oben dargestellte Beispiel vernachlässigen bis hierhin aber völlig die Tatsache, dass der zu fordernde Preis nicht allein durch die Nachfrage, sondern auch durch die Kosten der Produktion bestimmt wird. COURNOT selbst hat daher eine Erweiterung seines Beispiels geliefert, die abermals wörtlich wiedergegeben werden soll (Literaturquelle wie vor):

»*Gehen wir zum Beispiel eines Menschen über, der das Geheimnis besäße, ein künstliches Mineralwasser auf pharmazeutischem Wege herzustellen, wofür Rohstoffe und Arbeitsaufwand bezahlt werden müssen. Hier wird der Hersteller nicht mehr die Funktion p · F(p) oder den jährlichen Bruttoertrag, sondern den Nettoertrag oder die Funktion p · F(p) – K(x) zum Maximum bringen, wobei K(x) die Kosten bezeichnet, welche die Herstellung einer Anzahl von x Litern verursacht.*«

Das Interesse des Anbieters richtet sich in dieser Situation nicht in erster Linie auf die Maximierung des Umsatzes, sondern auf die Erzielung des größtmöglichen Gewinns. Daher gilt

$$G = U - K \rightarrow max!$$

mit  G  = Gewinn bzw. Nettoertrag
     U  = Umsatz
     K  = Kosten

Unter der Annahme, dass sich die zugrundegelegten Kosten aus einem fixen Anteil (z. B. für die Beschäftigung von Mitarbeitern, Zinsen und Tilgung für Maschinen) und einem variablen Anteil (z. B. für Rohstoffe) zusammensetzen, ergibt sich die folgende Darstellung der Kostenfunktionen in Abhängigkeit von der Menge:

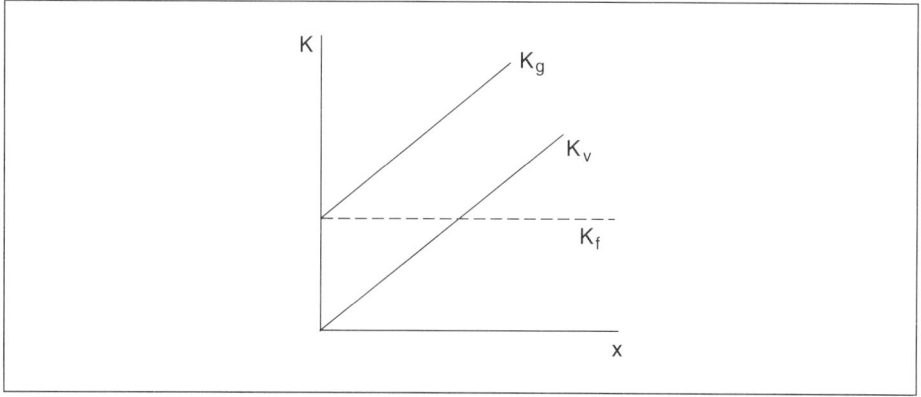

Fixkosten, variable Kosten und Gesamtkosten

Das **Gewinnmaximum** liegt links vom Umsatzmaximum, d. h. die gewinnmaximale Menge ist geringer als die umsatzmaximale Menge.

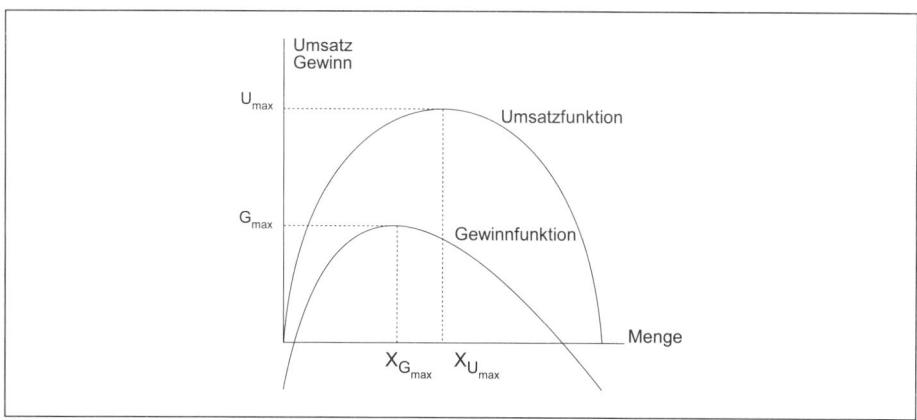

Gewinnfunktion; zum Vergleich: Umsatzfunktion

Wiederum kann der der gewinnmaximalen Menge zugehörige gewinnmaximale Preis mit Hilfe der Preis-Absatz-Funktion ermittelt werden:

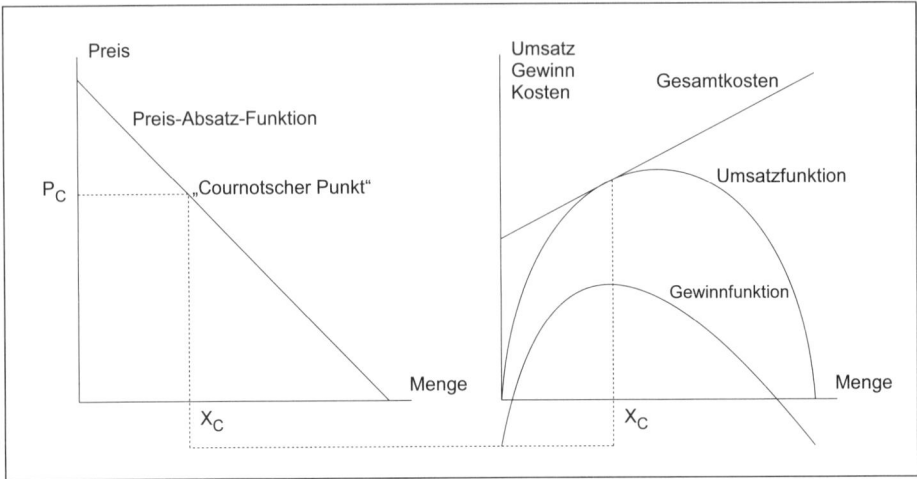

Gewinnmaximale Menge und gewinnmaximaler Preis

Der gewinnmaximale Preis ist höher als der umsatzmaximale Preis.

In Würdigung des Entdeckers dieses Zusammenhanges wird der gewinnmaximale Preis häufig als Cournotscher Preis, die gewinnmaximale Menge als **Cournotsche Menge** bezeichnet.

Der diese Werte bestimmende Punkt auf der Preis-Absatz-Funktion heißt dementsprechend »**Cournotscher Punkt**«.

*Fortführung des Beispiels:*
*Der Quellenbesitzer geht von 20 Verkaufs- und Arbeitstagen monatlich aus. Der Arbeitnehmer, den er für das Anmischen und Abfüllen des Mineralwassers einstellen muss, kostet alles in allem 2.500 € brutto im Monat, also 125 € je Arbeitstag. Je Literflasche fallen 0,06 € für Mineralienzusätze und 0,09 € für die Einwegflasche an. Das Mitarbeitergehalt stellt Fixkosten dar, während die mengenbezogenen Kosten variable Kosten sind. Die Gesamtkosten ergeben sich aus*

$K = K_f + kv \cdot x$

*mit*

$K$ = Gesamtkosten
$K_f$= Fixkosten je Tag
$k_v$ = variable Stückkosten
$x$ = Tagesmenge
*(die variablen Gesamtkosten $K_v$ entsprechen dem Term $k_v \cdot x$)*

$= 125 + 0,15x$

*Die Gewinnfunktion lautet*

$G = U - K$

$= 600p - 200p^2 - (125 + 0,15x)$

*bzw. nach Einsetzen von 600 – 200p für x*

$= 600p - 200p^2 - (125 + 0,15 (600 - 200p))$

$= 630p - 200p^2 - 215$

*Der Maximalgewinn kann aus der folgenden, auf einen Monat bezogenen und um Monatsabsätze, Monatsumsätze, Kosten und Gewinn erweiterten Wertetabelle nicht eindeutig abgelesen werden:*

| Preis € | tägl. Absatz I | tägl. Umsatz € | Monatsabsatz I (Tagesabsatz · 20 Tage) | Monatsumsatz U in € (Tagesumsatz · 20 Tage) | Fixe Kosten $K_f$ | variable Kosten $K_v$ (Monatsabsatz · 0,15 €) | Gesamtkosten $K = K_f + K_v$ | Gewinn $G = U - K$ |
|---|---|---|---|---|---|---|---|---|
| 0,00 | 600 | 0 | 12000 | 0 | 2500 | 1800 | 4300 | −4300 |
| 0,50 | 500 | 250 | 10000 | 5000 | 2500 | 1500 | 4000 | 1000 |
| 1,00 | 400 | 400 | 8000 | 8000 | 2500 | 1200 | 3700 | 4300 |
| 1,50 | 300 | 450 | 6000 | 9000 | 2500 | 900 | 3400 | 5600 |
| 2,00 | 200 | 400 | 4000 | 8000 | 2500 | 600 | 3100 | 4900 |
| 2,50 | 100 | 250 | 2000 | 5000 | 2500 | 300 | 2800 | 2200 |
| 3,00 | 0 | 0 | 0 | 0 | 2500 | 0 | 2500 | −2500 |

*Eingedenk der vorher gewonnenen Erkenntnis, dass der gewinnmaximale Preis etwas über dem umsatzmaximalen Preis liegt (bzw. die gewinnmaximale Menge etwas geringer ist als die umsatzmaximale Menge), werden in der folgenden Tabelle die Werte um p = 1,50 herum eingehender untersucht:*

| Preis € | tägl. Absatz I | tägl. Umsatz € | Monatsabsatz I (Tagesabsatz · 20 Tage) | Monatsumsatz U in € (Tagesumsatz · 20 Tage) | Fixe Kosten $K_f$ | variable Kosten $K_v$ (Monatsabsatz · 0,15 €) | Gesamtkosten $K = K_f + K_v$ | Gewinn $G = U - K$ |
|---|---|---|---|---|---|---|---|---|
| 0,00 | 600 | 0 | 12000 | 0 | 2500 | 1800 | 4300 | −4300 |
| 0,00 | 600 | 0 | 12000 | 0 | 2500 | 1800 | 4300 | −4300 |
| 0,50 | 500 | 250 | 10000 | 5000 | 2500 | 1500 | 4000 | 1000 |
| 1,00 | 400 | 400 | 8000 | 8000 | 2500 | 1200 | 3700 | 4300 |
| 1,50 | 300 | 450 | 6000 | 9000 | 2500 | 900 | 3400 | 5600 |
| 1,53 | 294 | 449,82 | 5880 | 8996,4 | 2500 | 882 | 3382 | 5614,4 |
| 1,55 | 290 | 449,5 | 5800 | 8990 | 2500 | 870 | 3370 | 5620 |
| 1,57 | 286 | 449,02 | 5720 | 8980,4 | 2500 | 858 | 3358 | 5622,4 |
| 1,58 | 284 | 448,72 | 5680 | 8974,4 | 2500 | 852 | 3352 | 5622,4 |
| 1,60 | 280 | 448 | 5600 | 8960 | 2500 | 840 | 3340 | 5620 |

*Der höchstmögliche Gewinn liegt offensichtlich bei einem Preis zwischen 1,57 € und 1,58 € und dem entsprechenden Absatz von 286 bzw. 285 Stück pro Tag.*

*Der gewinnmaximale Preis kann auch rechnerisch bestimmt werden, nämlich durch die Nullsetzung der 1. Ableitung der Gewinnfunktion:*

$$G = 630p - 200p^2 - 215 \to max !$$

$$630 - 400p = 0$$

$$p = \frac{630}{400} = 1,575$$

**Elastizitäten**

Den bisherigen Ausführungen zur Preisbildung lag die triviale Erkenntnis zugrunde, dass sich für gewöhnlich die nachgefragte Menge eines Produktes ändert, wenn sich der Preis ändert. Hierbei wurde zunächst nicht untersucht, ob Preis und Nachfrage vollständig korrelieren oder ob es über- oder unterproportionale Reaktionen der Nachfrage auf Preisveränderungen geben kann.

Das Maß für die Reaktion der Nachfrage nach einem Gut auf Änderungen des Preises ebendieses Gutes ist die **direkte Preiselastizität** (auch: **Eigenpreiselastizität**). Sie gibt an, um wie viel Prozent die Nachfrage anzieht oder sinkt, wenn der Preis des untersuchten Gutes um ein Prozent erhöht oder gesenkt wird.

Man unterscheidet

- **relativ elastische Nachfrage (E < -1):** Die Nachfragemenge sinkt bzw. steigt um mehr als 1%, wenn der Preis um 1 % gesenkt bzw. erhöht wird;

- **relativ unelastische Nachfrage (E > -1):** Die Nachfragemenge sinkt bzw. steigt um weniger als 1%, wenn der Preis um 1 % gesenkt bzw. erhöht wird.

(Anmerkung: In Teilen der Literatur wird bei Berechnung der Elastizität auf das negative Vorzeichen bei der Mengenänderung verzichtet. In diesem Falle gilt für relativ unelastische Nachfrage E < 1 und für relativ elastische Nachfrage E > 1).

Die Elastizität E errechnet sich nach folgender Formel:

$$E = \frac{\text{Prozentuale Mengenänderung}}{\text{Prozentuale Preisänderung}} = \frac{\dfrac{\text{Mengenänderung}}{\text{Uprungsmenge}}}{\dfrac{\text{Preisänderung}}{\text{Ursprungspreis}}}$$

*Beispiel:*
*Am 1.9.2005 stieg in Zusammenhang mit einer Steuererhöhung der Preis für eine Schachtel Zigaretten einer bestimmten Marke um 0,40 € von 3,60 € auf 4,00 €. Ein Tabakwarenhändler beobachtete daraufhin einen Rückgang des Absatzes an Zigarettenschachteln in einer seiner Filialen von 400 Stück pro Tag auf 265 Stück. Die Elastizität der Nachfrage errechnet sich wie folgt:*

$$E = \frac{\dfrac{-135}{400}}{\dfrac{0,40}{3,60}} = \frac{-0,3375}{0,1111} = -3,038$$

*Die Nachfrage reagierte relativ elastisch (-3,038 < -1): Die Preiserhöhung um gut 11 % hatte einen Absatzrückgang um gut 33 % zur Folge. Anders ausgedrückt: Die Nachfrage sinkt um gut 3 %, wenn der Preis um 1 % steigt.*

Die errechnete Elastizität sagt allerdings nur etwas über die Preisempfindlichkeit der Nachfrage für genau den betrachteten Punkt der Nachfragekurve aus und kann nicht verallgemeinert werden: Die hier errechnete Preiselastizität ist daher eine **Punktelastizität!**

Eine relativ unelastische Nachfragereaktion ist bei solchen Gütern zu erwarten, die kaum verzichtbar und kaum substituierbar sind. Im Falle leicht substituierbarer Güter, von denen der Nachfrager nicht abhängig ist, reagiert die Nachfrage dagegen relativ elastisch.

*Fortführung des Beispiels:*
*Nun ist durchaus davon auszugehen, dass auf Seiten der Nachfrager eine Abhängigkeit besteht. Gab es also eine Möglichkeit der Substitution? Tatsächlich registrierte derselbe Tabakwarenhändler zeitgleich zum Rückgang des Zigarettenabsatzes einen Ansteigen des Absatzes von Tabakfeinschnitt-Päckchen, deren Preis unverändert geblieben war, von bisher 120 auf 150 Stück.*

Für die Reaktion der Nachfrage nach einem Gut auf eine Änderung des Preises für ein Substitutionsgut gibt es ebenfalls eine Kennzahl, nämlich die **Kreuzpreis-Elastizität** (auch als **Triffin-Koeffizient** bekannt).

$$E_{x1,p2} = \frac{\text{Prozentuale Mengenänderung}}{\text{Prozentuale Preisänderung}} = \frac{\dfrac{\text{Mengenänderung Gut 1}}{\text{Uprungsmenge Gut 1}}}{\dfrac{\text{Preisänderung Gut 2}}{\text{Ursprungspreis Gut 2}}}$$

Für **komplementäre** (sich ergänzende) **Güter** ist eine Kreuzpreiselastizität < 0 zu erwarten, die ausdrückt, dass der Preisanstieg bei dem einen Gut einen Mengenrückgang nicht nur bei ebendiesem, sondern auch bei dem komplementären Gut auslöst. Für **Substitutionsgüter**, also in dem Falle, dass das mengenmäßig betrachtete Gut das preisveränderte Gut ersetzen kann, gilt dagegen eine gegenläufige Entwicklung und damit ein zu erwartender Wert > 0. Ist der Wert gleich 0, kann keine Beziehung zwischen den beiden Gütern hergeleitet werden.

*Fortführung des Beispiels:*

$$E_{x1,p2} = \frac{\dfrac{30}{120}}{\dfrac{0,40}{3,60}} = \frac{0,25}{0,1111} = 2,25$$

Offensichtlich handelt es sich um Substitutionsgüter: Eine Preiserhöhung um 1 % bei Gut 1 bewirkt einen Mehrabsatz von Gut 2 in Höhe von ca. 2,25 %.

Die Nachfrage nach einem Gut ist nicht nur von seinem Preis bzw. korrespondierenden Preisen anderer Güter abhängig, sondern ebenso vom Einkommen der Nachfragenden. Dieser Zusammenhang kann durch die **Einkommenselastizität der Nachfrage** gemessen werden. Es gibt Güter, die bei steigendem Einkommen stärker nachgefragt werden (so genannte superiore Güter) oder schwächer (inferiore Güter).

Ebenso wie die Elastizität der Nachfrage kann die **Elastizität des Angebots** auf sich ändernde Marktpreise errechnet werden: Sinkende Marktpreise erlauben bei nicht-verderblichen Gütern eine Einlagerung, bis die Marktsituation günstiger geworden ist, während bei verderblichen Gütern ein unelastisches Angebot erwartet werden kann.

### 4.1.3.8.5.2  Rabattpolitik

Ein Rabatt ist eine Preisvergünstigung, die der Verkäufer einer Ware dem Abnehmer aus verschiedenen Anlässen ohne Rücksicht auf den Zeitpunkt der Zahlung gewährt. Hierdurch wird ein einheitlicher Angebotspreis (Listenpreis) gegenüber verschiedenen Abnehmern differenziert. Die gebräuchlichsten Rabattarten sind die folgenden.

– **Mengenrabatt:** Preisnachlass für die Abnahme größerer Mengen, der bereits bei Rechnungslegung als Abschlag vom Angebotspreis vereinbart wird. In der Praxis kommen häufig Rabattstaffeln zur Anwendung, die bei steigenden Mengen einen überproportional steigenden Rabatt vorsehen. Eine Sonderform des Rabatts ist der Bonus. Boni werden nachträglich auf mehrere Umsätze innerhalb einer Abrechnungsperiode als Nachlass auf künftige Forderungen gewährt.

– **Treuerabatt:** Langjährig treue Kunden sollen mit Hilfe dieses Rabatts enger an das Unternehmen gebunden werden.

– **Wiederverkäuferrabatt:** Für die Durchführung bestimmter Funktionen, etwa Werbung, Ausstellung, Lagerung, Vertrieb, wird Wiederverkäufern ein pauschaler Abschlag gewährt, der häufig als Funktionsrabatt bezeichnet wird.

– **Zeitrabatt:** Zur Erleichterung der Lager- oder Produktionsdisposition werden Saison-, Einführungs- und Auslaufrabatte gewährt.

– **Sonderrabatt:** Besondere Anlässe für Rabattgewährungen sind Betriebsjubiläen oder Geschäftsaufgabe.

– **Personalrabatt:** Den Mitarbeitern eines Unternehmens werden gewöhnlich pauschalierte Preisnachlässe auf die Unternehmensprodukte eingeräumt.

– **Präsentationsrabatt:** Wird ein Produkt vom Händler in besonderer Weise dargeboten, so kann ihm hierfür ein Rabatt gewährt werden.

Mit der Gewährung von Rabatten wird die Erzielung besonderer Vorteile angestrebt, etwa starke Kundenbindung, optimale Lagerhaltung oder Anreiz zum Kauf größerer Mengen. Das Rabattsystem einer Unternehmung ist ideal ausgewogen, wenn die mit der Rabattgewährung einhergehenden Umsatzerlösschmälerungen durch die erzielten Vorteile mehr als ausgeglichen werden.

Häufig werden mehrere Rabattarten nebeneinander gewährt.

Eine Sonderform des Rabatts, die auf den Zeitpunkt der Zahlung abstellt, ist der **Barzahlungsrabatt (Skonto):**

Bis Mitte 2001 durfte dieser in der Bundesrepublik Deutschland gegenüber Endverbrauchern nur bis zu einer Höhe von 3 % vom Rechnungspreis gewährt werden. Seit dem 25.7.2001 (**Aufhebung** des Rabattgesetzes von 1932 und der Zugabeverordnung von 1933) gilt diese Beschränkung nicht mehr.

### 4.1.3.8.5.3  Preisdifferenzierung und Preisgestaltung

Preisdifferenzierung liegt vor, wenn für das gleiche Produkt abweichende Preise gefordert werden. Voraussetzungen für die Durchsetzung unterschiedlicher Preise sind u. a. das Vorhandensein einer heterogenen Nachfragerstruktur, das Vorliegen eines unvollkommenen Marktes und eine relative Marktmacht des Anbieters.

Bei der Preisdifferenzierung wird folgendermaßen unterschieden:

– **Horizontale (deglomerative) Preisdifferenzierung:** Das Produkt wird verschiedenen Abnehmergruppen mit unterschiedlicher Zahlungsbereitschaft gleichzeitig zu unterschiedlichen Preisen angeboten.

*Beispiel:*

*Die Tafel Vollmilchschokolade der Marke »Paletti« wird sowohl über auf den Verkauf von Süßwaren spezialisierte Einzelhandelsgeschäfte als auch über Verbrauchermärkte angeboten. Wegen der unterschiedlichen Kundenstruktur kann für die einzelne Tafel im Einzelhandelsgeschäft ein höherer Preis verlangt werden als im Verbrauchermarkt.*

Der Mehrpreis, den Konsumenten zu zahlen bereit sind und der bei dieser Differenzierungstaktik abgeschöpft wird, wird als **Konsumentenrente** bezeichnet.

– **Vertikale (agglomerative) Preisdifferenzierung:** Das Produkt wird auf verschiedenen Teilmärkten, die sich z. B. regional, nach dem Verwendungszweck oder zeitlich unterscheiden können, zu unterschiedlichen Preisen verkauft.

*Beispiele:*

*Für den von der JCN-AG entwickelten Computer, der auf Sprachbefehle reagiert, gibt es im Augenblick seiner Markteinführung einen Nachfragerkreis, der bereit ist, das Gerät zum geforderten Stückpreis von 5.000 € zu erwerben. Nach der Abschöpfung dieses Käufersegments wird der Preis auf 2.500 € gesenkt; hierdurch wird das Gerät für einen größeren Käuferkreis erschwinglich. Der Vorteil dieser Taktik gegenüber der Forderung eines Preises von 2.500 € bereits ab Markteinführung liegt in der Abschöpfung einer Konsumentenrente, ohne dass davon die insgesamt abgesetzte Stückzahl berührt wird (**Abschöpfungsstrategie**).*

*Die Tafelschokolade »Paletti« gibt es ab sofort in der neuen Geschmacksrichtung Vanille. Diese Sorte wird bei Markteinführung besonders billig angeboten. Mit Hilfe dieses Penetrationspreises wird der Markt rasch erschlossen. Zwei Monate nach erfolgreicher Etablierung der neuen Sorte wird der Preis dem der seit längerem angebotenen Sorten angepasst (**Penetrationsstrategie**).*

Die Beispiele zeigen, dass es bei der Festlegung der Preisstrategie eine wesentliche Rolle spielt, ob es sich um ein Verbrauchs- oder Gebrauchsgut handelt und ob das Produkt als »Dauerläufer« oder modische »Eintagsfliege« anzusehen ist. Während im Falle eines als länger andauernd angenommenen Produktlebens eine Penetrationsstrategie sinnvoll erscheint, ist im Falle von Produkten mit kurzem Lebenszyklus eher die Abschöpfungsstrategie geboten. Diese wird auch als **Skimming-Pricing** bezeichnet.

Neben der Preisdifferenzierung gibt es weitere preispolitische Maßnahmen.

Die wichtigsten sind

– **Sonderangebote** und **Promotionspreise:** Ein Artikel wird für kurze Zeit zum reduzierten Preis angeboten. Neben einer Erhöhung des Umsatzes des betreffenden Artikels wird ein »Anlock-Effekt« zugunsten des übrigen Sortiments angestrebt. Ist der Preis hauptsächliches Werbeargument für ein Produkt, so wird er als Promotionspreis bezeichnet.

– **Preisempfehlungen:** Gemäß GWB (Gesetz gegen Wettbewerbsbeschränkungen; »Kartellgesetz«) sind vertikale Preisbindungen, also zwingende Preisvorgaben des Herstellers gegenüber dem Händler, nichtig. Dies gilt auch bei bestehenden Vertriebsbindungen, die den Händler an einen bestimmten Hersteller oder aber den Hersteller an bestimmte Abnehmer binden. Ausnahmen bestehen lediglich für Verlagserzeugnisse und – aus Gründen der Verbrauchsbesteuerung – für Tabakwaren. Dagegen ist es, außer bei deutlichem Missbrauch, zulässig, dass Produkte bereits herstellerseitig mit einer unverbindlichen Preisempfehlung versehen werden. Liegt der tatsächliche Verkaufspreis unter dem empfohlenen Preis, so erhält der Kunde den Eindruck eines besonders günstigen Angebotes.

– **Psychologische Preispräsentation:** Artikel werden mit gebrochenen Preisen ausgezeichnet (99 Cent statt 1 Euro), um den Eindruck zu erwecken, dass besonders exakt kalkuliert worden sei, und um dem Kunden zu suggerieren, dass bestimmte Preisschwellen nicht durchbrochen werden.

Bei all diesen Betrachtungen darf natürlich nicht übersehen werden, dass der wichtigste Einflussfaktor in der kalkulatorischen Ermittlung von Verkaufspreisen die Kosten sind, die – zumindest langfristig – gedeckt sein müssen.

### 4.1.3.8.5.4  Die Gestaltung sonstiger Konditionen

Die Verkaufskonditionen werden bestimmt durch so genannte Lieferungs- und Zahlungsbedingungen.

Die **Lieferungsbedingungen** regeln

– Ort und Zeit des Übergangs der Ware und der Haftung,
– Übernahme der Kosten der Lieferung (franko Grenze, Lieferung ab Werk, ab Bahnhof hier, frei Bahnhof, frei Haus usw.),
– Konventionalstrafen,
– Umtausch- und Rückgaberechte,
– Mindestabnahmemengen,
– Mindermengenzuschläge,
– Gewährleistungen usw.

Ist im Kaufvertrag keine besondere Regelung getroffen, so sind Kosten der Versandverpackung vom Käufer zu tragen. Die Kosten der Übergabe sind nach § 448 BGB, wenn nichts anderes vereinbart wurde, vom Verkäufer zu tragen, während die Kosten der Abnahme und der Versendung nach einem anderen Ort als dem Erfüllungsort dem Käufer angelastet werden.

Die **Zahlungsbedingungen** regeln

– Zahlungsfristen,
– Skontoabzug bei vorzeitiger Zahlung,
– Zahlungsart (bar, per Nachnahme, gegen Rechnung usw.),
– Sicherheiten (Eigentumsvorbehalt, Sicherungsübereignung) usw.

Sofern keine anderslautenden Vereinbarungen getroffen wurden, kann der Verkäufer sofortige Bezahlung bzw. Bezahlung am nächsten Werktag verlangen. (§§ 271, 193 BGB). Eine Geldschuld gilt als rechtzeitig erfüllt, wenn der Schuldner den Betrag dementsprechend rechtzeitig abgeschickt hat.

Die Kosten der Zahlung (Überweisungsgebühr, Überziehungszinsen) trägt der Käufer. Eine Kürzung des Rechnungsbetrages um diese Kosten ist unzulässig (§ 270 BGB).

Die Gewährung von Lieferantenkrediten, also die Einräumung eines mehrwöchigen Zahlungszieles, ist ein bewährtes Mittel zur Absatzförderung. Jedoch kommen diese Kredite, verglichen mit marktüblichen Darlehenskonditionen, den Kunden relativ teurer zu stehen, da ihre Nichtinanspruchnahme häufig durch beträchtliche Skonto-Abschläge vom Rechnungsbetrag belohnt wird.

*Beispiel:*
*Wird z. B. als Zahlungsbedingung vereinbart »Zahlbar binnen 30 Tagen ohne Abzug oder binnen 10 Tagen abzüglich 2 % Skonto«, so bedeutet dies, dass der Verzicht auf den Skontoabzug, also die Inanspruchnahme eines 20-tägigen Lieferantenkredites, einer Verzinsung mit 36 % p.a. gleichkommt. Bei einer Gewährung von 3 % Skonto steigt dieser Zinssatz sogar auf 54 %!*

### 4.1.3.8.5.5  Bonitätsprüfung und Risikoabsicherung

Üblicherweise erfolgt die Auslieferung bestellter Ware bzw. die Ausführung von Dienstleistungsaufträgen zeitlich vor der Zahlung durch den Kunden, was einer Kreditgewährung gleichkommt. Da jede Krediteinräumung mit einem Verlustrisiko behaftet ist, muss der Annahme eines Auftrages die Prüfung der Kreditwürdigkeit des Kunden, auch Bonitätsprüfung genannt, vorangehen.

Anhaltspunkte für die Zahlungsfähigkeit eines Altkunden ergeben sich aus der Abwicklung früher getätigter Geschäfte. Handelt es sich um einen Neukunden, so kann versucht werden, Auskünfte über Geschäftsfreunde oder gewerbliche Auskunfteien einzuholen. Auskünfte allgemeiner Art können über die Kammern erteilt werden.

Aufschlüsse über die Vermögensverhältnisse und die Realisierung von Ansprüchen im Insolvenzfalle kann die Einsicht in öffentliche Register (Handelsregister, Güterrechtsregister, evtl. Grundbuch) geben. Dagegen ist die Erlangung detaillierter Auskünfte über Banken und Sparkassen ebenso wenig möglich wie die Einsichtnahme in die (nicht öffentlichen) Protestlisten, in denen Wechselproteste registriert werden.

Zur Sicherung von Warenkrediten wird üblicherweise ein **Eigentumsvorbehalt** vereinbart, d. h. die gelieferte Ware bleibt bis zur vollständigen Bezahlung im Eigentum des Lieferanten. Der **erweiterte Eigentumsvorbehalt** bezieht auch die Erlöse aus zwischenzeitlich verkaufter, aber beim Lieferanten noch nicht bezahlter Ware ein. Zur zusätzlichen Besicherung kann ein **Wechsel** herangezogen werden.

## 4.1.3.8.6    Distributionspolitik

Von besonderer Bedeutung für die Absatzwirtschaft und Gegenstand der Distributionspolitik ist das Problem der Verteilung der Produkte an die Endverbraucher bzw. letzten Abnehmer. Ziele der Distributionspolitik sind z. B. ständige Verfügbarkeit des Produktes beim Endkäufer (= hoher Distributionsgrad), Minimierung der Vertriebskosten, Umsatzsteigerung usw. In Abhängigkeit von diesen Zielen werden Entscheidungen hinsichtlich der Absatzdurchführung getroffen.

### 4.1.3.8.6.1    Lieferbereitschaft

Lieferbereitschaft liegt vor, wenn das bestellte Gut entweder am Lager vorrätig ist oder bis zum gewünschten Liefertermin hergestellt werden kann. Der Grad der Lieferbereitschaft **(Distributionsgrad)** hängt wesentlich ab von der Lagerhaltungspolitik der Unternehmung, die wiederum von Kostenüberlegungen geprägt ist: Denn Lagerhaltung geht zwangsläufig mit Kapitalbindung einher, und ein hohes gebundenes Kapital bedeutet hohe Kapitalkosten und/oder entgangene Kapitalerträge. Der Zielkonflikt zwischen den unternehmerischen Zielen »hoher Distributionsgrad« und »Kostenminimierung« stellt das klassische Dilemma der Materialwirtschaft dar.

Eine hohe Lieferbereitschaft ist ein nicht von der Hand zu weisender Wettbewerbsvorteil, denn oft wird die Erteilung eines Auftrages davon abhängig gemacht, wie schnell die Lieferung erfolgen kann. Analog zur Lieferbereitschaft wird im Dienstleistungsbereich der Begriff der **Servicebereitschaft** verwendet. Hinsichtlich der Festlegung des Distributionsgrades und der Methoden, diesen dann auch sicherzustellen, sei auf die Abschnitte 4.3 und 4.5 verwiesen.

### 4.1.3.8.6.2    Absatzmethoden, -wege und -formen

**Absatzmethode**

Die Absatzmethode einer Unternehmung ist gekennzeichnet durch die Wahl des Vertriebssystems, der Absatzform und der Absatzwege. Die Entscheidungen, die im Zusammenhang mit der Absatzmethode zu treffen sind, sind im Allgemeinen nicht kurzfristig zu revidieren und bedingen daher meist eine langfristige Festlegung auf eine **Absatzstrategie.**

Die Entscidung etwa, anstelle des Direktvertriebs den Weg über den Groß- und Einzelhandel zu nehmen, ist nicht ohne weiteres umkehrbar, da sowohl der Aufbau eigener

Verkaufslokale als auch die Einflussnahme auf das Käuferverhalten längere Zeit in Anspruch nehmen. Die Entscheidung für eine bestimmte Absatzmethode impliziert die Entscheidung für andere absatzpolitische Instrumente, z. B. für die Preisgestaltung oder die Werbung.

**Vertriebssysteme**

Nach GUTENBERG werden drei unterschiedliche Vertriebssysteme unterschieden:

– Das **werkseigene** Vertriebssystem setzt voraus, dass einem Industriebetrieb rechtlich und wirtschaftlich unselbstständige Verkaufslokale angegliedert sind, in denen die Produkte verkauft und/oder Serviceleistungen erbracht werden.

– Das **werksgebundene** Vertriebssystem ist ein Vertragshändlersystem, bei dem der Absatz rechtlich selbstständigen, jedoch wirtschaftlich (durch Kapitalbeteiligung oder Vertragsbindungen) abhängigen Unternehmen überlassen wird.

– Ein **werksungebundenes** Vertriebssystem ist dadurch gekennzeichnet, dass der Verkauf von rechtlich und wirtschaftlich selbstständigen Unternehmen geleistet wird. Der Produzent wird am Markt nicht selbst aktiv, sondern überlässt den Vertrieb seiner Produkte z. B. einem Verkaufssyndikat.

**Absatzform**

Der Begriff der Absatzform ist weiter gefasst als der oben geschilderte Begriff des Vertriebssystems: Er bezieht neben den betriebszugehörigen Absatzorganen auch betriebsfremde **Organe** wie selbstständige Absatzmittler und die selbstständigen Betriebe des Handels in die Auswahlentscheidung ein.

– **Betriebszugehörige** Absatzorgane sind entweder rechtlich unselbstständig (z. B. Vertriebsabteilung, Reisende) oder selbstständig (Vertragshändler, Verkaufssyndikat).

– **Betriebsfremde** Absatzorgane sind entweder Absatzmittler (Handelsvertreter, Handelsmakler, Kommissionäre) oder Groß- und Einzelhandelsbetriebe.

**Absatzwege**

Bietet ein Produktionsbetrieb seine Produkte unmittelbar selbst am Markt an, ohne andere selbstständige Betriebe mit dieser Aufgabe zu betrauen, so liegt **direkter Absatz** vor. Werden die Produkte hingegen zunächst an Betriebe veräußert, die weder Konsumenten noch Weiterverarbeiter, sondern lediglich Wiederverkäufer sind, so handelt es sich um indirekten Absatz. Beim direkten Absatz erfolgt der Weiterverkauf über eigene Verkaufsniederlassungen, Handelsvertreter oder Reisende.

Eine Sonderform des direkten Absatzes ist das **Franchising.** Ein Handelsunternehmen erhält als Franchise-Geber ein Entgelt dafür, dass es seine erfolgreiche Absatzstrategie auf ein anderes, rechtlich selbstständiges Unternehmen überträgt und diesem gestattet, unter Verwendung des bewährten Warenzeichens und unter Wahrung des einheitlichen Erscheinungsbildes bestimmte Waren oder Dienstleistungen dauerhaft zu vertreiben. Franchising findet sich häufig im Dienstleistungsbereich, etwa im Hotel- und Gaststättengewerbe, in der Beratung oder im Reparaturwesen.

Der **indirekte Absatz** erfolgt über Betriebe des Handels. Ein Handelsbetrieb ist ein Betrieb der gewerblichen Wirtschaft, der Waren im eigenen Namen und auf eigene Rechnung anschafft und ohne weitere Bearbeitung absetzt. Üblicherweise verkauft der produzierende Betrieb seine Produktion an Betriebe des Großhandels, die ihrerseits an Einzelhandelsbetriebe weiterverkaufen. Der Einzelhandel verkauft die Ware letztlich an die Konsumenten. Aufgaben und Funktionen des Handels sowie die Beziehungen zwischen Handel und produzierendem Gewerbe sind Gegenstand der Betrachtung in Abschnitt 4.1.3.8.6.8.

### 4.1.3.8.6.3  Die Absatzhelfer des Kaufmanns

Absatzhelfer des Kaufmanns beim direkten Absatz sind

– Reisende,
– Handelsvertreter,
– Kommissionäre und
– Makler.

Der **Reisende** hat als unselbstständiger Absatzhelfer die gleiche rechtliche Stellung wie jeder andere kaufmännische Angestellte. Seine Tätigkeit konzentriert sich vollständig und ausschließlich auf den Absatz der Produkte seines Arbeitgebers. Als **Handlungsbevollmächtigter** des Kaufmannes kann er Kaufverträge abschließen und ggf. Zahlungen entgegennehmen. Neben seinem festen Gehalt (Fixum) erhält er üblicherweise eine Umsatzprovision sowie – pauschale oder aufgrund von Belegen ausgezahlte – Spesen.

Der **Handelsvertreter** ist ein selbstständiger Kaufmann, der, anders als der Reisende, auf Erfolgsbeteiligungsbasis für verschiedene Auftraggeber tätig werden kann, wobei ihm jedoch die gleichzeitige Vertretung mehrerer konkurrierender Produkte meist untersagt ist.

Die Entscheidung, ob Reisende oder Handelsvertreter eingesetzt werden sollen, hängt nicht zuletzt auch von der Höhe der vereinbarten Provision, der Höhe des Fixums für den Reisenden und von der Umsatzhöhe ab; hierzu ein Beispiel.

*Ein Unternehmen zahlt einem Reisenden ein Fixum in Höhe von 2.500 € monatlich sowie eine zusätzliche Provision von 2 % auf den getätigten Umsatz. Für einen Handelsvertreter wird kein Fixum gezahlt; dafür beträgt seine Provision 7 % vom Umsatz. Die folgende Abbildung zeigt die Entwicklung der Absatzkosten. Im Punkt $U_k$ (= kritischer Umsatz) sind die Kosten für den Reisenden und den Handelsvertreter gleich hoch. Steigt der Umsatz über $U_k$ hinaus, so ist der Handelsvertreter teurer als der Reisende.*

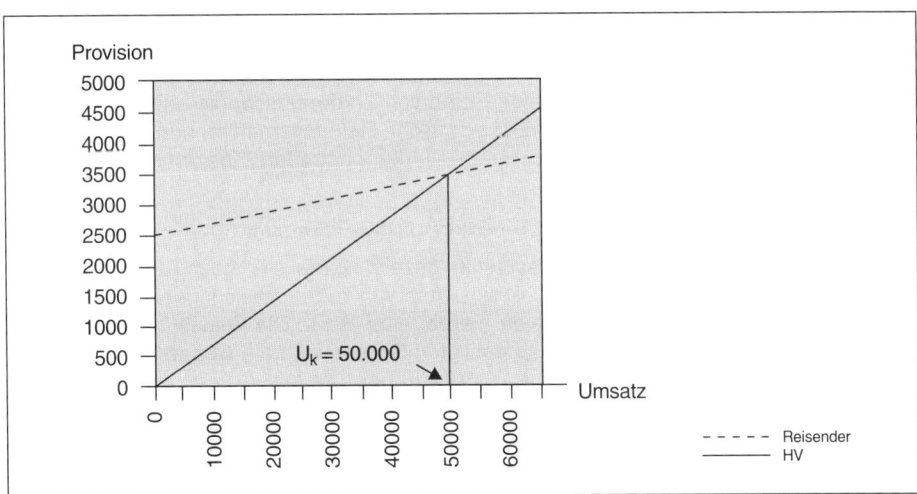

Kostenvergleich Reisender/Handelsvertreter

Der **Kommissionär** übernimmt es gewerbsmäßig, Waren im eigenen Namen auf fremde Rechnung zu kaufen (Einkaufskommission) bzw. zu verkaufen (Verkaufskommission). Er ist selbstständiger Kaufmann, der aufgrund eines Kommissionsvertrages entweder dauerhaft oder nur fallweise für einen Auftraggeber **(Kommittenten)** tätig wird. Er ist berechtigt, Waren, die einen festen Börsen- oder Marktpreis aufweisen, selbst zu liefern bzw. selbst zu kaufen **(Selbsteintritt).**

Der **Handelsmakler** ist ein selbstständiger Kaufmann, der den Abschluss von Verträgen vermittelt. Im Gegensatz zum Kommissionär wird er im fremden Namen für zwei Parteien tätig.

Handelsmakler sind

– **Warenmakler,** die Verträge über den Kauf bzw. Verkauf von Waren vermitteln;

– **Wertpapiermakler,** die Verträge über den Kauf bzw. Verkauf von Wertpapieren entweder als von der Landesregierung ernannte und vereidigte Kursmakler oder als freie Effektenmakler vermitteln;

– **Schiffsmakler,** die Verträge über Schiffsraum und Schiffsliegeplätze vermitteln;

– **Frachtenmakler,** die Frachtverträge zwischen Frachtführern und Absendern von zu verfrachtenden Gütern vermitteln;

– **Versicherungsmakler,** die Versicherungsverträge vermitteln.

Der Handelsmakler hat die **Pflichten,**

– die Interessen beider Parteien zu wahren und muss für durch sein Verschulden entstandenen Schaden haften;

– die wesentlichen Vertragsbestandteile in einer Schlussnote festzuhalten, die jeder Partei unverzüglich nach Vertragsabschluss zuzuleiten ist;

– jeden Abschluss in ein Geschäfts-Tagebuch einzutragen, aus dem auf Verlangen Auszüge für die Parteien zu erstellen sind;

– im Falle des Verkaufs nach Probe die Probe bis zur Warenannahme aufzubewahren;

– selbst in den Vertrag einzutreten, wenn die Schlussnote nur eine Partei nennt.

Für die Vermittlung von Geschäften steht dem Handelsmakler ein Maklerlohn, die sog. **Courtage,** zu, die – falls nicht abweichend vereinbart – von beiden Parteien jeweils zur Hälfte zu zahlen ist.

Neben den Handelsmaklern gibt es eine Reihe von **Zivilmaklern,** die entweder den Abschluss von Verträgen anbahnen (Immobilienmakler, Heiratsvermittler) oder Verträge über Gegenstände vermitteln, die nicht den Handelsverkehr betreffen (Konzertvermittler).

## 4.1.3.8.6.4   Bestimmungsgrößen für den Aufbau eines Distributionssystems

Wie schon in den voranstehenden Abschnitten gezeigt wurde, sind beim Aufbau eines Absatz- oder Distributionssystems verschiedene Aspekte zu berücksichtigen: Absatzmethoden, -wege, -formen und -helfer spielen hierbei eine Rolle. Die Gesamtheit der an der Zurverfügungstellung eines Produktes beteiligten Organe wird als **Absatzkanal** bezeichnet, und jedes dieser Organe stellt eine **Distributionsstufe** dar.

*Beispiel:*
*Freezy gibt die hergestellten Tiefkühl-Fertigmenüs an den Großhandel ab, der sie an viele Einzelhändler weiterreicht. Zwischen dem Hersteller und dem Endverbraucher liegen also zwei Stufen: In diesem Falle spricht man von einem Zwei-Stufen-Kanal.*

Innerhalb der Distributionskanäle fließen nicht nur materielle Produkte, sondern z. B. auch Informationen, Zahlungen und Eigentumsübertragungen, und alle diese Flüsse können außer einer Vorwärtsbewegung – dem Normalfall – auch eine Rückwärtsbewegung ausführen und weitere Beteiligte – etwa Spediteure, Lagerbetriebe oder Kreditinstitute – einbeziehen.

Über die Gestalt des Distributionssystems entscheiden im konkreten Falle vor allem folgende Faktoren:

– **Produkteigenschaften:** Verderbliche und empfindliche Güter verlangen nach direkter Distribution ohne Umwege, Umladevorgänge und Zwischenlagerung, und sperrige Güter sollten ebenfalls ohne Umladung zum Bestimmungsort gelangen. Spezielle technische Anlagen werden häufig vom Hersteller direkt vertrieben, weil jeder zwischengeschalteten Station das Beratungswissen fehlen würde.

– **Wettbewerbsgegebenheiten:** Wenn Konsumgüter in denselben Läden und möglichst denselben Regalen platziert werden sollen wie ähnliche Mitbewerberprodukte, ist es sinnvoll, die von den Konkurrenten gewählten Distributionskanäle ebenfalls zu nutzen. Der Erfolg eines Produktes kann aber auch gerade in einer von den Mitbewerbern abweichenden Distributionsstrategie, also etwa der Entscheidung für direkten Absatz anstelle der Nutzung von Zwischenhändlern, bestehen.

– **Distributionspartner:** Die Entscheidung zwischen einem exklusiv für das eigene Unternehmen tätigen Reisenden und einem mehrere Hersteller vertretenden Handelsvertreter ist häufig eine Kostenfrage. Außer von den Kosten hängt die Entscheidung für oder gegen bestimmte Vertriebspartner von deren Leistungen etwa im Bereich der Absatzförderung, Lagerhaltung und Zahlungsabwicklung ab.

– **Unternehmens- und Kundeneigenschaften und -ziele:** Wird schnelle Lieferung gewünscht, kommen nur kurze Absatzkanäle in Betracht. Gleiches gilt, wenn ein möglichst geringer Endverbraucherpreis angestrebt wird, denn jede Zwischenstufe verteuert das Produkt durch ihre Leistungserbringung. Große Unternehmen und bekannte Produkte erleichtern die Gewinnung von Distributionspartnern.

– **Umweltbedingungen:** Hierunter fallen auch rechtliche Bestimmungen zur Verhinderung von Wettbewerbsbeschränkungen, die den Aufbau exklusiver Distributionskanäle betreffen.

### 4.1.3.8.6.5   Outsourcing von Distributionsleistungen

Outsourcing ist eine typische Strategie im Zusammenhang mit der Variation der Fertigungstiefe, die aber auch in Distributionsketten anzutreffen ist.

*Beispiel:*
*Ein führender Waschmaschinenhersteller stellt die Geräte für den bundesweiten Markt seit vielen Jahrzehnten an einem einzigen Produktionsstandort her. Der Vertrieb erfolgt über werkseigene Vertriebszentren mit großer Lagerkapazität, die wiederum die Bestellungen des Einzelhandels entgegennehmen und diesen beliefern. Bis vor einigen Jahren erfolgte diese Belieferung vom jeweiligen Vertriebszentrum durch einen gleichfalls werkseigenen Fuhrpark. Da ein hoher Distributionsgrad angestrebt war, die Einzelhändler andererseits aber aufgrund räumlicher und finanzieller Einschränkungen nicht zu größerer Lagerhaltung imstande oder bereit waren, kam es häufig zu Belieferungsfahrten mit halber Ladung, Leer-Rückfahrten und zeitlich wie streckenmäßig ungünstigen Touren. Hohe Kosten des Fuhrparkbetriebes waren die Folge. Im Zuge einer umfassenden Umstrukturierung der Distribution wurde daher überlegt, die Transportleistung auf eine selbstständige Spedition zu übertragen. Allerdings sollte der Vorteil der unmittelbaren Nachbarschaft von Lager und Fuhrpark und des damit verbundenen örtlich und zeitlich direkten Zugriffs nicht aufgegeben werden. In Konsequenz dieser Überlegungen wurde der Fuhrpark »ausgegründet«. Die dabei entstandene selbstständige Spedition befindet sich nach wie vor auf dem Gelände des Vertriebszentrums. Ein Rahmenvertrag regelt, dass das Vertriebszentrum alle erforderlichen Auslieferungsfahrten an die Spedition vergibt.*

*Diese wiederum ist vertraglich verpflichtet, Lieferungen binnen bestimmter Fristen vorzunehmen. Daneben ist sie aber berechtigt, Aufträge dritter Auftraggeber anzunehmen und gegebenenfalls auch Zuladungen vorzunehmen. **Vorteile:** Durch die verbesserte Auslastung konnte die Ertragslage der Spedition gegenüber dem früheren unselbstständigen Betriebsteil deutlich gesteigert werden. Das Vertriebszentrum profitiert hiervon durch günstigere Preise, und die Leitung der Spedition kann auf der sicheren Basis eines den Bestand sichernden Rahmenvertrages selbstständig und eigenverantwortlich agieren.*

Das Beispiel zeigt, dass durch Outsourcing effizient arbeitende Betriebe entstehen können, von deren Leistungsverbesserungen alle Beteiligten profitieren können – partnerschaftlichen und verantwortungsvollen Umgang vorausgesetzt. Allerdings darf bei dieser Betrachtung nicht übersehen werden, dass die Verbesserung der Ertragslage häufig über den Abbau von Personalkosten erzielt wird. Dies ist insbesondere dann der Fall, wenn einzelne Mitarbeiter in die Selbstständigkeit »gedrängt« werden.

*Der Waschmaschinenhersteller aus dem vorangegangenen Beispiel initiiert nicht nur Fernseh- und Zeitschriftenwerbung, sondern unterstützt den Handel seit jeher auch direkt mit verkaufsfördernden Maßnahmen in den einzelnen Ladengeschäften. Angestellte Mitarbeiter des Herstellers bereisen regelmäßig alle an einer Kooperation interessierten Elektro-Großgerätehändler und Küchenstudios in ihrem Bezirk, um in deren Schaufenstern speziell auf einen bestimmten Maschinentyp abgestellte Dekorationen anzubringen. Für den Handel ist diese Aktion kostenlos und wird daher gern angenommen. Im Zuge neuerlicher Einsparungsüberlegungen sollen die reisenden Dekorateure nun »outgesourct« werden: Herr Müller, bisher für den Bezirk Holstein-West zuständig, erhält daher das Angebot, die Dekorierungsleistung künftig als Selbstständiger zu erbringen. Dies beinhaltet den Kauf des bisher vom Hersteller gestellten Kombi-PKW und die Anmeldung eines Gewerbes. Das Dekorationsmaterial wird weiterhin vom Hersteller gestellt; außerdem sichert dieser dem »Existenzgründer« einen Gebietsschutz zu. Die Vergütung erfolgt nach Anzahl der aufgesuchten Geschäfte. Müller möchte dieses Angebot eigentlich nicht annehmen, weil er nun selbst für Sozialversicherungsschutz sorgen muss und die Sicherheit des festen monatlichen Einkommens sowie der Einbindung in ein Großunternehmen verliert – aber die Alternative ist der Verlust des Arbeitsplatzes.*

Das im voranstehenden Beispiel geschilderte, in den letzten Jahren immer beliebter gewordene »Outsourcing« einzelner Arbeitsplätze benachteiligt die in einer naturgemäß schwachen Verhandlungsposition stehenden Mitarbeiter häufig in einer Weise, die vom Gesetzgeber so nicht mehr akzeptiert werden konnte. Konsequenz war 1999 die Einfügung einer neuen Vorschrift im entsprechenden Sozialgesetzbuch, die in der öffentlichen Diskussion gern auch als »Scheinselbstständigkeitsparagraph« bezeichnet wurde.

Er enthielt vier Kriterien, anhand derer »Scheinselbstständige« identifiziert werden sollten. Wenn mindestens zwei dieser Kriterien erfüllt waren, wurde vermutet, dass die betreffende Person gegen Arbeitsentgelt beschäftigt und folglich sozialzuversichern war.

Die Kriterien waren im Einzelnen:

– Der Erwerbstätige beschäftigt mit Ausnahme von Familienangehörigen keine versicherungspflichtigen Arbeitnehmer.

– Er ist in der Regel und im Wesentlichen nur für einen Auftraggeber tätig.

– Die Beschäftigung ist arbeitnehmertypisch. Der Erwerbstätige unterliegt Weisungen des Auftraggebers und ist in dessen betriebliche Organisation eingegliedert.

– Er tritt nicht selbst unternehmerisch am Markt auf.

Diese so genannten Vermutungsregeln wurden zum 1.1.2003 nach langen öffentlichen Auseinandersetzungen zugunsten eines Clearing- und Prüfungs-Verfahrens gestrichen, das die Beweislast der BfA – jetzt: Deutsche Renten-Versicherung – auferlegt.

Ein weiteres nicht seltenes Outsourcing im Distributionsbereich ist der **Regalgroßhandel** (»**Rack Jobbing**«).

*Beispiel:*

*Ein Bau- und Heimwerkerdiscount möchte seinen Kunden einerseits ein breites Sortiment anbieten und strebt andererseits geringstmögliche Kapitalbindung und Kostenminimierung an. Vor allem soll der eigene Personalbestand so gering wie möglich gehalten werden. Kleinteilige Sortimente erfordern aber viel Personaleinsatz: Auch wenn die Abverkaufsüberwachung und Bestellauslösung von einem an die Registrierkassen gekoppeltes Warenwirtschaftssystem geleistet werden kann, fällt viel Arbeit »am Regal« – Regalauffüllung, Preisauszeichnung, Werbeanbringung – an.*

*Die Lösung dieses Dilemmas besteht in der Vermietung von Regalflächen. Die Warengruppe »Leuchtmittel« etwa, die Artikel wie Glühbirnen, Halogenstrahler und Leuchtstoffröhren enthält, wird von einem Regalgroßhändler beigesteuert, der in diesem Falle (in der Praxis sind viele unterschiedliche Vertragsausgestaltungen anzutreffen) die Ware auf Kommissionsbasis bereitstellt, die Regale selbst auffüllt, Verkaufsdisplays und andere Werbemittel anbringt und die Preisauszeichnung vornimmt. Der Verkaufserlös für diese Artikel steht dem Regalgroßhändler zu; der Baumarkt ist prozentual beteiligt.*

## 4.1.3.8.6.6  Warenlieferung »Just-in-Time«

Ebenso wie das Outsourcing, entstammt auch der Begriff der »Just-in-Time-Belieferung« der Produktionswirtschaft (weswegen die Funktion und die Vorteile dieser einsatzsynchronen Beschaffung später in Zusammenhang mit der Fertigung ausführlicher dargestellt werden).

Aber im Vertrieb können ähnliche Mechanismen angetroffen werden, wenn auch in diesen Fällen der Begriff des »Einsatzes« durch den des »Abverkaufes« (eine im Handel gebräuchliche Wortschöpfung, mit der die Größenordnung »verkaufte Stückzahl im Betrachtungszeitraum« umschrieben wird) zu ersetzen ist.

*Beispiel:*

*Der Waschmaschinenhersteller aus den vorangegangenen Beispielen sieht einen wesentlichen Wettbewerbsvorteil in einem hohen Distributionsgrad: Dem Kunden, der eine Waschmaschine kaufen möchte, soll die Lieferung des gewünschten Modells binnen 24 Stunden zugesichert werden können. In der Vergangenheit scheiterte die Verwirklichung dieses Zieles häufig daran, dass die Vertriebszentren nicht in der Lage waren, die Einzelhändler vor Ort umgehend zu beliefern, weil sie aufgrund eines herstellerseitig unflexiblen Belieferungssystems oft die gewünschten Geräte selbst nicht am Lager hatten. Seitdem die Belieferung der Vertriebszentren auf Basis deren automatisch weitergemeldeter Abverkaufszahlen aus einem neu errichteten Hochregallager am Produktionsstandort heraus erfolgt, konnte der Servicegrad erheblich gesteigert werden, obwohl die Lagerkapazitäten bei den Einzelhändlern nicht vergrößert wurden: Größere Händler, etwa überregional bedeutende Möbelgeschäfte mit umfangreicher Küchenausstellung, sind direkt in das EDV-gestützte Warenwirtschaftssystem des Herstellers eingebunden und erhalten umgehenden Ersatz für Lagerabgänge, und die (das Gros stellenden) örtlichen Fachgeschäfte werden bei telefonischem Bestellungseingang bis 14.00 Uhr am nächsten Tag beliefert. Je nach Vereinbarung kann die Lieferung auch direkt an den Kunden erfolgen.*

Diese Lieferstrategie setzt Kooperationsbeziehungen im Sinne einer »**abgestimmten Partnerschaft**« (vgl. Abschn. 4.1.3.8.6.8) voraus.

## 4.1.3.8.6.7  Distributionslogistik

Auf die physische Distribution, also die körperliche Übertragung von Gütern vom Anbieter zum Nachfrager und die dabei zum Einsatz kommenden Transportmittel (Distributionslogistik) wird in Abschnitt 4.5 noch sehr ausführlich eingegangen werden. An dieser Stelle soll daher nur auf einen besonderen Aspekt eingegangen werden, nämlich auf die Problematik von **Umweltschutz und Verpackung.**

Im Bereich des Marketing interessieren vor allem diejenigen Verpackungen, die der Kunde »zu Gesicht bekommt«. Zu unterscheiden sind hier die Produkt- oder **Grundverpackung,** die das Produkt direkt umgibt und häufig zu dessen Schutz oder Aufbewahrung bis zum endgültigen Verbrauch des Produktes an diesem verbleiben muss, und die **Außenverpackung,** die die Grundverpackung umgibt und häufig um der besseren Stapelbarkeit willen, wegen der optischen Wirkung oder als Fläche für die Produktbeschreibung benötigt wird, die der Käufer aber spätestens zuhause entfernt und wegwirft.

Von der Verpackung gehen wesentliche Kaufanreize aus. Diese werden vor allem im Konsumbereich angesichts der Fülle nahezu gleicher Produkte und der weiten Verbreitung der Selbstbedienung immer wichtiger. Dementsprechend wird dem Verpackungsdesign eine immer größere Aufmerksamkeit gewidmet. Dabei darf die durchaus kritische Haltung vieler Konsumenten gegenüber der Produktverpackung aber nicht übersehen werden: Richtete sich das Augenmerk der Verbraucher noch vor wenigen Jahren eher auf die Frage, ob durch eine Verpackung ein »Mehr« an Inhalt vorgegaukelt werde (»Mogelpackung«), so schlägt sich das in den letzten Jahren deutlich gewachsene Umweltbewusstsein der Konsumenten heute zunehmend in der Ablehnung von Produkten nieder, die in als unsinnig empfundenen Verpackungen angeboten werden. Eine Ursache hierfür ist sicherlich auch in der dem Verbraucher abgeforderten Mülltrennung zu sehen, die ihn zwingt, sich die von ihm mitverursachten »Müllberge« regelmäßig vor Augen zu führen. Viele Unternehmen bieten ihre Produkte inzwischen in Nachfüllpackungen (z. B. Waschmittel), unter Verzicht auf Außenverpackungen (Zahncremetuben ohne Schachtel) oder in besonders umweltverträglicher Form (kompostierbare Verpackungseinsätze anstelle von Styropor, Papier- statt Plastikbehälter) an. Manche Handelsketten verzichten, auch wegen des Pflichtpfandes, auf den Verkauf von Getränkedosen. Neben der inzwischen pfandpflichtigen PET-Verpackung findet auch die Glas-Pfandverpackung mehr und mehr Verwendung.

## 4.1.3.8.6.8    Funktionen und Formen des Handels

Zum Nutzen der Produktionsbetriebe, aber auch der Verbraucher übernimmt der Handel nach WÖHE folgende **Funktionen:**

– Die Funktion des **räumlichen Ausgleichs:** Der Handel bietet die Waren am Wohnort des Konsumenten an und erspart es diesem, mit dem – womöglich weit entfernt ansässigen – Produzenten in Verbindung treten zu müssen. Der Produzent hat hierdurch den Vorteil, sowohl auf eine große Vertriebsorganisation als auch auf eine umfangreiche Debitorenbuchhaltung verzichten zu können, da er Geschäftsbeziehungen lediglich zu einer überschaubaren Anzahl von Großhändlern unterhält, die ihrerseits wiederum mit einer begrenzten Anzahl von Einzelhandelsbetrieben zusammenarbeiten.

– Die Funktion des **zeitlichen Ausgleichs:** Bedingt durch saisonbedingte Schwankungen erfolgen Produktion und Absatz häufig nicht kontinuierlich und aufeinander abgestimmt, sondern in Intervallen. Hieraus resultiert die Notwendigkeit der Lagerhaltung, die vom Handel geleistet wird.

*Beispiel:*

*Viele Obst- und Gemüsesorten können nur einmal im Jahr geerntet und zu Konserven verarbeitet werden. Die Verbraucher sind jedoch nicht bereit, gleichzeitig ein Vor-*

*ratslager anzulegen, sondern erwarten ein ganzjähriges Angebot dieser Sorten. Hier übernimmt der Handel eine wesentliche Lagerhaltungsfunktion.*

– Die Funktion des **quantitativen Ausgleichs:** Typisches Kennzeichen der industriellen Produktion ist die Herstellung großer Mengen eines Produktes an einem Ort. Durch den Großhandel werden diese Großmengen in kleinere Mengen aufgeteilt. Insoweit kommt dem Handel eine verteilende (distribuierende) Funktion zu. In der landwirtschaftlichen Produktion übernimmt der Handel häufig die gegenteilige Funktion, nämlich den Aufkauf von kleineren und deren Zusammenfassung zu größeren Mengen. In diesem Zusammenhang wird von **Aufkaufhandel** oder **kollektierendem Handel** gesprochen.

– Die Funktion des **qualitativen Ausgleichs:** Der Industriebetrieb richtet sein Produktionsprogramm nicht daran aus, welches Warensortiment die Konsumenten am Ort insgesamt vorzufinden wünschen, sondern orientiert sich an produktionstechnischen Erfordernissen. Hierdurch ist er in der Lage, kostengünstig zu produzieren. Die Aufgabe der Vorhaltung des kompletten erforderlichen Sortiments obliegt dem Handel, der unterschiedlichste Güter ebenso anbietet wie artgleiche konkurrierende Produkte. Hieraus erwächst für den Konsumenten der Vorteil, prüfen und vergleichen zu können.

– Die Funktion der **Information und Beratung:** Die Breite des im Handel angebotenen Sortiments vergrößert die Markttransparenz für die Nachfrager. Daneben leistet der Handel mit der Beratung und Information der Konsumenten eine Absatzunterstützung, die der Produzent in dieser Form nicht zu leisten vermag, z. B. bei der Vorführung und Installation technischer Geräte.

Im Folgenden werden die wesentlichen **Betriebsformen** des Groß- und Einzelhandels kurz vorgestellt.

## Der Großhandel

Hier werden üblicherweise folgende Unterscheidungen getroffen:

– **Binnengroßhandlungen** handeln im Inland mit Produktionsgütern (Roh-, Hilfs- und Betriebsstoffen für Industrie, Handwerk und Landwirtschaft, sog. Produktionsverbindungshandel) oder mit Konsumgütern.

– **Außengroßhandlungen** sind auf den länderübergreifenden Handel (Export-Import) spezialisiert.

– **Spezialgroßhandlungen** sind Produktionsgüter-Großhandlungen, die ein enges Sortiment in großer Tiefe für eine einzige Branche vorhalten.

– **Sortimentsgroßhandlungen** bieten ein Konsum- oder Produktionsgüter-Sortiment für mehrere Branchen an.

– **Fachgroßhandlungen** zeichnen sich im Allgemeinen durch mittlere Sortimentsbreite und -tiefe aus. Sie beliefern zumeist mehrere Branchen.

– **Streckengroßhändler** (auch **ALV-Großhändler** genannt – »Am Lager vorbei«) liefern unmittelbar vom Hersteller zum Kunden und ersparen sich damit die Einrichtung eines Handelslagers.

– **»Cash-and-Carry«-Großhandlungen** sind Selbstbedienungs-Großhandlungen, deren Kundschaft vor allem solche Einzelhandelsbetriebe sind, die sich keiner Handelskooperation angeschlossen haben.

– **Regalgroßhändler (»Rack Jobber«)** bieten innerhalb von Handelsbetrieben auf einer begrenzten Verkaufsfläche Waren auf eigene Rechnung gegen Provisionsbeteiligung an. Typisch für dieses System sind Depots von Großhändlern innerhalb von Einzelhandelsgeschäften (Kaffee, Kosmetika).

## Der Einzelhandel

Dessen Betriebsformen sind

- **Ladengeschäfte** (Ladeneinzelhandel) als
  - **Fachgeschäft:** Das Sortiment entspricht dem gesamten Angebot einer bestimmten Branche, sehr große Fachgeschäfte werden als **Kaufhäuser** bezeichnet;
  - **Spezialgeschäft:** Lediglich einige Güter einer bestimmten Branche werden in vielen verschiedenen Ausführungen und Qualitäten angeboten;
  - **Gemischtwarenhandlungen** bieten Güter verschiedener Branchen und zeichnen sich durch große Sortimentsbreite bei geringer Sortimentstiefe aus;
  - **Warenhäuser** bieten sämtliche Warengruppen, die ein privater Haushalt benötigt, um seinen Bedarf vollständig zu decken.
- **Supermärkte** bieten auf einer Fläche von mindestens 400 qm sowohl Lebensmittel als auch diverse Non-Food-Artikel nach dem Selbstbedienungsprinzip.
- **Verbrauchermärkte** bieten ein weitgefächertes Sortiment auf großer Fläche (ab 1.000 qm) nach dem Selbstbedienungsprinzip und sind daher sowohl dem Warenhaus als auch dem Supermarkt sehr ähnlich.
- **Discounthäuser** sind Selbstbedienungsunternehmen (Supermärkte oder Verbrauchermärkte), die Artikel des täglichen Bedarfs dauerhaft deutlich unter den üblichen Endverbraucherpreisen anbieten. Die Gründe hierfür sind
  - günstige Einkaufspreise durch Großmengenabnahme,
  - eingeschränkte Sortimentstiefe,
  - Kosteneinsparungen durch Beschäftigung wenig qualifizierten Personals und Stadtrandlagen (»auf der grünen Wiese«),
  - Verzicht auf Serviceleistungen.
- **Versandhäuser** unterbreiten ihr Angebot über Kataloge, Anzeigen und sonstige Werbemittel. Bestellungen werden über eigene oder öffentliche Transportmittel ausgeliefert.

## Ketten und Einkaufsgenossenschaften

In zunehmendem Maße schließen sich selbstständige Einzelhändler in freiwilligen Ketten oder in Einkaufsgenossenschaften zusammen:

- Die in **freiwilligen Ketten** zusammengefassten Einzelhändler behalten ihre rechtliche Selbstständigkeit. Sie verpflichten sich lediglich vertraglich, einen Teil ihrer Einkäufe beim Kettengroßhändler vorzunehmen. Dafür profitieren sie von der durch die Kettenorganisation vorgenommenen Werbung sowie von deren günstigeren Einkaufsmöglichkeiten.
- **Einkaufsgenossenschaften** nehmen für die ihnen angeschlossenen Einzelhändler die Großhandelsfunktion wahr. Auch hier liegt der Vorteil der Kooperation in der Möglichkeit des kostengünstigen Großeinkaufs sowie in der gemeinsamen Werbung.

## Die Beziehungen zwischen Hersteller und Handel

Die Feststellung, dass Produzenten und Händler wirtschaftlich voneinander abhängen, ist trivial: Händler sind darauf angewiesen, dass die Hersteller solche Produkte anbieten, die sich auch absetzen lassen, weil sie auf die Kundenwünsche und -anforderungen abgestellt sind. Umgekehrt brauchen Hersteller motivierte Partner im Handel, die ihren Produkten durch geeignete verkaufsfördernde Aktivitäten zum Erfolg verhelfen.

Zwischen beiden Polen ist ein ständiger Informationsfluss erforderlich: Produzenten sind darauf angewiesen, dass der Handel die im Direktkontakt zum Kunden gewonnenen Anregungen, Wünsche und Beschwerden weitergibt. Der Handel wiederum benötigt produktbezogene Informationen und teilweise auch Schulungen.

Je nach Marktstellung und Marktmacht des Herstellers kann ein mehr oder minder großer Druck auf den Handel ausgeübt werden. Entscheidend für eine gelungene Partnerschaft ist aber sicherlich, dass es den Herstellern gelingt, den Handel für den Verkauf zu motivieren und ihm, der ja den Verkauf leisten soll, das Produkt seinerseits zu »verkaufen«.

Strategien in der Hersteller-Händler-Beziehung sind:

– Die **lockere Kooperation:** Der Produzent versucht, den Handel durch positive Anreize, etwa Werbezuschüsse, Händlerwettbewerbe, Rabatte und Verkaufspräsentationshilfen zu motivieren, und droht für den Fall nicht hinreichender Verkaufserfolge mit Verschlechterung von Konditionen oder Rückzug. Vereinbarungen über eine längerfristige Zusammenarbeit werden nicht getroffen.

– Die **abgestimmte Partnerschaft:** Hersteller und Händler verständigen sich auf eine langfristig angelegte Zusammenarbeit und einigen sich auf ein abgestimmtes Vorgehen bei Werbung und Verkaufsförderung, Beratung, Service usw.

– Das **programmatische Ko-Marketing:** Dies ist die stärkste Form der Zusammenarbeit von Hersteller und Händler und beinhaltet die gemeinsame Festlegung von Verkaufszielen, Lieferbereitschafts- und Servicegrad, Werbemaßnahmen usw.. Der Hersteller bietet dabei jedem Distributionspartner – dies kann der zentrale Einkauf einer Handelskette, aber auch ein einzelnes Ladengeschäft sein – ein auf die jeweilige Kundengruppe maßgeschneidertes Konzept.

## 4.1.3.8.6.9  Neue Kommunikationsmedien im Vertrieb

Wie in allen Lebensbereichen erlangen die neuen Kommunikationsmedien auch im Vertrieb immer größere Bedeutung. Ihr Einsatz verändert über Jahrzehnte gewachsene Strukturen bisweilen binnen kürzester Frist in dramatischer Form.

Hierzu sollen im Folgenden einige Beispiele genannt werden.

**Service- und Bestell-Hotline**

Die telefonisch rund um die Uhr erreichbare Benutzerunterstützung ist ein wesentliches Verkaufsargument bei technischen Geräten und Computer-Software. Diese Leistung kann aber im Allgemeinen nicht vom örtlichen Handel erbracht werden und wird daher herstellerseitig angeboten.

Wer das Service-Telefon anruft, hat aber meist keinen Mitarbeiter des Herstellerbetriebs am anderen Ende, sondern einen beauftragten selbstständigen Betrieb, ein **Call-Center.** Gleiches gilt fast überall bei telefonischer Bestellung im Versandhandel.

*Call-Center sind ein weiteres Beispiel für Outsourcing: Viele große Versandhäuser, aber auch Versicherungen und andere Unternehmen, die mit einer Vielzahl von Kundenanfragen konfrontiert sind, haben die Entgegennahme von eingehenden Anrufen »(inbound calls«) an externe Unternehmen übertragen, die die Standardfälle in vordefinierter Art und Weise bearbeiten, sodass nur wenige, als wirklich wichtig oder außergewöhnlich eingestufte Anliegen tatsächlich zum eigentlichen Adressaten durchdringen. Call-Center übernehmen aber teilweise auch die aktive Akquise, indem sie Kunden oder Gewinnspielteilnehmer usw., die ein Interesse an weiteren Informationen bekundet haben, anrufen (»outbound call«) und ihnen Beratung oder Verkaufsanbahnung anbieten.*

## Online-Marketing

Die Präsenz in externen Netzen ist für viele Unternehmen heute schon ebenso selbstverständlich wie der Eintrag ins Telefonbuch.

Marketing »online« kann auf mehreren Wegen erfolgen.

**World Wide Web:** Unternehmen präsentieren ihr Leistungsspektrum im wichtigsten und meistgenutzten, weil »multimedialen« (Texte, Bilder, Bildfolgen und Töne übermittelnden) Teil des Internet auf einer eigenen Website und bieten potenziellen Kunden neben Informationen auch Möglichkeiten zur Kontaktaufnahme, zur Anforderung weiterführenden Materials oder sogar zur Warenbestellung. In manchen Bereichen haben Unternehmen, die ausschließlich über das Internet vermarkten, bereits beträchtliche Marktanteile erobert, z. B. im Buchhandel. Wesentlich für den Erfolg der Website, der an der Zahl der Zugriffe, Anfragen und Bestellungen gemessen werden kann, ist der »Domain-Name«, die Adresse, unter der das Angebot gefunden werden kann.

*Beispiel:*

*Die neu gegründete »Freezy Tiefkühlgerichte GmbH« hat sich schon vor Aufnahme der Geschäftstätigkeit die Web-Adresse www.freezy.de gesichert, indem sie einen Internet Service Provider beauftragt hat, diesen Namen für sie registrieren zu lassen. Da »freezy.de« noch verfügbar war, hat die im Falle der Endung .de (für Deutschland) für die Namensvergabe zuständige, 1996 gegründete Genossenschaft »DENIC eG Domain Verwaltungs- und Betriebsgesellschaft« in Frankfurt die Eintragung entsprechend vorgenommen. Diese Adresse wird weltweit nur einmal vergeben. Freezy möchte künftig auf einer Website Produkte vorstellen, Gewinnspiele veranstalten und Anregungen von Verbrauchern entgegennehmen. Die Website programmiert ein von Freezy beauftragter professioneller Web-Designer; die Bereitstellung des Internet»auftritts« für den Aufruf durch Nutzer aus aller Welt erfolgt bei demselben Provider, der auch die Namensregistrierung betrieben hat. Dieser Provider stellt Rechner mit hoher Festplattenkapazität bereit und legt die Freezy-Website gegen Zahlung eines Entgelts neben vielen anderen Präsentationen anderer Kunden auf einer dieser Festplatten ab. Gleichzeitig stellt er Fa. Freezy mehrere E-Mail-Adressen zur Verfügung, über die die Kundenrückmeldungen, Bestellungen, Gewinnspielteilnahmen usw. entgegengenommen werden können.*

**E-Mail:** Im Gegensatz zum multimedialen www sind E-Mails reine Textnachrichten. Auch wer keine eigene Internet-Präsenz unterhält, hat in der Regel eine E-Mail-Adresse. Folglich können über E-Mail wesentlich mehr Kunden erreicht werden als über die Internet-Präsenz.

In vielen Betrieben haben verschiedene Mitarbeiter eigene E-Mail-Adressen und ihre elektronische Post wird unmittelbar in ihrer persönlichen Mailbox abgelegt. Damit bietet E-Mail eine sehr direkte und persönliche Möglichkeit der Zielpersonenansprache. Es ist zwar möglich, dieselbe E-Mail an mehrere Empfänger gleichzeitig zu versenden, aber Mailbox-Besitzer reagieren auf unerbetene Werbung (im Internet-Jargon »Spam«, »bulkmail« oder »junk-mail« genannt) eher ungehalten, und außerdem ist das in Deutschland geltende Verbot des Sendens nicht gewünschter Werbung via E-Mail oder Fax zu beachten. Internetnutzer, die regelmäßig Informationen zu einem bestimmten Thema erhalten oder austauschen möchten, können sich in entsprechende **Mailing-Listen** eintragen.

**Online-Dienste:** Hierunter werden kommerzielle Dienste verstanden, die ihren Mitgliedern die Möglichkeit zur Hinterlegung von Homepages (eigenen Online-Präsentationen im Stil von Websites, jedoch mit eingeschränktem Speicherplatz), zum geschützten Datenaustausch (etwa beim Home-Banking), moderierte Diskussionsforen, aber auch den Zugang zum Internet anbieten. Bis Anfang der 2000er Jahre weit verbreitet, sind diese Dienste heute praktisch bedeutungslos.

**E-Commerce und virtuelle Marktplätze**

Die Grenze zwischen E-Commerce und dem oben beschriebenen Online-Marketing ist nur sehr schwer zu ziehen; denn mittlerweile wird dieser Begriff für verschiedene (und nur teilweise dem Marketing zurechenbare) Aktivitäten sowohl im Bereich **B2B** (»**Business-to-Business**« – elektronischer Handel zwischen Unternehmen) als auch im Bereich **B2C** (»**Business-to-Customer**« – elektronischer Handel mit Kunden) verwendet. Im Internet-Handel bildet sich derzeit mit den so genannten »virtuellen Marktplätzen« eine Sonderform heraus, die sich anschickt, die Geschäftsbeziehungen der Unternehmen untereinander in gravierender Weise zu verändern.

*Beispiele:*

*Ende Februar 2000 gründeten die Automobilkonzerne DaimlerChrysler, Ford und General Motors eine virtuelle Handelsplattform mit dem Ziel, ihren Einkauf über das Internet abzuwickeln. Die Konzerne melden ihren Bedarf an bestimmten Zulieferteilen auf diesem Marktplatz und geben Zulieferfirmen die Möglichkeit, offene Angebote abzugeben und sich bis zu einer Zuschlagsfrist gegenseitig zu unterbieten. Durch diese »umgekehrte Auktion« können erhebliche Preisvorteile erzielt werden.*

*Nach gleichem Vorbild entstanden inzwischen zahlreiche ähnliche Plattformen, etwa solche, auf denen Privatpersonen die Erledigung von Arbeiten in Privathaushalten ausschreiben und Handwerker ihre Gebote abgeben. Wegen ihres den Preisverfall von Arbeitsleistungen begünstigenden und zur Ausnutzung von Notlagen Einzelner einladenden Charakters sind diese Modelle jedoch heftig umstritten.*

## 4.1.3.8.7   Kommunikationspolitik

Die Kommunikationspolitik verfolgt das Ziel, Informationen über Produkte von den Unternehmen (Hersteller wie auch Handel) an die potenziellen Konsumenten weiterzugeben, um diese zum Kauf von Waren oder zur Inanspruchnahme von Dienstleistungen zu bewegen. Mittel der Kommunikationspolitik sind verkaufsfördernde Maßnahmen (Sales Promotion), Werbung und Öffentlichkeitsarbeit (Public Relations). Bei der Entscheidung über ihren Einsatz und ihre Ausgestaltung kommt der Psychologie eine entscheidende Rolle zu.

### 4.1.3.8.7.1   Verkaufsförderung (Sales Promotion)

Die Verkaufsförderung (oft synonym als Sales Promotion oder Absatzförderung bezeichnet) umfasst Maßnahmen, die zum Zwecke der Absatzverbesserung getroffen werden und nicht der üblichen (Media-)-Werbung zuzurechnen sind. Welche Maßnahmen dies sind, ist allerdings in der einschlägigen Literatur eher unscharf definiert. Der Versuch einer Abgrenzung wird im nächsten Abschnitt unternommen.

Die Zielgruppen der Verkaufsförderung können Verbraucher, Handel und/oder das Verkaufspersonal sein.

Ein klassisches Beispiel für eine **verbraucherorientierte** verkaufsfördernde Maßnahme ist der kostenlose Probenausschank im Verkaufslokal, der häufig mit einem Angebot des so promovierten Artikels zum Sonderpreis einhergeht. Im weiteren Sinne gehören auch Preisausschreiben oder die Gewährung von Treuerabatten durch Sammelgutscheine zu den verbraucherorientierten Maßnahmen.

**Am Handel orientierte** verkaufsfördernde Maßnahmen sind die Überlassung von Werbematerial (»Displays«) zur Aufstellung im Ladenlokal, der Einsatz von Propagandisten (im Gegensatz zur Probenverteilung und Beratung durch eigenes Personal des Einzelhandels), die Gewährung von Prämien oder die Unterbreitung von Schulungsangeboten.

Verkaufsfördernde Maßnahmen, von denen Motivationsanreize auf das Verkaufspersonal zielen sollen **(Verkäufer- oder Außendienstpromotion),** sind Verkaufswettbewerbe um ausgesetzte Prämien (zunehmender Beliebtheit erfreuen sich speziell zusammengestellte Fernreisen, so genannte »Incentive Tours«) sowie das Angebot von Seminaren, die mit der Verleihung aufwändig gestalteter »Herstellerdiplome« enden.

### 4.1.3.8.7.2  Abgrenzung zwischen Werbung und Verkaufsförderung

Bevor der Begriff der **Verkaufsförderung** bzw. die meist synonym benutzten Begriffe Sales Promotion und Absatzförderung geprägt wurden, gab es schon den Begriff der Direktwerbung. Darunter wurden alle Maßnahmen verstanden, die sich unmittelbar an einen Kunden wandten, etwa in Form eines Werbebriefs, eines ins Haus gesandten Kataloges oder eines Vertreterbesuchs. Im letzteren Falle wurde ein wesentliches Element vieler erst später kreierter Sales Promotion-Aktivitäten verwirklicht, nämlich eine Situation zu schaffen bzw. zu nutzen, in der der potentielle Käufer und das Produkt an einem Ort (dem **POS, »Point of Sale«,** oder **POP, »Point of Purchase«**) direkt zusammentreffen, wie dies etwa der Fall ist, wenn vom Hersteller eingesetzte Propagandisten in einem Supermarkt Verköstigung, Sonderpackungen zu Sonderpreisen, Beratung, Gewinnspiele usw. anbieten und sich die Kaufhandlung direkt anschließt.

Jedoch ist die Verkaufsförderung mit dem Merkmal »Zusammenbringen von Produkt und Konsumenten« auch nicht eindeutig beschrieben, da meist auch Preisausschreiben unter diesen Begriff subsumiert werden. Einigkeit besteht in der einschlägigen Literatur lediglich darin, dass Aktionen im Rahmen der Verkaufsförderung kurzfristig und unmittelbar angelegt sind.

**Werbung** wendet sich dagegen nicht an bestimmte Personen, sondern wird aufgrund ihrer breiten Streuung – etwa durch Fernsehen und Zeitschriften – und ihres Vorkommens außerhalb von Verkaufsräumen – etwa an Plakatwänden und Omnibussen – von vielen Menschen wahrgenommen. Ihre Wirkung kann sich nicht in einer sofortigen Kaufhandlung ausdrücken; der Effekt der Media-Werbung besteht vielmehr in der – häufig unbemerkt bleibenden, durch Wiederholung und/oder Ansprache verschiedener Eingangskanäle ins Unterbewusstsein einsickernden – Beeinflussung der Zielpersonen, wobei im Nachhinein ein Zusammenhang zwischen einer einzelnen Werbemaßnahme und einer Kaufhandlung kaum abgeleitet werden kann.

Außerdem ist Werbung im Allgemeinen auf Dauer angelegt.

### 4.1.3.8.7.3  Werbung

Werbung wird in erster Linie seitens der Produzenten betrieben, die neben der Darstellung bestimmter Produkte stets auch die Selbstdarstellung des gesamten Unternehmens in der Öffentlichkeit im Auge haben. Daneben wird sowohl waren- als auch unternehmensorientierte Werbung auch von Handelsunternehmen eingesetzt. Als wesentliche Aufgaben gelten

– die Aufklärung des Verbrauchers zur Verbesserung der Markttransparenz,

– die Hinlenkung eines ohnehin vorhandenen Bedürfnisses auf ein bestimmtes Produkt zwecks Erhöhung des Umsatzes,

– die Weckung/Schaffung neuer Bedürfnisse und

– die Schaffung eines Marken-Images bis hin zur Verwendung des Markennamens als Synonym für die gesamte Gattung.

## Arten der Werbung

Die einschlägige Literatur trifft eine Vielzahl von Unterscheidungen bezüglich der Arten der Werbung, zum Beispiel

– hinsichtlich der **Zielgruppen:**

  – **Verbraucherwerbung,** die sich direkt an den Endverbraucher wendet und daher breit gestreut ist. Typische Medien der Verbraucherwerbung sind Rundfunk, Fernsehen, Printmedien;

  – **Händlerwerbung,** die gezielt bestimmte Händlergruppen anspricht und daher häufig in Form von adressierten Anschreiben vorgenommen wird;

– hinsichtlich der **Werbebotschaft:**

  – **Produktwerbung** stellt das beworbene Produkt in den Vordergrund. Eine besondere Form der Produktwerbung ist die Gemeinschaftswerbung;

  – **Firmenwerbung:** hier wird das werbende Unternehmen herausgestellt; die einzelnen Produkte treten in den Hintergrund (»Wenn's um Geld geht – Sparkasse«);

– hinsichtlich der **Motivationsanreize:**

  – **Informationswerbung** versucht den Konsumenten durch Aufklärung über Produkteigenschaften von der Vorteilhaftigkeit seines Erwerbs zu überzeugen; diese Form der Werbung appelliert an die Ratio des Verbrauchers im Gegensatz zur

  – **Suggestivwerbung:** Hierbei wird weniger der Verstand als vielmehr das Gefühl des potentiellen Käufers angesprochen; die häufig vorgebrachte Kritik an der Werbung bezieht sich nahezu ausschließlich auf diese Art der Werbung, durch die auf dem Wege der Manipulation psychologische Kaufzwänge erzeugt werden;

– hinsichtlich der Zahl der **Umworbenen:**

  – **Einzelwerbung** wendet sich gezielt an die einzelne Person, etwa durch Werbebriefe oder persönliche (auch telefonische) Ansprache;

  – **Massenwerbung** richtet sich entweder an die breite Öffentlichkeit (Verbraucherwerbung) oder an eine eng umrissene Zielgruppe, z. B. nur an Ärzte oder nur an Familien mit Kleinkindern.

– hinsichtlich der **Zahl der Werbenden:**

  – **Sammelwerbungen** enthalten Werbeaussagen verschiedener Unternehmen, die gemeinsam, jedoch jeweils unter eigenem Namen, auftreten; häufig werden Einweihungen von Betrieben oder Institutionen zum Anlass für eine Sammelwerbung aller an der Errichtung beteiligten Firmen genommen;

  – **Gemeinschaftswerbung** wirbt lediglich für ein Produkt, nicht jedoch für das einzelne produzierende oder vertreibende Unternehmen; ein Beispiel für Gemeinschaftswerbung ist »Aus deutschen Landen frisch auf den Tisch«.

Diese Aufzählung ist keineswegs vollständig, und die getroffenen Abgrenzungen sind auch nicht »verbindlich«. Gerade zur Werbung ist eine Vielzahl von Literatur erschienen, aus der sich eine Fülle abweichender Gliederungen ableiten ließe.

## Grundsätze korrekter Werbung

Die Werbewirtschaft nimmt für sich in Anspruch, im Wesentlichen den folgenden Grundsätzen zu folgen:

– **Wahrheit:** Im Rahmen der Werbung dürfen einem Produkt keine unzutreffenden Eigenschaften zugeschrieben werden.

– **Klarheit:** Die Werbebotschaft soll sachlich und unmissverständlich vermittelt werden.

– **Wirksamkeit:** Die Werbung soll geeignet sein, die Zielgruppe im positiven Sinne anzusprechen. Werbewirksamkeit hängt wesentlich von psychologischen Faktoren ab.

– **Wirtschaftlichkeit:** Die Kosten einer Werbemaßnahme müssen in einem angemessenen Verhältnis zum mutmaßlichen Werbeerfolg stehen.

In einem Wirtschaftssystem, das von Gewerbefreiheit und freiem Wettbewerb geprägt ist, ist es das selbstverständliche Bestreben eines jeden Produzenten und Händlers, einen möglichst hohen Absatz und einen möglichst hohen Gewinn zu erzielen. Damit der Wettbewerb trotzdem unter lauteren Bedingungen geführt wird, wurden eine Reihe gesetzlicher Vorschriften erlassen. Hierzu gehören der Patentschutz, der Markenschutz, der Geschmacks- und Gebrauchsmusterschutz und das Gesetz gegen den unlauteren Wettbewerb (UWG).

## 4.1.3.8.7.4   Das Werbebudget

Werbung kostet Geld. Nach einer – durch die Finanzkrise bedingten – Umsatzstagnation erfreut sich die Werbebranche in Deutschland inzwischen wieder steigender Zuwachsraten. Für das Jahr 2016 werden hier insgesamt für Honorare, Produktionskosten und Medienschaltungen Ausgaben um 65 Milliarden € erwartet, wobei sich die Ausgaben mehr und mehr von den Printmedien (Tageszeitungen, Publikums- und Fachzeitschriften, Anzeigenblättern und Zeitungsbeilagen) zu den digitalen Medien verlagern. Am ausgabenfreudigsten waren bisher die Autoindustrie, die Massenmedien, der Handel, die Unternehmen der Telekommunikation, Süßwarenproduzenten, die Pharmaindustrie, Banken und Sparkassen, Brauereien, Versandhäuser und Versicherungen.

Weitere Kosten, die ebenfalls der Werbung zugerechnet werden können, sind Preissubventionen durch die Abgabe beworbener Produkte zu Aktionspreisen und die Kosten des Warenhandlings, (besondere Platzierung und Herausstellung der beworbenen Ware, z. B. in speziellen Displays, mit besonderen Plakaten und Etiketten usw.), die in erster Linie im Handel anfallen.

Die Ermittlung der optimalen Höhe der Werbeausgaben ist für viele Unternehmungen ein Problem, da keine einheitlichen Empfehlungen, etwa in Form von Formeln, zu ihrer Berechnung existieren. Als Richtgrößen für die Bestimmung des Werbeetats kommen folgende Ansätze in Betracht:

– Der **Umsatz:** Der für die Werbung bereitzustellende Betrag ist ein bestimmter Anteil des Umsatzes, d. h. es wird um so mehr Geld für Werbung ausgegeben, je höher der Umsatz ist. Aus der an früherer Stelle vorgenommenen Betrachtung zum Lebenszyklus von Produkten ergibt sich jedoch unmittelbar, dass diese Vorgehensweise nicht unbedingt sinnvoll ist.

– Der **Werbebedarf:** Unter Berücksichtigung der Lebensphase eines Produktes werden Absatz- und Werbeziele formuliert und diejenigen Aufwendungen ermittelt, die zur Zielerreichung unerlässlich sind.

– Die **Branchengewohnheiten:** Aus der Beobachtung der Werbeaktivitäten der Mitbewerber, aber auch aus Betriebsvergleichen können Zahlen über Gepflogenheiten der jeweiligen Branche abgeleitet werden.

Die Details der Werbedurchführung werden schließlich in einem **Werbeplan** festgelegt. Er enthält zum Beispiel die folgenden Überlegungen.

| Frage: | Alternativen: |
|---|---|
| Welche **Zielsetzung** wird mit der Werbung verfolgt? | – Umsatzsicherung<br>– Umsatzsteigerung<br>– Bedarfsweckung<br>– Imagepflege usw. |
| Welche **Wünsche, Neigungen, Instinkte** sollen angesprochen werden? | – Geltungsbedürfnis<br>– Gesundheit<br>– Sicherheit<br>– Schönheit<br>– Jugendlichkeit<br>– Neugier usw. |
| **Wofür** wird geworben? | – Unternehmen<br>– ein Produkt/eine Dienstleistung<br>– mehrere Produkte/Dienstleistungen |
| Wer **konzipiert** die Werbung? | – Produzent<br>– Händler<br>– Werbeagentur |
| **Wann** wird geworben? | – Saison<br>– Wochenanfang/-ende/-mitte<br>– Uhrzeit |
| **Wie lange** wird geworben? | – einmalig<br>– kurzer Zeitraum (1 Tag, wenige Tage)<br>– längerer Zeitraum<br>– unbefristet |
| **Wer wird umworben?** | – Groß-, Einzelhandel<br>– Endverbraucher |
| **Welche Zielgruppe** ist angesprochen? | – Jugend<br>– mittleres Alter<br>– Senioren<br>– einfache Bevölkerung<br>– gehobene Bevölkerung<br>– Frauen<br>– Männer<br>– Eltern<br>– Tierhalter<br>– Sportler usw. |
| **Wo** wird geworben? | – lokal<br>– regional<br>– überregional |
| Mit welchen **Werbemitteln** und -trägern wird geworben? | – Plakate (Fassade, Litfaßsäulen usw.)<br>– Handzettel<br>– Postwurfsendungen<br>– Anzeigen in Tageszeitungen, Magazinen<br>– Hörfunkspots<br>– Werbefilme im Kino, im Fernsehen<br>– Propagandisten usw. |
| Wie hoch ist der **Werbeetat** und wie wird er verteilt? | – Gesamtbetrag<br>– Betrag pro Periode<br>– Betrag je Produkt<br>– Betrag je Geldgeber |
| Wie wird der Werbeerfolg **kontrolliert?** | – anhand des Umsatzes<br>– anhand des Gewinns<br>– mittels Umfragen |

Inhalte eines Werbeplanes

Ein solcher Werbeplan muss langfristig angelegt sein. Als zuverlässige Checkliste ist er jedoch nur geeignet, wenn er sowohl vollständig als auch widerspruchsfrei ist.

## 4.1.3.8.7.5   Mediaplanung

Für die Verbreitung von Werbung steht eine Vielzahl unterschiedlicher Werbemittel zur Verfügung, die die Werbebotschaft über verschiedene Werbeträger in unterschiedlicher Streuung weiterzugeben geeignet sind. Im Wesentlichen werden folgende Gruppen von **Werbemitteln** unterschieden:

– **Grafische Werbemittel:** Diese sind Zeitungs- und Zeitschriftenanzeigen, Werbeplakate, spezielle Werbedrucke als Zeitschriftenbeilagen oder Wurf- und Handzettel, Werbeschriftzüge an Häusern oder Fahrzeugen, Lichtwerbung usw.,

– **Werbeveranstaltungen:** Funk- und Fernsehwerbung, Kinowerbung, Maßnahmen der Verkaufsförderung (Sales Promotion), wie etwa Vorführungen durch Propagandisten und Modeschauen usw.,

– **Werbeverkaufshilfen:** Werbegeschenke, Proben, Zugaben.

Die genannten Werbemittel werden über verschiedene **Werbeträger (Medien)** verbreitet, z. B. über Zeitungen und Zeitschriften, Fernseher und Radio, Hauswände oder Litfasssäulen. Die Auswahl des geeigneten Mediums zur Übermittlung der Werbebotschaft erfolgt vor allem nach den Kriterien Reichweite, Kosten, Darstellbarkeit der Werbebotschaft und Kontaktsituation.

**Werbung im Internet**

Werbung im Internet kann keiner der genannten Kategorien eindeutig zugeordnet werden: In einer häufigen Erscheinungsform, dem Banner, ähnelt sie zwar einer Zeitungsanzeige, aber durch die Möglichkeit, dass der Benutzer über den mit diesem Banner verbundenen **Link** auf die Website des Werbenden wechseln und dort nähere Informationen einholen kann, wird ein interaktives Element beigefügt, das sich in keinem anderen Medium findet: Der Umworbene wird selbst aktiv, kann entscheiden, welche Werbung er in welchem Maße konsumieren möchte, und kann vielfach über die Netzpräsentation Kontakt zum Werbenden aufnehmen. Eine kostengünstige Möglichkeit, Bannerwerbung zu platzieren, ist der Bannertausch mit Partnern, der über **Affiliate-Netzwerke** organisiert werden kann.

Banner können starr oder animiert sein; letztere Form zieht zwar größere Aufmerksamkeit auf sich, wird aber von vielen Internetnutzern als störend empfunden. Dies gilt in noch höherem Maße für »**Pop-up**«-**Werbefenster,** die sich über das geöffnete Fenster legen, und »**Pop-under**«-**Werbefenster,** die sich hinter dem geöffneten Fenster verbergen und erst sichtbar werden, wenn dieses geschlossen wird. Viele Nutzer installieren inzwischen **Ad-Blocker,** die Werbungen bei der Seitenanzeige ausblenden. Da aber viele Internetseiten ihre redaktionellen Inhalte über Werbung finanzieren, werden diese Nutzer immer öfter »ausgesperrt«.

Werbemaßnahmen, die darauf abzielen, Besucher über Suchmaschinen auf die eigene Webseite zu locken, werden als **Suchmaschinenmarketing** (Search Engine Marketing, SEM) bezeichnet. Dabei werden entweder beim Suchmaschinenbetreiber Werbeeinblendungen in Auftrag gegeben, die bei der Nutzersuche nach bestimmten Stichwörtern erscheinen, oder die eigene Webseite wird so optimiert, dass sie möglichst weit oben in der Trefferliste erscheint.

Große Webshops arbeiten vermehrt mit **Re-Targeting,** einem Online-Verfolgungsverfahren, das dem Nutzer auch nach Verlassen der Shopseite deren Werbung auf anderen Seiten anzeigt. Das Verfahren funktioniert über das Auslesen von Cookies, Informationen also, die dem Nutzer beim Besuch einer Webseite »mitgegeben« und beim nächsten Besuch derselben Seite mitgesendet werden, sodass die Anbieterseite den Besucher wiedererkennt.

Bei weitergehendem Interesse am Online-Marketing empfiehlt sich, das Thema über Fachveröffentlichungen laufend zu verfolgen, weil sich hier ständig neue Vermarktungsmöglichkeiten auftun.

## Reichweite

Das **Streugebiet,** d. h. das Verbreitungsgebiet für die Werbung, wird entsprechend dem Absatzgebiet gewählt. Während für Einzelhändler die Werbung mittels Schaufenster- und Gebäudefrontgestaltung, Postwurfsendungen und Anzeigen in der lokalen Tagespresse hinreichend sind, bedienen sich große Verbrauchermärkte oder überregional wirkende Fachgeschäfte der Werbung in lokalen Radiosendern. Unternehmen mit bundesweitem Vertrieb setzen statt dessen verstärkt Zeitschriften- und Fernsehwerbung ein.

Neben der **räumlichen** Reichweite eines Werbeträgers ist auch die Anzahl der von ihm erreichten Personen (**personelle** Reichweite) und die von ihm angesprochene Zielgruppe (**gruppenspezifische** Reichweite) von Bedeutung.

*Beispiele:*

*Das Absatzgebiet des Gemischtwarenladens von Tante Emma erstreckt sich über wenige Straßenzüge. Sie wirbt lediglich mit selbst gemalten Schaufensterplakaten für Sonderangebote. Hiermit erreicht sie täglich ca. 1000 Personen, denen lediglich das Wohngebiet gemeinsam ist.*

*Der Supermarkt im Ortszentrum ist Einkaufsquelle für die Bevölkerung der ganzen Stadt. Aktuelle Angebote werden einmal wöchentlich durch ganzseitige Inserate in der lokalen Tageszeitung (Auflage: 25.000 Stück) bekannt gemacht.*

*Ein großer Möbelmarkt mit einer Ausstellungsfläche von mehreren tausend Quadratmetern liefert in drei Bundesländern aus. Für ihn wird über lokale und landesweit ausstrahlende Radiosender geworben. Ausgesprochene Jugendsender werden hierbei jedoch nicht in Anspruch genommen.*

*Ein Pharmaunternehmen vertreibt Kosmetika bundesweit. Es wirbt sowohl durch Fernseh- und Hörfunkspots als auch durch Anzeigen in überregional erscheinenden, auflagenstarken Frauenzeitschriften.*

Diverse Institutionen und Verbände, aber auch namhafte Verlagshäuser, tragen regelmäßig eine Vielzahl von Daten zusammen, die einem Unternehmen bei der **Mediaselektion** von großem Nutzen sein können und z. B. soziografische Zielgruppendaten, Werbeaktivitäten in verschiedenen Branchen, Leser- bzw. Nutzerschaft bestimmter Medien, Streubreite und -genauigkeit einzelner Werbeträger, Lesergewohnheiten, Veröffentlichungskosten usw. betreffen. Beispielhaft seien hier der Zentralverband der deutschen Werbewirtschaft (ZAW), die Informationsgemeinschaft zur Feststellung der Verbreitung von Werbeträgern e.V. (IVW) und die Arbeitsgemeinschaft Media-Analyse e.V. (AG.MA) genannt. Die Verlage erfassen unter anderem Daten über Größe und Zusammensetzung ihres Leserkreises, die Zahl der Leser pro Nummer **(LpN-Wert)** bzw. Exemplar **(LpE-Wert)** oder Seite **(LpS-Wert).**

## Kosten

Hier ist nach Erstellungs- und Veröffentlichungskosten zu differenzieren. Letztere fallen allerdings stärker ins Gewicht, da ein einmal erstelltes Werbemittel häufiger zum Einsatz kommen wird.

Am preisgünstigsten und zugleich beliebtesten ist die Insertion in lokalen Tageszeitungen. Die Kosten einer Anzeige berechnen sich entweder nach dem Millimeterpreis oder nach Seitenanteilen (1/1-Seite, 1/2-Seite usw.) und können je nach Größe und Auflagenstärke zwischen einigen hundert und mehreren tausend Euro betragen. Bundesweit verbreitete, sehr auflagenstarke Tageszeitungen (z. B. Frankfurter Allgemeine, Süddeutsche Zeitung) liegen preislich auf dem Niveau der Publikumszeitschriften, deren Preise für eine ganze Anzeigenseite bei ca. 15.000 € beginnen, durchaus auch sechsstellig sein können und damit denen für einen 30-Sekunden-Werbespot in einem bundesweiten Fernsehsender entsprechen.

Für die Ausstrahlung eines Rundfunk-Werbespots können je nach Sendegebiet und Tageszeit zwischen 500 und 4.000 €, für die Anmietung einer Großplakatfläche ab ca. 5 €/Tag veranschlagt werden.

Für Kostenvergleiche bei Printmedien wird häufig der so genannte Tausenderpreis herangezogen. Er drückt die Relation zwischen dem Preis einer Anzeige und der verkauften Auflage aus:

**Tausenderpreis** = Anzeigenpreis · 1000/verkaufte Auflage

Da davon auszugehen ist, dass jedes Exemplar von mehreren Personen gelesen wird, interessiert auch der

**Tausend-Leser-Preis** = Anzeigenpreis · 1000/Leser

Wird eine Anzeige im selben Medium mehrfach geschaltet, stellt sich die Frage nach der Zahl der möglichen Kontakte, ausgedrückt durch den

**Tausend-Kontakte-Preis** = Anzeigenpreis · 1000/Kontakte

Analog hierzu können die Kosten der Werbeschaltung in Hörfunk oder Fernsehen durch Tausend-Hörer- bzw. Tausend-Seher-Preise ausgedrückt werden.

## Darstellung

Plakate, Zeitungs- und Zeitschriftenanzeigen ermöglichen die bildliche Darstellung des beworbenen Gegenstandes. Im Fernsehen kann sogar eine bewegte szenische Darstellung etwa der Anwendung eines Gebrauchsgegenstandes erfolgen. Funk- und Briefwerbung müssen dagegen mit verbaler Beschreibung auskommen, was gelegentlich nachteilig sein kann.

*Beispiel:*
*Die Vorzüge eines Haarpflegemittels erschließen sich am besten in der bildlichen Darstellung, also über ein Plakat- oder ein Anzeigenfoto eines frisch frisierten Models. Noch günstiger ist die bewegte Darstellung im Werbefilm, wenn Haltbarkeit und Strapazierfähigkeit des Produktes besonders herausgestellt werden sollen. Es bedarf relativ umständlicher Erklärungen oder Dialoge, um die gleiche Botschaft verbal, etwa über einen Radiospot, abzusetzen.*

Manche Reize können gleichermaßen gut über Auge und Ohr vermittelt werden: So kann die Hörfunkwerbung für ein Bier durchaus genauso wirksam oder wirksamer sein als die entsprechende Fernsehwerbung.

Wenn Informationen über unbewegliche Sachen übermittelt werden sollen, ist jedoch häufig die Schriftform am günstigsten, etwa bei der Werbung für Kapitalanlageformen.

## Kontaktsituation

Entscheidend für den Erfolg einer Werbebotschaft ist vielfach, wann und wo sie dem Zielpersonenkreis begegnet: Je nach Gegenstand der Werbung mag die häusliche Situation beim abendlichen Entspannen vor dem Fernseher der wohlwollenden Aufnahme mancher Botschaft förderlicher sein als der frühe Morgen vor Arbeitsantritt, aber auch der umgekehrte Fall ist denkbar.

*Die oben genannte Bierwerbung, in der häuslichen Situation gehört oder gesehen, kann den direkten Griff zum Glas auslösen; frühmorgens im Auto auf der Fahrt zur Arbeit ist dies (glücklicherweise) weniger wahrscheinlich. Dagegen ist eine Urlaubswerbung besonders wirksam in einer ungeliebten Alltagssituation: Was läge näher, als zum morgendlichen Verkehrsstau eine Radiowerbung für eine Reise abzusetzen?*

Zum Thema Werbung ist eine Fülle von Literatur erhältlich, die sich vor allem mit den psychologischen Aspekten und der Wirkung von Werbung beschäftigt, auf die an dieser Stelle nicht im Einzelnen eingegangen werden soll. Nach einer häufig zitierten Regel, der so genannten »**AIDA-Formel**«, soll Werbung in der folgenden Weise wirken:

– Aufmerksamkeit erregen:     **A**ttention!

– Interesse wecken:     **I**nterest!

– den Besitzwunsch wecken:     **D**esire!

– zur Kaufhandlung führen:     **A**ction!

## 4.1.3.8.7.6  Werbeerfolgskontrolle

Zur Beurteilung des Erfolgs einer Werbemaßnahme ist eine systematische Erfolgskontrolle unerlässlich. Sie ist anhand der Zielgröße vorzunehmen, die im Werbeplan ausdrücklich genannt und mit der Werbekampagne verfolgt wurde. Als Zielgrößen kommen insbesondere der Umsatz und der Bekanntheitsgrad des Produkts/des Unternehmens in Betracht:

– **Umsatz:** Es liegt nahe, die Relation zwischen Umsatz und Werbeaufwendungen im Zeitverlauf darzustellen. Die Praxis zeigt jedoch regelmäßig, dass größere Abweichungen in den Kurvenverläufen (steigende bzw. fallende Umsätze einerseits, steigende und fallende Werbeausgaben andererseits) auf andere Einflussgrößen zurückzuführen sind, etwa auf verstärkte Marktanstrengungen von Konkurrenten, atypische Witterungsverläufe oder veränderte wirtschaftliche oder politische Rahmenbedingungen.

– **Bekanntheitsgrad:** Durch Befragungen wird ermittelt, wie viele Testpersonen ein bestimmtes Produkt oder ein bestimmtes Unternehmen kennen. Die Ergebnisse solcher Umfragen, vor allem beim Vergleich mit älteren Befragungsergebnissen, lassen Rückschlüsse auf den Wirkungsgrad der Werbung zu.

Häufig wird zwischen gestützten und ungestützten Umfragen unterschieden. Bei **ungestützten Umfragen** wird der Testperson keine Hilfe seitens des Interviewers angeboten; die Frage lautet etwa »Welche Zigarettenmarken kennen Sie?«. Bei **gestützten Umfragen** wird dagegen eine Reihe von möglichen Antworten angeboten, aus denen zutreffende Antworten auszuwählen sind; so wird dem Testkandidaten etwa eine Liste mit zehn Namen von Zigarettensorten vorgelegt, aus denen er die ihm bekannten Namen aussuchen soll.

Die Auswirkungen der Werbung zeigen sich häufig nicht nur am beworbenen Produkt bzw. Artikel; vielmehr sind Wechselwirkungen mit anderen Produkten bzw. Artikeln denkbar. Wechselwirkungen ergeben sich häufig im Handel zwischen verschiedenen Artikeln eines Sortiments: Zugleich mit dem Umsatz eines beworbenen Artikels steigt der Umsatz eines Komplementärgutes (d. h. eines Artikels, der den beworbenen Artikel ergänzt). Der Umsatz eines Substitutionsgutes wird dagegen gebremst.

*Beispiel:*

*In einem Supermarkt wird weißer Rum in einer Werbeaktion verbilligt angeboten. Zugleich steigt der Umsatz von Colagetränken. Der Umsatz braunen Rums entwickelt sich gleichzeitig rückläufig.*

### 4.1.3.8.7.7  Öffentlichkeitsarbeit und Public Relations

Die Öffentlichkeitsarbeit eines Unternehmens beschränkt sich nicht allein auf die Werbung für Produkte, sondern erstreckt sich darüber hinaus auf die Darstellung des Unternehmens an sich in der Öffentlichkeit.

Soweit diese Öffentlichkeitsarbeit produktunabhängig angelegt ist, wird sie allgemein als **Public Relations (PR)** bezeichnet. Ihre Ziele sind Imageverbesserung oder -pflege, Verständniswerbung und Vertrauensbildung.

*Beispiele:*

*Ein Unternehmen der chemischen Industrie, das im Kreuzfeuer der öffentlichen Diskussion um den Umweltschutz steht, stiftet der benachbarten Gemeinde ein Messfahrzeug zur mobilen Luftdatenerfassung und erzeugt oder festigt damit das Vertrauen der Bevölkerung in die Einhaltung der Emissionsbestimmungen.*

*Ein Stromversorgungsunternehmen, das Einwände von Bürgerinitiativen gegen den geplanten Bau eines Kernkraftwerks befürchtet, startet eine Anzeigenkampagne, in der dargelegt wird, dass nur so die Stilllegung mehrerer überalterter, die Umwelt stark belastender Kohlekraftwerke möglich ist. Hierdurch wird um Verständnis für die unpopuläre Maßnahme geworben.*

*Eine Handelskette verkündet öffentlich, dass sie ab sofort auf den Verkauf von Getränken in Dosen und Einwegflaschen verzichten und nur noch Pfandflaschen anbieten will. Über die öffentliche Anerkennung dieser Maßnahme wird eine andauernde positive Einstellung der Konsumenten gegenüber dem betreffenden Unternehmen gefördert.*

Weitere PR-Mittel sind unternehmenseigene Informationszentren, Betriebsführungen, Sonderveranstaltungen für die Bevölkerung (»Tag der offenen Tür«), Pressekonferenzen, Filme, Medienauftritte von Firmenvertretern und das Sponsoring, etwa im Bereich des Sports oder der Kultur. Große Unternehmen beschäftigen PR-Fachleute oder Agenturen, die ausschließlich mit der Gestaltung und Pflege des Unternehmensbildes in der Öffentlichkeit befasst sind.

### 4.1.3.8.7.8  Product Placement

Product Placement ist das gezielte Einbinden von Marken, Produkten und Dienstleistungen in den Handlungsablauf von Spiel- und Fernsehfilmen sowie sonstigen Fernsehsendungen. Weil eine zu offensichtliche Produktwerbung innerhalb einer Spielhandlung den Unwillen der Zuschauer erregen würde, soll der Eindruck der Zufälligkeit erzeugt werden:

Der Protagonist des Spielfilms raucht eine bestimmte Zigarettenmarke; seine Kinder essen gerade bestimmte Cornflakes, seine Partnerin trägt eine bestimmte Armbanduhr; der Talkshowgast kommt wie zufällig auf sein neuestes Buch zu sprechen.

Im Bereich des Fernsehens, besonders bei den öffentlich-rechtlichen Anstalten, hat es wegen derartiger Vorkommnisse in der jüngsten Vergangenheit einige Unruhe gegeben. In Anbetracht dessen, dass meistens finanzielle Hintergründe aufzufinden sind, empfand man einige Aufdeckungen auch als Skandale – mit entsprechenden personellen Konsequenzen.

Product Placement tritt häufig in Verbindung mit Sponsoring auf.

### 4.1.3.8.7.9  Sponsoring

Sponsoring ist kein uneigennütziges Mäzenatentum, sondern eine auf Leistung und Gegenleistung angelegte Unterstützung. Häufigste Form ist der Tausch »Sponsorengelder gegen Publicity«:

Veranstaltungen (in neuerer Zeit auch Fernsehsendungen), gemeinnützige Einrichtungen oder einzelne Personen mit hohem Bekanntheits- und Beliebtheitsgrad werden mit Geld oder Sachmitteln unterstützt. Im Gegenzug weisen die Unterstützten auf den Sponsor hin.

Praktisch geschieht dies durch die Übertragung von Werberechten, je nach Sachlage auch von Ausrüsterrechten, Servicerechten, Verwertungsrechten oder sonstigen Rechten. Aus Sicht des Sponsors wird damit ein positiver »**Imagetransfer**« angestrebt. Neben dem Urtyp des Sponsorings, dem Sport-Sponsoring, haben sich inzwischen zahlreiche weitere Formen herausgebildet, z. B. Kultur-, Öko-, Sozio-, Wissenschafts-, Medien- und Internet-Sponsoring.

## 4.1.3.8.8    Verbraucherpolitik

In einer marktorientierten Wirtschaft kann der private Endverbraucher zur Deckung seines Bedarfs aus einer Vielzahl von Angeboten an Waren und Dienstleistungen auswählen. Hierbei ist es ihm unmöglich, den völligen Überblick über Preise, sonstige Konditionen, Qualitäten und andere wichtige Bestimmungsfaktoren der angebotenen Leistungen zu erlangen.

Daher kommt Maßnahmen zur Steigerung der Markttransparenz, also Verbraucherinformation, -beratung und -bildung, sowie Maßnahmen zum Schutz des Verbrauchers vor unseriösen Praktiken besondere Bedeutung zu. Zusammenfassend werden alle diese Maßnahmen als **Verbraucherpolitik** bezeichnet.

### Verbraucherinformation und -beratung

Verbraucherinformation findet sinnvollerweise vor Abschluss eines Kaufvertrages statt. Sie hat vorrangig die Vermittlung von Kenntnissen über Funktion, Leistung und Nutzen eines zur Anschaffung ins Auge gefassten Gegenstandes oder einer gewünschten Dienstleistung zum Inhalt. In allen Bundesländern gibt es Verbraucherzentralen und andere Verbraucherorganisationen, die die Information, Beratung und Unterstützung von Verbrauchern vor, aber auch nach Vertragsabschlüssen zur Aufgabe haben. Verbraucherzentren und Beratungsstellen der Verbraucherzentralen finden sich in allen größeren Städten Deutschlands.

Bei berechtigten Reklamationen kann die **Verbraucherzentrale** als Mittler zwischen Konsumenten und Anbietern fungieren. Ihre Anrufung kann u. U. die Anstrengung eines Rechtsstreits und die damit verbundenen Kosten vermeiden.

Für zahlreiche Branchen wurden **Schieds- und Schlichtungsstellen** bei den Industrie- und Handelskammern oder Handwerkskammern installiert, die im Falle von Unstimmigkeiten zwischen Konsument und Anbieter angerufen werden können. Ihre Kommissionen beurteilen die Berechtigung von Einwänden und versuchen, eine außergerichtliche Einigung zu erzielen.

*Eine besonders populäre Einrichtung im Dienste der Verbraucherberatung ist die herstellerunabhängige »Stiftung Warentest«, die regelmäßig die unterschiedlichsten Waren und Dienstleistungen testet und konkurrierende Angebote hinsichtlich Qualität, Funktion, Sicherheit, Benutzerfreundlichkeit, Preis-Leistungs-Verhältnis usw. vergleicht. Ihre Ergebnisse werden in ihrem Publikationsorgan, der monatlich erscheinenden Zeitschrift »Test«, veröffentlicht. Die veröffentlichten Testergebnisse sind hervorragende Hilfsmittel bei der Entscheidungsfindung des privaten Konsumenten. Die Zeitschrift »Test« ist im Handel erhältlich; ältere Jahrgänge liegen in allen öffentlichen Bibliotheken sowie in den Verbraucherzentralen aus.*

Als neuartige Dienstleistung etablieren sich in den letzten Jahren so genannte »**Preisagenturen**« privater Betreiber, die gegen eine Vermittlungsgebühr das günstigste Preisangebot für einen bestimmten Artikel in einer vorab definierten Region ausfindig machen.

Die Leistung dieser Agenturen beschränkt sich allerdings auf die Preisrecherche und beinhaltet keine auf den Gegenstand bezogene Information oder Beratung.

**Verbraucherbildung**

Eine systematische und breit gestreute Verbraucherbildung – etwa durch Vermittlung entsprechender Kenntnisse bereits in der allgemein bildenden Schule – findet in Deutschland derzeit nicht statt. Allenfalls in den berufsbildenden Schulen erfolgt eine Vermittlung von Rechtskenntnissen zum Verbraucherschutz, im Allgemeinen beschränkt auf die gesetzlichen Festlegungen des bürgerlichen Rechts und des Handelsrechts. Eine umfassende Vorbereitung von Schülern auf ihr zukünftiges Konsumentendasein, etwa durch Einbeziehung der Verbraucherorganisationen, ist dagegen schulisch nicht vorgesehen.

Außerschulisch agieren neben den bereits genannten Verbraucherzentralen eine Vielzahl von Verbänden und Organisationen (z. B. Mietervereine), die Beratungsdienste für einzelne Konsumenten anbieten, daneben aber auch Vorträge und Veranstaltungen durchführen und Informationsschriften zwecks breiterer Streuung des Verbraucherwissens vertreiben. Häufig ist zur Inanspruchnahme dieser Dienstleistungen der Erwerb der entgeltlichen Mitgliedschaft erforderlich.

**Verbraucherschutz**

Die Unüberschaubarkeit des Angebotes führt dazu, dass auch überteuerte oder minderwertige Produkte und Dienstleistungen Abnehmer finden.

Der Verbraucherschutz hat **folgende Ziele:**

– Der Verbraucher soll die Möglichkeit erhalten, sich bereits vor Abschluss eines Vertrages bzw. Tätigung eines Geschäftes umfassend zu informieren und Vergleiche zu ziehen.

– Stellt sich ein getätigtes Geschäft bzw. ein geschlossener Vertrag im Nachhinein als ungünstig heraus, so soll der benachteiligte Konsument bei berechtigter Einrede die Möglichkeit haben, hiervon zurückzutreten oder z. B. Minderung, Nachbesserung oder Schadensersatz geltend zu machen.

Verbraucherschutzvorschriften finden sich vor allem im Bürgerlichen Gesetzbuch, im Gesetz gegen den unlauteren Wettbewerb und in der Verordnung über Preisangaben. Weitere Vorschriften enthält u. a. das Lebensmittelrecht, das Fernunterrichtsschutzgesetz und das Gesetz über die Werbung auf dem Gebiet des Heilwesens. Hierauf soll an dieser Stelle aber nicht weiter eingegangen werden.

## 4.1.3.9    Servicepolitik

Im Rahmen der Absatzdurchführung werden häufig (meist freiwillige) Leistungen erbracht, die

– vor Auftragserteilung den Kaufanreiz erhöhen sollen, z. B. Beratung, Lieferung zur Probe, auftragsunabhängige Erarbeitung von Problemlösungen;

– nach dem Kauf Kundenzufriedenheit und -treue bewirken sollen, z. B. die Einräumung von Umtauschrechten, Nachbetreuung, Gewährleistungen und Reparaturservice.

Häufig herstellerseitig angebotene »**After-Sales**«-Kundendienstleistungen sind Schulungen für Abnehmer bzw. deren Mitarbeiter, Reparatur- und Wartungsdienste, die Unterhaltung von »Hotlines« und Modernisierungs- und Erweiterungsangebote zu Sonderkonditionen (»Support«, »Engineering«).

Auch der Handel unterbreitet Kundendienstangebote nach dem Kauf, vor allem

- Warenlieferung,
- Umtauschabwicklung,
- Reparaturabwicklung,
- Änderungsdienst und
- Kreditgewährung.

Entscheidungen bezüglich des vorzuhaltenden Kundendienstangebotes betreffen vorrangig die

- **Kosten:** Werden die Leistungen kostenlos oder gegen Entgelt erbracht?
- **Qualität:** Wie soll das Informationsmaterial beschaffen sein, welche Qualifikation muss das Beratungspersonal haben?
- **Auswahlkriterien (»Selektion«):** Erstrecken sich die Leistungen auf das Gesamtangebot oder nur auf bestimmte Artikel? Werden sie in jedem Falle oder nur ab einem bestimmten Einkaufswert erbracht?
- **Menge:** Wie viel Beratungs- und Reparaturpersonal, wie viele Lieferfahrzeuge sollen vorgehalten werden? Innerhalb welcher Fristen sind Umtausch bzw. kostenfreie Reparaturen möglich?
- **Differenzierung nach Märkten:** Ist der Service international einheitlich oder von Land zu Land unterschiedlich?

## 4.1.3.10    Ergebnisse des Marketing-Controlling

Das Marketing-Controlling betrachtet die Wirtschaftlichkeit im Marketing, die maßgeblich von den in der Produkt- und Sortimentspolitik, Preispolitik, Distributionspolitik und Kommunikationspolitik getroffenen Entscheidungen abhängt. Sowohl für die Entscheidungsfindung als auch für die Messung der Wirkung getroffener Entscheidungen ist die Fundierung durch Kosten- und Leistungsgrößen, die das interne Rechnungswesen zu liefern imstande ist, von hoher Bedeutung.

In den vorangegangenen Ausführungen zum Marketing wurde eine Fülle von »Instrumenten« vorgestellt, mit deren Hilfe Märkte segmentiert und in Hinblick auf die Marktteilnehmer und ihre Leistungen ebenso analysiert werden wie die Stärken und Schwächen, Chancen und Risiken des eigenen Unternehmens bzw. der eigenen Produkte. Ferner wurden die strategischen und operativen Planungs- und Forschungsaktivitäten beleuchtet, und schließlich wurde die Planung und Durchführung eines Aktionsprogramms zum Einsatz der Marketinginstrumente im optimalen Marketing-Mix ausführlich thematisiert. All diese Instrumente und Aktivitäten können im engeren oder weiteren Sinne zu den Werkzeugen des Marketingcontrollings gezählt werden.

Voraussetzung für den zielgerechten Einsatz von Marketinginstrumenten ist die möglichst zeitnahe Erkenntnis der Notwendigkeit korrigierender Eingriffe in das Marktgeschehen. Diese Notwendigkeit ergibt sich aus Abweichungen zwischen geplantem und tatsächlich getätigtem Absatz/Umsatz, der deshalb der Kontrolle in kurzen Abständen bedarf. Diese ergebnisorientierte Abweichungskontrolle erstreckt sich im Einzelnen auf

- die Entwicklung des Umsatzes im **unternehmensinternen Zeitvergleich** wie auch im **Betriebsvergleich,** beurteilt z. B. an den folgenden Kennzahlen:
  - Umsatz/Kosten der Werbung,
  - Umsatz/Vertriebskosten,
  - Umsatz/durchschnittlicher Lagerbestand (in Stück oder €),
  - Umsatz/Anzahl der Mitarbeiter,

- Umsatz/Anzahl der Außendienstmitarbeiter,
- Umsatz/Verkaufsfläche (qm),
- Umsatz/Anzahl der Kundenbesuche,
- Umsatz/Anzahl der Bestellungen;

- die **Umsatzstruktur,** d. h. die Verteilung des Umsatzes auf die verschiedenen Produktgruppen und Produkte, und

- die Entwicklung des **Marktanteils.**

Weitere Kontrollen beziehen sich auf die Entwicklung der Aufwendungen für Werbung (Werbeerfolgskontrolle), Public Relations, Sales Promotion, Absatzhelfer usw.

# 4.2 Produktlebenszyklus und Produktplanung

## 4.2.1 Der Produktlebenszyklus

Wie schon in den vorangegangenen Abschnitten mehrfach deutlich wurde, durchlaufen Produkte während ihres Lebens, d. h. im Verlaufe ihrer Präsenz am Markt, verschiedene Phasen, die als Lebenszyklus bezeichnet werden können. Wie die Länge des Produktlebens insgesamt, so ist auch der Verlauf dieses Zyklus von Produkt von Produkt als sehr unterschiedlich anzunehmen.

In der grafischen Darstellung des Zyklus anhand der Umsatzentwicklung finden sich ein- und mehrgipflige Formen:

- **Verbrauchsgüter** weisen meist einen unsymmetrischen Verlauf auf, der nach einer längeren Einstiegs- und Reifungsphase einen einzigen Höhepunkt erreicht, dort u.U. für eine gewisse Zeitspanne verharrt und dann relativ rasch absinkt.

- **Gebrauchsgüter** (im Unternehmenssektor: Investitionsgüter) können – abhängig von technischen Innovationen während der gewöhnlichen Nutzungsdauer – durch Ersatzinvestitionen mehrere Umsatzgipfel erreichen.

In der Literatur werden Lebenszyklusmodelle mit einer unterschiedlichen Anzahl von Phasen – meist vier, fünf oder sechs – beschrieben. Im Folgenden wird aber nur das häufigste Modell, nämlich das Fünf-Phasen-Modell, näher vorgestellt.

### 4.2.1.1 Das Fünf-Phasen-Grundmodell

Typisch für das Fünf-Phasen-Modell ist der folgende Verlauf:

**1. Phase: Produkteinführung**

Ausgewählte Nachwuchsprodukte werden mit zunächst sehr großem Werbeaufwand in den Markt eingeführt. Die hiermit einhergehenden hohen Kosten und der anfangs sehr geringe Umsatz bedingen einen hohen negativen **Cash-Flow** (vgl. Abschn. 2.3.4.4). Aus diesem Grunde muss eine sorgfältige Auswahl der einzuführenden Produkte erfolgen; nicht jede Produktidee kann bis zur Markteinführung vorangetrieben werden.

In der Einführungsphase kommt als preispolitische Maßnahme eine **Penetrationsstrategie** oder eine **Abschöpfungsstrategie** (vgl. jew. Abschn. 4.1.3.8.5.3) in Betracht.

**2. Phase: Marktwachstum**

Durch steigenden Bekanntheitsgrad des Produktes steigen der Absatz und der Marktanteil. Die immer noch hohen Kosten der Werbung werden von den Umsatzerlösen kompensiert, sodass zumindest kein Mittelverzehr mehr erfolgt. Die Konkurrenz wird aufmerksam und drängt mit ähnlichen Produkten an den Markt. Die **Preispolitik** muss überprüft werden: Wurde eine Abschöpfungsstrategie gewählt, muss die Abschöpfungsphase nun beendet werden und eine Preisanpassung erfolgen.

**3. Phase: Produktreife**

Die Umsatzzunahme verlangsamt sich; zugleich stagniert der Marktanteil durch verstärkte Aktivität der Konkurrenz – allerdings auf hohem Niveau. Produktmodifikationen und verstärkte Werbeanstrengungen können die Phase der Umsatzzunahme verlängern, verursachen aber auch höhere Kosten, die die positiven Kostenaspekte (vgl. »**Erfah-rungskurveneffekt**«, Abschn. 4.1.2.3) eliminieren. Der Gewinn steigt nicht weiter und beginnt bereits, in die Gegenrichtung zu drehen.

### 4. Phase: Marktsättigung

Der Umsatz erreicht seinen Höhepunkt, während sich der Gewinn bereits rückläufig entwickelt. Durch das Angebot zahlreicher **Substitute** durch Mitbewerber werden vermehrte Marketinganstrengungen erforderlich. Ein Marktwachstum findet nicht mehr statt.

### 5. Phase: Produktverfall

Der Markt ist gesättigt und schrumpft insgesamt. Die Nachfrage nach dem Produkt nimmt in einem Maße ab, dass kein Gewinn mehr erwirtschaftet werden kann. Deshalb wird das Produkt schließlich **eliminiert,** d. h. vom Markt genommen.

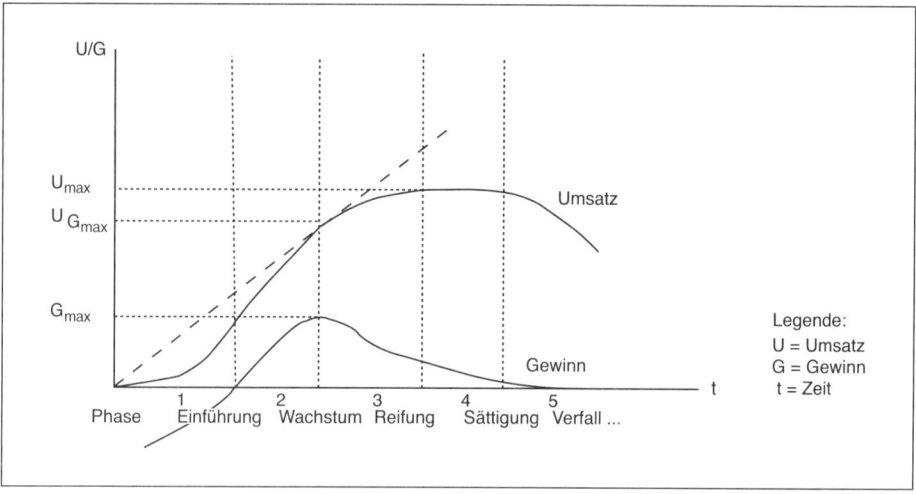

Der Lebenszyklus eines Produktes

Die Grenzen zwischen den geschilderten Phasen sind fließend, und die Dauer der einzelnen Phasen, die durch Marketingaktivitäten beeinflusst werden kann, ist durchaus unterschiedlich. Deshalb kann der geschilderte Lebenszyklus keinerlei Anhaltspunkte für Aussagen über die Lebensdauer eines Produktes oder die absolute Höhe des Umsatzes oder Gewinns liefern.

Die Produktlebenszykluskurve gibt den »Standardlebenslauf« eines einzelnen Produktes wieder und ist insoweit **zeitraumbezogen.** Für die Beurteilung der Situation des produzierenden Unternehmens am Markt und als Basis für strategische Entscheidungen hinsichtlich der Produktpalette ist zusätzlich eine Gesamtbetrachtung der Produktpalette zu einem **Stichzeitpunkt** empfehlenswert.

In Abschnitt 4.1.2.3 wurde mit der Portfolio-Analyse ein entsprechendes Instrument vorgestellt. Es klassifiziert die einzelnen Produkte eines Unternehmens nach den Kriterien »Marktwachstum« und »Marktanteil« in Nachwuchsprodukte, aufstrebende Produkte, »Milchkühe« mit hohem Marktanteil und »Arme Hunde«, die ihren Zenit überschritten haben.

## 4.2.1.2    Kennzahlen der Lebenszyklusphasen

Hinweise darauf, in welcher Phase seines Produktzyklus sich ein Produkt befindet, können aus einer Reihe von Kennzahlen und Analysen gewonnen werden. Die wichtigsten sind

**Deckungsbeitrag:**     Sobald der Preis je Stück die variablen Stückkosten übersteigt, wird ein positiver **Stückdeckungsbeitrag** db und damit auch ein positiver **Gesamtdeckungsbeitrag** DB erwirtschaftet, der aber noch kein Indiz für Gewinnerwirtschaftung ist. Dieses wird vielmehr aus der Break-Even-Analyse gewonnen.

**Break-Even-Analyse:**  Mit der Überschreitung des **Break-Even-Points** erreicht das Produkt die Gewinnzone. Das Erreichen dieses Punktes, der durch die Menge

$$x = \frac{K_f}{p - k_v}$$

(mit $K_f$ = Fixkosten, $k_v$ = variable Stückkosten, p = Preis) gekennzeichnet ist, ist somit wichtiger Indikator für den Erfolg der damit beendeten Einführungsphase und das Erreichen der Wachstumsphase.

**Umsatzentwicklung:**   Die **Umsatzanalyse** zeigt den Übergang von der Wachstums- zur Reifephase an dem Punkt, an dem die Umsatzzunahme d je Periode im Vergleich zur Vorperiode geringer ausfällt: Die Umsatzkurve wechselt vom progressiven in den degressiven Verlauf. An diesem Punkt erreicht der **Gewinn** sein Maximum.

**Cash-Flow:**           Der mit dem einzelnen Produkt erwirtschaftete **Einzahlungsüberschuss** erreicht (nach in der Einführungsphase hoch negativen Ergebnissen) am Ende der Wachstumsphase die höchsten positiven Beträge. In dieser Phase gilt die Strategie des »Melkens« (vgl. »Cash Cow«, Portfolio-Matrix, Abschn. 4.1.2.3). Ein fallender Cash-Flow (auch Cashflow geschrieben) signalisiert einsetzende Marktsättigung (vgl. Abschn. 2.3.4.4).

# 4.2.2    Produktplanung

Vor der eigentlichen Fertigung eines Produktes stehen

– die Produktforschung,
– die Produktentwicklung,
– die Produktgestaltung,
– die Produkterprobung und
– die Produktbeurteilung.

Diese Phasen sollen im Folgenden näher beschrieben werden. Dabei wird parallel auch auf diejenigen Überlegungen eingegangen werden, die die Ausgestaltung des Produktionsprozesses betreffen.

## 4.2.2.1    Produktforschung

### 4.2.2.1.1    Gegenstand der Produktforschung

Der Begriff der Forschung leitet sich aus den Naturwissenschaften her und steht dort für die Ergründung von Wirkungszusammenhängen mit dem Ziel der Wissenserweiterung.

Soweit Forschung auf die Gewinnung grundsätzlicher Erkenntnisse ohne die Absicht einer praktischen bzw. kommerziellen Verwertung abzielt, wird sie als **Grundlagenforschung** bezeichnet.

Ist Forschung dagegen verwertungsorientiert in Bezug auf Materialien (Materialforschung), Produkte, Herstellungsverfahren (Verfahrensforschung) oder Anwendungen (Anwendungsforschung), spricht man von **angewandter Forschung.**

Der Begriff der Produktforschung wird häufig sehr weit gefasst und beinhaltet dann sowohl Aktivitäten der Forschung und Entwicklung im engeren Sinne als auch solche Aktivitäten, die eher der Marktforschung zugeordnet werden können.

Gegenstände der Produktforschung sind z. B.

– Innovationsforschung/Ideenentwicklung,
– Produktentwicklung im engeren Sinne (Konzeptforschung),
– Produktnutzenanalysen/Wertanalysen,
– Namens-, Labeltests,
– Sensorische Tests,
– Handhabungs- (Handling-)tests,
– Verpackungstests,
– Funktions-, Belastungs- und Sicherheitstests,
– Preisakzeptanz-/Preis-Absatz-Analysen,
– Marktpotenzialanalysen,
– Mikromarkttests und
– Produktlebenszyklusanalysen.

Je nach Branche und Betriebsgröße umfasst Produktforschung lediglich angewandte Forschung oder auch Grundlagenforschung. Häufig wird der Begriff der Produktforschung heute – insbesondere von Dienstleistungsunternehmen, die Produktforschung als externe Leistung anbieten – synonym mit produktorientierter Marktforschung verwendet. Hierunter fallen Verpackungs-, Farb-, Namens-, Geschmacks-, Regalplatzierungs- und weitere Labor- oder Feldtests. Insoweit ist die Abgrenzung zur Produkterprobung (vgl. Abschn. 4.2.2.5) unscharf. Letztere soll hier als Erprobung eines marktreifen Produkts im Absatzmarkt verstanden werden, während unter Produktforschung diejenigen Forschungen am Produkt aufgefasst werden sollen, die im Zuge der Entwicklung zur Marktreife zu leisten sind.

Einer in der Praxis bisweilen anzutreffenden noch offeneren Auffassung von Produktforschung, die unter diesem Begriff praktisch alle marktforscherische Aktivitäten subsummiert, soll hier nicht gefolgt werden.

## 4.2.2.1.2   Ideenfindung, -beurteilung und -auswahl

Die Planung eines neuen Produktes verläuft in den Stufen

– Ideenfindung,
– Ideenbeurteilung,
– Ideenauswahl und
– Ideenverwirklichung.

### Ideenfindung

Bei der Ideenfindung verlassen sich die meisten Unternehmen nicht auf externe Anstöße, etwa Anregungen, die aus dem Handel oder von Verbrauchern angestoßen werden, oder neue Produkte von Mitbewerbern, an deren Erfolg sich das eigene Unternehmen durch geschickt genug »nachempfundene« Produkte anhängen kann, sondern ergreifen selbst die Initiative, indem sie aktiv nach Ideen suchen.

**Interne** Quellen für Produktideen sind etwa

– dauerhaft installierte Forschungs- und Entwicklungsabteilungen,

– eigens zum Zwecke der Ideenfindung eingesetzte Gremien, die unter Anwendung verschiedener Kreativitätsmethoden (z. B. Brainstorming) Vorschläge für neue Produkte entwickeln,

– das interne Vorschlagswesen.

Anregungen für Produktideen können auch von **externen** Quellen ausgehen, etwa von

– Konkurrenten,
– dem Handel,
– Verbrauchern und
– externen Marktforschungsinstituten.

Ausgangspunkt für die Ideenfindung ist insbesondere bei Konsumgütern häufig der Entwurf eines **Produktkonzepts.** Das Produktkonzept geht über die bloße Produktidee hinaus, denn es weist dem neuen Produkt eine Position im Markt bzw. im Wettbewerb zu. Es trifft Aussagen über die Zielgruppe, den vorrangigen Nutzen des Produkts und den Anlass seiner Benutzung bzw. Verwendung.

*Beispiel:*
*Zur Produktidee »einzeln portioniertes Tiefkühl-Fertiggericht« gehört das Produktkonzept »leichte, schnell zuzubereitende warme Zwischendurch-Mahlzeit für den vielbeschäftigten, gesundheits- und fitnessbewussten Single«.*

**Ideenbeurteilung**

In der Ideenbeurteilung wird der Frage nachgegangen, ob es lohnenswert ist, eine Produktidee zu verwirklichen. Kriterien der Beurteilung sind

– das Vorhandensein von **Bedürfnissen** am Markt, die das neue Produkt befriedigen soll,

– **Umsatz- und Gewinnerwartungen,**

– ähnliche Angebote der Konkurrenz und die **Marktchancen** des eigenen Produktes im Vergleich zu diesen,

– das **vorhandene Sortiment** und die Frage, ob alte Produkte durch das neue Produkt ergänzt oder eliminiert werden,

– die im Zusammenhang mit der Produktionsaufnahme anfallenden **Investitionen** für Produktionsmittel.

**Ideenauswahl nach Wirtschaftlichkeitsanalyse**

Wesentlich für die Entscheidung für oder gegen die Realisierung einer Produktidee ist die erwartete Wirtschaftlichkeit. In der Wirtschaftlichkeitsanalyse soll eine Vorstellung von den zu erwartenden Absatzzahlen, dem Umsatz und Gewinn für verschiedene Phasen im Lebenszyklus (vgl. Abschn. 4.2.1) des Neuproduktes entwickelt werden. Hierbei ist die besondere Charakteristik des Produktes zu berücksichtigen: Während bei Konsumgütern des täglichen Verzehrs vor allem die Zahl der Wiederholungskäufer und die Länge des Wiederholzyklus interessiert, steht bei langlebigen Gebrauchsgütern die Zahl der Erstkäufe und die Prognose der Häufigkeit von Ersatzkäufen im Vordergrund.

## 4.2.2.1.3   Umweltfreundlichkeit und Nachhaltigkeit

Verantwortungsvolle Produktforschung und -entwicklung hat heute auch eine umfassende Risikobewertung vorzunehmen, die die Umweltfreundlichkeit und Nachhaltigkeit der Produktion und des Produkts in allen Phasen des Lebenszyklus berücksichtigt.

Hierbei fließen vor allem auf die Vermeidung gesundheitlicher Risiken und Umweltschäden abzielende Überlegungen zum schonenden und sparsamen Umgang mit natürlichen Ressourcen, zur Auswahl umwelt- und gesundheitsschonender Produktionsprozesse, Distributionsverfahren und Produktfunktionen sowie zur Abfallvermeidung durch Recyclingfähigkeit ein. In der chemischen Industrie entwickelt die weltweite Initiative »**Responsible Care**®« diese Ziele bereits seit 1985 kontinuierlich weiter.

## 4.2.2.2    Produktentwicklung

Die Produktentwicklung setzt die bis hierhin gewonnenen Erkenntnisse in konkrete Festlegungen hinsichtlich der Beschaffenheit und Eigenschaften des neuen Produktes um und bezieht sowohl materialwirtschaftliche als auch fertigungstechnische Überlegungen ein. Insbesondere die Belange der Arbeitsvorbereitung und der Fertigungsdurchführung, die in Abschnitt 4.6 ausführlich dargestellt werden, finden Berücksichtigung. Umfangreiche Betrachtungen zur Produktentwicklung enthält Abschnitt 4.1.3.8.4.

Die Herstellung eines neuen Produktes erfordert, ebenso wie die Veränderung eines bestehenden Erzeugnisses, eingehende Forschungen hinsichtlich der Realisierung von Produkteigenschaften (Rezeptur, Funktion) sowie hinsichtlich der anzuwendenden Produktionsverfahren. Vorab ist zu prüfen, ob die angestrebte Lösung bereits bekannt und beschrieben, möglicherweise auch mit einem Schutzrecht (vgl. Abschn. 4.1.3.7.1 und 4.2.3) belegt ist.

### 4.2.2.2.1    Die Bestimmung der Produkteigenschaften

Für den Erfolg eines Produktes am Absatzmarkt sind vorrangig folgende Faktoren ausschlaggebend:

– Art, Verarbeitung und Qualität als Bestimmungsfaktoren des **Gebrauchswertes,**

– Form, Farbe, Verpackung sowie Name und Image (sowohl des Produktes als auch des produzierenden Unternehmens) als Bestimmungsfaktoren des **Prestigewertes,**

– **Preis** und

– **Service.**

Weiterhin bezieht sich die Produkt- oder Erzeugnisplanung auf die Festlegung der zu produzierenden bzw. der absetzbaren Menge und des Verbreitungsgebietes. In Kenntnis der vom Markt bevorzugten Gestaltungsmerkmale der obigen Faktoren kommen folgende Handlungsalternativen in Betracht:

– die **Änderung** der Eigenschaften eines vorhandenen Produktes,

– die **Variation** des Produkt-»Grundmodells«, also Herstellung verschiedener Typen oder Qualitäten,

– die Entwicklung neuartiger Produkte, die bislang nicht markterhältlich sind **(Marktneuheiten)** oder zwar bereits von anderen, nicht jedoch vom eigenen Betrieb hergestellt werden **(Betriebsneuheiten).**

### 4.2.2.2.2    Prototyping und Simulation

Im Bereich der Investitionsgüter und langlebigen Konsumgüter werden häufig Prototypen gefertigt. Die klassische Form ist die Konstruktion eines Modells in Originalgröße, an dem Untersuchungen vorgenommen und die Auswirkungen von Veränderungen erprobt werden können. Ein Prototyp muss aber nicht unbedingt gegenständlicher Natur sein:

Entwürfe können auch am Computer erzeugt, modifiziert und getestet werden. Eine solche Simulation kann bei Bedarf so detailreich und überzeugend animiert werden, dass sie den Eindruck eines realen Objekts vermitteln.

*Beispiele:*

*Prototypen sind vor allem aus dem Automobilbau bekannt. Der »klassische« Bau eines Holz- oder Kunststoffmodells in Originalgröße, das als Designstudie ebenso wie als Testobjekt im Windkanal genutzt wird, kann heute durch eine Computersimulation ersetzt werden, die weiterreichende Erprobungen ermöglicht: Eine 3-D-Darstellung vermittelt der einen Helm und Sensor-Handschuhe tragenden Testperson die Illusion, das Fahrzeug von allen Seiten zu sehen, einzusteigen, die Funktion der einzelnen Bedienelemente auszulösen und sogar zu fahren, wobei das Fahrterlebnis durch einen entsprechend beweglichen Simulator vermittelt wird. Der Vorteil dieser »Virtual Reality« ist, dass Eigenschaften des Fahrzeugs relativ unproblematisch geändert und den Wünschen der Testpersonen angepasst werden können. Der Bau eines realen Prototypen erfolgt erst nach abgeschlossener Optimierung am Computer.*

*Virtuelle Prototypen erlauben überdies eine verhältnismäßig kostengünstige Produktprüfung in Fällen, in denen entsprechende Tests am realen Objekt nicht zerstörfrei möglich wären, etwa Crashtests mit Automobilen.*

Nicht nur die Eigenschaften eines Produkts können simuliert werden, sondern auch der Produktionsprozess. Leistungsfähige Computersysteme mit entsprechender Software ermöglichen die Ableitung von Produktionsverfahren aus vorhandenen Entwürfen für neue oder Varianten vorhandener Produkte.

### 4.2.2.2.3   Simultaneous Engineering

Entwicklungsprozesse kosten Zeit. Angesicht der Dynamik der Unternehmensumwelt, die in immer kürzeren Abständen neue Produkte, Verfahren und Technologien hervorbringt oder fordert, steht Zeit aber nur in begrenztem Maße zur Verfügung. Auf diese Situation reagieren moderne Betriebe zunehmend mit der Bildung interdisziplinärer Teams aus allen mit der Produktentwicklung und späteren Produktion in Verbindung stehenden Abteilungen, häufig auch unter Einbeziehung externer Zulieferer, um auf diese Weise einen ganzheitlichen, zeitlich an mehreren Stellen parallel verlaufenden und die gegenseitigen Verflechtungen und Abhängigkeiten erkennenden und beachtenden Entwicklungsprozess in Gang zu setzen. Dabei kommen die Methoden und Instrumente des modernen Projektmanagements zur Anwendung. Dieses als »Simultaneous Engineering« oder **Parallelentwicklung** bezeichnete Verfahren führt gegenüber der herkömmlichen, sequenziell angelegten Planung in der Praxis zu deutlich verkürzten Entwicklungszeiten und in der Folge meist auch zu einer kostengünstigeren Herstellung.

In diesem Zusammenhang häufig gehörte Schlagwörter sind »Time-to-Market«, also die Zeitspanne bis zum Markteintritt, die es so kurz wie möglich zu halten gilt, und »Time-Cost-Tradeoff«, womit der Umstand bezeichnet wird, dass der Nutzen eines frühen Markteintritts, vor allem durch Erlangung von Wettbewerbsvorteilen, die u. U. hohen Kosten einer schnellen Entwicklung mindestens kompensiert.

### 4.2.2.3   Produktgestaltung

In der Produktgestaltung werden die bisher getroffenen Festlegungen bezüglich der Eigenschaften des Produktes aufgegriffen und unter Berücksichtigung technologischer, ergonomischer, ökonomischer, ökologischer, ästhetischer und sonstiger relevanter Faktoren konkretisiert. Das Ziel ist die Schaffung eines **anforderungsgerechten Produktes.**

## 4.2.2.3.1   Prinzipien der Produktgestaltung

Bei der Produktgestaltung sind sowohl die Erfordernisse des Produktionsvorganges als auch die Anforderungen an das fertige Produkt zu beachten. Eingedenk der oben genannten Einflussfaktoren gelten die folgenden Grundsätze.

– Produkte müssen **prozessgerecht** gestaltet sein: Die Produktkonstruktion muss die technologischen Gegebenheiten und Notwendigkeiten berücksichtigen und dabei die Erkenntnisse der Material- und Verfahrensforschung umsetzen. Nur so ist eine weitere wesentliche Forderung erfüllbar: Produkte müssen **kostenorientiert** gestaltet sein! Prozessgerechte Gestaltung schließt auch Überlegungen zur Fertigungstiefe (vgl. Abschn. 4.2.2.4) ein.

– Produkte müssen **menschengerecht** gestaltet sein: Dies ergibt sich zum einen aus einer Vielzahl von Normen und Richtlinien, die – in Abhängigkeit von der Produktart – die Ansprüche der Arbeitswissenschaft an die ergonomische Produktgestaltung fordern, und zum anderen aus den Erwartungen der potenziellen Nutzer, die schließlich über den Markterfolg des Produktes entscheiden.

– Produkte müssen **umweltgerecht** und **nachhaltigkeitsorientiert** gestaltet sein: Darunter fallen sowohl Anforderungen an die Vermeidung der Verarbeitung und Verwendung umweltschädigender Stoffe in der Produktion als auch an die umweltschonenden Produktverwendung bzw. -nutzung und die aufarbeitungsgerechte (»recyclinggerechte«) Konstruktion.

– Mit allen Anforderungen korrespondiert die Forderung nach einer **instandhaltungsgerechten** sowie montage- bzw. demontagegerechten Konstruktion.

## 4.2.2.3.2   Montage-/demontagegerechte Produktgestaltung

Schätzungen besagen, dass etwa 70 % der Montagekosten eines Produkts bereits durch die Produktgestaltung bestimmt werden. Sie sind um so höher, je mehr Zeit die Montage in Anspruch nimmt, und bemessen sich folglich nach der Anzahl und dem Schwierigkeitsgrad der Montagevorgänge. Diese wiederum hängen vor allem davon ab,

– wie viele verschiedene Komponenten in der Montage zu verbinden sind,

– welche Verbindungstechnik zur Anwendung kommt,

– welche Form und Abmessungen und welches Gewicht die einzelnen Teile und die in der Montage entstehende Baugruppe aufweisen,

– wie exakt die zu montierenden Teile gefertigt sind (d. h. wie weit sie tatsächlich »ineinander passen«).

Weitere Kosteneinflüsse gehen von den benötigten Arbeitskräften, Maschinen, Werkzeugen und Hilfsmitteln aus, und natürlich ist auch von wesentlicher Bedeutung, inwieweit die Ablauforganisation den Montageerfordernissen angepasst ist.

Eine montagegerechte Produktgestaltung, auch als **Design for Assembly** bezeichnet, ist daher ein wesentlicher Beitrag zur Senkung der Montagekosten. Zur folglich unerlässlichen Analyse von Schwachstellen im Produktdesign werden inzwischen auch Software-Tools angeboten.

Die gleiche Aufmerksamkeit wie der Montage muss inzwischen in vielen Bereichen auch der **Demontage** zugewandt werden.

Voraussetzung für eine reibungslose, eine sortenreine Materialtrennung (bzw. beschädigungsfreie Entnahme wiederverwendbarer Bauteile erlaubende Demontage) sind entsprechend gestaltete und angeordnete Verbindungen.

Dabei ist zu bedenken, dass der Gebrauch eines Produktes zu Abnutzungserscheinungen führt, die die Demontagefähigkeit beeinträchtigen können. Es liegt auf der Hand, dass in der Konstruktionsphase eines neuen Produktes noch keine Informationen und Erfahrungswerte über seine Abnutzung vorliegen können. Abhilfe können hier Simulationsmodelle schaffen, die angenommene Abnutzungen – etwa Korrosion oder Reibverschleiß – rechnergestützt abbilden und hinsichtlich ihrer Auswirkungen auf die Demontagefähigkeit untersuchen. Hieraus können sich, in Abhängigkeit von der Art und Intensität der angenommenen Abnutzung, die wiederum stark von der Länge der Gebrauchsphase abhängt, unterschiedliche Demontagereihenfolgen ergeben.

Vermehrt werden Produkte nach ihrer Gebrauchsphase, z. T. basierend auf gesetzlichen Bestimmungen (z. B. Kreislaufwirtschaftsgesetz, Altfahrzeug-Verordnung), einer Verwertung zugeführt.

Demontagegerechte Produktgestaltung ist ein Forschungsgebiet, dem derzeit weltweit hohe Aufmerksamkeit gewidmet wird.

## 4.2.2.3.3    Ergebnisse der Produktgestaltung

Die Ergebnisse der Produktforschung, -planung, -entwicklung und -gestaltung gehen ein in die Konstruktion, d. h. die konkrete Ausgestaltung des zu fertigenden Produktes. Deren Ergebnisse wiederum sind Zeichnungen, Stücklisten und Teileverwendungsnachweise.

**Technische Zeichnungen**

Zu komplexeren Gegenständen, die aus mehreren Teilen bestehen, werden im Allgemeinen (meist rechnergestützt unter Einsatz von CAD-Anlagen) mehrere Zeichnungen erstellt werden müssen.

Unterschieden werden

– **Einzelteilzeichnungen:** Technische Zeichnungen, die ein Teil, das unzerstört nicht in weitere Bestandteile zerlegt werden kann (Einzelteil), ohne die räumliche Zuordnung zu anderen Teilen darstellen;

– **Gruppenzeichnungen:** Maßstäbliche technische Zeichnungen, die die räumliche Lage und die Form der zu einer Gruppe zusammengefassten Teile darstellen;

– **Hauptzeichnungen:** Technische Zeichnungen, die ein Erzeugnis in seiner obersten Strukturstufe (mit allen Bestandteilen) zeigen;

– **Konstruktionszeichnungen:** Technische Zeichnungen, die einen Gegenstand in seinem vorgesehenen Endzustand darstellen.

**Stücklisten**

Ein industriell gefertigtes Produkt wird in aller Regel in einem mehrstufigen Prozess aus verschiedenen Einzelteilen bzw. Baugruppen zusammengefügt. Die Prozessgliederung wird in Stücklisten abgebildet.

Stücklisten werden im Rahmen der Materialwirtschaft ausführlich behandelt. Dort steht der materialwirtschaftliche Aspekt im Vordergrund, also die Frage, welche Materialien, Einzelteile und Baugruppen in ein Endprodukt einfließen.

Stücklisten geben aber auch Auskunft über die Reihenfolge, in der sich ihre Zusammenfügung vollzieht. Die folgende Abbildung verdeutlicht noch einmal die unterschiedlichen Charakteristiken der im Industriebetrieb vorkommenden Stücklisten.

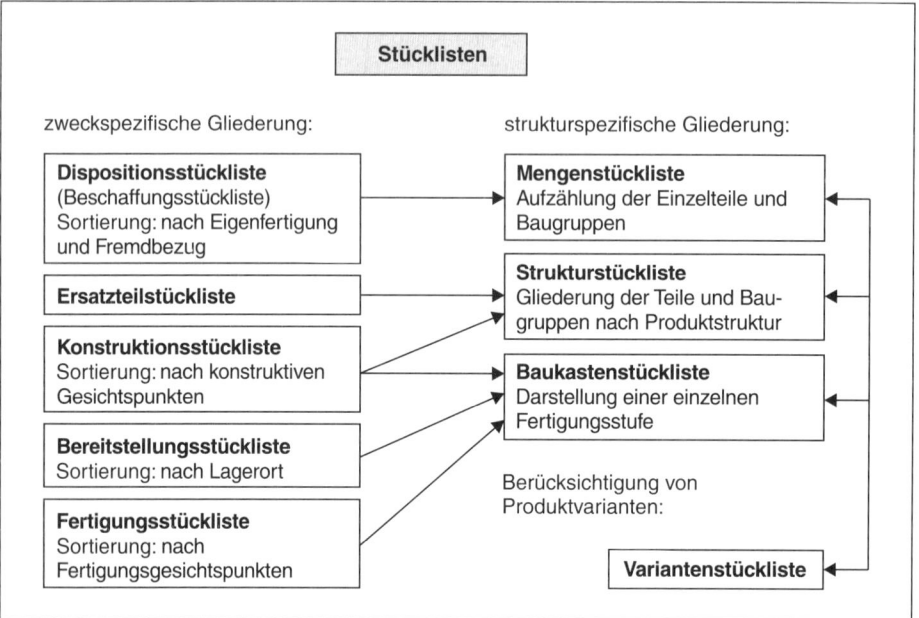

Stücklistenarten

**Teileverwendungsnachweise**

Während Stücklisten den Produktionsprozess vom einzelnen Erzeugnis ausgehend gliedern, also der Frage nachgehen, aus welchen Teilen ein Produkt besteht, geben Teileverwendungsnachweise an, in welchen Baugruppen und Produkten ein bestimmtes Teil vorkommt. Eine nähere Erläuterung erfolgte ebenfalls im Rahmen der Materialwirtschaft.

## 4.2.2.3.4　Wertanalyse

An früheren Stellen wurde bereits mehrfach darauf hingewiesen, dass neben der Produktinnovation auch die Modifikation bestehender Produkte zu den Aufgaben der (langfristigen) Fertigungsprogrammplanung gehört. Hierzu – aber durchaus auch im Rahmen der Entwicklung neuer Produkte – kann die Wertanalyse als methodisches Instrument der Produktplanung, -entwicklung und -gestaltung wertvolle Beiträge leisten.

Nach dem zweiten Weltkrieg begann Larry D. MILES, Einkaufsleiter der GENERAL ELECTRIC COMPANY, USA, mit Untersuchungen über das Verhältnis von Kosten zu Funktionen von Produkten, die sich entweder bereits in Fertigung oder noch in Entwicklung befanden. Im Zuge dieser Untersuchungen entwickelte Miles ein systematisches und praktikables Verfahren, das sich seither unter der Bezeichnung Wertanalyse (»**Value Analysis**«) durchgesetzt und zum »**Value Management**« weiterentwickelt hat.

Die Wertanalyse, die im Folgenden in ihren Grundzügen vorgestellt werden soll, kann sowohl auf gegenständliche Objekte als auch auf Dienstleistungen oder Verfahren angewendet werden und sich sowohl auf schon vorhandene als auch auf noch zu schaffende Objekte beziehen. Sie ist eine in inzwischen zahlreichen Unternehmen praktisch erprobte Methode zur Steigerung des Wertes von Produkten, Leistungen und Abläufen. Ihre Grundgedanken sind ein entscheidungsorientierter Ablauf, die systematische Analyse von Funktionen und die Nutzung von Kreativitätspotenzialen.

MILES selbst beschreibt die Wertanalyse als »eine organisierte Anstrengung, die Funktionen eines Produktes mit den niedrigsten Kosten zu erstellen, ohne dass die erforderliche Qualität, Zuverlässigkeit und Marktfähigkeit des Produktes negativ beeinflusst werden«.

Die **Funktionsanalyse** als Kernstück der Wertanalyse, von MILES als »Mittel zur Überwindung der psychischen Trägheit im Erfindungsprozess« begründet, folgt strikten Sprachregeln: Der Untersuchungsgegenstand wird durch Wort-Paar-Begriffe (»Funktionen«) beschrieben, auf die sich die weitere Entwicklung konzentriert. Jedes Paar umfasst ein Verb und ein Substantiv. Mittels Funktionsanalyse sollen »nützliche« Funktionen erkannt und »schädigende« Funktionen aufgedeckt werden.

Vorrangige Ziele der Wertanalyse sind die

– Senkung bestehender (konstruktions- oder organisationsstrukturbedingter) Kosten,

– Vermeidung weiterer (durch unnötige Funktionen bedingter) Kosten und

– marktgerechte Leistungsgestaltung (Erkennen und Verwirklichung des Kundennutzens).

Letztlich dient die Wertanalyse also der Steigerung des Unternehmenserfolgs.

Sie wird vor allem bei der Entwicklung neuer (»**Wertgestaltung**«) oder der Überarbeitung bereits vorhandener Produkte (»**Wertverbesserung**«) eingesetzt und soll dabei zur Verkürzung der Entwicklungszeiten beitragen, innovative Ideen anregen, Produktfunktionen und -qualität verbessern und zugleich unternehmensintern **organisationsentwickelnd** wirken.

Verfahren und Begriffe der Wertanalyse (»Value Management«) sind in der EU-Norm EN 12973 festgeschrieben, die die bisherige Norm nach DIN 69910 ersetzt. Außerdem ist sie Gegenstand der VDI-Richtlinien 2801 und 2802.

Folgende Merkmale kennzeichnen die Wertanalyse:

– Betrachtung des **Gesamtnutzens** des Betrachtungsgegenstandes: Die Wertanalyse betrachtet nicht nur den Nutzen für den Hersteller, sondern den Gesamtnutzen für Hersteller und Abnehmer. Im Vordergrund der Betrachtung steht daher nicht das Produkt oder die Dienstleistung, sondern die hierdurch erfüllten Funktionen.

– Funktionsbezogene Objektbeschreibung: **Funktionen** werden identifiziert und in schematisierter Weise benannt.

– Wesentliches wird von Unwesentlichem getrennt: Funktionen werden in **Haupt- und Nebenfunktionen** eingeteilt.

– **Quantifizierung** des Aufwands und Nutzens: Kosten und Nutzen können einzelnen Funktionen zugeordnet werden.

– **Kreativität** und **Teamarbeit** werden gefördert: Auf diese Weise entstehen bereichsübergreifende, von »Betriebsblindheit« unbeeinflusste Lösungen.

– **Systematisches** Vorgehen: Der Wertanalyse-Arbeitsplan wird konsequent und lückenlos durchlaufen.

– **Ganzheitliche** Betrachtung des Objektes, etwa in Bezug auf Anforderungen, Material, Konstruktion, Fertigung usw.

Das Bemerkenswerte an der Wertanalyse ist sicherlich, dass sie einerseits Kreativitätspotenziale nutzt und durch die starke Erfordernis von Teamarbeit die bereichsübergreifende Kommunikation und Kooperation im Betrieb in außerordentlicher Weise stärkt, andererseits aber durch die strikte Verfolgung eines vielschrittigen Arbeitsplans sehr strukturiert vorgeht und zu gewissermaßen schematisiertem Denken und Handeln in Regelkreisen aus Überprüfung, Kritik, Verbesserung und neuerlicher Überprüfung zwingt.

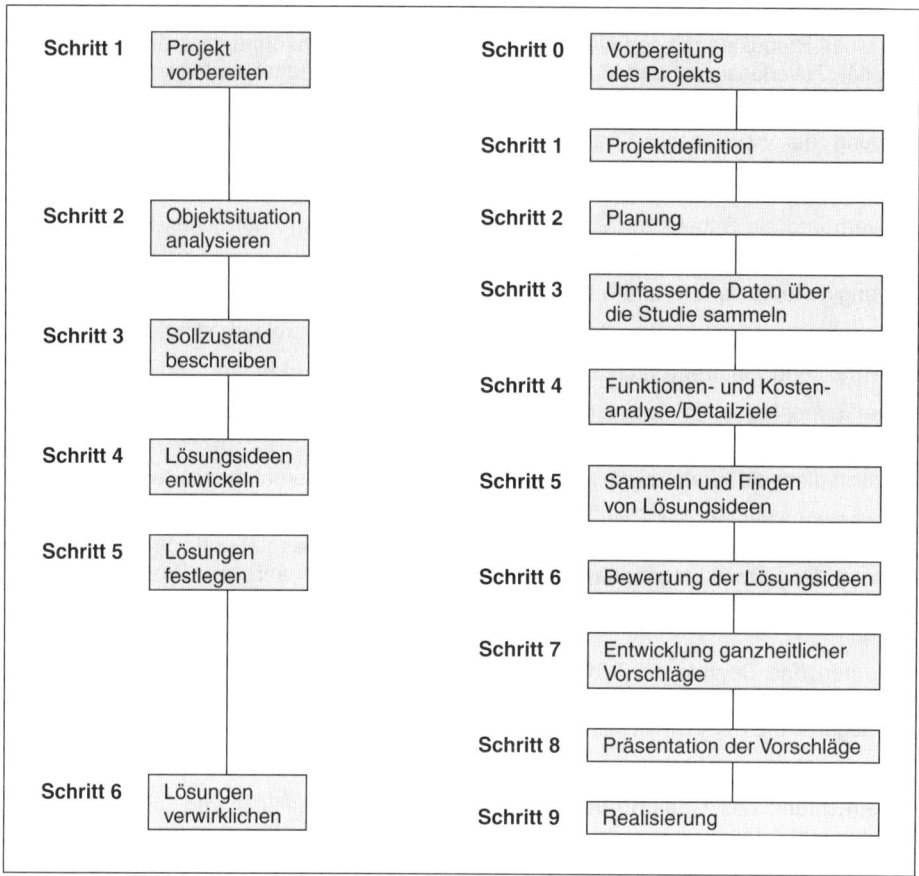

| Schritt 1 | Projekt vorbereiten | | Schritt 0 | Vorbereitung des Projekts |
| Schritt 2 | Objektsituation analysieren | | Schritt 1 | Projektdefinition |
| | | | Schritt 2 | Planung |
| | | | Schritt 3 | Umfassende Daten über die Studie sammeln |
| Schritt 3 | Sollzustand beschreiben | | Schritt 4 | Funktionen- und Kosten-analyse/Detailziele |
| Schritt 4 | Lösungsideen entwickeln | | Schritt 5 | Sammeln und Finden von Lösungsideen |
| Schritt 5 | Lösungen festlegen | | Schritt 6 | Bewertung der Lösungsideen |
| | | | Schritt 7 | Entwicklung ganzheitlicher Vorschläge |
| | | | Schritt 8 | Präsentation der Vorschläge |
| Schritt 6 | Lösungen verwirklichen | | Schritt 9 | Realisierung |

Wertanalyse-Arbeitsplan nach alter DIN 69910 (links) und nach DIN EN 12973 (rechts)

Der Arbeitsplan gliedert sich nach der abgelösten DIN 69910 in sechs, nach der gültigen DIN EN 12973 in zehn Arbeitsschritte, wobei das Vorgehen jedoch im Kern unverändert ist. Wesentliche Phasen sind:

– **Vorbereitung:** Wertanalyse wird häufig als Projekt aufgefasst (vgl. Kap. 7) und dement-sprechend vorbereitet, d. h. es wird ein Projektteam aus Mitgliedern der verschiedenen betrieblichen Arbeitsbereiche berufen, ein Moderator benannt und die Projektorganisa-tion festgelegt.

In Bezug auf die zu erfüllende Aufgabe werden die Grobziele und die Bedingungen der durchzuführenden Analyse festgelegt und zu Einzelzielen weiterverarbeitet; der Rah-men der Untersuchung wird abgegrenzt und der Ablauf des anstehenden Projekts ge-plant.

Die genannten Aktivitäten sind im Einzelnen auch im Zusammenhang mit der 6-Stufen-Methode von Belang und werden an späterer Stelle, wenn es um Systemanalyse und Projektmanagement geht, wiederum aufgegriffen (in Kap. 7).

– **Ist-Zustand ermitteln:** Zunächst wird der gegenwärtige Zustand des Untersuchungs-gegenstandes ermittelt und dokumentiert.

Dazu werden alle das Objekt und sein Umfeld betreffenden technischen und wirtschaftlichen Informationen zusammengetragen (im Falle eines erst in Planung befindlichen Produktes werden diese den Stand der Information, Forschung, ggf. Mitbewerberangebote, betreffen), wozu auch möglichst detaillierte Informationen über die Kosten gehören.

Kernstück der Ist-Zustands-Ermittlung ist die Ermittlung und Ausformulierung der Funktionen, auf die unten noch näher eingegangen werden wird, und die anschließende Zuordnung der Kosten zu den einzelnen gefundenen Funktionen.

– **Ist-Zustand prüfen und Soll-Zustand beschreiben:** Im Sinne einer Ist-Analyse erfolgt die Betrachtung und Beurteilung des vorgefundenen Ist-Zustands anhand der ermittelten Informationen.

Die Identifizierung »schädlicher« oder wenigstens unnützer Funktionen führt zur Beschreibung und Festlegung des künftige Soll-Zustands bzw. der Soll-Funktionen, denen einzelne Kostenziele zugeordnet werden.

– **Lösungsvorschläge entwickeln:** In dieser Phase wird nach allen denkbaren Lösungen gesucht. Dabei werden sowohl schon vorhandene Ideen zusammengetragen als auch – unter Einsatz von Kreativitätsmethoden – neue Ideen entwickelt. In diesem Zusammenhang wird zunächst noch nicht auf Realisierbarkeit geachtet.

– **Lösungen prüfen und auswählen:** Um die gefundenen Ideen bewerten zu können, müssen zunächst Bewertungskriterien festgelegt und eine Bewertungsmethode ausgewählt werden. Die Bewertung wird sich dabei nicht nur auf die technische Umsetzbarkeit einer Idee erstrecken, sondern auch wirtschaftliche Gesichtspunkte berücksichtigen.

Als Methode wird häufig die **Nutzwertanalyse** eingesetzt. Ideen, die aussichtsreich erscheinen, werden zu Lösungsansätzen verdichtet, die wiederum bewertet werden müssen. Dieser – möglicherweise mehrschrittige – Prozess soll in die Erstellung einer Entscheidungsvorlage münden, auf deren Basis letztlich die Entscheidung für die Verwirklichung eines Lösungsvorschlags getroffen wird (vgl. Abschn. 3.3).

– **Lösung verwirklichen:** Die Vorgehensweise bei der Realisierung der gefundenen und verabschiedeten Lösung muss wiederum im Detail geplant werden.

Wie sich eine Projektdurchführung vollzieht, was dabei zu beachten ist und welche begleitenden Kontrollen und Dokumentationen erforderlich sind, wird ausführlich in Kapitel 7 dargestellt.

Der Beschreibung und Bewertung einzelner **Funktionen** kommt große Bedeutung zu. Diese werden im Rahmen der Wertanalyse mit einem Subjekt und einem Prädikat umschrieben, wobei das Subjekt quantifizierbar sein soll. Durch diesen Zwang zum verbalen Ausdruck soll eine voreilige Fixierung auf bestimmte technische Realisierungsmöglichkeiten vermieden werden. Derart ausgedrückte Funktionen sind etwa »Energie abgeben«, »Uhrzeit anzeigen«, »Personen befördern« usw.

Die so umschriebenen Funktionen können weiter unterteilt werden in **Funktionsarten:**

– **Gebrauchsfunktionen,** die zur technischen und wirtschaftlichen Nutzung des Objektes erforderlich sind, und

– **Geltungsfunktionen,** die Geschmacks- oder Prestigeansprüche erfüllen.

Man unterscheidet ferner in **Funktionsklassen:**

– **Hauptfunktionen,** die den eigentlichen Zweck des Produktes bzw. der Dienstleistung kennzeichnen, und

– **Nebenfunktionen,** die dienenden oder ergänzenden Charakter aufweisen und gegebenenfalls verzichtbar sind.

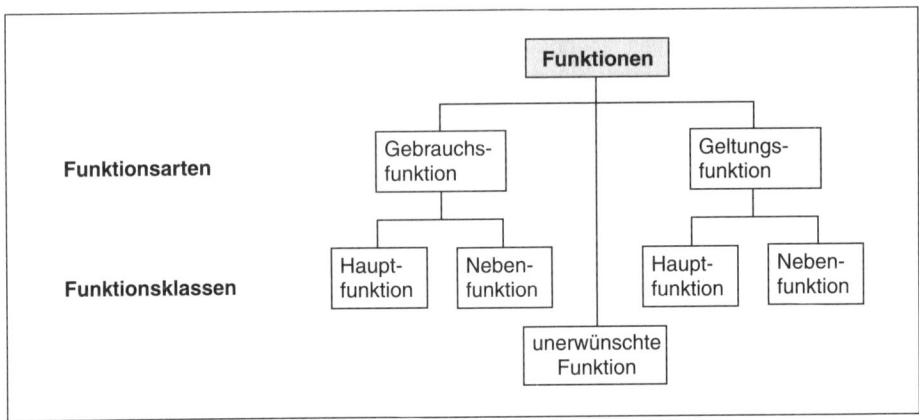

Funktionsarten und -klassen im Sinne der Wertanalyse

*Beispiel:*
*Hauptfunktion einer Armbanduhr ist zweifellos »Uhrzeit anzeigen«. Dabei handelt es sich um eine Gebrauchsfunktion, denn hierin liegt der eigentliche Nutzen einer Uhr. Daneben ist die Armbanduhr aber auch ein modisches Accessoire, das seinen Besitzer schmückt und gegebenenfalls auch seine Prestigebedürfnisse erfüllt. Hierbei handelt es sich um Nebenfunktionen, die zugleich Geltungsfunktionen sind.*

Die folgende Übersicht zeigt Funktionsbeschreibungen, Funktionsarten und -klassen diverser Produkte.

| | Funktionsart | | Funktionsklasse | | Funktionsart | | Funktionsklasse | |
|---|---|---|---|---|---|---|---|---|
| | Gebrauchs-funktion | Geltungs-funktion | Hauptfunktionen Subjekt | Prädikat | Gebrauchs-funktion | Geltungs-funktion | Nebenfunktionen Subjekt | Prädikat |
| Wecker | x | | Zeit | anzeigen | | | | |
| | x | | Signal | abgeben | | | | |
| Armbanduhr | x | x | Zeit | anzeigen | | x | Träger | schmücken |
| Schraube | x | | Teile | verbinden | x | | Lösen | ermöglichen |
| Ohrring | | x | Träger | schmücken | | | | |

Neben den obengenannten Funktionskategorien kennt die Wertanalyse den Begriff der »**funktionsbedingten Eigenschaften**«. Hierunter ist die Art und Weise der Aufgabenerfüllung zu verstehen, d. h. »in Bemessungsdaten ausgedrückte auf die Funktionen bezogene quantitative und qualitative Anforderungen«.

Funktionsbedingte Eigenschaften geben an, wie lange, wie häufig, mit welcher Wirkung, unter welchen Bedingungen und mit welcher Qualität eine Funktion erfüllt wird oder erfüllt werden soll. Damit grenzen sie die Lösungsmöglichkeiten ein.

Aus der Zusammenfassung von Funktionseigenschaften entsteht ein funktionales Gesamtbild (auch als Funktionsgliederung bzw. Funktionsstruktur bezeichnet), das im Falle der Neugestaltung eines Produktes als Soll-Struktur zu erstellen, im Falle der Wertverbesserung eines bereits vorhandenen Objektes zu überprüfen ist. Im letzteren Falle kann eine Überprüfung zu der Erkenntnis führen, dass einzelne Funktionen unnötig sind, weil sie weder der Erfüllung anderer, wesentlicher Funktionen dienen noch einen selbstständigen Nutzen für den Abnehmer darstellen.

Zweckmäßigerweise werden die funktionsbedingten Eigenschaften in zwingend notwendige Eigenschaften (die das Objekt etwa aufgrund von Sicherheitsbestimmungen unbedingt aufweisen muss) und wahlfreie Eigenschaften unterschieden.

**Funktionsgliederungen** nennen nicht nur die nach Funktionsklassen in Haupt- und Nebenfunktionen unterschiedenen funktionsbedingten Eigenschaften, sondern untergliedern jede Hauptfunktion in Nebenfunktionen, indem, ausgehend von der Hauptfunktion, jeweils nach dem »Wie« gefragt wird, während die nachrangigen Stufen ihre »Daseinsberechtigung« jeweils aus der Frage nach dem Dienst für die Hauptfunktion (»Warum?«) ableiten.

*Beispiel:*
*Gegenstand der Betrachtung ist ein Füllfederhalter.*

| **Hauptfunktionen** | **Nebenfunktionen** | |
|---|---|---|
| *1. Rangstufe:* | *2. Rangstufe:* | *3. Rangstufe:* |
| *Papier beschreiben* | *Tinte bereithalten* | *Tank bereithalten* |
| | *Tinte aufnehmen* | *Kolben aufdrehen* |
| | *Tinte abgeben* | *Feder füllen* |
| | *Tinte dosieren* | *Feder verjüngen* |
| | *Tinte zurückhalten* | *Feder druckentlasten* |
| | *Eintrocknen verhindern* | *Feder abdichten* |
| | *usw.* | *usw.* |

Derartige Funktionsgliederungen bieten Orientierungshilfen zur Produktgestaltung bzw. ihrer Verbesserung und damit zur Ermittlung der Kosten und des Marktnutzens. Indem jeder einzelnen Funktion die auf sie entfallenden Kosten zugeordnet werden, wird ein Vergleich der Kosten für einzelne Funktionen mit den Kosten für Alternativlösungen sowie mit den Kosten anderer Funktionen ermöglicht. Hieraus resultieren Anregungen für kostengünstigere Funktionslösungen, Hinweise auf Einsparpotenziale bei Verzicht auf als unnötig erkannte Funktionen und Grundlagen für die Ermittlung der Kosten für solche Funktionen, deren Hinzufügung erwogen wird.

Die Beurteilung der gefundenen Lösungen/Ideen orientiert sich in technischer Hinsicht vor allem an der Qualität, in der sich die Funktionstüchtigkeit eines Produktes und die Tauglichkeit der bei der Herstellung angewandten Verfahren ausdrücken, und in wirtschaftlicher Hinsicht am erwarteten Gewinn. Ein weiteres wichtiges Kriterium ist die **Aktualität** der Lösung, also in wie weit sie den Marktgegebenheiten – Mode, besondere Verbraucherbedürfnisse, saisonale Bedingungen – entgegenkommt.

Diese Wertmaßstäbe sind nicht isoliert zu betrachten; vielmehr ergibt sich der Wert des Produktes aus ihrer einheitlichen Betrachtung. Daher bietet sich ein Amalgamationsansatz wie die **Nutzwertanalyse** (vgl. Abschn. 3.3) zur Durchführung von Bewertungen an, zumal diese Methode unterschiedliche Gewichtungen der verschiedenen Kriterien zulässt.

Während die Gebrauchs- und Geltungsfunktionen auf diese Weise in die Bewertung einfließen, bleiben solche Werte, die lediglich für die Unternehmung bedeutsam sind – etwa Image, Know-how oder Tradition – unberücksichtigt. Ergibt die Bewertung eine Rangreihung der möglichen Alternativen, so wird die höchstrangige Lösung realisiert.

Teile der Fachliteratur kritisieren die Wertanalyse insofern, als die detaillierte Analyse der Funktionen die Gefahr des Versinkens in Detailbetrachtungen unter Aufgabe der ursprünglichen Absicht der ganzheitlichen Betrachtung birgt. Die Folge, so die Kritiker, ist das Auffinden und die Verwirklichung von Insellösungen unter Vernachlässigung übergreifender, möglicherweise wirtschaftlicherer Lösungsmöglichkeiten. Dennoch ist allgemein unbestritten, dass die Wertanalyse wichtige Beiträge zur Aufdeckung und Beseitigung von Unwirtschaftlichkeiten zu leisten vermag. Zahlreiche Unternehmen setzen das Instrument der Wertanalyse praktisch ein und berichten über zum Teil beträchtliche Kosteneinsparungseffekte.

Häufig werden diejenigen Produkte oder Leistungen, denen eine besondere wirtschaftliche Bedeutung zukommt und die deshalb regelmäßigen Wertanalysen unterzogen werden sollen, vorab mittels einer **ABC-Analyse** (vgl. Abschn. 4.3.2.3.5) identifiziert.

## 4.2.2.3.5  Produktreife-Erprobung

Vor der allgemeinen Markteinführung steht die Erprobung eines Produktes auf Funktions-tüchtigkeit und Fertigungsreife. Im Investitionsgüterbereich werden häufig Prototypen, oder – schon unter Einsatz der für die reguläre Fertigung vorgesehenen Betriebsmittel – Nullserien gefertigt, während im Konsumgüterbereich Kleinserienfertigung und Erprobung durch Testpersonen bzw. auf Testmärkten verbreitet sind.

## 4.2.2.4  Produktionsgestaltung

Entscheidungen zur Produktionsgestaltung betreffen strategische Festlegungen zur Ferti-gungsablaufplanung (vgl. Abschn. 4.6.1.1.6) hinsichtlich des Produktionstyps (vgl. Abschn. 4.7.2.1), des Organisationstyps der Fertigung (vgl. Abschn. 4.7.2.2) und des Au-tomatisierungsgrades (vgl. Abschn. 4.7.2.3).

An dieser Stelle soll lediglich auf den Aspekt der Fertigungstiefe eingegangen werden. Die operativen Aspekte der Fertigungsablaufplanung werden in Abschnitt 4.6.1.2.4 ausführ-lich behandelt.

**Fertigungstiefe**

Bei komplexen Fertigungen über mehrere Produktionsstufen stellt sich regelmäßig die Frage nach der Produktionstiefe: Ist es günstiger, alle Teile und Baugruppen im eigenen Betrieb zu fertigen, oder ist die Auslagerung von Produktionsstufen auf externe Lohnferti-ger (**»verlängerte Werkbank«**) vorteilhaft? So genannte **»Make-or-Buy«-Entscheidun-gen** sind aber auch dann zu treffen, wenn zur Abrundung der Produktpalette eines Betrie-bes die Aufnahme zusätzlicher Angebote erwogen wird.

Der klassische Fall der Verringerung der Produktionstiefe ist der Bezug von Fremdbauteilen, die im eigenen Betrieb zu Baugruppen bzw. für den Verkauf bestimmten Erzeugnissen ver-arbeitet werden. Gerade auf diesem Sektor (und damit wesentlich stärker als bei Roh-, Hilfs-und Betriebsstoffen) hat sich die **Just-in-Time-Belieferung** durchgesetzt. In zahlreichen Großbetrieben, vor allem in der Elektro-, Hausgeräte- und Automobilindustrie, ist seit eini-gen Jahren ein Trend zur Auslagerung von Entwicklungsarbeit, Konstruktion und Fertigung ganzer Baugruppen auf externe Zulieferbetriebe oder »ausgegründete« selbstständige Einheiten (**Outsourcing)** zu beobachten. Angestrebt wird damit eine **Verschlankung** der Produktion (**»Lean Production«**) mit einer effizienteren, weil weniger komplexen, engpass-anfälligen Herstellung und Kostenvorteilen, die durch eine am Lohnniveau orientierte Standortwahl bei den Zulieferbetrieben ebenso begünstigt wird wie durch den Umstand, dass ein solcher – im Inland oder Ausland ansässiger – Zulieferant mehrere Weiterverarbei-ter der gleichen Branche versorgen und somit zu gesenkten Stückkosten produzieren kann.

## 4.2.2.5  Produkterprobung

Wie schon an früherer Stelle erwähnt, besteht eine begriffliche Unschärfe zwischen den Begriffen »Produktforschung« und »Produkterprobung«. Im Folgenden wird davon ausge-gangen, dass zumindest ein Prototyp eines Produkts vorliegt, an dem konkrete Erprobun-gen vorgenommen werden können. Dort, wo die Praxis in diesem Zusammenhang den Begriff der Produktforschung verwendet, wird dies hier übernommen.

**Labortests**

Bevor ein Produkt auf den Markt gebracht wird, muss es in Tests nachweisen, dass es die Aufgaben, für die es konzipiert wurde, funktionell erfüllt. Besondere Bedeutung erhalten

Tests vor dem Hintergrund der erheblichen Haftungsrisiken, die mit dem Inverkehrbringen von Produkten verbunden sind (vgl. Abschn. 4.4). Um bei eventuell geltend gemachten Haftungsansprüchen nachweisen zu können, dass die Sorgfaltspflicht erfüllt wurde, sind umfangreiche und lückenlose Dokumentationen der Erprobungen anzufertigen und aufzubewahren. Die in diesem Zusammenhang durchzuführenden Tests hängen stark von der Art des Produkts ab.

*Beispiele:*

*Für Fahrzeuge sind Crashtests unverzichtbar, die die Verletzungsgefahren für Insassen und externe Unfallbeteiligte aufspüren.*

*Medikamente werden in Praxistests an freiwilligen Probanden auf ihre Wirksamkeit und unerwünschte Neben- und Wechselwirkungen getestet. Dabei werden **Blindstudien** (d. h. der Proband weiß nicht, ob er das zu testende Medikament oder ein wirkungsloses Präparat, ein Placebo, erhält) und **Doppelblindstudien** (weder die Probanden noch die verabreichenden Mediziner wissen, wer den Wirkstoff erhält) durchgeführt. Bei **Dreifachblindstudien** haben auch die Versuchsauswerter keine Kenntnis von der Verteilung der wirksamen und wirkungslosen Mittel auf die Probanden.*

Ein zunehmend wichtiges Erprobungsfeld ist die **sensorische Produktforschung,** die den Zusammenhang zwischen den physikalischen und chemischen Eigenschaften eines Produktes und den von ihnen ausgelösten menschlichen Reaktionen systematisch untersucht. Diese Untersuchungen sind vor allem für Anbieter von Nahrungsmitteln, Körper- und Hauspflegeprodukten, bei denen Geschmack und/oder Duft vorrangig über den Kauf entscheiden, unverzichtbar. Neben unternehmenseigenen Forschungslabors, die meist nur von großen Unternehmen unterhalten werden können, haben sich inzwischen zahlreiche kommerzielle Dienstleister etabliert, die neben Gerüchen und Geschmack häufig auch andere Produkteigenschaften wie Aussehen, Haptik (den Tastsinn betreffend) oder Geräusch (etwa die Anmutung des Geräuschs einer zufallenden Autotür oder eines Automotors) auf ihre Wirkung überprüfen. Einige Hochschulen haben Sensorik- und Marktforschungslabors eingerichtet, die von Unternehmen genutzt werden können.

### Sicherheitsprüfungen für technische Geräte und Maschinen

Besondere Sicherheitsvorschriften gelten EU-weit für technische Arbeitsmittel, Maschinen und gleichgestellte Arbeitseinrichtungen (etwa Leucht-, Heiz- und Kühlgeräte, Haushalts-, Sport-, Spiel-, Freizeit- und Bastelgeräte), bei denen sichergestellt sein muss, dass nicht nur der daran arbeitende Mensch, sondern darüber hinaus die gesamte Bevölkerung nicht durch sie zu Schaden kommt. Entsprechende Regelungen ergeben sich u. a. aus

- der **EG-Maschinenrichtlinie,** die – wie zahlreiche weitere Richtlinien – vorschreibt, dass Maschinen in der EU nur in Verkehr gebracht werden dürfen, wenn sie mit dem **CE-Zeichen** versehen sind. Voraussetzung für die Vergabe dieser Kennzeichnung ist die in einer **Konformitätserklärung** vom Hersteller bestätigte Übereinstimmung mit den Sicherheitsanforderungen der Maschinenverordnung und ggf. weiterer Vorschriften. Das CE-Zeichen ist aber keine Bestätigung besonderer Qualität oder besonders hoher Sicherheit, zumal mit seiner Vergabe keine Baumusterprüfung einhergeht.

- dem **Produktsicherheitsgesetz (ProdSG)** als Rahmengesetz für eine große Anzahl von Einzelverordnungen. Mit dem GS-Zeichen »Geprüfte Sicherheit« wird bestätigt, dass das Produkt den geltenden Sicherheits- und Gesundheitsanforderungen in der Bundesrepublik Deutschland entspricht und dass durch Fertigungskontrollen sichergestellt wird, dass nur solche Produkte in Verkehr gebracht werden, die dem einer Prüfstelle vorgelegten Baumuster entsprechen. Stellen, die Prüfungen durchführen dürfen, werden durch die »Zentralstelle der Länder für Sicherheitstechnik (ZLS)« zugelassen und können bei der »Bundesanstalt für Arbeitsschutz und Arbeitsmedizin (BAuA)« erfragt werden.

**Markttests**

Häufig werden neue Produkte zunächst in kleinerer Stückzahl hergestellt und auf **Testmärkten** erprobt. Ein Beispiel für einen solchen Testmarkt wurde bereits in Abschnitt 4.1.3.5.3 vorgestellt. Hierbei können Erkenntnisse über die Akzeptanz seitens der Zielgruppe, die zu erwartenden Umsätze, die Wirksamkeit der gewählten Werbestrategie und eventuell auch über die Notwendigkeit von Nachbesserungen am Produkt selbst gewonnen werden. Andererseits ist der Zwischenschritt der Markteinführung über Testmärkte aber auch nachteilbehaftet: Mitbewerber werden aufmerksam und können das Testergebnis durch gezielte Störmaßnahmen (etwa besondere Werbemaßnahmen oder eine aggressive Niedrigpreispolitik auf genau diesem Testmarkt) verfälschen oder angeregt werden, selbst ähnliche Produkte zu entwickeln und damit früher als beabsichtigt einen Marktverteilungskampf in Gang zu setzen.

# 4.2.2.6    Produktionserprobung

Auch der Produktionsprozess muss vor der Aufnahme der Produktion erprobt werden. Dabei muss sich erweisen, ob die gewählten Verfahren, die eingesetzten Betriebsmittel und die in die Überprüfung des Prozesses eingebundenen Prüfmittel für die geplante Produktion geeignet sind. Die erforderlichen Untersuchungen der **Maschinenfähigkeit (MFU)** und **Prozessfähigkeit (PFU)** und die Anforderungen an die Prüfmittel werden ausführlich an späterer Stelle behandelt.

# 4.2.2.7    Produktbeurteilung

Die Produktbeurteilung vergleicht die in der Erprobungsphase erzeugten Produkte auf Übereinstimmung mit den zuvor definierten Vorgaben, z. B. durch Maß-, Sicht-, Werkstoffkontrollen. Ihr Ergebnis erlaubt Rückschlüsse auf die Qualitätsfähigkeit des zugrunde liegenden Prozesses einschließlich der Eignung der eingesetzten Produktionsmittel. Im Rahmen eines Qualitätswesens erfolgt auch nach Aufnahme der Regelproduktion ein systematisches **Produktaudit,** das einem standardisierten Vorgehen folgt (vgl. Abschn. 8.3.3.1).

# 4.2.2.8    Markteinführung

Unter Markteinführung ist die Einführung des neuen Produktes im gesamten angestrebten Marktgebiet zu verstehen. Wie groß dieses Gebiet sein soll, wird teilweise schon bei der Konzipierung des Produktes, teilweise aber auch erst nach Abschluss der Markttests entschieden.

*Beispiel:*
*Fa. Freezy hat die neuen »Dinner for one«-Menüs von vornherein nicht für den Weltmarkt konzipiert; denn zum einen verfügt das Unternehmen nicht über entsprechende Produktionsmöglichkeiten, Vertriebswege und Finanzmittel, zum anderen stützte sich die Entscheidung der Geschäftsleitung für diese Produktlinie auf die vermeintliche Erkenntnis einer entsprechenden Marktlücke auf dem bundesdeutschen Markt. Da Testeinführungen in verschiedenen Regionen ein deutliches Nord-Süd-Gefälle beim Verbraucherinteresse ergaben, entschließt sich die Geschäftsleitung kurzfristig, die Markteinführung zunächst auf die Bundesländer Bayern und Baden-Württemberg zu beschränken und erst später über eine geografische Ausbreitung zu befinden.*

Die Annahme eines Produktes seitens der Verbraucher wird auch als **Adoptionsprozess** bezeichnet, seine Ausbreitung als **Diffusion.**

# 4.2.3 Gewerblicher Rechtsschutz

Der gewerbliche Rechtsschutz dient dem Schutz geistig-schöpferischer Tätigkeit auf gewerblichem Gebiet. Folgende **Bereiche** werden in diesem Abschnitt dargestellt:

| Schutzrichtung | Schutzgegenstand | Gesetz |
|---|---|---|
| Patentschutz | Rechte des Erfinders an seiner Erfindung auf technischem Gebiet mit gewerblicher Anwendung | PatG |
| Gebrauchsmusterschutz | Rechte des Erfinders an seiner Erfindung auf technischem Gebiet mit gewerblicher Anwendung | GebrMG |
| Designschutz | Rechte des Urhebers an seinem gewerblichen Design oder Modell | DesignG |
| Markenschutz | Rechte des Inhabers an Marken, geschäftlichen Bezeichnungen und geografischen Herkunftsangaben | MarkenG |

Bereiche des gewerblichen Rechtsschutzes

## 4.2.3.1 Das Patent

Der Patentschutz dient dem Schutz einer erfinderischen Tätigkeit auf technischem Gebiet mit gewerblicher Anwendbarkeit. Er ist im **Patentgesetz (PatG)** geregelt.

### 4.2.3.1.1 Voraussetzungen des Patentschutzes

Folgende Voraussetzungen müssen gemäß § 1 Abs. 1 PatG für die Erteilung eines Patentes vorliegen:

– Es muss sich um eine Erfindung handeln.
– Die Erfindung muss neu sein.
– Die Erfindung muss auf einer erfinderischen Tätigkeit beruhen.
– Die Erfindung muss gewerblich anwendbar sein.

Eine **Erfindung** im Sinne des Patentgesetzes ist eine »Anweisung zur Benutzung von Kräften oder Stoffen der Natur mit beliebig wiederholbarem Erfolg eines unmittelbar verwertbaren Ergebnisses«. Abzugrenzen ist die Erfindung von der Entdeckung, die lediglich das Auffinden von etwas Vorhandenem beschreibt.

**Neu** ist eine Erfindung, wenn sie nicht zum Stand der Technik gehört. Zum Stand der Technik zählen alle der Öffentlichkeit zugänglich gemachten Kenntnisse.

Für die Frage, ob eine Erfindung auf einer **erfinderischen Tätigkeit** beruht, ist maßgebend, ob sich die Erfindung für den Fachmann in naheliegender Weise aus dem Stand der Technik ergibt. Tut sie dies, liegt keine erfinderische Tätigkeit vor. Denn was sich für den Fachmann auf diese Art ergibt, gehört zur patentfreien Fortschrittszone, zur routinemäßigen

Weiterentwicklung der Technik. Diese Weiterentwicklungen sollen nach dem Willen des Gesetzgebers nicht durch Patente geschützt werden können.

Probleme bereitet zu entscheiden, was insoweit naheliegend ist und was nicht. Eine Definition dieses Begriffes gibt es nicht, sondern es werden bestimmte Umstände herangezogen, die Anhaltspunkte für oder gegen das »Naheliegen« bieten.

Anhaltspunkte für das Naheliegen sind:

– Überwindung besonderer Schwierigkeiten mit überdurchschnittlich geistigem Aufwand,
– überraschend erheblich technischer Fortschritt,
– Überwindung von Vorurteilen,
– bedeutender wirtschaftlicher Erfolg.

Schließlich muss die Erfindung **gewerblich anwendbar** sein. Gemäß § 5 PatG ist die gewerbliche Verwertbarkeit zu bejahen, wenn der Gegenstand der Erfindung in irgendeinem gewerblichen Gebiet einschließlich der Landwirtschaft hergestellt oder genutzt werden kann.

Dies gilt auch für **Erzeugnisse,** die zur Verwendung in Verfahren zur chirurgischen oder therapeutischen Behandlung und Untersuchung von Mensch und Tier bestimmt sind. Hingegen gilt es nicht für **Verfahren** zur chirurgischen oder therapeutischen Behandlung. Der Sinn dieser Regelung (§ 5 PatG) liegt darin, dass Patente nicht dazu dienen, die reine Theorie um neue Methoden oder Erkenntnisse zu bereichern, sondern stets praktisch verwertbar sein sollen.

## 4.2.3.1.2   Die Patenterteilung

Die Erteilung des Patents setzt die Anmeldung der Erfindung beim Deutschen Patent- und Markenamt voraus. Die Anmeldung erfolgt schriftlich auf vom Patentamt vorgeschriebenen Formblättern. Es ist präzise anzugeben, **was** als patentfähig unter Schutz gestellt werden soll. Zudem muss die Anmeldung eine deutliche und vollständige Beschreibung der Erfindung enthalten.

Werden gleiche Erfindungen zur Patenterteilung angemeldet, ist der Zeitpunkt der Anmeldung – also der Eingang bei der Annahmestelle des Patentamts – maßgebend. Das Recht auf das Patent steht demjenigen zu, der die Erfindung zuerst angemeldet hat.

Das Patentamt veröffentlicht 18 Monate nach dem Anmeldetag im Patentblatt einen Hinweis auf die Möglichkeit der Akteneinsicht der Patentanmeldung. Ab diesem Zeitpunkt kann jeder Einsicht in die Akten der Anmeldung sowie in die dazugehörigen Modelle erlangen.

Zudem wird der Inhalt der Patentanmeldung gesondert als Offenlegungsschrift und als Patentschrift veröffentlicht. Diese Schriften können beim Deutschen Patent- und Markenamt (DPMA) in München (Dienststellen in Berlin und Jena) bezogen werden. Diese Formen der Veröffentlichung sollen jedem ermöglichen, sich über künftige Schutzrechte zu informieren.

Wenn die formellen und materiellen Voraussetzungen eines Patents vorliegen, erteilt das Patentamt das Patent; dies wird im Patentblatt veröffentlicht. Fortan werden die wesentlichen das Patent betreffenden Umstände, wie beispielsweise die Einräumung einer Lizenz, in die vom Patentamt geführte **Patentrolle** eingetragen.

## 4.2.3.1.3   Wirkungen des Patentschutzes

Mit der Veröffentlichung der Patenterteilung im Patentblatt treten die gesetzlichen Wirkungen des Patents ein. Der Patentrechtsinhaber hat ein **ausschließliches Verwertungsrecht.** Allein er ist berechtigt, über die Nutzung der patentierten Erfindung zu bestimmen (vergl. § 9 PatG).

Der Inhaber des Patents kann gemäß § 139 PatG vom **Verletzer,** also dem unberechtigten Nutzer, die Unterlassung der Verletzung sowie Schadensersatz verlangen. Aus § 140 a PatG ergibt sich der Anspruch auf Vernichtung der Erzeugnisse, die Gegenstand unberechtigten Nutzung des Patents sind und sich im Eigentum oder Besitz des Verletzers befinden. Nach § 140 b PatG hat der Patentrechtsinhaber einen Auskunftsanspruch gegenüber dem Verletzer über die Herkunft und den Vertriebsweg der unberechtigt genutzten patentierten Erfindung. Die Patentverletzung ist außerdem nach § 142 PatG strafbar.

Die wichtigsten **Ausnahmen** von dieser Wirkung des Patents sind in § 11 PatG aufgezählt:

– Handlungen, die im privaten Bereich zu nicht gewerblichen Zwecken vorgenommen werden, beispielsweise der private Nachbau eines patentrechtlich geschützten Regalsystems;

– Handlungen zu Versuchszwecken, die sich auf den Gegenstand der patentierten Erfindung beziehen (dient der Weiterentwicklung und Verbesserung der Erfindung);

– die unmittelbare Einzelzubereitung von Arzneimitteln in Apotheken nach Rezept.

Die Laufzeit des Patents beträgt 20 Jahre ab dem auf die Anmeldung folgenden Tag (§ 16 PatG). In bestimmten Fällen (zulassungspflichtige Arzneimittel, die wegen der langwierigen Zulassung oft erst Jahre nach der Patentanmeldung vertrieben werden dürfen) kann ein anschließendes ergänzendes Schutzzertifikat (SPC) beantragt werden (§ 16 a PatG). Damit kann der Patentschutz um maximal 5 Jahre verlängert werden.

## 4.2.3.2    Das Gebrauchsmuster

Gebrauchsmuster werden durch das Gebrauchsmustergesetz (GebrMG) geschützt. Gebrauchsmuster sind neue Erfindungen, die auf einem erfinderischen Schritt beruhen und gewerblich anwendbar sind (§ 1 GebrMG).

Dem Schutzbereich des GebrMG unterliegen nicht: wissenschaftliche Theorien, mathematische Methoden, ästhetische Formschöpfungen u. a. (vgl. § 1 Abs. 2 GebrMG).

Geschützt werden im Wesentlichen die so genannten »kleineren Erfindungen«.

### 4.2.3.2.1   Voraussetzungen des Gebrauchsmusterschutzes

Der **Schutzgegenstand** »neue Erfindung – auf erfinderischem Schritt beruhend – gewerblich anwendbar« entspricht dem des Patentschutzes (vgl. oben 4.2.3.1.1). Diese Identität war nicht immer gegeben, sondern entstand erst durch die Änderung des GebrMG von 1990. Es wurde das Erfordernis der so genannten »Raumform« für den Gebrauchsmusterschutz aufgehoben. Vor dieser Änderung konnten nur solche Gegenstände nach dem GebrMG geschützt werden, deren Neuerung in einer bestimmten körperlichen Formgestaltung bestand.

Eine Erfindung wird nur durch das GebrMG geschützt, wenn sie beim Deutschen Patent- und Markenamt angemeldet wird (§ 4 GebrMG).

Die **Anmeldung** muss Folgendes enthalten:

– Einen Antrag auf Eintragung des Gebrauchsmusters in die Gebrauchsmusterrolle, in dem der Gegenstand des Gebrauchsmusters kurz und genau bezeichnet ist;

– einen oder mehrere Schutzansprüche, in denen angegeben ist, was als schutzfähig unter Schutz gestellt werden soll (Angabe der wesentlichen Merkmale der Erfindung);

– eine Beschreibung des Gegenstandes des Gebrauchsmusters;

– die Zeichnung, auf die sich die Schutzansprüche oder die Beschreibungen beziehen.

## 4.2.3.2.2  Wirkung des Gebrauchsmusterschutzes

Wenn die Anmeldung den Anforderungen des § 4 GebrMG entspricht, wird das Gebrauchsmuster in die Gebrauchsmusterrolle eingetragen und im Patentblatt bekannt gemacht. Es ist ein **ungeprüftes Schutzrecht,** d. h. der angemeldete Gegenstand wird nicht auf Neuheit, erfinderischen Schritt und gewerbliche Anwendbarkeit geprüft. Gemäß § 15 GebrMG kann jedermann gegen den als Gebrauchsmusterinhaber Eingetragenen einen Anspruch auf Löschung des Gebrauchsmusters geltend machen, wenn

– der Gegenstand des Gebrauchsmusters nach den §§ 1 – 3 GebrMG nicht schutzfähig ist, (z. B. es liegt keine Erfindung vor);

– der Gegenstand des Gebrauchsmusters auf Grund einer früheren Patent- oder Gebrauchsmusteranmeldung geschützt worden ist;

– der Gegenstand des Gebrauchsmusters über den Inhalt der Anmeldung hinausgeht.

Der Inhaber des Gebrauchsmusters ist ausschließlich befugt, den Gegenstand zu nutzen. Jedem Dritten ist es verboten, ohne dessen Zustimmung ein Erzeugnis, das Gegenstand des Gebrauchsmusters ist, herzustellen, anzubieten, in Verkehr zu bringen, zu gebrauchen oder zu besitzen. Wenn ein später angemeldetes Patent in den aus dem Gebrauchsmusterrecht resultierenden Schutz eingreift, darf das Recht aus diesem Patent nicht ohne Erlaubnis des Inhabers des Gebrauchsmusters ausgeübt werden (§ 14 GebrMG).

Wie in § 11 PatG werden von der Wirkung des Gebrauchsmusterschutzes durch § 12 GebrMG Handlungen im privaten Bereich zu nicht gewerblichen Zwecken und Handlungen zu Versuchszwecken ausgenommen.

Ein **Verletzer** des Gebrauchsmusterschutzes ist gemäß § 24 GebrMG zum Schadensersatz verpflichtet und kann auf Unterlassung in Anspruch genommen werden. Zudem werden Verletzungen mit Freiheits- und Geldstrafe geahndet (§ 25 GebrMG).

Die Schutzdauer endet gem. § 23 GebrMG zehn Jahre nach Ablauf des Monats, in den der Anmeldetag fällt. Nach drei Jahren wird der Schutz jedoch nur dann für weitere drei Jahre aufrecht erhalten, wenn eine Zahlung erfolgt; ebenso ist vor dem siebten und vor dem neunten Jahr eine Zahlung für jeweils zwei weitere Jahre zu leisten.

## 4.2.3.2.3  Bedeutung des Gebrauchsmusterrechts neben dem Patentrecht

Es ist durchaus sinnvoll, Gebrauchsmuster und Patent **nebeneinander** anzumelden. Denn die Schutzwirkung des Gebrauchsmusters steht nicht hinter der Schutzwirkung des Patents zurück. Das Eintragungsverfahren eines Gebrauchsmusters ist bei mängelfreier Anmeldung schnell abgeschlossen. Daher bietet sich an, die schutzlose Zeit zwischen Patentanmeldung und Patenteintragung durch den Gebrauchsmusterschutz zu überbrücken.

## 4.2.3.3  **Das eingetragene Design**

Das »Geschmacksmustergesetz« wurde in 2013 in »Designgesetz« umbenannt. Grund der Umbenennung war, dass der Begriff »Geschmacksmuster« veraltet erschien.

Der Designschutz ist in dem Gesetz über den rechtlichen Schutz von Design, kurz Designgesetz (DesignG) geregelt. Dieses Gesetz schützt den Urheber eines gewerblichen Designs oder Modells dahingehend, dass nur er berechtigt ist, das Design oder Modell ganz oder teilweise nachzubilden.

Als Design wird die flächenhafte Gestaltung, als Modell die plastische Gestaltung eines Erzeugnisses angesehen. Gewerblichkeit des Designs oder Modells ist zu bejahen, wenn es als Vorlage für die Nachbildung oder Vervielfältigung dienen kann, also gewerblich **verwertbar** ist. Nur neue und eigentümliche Erzeugnisse gelten gemäß § 2 DesignG als Design.

**Neuheit** liegt vor, wenn die Gestaltungselemente, die die Eigentümlichkeit des Designs begründen, im Anmeldezeitpunkt in inländischen Fachkreisen unbekannt sind oder bei zumutbarer Beachtung der auf den einschlägigen oder benachbarten Gewerbegebieten vorhandenen Gestaltungen nicht bekannt sein konnten. Zumutbar ist hierbei die Beachtung von Fachzeitschriften und Fachmessen.

Gemäß § 2 Abs. 2 DesignG wird zugunsten des Anmelders eines Designs vermutet, dass das angemeldete Muster zum Zeitpunkt der Anmeldung neu ist. Ein potenzieller Gegner des Designinhabers muss also den Mangel der Neuheit beweisen.

**Eigentümlichkeit** eines Designs ist gegeben, wenn seine ästhetischen Merkmale das Ergebnis einer eigenpersönlichen, form- und farbschöpferischen Leistung sind, die über das Durchschnittskönnen eines mit der Kenntnis des betreffenden Fachgebiets ausgerüsteten Designgestalters hinausgeht.

## 4.2.3.3.1   Voraussetzungen des Designschutzes

Der Urheber eines Designs erlangt den Schutz gegen Nachbildung nur, wenn er dieses beim Deutschen Patent- und Markenamt zur Eintragung in das Designregister **anmeldet** (§ 11 DesignG). Die Anmeldung muss Folgendes enthalten:

– Den schriftlichen Eintragungsantrag;

– eine fotografische oder sonstige grafische Darstellung des Designs, die diejenigen Merkmale deutlich und vollständig offenbart, für die der Schutz nach dem DesignG beansprucht wird.

Entspricht die Anmeldung den genannten Erfordernissen, wird das angemeldete Design in das Designregister eingetragen und mit einer Abbildung bekannt gemacht.

Ob das angemeldete Design tatsächlich neu und eigentümlich ist, wird nicht geprüft. Das Design ist – wie das Gebrauchsmuster es war – ein **ungeprüftes Schutzrecht.** Ob es rechtlichen Bestand hat, stellt sich erst in einem eventuellen Verletzungsprozess heraus.

Die Eintragung in das Register für eingetragenes Design ist kein Hoheitsakt, sondern hat rein deklaratorische Bedeutung. Die sich nach dem DesignG entfaltende Schutzwirkung entsteht mit der Anmeldung.

## 4.2.3.3.2   Wirkung des Designschutzes

Nach der Anmeldung hat der Urheber das **ausschließliche** Benutzungsrecht. Jede Nachbildung, die in der Absicht sie zu verbreiten hergestellt wird, oder die Verbreitung einer derartigen Nachbildung ohne Genehmigung des Berechtigten ist verboten (§§ 38, 42 ff. DesignG).

Als verbotene Nachbildung gelten auch Nachbildungen in anderen räumliche Abmessungen oder Farben. Auch Nachbildungen, die sich vom Original durch schwer wahrnehmbare Abänderungen unterscheiden, sind verboten. Zulässig hingegen ist aber z. B. die Anfertigung einer Einzelkopie für den **privaten Bereich** ohne die Absicht einer gewerblichen Verbreitung (§ 40 DesignG).

Bei einer **Verletzung** des Designrechts kann der Rechtsinhaber gemäß § 42 DesignG Beseitigung, Unterlassung und Schadensersatz sowie Vernichtung, Rückruf und Unterlassung (§ 43 DesignG) verlangen. Bei Wiederholungsgefahr kann er auf Unterlassung klagen. Die unerlaubte Nutzung eines Musters ist zudem **strafbar** (§ 51 DesignG).

Der Designschutz dauert gemäß § 27 DesignG **fünfundzwanzig Jahre.** Jeweils nach Ablauf von fünf Jahren ist eine Aufrechterhaltungsgebühr zu zahlen (§ 28 DesignG).

## 4.2.3.4    Der Markenschutz

Der Markenschutz ist im Gesetz über den Schutz von Marken und sonstigen Kennzeichen (Markengesetz – MarkenG) geregelt. Dieses Gesetz setzt die Richtlinie der Europäischen Wirtschaftsgemeinschaft zur Angleichung der Rechtsvorschriften der Mitgliedsstaaten über die Marken in innerstaatliches Recht um. Es trat im Januar 1995 in Kraft.

Zuvor war das Markenrecht im Warenzeichengesetz geregelt; aber auch in anderen Gesetzen fanden sich vereinzelt Vorschriften, die heute in das Markengesetz eingegliedert sind.

Das Markengesetz schützt Marken, geschäftliche Bezeichnungen und geografische Herkunftsangaben.

Die folgende Übersicht stellt die Struktur des Markengesetzes dar.

| Schutz von Marken | | | Schutz von geschäftlichen Bezeichnungen | Schutz von geografischen Herkunftsangaben |
|---|---|---|---|---|
| Einge-tragene Marken § 4 Nr. 1 | Benut-zungs-Marken § 4 Nr. 2 | Notorisch bekannte Marken § 4 Nr. 3 | § 5 | § 126 |
| Schutzinhalt des Rechtes § 14 | | | Schutzinhalt des Rechtes § 15 | Schutzinhalt des Rechtes § 127 |
| Rechte des Inhabers gegen Dritte: Unterlassungsanspruch, §§ 14, 15; Schadensersatzanspruch, §§ 14, 15; Vernichtungsanspruch, § 18; Auskunftsanspruch, § 19 | | | | Rechte des Inhabers gegen Dritte: Unterlassungsanspruch, Schadensersatzanspruch, § 128 |
| Verjährung der Ansprüche gegen Dritte: nach § 20 MarkenG gemäß §§ 194–213 BGB sowie § 852 BGB | | | | |

Die Struktur des Markengesetzes

## 4.2.3.4.1    Schutz einer Marke

**Die Marke**

Marken sind Zeichen, die geeignet sind, Waren oder Dienstleistungen eines Unternehmers von denjenigen anderer Unternehmer zu unterscheiden (§ 3 Abs.1 MarkenG).

Als Zeichen in diesem Sinne kommen insbesondere Wörter, Personennamen, Abbildungen u. a. in Betracht. Das Zeichen muss **unterscheidungskräftig** sein, wobei die abstrakte Unterscheidungseignung ausreicht. Zudem muss die Marke gegenüber der Ware selbstständig sein, d. h. sie darf nicht mit der Ware identisch sein, zu deren Identifizierung sie auf dem Markt dient.

Dem Markenschutz nicht zugänglich sind Zeichen, die ausschließlich aus einer Form bestehen,

– die durch die Art der Ware selbst bedingt ist,
– die zur Erreichung einer technischen Wirkung erforderlich ist oder
– die der Ware einen wesentlichen Wert verleiht.

Diese Ausnahmen sollen verhindern, dass die genannten Eigenschaften der Ware durch den Markenschutz geschützt werden.

**Entstehung des Markenschutzes**

Der Markenschutz entsteht gemäß § 4 MarkenG auf drei verschiedene Weisen.

**1. Eintragung eines Zeichens in das vom Deutschen Patent- und Markenamt geführte Markenregister**

Ein Zeichen wird unter folgenden Voraussetzungen in das Markenregister eingetragen:

– Es muss die Zeicheneigenschaft im Sinne von § 3 MarkenG (s.o.) vorliegen.

– Es dürfen keine absoluten Schutzhindernisse im Sinne des § 8 MarkenG vorhanden sein, z. B. Verstoß des Zeichens gegen die guten Sitten.

– Die Anmeldung zur Eintragung der Marke muss beim Amt eingereicht werden, § 32 MarkenG. Die Anmeldung muss Folgendes enthalten: Name und Anschrift des Anmelders, Wiedergabe der Marke und ein Verzeichnis der Waren oder Dienstleistungen, für die die Eintragung beantragt wird.

– Es muss die Anmeldegebühr entrichtet werden.

Das Patentamt prüft die Anmeldung auf formelle Mängel und **absolute** Eintragungshindernisse. Liegen beide nicht vor, wird die Marke eingetragen und veröffentlicht. Innerhalb von drei Monaten nach dem Tag der Veröffentlichung kann ein Inhaber einer Marke mit älterem Zeitrang Widerspruch gegen die Eintragung erheben. Bei berechtigtem Widerspruch wird die neue eingetragene Marke gelöscht.

Eine Marke wird auch dann gelöscht, wenn ein **relatives** Schutzhindernis gemäß § 9 MarkenG vorliegt, das ein Dritter geltend macht. Beispiele für derartige Schutzhindernisse sind Identität der Marke mit einer angemeldeten oder eingetragenen Marke älteren Zeitrangs oder Verwechslungsgefahr der Marke mit einer Marke älteren Zeitrangs.

Die **Schutzdauer** einer eingetragenen Marke beginnt mit dem Anmeldetag und endet nach zehn Jahren am letzten Tag des Monats, in den der Anmeldetag fällt (§ 47 MarkenG). Gegen Zahlung einer Gebühr kann die Schutzdauer um jeweils zehn Jahre verlängert werden. Die Schutzwirkung einer eingetragenen Marke erlischt, wenn die Marke fünf Jahre nicht benutzt wurde (§ 25 MarkenG).

**2. Benutzung eines Zeichens im geschäftlichen Verkehr**

Nicht nur durch Eintragung, sondern auch durch Benutzung eines Zeichens im geschäftlichen Verkehr kann markenrechtlicher Schutz entstehen. Voraussetzung hierfür ist, dass das Zeichen innerhalb beteiligter Verkehrskreise als Marke **Verkehrsgeltung** erlangt hat. Das bedeutet, dass die Marke innerhalb beteiligter Verkehrskreise als Kennzeichen des Geschäftsbetriebs gelten muss. Die Kennzeichnung muss also mit einem bestimmten Unternehmen in Verbindung gebracht und als entsprechender Hinweis angesehen werden.

**3. Notorische Bekanntheit einer Marke**

Markenschutz kann auch durch die notorische Bekanntheit im Sinne des Art. 6 der Pariser Verbandsübereinkunft entstehen. Notorisch bekannt ist eine Marke, wenn deren Benutzung innerhalb der beteiligten inländischen Verkehrskreise allgemein bekannt ist. Was für ein Bekanntheitsgrad konkret erforderlich ist, ist durch Auslegung des Einzelfalls zu ermitteln.

Die **Schutzwirkung** einer Marke ergibt sich aus §§ 14 ff. MarkenG. Der Inhaber hat ein ausschließliches Recht; Dritten ist untersagt, identische oder ähnliche Zeichen für identische Waren oder Dienstleistungen zu verwenden. Der Inhaber kann bei Zuwiderhandlung Unterlassung und Schadensersatz verlangen.

Gemäß § 18 MarkenG kann der Markeninhaber außerdem die Vernichtung der widerrechtlich gekennzeichneten Gegenstände verlangen, die sich im Eigentum oder Besitz des Verletzers befinden.

Aus § 19 MarkenG ergibt sich die Berechtigung, vom Verletzer Auskunft über die Herkunft und den Vertriebsweg der widerrechtlich gekennzeichneten Gegenstände zu fordern.

Die Verletzung des Markenschutzes ist gemäß § 143 MarkenG als Kennzeichenverletzung strafbar.

## 4.2.3.4.2    Schutz von geschäftlichen Bezeichnungen

Auch geschäftliche Bezeichnungen unterliegen dem Schutz des Markengesetzes. Geschäftliche Bezeichnungen sind Unternehmenskennzeichen und Werktitel.

**Unternehmenskennzeichen** sind unterscheidungskräftige Zeichen, die im geschäftlichen Verkehr als Name, Firma oder als besondere Bezeichnung eines Geschäftsbetriebes genutzt werden.

Dazu gehören auch Geschäftsabzeichen und sonstige unterscheidungskräftige Zeichen (z. B. Bildsymbole, Gestaltung eines Firmenwagens), die innerhalb der beteiligten Verkehrskreise als Kennzeichen des Geschäftsbetriebes gelten. Zu den beteiligten Verkehrskreisen gehören sowohl Firmen, die mit dem Unternehmen in geschäftlichem Kontakt stehen, als auch der Kreis der Endverbraucher.

Die territoriale Ausdehnung des Schutzbereiches für Unternehmenskennzeichen umfasst grundsätzlich das gesamte Bundesgebiet. Bei Geschäftszeichen und sonstigen Zeichen, die den Schutz erst mit nachgewiesener Verkehrsgeltung erlangen, ist die territoriale Ausdehnung des Schutzes auf das Gebiet beschränkt, in dem die Bezeichnung Verkehrsgeltung erlangt hat.

**Werktitel** sind unterscheidungskräftige Namen oder besondere Bezeichnungen von Druckschriften, Film- und Tonwerken, Bühnenwerken oder sonstigen vergleichbaren Werken. Die Schutzwirkung entsteht durch die Benutzung des unterscheidungskräftigen Titels im nach außen gerichteten Geschäftsverkehr. Durch bloße Vorbereitungsmaßnahmen wird kein markengesetzlicher Schutz begründet.

Die Rechte des Inhabers einer geschützten **geschäftlichen Bezeichnung** ergeben sich aus § 15 MarkenG. Er kann jedem Dritten verbieten, seine geschäftliche Bezeichnung im geschäftlichen Verkehr zu benutzen oder ein ähnliches Zeichen zu verwenden, das die Gefahr von Verwechslungen in sich birgt. Bei Gleichheit eines Unternehmenskennzeichens auf Grund identischen bürgerlichen Namens muss die Verwechslungsgefahr durch Zusätze vermindert werden.

Der Inhaber einer geschützten geschäftlichen Bezeichnung hat wie der Markenrechtsinhaber einen Vernichtungs- und Auskunftsanspruch aus §§ 18, 19 MarkenG. Außerdem kann der Inhaber der geschützten geschäftlichen Bezeichnung Schadensersatz verlangen.

Die Verletzung der geschützten geschäftlichen Bezeichnung ist gemäß § 143 MarkenG außerdem strafbar.

## 4.2.3.4.3    Schutz einer geografischen Herkunftsangabe

Schutzfähige geografische Herkunftsangaben im Sinne des MarkenG sind Namen von Orten, Gegenden, Gebieten oder Ländern, sowie sonstige Angaben oder Zeichen, die im geschäftlichen Verkehr **zur Kennzeichnung** der geografischen Herkunft von Waren oder Dienstleistungen benutzt werden.

Nicht unter diesen Schutz fallen Gattungsbezeichnungen. Diese sind Bezeichnungen, die zwar eine geografische Angabe enthalten, die jedoch ihre ursprüngliche Bedeutung verloren haben und nun als Name oder Angabe einer Art, einer Beschaffenheit oder sonstiger

Eigenschaften dienen. Beispiele für derartige Gattungsbezeichnungen sind »Wiener Schnitzel« oder »Nizza-Salat«.

Nach dem MarkenG geschützte Herkunftsangaben dürfen nur zur Bezeichnung von Waren und Dienstleistungen verwendet werden, die aus dem bezeichneten Gebiet stammen. Hat die durch die geografische Herkunftsangabe bezeichnete Ware oder Dienstleistung eine besondere Qualität, dürfen nur Produkte gleicher Qualität diese geografische Herkunftsangabe führen.

Der Verletzer dieses Schutzrechts kann auf Schadensersatz und Unterlassung in Anspruch genommen werden. Zudem ist die widerrechtliche Benutzung einer geografischen Herkunftsangabe strafbar.

Auf internationaler Ebene werden geografische Herkunftsangaben durch weitere Rechtsquellen geschützt. Die Pariser Verbandsübereinkunft (PVÜ) verbietet in Art. 9,10 die Verwendung falscher Herkunftsangaben. In Art. 1 des Madrider Herkunftsabkommens (MHA) wird die irreführende Verwendung von Angaben über die Herkunft untersagt.

Daneben gibt es für Weine, Spirituosen, Agrarerzeugnisse und Lebensmittel Verordnungen der EU zum Schutz von Ursprungsbezeichnungen.

### 4.2.3.4.4  Zusammentreffen von mehreren Rechten nach dem Markengesetz

Wenn mehrere markengesetzlich geschützte Rechte zusammentreffen, bestimmt sich der Vorrang der Rechte nach § 6 MarkenG. Das Recht mit dem ältesten Zeitrang hat vor dem neueren Bestand. Bei angemeldeten oder eingetragenen Marken wird der Zeitrang durch den Anmeldetag bestimmt.

In den anderen Fällen des markenrechtlichen Schutzes ist der Tag maßgebend, an dem das Recht erworben wurde. Bei der Benutzungsmarke ist dies der Tag, an dem Verkehrsgeltung erreicht wird, bei der geschäftlichen Bezeichnung der Zeitpunkt der Benutzungsaufnahme.

### 4.2.3.5  Das Urheberrecht

Das Urheberrecht beschreibt das eigentumsähnliche Recht des Urhebers an seinem individuellen geistigen Werk. Ein **geistiges Werk** ist beispielsweise eine musikalische Komposition, ein Roman oder ein Gemälde. Das Urheberrechtsgesetz schützt ferner bestimmte andere geistige Leistungen, für die dem Urheberrecht verwandte Schutzrechte bestehen, z. B. die des ausübenden Künstlers, des Herstellers von Lichtbildern, Tonträgern, Datenbanken und Filmen. Das Urheberrecht ist ein **absolutes,** gegen jedermann wirkendes Recht.

Geschützte Werke sind solche der Literatur, Wissenschaft und Kunst sowie Reden, aber auch Musikwerke und pantomimische Werke, bildende Kunst, Baukunst und angewandte Kunst, Lichtbild-, Film- und Fernsehwerke. Auch Computerprogramme werden geschützt, wenn sie das Ergebnis einer eigenen geistigen Schöpfung sind. Seinem Inhalt nach umfasst das Urheberrecht hauptsächlich die **Urheberpersönlichkeitsrechte** (Veröffentlichungsrecht, Recht auf Anerkennung der Urheberschaft und auf Verbot der Entstellung) und die **Verwertungsrechte.**

Das Urheberrecht erlischt gem. §§ 64 ff. UrhG 70 Jahre nach dem Tode des Urhebers, bei anonymen oder pseudonymen Werken 70 Jahre nach Veröffentlichung. Das Urheberrecht ist vererblich und verschafft den Rechtsnachfolgern grundsätzlich die gleichen Rechte wie dem Urheber selbst. Das Urheberrecht ist nicht übertragbar, solange der Urheber lebt, nach seinem Tod nur unter bestimmten Voraussetzungen. Der Urheber kann zu Lebzeiten nur **Nutzungsrechte** übertragen. Auf diese Weise kann er meistens sein Werk am besten verwerten. Das Urheberrecht ist gegen schuldhaft rechtswidrige Verletzung strafrechtlich geschützt, sowie zivilrechtlich dadurch, dass bei schuldhaftem Handeln Schadensersatzansprüche erhoben werden können. Für Unterlassungsansprüche bedarf es keines Verschuldens.

## 4.2.3.6     Arbeitnehmererfindungen

Vielfältige Erfindungen beruhen auf Ideen von Arbeitnehmern. Einerseits stellen solche Erfindungen eine geistige Eigenleistung des Arbeitnehmers dar, andererseits werden derartige Erfindungen erst durch die Bereitstellung des Umfeldes durch den Arbeitgeber geschaffen, der zudem auch die Arbeitsleistung des Arbeitnehmers entlohnt.

Der rechtliche Umgang mit Erfindungen eines Arbeitnehmers ist im **Gesetz über Arbeitnehmererfindungen (ArbnErfG)** geregelt. Dieses Gesetz löst den Interessenkonflikt zwischen dem Arbeitgeber und dem Arbeitnehmer, dem grundsätzlich das ausschließliche Recht an seiner Erfindung zusteht (vgl. § 6 PatG).

Das ArbnErfG unterscheidet Erfindungen von technischen Verbesserungsvorschlägen.

### 4.2.3.6.1     Erfindungen im Sinne des Gesetzes über Arbeitnehmererfindungen

Erfindungen im Sinne des Gesetzes über Arbeitnehmerfindungen (ArbnErfG) sind nur patent- oder gebrauchsmusterfähige Erfindungen. Sie werden unterteilt in gebundene (Diensterfindungen) und freie Erfindungen.

**Diensterfindungen** (§ 4 ArbnErfG) sind die während der Dauer des Arbeitsverhältnisses gemachten Erfindungen, die entweder

– aus der dem Arbeitnehmer im Betrieb oder in der öffentlichen Verwaltung obliegenden Tätigkeit entstanden sind oder

– maßgeblich auf Erfahrungen oder Arbeiten des Betriebes oder der öffentlichen Verwaltung beruhen.

Gemäß § 5 ArbnErfG hat der Arbeitnehmer, der eine Diensterfindung gemacht hat, sie unverzüglich dem Arbeitgeber schriftlich zu melden und dabei kenntlich zu machen, dass es sich um eine Erfindung handelt. Der Arbeitgeber kann dann gemäß § 6 ArbnErfG die Diensterfindung in Anspruch nehmen, hat dem Arbeitnehmer aber eine angemessene Vergütung zu zahlen. Der Bundesminister für Arbeit und Soziales erlässt Richtlinien über die Bemessung der Vergütung (§ 11 ArbnErfG).

Darüber hinaus muss der Arbeitgeber die Diensterfindung zur Erteilung eines Schutzrechtes (z. B. Erteilung eines Patents) anmelden. Durch die Inanspruchnahme der Diensterfindung seitens des Arbeitgebers gehen alle Rechte an der Diensterfindung auf ihn über. Der Arbeitnehmer erhält die uneingeschränkten Rechte an der Diensterfindung zurück, sobald der Arbeitgeber sie gemäß § 8 ArbnErfG freigibt.

Erfindungen des Arbeitnehmers, die nicht Diensterfindungen sind, sind **freie Erfindungen** (§ 4 Abs. 3 ArbnErfG).

Für diese Erfindungen trifft den Arbeitnehmer gemäß § 18 ArbnErfG eine schriftliche Mitteilungspflicht dem Arbeitgeber gegenüber. Diese Mitteilung muss inhaltlich so gefasst sein, dass dem Arbeitgeber die Beurteilung ermöglicht wird, ob die Erfindung eine freie Erfindung ist oder ob nicht doch eine Diensterfindung vorliegt.

Falls der Arbeitgeber nicht innerhalb von drei Monaten nach Zugang der Mitteilung des Arbeitnehmers die Freiheit der Erfindung bestreitet, kann er anschließend die Erfindung nicht mehr als Diensterfindung in Anspruch nehmen, selbst wenn sie eine ist.

Neben der Mitteilungspflicht des Arbeitnehmers besteht für ihn gemäß § 19 ArbnErfG die Pflicht, dem Arbeitgeber ein Recht zur Benutzung an der freien Erfindung anzubieten, wenn die Erfindung in den Arbeitsbereich des Betriebes fällt. Dieses Angebot muss zu angemessenen Bedingungen abgegeben werden und kann gleichzeitig mit der Mitteilung erfolgen.

Für **Erfindungen an Hochschulen** gelten besondere Bestimmungen (§ 42 ArbnErfG), die an die Lehr- und Forschungsfreiheit des Erfinders anknüpfen. Dieser ist nicht zur Offenbarung seiner Diensterfindung verpflichtet **(negatives Publikationsrecht).** So lange er seine Erfindung geheim hält und nicht veröffentlicht, muss er sie der Hochschule auch nicht melden. Soll die Erfindung aber veröffentlicht werden, besteht eine Meldepflicht gegenüber dem Dienstherrn. Diesem steht die Verwertung der Erfindung zu, wobei dem Erfinder eine Vergütung von 30 % der durch die Verwertung erzielten Einnahmen zustehen. Damit ist den Hochschulen die Möglichkeit eröffnet, alle wirtschaftlich nutzbaren Erfindungen in ihrem Bereich schützen zu lassen und – im Sinne eines wünschenswerten Wissens- und Technologietransfers zwischen Hochschulen und Wirtschaft – einer industriellen Verwertung zuzuführen. Zugleich werden Hochschul-Erfinder durch die attraktive Beteiligung an den Verwertungserlösen ihrer Erfindung angeregt, an der Verwertung ihrer Erfindung mitzuwirken.

## 4.2.3.6.2    Technische Verbesserungsvorschläge

Technische Verbesserungsvorschläge sind Vorschläge des Arbeitnehmers für technische Neuerungen, die nicht patent- oder gebrauchsmusterfähig sind (§ 3 ArbnErfG).

Falls ein technischer Verbesserungsvorschlag dem Arbeitgeber eine ähnliche Vorzugsstellung gewährt wie ein gewerbliches Schutzrecht und der Arbeitgeber den Verbesserungsvorschlag verwertet, hat der Arbeitnehmer einen Anspruch auf angemessene Vergütung (§ 20 ArbnErfG). Für andere technische Verbesserungsvorschläge bleibt die Behandlung einer Regelung durch Vertrag, Tarifvertrag oder Betriebsvereinbarung überlassen.

## 4.2.3.6.3    Rechtsschutz

Für alle Streitfälle zwischen Arbeitnehmer und Arbeitgeber auf Grund des ArbnErfG kann eine Schiedsstelle, die bei dem Patentamt eingerichtet wird, angerufen werden. Die Schiedsstelle hat zu versuchen, eine gütliche Einigung herbeizuführen. Für dieses Verfahren werden weder Gebühren noch Auslagen erhoben.

## 4.2.3.7    Übertragung der Schutzrechte

Die gewerblichen Schutzrechte gehen durch Erbfall auf die Erben über und können überwiegend (zum Urheberrecht siehe Abschn. 4.2.3.5) durch Rechtsgeschäft übertragen werden. Unterschieden werden die unbeschränkte und die beschränkte Übertragung.

## 4.2.3.7.1    Unbeschränkte Übertragung

Durch eine unbeschränkte Übertragung tritt der Rechtsinhaber alle ihm zustehenden Rechte an den Erwerber ab. Das Verpflichtungsgeschäft, das den rechtlichen Grund für die Übertragung des Schutzrechts darstellt, kann ein Rechtskauf (§ 453 BGB) sein, auf den die Vorschriften für den Kauf von Sachen gem. §§ 433 ff. BGB entsprechende Anwendung finden.

Die Übertragung des Rechts erfolgt gemäß §§ 413, 398 BGB im Wege der **Abtretung** des Schutzrechts an den Erwerber. Der Rechtsübergang wird auf Antrag beim Patentamt eingetragen (z. B. in die Patentrolle oder das Markenregister).

## 4.2.3.7.2    Beschränkte Übertragung – Lizenz

Mit einer beschränkten Übertragung räumt der Schutzrechtsinhaber dem Erwerber nur Nutzungsrechte ein. Dies geschieht durch die Vergabe einer **Lizenz.**

Der Lizenzvertrag ist ein schuldrechtlicher Vertrag eigener Art, der sich am ehesten mit einem Pachtvertrag vergleichen lässt. Er ist formfrei, aber aufgrund besserer Beweislage ist zur Schriftform anzuraten. Der Lizenznehmer erhält das Recht, die Erfindung u. a. im Rahmen der bestehenden Lizenz für sich zu nutzen und die erzielten Gewinne zu behalten. Als Gegenleistung entrichtet er an den Lizenzgeber eine Lizenzgebühr. Der Vertrag endet mit der vertraglich vereinbarten Laufzeit, ordentlicher oder außerordentlicher Kündigung. Nach Ende des Vertrages darf der Lizenznehmer die Erfindung nicht weiter nutzen, sonst haftet er als Schutzrechtsverletzer.

Es ist zwischen der nicht ausschließlichen (einfachen) Lizenz und der ausschließlichen Lizenz zu unterscheiden:

Mit der **einfachen Lizenz** erhält der Lizenznehmer neben dem Lizenzgeber das Recht zur Nutzung des geschützten Rechts. Der Lizenzgeber kann sein Schutzrecht in vollem Umfang weiter nutzen – auch durch die Lizenzvergabe an andere Lizenznehmer.

Durch die **ausschließliche Lizenz** erhält der Lizenznehmer das Recht, das geschützte Recht unter Ausschluss jedes anderen – auch des Lizenzgebers – zu nutzen.

## 4.2.3.7.3    Zwangslizenz

Das PatG und das GebrMG sehen die Vergabe einer Zwangslizenz vor, wenn sich der Schutzrechtsinhaber trotz gebotener angemessener Gegenleistung weigert, einem anderen die Benutzung der Erfindung zu gestatten.

Voraussetzung für die Vergabe einer Zwangslizenz ist jedoch, dass die Lizenzvergabe im **öffentlichen Interesse geboten** ist. Ob dies zutrifft, hängt vom Einzelfall ab:

Es liegt vor, wenn die Benutzung der Erfindung für die Allgemeinheit einen wesentlichen Nutzen bringt, der im Verhältnis zum Schutzrechtsinhaber als eindeutig höherrangig einzustufen ist. Hier ist eine Interessenabwägung vorzunehmen, in der alle Gesichtspunkte, die für oder gegen das Vorliegen des öffentlichen Interesses sprechen, gegeneinander zu gewichten sind. Zu wertende Gesichtspunkte für das öffentliche Interesse sind u. a. sozialpolitische oder medizinische Faktoren (z. B. Sicherung von Arbeitsplätzen oder Arznei, mit der Krebs wirksam behandelt werden kann).

# 4.3 Bedarfsermittlung und Beschaffung

Aufgabe der Beschaffung ist es, das Unternehmen jederzeit am richtigen Ort, in der richtigen Menge und mit den erforderlichen Qualitäten bedarfsdeckend zu versorgen und dies auf wirtschaftliche Weise durchzuführen.

An dieser Zielerreichung hat die Beschaffungsmarktpolitik einen wesentlichen Anteil. Sie beinhaltet alle Maßnahmen zur Gestaltung der Beziehung der Untersysteme Einkaufpolitik, Beschaffungsmarketing und Beschaffungslogistik zum bzw. auf dem Beschaffungsmarkt. Ihre Ziele leiten sich dabei aus den Unternehmenszielen ab und sind im Wesentlichen Qualitätsziele, Kostenziele und Logistikziele:

– Die **Qualität** der Einsatzstoffe nimmt unmittelbaren Einfluss auf die mögliche erreichbare Qualität der abzusetzenden Produkte. Deshalb ist es unerlässlich, ein Profil der Anforderungen zu entwerfen, die an die Beschaffenheiten, Funktionen und Integrierbarkeit der zu beschaffenden Güter gerichtet werden.

– Aufgrund des hohen Einflusses der Material- und Beschaffungskosten auf die Rentabilität und Liquidität des Unternehmens gilt besonderes Augenmerk den **Kosten,** und zwar nicht nur den eigentlichen Materialkosten, sondern allen mit der Bestellung und dem Bezug des Materials verbundenen Kosten, deren Höhe z. B. durch die Variation von Beschaffungsmengen beeinflusst werden kann.

– Hinsichtlich der **Logistik** spielen bestandsmindernde, möglichst produktionssynchrone Beschaffungsstrategien eine immer wichtigere Rolle. Dabei ist jedoch zu beachten, dass diese Strategien nicht nur die Unternehmensliquidität erhöhen, sondern auch eine erhebliche Abhängigkeit von Zulieferern bedingen. Damit hängt die Leistungsfähigkeit des eigenen Betriebes letztlich von derjenigen der Lieferanten ab.

Erst in Kenntnis des Beschaffungsmarktes und seiner Akteure kann folglich eine zielgerechte Beschaffung der benötigten Güter erfolgen.

## 4.3.1 Instrumente der Einkaufspolitik und des Einkaufsmarketing

Ziel der Beschaffungsmarktpolitik ist die Gestaltung der Marktbeziehungen zwischen der Unternehmung mit seinen Teilbereichen Beschaffung und Einkauf einerseits und dem Beschaffungsmarkt andererseits. Besonderes Augenmerk gilt dabei den damit verbundenen Gestaltungsmöglichkeiten:

In Anlehnung an die aktive Gestaltung der Absatzmärkte durch das Absatzwesen, wie sie in den vorangegangenen Abschnitten 4.1 und 4.2 dargestellt wurde, hat sich auch eine aktive Gestaltung der Beschaffungsmärkte etabliert, wobei die eingesetzten Instrumentarien Analogien zu denen des Absatzmarketings aufweisen.

Zu den Aufgaben des Beschaffungsmarketings zählt – im engeren Sinn – die **Marktforschung,** im weiteren Sinne auch die Teilnahme an der **Produktbewertung,** etwa im Rahmen von Wertanalysen (vgl. Abschn. 4.2.2.3.4), Wirtschaftlichkeitsrechnungen oder Überlegungen zu Typungen (vgl. Abschn. 4.6.2.6.1). Darüber hinaus richtet sich das Beschaffungsmarketing auf die Gestaltung des Beschaffungsmarktprogramms, auf die Beschaffungspreise und -konditionen sowie auf entsprechende Beschaffungspartner und die damit verbundene Beschaffungskommunikation.

Dementsprechend werden im Folgenden die Instrumente des Einkaufsmarketings erläutert, nämlich:

– Beschaffungsprogramm- und Servicepolitik,
– Preis-, Mengen- und Konditionenpolitik,
– Lieferanten- und Bezugspolitik,
– Vertragspolitik und
– Kommunikationspolitik.

## 4.3.1.1    Beschaffungsprogramm- und Servicepolitik

Unter Berücksichtigung unternehmenspolitischer Zielsetzungen, wie etwa Konzernabsprachen, und externer Faktoren, wie etwa der Marktlage, leitet sich das **Beschaffungsprogramm** aus dem Produktionsprogramm ab. Die Spielräume der Beschaffungsprogrammpolitik bestehen darin, z. B. Überlegungen zu (kostengünstigeren oder leichter beschaffbaren) Substitutionsmaterialien anzustellen oder **Make-or-Buy-Analysen** durchzuführen.

Das Beschaffungsmarktprogramm stellt im Prinzip die Summe aller Einkaufsverträge dar, wobei durch eine entsprechende Vertragspflege im Rahmen der **Vertragspolitik** Einsparerfolge herbeigeführt werden können. Dies gilt insbesondere für die Gestaltung von Beschaffungspreisen und -konditionen.

### 4.3.1.1.1    Beschaffungsprogrammanalyse

Als ein mögliches Instrument zur Herleitung geeigneter beschaffungs- und vorratspolitischer Strategien bietet sich eine Portfolio-Analyse anhand einer Einkaufsmatrix an. Bei der Aufstellung solch einer Matrix wird das Einkaufsvolumen und damit der **Ergebniseinfluss** (= Einfluss des betrachteten Materials auf das Beschaffungsergebnis; kann z. B. aus einer vorangegangenen ABC-Analyse entnommen werden, vgl. Abschn. 4.3.2.3.5) einem möglichen **Versorgungsrisiko** (gemessen an internen und externen Daten, z. B. Zuverlässigkeit des Lieferanten, Lieferantenstandort, Bedarfsschwankungen usw.) gegenübergestellt, wobei jeweils eine Einschätzung von »niedrig« bis »hoch« erfolgt.

Die nachstehende Abbildung verdeutlicht das Vorgehen anhand einer Vier-Felder-Matrix, wobei für die Felder in Abhängigkeit von den Hauptparametern die Bezeichnungen »Zusammenarbeit«, »Preise«, »Verfügbarkeiten« und »Effizienz« gewählt wurden. Jedes der vier Felder enthält Handlungsempfehlungen für die auf das jeweils betrachtete Teil zutreffende Risiko-Einfluss-Kombination.

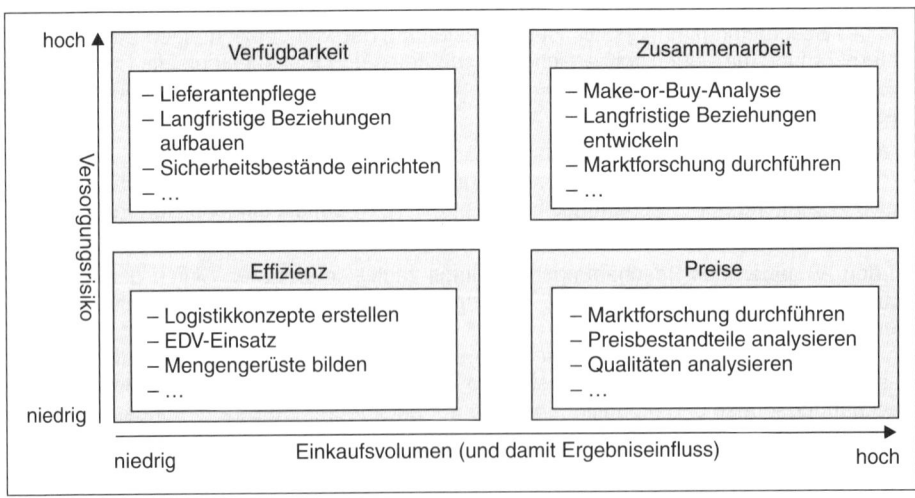

Einkaufsmatrix

Die beispielhaft dargestellte Einkaufsmatrix dient als Hilfsmittel zur Strukturierung geeigneter Strategiemaßnahmen, wie z. B. **Global Sourcing** oder dem **Just-in-Time-Konzept**.

### 4.3.1.1.2 Servicepolitik

Im Rahmen der Marketingbetrachtungen wurde die Servicepolitik als ein Instrument modernen Marketings genannt. Sie kann auch als materialwirtschaftliche Aufgabe aufgefasst werden, nämlich als Politik der Leistung gegenüber den der Beschaffung vor- und nachgelagerten Stellen:

Diese sind primär Lieferanten und Fertigungsbereiche des eigenen Betriebs als »interne Kunden«; sekundär auch externe Kunden.

Servicepolitik im Rahmen der Materialwirtschaft ist dabei weniger eine marktbezogene als vielmehr eine güterbezogene, d. h. verbrauchsorientierte Politik. Sie zielt darauf ab, den eigenen Service durch geeignete Maßnahmen sicherzustellen.

Zu diesen Maßnahmen gehören

– eine Informationspolitik, die einen raschen, reibungslosen Fluss aller benötigten Informationen – innerbetrieblich wie auch in Bezug auf Lieferanten – sicherstellt. Damit soll gewährleistet werden, dass alle Bedarfe der Produktion in qualitativer und quantitativer Hinsicht ausreichend früh bekannt sind;

– eine Beschaffungsprogrammpolitik, die die Handlungsempfehlungen umsetzt, die sich aus der Beschaffungsprogrammanalyse (vgl. Abschn. 4.3.1.1.1) ergeben, insbesondere

– eine systematische Bestandsverfolgung und ein ebensolches Bestellwesen,

– gepflegte Lieferantenbeziehungen, die z. B. Audits, Lieferantenschulungen, langfristige Vertragsbindungen, Just-in-Time-Belieferung, die Einrichtung von Konsignationslagern und die Datenanbindung von Stammlieferanten über Extranet (alle Begriffe werden im Folgenden noch erklärt werden) einschließen;

– die permanente Überwachung des erreichten Servicegrades, ggf. das Ergreifen gegensteuernder Maßnahmen.

Der **Servicegrad** wird durch die Kennziffer des **Lieferbereitschaftsgrades** (LB) ausgedrückt. Er gibt an, welcher Anteil der Anforderungen der Produktion an die Materialwirtschaft richtig, d. h. fristgerecht in der richtigen Menge und Qualität am richtigen Ort, erfüllt werden konnten. Der Service- oder Lieferbereitschaftsgrad errechnet sich nach der Formel

$$LB = \frac{\text{korrekt bediente Anforderungen}}{\text{gesamte Anforderungen}} \cdot 100$$

Ein Lieferbereitschaftsgrad von 100 % bedeutet, dass das Lager in jeder Anforderungssituation – auch bei Nachfragespitzen – sofort abgabebereit war, also über entsprechende Bestände verfügte. Hierin wird das **Dilemma der Materialwirtschaft** unmittelbar deutlich: Im Falle schwankender Bedarfe wird ein hoher Lieferbereitschaftsgrad durch einen entsprechend hohen Lagerbestand und folglich mit hohen Kapitalbindungskosten erkauft. Tatsächlich ist durch Untersuchungen belegt, dass die Lagerhaltungskosten einschließlich der Kapitalbindungskosten mit steigender Lieferbereitschaft überproportional ansteigen. Abschnitt 4.3.3.2.7.1 enthält hierzu eine Abbildung und ein Rechenbeispiel.

Es liegt auf der Hand, dass der Servicegrad eine der betrieblichen Schlüsselgrößen darstellt; denn von ihm hängt letztlich ab,

– welche Folgekosten **(Leerkosten)** in nachgelagerten Bereichen entstehen und

– in welchem Maße Endkundenanforderungen fristgerecht erfüllt werden können: Hier drohen kurzfristig Auftragsstornierungen und ggf. **Konventionalstrafen,** langfristig Kundenverluste und ein nachhaltiger Imageschaden.

Deswegen ist die Erreichung eines dauerhaft hohen Servicegrades zu vertretbaren Kosten ein unternehmerisches **Kernziel**.

### 4.3.1.2    Preis-, Mengen- und Konditionenpolitik

Die Beschaffungspreise und -konditionen spielen eine relativ zentrale Rolle für die Material- und Materialbewirtschaftungskosten. Daher ist es zweckmäßig, nicht nur die Höhe des Preises zu kennen, sondern auch seine Kostenkomponenten. Die Höhe des Preises kann durch Preisvergleiche, Preisbeobachtungen oder die Preisstruktur untersucht werden, wobei sich die Intensität der Untersuchung nach der Einstufung aus einer vorweg angestellten **ABC-Analyse** richten sollte. Preisvergleiche erlauben eine Bewertung unterschiedlicher Qualitäten und die Einschätzung verschiedener Lieferanten, wobei in die Beurteilung der Vorteilhaftigkeit eines Lieferanten und die Ermittlung eines Einstandspreises auch Lieferbedingungen und Zahlungskonditionen einfließen müssen.

Da Preise und andere Konditionen keine fixen Daten darstellen, empfehlen sich **Preisbeobachtungen,** um Preisveränderungen oder Veränderungen anderer Parameter festzustellen. Die Ermittlung der Preisstruktur gibt Aufschluss über die Angemessenheit eines Preises und eventuelle Verhandlungsspielräume. Gleichzeitig ermöglicht sie eine Beurteilung zukünftiger Entwicklungen.

Die Kenntnis etwaiger mit dem Preis verbundener Konditionen erstreckt sich nicht nur auf Lieferkonditionen und Staffelrabatte, sondern auch auf Zahlungszeitpunkte, z. B. Vorauszahlungen oder Kreditfristen, sowie auf Skonti, Boni, Rabatte und Verzinsung.

### 4.3.1.3    Lieferanten- und Bezugspolitik

Eine zunehmende Globalisierung der Beschaffungsmärkte lässt die Komplexität der Beschaffungsaufgabe wachsen. Die Ausnutzung lohnkostenbedingter Preisvorteile sowie die Erweiterung der Lieferkapazitäten bei lokaler oder nationaler Angebotsenge veranlasst viele Unternehmen zum globalen Einkauf **(Global Sourcing)**. Unabhängig von der Beschaffungsregion, die bei bestimmten Materialien durch deren natürlichen Fundort vorbestimmt ist, erhebt sich dann erst die Frage nach einem **Single Sourcing** (Belieferung durch einen einzigen Partner), **Multi-Sourcing** (Belieferung durch verschiedene Partner) oder **Modular Sourcing** (Bezug vormontierter Module von einem Lieferanten, der wiederum für die Beschaffung der hierfür notwendigen Modulkomponenten selbst zuständig ist). Als Entscheidungshilfe kann z. B. eine Nutzwertanalyse (vgl. Abschn. 3.3) durchgeführt werden.

Die Auswahl geeigneter Beschaffungspartner vor dem Hintergrund internationaler Beschaffungsmärkte betrifft nicht nur die Festlegung möglicher Beschaffungsarten, sondern auch Aspekte möglicher Beschaffungswege. Dabei erscheint eine Bezugsquelle am Verbrauchsort zunächst am günstigsten. Darüber hinaus entscheiden aber auch das Material, die Qualitätskonstanz, Rabatte und Transportkosten über die Wahl der geeigneten Beschaffungspartner.

Bei der (Aus-)Wahl von in Frage kommenden Beschaffungspartnern liefern beispielsweise Branchenverzeichnisse, Messen und Kammern wichtige Informationen. Außerdem bietet das Internet Informations- und Austauschmöglichkeiten sowohl im www als auch in Newsgroups, Chatrooms oder E-Boards.

Neben Überlegungen zur Bestimmung der Beschaffungspartner sollten Überlegungen zur **Lieferantenpflege** und zur Entwicklung der Lieferantenbeziehungen angestellt werden. Die Pflege dieser Beziehungen erweist sich z. B. beim Aufbau eines Total Quality Management als wichtiges Betätigungsfeld, in dem eine Kooperation mit dem Lieferanten eine wichtige Voraussetzung darstellen kann. Kooperative Beziehungen lassen sich z. B. durch den Transfer von Beschaffungsmarktinformationen, durch technische Hilfestellungen oder gegenseitige Weiterbildungsmaßnahmen herstellen. Diese Maßnahmen werden ergänzt durch eine Lieferantenwerbung und Ausschreibungspolitik, die auch potenzielle Anbieter über den Bedarf der Unternehmung informieren soll.

## 4.3.1.4     Vertragspolitik

Bei entsprechendem Bedarfsverlauf kann es zum Vorteil beider Vertragspartner zum Abschluss langfristiger Vertragsbindungen kommen. In diesem Zusammenhang sind neben Liefer- und Zahlungsvereinbarungen und Sonderleistungen vor allem Rahmenverträge, Kauf auf Abruf, Sukzessivliefervertrag, Spezifikationskauf oder ein Konsignationslagervertrag denkbar.

**Rahmenverträge** legen bestimmte Kauf- und Verkaufsbedingungen und unter Umständen Preise für einen bestimmten Zeitraum fest. Rahmenverträge vereinfachen die Beschaffung, da während der Vertragsdauer Konditionsänderungen nicht eintreten können. Eine Festlegung von Preisen schützt zwar vor Preiserhöhungen, schließt aber gleichzeitig den Vorteil möglicher Preissenkungen aus.

Im Unterschied zum Rahmenvertrag wird bei der Form des **Kaufs auf Abruf** die Abnahme einer bestimmten Menge innerhalb eines bestimmten Zeitraumes vereinbart; lediglich der Liefertermin bleibt zur freien Disposition. Die Vorteile dieser Vertragsart liegen in der Verringerung der Lagerhaltungskosten und in der Minimierung des Lagerrisikos. Des Weiteren können durch eine mengenorientierte Preisgestaltung Staffelrabatte ausgenutzt werden.

Während beim Kauf auf Abruf die Liefertermine nicht festgelegt sind, erfolgt beim **Sukzessivliefervertrag** eine Teillieferung gleicher Mengen zu einem vereinbarten Termin. Dies setzt eine genaue Bedarfsplanung voraus. Der Vorteil liegt im Wegfall einer wiederholten Bestelltätigkeit sowie in den bereits erwähnten Vorteilen des Kaufs auf Abruf.

Anders als beim Kauf auf Abruf oder dem Sukzessivliefervertrag, wobei die Art der zu liefernden Güter von Anbeginn feststeht, erfolgt beim **Spezifikationskauf** die Festlegung der Warenart erst später. Der Käufer ist allerdings verpflichtet, die Güter binnen einer bestimmten Frist nach Form, Maß oder Gattung zu spezifizieren, andernfalls kann der Verkäufer von sich aus die Ware bestimmen.

Beim **Konsignationslagervertrag** richtet der Lieferant im Werk des Kunden ein Konsignationslager ein. Hierzu stellt der Kunde den erforderlichen Platz kostenlos zur Verfügung und versichert den Lagerbestand. Mit der Materialentnahme wird ein zuvor vereinbarter Kaufvertrag zwischen dem Lieferanten und dem Kunden geschlossen. Der Lieferant sorgt für das Wiederauffüllen des Konsignationslagers. Die Vorteile eines solchen Lagers für den Käufer liegen in der Minimierung der Bestell- und Kapitalbindungskosten sowie in der maximalen Lieferbereitschaft. Für den Lieferanten liegen die Vorteile des Konsignationslagers in der Kundenbindung, in der Planung fertigungsgerechter Losgrößen, im Frachtvorteil und in der Vereinfachung der Auftragsbearbeitung.

## 4.3.1.5     Kommunikationspolitik

Die Kommunikation mit Lieferanten kann in mündlicher, fernmündlicher oder schriftlicher Form und hier in verschiedenen Weiterleitungsarten erfolgen. Das Internet eröffnet dabei weiterreichende Möglichkeiten der gegenseitigen Information und Kommunikation. Neben den im vorangegangenen Abschnitt angesprochenen Informationsquellen besteht die

Möglichkeit, Informationen, die ein Lieferant auf seiner Homepage bereitgestellt hat, herunterzuladen (»Download«) oder selbst Informationen für potenzielle Partner auf der eigenen Internetseite anzubieten.

Auch ein großer Teil der Kommunikation kann über das Internet abgewickelt werden. Beispielhaft hierfür sollen die Bereiche Ausschreibung, Bestellung, Bezahlung und Terminsicherung genannt werden:

– Durch eine **Ausschreibung** auf elektronischem Weg werden Abwicklungszeiten und damit verbundene Kosten reduziert. Gleichzeitig entfällt das konventionelle Anfragewesen.

– **Bestellungen** im Netz reduzieren ebenfalls Abwicklungszeiten und Kosten. Zudem kann eine Bestellung auch unabhängig von Öffnungszeiten ausgeführt werden.

– Homebanking-Funktionen ermöglichen die Abwicklung von elektronischem **Zahlungsverkehr** über Internet via PC oder Mobilfunktelefon.

– Einige Hersteller und Dienstleister ermöglichen die elektronische Verfolgung des Produktionsprozesses bzw. der Distribution (z. B. Paketverfolgung). Diese Möglichkeit der **Prozessverfolgung** durch den Besteller trägt zu einer Verbesserung der Termintreue seitens des Lieferanten bei und kann zugleich dafür sorgen, dass der Versand von Mahnungen unmittelbar bei Fälligkeit, die sich mit der eingehenden Lieferung überschneiden, unterbleibt.

Eine informationstechnische Verknüpfung von Lieferanten und Abnehmern kann auch als **Extranet** realisiert werden (vgl. Abschn. 19.1.1.1.1).

Zur Kommunikationspolitik in dem aus der Darstellung der Marketinginstrumente bekannten Sinne wird auf Abschnitt 4.1.3.8.7 verwiesen.

# 4.3.2     Bedarfsermittlungsmethoden

Bevor im Einzelnen auf die verschiedenen Bedarfsermittlungsmethoden eingegangen wird, ist es erforderlich, den Gegenstand der Beschaffung zu beleuchten sowie einige Grundbegriffe wie beispielsweise den Bedarfsvorhersagezeitraum, die Beschaffungs-, die Vorlauf- sowie Durchlaufzeit zu erläutern.

## 4.3.2.1     Materialbedarfsarten

Eine qualifizierte Bedarfsermittlung und Bedarfsanalyse ist die Grundlage für alle weiteren Dispositionsvorgänge und eine den Verbrauchsverläufen angepasste Materialbereitstellung. Der Materialbedarf stellt dabei diejenige Menge an Material dar, die zu einem bestimmten Termin und für eine bestimmte Periode benötigt wird, um ein vorgegebenes Fertigungsziel zu erreichen. Dabei lässt sich der Materialbedarf in verschiedene Bedarfsarten gliedern (vgl. hierzu auch die folgende Abbildung).

### 4.3.2.1.1     Der Primärbedarf

Der Primärbedarf setzt sich aus dem Bedarf an Fertigerzeugnissen, verkaufsfähigen Baugruppen sowie Handelswaren und Ersatzteilen zusammen.

Nur Unternehmen, die rein auftragsorientiert fertigen, kommen ohne eine Vorhersage dieses Bedarfs aus. Bei Unternehmen mit verbrauchsorientierter (z. B. serieller) Fertigung lassen sich die Sicherheitsbestände und damit die Kapitalbindung umso stärker absenken, je zuverlässiger die Bedarfsvorhersageverfahren arbeiten.

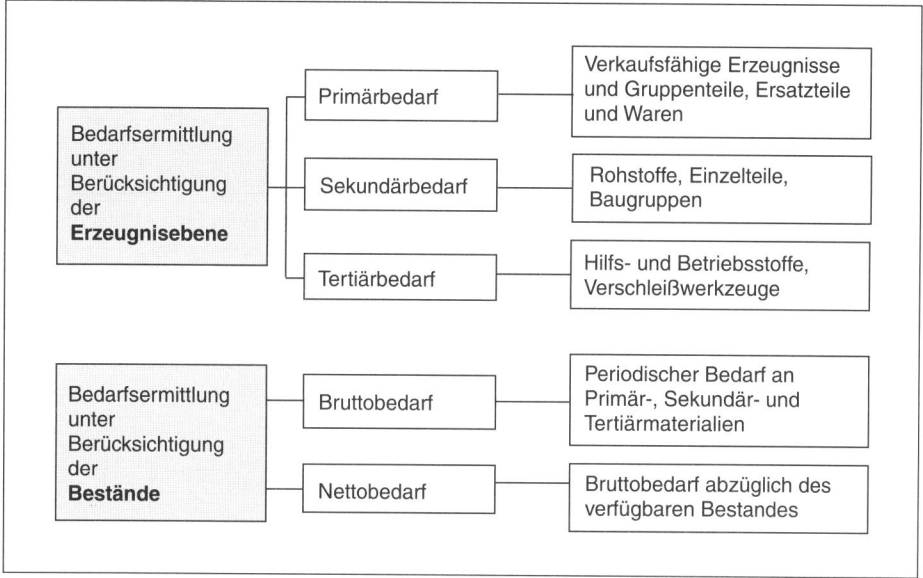

Materialbedarfsarten

## 4.3.2.1.2  Der Sekundärbedarf

Während die Dispositionsgrundlage in Handelsbetrieben der ermittelte Primärbedarf ist, muss in industriellen Unternehmen auf Basis der Absatzerwartungen nach den für die Fertigung erforderlichen Baugruppen, Einzelteilen und Rohstoffen differenziert werden.

Zur Ermittlung des Sekundärbedarfes werden z. B. Fertigungsunterlagen, Stücklisten und Teileverwendungsnachweise herangezogen.

*Beispiel:*

*Im Rahmen seines Büromöbelprogrammes fertigt ein Betrieb auch Schreibtischunterschübe mit eingebautem PC. In diesem Fall stellt der PC den Sekundärbedarf dar, denn er kann aus dem Primärbedarf – Schreibtischunterschub – ermittelt werden. Werden die PCs auch separat vertrieben, liegen hier sowohl ein Primär- als auch ein Sekundärbedarf vor.*

Ist eine exakte Bedarfsermittlung nicht möglich, weil keine Fertigungsunterlagen vorliegen oder aufgrund geringer Bedarfswerte keine Planung vorgenommen werden kann, kann eine Bedarfsvorhersage mittels mathematisch-statistischer Methoden erfolgen, auf die in Abschnitt 4.3.2.3.4 eingegangen wird.

## 4.3.2.1.3  Der Tertiärbedarf

Der Tertiärbedarf setzt sich aus den Hilfs- und Betriebsstoffen sowie den Verschleißwerkzeugen zusammen.

Der Bedarf lässt sich aus dem Sekundärbedarf ableiten, indem technologische Größen, wie etwa der Energiebedarf von Maschinen, zur Bestimmung herangezogen werden. Kann dies nicht deterministisch erfolgen, so lassen sich auch hier mathematisch-statistische Methoden zur Bedarfsvorhersage einsetzen.

## 4.3.2.1.4 Brutto- und Nettobedarf

Die REFA-Methodenlehre definiert den **Bruttobedarf** als periodenbezogenen Bedarf an Material ohne Berücksichtigung der Bestände.

Der **Nettobedarf** ist also die Differenzmenge aus dem Bruttobedarf und dem periodenbezogenen verfügbaren Lagerbestand.

| Periodischer Bedarf | Perioden | | | | |
|---|---|---|---|---|---|
| | August | September | Oktober | Gesamt | |
| Primärbedarf | 50 | 60 | 80 | 190 | Gesamt-Primärbedarf |
| Sekundärbedarf | 40 | 50 | 70 | 160 | Gesamt-Sekundärbedarf |
| = Bruttobedarf | 90 | 110 | 150 | 350 | Brutto-Gesamtbedarf |
| – Lagerbestand | 90 | 90 | 50 | 230 | Lagerbestand |
| **= Nettobedarf** | **0** | **20** | **100** | **120** | **Nettobedarf** |

Periodenbezogener Brutto- und Nettobedarf

## 4.3.2.2 Grundbegriffe der Bedarfsrechnung

Um die erforderlichen Materialien termingerecht zur Verfügung stellen zu können, ist es notwendig, den Umfang des Bedarfsvorhersagezeitraumes zu kennen.

Dazu müssen die jeweiligen Beschaffungszeiten sowie die Vorlauf- und Durchlaufzeiten für die Be- und Verarbeitung der Materialien in den Fertigungsstufen bekannt sein.

### 4.3.2.2.1 Der Vorhersagezeitraum

Die verbrauchsorientierte Bedarfsermittlung beruht auf Prognosen, die umso fehlerbehafteter sind, je weiter der Vorhersagezeitraum gefasst ist. Bei längeren Betrachtungszeiträumen wirken sich gelegentliche Schwankungen weniger stark aus; aktuelle Entwicklungen können aber übersehen werden.

### 4.3.2.2.2 Die Beschaffungszeit

Im Rahmen der Planung der Beschaffungszeit ist zu berücksichtigen, dass viele Materialien nicht unmittelbar nach ihrer Anforderung zur Verfügung stehen, sondern Komponenten des Bestellvorgangs, des Transports, der Materialannahme und nicht zuletzt die unter Umständen nicht gegebene sofortige Lieferbereitschaft des Lieferanten verzögernd wirken. Betragen die Lieferfristen für bestimmte Materialien beispielsweise vier Monate, darf der Vorhersagezeitraum nicht kleiner als vier Monate gewählt werden.

### 4.3.2.2.3 Die Vorlaufzeit

Bei einem mehrstufigen Fertigungsprozess gewinnt die Vorlaufzeit an Bedeutung. Die Vorlaufzeit berücksichtigt den Vorlauf der Fertigung für Einzelteile oder Baugruppen, die für die nächstfolgende Fertigungsstufe benötigt werden. Ein untergeordnetes Teil muss um die Vorlaufzeit früher als das nächst übergeordnete Teil zur Verfügung stehen. Mit einer **Vorlaufverschiebung** wird der Vorlauf in der Bedarfsrechnung, Disposition und Beschaffungszeit berücksichtigt.

Die Vorlaufverschiebung stellt eine Maßnahme der Produktionsplanung und -steuerung dar, um der deterministischen Bedarfsplanung ein Mengen- und Termingerüst zu geben.

Die Vorlaufzeit für den Sekundärbedarf wird bei der zeitpunktbezogenen Bedarfsplanung aus der Zeitspanne der übergeordneten Fertigungsstufe abgeleitet; hierbei beträgt die kalkulatorische Zeitspanne mindestens die Durchlaufzeit (s.u.) des übergeordneten Fertigungsauftrages.

Bei der periodenbezogenen Bedarfsplanung wird die Vorlaufzeit nicht selten pauschaliert und mit einer oder mehreren Zeitspannen pro Fertigungsstufe angesetzt. In der Abbildung ist der Sekundärbedarf um die Durchlaufzeit der nachfolgenden Fertigungsstufe verschoben; denn ein untergeordnetes Teil muss um die Vorlaufzeit früher als das nächst übergeordnete Teil zur Verfügung stehen.

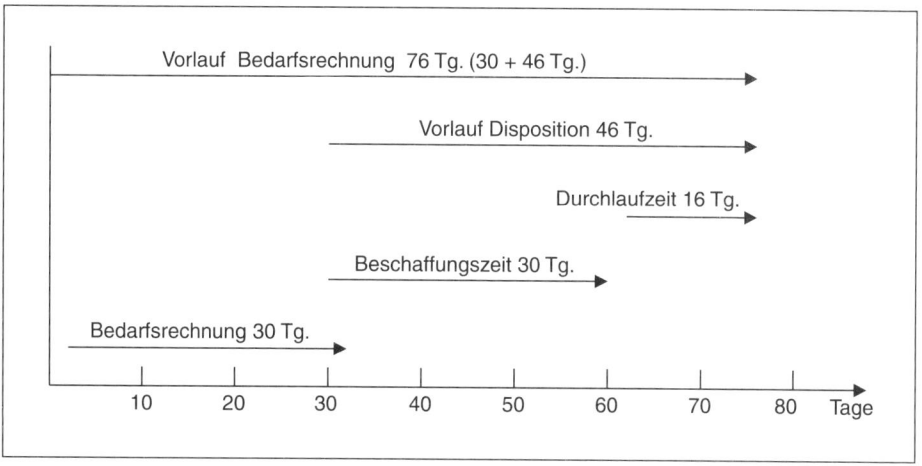

Vorlaufzeit

*Beispiel:*
*Zur Deckung des Sekundärbedarfs muss die Disposition um die jeweilige Beschaffungszeit früher erfolgen. Die Abbildung veranschaulicht die Vorlaufzeit für die Disposition von insgesamt 46 Tagen, zusammengesetzt aus 16 Tagen Durchlaufzeit sowie 30 Tagen Beschaffungszeit. Da der Bedarf allerdings vor seiner Disposition feststehen muss, ergibt sich ein Zeitintervall für die Bedarfsrechnung, in diesem Beispiel von angenommenen 30 Tagen. Aus der Abbildung ergeben sich für die Vorlaufzeit der Bedarfsrechnung 76 Tage, bestehend aus 16 Tagen Durchlaufzeit, 30 Tagen Beschaffungszeit und 30 Tagen Bedarfsrechnungszeit.*

## 4.3.2.2.4   Die Durchlaufzeit

Die Durchlaufzeit ist die Zeit, die ein Arbeitsgegenstand beansprucht, um die einzelnen Fertigungsstufen zu durchlaufen; sie beginnt mit dem Bereitstellungszeitpunkt und endet nach dem letzten Arbeitsgang. Die Durchlaufzeit setzt sich aus den einzelnen Arbeitszeiten zusammen, die in den Arbeitsplänen festgelegt sind, ergänzt um Förder-, Liege- und Kontrollzeiten.

*Beispiel:*
*Ein Produkt ist durch die nachstehende Fertigungsstruktur mit den angegebenen Strukturelementen gekennzeichnet:*

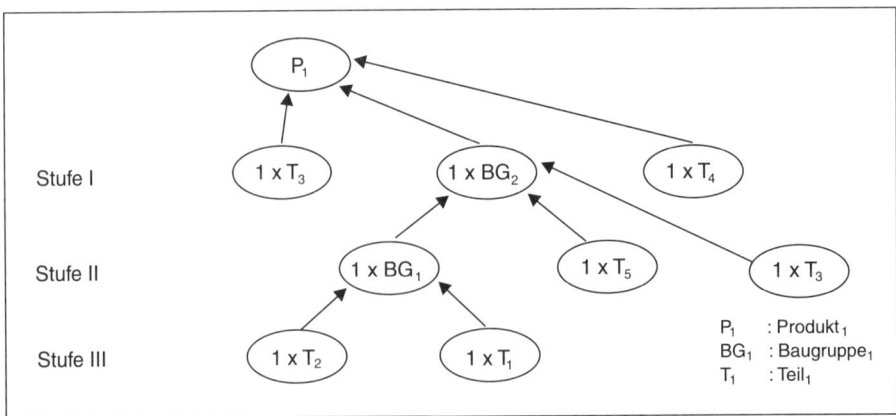

Fertigungsstruktur mit Strukturelementen

*Für die Fertigung des Produktes (P₁) wurden folgende Zeitbedarfe für die Bearbeitung der einzelnen Strukturelemente ermittelt:*

| $P_1$ | |
|---|---|
| **Bezeichnung** | **Tage** |
| $T_1$ | 4 |
| $T_2$ | 2 |
| $BG_1$ | 6 |
| $T_3$ | 3 |
| $BG_2$ | 4 |
| $T_4$ | 4 |
| $T_5$ | 4 |
| $P_1$ | 2 |

*Daraus ergeben sich die folgenden Durchlaufzeiten:*

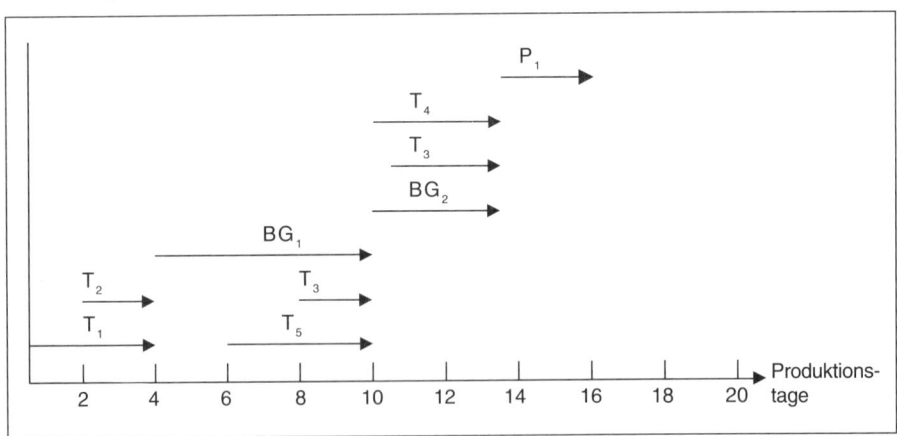

Durchlaufzeiten

*Die jeweiligen Start- und Endfertigungstermine sind als parallele Strecken zur Zeitachse dargestellt; es ergibt sich eine Gesamtdurchlaufzeit von 16 Tagen bis zur vollständigen Endmontage des fertigen Produktes.*

## 4.3.2.2.5   Der Fabrikkalender

Als organisatorisches Hilfsmittel zur Bedarfs- und Terminplanung dient nicht der konventionelle gregorianische Kalender, sondern der Fabrikkalender. Die Planungshorizonte reichen hierbei vom jahresbezogenen über den vierjahresbezogenen (dreistelliger Arbeitstagekalender) bis hin zum weniger gebräuchlichen vierzigjährigen Fabrikkalender (vierstelliger Arbeitstagekalender).

Die gebräuchlichste Form ist der dreistellige, vierjahresbezogene Arbeitstagekalender. Beginnend mit 0 und endend bei 999 werden die Arbeitstage nummeriert, wobei die arbeitsfreien Tage von vornherein ausscheiden. Bei 1000 Tagen, also nach etwa vier Jahren, beginnt der Kalender wieder bei Null.

*Beispiel:*
*Wenn die Durchlaufzeit für das Produkt (P₁) 16 Tage beträgt und es am 800. Fabrikkalendertag fertig gestellt sein soll, dann muss mit der Fertigung spätestens am Fabrikkalendertag 784 (800–16) begonnen werden.*

## 4.3.2.3   Methoden der Bedarfsermittlung

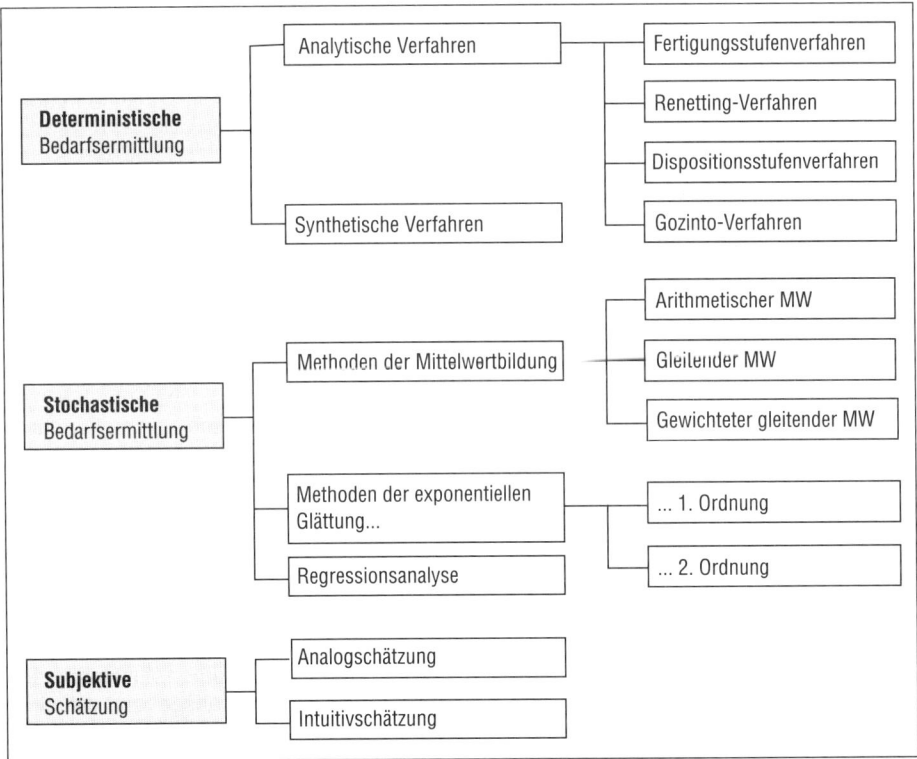

Übersicht zur Bedarfsermittlung

Aussagen über den zukünftigen Bedarf und dessen mögliche Fehlerbehaftung in Abhängigkeit der gewählten Methode sowie eine Beurteilung des Bedarfsvolumens unter Berücksichtigung des Bedarfswertes lassen sich, je nach Anforderung und Datenlage, mit Hilfe verschiedener Methoden treffen.

Unterschieden werden

- die **subjektive** Bedarfsschätzung,
- die **deterministisch** Bedarfsrechnung,
- die **stochastische** Bedarfsrechnung.

Zusätzlich wird auf Verfahren zur Fehlerberechnung eingegangen. Anschließend wird mit der ABC-Analyse ein Verfahren zur Einteilung der Materialgruppen in wertmäßig bedeutende, weniger bedeutende und unbedeutende Teile vorgestellt. Die Kenntnis der wirtschaftlichen Bedeutung einzelner Materialien ist eine wichtige Voraussetzung für die Einschätzung, welche Aufmerksamkeit einzelnen Positionen in der Beschaffungsanbahnung und Bestellrechnung zukommen soll.

## 4.3.2.3.1  Subjektive Schätzung

Sind keinerlei Verbrauchswerte für eine Bedarfsvorhersage verfügbar, bietet sich zunächst nur eine Schätzung an, die dann beim Vorliegen erster Verbrauchsverläufe durch die entsprechenden Verfahren der statistischen Methoden ersetzt werden kann.

Die Vorhersageschätzung kann auf zweierlei Arten geschehen.

- **Analogschätzung:** Für vergleichbare Materialien werden die Prognosewerte auf andere Materialpositionen übertragen.

- **Intuitivschätzung:** Es erfolgt eine gefühlsmäßige Einschätzung des Vorhersagewertes durch eine mit der entsprechenden Erfahrung ausgestattete Person (z. B. den Lagerleiter).

## 4.3.2.3.2  Grundlagen der deterministischen Bedarfsermittlung

Deterministisch bedeutet »gewiss, feststehend«. Dementsprechend definiert die REFA-Methodenlehre die deterministische Bedarfsrechnung als eine exakte Bestimmung des Materialbedarfs nach Menge und Termin. Sie dient hauptsächlich der Ermittlung des Sekundärbedarfs bei bekanntem Primärbedarf.

Die Grundlage der deterministischen Bedarfsermittlung bilden fest umrissene Kundenaufträge, Produktionspläne, Stücklisten oder Rezepturen. Mit der analytischen und der synthetischen Methode der Bedarfsermittlung (s. u.) stehen zwei unterschiedliche Verfahren zur Verfügung, die sich durch die Art der verwendeten Hilfsmittel unterscheiden. Das analytische Vorgehen bietet sich besonders zur Produktionsplanauflösung an. Das synthetische Verfahren hingegen findet Anwendung bei der Bedarfsauflösung eines einzelnen Fertigerzeugnisses.

### 4.3.2.3.2.1  Die Stückliste

Die Stückliste enthält die Mengen aller Einzelteile und Rohstoffe, die für die Fertigung des Erzeugnisses erforderlich sind. Sie gibt Auskunft über die mengenmäßige Zusammensetzung eines Erzeugnisses. Je nach dem Verwendungszweck können, ausgehend von einer Gesamtstückliste, unterschiedliche Stücklistenarten erstellt werden; die nachstehende Übersicht systematisiert beispielhaft einige Stücklistenarten.

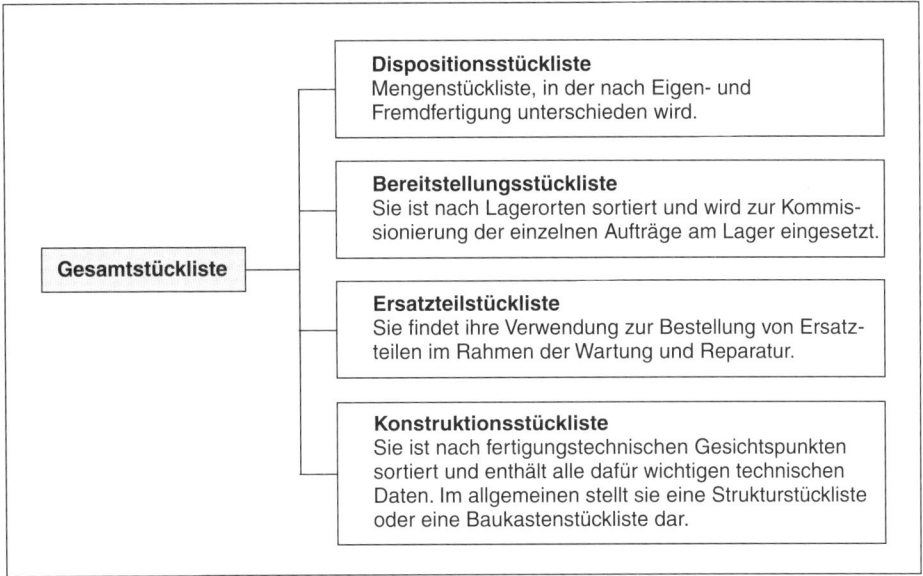

Stücklistenarten

Entsprechend der Darstellung der Struktur eines Produktes lassen sich die Stücklisten z. B. in die Mengenstückliste, die Strukturstückliste, die Baukastenstückliste sowie in die Variantenstückliste gliedern.

## Die Mengenstückliste

Die Mengenstückliste oder auch Mengenübersichtsstückliste gibt Auskunft über die benötigten Mengen der jeweiligen Einsatzstoffe aller Fertigungsstufen. Die Darstellung ist relativ unstrukturiert, da lediglich dokumentiert wird, welche jeweiligen Mengen in das Produkt eingehen, nicht aber, in welchen Fertigungsstufen welches Material Verwendung findet. Der Sekundärbedarf wird ermittelt, indem der Bedarf an Fertigprodukten mit den in dem Produkt enthaltenen Einzelteilen bzw. -mengen multipliziert wird.

Die folgende Abbildung stellt eine Mengenstückliste für einen einstufigen Herstellungsprozess dar

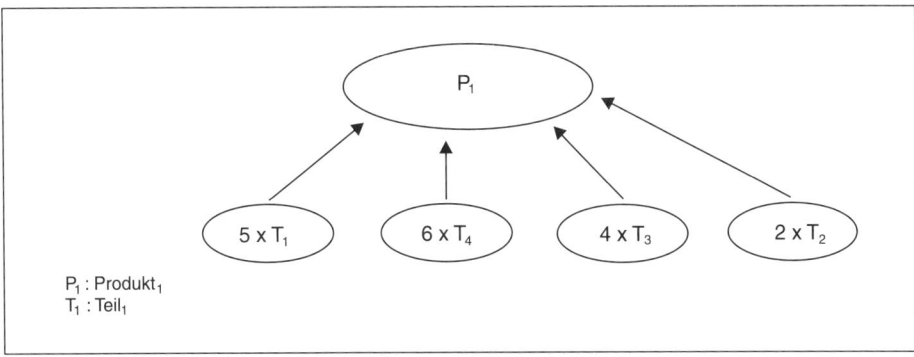

Mengenstückliste (schematisch)

Tabellarisch gestaltet sich die Mengenstückliste wie folgt:

| $P_1$ | |
|---|---|
| **Bezeichnung** | **Menge** |
| $T_1$ | 5 |
| $T_2$ | 2 |
| $T_3$ | 4 |
| $T_4$ | 6 |

Mengenstückliste (tabellarisch)

*Beispiel:*
*Bei einer angenommenen Fertigung von 3000 Produkten ($P_1$) pro Periode ergibt sich, unter Berücksichtigung der oben dargestellten Produktstruktur, der nachstehende Brutto-Sekundärbedarf:*

| $P_1$ | | ME pro | Brutto |
|---|---|---|---|
| **Bezeichnung** | **Menge** | **Periode** | **Sekundärbedarf** |
| $T_1$ | 5 | 5 · 3000 | 15000 |
| $T_2$ | 2 | 2 · 3000 | 6000 |
| $T_3$ | 4 | 4 · 3000 | 12000 |
| $T_4$ | 6 | 6 · 3000 | 18000 |

## Die Strukturstückliste

Im Gegensatz zur Mengenstückliste enthält die Strukturstückliste alle Baugruppen und Teile des Produktes in strukturierter Aufbereitung. Die Anordnung zeigt die fertigungstechnische Zusammensetzung des Produktes bei mehrstufigen Fertigungsprozessen auf und zeigt, in welcher Stufe eine Baugruppe oder ein Einzelteil verwendet wird.

Dabei erscheinen allerdings mehrfach verwendete Baugruppen oder Einzelteile wiederholt in der Stückliste, was bei komplexen Prozessen mit zahlreichen verwendeten Strukturelementen schnell unübersichtlich werden kann.

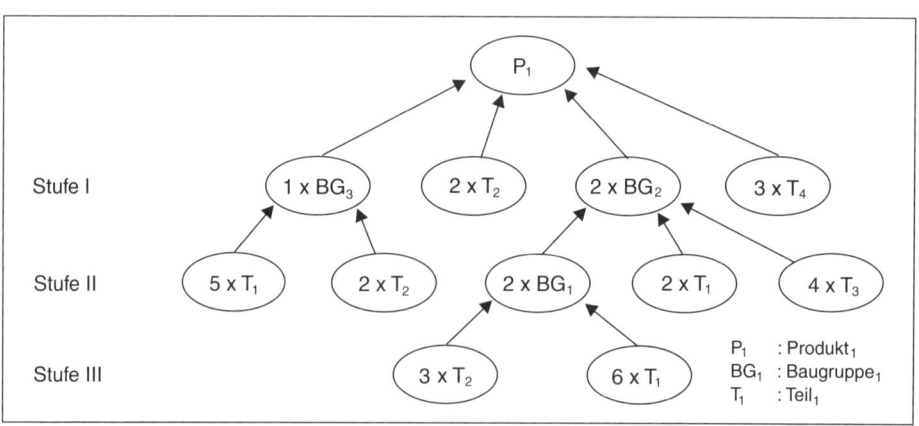

Strukturstückliste (schematisch)

Die tabellarische Form der Strukturstückliste:

| $P_1$ | | |
|---|---|---|
| **Stufe** | **Bezeichnung** | **Menge** |
| I | $BG_3$ | 1 |
| II | $T_1$ | 5 |
| II | $T_2$ | 2 |
| I | $T_2$ | 2 |
| I | $BG_2$ | 2 |
| II | $BG_1$ | 2 |
| III | $T_2$ | 3 |
| III | $T_1$ | 6 |
| II | $T_1$ | 2 |
| II | $T_2$ | 4 |
| I | $T_4$ | 3 |

Strukturstückliste (tabellarisch)

## Die Baukastenstückliste

Im Gegensatz zu den Strukturstücklisten, die den strukturellen Produktaufbau vollständig wiedergeben, dokumentieren die Baukastenstücklisten nur den strukturellen Aufbau der Elemente bis zur nächst niedrigeren Fertigungsstufe.

Baukastenstücklisten haben folglich keinen direkten Bezug zum Endprodukt, worin sich ein Nachteil begründet. Der gesamte Produktaufbau lässt sich durch eine Zusammenfügung aller Baukastenstücklisten darstellen.

Hinsichtlich der schematischen und tabellarischen Darstellung wird auf die beiden folgenden Abbildungen verwiesen.

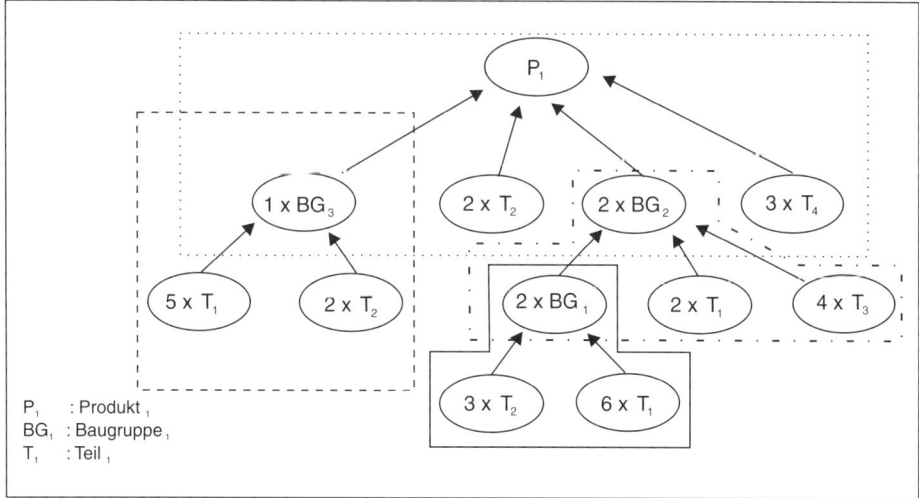

$P_1$ : Produkt ,
$BG_1$ : Baugruppe ,
$T_1$ : Teil ,

Baukastenstückliste (schematisch)

| $P_1$ | |
|---|---|
| Bezeichnung | Menge |
| $BG_3$ | 1 |
| $T_2$ | 2 |
| $T_4$ | 3 |
| $BG_2$ | 2 |

| $BG_2$ | |
|---|---|
| Bezeichnung | Menge |
| $T_1$ | 2 |
| $T_3$ | 4 |
| $BG_1$ | 2 |

| $BG_1$ | |
|---|---|
| Bezeichnung | Menge |
| $T_1$ | 6 |
| $T_2$ | 3 |

| $BG_3$ | |
|---|---|
| Bezeichnung | Menge |
| $T_1$ | 5 |
| $T_2$ | 2 |

Baukastenstückliste (tabellarisch)

Baukastenstücklisten werden in die Wiederholbaugruppen, wie im Falle der Baugruppe $BG_1$, nur einmal aufgenommen, auch wenn sie an mehreren Stellen eines Produktes verwendet werden.

Bei den Varianten der Fertigung wird die Grundausführung eines Produktes so verändert, dass sich die Gestalt, die Beschaffenheit oder die Eigenschaften des Produktes durch Hinzufügen oder Weglassen von Einzelkomponenten verändert.

Die oben dargestellten Mengen-, Struktur- und Baukastenstücklisten lassen sich bei der Variantenfertigung auch als entsprechende Variantenstücklisten darstellen. So sind zum Beispiel in Mehrfachstücklisten mehrere Stücklisten zu einer Stückliste zusammengefasst. Für die verschiedenen erzeugten Produkte wird jeweils eine Mengenspalte ausgewiesen.

### Die Variantenstückliste

Bei den Varianten der Fertigung wird die Grundausführung eines Produktes so verändert, dass sich die Gestalt, die Beschaffenheit oder die Eigenschaften des Produktes durch Hinzufügen oder Weglassen von Einzelkomponenten verändert.

Die oben dargestellten Mengen-, Struktur- und Baukastenstücklisten lassen sich bei der Variantenfertigung auch als entsprechende Variantenstücklisten darstellen.

Im Einzelnen lassen folgende Variantenstücklisten unterscheiden:

– Bei der **Mehrfachstückliste** oder auch **Typenstückliste** werden mehrere Stücklisten zu einer Stückliste zusammengefasst werden. Für die verschiedenen erzeugten Produkte wird hier jeweils eine Mengenspalte ausgewiesen.

– Die **Gleichteilstückliste** fasst alle Elemente zusammen, die in allen Produkten enthalten sind.

– Die **Endformstückliste** beinhaltet nur jene Elemente, die in den Varianten der Produkte enthalten sind.

– Die **Grundtypenstückliste** enthält jene Produktelemente, auf denen alle Varianten basieren.

– Im Unterschied zur Grundtypenstückliste enthält die **Abartenstückliste** jene Bauteile, die in Form von Plus-Minus-Listen, durch Hinzufügen oder Weglassen die Varianten bilden.

#### 4.3.2.3.2.2   Der Teileverwendungsnachweis

Beim Teileverwendungsnachweis handelt es sich um Stücklisten in umgekehrter Sortierfolge. Der Verwendungsnachweis geht nicht von der übergeordneten Baugruppe aus, sondern weist nach, in welchen Baugruppen oder Erzeugnissen das jeweilige Teil vorkommt.

Den dargestellten Stücklisten entsprechend lässt sich auch der Teileverwendungsnachweis in den Mengenverwendungsnachweis, den Struktur-Teileverwendungsnachweis und den Baukasten-Teileverwendungsnachweis gliedern.

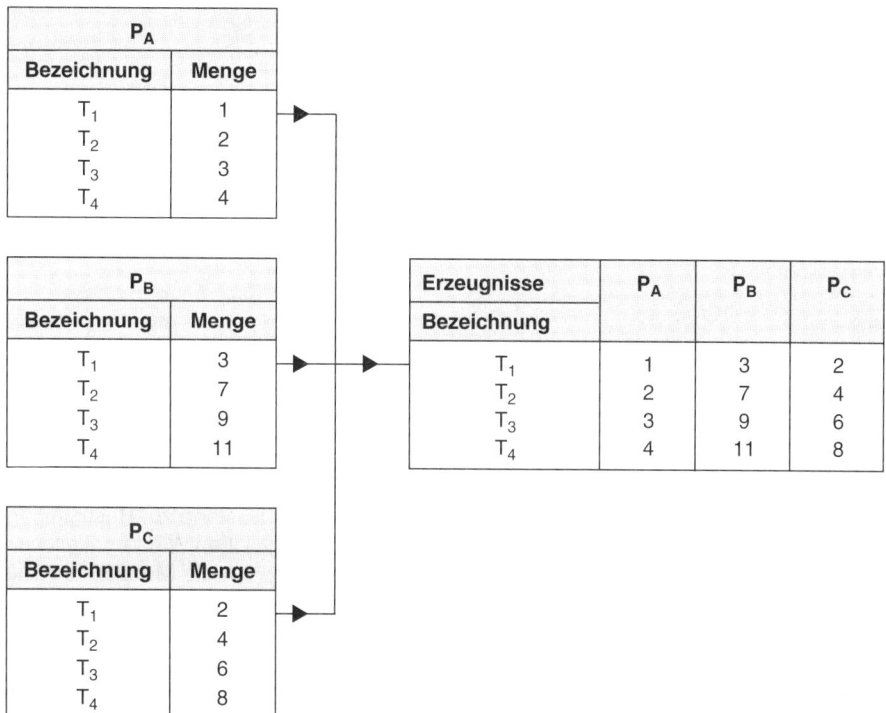

Teileverwendungsnachweis

## 4.3.2.3.3   Methoden der deterministischen Bedarfsermittlung

Die analytischen und synthetischen Methoden der Bedarfsermittlung unterscheiden sich durch die Art der verwendeten Hilfsmittel. In der betrieblichen Praxis werden häufig beide Methoden eingesetzt.

#### 4.3.2.3.3.1   Die analytische Bedarfsauflösung

Die analytische Bedarfsauflösung geht vom Primärbedarf aus, welcher im Produktionsplan festgehalten ist. Die Fertigerzeugnisse werden mittels Stücklisten in ihre Bestandteile, bis zu den Rohmaterialien, gegliedert. Die Auflösung des jeweiligen Bedarfs kann auf der Grundlage von Mengenübersichtsstücklisten, Fertigungs- oder Dispositionsstufen erfolgen.

**Das Fertigungsstufenverfahren**

Das Fertigungsstufenverfahren geht von einer **zeitlichen Abfolge der Montage** des Produktes aus. Die Auflösung der Erzeugnisstruktur erfolgt so, dass das Endprodukt die Fertigungsstufe Null bekommt. In der Reihenfolge der Fertigungsstufen wird das Produkt schrittweise zerlegt, bis die unterste Fertigungsstufe erreicht ist.

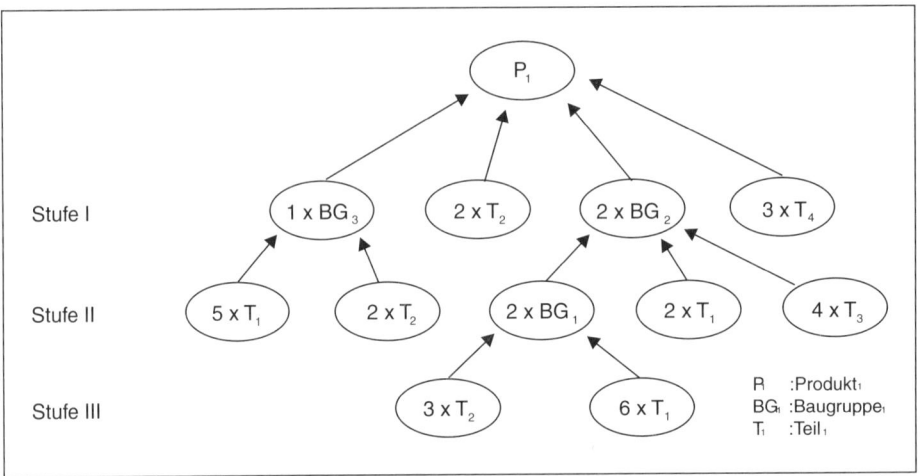

Erzeugnisstruktur und Fertigungsstufen

Die Anwendung des Fertigungsstufenverfahrens führt zur Ermittlung des Bruttobedarfs. Eine Saldierung von ermitteltem Bruttobedarf und verfügbarem Bestand zur Bestimmung des Nettobedarfs muss auf jeder Stufe erfolgen. Dies führt bei gleichen Wiederholteilen in verschieden Fertigungsstufen zu einer aufwändigen Rechnung, um die Mengen und die entsprechenden Termine mit frei verfügbaren Beständen zu koordinieren. Dieser Verfahrensnachteil hat dazu beigetragen, dass das Fertigungsstufenverfahren sich eher für Erzeugnisstrukturen mit geringem oder keinem Mehrfachanteil an gleichen Wiederholteilen bzw. -gruppen empfiehlt. Für Erzeugnisse mit nennenswertem Mehrfachanteil bietet sich z. B. das Renetting- oder das Dispositionsstufenverfahren an.

**Das Renetting-Verfahren**

Das Renetting-Verfahren eignet sich zur Berücksichtigung von **sich wiederholenden Strukturelementen** in verschiedenen Baugruppen und Fertigungsstufen. Zur Bedarfsermittlung wird der Bedarf eines jeden sich wiederholenden Elementes pro Fertigungsstufe ermittelt. Dieser ermittelte Bruttobedarf pro Fertigungsstufe wird dann mit dem vorhandenen Lager- und Bestellbestand abgeglichen und so der Nettobedarf pro Fertigungsstufe errechnet. Dieser Vorgang wiederholt sich bis zur Bedarfsermittlung der untersten Auflösungsstufe. Die Addition aller Nettobedarfe pro Fertigungsstufe ergibt dann den Gesamtnettobedarf an mehrfach vorkommenden Strukturelementen.

Das Renetting-Verfahren ist relativ aufwändig, da die Wiederholkomponenten auf jeder Fertigungsstufe aufgelöst werden müssen. Der Abgleich zwischen dem jeweiligen Bruttobedarf und dem letztendlichen Nettobedarf wird mit zunehmender Komplexität zeitaufwändiger. Das Verfahren gelangt in der Praxis daher selten zur Anwendung und soll an dieser Stelle auch nicht durch ein Beispiel vertieft werden.

## Das Dispositionsstufenverfahren

Das Dispositionsstufenverfahren eignet sich für eine Bedarfsrechnung, wenn gleiche Teile **in verschiedenen Fertigungsstufen** vorkommen. Es beginnt ebenfalls beim fertigen Erzeugnis, jedoch wird bei diesem Verfahren der gesamte Bedarf einer Materialposition auf der Stufe zusammengefasst, in der sie zuerst Verwendung findet. Die Vorteile des Dispositionsstufenverfahrens liegen in der termingerechten Bedarfszuordnung und in der Zusammenfassung der periodischen Nettobedarfe zu wirtschaftlichen Größen.

*Beispiel:*
*Die in der voranstehenden Abbildung dargestellte Stückliste ist nach Fertigungsstufen aufgelöst. In der Auflösung nach Dispositionsstufen zeigt sich folgendes Bild:*

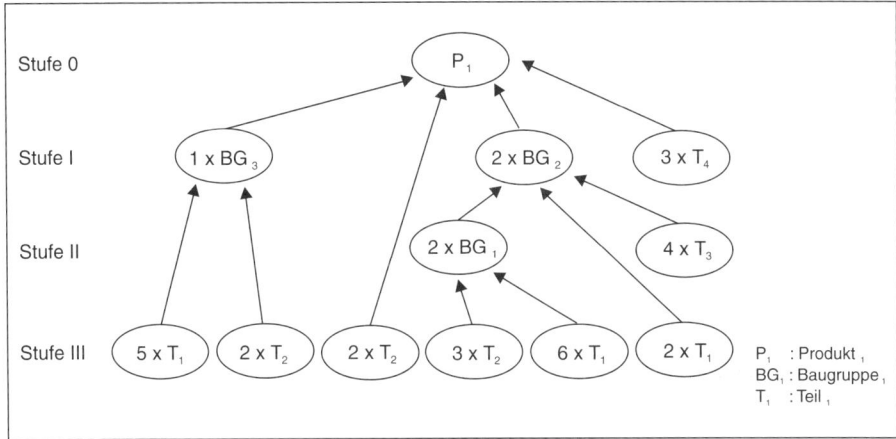

Nach Dispositionsstufen aufgelöste Stückliste

*Alle gleichen Elemente wurden auf die Verwendungsstufe bzw. Dispositionsstufe gezogen, auf der sie zuerst Verwendung finden. Dies gewährleistet, dass jedes Element nur einmal aufgelöst werden muss.*

*In Fortsetzung des Beispiels ergibt sich nachfolgender Rechengang mit einem gegebenen Primärbedarf von 50 ME im Juli. Die Vorlaufverschiebung beträgt 30 Tage.*

*Ausgehend von den bekannten Periodenbedarfen, ergibt sich der Sekundärbedarf der ersten Dispositionsstufe für die Baugruppe $BG_2$ wie folgt:*

*Benötigt werden 2 $BG_2$, um eine Einheit von $P_1$ herzustellen. Daher gilt: $BG_2 = 2\ P_1$;*

*daraus folgt*

*$BG_2 = 2x50 = 100$*

*Auf der gleichen Stufe ergibt sich auch der Bedarf für $BG_3$ und $T_4$ :*

*$BG_3 = P_1 = 50$ und $T_4 \cdot 3\ P_1 = 150$*

*Der Bedarf für die Baugruppe $BG_1$ auf der zweiten Dispositionsstufe errechnet sich wie folgt:*

*$BG_1 = 2\ BG_2$ ; folglich gilt: $BG_1 = 2 \cdot 100 = 200$*

*$T_3 = 4\ BG_2 = 400$*

| Dispositionsstufe | | Strukturelement | Mrz. | Apr. | Mai | Juni | Juli | Aug. | Strukturelement | Mrz. | Apr. | Mai | Juni | Juli | Aug. |
|---|---|---|---|---|---|---|---|---|---|---|---|---|---|---|---|
| 0 | Primärbedarf | $P_1$ | | | | | 50 | | | | | | | | |
| | | | | | | | | | | | | | | | |
| I | Sekundärbedarf | $BG_2$ | | | | | 100 | | $T_4$ | | | | | 150 | |
| | Vorlaufverschieb. | | | | 100 | | | | | | | 150 | | | |
| I | Gesamtbedarf | $BG_2$ | | | 100 | | | | $T_4$ | | | 150 | | | |
| I | Sekundärbedarf | $BG_3$ | | | | 50 | | | | | | | | | |
| | Vorlaufverschieb. | | | | 50 | | | | | | | | | | |
| I | Gesamtbedarf | $BG_3$ | | | 50 | | | | | | | | | | |
| | | | | | | | | | | | | | | | |
| II | Sekundärbedarf | $BG_1$ | | | | 200 | | | $T_3$ | | | | 400 | | |
| | Vorlaufverschieb. | | | | 200 | | | | | | | 400 | | | |
| II | Gesamtbedarf | $BG_1$ | | | 200 | | | | $T_3$ | | | 400 | | | |
| | | | | | | | | | | | | | | | |
| III | Sekundärbedarf | $T_1$ | | | 1650 | | | | $T_2$ | | | | 800 | | |
| | Vorlaufverschieb. | $T_1$ | | 1650 | | | | | $T_2$ | 800 | | | | | |
| III | Gesamtbedarf | $T_1$ | | 1650 | | | | | $T_2$ | 800 | | | | | |

Nach Dispositionsstufen aufgelöste Stückliste in tabellarischer Form

*Auf der Stufe 3 kann nunmehr die Bedarfsermittlung für die Teile $T_1$ und $T_2$ als Komponenten der Baugruppen $BG_1$, $BG_2$ und $BG_3$ erfolgen.*

$$T_1 = 6\,BG1 \quad + 2\,BG_2 + 5\,BG_3$$
$$\phantom{T_1} = 1200 \quad + 200 \quad + 250 \quad = 1650$$

$$T_2 = 3\,BG_2 \quad + 2\,BG_3 + 2\,P_1$$
$$\phantom{T_2} = 600 \quad + 100 \quad + 100 \quad = 800$$

## Das Gozinto-Verfahren

Beim Gozinto-Verfahren werden die Mengen- und Stufenbeziehungen zwischen den Elementen eines Erzeugnisses **strukturiert dargestellt**. Instrument zur Visualisierung dieser Beziehungen ist der Gozinto-Graph.

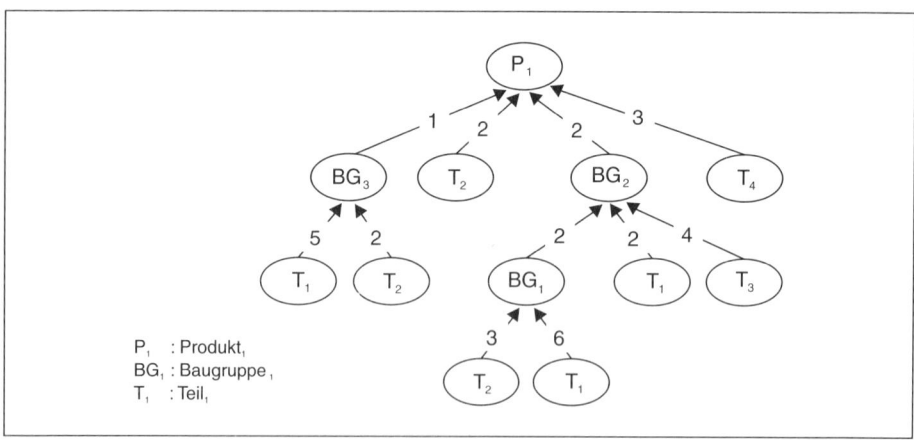

$P_1$ : Produkt,
$BG_1$ : Baugruppe,
$T_1$ : Teil,

Gozinto-Graph

Der Name »Gozinto« leitet sich aus dem Englischen ab: »that part goes into ...« .

Unter Zuhilfenahme des Gozinto-Graphen wird zunächst eine Direktbedarfsmatrix erstellt. Eine solche Matrix zeigt die folgende Abbildung.

|       | $P_1$ | $BG_1$ | $BG_2$ | $BG_3$ | $T_1$ | $T_2$ | $T_3$ | $T_4$ |
|-------|-------|--------|--------|--------|-------|-------|-------|-------|
| $P_1$   | 0 | 0 | 2 | 1 | 0 | 2 | 0 | 3 |
| $BG_1$  | 0 | 0 | 0 | 0 | 6 | 3 | 0 | 0 |
| $BG_2$  | 0 | 2 | 0 | 0 | 2 | 0 | 4 | 0 |
| $BG_3$  | 0 | 0 | 0 | 0 | 5 | 2 | 0 | 0 |
| $T_1$   | 0 | 0 | 0 | 0 | 0 | 0 | 0 | 0 |
| $T_2$   | 0 | 0 | 0 | 0 | 0 | 0 | 0 | 0 |
| $T_3$   | 0 | 0 | 0 | 0 | 0 | 0 | 0 | 0 |
| $T_4$   | 0 | 0 | 0 | 0 | 0 | 0 | 0 | 0 |

Direktbedarfsmatrix

Zeilenweise gelesen zeigt die Matrix den Inhalt der jeweiligen Stückliste. Die Spalten können als Verwendungsnachweis der einzelnen Elemente gelesen werden.

Zur Berechnung der **Gesamtbedarfsmatrix** wird die Direktbedarfsmatrix von einer Einheitsmatrix gleichen Typs (8x8) subtrahiert. Aus dieser nun entstandenen Technologiematrix wird durch Inversion die Gesamtbedarfsmatrix hergestellt. Der Sekundärbedarf lässt sich nun durch die Multiplikation der Matrix mit dem Zeilenvektor des Primärbedarfs errechnen.

Auf weitere Einzelheiten dieses Verfahrens soll hier nicht eingegangen werden.

### 4.3.2.3.3.2   Die synthetische Bedarfsauflösung

Grundlage der synthetischen Bedarfsauflösung sind die **Teileverwendungsnachweise.** Bei der Auflösung soll festgestellt werden, in welcher Baugruppe oder welchem Erzeugnis ein bestimmtes Teil verwendet wird.

Wie bei der analytischen Bedarfsauflösung kann die Bruttobedarfsrechnung mit Hilfe der Baukastenverwendungsnachweise oder der Mengenverwendungsnachweise erfolgen. Zur Durchführung der Nettobedarfsrechnung können die Struktur- bzw. die Teileverwendungsnachweise verwendet werden.

### 4.3.2.3.4   Die stochastische Bedarfsermittlung

Nicht immer erweisen sich die deterministischen Verfahren zur Bedarfsermittlung als zweckmäßig, wenn zum Beispiel keine Stücklistenauflösung möglich ist oder eine exakte Planung den Aufwand nicht rechtfertigt.

Als Hilfsmittel der Datenerfassung bzw. der Datengewinnung können in diesem Fall Produktionsprogrammplanungs- und -steuerungssysteme **(PPS)** eingesetzt oder, falls dies nicht möglich ist, die Verbrauchsverläufe der Vergangenheit herangezogen werden, auf deren Grundlage dann mittels statistisch-mathematischer Verfahren der zukünftige Bedarf errechnet werden kann.

Die folgende Darstellung zeigt noch einmal den entsprechenden Ausschnitt aus der Gesamtheit der Bedarfsermittlungsmethoden.

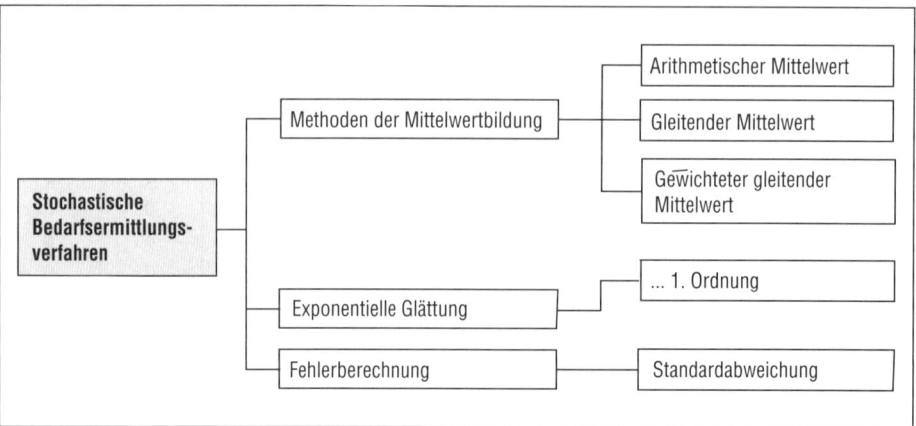

Stochastische Bedarfsermittlungsverfahren

### 4.3.2.3.4.1 Hilfsmittel der Datenerfassung

Neben den konventionellen standardisierten Datenerfassungsbögen zur Datengewinnung bieten sich auch EDV-integrierte Produktionsplanungs- und -steuerungs- (PPS-)Systeme an. Die Aufgaben solch eines **PPS-Systems** (vgl. auch Abschn. 4.6.3.1) bestehen in der Verwaltung und Pflege der Grund- und Bestandsdaten.

Das PPS-System kann unter dem materialwirtschaftlichen und dem zeitwirtschaftlichen Gesichtspunkt Informationen liefern:

In materialwirtschaftlicher Hinsicht enthält das System die Material- und die Teilestammdateien, die Stücklisten und Erzeugnisstrukturdateien. Die zeitwirtschaftliche Systemkomponente enthält Informationen über die entsprechenden Arbeitsplandateien sowie die Arbeitsplatzdateien.

Durch den Einsatz von materialwirtschaftlichen Programmen lassen sich die Bedarfsmengen besser ermitteln und optimieren sowie im Rahmen der Auftragsabwicklung besser darstellen. Ohne Medienbruch gelangt der Einkauf in den Besitz der Bestellmengen und Termine und kann so die optimale Einkaufsstrategie und deren Umsetzung planen.

Darüber hinaus lässt sich auch die Materialsteuerung durch den gezielten Einsatz von EDV optimieren. Die Materialsteuerung hat die Aufgabe, den Materialfluss zur Fertigung hinsichtlich Zeit, Menge und Güte aufrechtzuerhalten.

### 4.3.2.3.4.2 Verbrauchsverläufe

Um das geeignete statistische Verfahren mit dem jeweils genauesten Prognosewert einzusetzen, ist es notwendig, die spezifischen Verbrauchsverläufe zu kennen. An dieser Stelle kann nicht auf alle Varianten von Verbrauchsverläufen eingegangen werden; stattdessen werden einige exemplarische Verbrauchsverlaufsmodelle vorgestellt, und zwar zum

– konstanten,
– trendbeeinflussten,
– saisonalbeeinflussten und
– unregelmäßigen

Verbrauchsverlauf.

## Konstanter Verbrauchsverlauf

Ein konstanter oder horizontaler Verbrauchsverlauf liegt vor, wenn die Verbrauchswerte um einen im Wesentlichen stabilen Durchschnittswert schwanken. Der Verlauf ist langfristig konstant; einzelne Abweichungen vom Durchschnittswert unterliegen zufälligen Einflüssen und sind nicht regelmäßig.

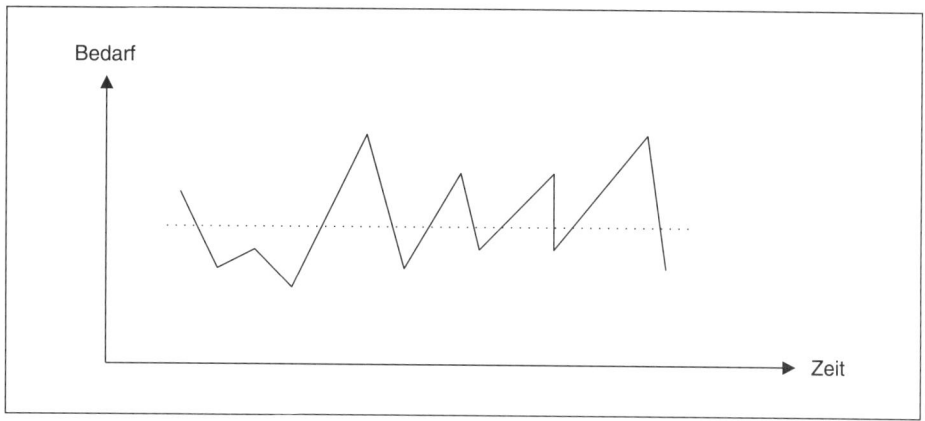

Konstantes Verbrauchsverlaufsmodell

## Trendbeeinflusster Verbrauchsverlauf

Ein trendbeeinflusster Verbrauchsverlauf wird unterstellt, wenn die Werte über einen längeren Zeitraum stetig steigen oder fallen. Beim einzusetzenden Prognosemodell dürfen zufällige Schwankungen nicht als Trend beurteilt werden.

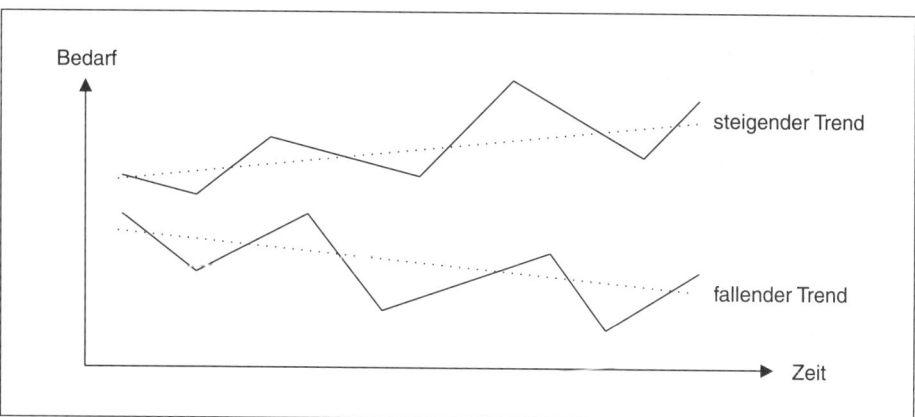

Trendbeeinflusstes Verbrauchsverlaufsmodell

## Saisonalbeeinflusster Verbrauchsverlauf

Dem saisonalen Verbrauch mit einem konstanten (z. B. jahreszeitlich bedingten) Zyklus liegen periodisch wiederkehrende Verbrauchsschwankungen zu Grunde:

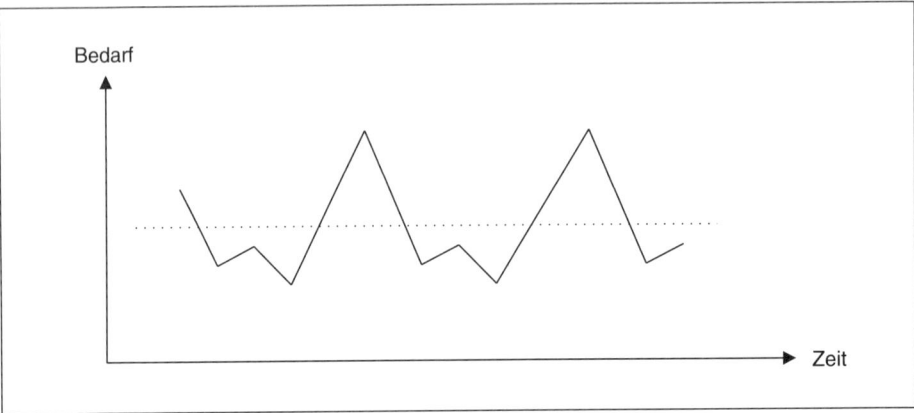

Saisonales Verbrauchsverlaufsmodell

## Unregelmäßiger Verbrauchsverlauf

Beim unregelmäßigen Verbrauch kommt es zu unberechenbaren Verbrauchsverläufen, die über einen längeren Zeitraum keine Gesetzmäßigkeiten erkennen lassen. Unstetigkeiten im Verbrauchsverlauf können unter anderem durch wirtschaftspolitische Geschehnisse, wie Wechselkursänderungen oder Rohstoffpreisverteuerung, hervorgerufen werden.

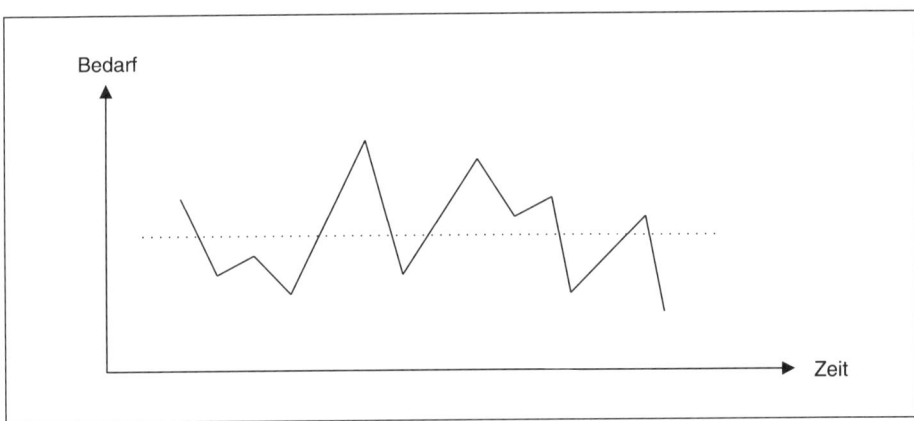

Unregelmäßiges Verbrauchsverlaufsmodell

### 4.3.2.3.4.3  Methoden der Mittelwertbildung

Die Methoden der Mittelwertbildung (vgl. auch Abschn. 7.3.2) für eine Bedarfsvorhersage empfehlen sich vor allem bei konstanten Verbrauchsverläufen.

Im Einzelnen handelt es sich bei den hier vorzustellenden Methoden der Mittelwertbildung um das arithmetische Mittel, den gleitenden Mittelwert sowie den gewichteten gleitenden Mittelwert.

## Der arithmetische Mittelwert

Bei der arithmetischen Mittelwertbildung erhalten alle Vergangenheitswerte die gleiche Gewichtung. Dadurch erfolgt eine Anpassung an die aktuelle Bedarfsentwicklung mit einer zeitlichen Verzögerung.

$$\text{Arithmetischer Mittelwert} = \frac{a_1 + a_2 + a_3 + \ldots + a_n}{n} = \frac{1}{n} \sum_{i=1}^{n} a_i$$

*Beispiel:*

*Der Materialverbrauch für die Verbrauchsperioden $a_1 - a_4$ wurde wie folgt festgehalten:*

*$a_1 = 90$ ME, $a_2 = 104$ ME, $a_3 = 125$ ME, $a_4 = 134$ ME. Um den Verbrauch für $a_5$ zu ermitteln, wird der arithmetische Mittelwert gebildet.*

$$\text{Arithmetischer Mittelwert} = \frac{90 + 104 + 125 + 134}{4} = 113{,}25$$

*Der Prognosewert für $a_5$ liegt bei 113,25 ME, aufgerundet bei 114 ME.*

## Der gleitende Mittelwert

Die Methode des gleitenden Mittelwertes erlaubt die Ausschaltung kurzfristiger Schwankungen und trägt zur Glättung einer Zahlenreihe bei, indem die in die Berechnung einzubeziehende Anzahl von Perioden von vornherein begrenzt wird. Die Aktualisierung erfolgt beim Vorliegen einer neuen Vorhersageperiode $a_5$, indem der älteste Verbrauchswert durch den jüngsten ersetzt wird.

$$\text{Gleitender Mittelwert } GM_{i+1} = \frac{1}{n} \sum_{k=i+1-n}^{i} T_k$$

$GM_{i+1}$ = gleitender Mittelwert als Verbrauchsvorhersagewert für die nächste Periode
$T_k$    = Tatsächlich eingetretener Verbrauch
$i$      = Laufende Periode
$n$     = Betrachtungsperioden

*Beispiel:*

*Das im vorangegangenen Beispiel gewählte arithmetische Mittel erscheint zu ungenau für eine Verbrauchsvorhersage von $a_5$, dessen tatsächlicher Wert bei 120 ME liegt und somit höher eingetreten ist als zuvor ermittelt ($a_5 = 114$ ME). Um eine Prognose für $a_6$ zu gewinnen, wird der tatsächliche Verbrauch aus $a_5$ in die Formel eingesetzt, derweilen der älteste Verbrauchswert aus $a_1$ aus der Rechnung herausfällt.*

$$GM_{i+1} = \frac{104 + 125 + 134 + 120}{4} = 120{,}75 \text{ ME}$$

*Der Prognosewert für $a_6$ liegt bei 120,75 ME, aufgerundet bei 121 ME.*

## Der gewichtete gleitende Mittelwert

Beim arithmetischen und beim gleitenden Mittelwert gehen alle vergangenen Verbräuche mit der gleichen Gewichtung in die Berechnung ein. Dies kann dazu führen, dass aufgrund einmaliger Gegebenheiten zu Stande gekommene »Ausreißerwerte« die Prognosewerte nachteilig beeinflussen.

Im Gegensatz dazu werden beim gewichteten gleitenden Mittelwert die einzelnen Perioden gewichtet. Die Summe der Gewichtungsfaktoren soll 100 % oder 1,0 ergeben. Bei der Gewichtung wird die jüngste Periode höher bewertet als die zurückliegenden, wodurch trendmäßige Entwicklungen besser berücksichtigt werden. Erhält ein zurückliegender Wert eine stärkere Gewichtung als ein aktueller Wert, so ändert dies auch die Zahlenreihe: ältere Daten werden stärker betont.

$$GGM = \frac{T_1 \cdot G_1 + T_2 \cdot G_2 + .... + T_n \cdot G_n}{G_1 + G_2 + .... + G_n}$$

mit

$T_i$ = Periodenbedarf
$G_i$ = Gewichtungsfaktor
$i$   = laufende Periode

*Beispiel:*
*Bezogen auf die Verbrauchsmengen des vorangegangenen Beispiels erhalten diese folgende Gewichtung: $a_1$ = 10 %, $a_2$ = 20 %, $a_3$ = 30 %, $a_4$ = 40 %. Werden diese Werte in die Gleichung eingesetzt, ergibt sich nachfolgender Rechengang:*

$$GGM_{i+1} = \frac{90 \cdot (0,1) + 104 \cdot (0,2) + 125 \cdot (0,3) + 134 \cdot (0,4)}{0,1 + 0,2 + 0,3 + 0,4} = 120,9$$

*Der Prognosewert für $a_5$ liegt bei 120,9 ME, aufgerundet 121 ME.*

## 4.3.2.3.4.4   Die exponentielle Glättung

Bei der exponentiellen Glättung (Exponential Smoothing) werden die Vergangenheitswerte nicht regelmäßig wie bei der gleitenden Mittelwertbildung gewichtet, sondern exponentiell abnehmend. Die Methode der exponentiellen Glättung ist ebenfalls in verschiedenen Varianten anzutreffen, von denen hier die Methoden der exponentiellen Glättung erster und zweiter Ordnung angesprochen werden sollen.

**Die exponentielle Glättung 1. Ordnung**

Die Methode der exponentiellen Glättung 1. Ordnung empfiehlt sich bei einem konstanten Verbrauchsverlaufsmodell bzw. bei nicht zu großen Schwankungen um einen durchschnittlichen Verbrauchswert. Durch einen Vergleich zwischen dem vorhergesagten Wert und dem tatsächlichen Verbrauch ergibt sich die Vorhersageabweichung. Dieser Wert wird mit dem **Glättungsfaktor** $\alpha$ (Alpha) gewichtet und zum alten Verbrauchswert addiert. $\alpha$ kann sich zwischen 0 und 1 bewegen; je kleiner $\alpha$ ist, umso stärker wird den Perioden der Vergangenheit Gewicht verliehen. Ein hoher Alpha-Wert glättet weniger die Zufallsschwankungen, betont aber die jüngsten Vergangenheitswerte.

Die Berechnungsgrundlage für das Verfahren der exponentiellen Glättung 1. Ordnung lautet:

$$V_n = V_a + \alpha \, (T_i - V_a)$$

mit

$V_n$ = Verbrauchsvorhersage für die neue Periode
$V_a$ = Alter Vorhersagewert der vorausgegangenen Periode
$T_i$ = Tatsächlicher Verbrauch der vorausgegangenen Periode
$\alpha$  = Glättungsfaktor

*Beispiel:*

*Es werden folgende Werte verwendet:*

$V_a = 150\ ME$

$T_i = 230\ ME$

$a_1 = 0{,}2$

$a_2 = 0{,}8$

$$V_{n1} = 150 + 0{,}2\ (230–150) \qquad V_{n2} = 150 + 0{,}8\ (230–150)$$
$$\phantom{V_{n1}} = 150 + 16 \qquad\qquad\quad \phantom{V_{n2}} = 150 + 64$$
$$V_{n1} = 166\ ME \qquad\qquad\qquad V_{n2} = 214\ ME$$

Die Auswirkungen eines zu klein bzw. zu groß gewählten $\alpha$-Wertes zeigt die Abbildung:

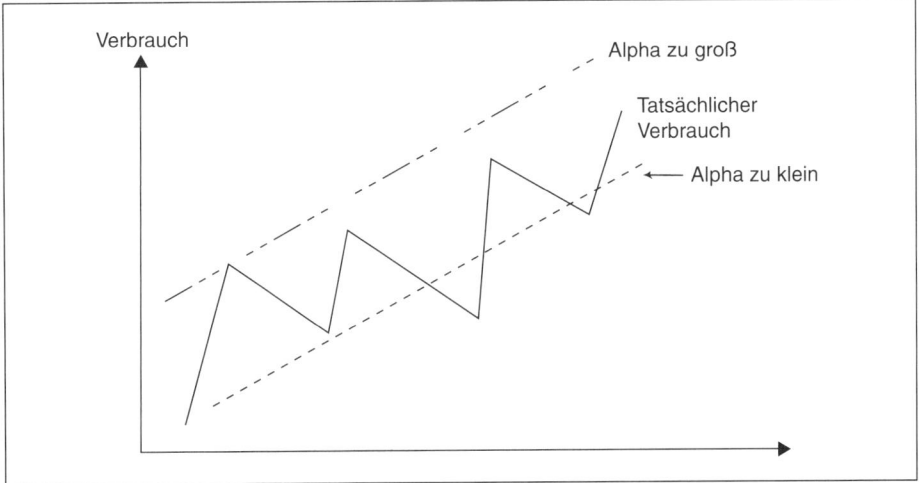

Exponentielle Glättung 1. Ordnung

Die Abbildung zeigt, dass sich die Methode der exponentiellen Glättung 1. Ordnung eher für konstante Verbrauchsverläufe eignet.

Eine Methode zur besseren Berücksichtigung von Trendverläufen ist die exponentielle Glättung 2. Ordnung.

### Die exponentielle Glättung 2. Ordnung

Diese Methode wird bei stärkeren Trendentwicklungen eingesetzt, die aber ebenfalls auf einem linearen Trend beruhen. Für die Vorhersage des Bedarfs werden zwei Punkte auf der Trendgeraden benötigt, um somit eine neue Bedarfsvorhersage auf der Trendgeraden zu tätigen.

Der erste Punkt errechnet sich aus der Glättung 1. Ordnung nach der Formel:

$$V_n^{(1)} = V_a^{(1)} + \alpha\ (T_i^{(1)} - V_a^{(1)})$$

Das Ergebnis dieser Berechnung wird nochmals geglättet durch Einsetzen in die Formel

$$V_n^{(2)} = V_a^{(1)} + \alpha\ (V_n^{(1)} - V_a^{(1)})$$

Die beiden Formeln $V_n^{(2)}$ und $V_n^{(1)}$ bilden die Basis für die Berechnung des mittleren Vorhersagewertes:

$$V_n = V_n^{(1)} + (V_n^{(1)} - V_n^{(2)})$$

Die Steigung der Trendgeraden (b) ergibt sich aus

$$b = \frac{\alpha}{1-\alpha} \, (V_n^{(1)} - V_n^{(2)})$$

Eine Bedarfsvorhersage für die nächste Periode $V_{n+1}$ ist nunmehr möglich:

$$V_{n+1} = V_n + b$$

*Beispiel:*

*Es soll der Bedarf für den Monat März ermittelt werden, wenn folgende Werte im Februar bekannt sind:*

$V_a$ *= 150 ME; $T_i$ = 200; $\alpha$ = 0,2*
$V_n^{(-1)}$ *= 150 + 0,2 (200 – 150) = 160 ME*
$V_n^{(-2)}$ *= 150 + 0,2 (160 – 150) = 152 ME*

*Damit ist der laufende Periodenvorhersagewert:*

$V_n$ *= 160 + (160 – 152) = 168 ME*

*Die Steigung der Geraden beträgt:*

$$b = \frac{0,2}{1-0,2} (160 - 152) = 2$$

*Als neuer Vorhersagewert ergibt sich:*

$V_{n+1}$ *= 168 + 2 = 170 ME*

## 4.3.2.3.4.5    Die Regressionsanalyse

Wenn die bisherigen Verbrauchswerte einem statistischen Grundverlauf **(Trend)** folgen, ihre Entwicklung also in eine Richtung geht (fallend, steigend, konstant...), können Vorhersagewerte mit der Methode der Regressionsanalyse gewonnen werden.

Im einfachsten Falle eines linearen Trendverlaufs können die Vergangenheitswerte durch eine als **Regressionsgerade** oder **Ausgleichsgerade** bezeichnete Gerade verbunden werden, die in die Zukunft weitergeführt (extrapoliert) werden kann. Diese Weiterführung wird als **Prognose** bezeichnet.

Mathematisch wird die Ausgleichsgerade so angelegt, dass die Summe der ins Quadrat erhobenen Abweichungen zwischen der Gerade und den einzelnen Verbrauchswerten minimiert wird. Ausreißerwerte – sowohl nach oben als auch nach unten – werden dadurch »geglättet«, dass auch negative Abweichungen durch die Quadrierung positiv werden. Auf die Darstellung der Formeln soll hier verzichtet werden.

Auch für nichtlineare (gekrümmte) Verläufe können Regressionsanalysen durchgeführt werden; allerdings ist die nichtlineare (multiple) Regression ein noch aufwändigeres Verfahren.

## 4.3.2.3.4.6    Fehlerberechnungen

Trotz der Güte und Eignung der vorgestellten Vorhersagemethoden lässt sich der Eintritt eines Ereignisses in Zukunft nicht unfehlbar vorhersagen. Es ist also mit einer gewissen Wahrscheinlichkeit davon auszugehen, dass der tatsächliche Bedarf vom Vorhersagebedarf abweicht. Die wirtschaftlichen Auswirkungen solcher Abweichungen können beträchtlich sein. Ist der Vorhersagebedarf größer als der Ist-Bedarf, wachsen die Bestände, welche wiederum höhere Lagerkosten und einen Liquiditätsentzug verursachen.

Im umgekehrten Fall – Vorhersagebedarf ist kleiner als der Ist-Bedarf – kann die Kundennachfrage nicht befriedigt werden; die Folgen sind Umsatzschmälerungen. Diese Gründe machen es erforderlich, den Vorhersagefehler zu bestimmen. Die Verfahren zur Fehlerbestimmung gehen von einer **Normalverteilung** des Vorhersagefehlers aus und bieten damit eine Möglichkeit der Berechnung.

### Die Standardabweichung

Basierend auf den Gesetzmäßigkeiten der **Gauß'schen Normalverteilung** ermittelt das Verfahren der Standardabweichung die Abweichungen vom Mittelwert zwischen den vorhergesagten Werten und dem tatsächlichen Verbrauch. Die Normalverteilung hat folgende Eigenschaften: Die Kurve der Normalverteilung verläuft zu beiden Seiten des Maximums symmetrisch, ihr Maximum liegt bei $x_M = \mu$. Die Wendepunkte der Kurve der Normalverteilung liegen bei $x_w = \mu \pm \sigma$. Die Gesamtfläche unterhalb der Kurve beträgt 1. Die Fläche zwischen den Wendepunkten beträgt 68,26 % der Gesamtfläche.

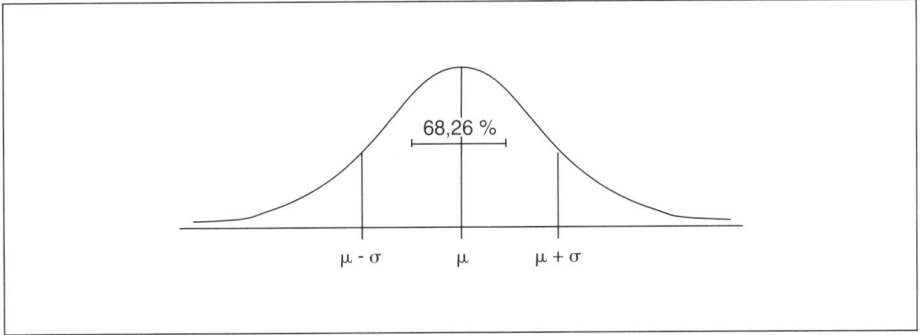

Normalverteilung

Die Verteilung der Werte lässt sich graphisch durch die Glockenkurve darstellen, wobei die Größe $\sigma$ (Sigma) angibt, wie sich die Abweichungen zwischen den vorhergesagten und den tatsächlichen Verbräuchen um den Mittelwert verteilen.

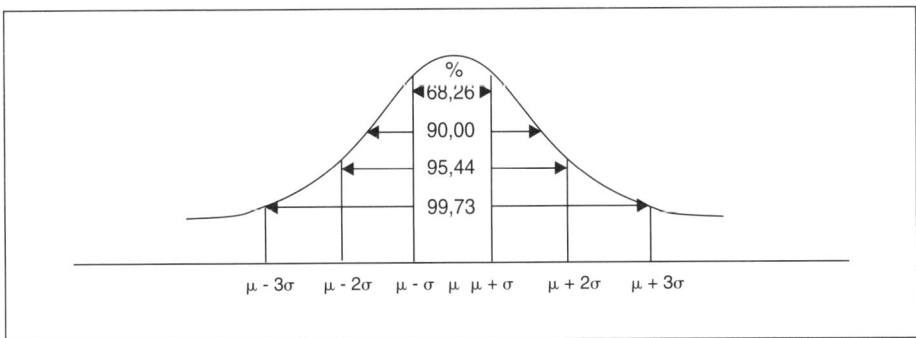

Normalverteilungshäufigkeiten

Bei einer unzureichenden Vorhersage ist Sigma groß, und die Abweichungen sind weit um das Mittel gestreut, die Kurve verläuft flacher (in der folgenden Abbildung als »Fehler A« wiedergegeben). Sind die Abweichungen des vorhergesagten Bedarfs vom tatsächlichen Bedarf nur gering, liegen die Werte um das Mittel; Sigma ist klein, die Kurve verläuft steil (Fehler B, siehe die Abbildung).

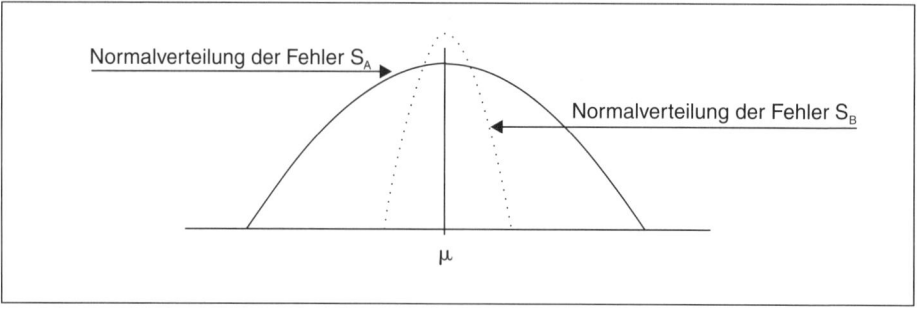

Abweichung einer gezogenen Probe um x-Quer

Die Standardabweichung $\sigma$ wird mit der nachstehenden Formel berechnet:

$$\sigma = \sqrt{\frac{1}{n}\left(\sum_{i=1}^{n}(x_i - \overline{x})^2\right)}$$

$\overline{x}$ = Vorhersagewert als gleitender Mittelwert über n Perioden

$\sigma$ = Standardabweichung in der Grundgesamtheit

$x_i$ = Tatsächlicher Verbrauch der Periode

n = Anzahl der zugrundegelegten Perioden

i = Periode

*Beispiel:*
*Ausgehend von dem nachfolgenden Verbrauchsverlauf soll die Standardabweichung berechnet werden.*

| Periode i | Tatsächlicher Verbrauch $x_i$ |
|:---:|:---:|
| 1 | 110 |
| 2 | 120 |
| 3 | 130 |
| 4 | 115 |
| 5 | 105 |
| 6 | 115 |
| 7 | 120 |
| 8 | 100 |
| 9 | 130 |
| 10 | 120 |
| 11 | 140 |
| 12 | 110 |

$$\overline{x} = \frac{1415}{12} = 117{,}92 \ ME$$

$$\sigma = \sqrt{\frac{1}{12}\left[\begin{array}{l}62{,}7264 + 4{,}3264 + 145{,}9264 + 8{,}5264 + 166{,}9264 + 8{,}5264 + 4{,}3264 + \\ 321{,}1264 + 145{,}9264 + 4{,}3264 + 487{,}5264 + 62{,}7264\end{array}\right]}$$

$$\sigma = \sqrt{\frac{1}{12}\,(1422{,}9168)}$$

$$\sigma = \sqrt{118{,}5764} = 10{,}89$$

*Die Standardabweichung gibt an, wie sich die Abweichungen zwischen Vorhersagen und dem tatsächlichen Wert um den Mittelwert verteilen. In diesem Beispiel beträgt $\sigma = 10{,}89$.*

*Der gesuchte Wert liegt also mit einer Wahrscheinlichkeit von 68,26 % zwischen*

*$117{,}92 - 10{,}89 = 107{,}03$ und $117{,}92 + 10{,}89 = 128{,}8$ ME.*

## Die mittlere absolute Abweichung (MAD)

Bei der mittleren absoluten Abweichung (MAD = **Middle Absolute Deviation**) werden zur Rechnungsvereinfachung alle Abweichungen als positiv angenommen; berechnet wird anschließend der Durchschnitt der absoluten Abweichungen.

$$MAD = \frac{1}{n} \sum_{i=1}^{n} \left| x_i - \underline{x} \right|$$

$\underline{x}$ = Mittlerer Vorhersagewert
MAD = mittlere absolute Abweichung
$x_i$ = Tatsächlicher Verbrauch der Periode
n = Anzahl der zugrundegelegten Perioden
i = Periode

*Beispiel:*
*Ermittelt werden sollen der absolute Fehler und die mittlere absolute Abweichung für die im vorangegangenen Beispiel genannten Perioden unter Zuhilfenahme des gleitenden Mittelwertes, wobei für die Prognose die letzten 5 Perioden verwendet werden.*

| Periode  i | Tatsächlicher Verbrauch  $x_i$ | Gleitender Mittelwert  x | Absoluter Fehler  $\lvert x_i - \underline{x} \rvert$ | Fehler- vorhersage  $MAD_i$ |
|---|---|---|---|---|
| 1 | 110 | | | |
| 2 | 120 | | | |
| 3 | 130 | | | |
| 4 | 115 | | | |
| 5 | 105 | | | |
| 6 | 115 | 116 | 1 | |
| 7 | 120 | 117 | 3 | |
| 8 | 100 | 117 | 17 | |
| 9 | 130 | 111 | 19 | |
| 10 | 120 | 114 | 6 | |
| 11 | 140 | 117 | 23 | 9,2 |
| 12 | 110 | 122 | 12 | 13,6 |
| 13 | | 120 | | 15,4 |

Für die 11. Periode ergeben sich die obigen Werte wie folgt:

$$Gleitender\ Mittelwert_{11} = \frac{120 + 130 + 100 + 120 + 115}{5} = 117\ ME$$

$$Absoluter\ Fehler_{11} = |\ 140 - 117\ | = 23\ ME$$

$$Fehlervorhersage\ MAD_{11} = \frac{6 + 19 + 17 + 3 + 1}{5} = 9,2\ ME$$

*Im gegebenen Fall ergab sich ein unvorhergesehen hoher tatsächlicher Verbrauch, aus dem ein hoher absoluter Fehler resultiert.*

Steht als Zahlenwert nur der tatsächliche Verbrauch einer Periode zur Verfügung, sodass der Einsatz der Mittelwertbildungsverfahren nicht sinnvoll wäre, kann zur Verbrauchsvorhersage auch das Verfahren zur exponentiellen Glättung 1. Ordnung eingesetzt werden.

### 4.3.2.3.5   ABC-/XYZ-Analyse

Die ABC-Analyse dient dem Unternehmen als ein Rationalisierungsinstrument, welches das Wesentliche vom Unwesentlichen zu unterscheiden hilft, indem die Aktivitäten auf einen Bereich hoher wirtschaftlicher Bedeutung gelenkt werden und gleichzeitig der Aufwand für die übrigen Bereiche durch Vereinfachungsmaßnahmen gesenkt wird. Mit Hilfe dieses Instrumentes kann die Anzahl und der Wert der beschafften Materialgruppen untersucht werden, ebenso wie Anzahl und Wert der verbrauchten Materialgruppen, der Bestellungen usw.. Die ABC-Analyse gibt Aufschluss über die mengen- und wertmäßige Verteilung der Materialien, die im industriellen Unternehmen in einem bestimmten Zusammenhang stehen. Danach haben

– **A-Güter** einen ca. 15 %igen Gesamtmengenanteil und einen ca. 70–80 %igen Anteil am Gesamtwert,

– **B-Güter** einen ca. 20–35 %igen Gesamtmengenanteil und einen ca. 15–20 %igen Anteil am Gesamtwert,

– **C-Güter** einen ca. 40–70 %igen Gesamtmengenanteil und einen ca. 10–15 %igen Anteil am Gesamtwert.

Die Ermittlung des für die ABC-Analyse notwendigen Zahlenmaterials erfolgt mehrschrittig.

**1. Schritt:** Für alle Materialien wird durch Multiplikation des Einzelpreises mit der jeweiligen Menge der Jahresbedarf – ausgedrückt in € – ermittelt.

**2. Schritt:** Nun wird das Rangreihenverfahren angewandt, sodass jetzt der Artikel mit dem höchsten Jahresbedarf in € auf dem ersten Rang steht und sich der Artikel mit dem geringsten Jahresbedarf an letzter Position befindet.

**3. Schritt:** Dann werden die wertmäßigen Jahresbedarfe aller Positionen addiert; das Ergebnis, der Gesamtjahresverbrauchswert, wird gleich 100 % gesetzt. Nun kann der wertmäßige Anteil der einzelnen Materialpositionen am Jahresverbrauch auch prozentual ausgedrückt werden.

**4. Schritt:** Letztlich werden die einzelnen Prozentanteile kumuliert und die Wertgruppen A, B und C festgelegt.

*Beispiel:*
*In einem Betrieb sollen die nachfolgenden Materialverbrauchsmengen mit Hilfe der ABC-Analyse untersucht werden. Die Erfassung des Datenmaterials erfolgt zunächst durch die tabellarische Zusammenfassung der jeweiligen Materialnummer, des mengenmäßigen Jahresbedarfes, des jeweiligen Einzelpreises pro Mengeneinheit sowie des wertmäßigen Jahresbedarfes:*

| Material Nr. | Jahresbedarf in ME | Preis / ME € | Jahresbedarf € |
|---|---|---|---|
| A | B | C | $D = B \cdot C$ |
| 101 | 107 | 314,17 | 33616,19 |
| 102 | 15600 | 1,78 | 27768,00 |
| 103 | 1050 | 2,51 | 2635,50 |
| 104 | 5400 | 1,21 | 6534,00 |
| 105 | 800 | 5,45 | 4360,00 |
| 106 | 700 | 7,40 | 5180,00 |
| 107 | 140 | 21,69 | 3036,60 |
| 108 | 19700 | 0,06 | 1182,00 |
| 109 | 17400 | 0,04 | 696,00 |
| 110 | 27900 | 0,08 | 2232,00 |

*Nach der Ermittlung des jeweiligen Jahresbedarfes in € werden die einzelnen Material-positionen entsprechend ihres Jahresbedarfes/mit Rangzahlen versehen und abstei-gend sortiert. Die Materialnummer mit dem höchsten wertmäßigen Jahresbedarf erhält den Rang 1 und steht an erster Stelle, die Materialposition mit dem niedrigsten wertmä-ßigen Jahresbedarf steht an letzter Stelle der Tabelle und erhält den Rang 10:*

| Material Nr. | Jahresbedarf in ME | Preis / ME € | Jahresbedarf € | Rang |
|---|---|---|---|---|
| 101 | 107 | 314,17 | 33616,19 | 1 |
| 102 | 15600 | 1,78 | 27768,00 | 2 |
| 104 | 5400 | 1,21 | 6534,00 | 3 |
| 106 | 700 | 7,40 | 5180,00 | 4 |
| 105 | 800 | 5,45 | 4360,00 | 5 |
| 107 | 140 | 21,69 | 3036,60 | 6 |
| 103 | 1050 | 2,51 | 2635,50 | 7 |
| 110 | 27900 | 0,08 | 2232,00 | 8 |
| 108 | 19700 | 0,06 | 1182,00 | 9 |
| 109 | 17400 | 0,04 | 696,00 | 10 |

*Im nächsten Schritt wird der gesamte Jahresbedarfswert durch Addition der einzelnen Jahresbedarfswerte ermittelt. Zur Berechnung der prozentualen Einzelanteile der Mate-rialpositionen am Gesamtjahresbedarf wird dieser gleich 100 % gesetzt. Sodann wer-den die einzelnen Prozentanteile bestimmt, kumuliert und die Wertgruppen festgelegt:*

| Rang | Material Nr. | Jahresbedarf € | Anteil vom Gesamtwert % | Kumulativer Anteil % | Wert- gruppe |
|------|--------------|----------------|-------------------------|----------------------|--------------|
| 1 | 101 | 33616,19 | 38,53 | 38,53 | A |
| 2 | 102 | 27768,00 | 31,83 | 70,36 | A |
| 3 | 104 | 6534,00 | 7,49 | 77,85 | B |
| 4 | 106 | 5180,00 | 5,94 | 83,79 | B |
| 5 | 105 | 4360,00 | 5,00 | 88,79 | B |
| 6 | 107 | 3036,60 | 3,48 | 92,27 | C |
| 7 | 103 | 2635,50 | 3,02 | 95,29 | C |
| 8 | 110 | 2232,00 | 2,56 | 97,85 | C |
| 9 | 108 | 1182,00 | 1,35 | 99,20 | C |
| 10 | 109 | 696,00 | 0,80 | 100,00 | C |
| Gesamt | | 87240,29 | 100,00 | | |

*Die Wertegruppen können wie nachfolgend zusammengefasst werden:*

| Wertgruppe | Material- positionen | Mengen- anteil % | Wert- anteil % | Wert € |
|------------|----------------------|------------------|----------------|--------|
| A | 2 | 20 | 70,36 | 61384,19 |
| B | 3 | 30 | 18,43 | 16074,00 |
| C | 5 | 50 | 11,21 | 9782,10 |
| Gesamt | 10 | 100 | 100,00 | 87240,29 |

*Die tabellarische Auswertung zeigt, dass der Mengenanteil der A-Güter 20 % ausmacht, dem aber ein wertmäßiger Anteil der A-Güter von ca. 70 % gegenübersteht. Auf die C-Güter hingegen entfällt ein mengenmäßiger Bedarf von 50 %, der einem wertmäßigen Anteil von ca. 11 % entspricht.*

**Fazit:** Entsprechend den Auswertungsergebnissen sollten A-Güter eine andere Aufmerksamkeit erfahren als B- oder C-Güter:

– Für **A-Güter** sollte eine intensivere Marktanalyse und anschließende Marktbeobachtung erfolgen. Zudem sollten unter anderem die Lagerzeiten minimiert und die Durchlaufzeiten verkürzt werden.

– Für die **C-Materialien** sollte eine vereinfachte Handhabung gelten, wie beispielsweise die fernmündliche Bestellung oder die Bemessung großzügiger Sicherheitsbestände.

– Die **B-Güter** nehmen eine Mischstellung zwischen den reinen A- und C-Gütern ein. Die Anwendung vereinfachter Verfahren, wie sie bei der Behandlung von C-Materialien zweckmäßig ist, sollte bei den B-Gütern nicht durchgängig angewendet werden, da ein Teil der B-Materialien an der Grenze zu den A-Materialien angesiedelt ist. Dies wiederum rechtfertigt den Einsatz exakterer Methoden auch für einen Teil der B-Materialien.

Die Aussagekraft der ABC-Analyse kann erhöht werden, indem die Ergebnisse der ABC-Analyse mit der **XYZ-Analyse** kombiniert werden.

Bei der XYZ-Analyse wird der Bedarf wie nachstehend klassifiziert:

| X | Konstanter Bedarf | Hohe Vorhersagegenauigkeit |
|---|---|---|
| Y | Schwankender Bedarf | Mittlere Vorhersagegenauigkeit |
| Z | Unregelmäßiger Bedarf | Geringe Vorhersagegenauigkeit |

Unter Einbeziehung der ABC-Analyse ergibt sich die folgende Matrix:

| | X | Y | Z |
|---|---|---|---|
| A | Hoher Wertanteil Konstanter Bedarf | Hoher Wertanteil Schwankender Bedarf | Hoher Wertanteil Unregelmäßiger Bedarf |
| B | Mittlerer Wertanteil Konstanter Bedarf | Mittlerer Wertanteil Schwankender Bedarf | Mittlerer Wertanteil Unregelmäßiger Bedarf |
| C | Geringer Wertanteil Konstanter Bedarf | Geringer Wertanteil Schwankender Bedarf | Geringer Wertanteil Unregelmäßiger Bedarf |

# 4.3.3      Der Beschaffungsprozess

Der Beschaffungsprozess umfasst alle Aktivitäten der Beschaffungsanbahnung, des Beschaffungsabschlusses und der Beschaffungsabwicklung. Ausgelöst wird der Beschaffungsvorgang durch die Bedarfsaufgabe, d. h. die Meldung des durch die zuständige betriebliche Stelle (vgl. Abschn. 4.3.3.3) festgestellten Bedarfs. Diese muss sowohl die vorhandenen Bestände als auch die erwarteten Abforderungen der Fertigung berücksichtigen. Die hierfür notwendigen Informationen liefern die **Bestandsrechnung** und die **Bestellmengenrechnung.** Weitere Aktivitäten der Beschaffung sind die Angebotseinholung und -auswahl bis hin zum Kaufabschluss; die Terminüberwachung bzw. -verfolgung und letztendlich die Warenannahme, Wareneingangsprüfung und Liefereinscheinkontrolle. Im Folgenden werden alle diese Aktivitäten in der genannten Reihenfolge ausführlich behandelt.

## 4.3.3.1      Bestandsrechnung

Um den materialwirtschaftlichen Zielkonflikt aufzulösen, müssen alle Möglichkeiten einer Rationalisierung in den Bereichen des Lagers ausgeschöpft werden. So ist eine Bestandskontrolle ebenso wichtig wie eine Überprüfung der Lagerleistung, nicht zuletzt auch, um die Wirksamkeit eventuell getroffener Maßnahmen zu kontrollieren.

Die Überwachung des Bestandes gewinnt vor dem Hintergrund kürzerer Planungshorizonte zunehmend an Bedeutung. Die Bestandskontrolle kann nach Art der Kontrolle in die Eingangsüberwachung, die Entnahmeüberwachung und die Verfügbarkeitsüberwachung gegliedert werden.

### 4.3.3.1.1      Eingangsüberwachung

Die Eingangsüberwachung erfasst die Eingangsmöglichkeiten und den Eingangsablauf. Eingangsmöglichkeiten der Materialien sind Volllieferung, Teillieferung, Eingang zu geänderten Terminen oder Eingang abweichender Mengen. Der Eingangsablauf gliedert sich in die mengenmäßige Kontrolle der Materialien, die qualitative Kontrolle, die Rechnungsprüfung und die anschließende buchhalterische Erfassung.

## 4.3.3.1.2    Entnahmeüberwachung

Entnahmen aus dem Materiallager sind entweder geplante oder ungeplante Entnahmen, wobei auch mögliche Ausschüsse zu berücksichtigen sind.

Wie aus dem Rechnungswesen bereits bekannt ist, kann die Verbrauchsfeststellung entweder mittels Materialentnahmescheinen, die bei jeder Entnahme ausgestellt werden, oder – wenn auf Entnahmescheine verzichtet wird – am Ende der Abrechnungsperiode durch körperliche Inventur erfolgen. Die (fortlaufende) Lagerbestandsfortschreibung mittels Materialentnahmeschein stellt in der Praxis den Regelfall dar.

Der Entnahmeablauf berührt mehrere Bereiche der Unternehmung. So erstellt die Arbeitsvorbereitung anhand der entsprechenden Stücklisten die auftragsbezogenen Materialentnahmescheine. Diese dienen dem Lager zur Bestandsfortschreibung und zur Bewertung der Materialien. Die Entnahmescheine werden gesammelt und für die Betriebsabrechnung in Kostenarten und -stellen aufgeschlüsselt. Die Materialgemeinkosten werden periodisch in Form prozentualer Zuschläge zu den Aufträgen gebucht.

## 4.3.3.1.3    Verfügbarkeitsüberwachung

Die Verfügbarkeitsüberwachung (vgl. Abschn. 4.3.3.6) leistet die Abstimmung zwischen Auftrags- und Materialbeständen und gliedert sich in die Planung und die Kontrolle.

Hinsichtlich der **Planung** sind lang-, mittel- und kurzfristige Planungshorizonte zu unterscheiden. Eine langfristige Planung ist bei langen Lieferzeiten angezeigt, wobei im Planungszeitpunkt noch keine konkreten Aufträge vorhanden sein müssen. Die mittelfristige Planung dient dem Aufschluss über die konkrete Auftragsentwicklung. Die kurzfristige Planung baut auf dem vorhandenen Materialbestand auf und stellt die Fertigungsaufträge unter Berücksichtigung von Kapazitäten und bestätigten Terminen zusammen. Die Verfügbarkeitskontrolle schließlich stellt fest, ob die Materialien auch rechtzeitig verfügbar sind. Die Ermittlung des Bedarfs erfolgt nach den schon bekannten Methoden der deterministischen bzw. stochastischen Rechnung. Im zeitlichen Ablauf der Verfügbarkeitskontrolle wird zunächst die Teilestammdatei abgefragt, ob der Materialbestand für die erste Fertigungsperiode ausreicht. Im Falle von Fehlmengen kann der Auftrag nicht gestartet werden. Für eventuelle Fehlmengen der zweiten und weiterer Perioden wird unter Berücksichtigung der letzten Bestandsrechnung und -fortschreibung eine Warnung ausgegeben, sodass ein rechtzeitiges Eingreifen noch möglich ist.

## 4.3.3.2    Bestellmengenrechnung

Bisher wurden die verschiedenen Verfahren dargestellt, mit deren Hilfe es möglich ist, eine Bedarfsvorhersage zu treffen. Doch unabhängig von der Mengenermittlung bedarf es auch einer **Disposition** der Artikel, d. h. einer Umwandlung von Bedarfsmengen und Bedarfsterminen in Bestellmengen und Bestelltermine. Aufgabe der Bestellterminrechnung ist es, die rechtzeitige Bestellung der benötigten Materialien zu veranlassen; Aufgabe der Bestellmengenrechnung ist es, die entsprechenden Mengen unter Berücksichtigung wirtschaftlicher Losgrößen zu veranlassen.

Die Dispositionsverfahren lassen sich, wie nachstehend ausgeführt, in die auftragsgesteuerte, die plangesteuerte und die verbrauchsgesteuerte Disposition systematisieren. Gemeinsames Kennzeichen der auftrags- und der plangesteuerten Disposition ist, dass beide von deterministisch ermittelten Primärbedarfen ausgehen, wobei die auftragsgesteuerte Disposition nahezu keinen Lagerbestand verursacht. Die verbrauchsgesteuerte Disposition arbeitet hingegen mit Vergangenheitswerten.

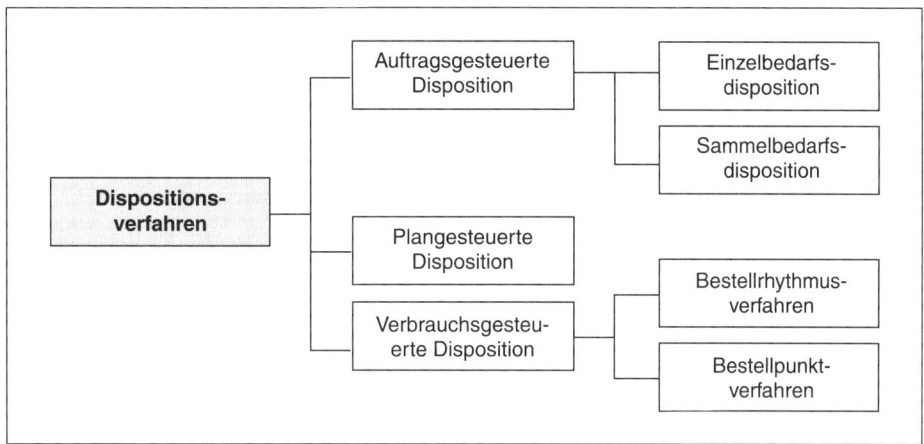

Dispositionsverfahren

## 4.3.3.2.1   Auftragsgesteuerte Dispositionsverfahren

Wird bei dieser Dispositionsmethode der Bedarf termingerecht beschafft, tritt keine Lagerhaltung auf, auch ein Sicherheitsbestand erübrigt sich. Bei der Einzelbedarfsdisposition werden die Materialien fallweise einzeln beschafft. Für eine produktionsgerechte Anlieferung ist eine retrograde Terminrechnung erforderlich. Bei der Sammelbedarfsdisposition werden Kundenaufträge zusammengefasst; dann wird erst beschafft.

## 4.3.3.2.2   Plangesteuerte Dispositionsverfahren

Die plangesteuerte Disposition berücksichtigt bei Festlegung des Bedarfs den Verbrauch der Vergangenheit, die gegenwärtigen Aufträge und den geschätzten Bedarf der Zukunft. Der Bestand an Kundenaufträgen wird für bestimmte Perioden als bekannt unterstellt, obwohl er auf statistischen Werten beruhen kann. Durch das Auflösen des Primärbedarfes wird der Sekundärbedarf ermittelt. Eine Voraussetzung für die Anwendung dieser Dispositionsart ist jedoch das Vorhandensein eines periodischen Produktionsplanes mit den entsprechenden Stücklisten. Über diese erfolgt die Berechnung des zeitlich gestaffelten Bruttobedarfs. Ein zusätzlicher ungeplanter Mehrbedarf kann über eine Prognoserechnung ermittelt und zum Bruttobedarf addiert werden. Der Nettobedarf ergibt sich dann durch Subtraktion der Lagerbestände und der Bestellbestände vom Bruttobedarf, vermehrt um den Vormerkbestand sowie vermindert um den Werkstattbestand. Der Vormerkbestand stellt jenen Bestand an vorhandenen Materialien dar, die bereits für andere Aufträge reserviert sind. Der Werkstattbestand setzt sich aus den Materialien zusammen, die bereits zur Weiterverarbeitung in der Fertigung lagern. Der **Nettobedarf** errechnet sich, ausgehend vom Bruttobedarf, wie folgt:

Bruttobedarf
+ Zusatzbedarf

= Gesamtbruttobedarf
– Lagerbestand
+ Vormerkbestand
– Bestellbestand
– Werkstattbestand

= **Nettobedarf**

*Beispiel:*

*Im Rahmen seines Büromöbelprogrammes fertigt ein Betrieb auch Schreibtischunter-schübe mit eingebautem PC. Für dieses Produkt liegt ein Auftrag über 90 Stück vor. Für die laufende Produktion werden 10 Stück benötigt. Die Fertigung rechnet mit einer Aus-schussquote von 1 %. Der Lagerbestand weist 40 PC aus. Von welcher Bestellmenge muss der Disponent ausgehen (Sicherheitsbestände sind nicht zu berücksichtigen)?*

*Nach der Auflösung des Primärbedarfs ergibt sich ein Sekundärbedarf von 90 PC.*

| | |
|---|---|
| *Bruttobedarf* | *90* |
| *+ Zusatzbedarf* | *1* |
| *= Gesamtbruttobedarf* | *91* |
| *– Lagerbestand* | *40* |
| *+ Vormerkbestand* | *10* |
| *– Bestellbestand* | *0* |
| *– Werkstattbestand* | *0* |
| *= Nettobedarf (Stück)* | *61* |

## 4.3.3.2.3    Verbrauchsgesteuerte Dispositionsverfahren

Unabhängig davon, ob die Disposition durch eine optische Bestandskontrolle oder durch eine Bestandsfortschreibung erfolgt, ist das Ziel, dass bis zur Verfügbarkeit der neuen Be-stellung jede Bedarfsanforderung gedeckt ist. Hierzu erfolgt eine Mengensteuerung mittels **Bestellpunktverfahren** und eine Terminsteuerung mittels **Bestellrhythmusverfahren.**

### 4.3.3.2.3.1   Bestellpunktverfahren

Beim Bestellpunktverfahren wird in Anlehnung an HARTMANN eine Beschaffung aus-gelöst, wenn der Lagerbestand eine bestimmte Menge, die dem Bestellpunkt oder dem Meldebestand entspricht, erreicht hat. Im Normalfall soll beim Erreichen des Sicherheits-bestandes die zu beschaffende Menge spätestens am Lager sein, damit die Abgabe-bereitschaft des Lagers auch bei Lieferterminschwankungen durch einen Sicherheits-bestand gewährleistet ist.

Der Bestellpunkt errechnet sich wie nachstehend:

$$B_P = D_B \cdot B_Z + S_B$$

$B_P$ = Bestellpunkt
$D_B$ = Durchschnittlicher Bedarf je Periode während der Beschaffungszeit
$B_Z$ = Beschaffungszeit
$S_B$ = Sicherheitsbestand

*Beispiel:*

*Der durchschnittliche Tagesbedarf einer Materialposition beträgt 100 Stück, die Be-schaffungszeit 26 Tage. Es wird ein Sicherheitsbestand für 10 Tage unterhalten.*

*$B_P = 100 \cdot 26 + (100 \cdot 10)$*
*$B_P = 2600 + 1000$*
*$B_P = 3600$ ME*

*Graphisch lässt sich das Bestellpunktverfahren – so auch hier – in Form einer Säge-zahnkurve darstellen. Die konstante Form der Kurve ergibt sich unter der Vorausset-zung gleichbleibender Lagerzu- und Abgänge sowie konstanter Beschaffungszeiten.*

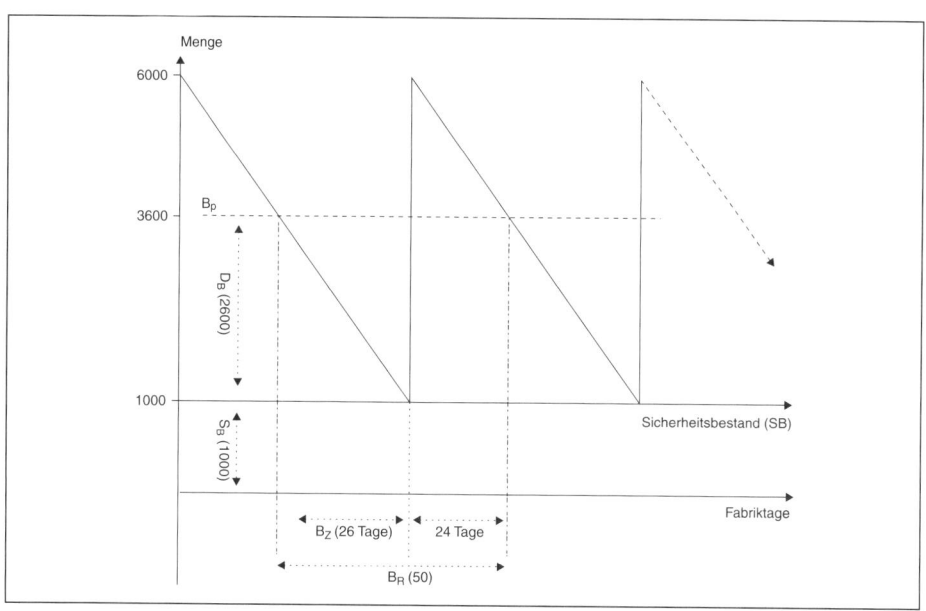

Bestellpunktverfahren (Konstantes Modell)

*Die Ermittlung des Bestellrhythmus ($B_R$) erfolgt durch Division der zuvor errechneten optimalen Bestellmenge ($x_{opt}$) durch den durchschnittlichen Tagesverbrauch ($D_B$). Unter der Annahme von 5000 Stück als optimale Bestellmenge muss jeweils nach 50 Tagen eine Bestellung erfolgen. Der Bestellrhythmus ($B_R$) errechnet sich für die Annahme wie folgt:*

$$B_R = \frac{x_{opt}}{D_B} = \frac{5000}{100} = 50 \text{ Tage}$$

Durch eintretende Verbrauchsschwankungen ist es nun aber möglich, dass eine alleinige Tagesausrichtung zu kurz greift und dies zu Fehlmengen führen kann. Im nachfolgenden Abschnitt soll daher der Bestellrhythmus näher betrachtet werden.

### 4.3.3.2.3.2   Bestellrhythmusverfahren

Im Unterschied zum Bestellpunktverfahren findet beim Bestellrhythmusverfahren in bestimmten Zeitabständen eine Kontrolle des verfügbaren Lagerbestandes statt. Hat der verfügbare Lagerbestand den Bestellpunkt, der hier als Referenzpunkt fungiert, unterschritten, wird eine Bestellung ausgelöst. Diese Überwachungszyklen reduzieren den Aufwand für die Disposition und den Einkauf.

Das Bestellrhythmusverfahren bietet sich an bei Nachbestellungen, die nur zu bestimmten Zeitpunkten möglich sind, oder wenn mehrere Artikel vom selben Lieferanten bezogen werden.

Der Rhythmus kann sich aber auch an Produktions- oder Lieferrhythmen orientieren.

Der Bestellpunkt **(Meldepunkt)** errechnet sich nach der Formel:

$$B_P = D_B \cdot (B_Z + B_{ü}) + S_B$$

$B_P$ = Bestellpunkt
$D_B$ = Durchschnittlicher Bedarf je Periode während der Beschaffungszeit
$B_Z$ = Beschaffungszeit
$B_{ü}$ = Beschaffungsüberprüfzeit
$S_B$ = Slcherheitsbestand

*Beispiel:*

*Der Bestand einer bestimmten Materialposition soll alle 15 Fabriktage überprüft werden. Die Beschaffungszeit für diese Materialposition beträgt 25 Tage, der Tagesbedarf liegt bei ca. 40 Stück und der Sicherheitsbestand bei 300 Stück. Unter Vernachlässigung der Beschaffungsüberprüfzeit ist in diesem Fall der Bestellpunkt bei $B_p = 40 \cdot 25 + 300 = 1300$ Stück erreicht.*

*Wird zum Zeitpunkt der Überprüfung ein Bestand von 1350 Stück festgestellt, so wird keine Bestellung ausgelöst. Wird nun während der folgenden 15 Produktionstage der Materialbestand planmäßig verbraucht, nimmt der Bestand um 600 Stück ab. Mit 700 Stück ist der Bestellpunkt unterschritten. Erst jetzt erfolgt eine Neubestellung. Da die Beschaffungszeit aber 25 Tage beträgt, wird in Kürze der Materialbestand verbraucht sein – mit der Folge möglicher Fehlmengen. Unter Einbeziehung der zugrunde gelegten Überprüfungszeit hätte ein Bestellpunkt von 1900 Stück gewählt werden müssen.*

*Bei Anwendung einer anderen Strategie hätte dies durch Mehrbestellung bzw. frühere Bestellung vermieden werden können.*

Wie beim Bestellpunktverfahren sind auch beim Bestellrhythmusverfahren verschiedene Lagerhaltungsstrategien möglich.

Die Abbildung zeigt exemplarisch ein Bestellrhythmusmodell mit konstanten Intervallen. Bei der Höchstbestandsstrategie wird in konstanten Bestellintervallen (BI) der Höchstbestand nachgefüllt, sobald Lagerbewegungen stattgefunden haben.

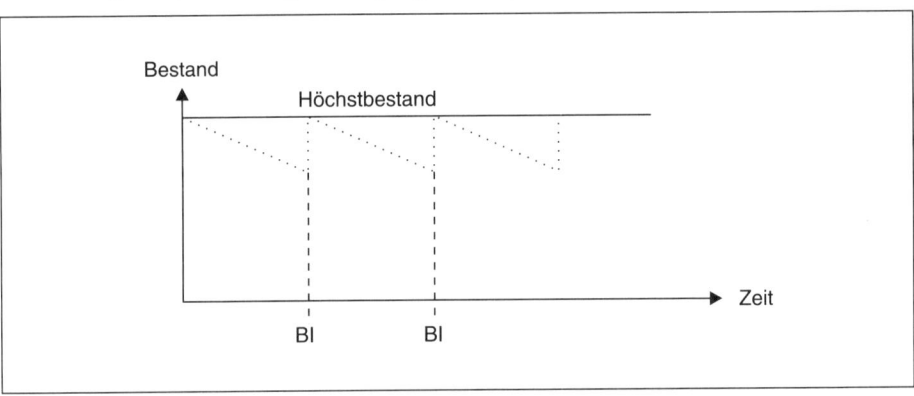

Höchstbestandsstrategie

Im Rahmen der materialwirtschaftlichen Optimierungsproblematik, nämlich der Sicherung einer hohen Lieferbereitschaft bei geringer Kapitalbindung und minimalen Kosten, gewinnt die Bestellmengenrechnung an Bedeutung.

Wurden in den vorherigen Abschnitten die Mengen geplant und im Rahmen der Bestellterminrechnung die Beschaffungszeitpunkte bestimmt, dienen die folgenden Ausführungen der Reduktion der Bestell- und Lagerkosten durch die Bestimmung wirtschaftlicher Losgrößen.

Zunächst folgt eine Übersicht zur Bestellmengenrechnung:

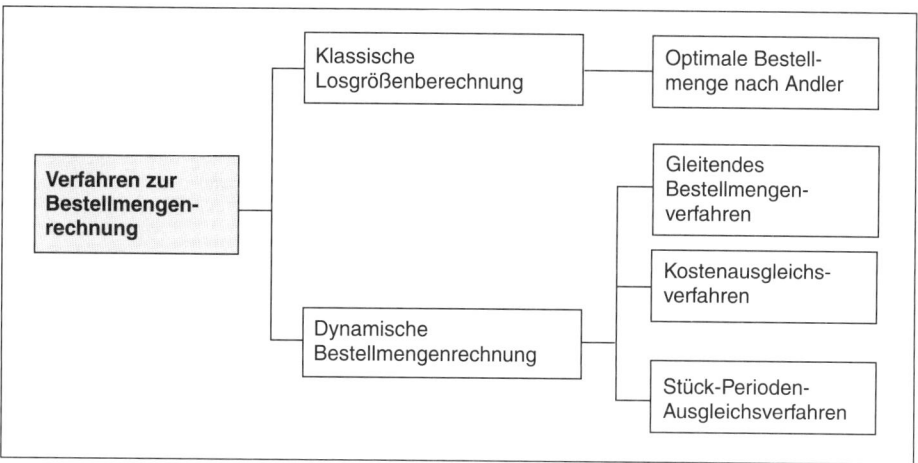

Übersicht zur Bestellmengenrechnung

## 4.3.3.2.4    Auswirkungen der Bestellmenge auf die Kosten der Beschaffung

Die Bestellmenge beeinflusst die Kosten der Beschaffung in mehrfacher Hinsicht: Durch den Einstandspreis, also jene Kosten, die mittel- und unmittelbar durch das bezogene Material selbst und dessen Bezug entstehen, durch die Bestellkosten, die durch die betriebliche Beschaffung entstehen, und durch die Lagerhaltungskosten, die durch die Lagerung der Materialien bis zu ihrer Verwendung veranlasst sind.

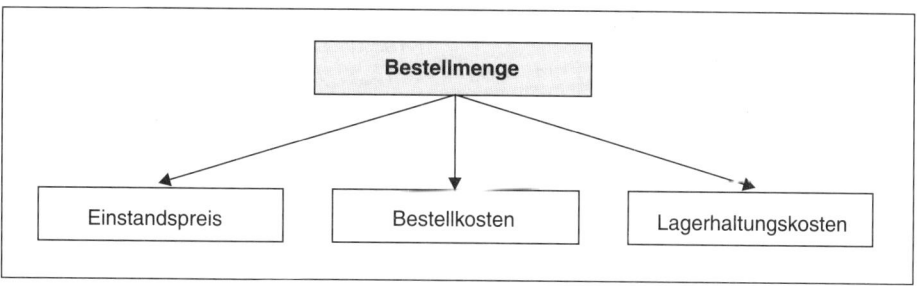

Durch die Bestellmenge beeinflusste Kosten

Der **Einstandspreis** selbst wird durch Komponenten wie Rabatte und Bezugskosten beeinflusst. Durch hohe Mengengerüste sinken im Allgemeinen die Nettoeinstandspreise. Gleichzeitig sinken die Bezugskosten und Mindermengenzuschläge entfallen, was letztendlich zu einem geringeren Einstandspreis führt. Die Bezugskosten können außerdem noch Positionen wie Transportversicherung, Entladekosten, Zölle, Provisionen u. a. enthalten.

Der Einstandspreis errechnet sich durch das nachfolgende Kalkulationsschema:

> Listenpreis (Angebotspreis)
> − Rabatte
> − Boni
> + Mindermengenzuschlag
>
> = Zieleinkaufspreis
> − Skonti
>
> = Bareinkaufspreis
> + Bezugskosten
> + Verpackung
> + Fracht
> + Versicherungen
> + Zölle
>
> = **Nettoeinstandspreis**

*Beispiel:*
*Ein Büromöbelhersteller erhält für eine Materialposition Folgendes Angebot: Stückpreis 2,80 €/Stk.; für die Verpackung werden je 50 Stück 1,50 € berechnet. Bei einer Abnahmemenge von 500 Stück gewährt der Lieferant einen Mengenrabatt von 20 %. Die Lieferung erfolgt frei Haus. Das Angebot sieht 3 % Skonto vor, sofern die Rechnungsbegleichung innerhalb von 10 Tagen nach Zugang der Rechnung erfolgt.*

*Bei einer Abnahme von 550 Stück sowie unter Berücksichtigung des Skontos ergibt sich nachstehender Einstandspreis:*

*Bei einer Abnahme von 550 Stück sowie unter Berücksichtigung des Skontos ergibt sich nachstehender Einstandspreis:*

| | | |
|---|---|---|
| *Listenpreis* | *2,80 € · 550 =* | *1.540,00 €* |
| *− Rabatte* | *1.540,00 € · 0,2 =* | *308,00 €* |
| *= Zieleinkaufspreis* | *=* | *1.232,00 €* |
| *− Skonti* | *1.232,00 € · 0,03 =* | *36,96 €* |
| *= Bareinkaufspreis* | *=* | *1.195,04 €* |
| *+ Verpackung* | *11 · 1,50 =* | *16,50 €* |
| *= Nettoeinstandspreis* | *=* | *1.211,54 €* |

*Mit Hilfe dieser Einzelkomponenten der Einstandspreisberechnung ist es möglich, einen Angebotsvergleich verschiedener Lieferanten durchzuführen und das günstigste Angebot auszuwählen.*

Die Summe der **Bestellkosten** erfasst alle Kosten, die durch eine Bestellung ausgelöst werden, wie die Kosten des Einkaufs und die der Disposition, die Zugangskosten, die Kosten der Rechnungskontrolle und der Rechnungsanweisung. Zu den Einkaufskosten gehören die Kosten der Bezugsquellenermittlung, die Anfragekosten und die Kosten der Angebotsauswertung. Die Kosten der Disposition umfassen die Kosten der Bedarfs-, der Bestands- und der Bestellrechnung. Die Zugangskosten stellen die Kosten des Wareneingangs dar.

Die Bestellkosten (Bk) pro Bestellung ergeben sich aus der Summe der Bestellkosten pro Periode, dividiert durch die Anzahl der Bestellungen in dieser Periode.

$$Bk = \frac{\text{Summe der Bestellkosten/Periode}}{\text{Summe der Bestellungen/Periode}}$$

Zu den **Lagerhaltungskosten** (LHK) zählen die Materialkosten, die Raumkosten, die Mitarbeiter- und die Gemeinkosten des Lagers. Die Lagermaterialkosten umfassen die entsprechenden Versicherungskosten für die Materialien, die Kosten des Bestandswagnisses sowie die Kapitalbindungskosten. Die Kapitalbindungskosten entsprechen der Verzinsung des in den Beständen gebundenen Kapitals. Üblicherweise wird hierbei ein kalkulatorischer Zinssatz (ZS) verwendet, der sich an der marktüblichen Verzinsung orientiert, denn unabhängig davon, ob es sich bei dem eingesetzten Kapital um Eigen- oder Fremdkapital handelt, steht dieses Kapital für andere Projekte nicht mehr zur Verfügung. Bei der Berechnung der Lagerhaltungskosten mit ungleichmäßigen Lagerzu- und Lagerabgängen wird als Bezugsgröße der durchschnittliche Lagerbestand verwendet.

$$\text{Durchschnittlicher Lagerbestand} = \frac{x}{2} = \frac{\text{Anfangsbestand} + \text{Endbestand}}{2}$$

Der durchschnittliche Lagerbestand wird mit dem Einstandspreis ($E_P$) und dem Lagerhaltungskostensatz (LHKS) multipliziert. Der Lagerhaltungskostensatz setzt sich aus dem Zinssatz (ZS) und dem Lagerkostensatz (LS) zusammen:

$$\text{LHKS} = \text{ZS} + \text{LS}$$

Der Lagerkostensatz (LS) bewertet den durchschnittlichen Lagerbestandswert in Prozent. Die Berechnung des Lagerkostensatzes erfolgt nach der Formel:

$$\text{LS} = \frac{\text{Lagerkosten pro Periode}}{\text{Durchschnittlicher Lagerbestandswert}} \cdot 100$$

Damit setzt sich die Berechnungsgrundlage für die Lagerhaltungskosten (LHK) wie nachstehend zusammen:

$$\text{LHK} = \frac{x}{2} \cdot E_P \cdot \frac{\text{ZS} + \text{LS}}{100}$$

*Beispiel:*

*Der Anfangsbestand eines Lager beträgt 800.000 Stück. Am Ende der Periode wird ein Endbestand von 400.000 Stück festgestellt. Die Lagerkosten belaufen sich für die Periode auf 170.000 €, der Zinssatz wird mit 9 % kalkuliert. Der Einstandspreis beträgt 2,50 € pro ME.*

*Durchschnittlicher Lagerbestandswert ($D_{LB}$) =*

$$D_{LB} = \frac{x}{2} E_P = \frac{AB + EB}{2} \cdot E_P = \frac{800000 + 400000}{2} \cdot 2{,}50$$

$$= 600000 \cdot 2{,}50 = 1500000$$

$$\text{LS} = \frac{\text{Lagerkosten pro Periode}}{\text{Durchschnittlicher Lagerbestandswert}} \cdot 100$$

$$\text{LS} = \frac{170000\,€}{1500000\,€} \cdot 100 = 11{,}33\%$$

$$\text{LHKS} = 11{,}33\,\% + 9\,\% = 20{,}33\%$$

$$\text{LHK} = 600000 \cdot 2{,}50 \cdot \frac{20{,}33}{100} = 304950$$

*Die Lagerhaltungskosten betragen 304.950 €*

Bei gegebenem Zinssatz lassen sich die Zinskosten wie folgt ermitteln:

$$Z_K = \frac{D_{Lb} \cdot ZS}{100}$$

$Z_k$ = Zinskosten
ZS = Zinssatz
$D_{LB}$ = Durchschnittlicher Lagerbestandswert

$$D_{LB} = \frac{x}{2} \cdot E_P$$

daraus folgt:

$$Z_k = \frac{x}{2} \cdot E_P \cdot \frac{ZS}{100}$$

*Beispiel:*

*Im vorstehenden Beispiel beträgt der kalkulatorische Zinssatz 9 %:*

$$Z_k = 1500000 \cdot \frac{9}{100} = 135000$$

*Die jährlichen Zinskosten betragen 135.000 €.*

## 4.3.3.2.5  Die optimale Bestellmenge

Die im Folgenden behandelte **Andlersche Losgrößenformel** ist ein Instrument der verbrauchsgesteuerten Beschaffung und setzt das konstante Materialverbrauchsmodell voraus. Die optimale Bestellmenge ist diejenige Menge, die mit minimalen Kosten verbunden ist, d. h. für die die Summe aus Bestellkosten und Lagerhaltungskosten ihr Minimum erreicht.

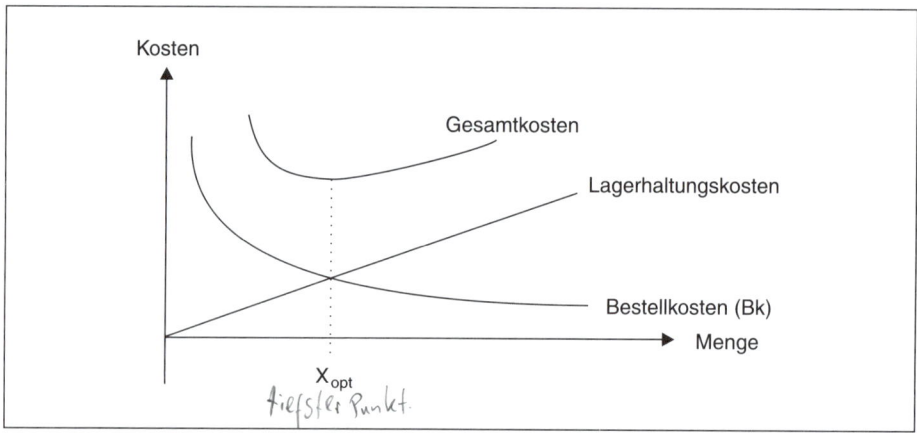

Optimale Bestellmenge

Die Gesamtkosten der Materialbereitstellung setzen sich aus der Bestellhäufigkeit in der Periode M (wobei $\frac{M}{x}$ die Jahresbedarfsmenge und x die Bestellmenge darstellt) den Beden Bestellkosten pro Bestellung und den Lagerhaltungskosten zusammen:

$$GK = Bk \cdot \frac{M}{x} + \frac{x}{2} \cdot E_P \cdot \frac{ZS + LS}{100}$$

GK = Gesamtkosten der Bereitstellung
BK = Bestellkosten
M  = Jahresbedarfsmenge
x   = Bestellmenge
$E_P$  = Einstandspreis
ZS = kalkulatorischer Zinssatz
LS = Lagerkostensatz

Das Minimum und damit die optimale Bestellmenge ($x_{opt}$) der Kostenfunktion wird durch Differenzieren nach

$$\frac{dK_{Ges}}{dx}$$

bestimmt. Durch anschließendes Nullsetzen der Gleichung und Auflösen dieser Gleichung zu der gesuchten Größe x ergibt sich die Formel der optimalen Bestellmenge nach Andler.

$$x_{opt} = \sqrt{\frac{200 \cdot M \cdot Bk}{E_P \cdot (LS + ZS)}}$$

Die optimale Beschaffungshäufigkeit ($n_{opt}$) dieser Menge errechnet sich aus:

$$n_{opt} = \frac{M}{x_{opt}}$$

*Beispiel:*
*Die Jahresbedarfsmenge einer Produktion beträgt 15000 ME, die Bestellkosten pro Bestellung betragen 28 €. Der Einstandspreis beträgt 12 €/Stück. Es wird mit einem Zinssatz von 9 % gerechnet. Der Lagerkostensatz wurde mit 11 % ermittelt. Die Ermittlung der optimalen Bestellmenge mittels einer Tabelle ergibt sich wie folgt:*

| Bestell-häufigkeit | Bestell-menge | Bestell-kosten | durchschnitt-licher Lager-bestand | Lager-haltungs-kosten | Gesamtkosten |
|---|---|---|---|---|---|
| $\dfrac{M}{x}$ | x | $\dfrac{M}{x} \cdot Bk$ | $\dfrac{x}{2}$ | $\dfrac{x}{2} \cdot E_P \cdot LHKS$ | $\dfrac{M}{x} \cdot Bk + \dfrac{x}{2} \cdot E_P \cdot LHKS$ |
| 6 | 2500 | 168 | 1250 | 3000 | 3168 |
| 8 | 1875 | 224 | 938 | 2250 | 2474 |
| 12 | 1250 | 336 | 625 | 1500 | 1836 |
| 16 | 938 | 448 | 469 | 1125 | 1573 |
| 20 | 750 | 560 | 375 | 900 | 1460 |
| 24 | 625 | 672 | 313 | 751 | 1423 min! |
| 28 | 536 | 784 | 268 | 643 | 1427 |
| 30 | 500 | 840 | 250 | 600 | 1440 |

*Durch die eingesetzten Werte lässt sich mit der tabellarischen Lösung nur eine Näherung der optimalen Bestellmenge erreichen; erst eine graphische Umsetzung würde den Schnittpunkt der Lagerhaltungskosten mit den Bestellkosten aufzeigen. Durch das Einsetzen der Werte in die Andlersche Formel wird die optimale Bestellmenge exakt errechnet:*

$$x_{opt} = \sqrt{\frac{200 \cdot 15000 \cdot 28}{12 \, (11 + 9)}} = \sqrt{\frac{84000000}{240}}$$

$$x_{opt} = \sqrt{350000}$$

$$x_{opt} = 591{,}61 = 592 \; ME$$

Die praktische Anwendbarkeit dieser klassischen Losgrößenformel zur verbrauchsgesteuerten Beschaffung ist allerdings an einige Voraussetzungen geknüpft. So wird vorausgesetzt, dass der auftretende Bedarf relativ konstant ist und die zu erwartenden Lagerabgänge sich ebenfalls zeitlich konstant entwickeln. Des Weiteren sind Fehlmengen nicht zugelassen, der Stückpreis ist unabhängig von der Beschaffungsmenge, die Grenzkosten der Lagerhaltung sind konstant und die Lieferzeit geht praktisch gegen Null. Die Beschaffungsmenge gilt als optimal, wenn die Kosten der Bestellung und die Kosten der Lagerhaltung minimal sind. Die vorangestellte Graphik zur optimalen Bestellmenge zeigt, dass die Gesamtkostenkurve in ihrem Minimum sehr flach verläuft. Dadurch entsteht ein Toleranzbereich links und rechts der optimalen Bestellmenge. Dies erlaubt die Festlegung von Mindest- und Höchstbestellgrenzen um $x_{opt}$.

*Beispiel:*
*Unter Zugrundelegung der optimalen Bestellmenge ergibt sich die optimale Bestellhäufigkeit:*

$$n_{opt} = \frac{M}{x_{opt}} = \frac{15000}{592} = 25,34 \cong 26$$

*Innerhalb der Planungsperiode müsste circa 26-mal bestellt werden. Bei etwa 220 Werktagen im Jahr ergibt dies einen Bestellrhythmus von 8 bis 9 Tagen.*

Die soeben vorgestellte Beschaffungsformel geht von der Annahme aus, dass die Angebotspreise einer Materialposition konstant sind. Dies ist trifft jedoch nicht immer zu. Mit zunehmendem Mengengerüst gewähren Lieferanten oft auch größere Mengenrabatte. Für den Einkauf stellt sich somit die Frage, ob ein Mengenrabatt anzunehmen ist, auch, wenn dadurch von der optimalen Bestellmenge abgewichen wird. Hierzu muss zunächst der Rabattsatz berechnet werden, ab dem die Einsparung durch den gewährten Rabatt der Kostensteigerung durch die Abweichung von der optimalen Bestellmenge entspricht. Die Bedingung zur Annahme einer größeren Menge ist $R_{Min} \leq R_{Lief}$. Der Mindestrabattsatz ($R_{Min}$) errechnet sich nach der Formel:

$$R_{Min} = \frac{LHKS \cdot x_{opt}}{2M} \cdot \left( \frac{x_{opt}}{x_R} + \frac{x_R}{x_{opt}} - 2 \right)$$

*Beispiel:*
*Es gelten die Angaben des vorangegangenen Beispiels. Bei Abnahme von 20000 Stück gewährt der Lieferant einen Mengenrabatt von 15 %.*

$$R_{Min} = \frac{20 \cdot 592}{2 \cdot 15000} \cdot \left( \frac{592}{20000} + \frac{20000}{592} - 2 \right)$$

$$= 0,3947 \cdot (0,0296 + 33,7838 - 2)$$

$$= 0,3947 \cdot 31,8134$$

$$= 12,56 \,\% \leq 15 \,\%$$

*Dieses Angebot kann angenommen werden, weil der Rabattsatz des Lieferanten größer als der errechnete Mindestrabattsatz ausfällt.*

Die Kosten einer wirtschaftlichen Beschaffungsmenge werden jedoch nicht ausschließlich durch das Mengengerüst und die damit verbundenen Kosten der Beschaffung beeinflusst, sondern auch durch die **Transporteinheit** und die **Verpackungseinheit**. Zwischen diesen Größen sind Wechselwirkungen möglich:

Das Gewicht, die Menge und das damit verbundene Raumvolumen beeinflussen die Transporteinheit und die Wahl des Transportmittels. Dies wiederum hat Einfluss auf die Wirtschaftlichkeit der zu befördernden Mengen. Wird beispielsweise Schüttgut in einem Waggon befördert, der genau 5 t fasst, so würde die Beförderung von 6 t Schüttgut einen weiteren Waggon benötigen, der dann aber nur zu einem Fünftel ausgelastet wäre. Dies würde die Transportkosten erhöhen.

Die Wahl der Verpackungseinheit (Paletten, DIN-Kartons, andere branchenübliche Gebinde usw.) entscheidet ebenfalls maßgeblich über die Kosten. Eine Über- oder Unterschreitung der lieferantenüblichen Gebindegrößen und Verpackungseinheiten kann zu erhöhten Verpackungskosten führen und damit eine Erhöhung des Einstandspreises verursachen.

## 4.3.3.2.6 Dynamische Bestellmengenrechnung

Die Verfahren der dynamischen Bestellmengenrechnung bieten sich bei schwankenden Verbrauchsverläufen an. Die wesentlichen Verfahren dieser Bestellmengenmethodik, die nachfolgend beschrieben werden sollen, sind das gleitende Bestellmengenverfahren, das Kostenausgleichsverfahren sowie das Stück-Perioden-Ausgleichsverfahren.

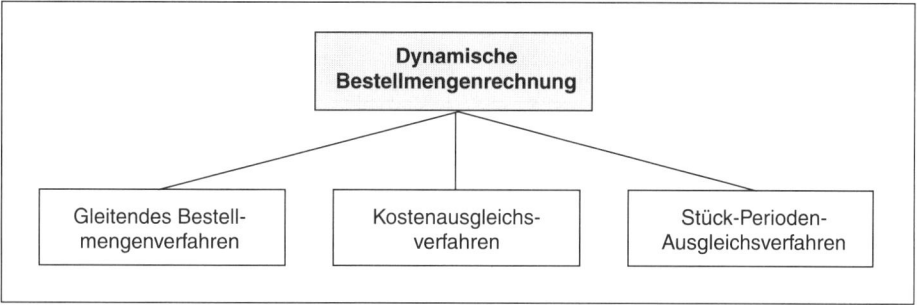

Verfahren der dynamischen Bestellmengenrechnung

### 4.3.3.2.6.1 Das gleitende Bestellmengenverfahren

Anders als die Andlersche Losgrößenformel kommt das Verfahren der gleitenden Bestellmengen ohne einen durchschnittlichen Verbrauch aus; die periodischen Verbrauchsschwankungen werden durch das Verfahren berücksichtigt. Das Optimierungskriterium ist hierbei das Minimum der Summe aus Bestellkosten und Lagerhaltungskosten pro Mengeneinheit. Rechnerisch wird die optimale Beschaffungsmenge ermittelt, indem zunächst für jede Periode die Summe der Bestell- und Lagerhaltungskosten pro Mengeneinheit bestimmt wird. Die ermittelten Kosten der Perioden werden miteinander verglichen, und in der Periode mit den geringsten Gesamtkosten pro Mengeneinheit wird die Rechnung abgeschlossen. Der bis dahin aufgelaufene kumulierte Bedarf ist die optimale Bestellmenge.

*Beispiel:*
*Die nachstehende Tabelle gibt die Perioden und die jeweiligen Verbrauchsverläufe für das darzustellende gleitende Bestellmengenverfahren an:*

| Periode | Mengen |
|---------|--------|
| Jan | 110 |
| Feb | 90 |
| Mrz | 60 |
| Apr | 70 |
| Mai | 80 |
| Jun | 70 |
| Jul | 50 |
| Aug | 70 |
| Sept | 90 |
| Okt | 100 |

| Periode | Netto-bedarf | Netto-bedarf | Lager-dauer | Lager-haltungs-kosten-satz | Lager-haltungs-kosten | Bestell-kosten | Gesamt-kosten | Gesamt-kosten pro ME | $X_{opt}$ |
|---|---|---|---|---|---|---|---|---|---|
| | | kumuliert | kumuliert | | | | | | |
| | A | B | C | D | E | F | G | H | |
| | | | | | AxCxD | | E+F | G/B | |
| Jan | 110 | 110 | 1 | 0,18 € | 19,80 € | 25,00 € | 44,80 € | 0,41 € | |
| Feb | 90 | 200 | 2 | 0,18 € | 32,40 € | 25,00 € | 57,40 € | 0,29 € | |
| Mrz | 60 | 260 | 3 | 0,18 € | 32,40 € | 25,00 € | 57,40 € | 0,22 € | Min! 260 |
| | 70 | 330 | 4 | 0,18 € | 50,40 € | 25,00 € | 75,40 € | 0,23 € | |
| | | | | | | | | | |
| Apr | 70 | 70 | 1 | 0,18 € | 12,60 € | 25,00 € | 37,60 € | 0,54 € | |
| Mai | 80 | 150 | 2 | 0,18 € | 28,80 € | 25,00 € | 53,80 € | 0,36 € | |
| Jun | 70 | 220 | 3 | 0,18 € | 37,80 € | 25,00 € | 62,80 € | 0,29 € | |
| Jul | 50 | 270 | 4 | 0,18 € | 36,00 € | 25,00 € | 61,00 € | 0,23 € | Min! 270 |
| | 70 | 340 | 5 | 0,18 € | 63,00 € | 25,00 € | 88,00 € | 0,26 € | |
| | | | | | | | | | |
| Aug | 70 | 70 | 1 | 0,18 € | 12,60 € | 25,00 € | 37,60 € | 0,54 € | |
| Sept | 90 | 160 | 2 | 0,18 € | 32,40 € | 25,00 € | 57,40 € | 0,36 € | |
| Okt | 100 | 260 | 3 | 0,18 € | 54,00 € | 25,00 € | 79,00 € | 0,30 € | |

*Erläuterung: Durch den Einbezug der Bedarfe für Februar und März sinken die Gesamt-kosten je Mengeneinheit von 0,41 € (nur Januar) über 0,29 € (Januar und Februar) bis auf 0,22 € (Januar bis März). Bezieht man aber auch den April mit ein, steigen die Kos-ten wieder an, und zwar auf 0,23 €. Deswegen wird an dieser Stelle ein Schnitt gemacht und statt dessen die für Monat April benötigte Menge der nächsten Bestellung zuge-schlagen, usw.*

In der Literatur beschriebene Varianten dieses sehr einfachen Hilfsverfahrens der Praxis berücksichtigen einen kontinuierlichen Verbrauch, indem sie in Spalte C anstelle voller Monate (1, 2, 3) den jeweils letzten Lagermonat nur zur Hälfte berücksichtigen (also 0,5; 1,5; 2,5) und/oder von kumulierten Lagerhaltungskosten ausgehen.

### 4.3.3.2.6.2    Das Kostenausgleichsverfahren

Das Kostenausgleichsverfahren berücksichtigt ebenso wie das gleitende Bestellmengen-verfahren schwankende Verbrauchsmengen. Die Ermittlung der **optimalen Bestellmen-ge** erfolgt durch die periodische Kumulation der Lagerhaltungskosten, bis diese in etwa den Bestellkosten entsprechen. Der bis hierhin kumulierte Nettobedarf stellt dann die optimale Bestellmenge dar. Der Bedarf, welcher zur Überschreitung der kumulierten La-gerhaltungskosten über die Bestellkosten führt, ist dann der Erstbedarf der folgenden Bestellperiode.

*Beispiel:*

*Ausgehend von den Nettobedarfsmengen des vorigen Beispiels ergeben sich mit die-sem Verfahren folgende optimierte Beschaffungsmengen:*

| Periode | Netto-bedarf | Netto-bedarf | Lager-dauer | Lagerhaltungs-kosten-satz | Lagerhaltungs-kosten | Lagerhaltungs-kosten | Bestell-kosten | X$_{opt}$ |
|---|---|---|---|---|---|---|---|---|
|  |  | kumuliert | kumuliert |  |  | kumuliert |  |  |
|  | A | B | C | D | E | F | G |  |
|  |  |  |  | A·C·D |  |  |  |  |
| Jan | 110 | 110 | 1 | 0,18 € | 19,80 € | 19,80 € | 25,00 € | Opt! 110 |
|  | 90 | 200 | 2 | 0,18 € | 32,40 € | 52,20 € | 25,00 € |  |
| Feb | 90 | 90 | 1 | 0,18 € | 16,20 € | 16,20 € | 25,00 € | Opt! 90 |
|  | 60 | 150 | 2 | 0,18 € | 21,60 € | 37,80 € | 25,00 € |  |
| Mrz | 60 | 60 | 1 | 0,18 € | 19,80 € | 10,80 € | 25,00 € |  |
| Apr | 70 | 130 | 2 | 0,18 € | 25,20 € | 36,00 € | 25,00 € | Opt! 130 |
|  | 80 | 210 | 3 | 0,18 € | 43,20 € | 79,20 € | 25,00 € |  |
| Mai | 80 | 80 | 1 | 0,18 € | 14,20 € | 14,20 € | 25,00 € | Opt! 80 |
|  | 70 | 150 | 2 | 0,18 € | 25,20 € | 39,40 € | 25,00 € |  |
| Jun | 70 | 70 | 1 | 0,18 € | 12,60 € | 12,60 € | 25,00 € |  |
| Jul | 50 | 120 | 2 | 0,18 € | 18,00 € | 30,60 € | 25,00 € | Opt! 120 |
|  | 70 | 190 | 3 | 0,18 € | 37,80 € | 68,40 € | 25,00 € |  |
| Aug | 70 | 70 | 1 | 0,18 € | 12,60 € | 12,60 € | 25,00 € | Opt! 70 |
|  | 90 | 160 | 2 | 0,18 € | 32,40 € | 45,00 € | 25,00 € |  |
| Sept | 90 | 90 | 1 | 0,18 € | 16,20 € | 16,20 € | 25,00 € | Opt! 90 |
|  | 100 | 190 | 2 | 0,18 € | 36,00 € | 52,20 € | 25,00 € |  |
| Okt | 100 | 100 | 1 | 0,18 € | 18,00 € | 18,00 € | 25,00 € |  |
| ... | ... | ... | ... | ... | ... | ... | ... |  |

*Erläuterung: Wie schon in der zuvor gezeigten Tabelle gilt auch hier: Würde die Februarmenge der Januarmenge zugeschlagen, so würden die kumulierten Lagerhaltungskosten die Bestellkosten übersteigen: 52,20 > 25,00.*

Das hier gezeigte heuristische Planungsverfahren nimmt eine Setzung eines Optimalitätskriteriums (Summe aus Bestell- und Lagerhaltungskosten) vor, das zwar sehr einfach zu überprüfen, aber nicht unbedingt plausibel zu erklären ist. Es handelt sich eben nur um ein Hilfsverfahren der Praxis.

### 4.3.3.2.6.3   Das Stück-Perioden-Ausgleichsverfahren

Das Stück-Perioden-Ausgleichsverfahren stellt eine Variante des Kostenausgleichsverfahrens dar und ermöglicht eine **tagesgenaue Berechnung** der Bestellmenge. Jedoch werden bei diesem Verfahren, abweichend vom Kostenausgleichsverfahren, zunächst die spezifischen Lagerhaltungskosten (LHK$_{Spez}$) je Stück und Periode ermittelt.

Nach der Ermittlung des Stück-Tage-Wertes werden die Stück-Tage bei Bestellung des ersten Periodenbedarfs ermittelt. Anschließend wird der Bedarf der nachfolgenden Periode hinzugenommen und die dazugehörigen Stück-Tage bestimmt. Dieser Rechenvorgang wird nun so lange fortgesetzt, bis die errechneten und kumulierten Stück-Tage die optimale Stück-Tage-Menge erreicht haben.

Die optimale Bestellmenge ist dann erreicht, wenn der zuvor ermittelte Stück-Tage-Wert durch die Hinzunahme weiterer Stück-Tage überschritten wird. Der bis dahin aufgelaufene Nettobedarf ist die optimale Bestellmenge.

Formelmäßig lässt sich dieses Verfahren wie nachfolgend darstellen, wobei in diesem Fall als Periodenwert ein Tag eingesetzt wird:

$$LHK_{Spez} = \frac{LHK\ (\text{€})}{\text{Stück} \cdot \text{Tage}} = \frac{E_P}{\text{Stück}} \cdot \frac{LHKS}{100} \cdot \frac{1}{P\ (\text{Tage})}$$

$$\text{Stück-Perioden (Tage)-Wert} = \frac{Bk}{LHK_{Spez}} = \text{optimale Stück-Tage}$$

$LHK_{Spez}$ = spezifische Lagerhaltungskosten
$LHK$ = Lagerhaltungskosten
$LHKS$ = Lagerhaltungskostensatz
$E_P$ = Einstandspreis
$Bk$ = Bestellkosten

*Beispiel:*
*Ausgehend von den nachstehenden Werten, soll die optimale Stück-Tage-Menge be-stimmt werden. Die Bestellkosten betragen 28 € pro Bestellung; der Einstandspreis be-läuft sich auf 2,50 pro Stück; der Lagerhaltungskostensatz beträgt 11 %. Die Perioden-länge beträgt 15 Fabriktage bei 240 Fabriktagen im Jahr. Der Ist-Eindeckungstermin ist der 14. Fabrikkalendertag. Der Ist-Eindeckungstermin fällt in die erste Bedarfsperiode.*

$$LHK_{Spez} = \frac{2,50 \cdot 11}{100 \cdot 240} = 0,001\ \text{€} = \textit{Lagerhaltungskosten/Stück/Tag}$$

$$\textit{optimale Stück-Tage} = \frac{28}{0,001} = 28000\ \textit{Stück-Tage}$$

| Periode | Netto-bedarf | Tages-differenz | Lager-dauer | Stück-Tage | Stück-Tage kumuliert | optimale Stück-Tage |
|---|---|---|---|---|---|---|
| | | 14 | | | | 28000 |
| 1 | 500 | 15 | 1 | 500 | 500 | |
| | | −14 | | | | |
| 2 | 400 | 30 | 16 | 6400 | 6900 | |
| | | −14 | | | | |
| 3 | 600 | 45 | 31 | 18600 | 25500 | |
| | | −14 | | | | |
| 4 | 300 | 60 | 46 | 13800 | 39300 | |
| | | −14 | | | | |

*Die optimale Bestellmenge liegt also bei 1500 Stück.*

## 4.3.3.2.7 Sicherheitsbestand und Sicherheitszeit

In den vorangegangen Abschnitten wurden der Sicherheitsbestand und die Sicherheitszeit nur erwähnt, jedoch nicht näher behandelt, was in diesem Abschnitt nachgeholt werden soll. Im Rahmen der Bildung wirtschaftlicher Beschaffungsmengen muss ebenfalls über-prüft werden, inwieweit Dispositionsunsicherheiten aufgefangen werden können. Der Si-cherheitsbestand wird eingerichtet, um Unsicherheiten durch Verbrauchsabweichungen, durch Lieferterminabweichungen, durch Abweichungen der Liefermengen von der Bestell-menge und durch Fehler in der Bestandsführung aufzufangen. Die Berücksichtigung eines

Sicherheitsbestandes erhöht den Lagerbestand. Ist der Sicherheitsbestand eine konstante Größe, werden auftretende Bedarfsschwankungen möglicherweise nicht berücksichtigt.

Ein zu hoch bemessener Sicherheitsbestand (SB) verursacht eine höhere Kapitalbindung und somit höhere Kosten. Ein zu niedrig bemessener Sicherheitsbestand erhöht das Fehlmengenrisiko und ist damit ebenfalls kostenwirksam. Ein wirtschaftlich vertretbarer Sicherheitsbestand sollte nicht konstant sein, sondern sich der jeweiligen Bedarfssituation als **gleitender Sicherheitsbestand** anpassen. Aus diesem Grund empfiehlt es sich, mit einer Sicherheitszeit zu rechnen. Diese bewirkt, dass sich der Sicherheitsbestand den Bedarfsänderungen anpasst und somit gleitend wird.

*Beispiel:*

*In einer Unternehmung wird eine Sicherheitszeit ($T_S$) von 15 Tagen festgelegt. Mit dieser Sicherheitszeit können Unsicherheiten der Bedarfsvorhersage abgefedert werden. Darüber hinaus kann mit dieser Sicherheitszeit ein Mehrverbrauch an Materialien von bis zu 15 Tagen aufgefangen werden. Der durchschnittliche Tagesverbrauch ($D_B$) beträgt 60 Stück pro Periode. Berechnet werden soll der Sicherheitsbestand ($S_B$).*

$S_B = T_S \cdot D_B$
$S_B = 15 \cdot 60$
$S_B = 900\ Stück$

*Wenn der Tagesverbrauch sich nun von 60 ME auf 40 ME reduziert, erfolgt automatisch eine Anpassung des Sicherheitsbestandes an die neue Verbrauchssituation.*

$S_B = 15 \cdot 40$
$S_B = 600\ Stück$

*Wäre mit einen konstanten Sicherheitsbestand gerechnet worden, wäre dieser jetzt um 300 Stück zu hoch bemessen.*

Dieses Beispiel lässt erkennen, dass bei der Anwendung eines gleitenden Sicherheitsbestandes die Sicherheitszeit nicht geändert werden muss. Diese ist nur bei einer Änderung der Lieferbereitschaft neu zu bestimmen, nicht jedoch bei einer Änderung der Verbrauchswerte.

## 4.3.3.2.7.1  Die Lieferbereitschaft

Einer hundertprozentigen Bevorratung aller Materialien sind nicht nur durch eine begrenzte Lagerkapazität Schranken gesetzt, sondern ebenfalls durch die als Folge der Bevorratung entstehende Kapitalbindung und dem damit verbundenen Liquiditätsentzug. Bei der Beurteilung der Wirtschaftlichkeit einer Bevorratung gilt es, die Lagerhaltungskosten, die durch die Sicherheitsbevorratung verursacht werden, denjenigen Kosten gegenüberzustellen, die durch fehlende Materialien entstehen. Die Abbildung veranschaulicht, dass die Kosten zur Verbesserung der Lieferbereitschaft überproportional steigen.

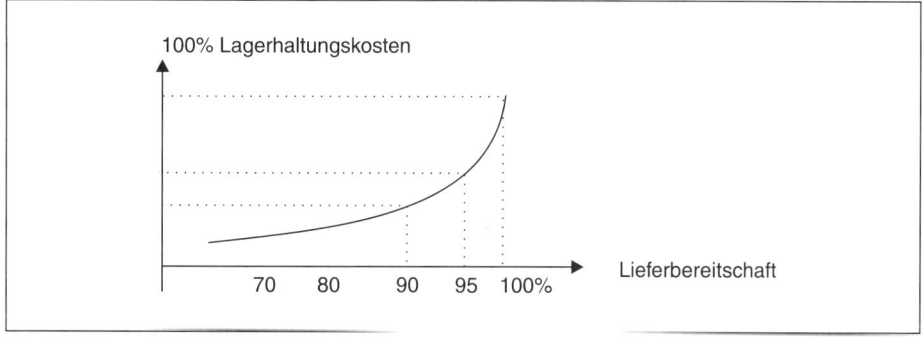

Lieferbereitschaftsgrad

*Beispiel:*

*Ein angenommener Servicegrad von beispielsweise 95 % bedeutet, dass das Lager von 100 Bedarfsanforderungen wahrscheinlich 95 Anforderungen decken kann. Der Liefer-bereitschaftsgrad (LB) errechnet sich nach der Formel*

$$LB = \frac{bediente \ Bedarfsanforderungen}{Gesamtbedarfsanforderung} \cdot 100$$

*An das Lager wurden in der vergangenen Periode 400 Bedarfsanforderungen gestellt, von denen 350 sofort bedient werden konnten.*

$$LB = \frac{350}{400} \cdot 100$$

*LB = 87,5 %*

Um die Lagerkosten zu senken und dennoch einen hohen Servicegrad zu gewährleisten, muss der Servicegrad für jede Materialposition getrennt betrachtet werden. Hierbei sind die kritischen Positionen, wie Engpassmaterialien, einzeln und außerhalb der ABC-Re-geln zu betrachten. Für A-Materialien ist aufgrund der hohen Kapitalbindung ein niedriger Lieferbereitschaftsgrad festzulegen. Artikel der C-Gruppe können einen hohen Service-grad aufweisen, da dieser mit einer geringen Kapitalbindung erreicht werden kann. An die-ser Stelle ist allerdings zu beachten, dass die Lagerhaltungskosten **nur eine** Komponente des Lieferbereitschaftsgrades darstellen. Eine andere Einflussgröße stellen die Fehlmen-genkosten dar, auf die später noch gesondert eingegangen werden soll.

### 4.3.3.2.7.2   Die Bestimmung des Sicherheitsbestandes

Die Höhe des Sicherheitsbestandes ($S_B$) kann durch konstante Festlegung, basierend auf Erfahrungswerten, erfolgen oder durch mathematische und statistische Verfahren be-stimmt werden. Die Festlegung eines konstanten Sicherheitsbestandes aufgrund von Er-fahrungswerten ist zwar einfach zu handhaben, erweist sich aber meist als zu kosten-trächtig, da der Sicherheitsbestand zu hoch angesetzt wird und keinem Änderungsdienst unterliegt. Eine andere Methode zur Berechnung des Sicherheitsbestandes stellt die Fest-legung eines konstanten Sicherheitsbestandes nach dem Fehlerfortpflanzungsgesetz dar. Bei diesem Verfahren werden nicht nur die Verbrauchsabweichungen (V) berücksichtigt, sondern auch Lieferzeitabweichungen (L), Minderlieferungen (M) und Bestandsabwei-chungen (B), hervorgerufen durch Buchungsfehler und Schwund, in die Rechnung ein-bezogen. Die Berechnungsformel lautet:

$$S_B = \sqrt{L^2 + V^2 + M^2 + B^2}$$

*Beispiel:*

*V = 40 ME; L = 5 ME; M = 5 ME; B = 10 ME*

$$S_B = \sqrt{40^2 + 5^2 + 5^2 + 10^2}$$

$$S_B = \sqrt{1750}$$

$$S_B = 41,83 \approx 42 \ Stück$$

Ein anderes Verfahren zur Bestimmung des Sicherheitsbestandes stellt die statistische Ermittlung dar. Dieses Verfahren bietet sich besonders bei hochwertigen Materialpositio-nen an. Die Bestimmung des Sicherheitsbestandes legt die Normalverteilung der in der Vergangenheit angefallenen Verbrauchswerte zugrunde.

Darüber hinaus hat der geplante Lieferbereitschaftsgrad einen direkten Einfluss auf den Sicherheitsbestand; denn er gibt die Wahrscheinlichkeit für eine Bedarfsdeckung durch das Lager an. Durch die Verwendung der Gauß'schen Normalverteilung kann für einen gewünschten Servicegrad ein Sicherheitsfaktor bestimmt werden, was in der nachstehenden Tabelle bereits geschehen ist.

| Lieferbereitschaftsgrad | Sicherheitsfaktor |
|---|---|
| 68,26 | 1,00 |
| 95,00 | 1,96 |
| 95,44 | 2,00 |
| 99,73 | 3,00 |
| 99,99 | 4,00 |

Da eine Berechnung der Standardabweichung zu aufwändig ist, wird in diesem Fall mit der mittleren absoluten Abweichung (MAD, vgl. Abschn. 7.3.2) gearbeitet. Der Sicherheitsbestand ($S_B$) ergibt sich durch die Multiplikation des Sicherheitsfaktors (SF) mit dem MAD.

$$S_B = SF \cdot MAD$$

*Beispiel:*
*In einem Unternehmen soll der Sicherheitsbestand für die fünfte Periode unter Berücksichtigung eines Servicegrades von 95,00 % bestimmt werden. Nachfolgende Vergangenheitswerte liegen vor:*

| Periode | Verbrauchs- vorhersage | Tatsächlicher Verbrauch | Abweichung | Absolute Abweichung |
|---|---|---|---|---|
| 1 | 110 | 100 | +10 | +10 |
| 2 | 120 | 110 | +10 | +10 |
| 3 | 90 | 100 | −10 | +10 |
| 4 | 130 | 115 | +15 | +15 |

*Unter Zuhilfenahme des arithmetischen Mittels wird nun die MAD der Periode 5 ermittelt.*

$$MAD_5 = \frac{10 + 10 + 10 + 15}{4} = \frac{45}{4} = 11,25$$

*Aus der Tabelle der Sicherheitsfaktoren (SF) lässt sich für einen geplanten Servicegrad von 95,00 % ein Sicherheitsfaktor von 1,96 ablesen. Eingesetzt in die Berechnungsformel des Sicherheitsbestandes ergibt sich nachstehende Rechnung.*

*$S_B = SF \cdot MAD$*

*$S_B = 1,96 \cdot 11,25$*

*$S_B = 22,05$ Stück, gerundet 23 Stück*

*In der fünften Periode sollte ein Sicherheitsbestand von 23 Stück vorliegen.*

Um einen wirtschaftlich vertretbaren Sicherheitsbestand zu planen, ist es daher sinnvoll, mit einer Sicherheitszeit zu arbeiten und damit eine gleitende Anpassung des Sicherheitsbestandes an die Bedarfsänderung zu erreichen.

### 4.3.3.2.7.3  Die Bestimmung der Sicherheitszeit

Durch die Festlegung einer Sicherheitszeit als Zuschlagsfaktor zur normalen Beschaffungszeit können nicht-planbare Lieferverzögerungen oder Unsicherheiten in der Bedarfsvorhersage aufgefangen werden. Darüber hinaus kann mit der Sicherheitszeit ein Mehrverbrauch an Materialien abgedeckt werden. Die Sicherheitszeit ($T_S$) wird als subjektiv ermittelter Zuschlagfaktor zur Beschaffungszeit ($B_Z$) addiert und mit dem durchschnittlichen Periodenbedarf ($D_B$) multipliziert.

$$S_B = D_B (B_Z + T_S)$$

$S_B$ = Sicherheitsbestand
$T_S$ = Sicherheitszeit
$B_Z$ = Beschaffungszeit
$D_B$ = Durchschnittlicher Periodenbedarf

*Beispiel:*

*In einer Unternehmung wird eine Sicherheitszeit ($T_S$) von 15 Tagen festgelegt. Der durchschnittliche Tagesverbrauch ($D_B$) beträgt 60 Stück pro Periode. Die Beschaffungszeit ($B_Z$) beträgt 5 Tage. Berechnet werden soll der Sicherheitsbestand ($S_B$).*

*$S_B$ = 60 (5 + 15)*

*$S_B$ = 1200 Stück*

Eine Methode zur Berechnung der Sicherheitszeit ($S_Z$) leitet sich wiederum aus dem Fehlerfortpflanzungsgesetz her. Bei diesem Verfahren wird nicht nur eine Sicherheitszeit für Verbrauchsschwankungen ($S_Z V$) berücksichtigt, sondern ebenfalls eine Sicherheitszeit für Lieferzeitabweichungen ($S_Z L$), eine Sicherheitszeit zum Auffangen von Minderlieferungen ($S_Z M$) sowie eine Sicherheitszeit zur Berücksichtigung von Bestandsabweichungen ($S_Z B$), hervorgerufen durch Buchungsfehler und Schwund, in die Rechnung einbezogen. Die Berechnungsformel lautet:

$$S_Z = \sqrt{S_Z L^2 + S_Z V^2 + S_Z M^2 + S_Z B^2}$$

*Beispiel:*

*Ein Unternehmen kalkuliert mit nachfolgenden Sicherheitszuschlägen:*

*$S_Z V$ = 3 Tage; $S_Z L$ = 4 Tage; $S_Z M$ = 2 Tage; $S_Z B$ = 2 Tage*

*$S_Z = \sqrt{4^2 + 3^2 + 2^2 + 2^2}$*

*$S_Z = \sqrt{33}$*

*$S_Z = 5,74 < 6$ Tage*

## 4.3.3.3    Anfrage und Angebot

In den vorangegangenen Abschnitten wurden die Mengen- und Termingerüste für eine kostenoptimale Versorgung der Unternehmung mit Roh-, Hilfs- und Betriebsstoffen, Fertigwaren und Handelswaren dargestellt, wobei gezeigt wurde, dass die Realisation des materialwirtschaftlichen Optimums vom jeweiligen Einsatz des Dispositionsverfahrens und der angewendeten Optimierungsrechnung abhängt. Zugleich wurde deutlich, dass Disposition und Beschaffung zwei in sich abgeschlossene Arbeitsabläufe sind.

Zur **Einkaufsorganisation** und deren Abwicklung sind alle mit der Beschaffungsanbahnung, dem Beschaffungsabschluss sowie der Beschaffungsabwicklung zusammenhängenden Aktivitäten zu rechnen. Jedoch muss nicht jeder Beschaffungsvorgang immer alle drei Schritte durchlaufen. Wenn beispielsweise die Beschaffung in Form eines Abrufauftrags abgewickelt wird, erfolgen Beschaffungsanbahnung, -abwicklung und -abschluss als ein Vorgang bis zum Vertragschluss. Bei jedem folgenden Abruf sind diese drei Schritte nicht mehr notwendig. Das Ziel aller an der Beschaffung mitwirkenden Stellen ist, die benötigten Materialien und Dienstleistungen zu einem bestimmten Termin in der vorgesehenen

Menge und Qualität mit wirtschaftlich vertretbarem Aufwand zu beschaffen und bereitzustellen. Durch eine systematische Beschaffungsmarktforschung wird eine Beschaffungsanbahnung erleichtert, da durch sie der Kreis potenzieller Lieferanten bereits eingeengt wird.

Die **Bedarfsmeldung** wird von den Stellen vorgenommen, die auch den Bedarf ermitteln; für die Fertigungsmaterialien ist dies die Arbeitsvorbereitung bzw. die Disposition, für Hilfs- und Betriebsstoffe die Lagerverwaltung und für Handelswaren der Verkauf. Die Organisation der Bedarfsaufgabe und der Bedarfsträger lässt sich, abgesehen von EDV-integrierten Systemen, mit unterschiedlichen Informationsträgern realisieren. Im Einzelnen sind dies Bedarfsmeldeformulare, Pendelkarten und Stücklisten. Ausschlaggebend für die Wahl des geeigneten Informationsträgers ist die Art des auftretenden Bedarfsfalles, also ob es sich um einen sporadischen Einzelbedarf oder um einen periodischen Wiederholbedarf handelt: Das Bedarfsmeldeformular eignet sich für den Einsatz bei unregelmäßigem Bedarf, der sporadisch oder einmalig auftritt. Die Pendelkarte wird bei Wiederholbedarf eingesetzt, die Stücklisten eignen sich bei einfach strukturierten Bedarfsfällen, wenn zur Disposition nicht zusätzlich der Fertigungsplan erforderlich ist.

## 4.3.3.3.1   Anfrage

Eine **Angebotseinholung** erfolgt zumeist durch Anfragen, die allerdings nicht immer mit einem konkreten Bedarfsfall in Zusammenhang stehen müssen. Die Angebotseinholung kann als Mittel der Beschaffungsmarktforschung eingesetzt werden oder der Ermittlung des günstigsten Lieferanten bei vorliegender Bedarfsanforderung dienen. Die Organisationsmittel für das Anfrageverfahren sind Bezugsquellenverzeichnisse, Lieferantendateien bzw. -karteien, Anfragevor- und Sammeldrucke. Als Bezugsquellenverzeichnis kommen Adressbücher, Messekataloge, Berichte, Anzeigen in Fachzeitschriften und natürlich das Internet in Betracht. Die Lieferantendatei bzw. -kartei sammelt alle Lieferanten, mit denen in der Vergangenheit zusammengearbeitet wurde, und soll Auskunft über deren Leistungsfähigkeit geben. Als eine Art Lieferantensteckbrief soll sie die optimale Kaufentscheidung ermöglichen. Aus Gründen der Vergleichbarkeit sind die Anfragevordrucke entsprechend standardisiert. Inhaltlich beziehen sich die Anfragen auf die Materialart, die Menge und den Preis. Darüber hinaus enthält die Lieferantendatei bzw. -kartei Informationen über die Zahlungs- und Lieferbedingungen, über Nebenleistungen u. a. Die Sammelbögen dienen der Auswertung der eingeholten Anfragen. Im Rahmen der wirtschaftlichen Vertretbarkeit sollten die Beschaffungsobjekte mit einem hohen Bedarfswert einer intensiveren Anfragetätigkeit unterzogen werden als die mittel- und geringwertigen Materialien.

## 4.3.3.3.2   Angebot

Juristisch betrachtet handelt es sich bei der Abgabe eines Angebotes um eine Willenserklärung, die angebotenen Güter zu den angegebenen Bedingungen zu liefern. Ein Angebot kann in aller Regel formlos erfolgen, es kann schriftlich, mündlich oder auch durch schlüssiges Handeln abgegeben werden. Die Bindung an ein Angebot kann durch Freizeichnungsklauseln (»freibleibend«, oder: »An dieses Angebot halten wir uns bis zum ... gebunden.«) ausgeschlossen bzw. eingeschränkt werden.

## 4.3.3.3.3   Angebotsprüfung

Die Angebotsprüfung erstreckt sich zunächst auf die Einzelangebote, bevor ein Vergleich aller in Frage kommenden Angebote stattfindet. Die Angebotsprüfung und der anschließende Vergleich lassen sich nicht auf eine Gegenüberstellung der jeweiligen Preise reduzieren, sondern auch Kriterien wie Qualität, Liefertermin und Preisstellung müssen mit einbezogen werden. Der Prüfvorgang vollzieht sich in zwei Schritten, der formellen und der materiellen Angebotsprüfung.

Die formelle Angebotsprüfung bezieht sich auf die Übereinstimmung des Angebotes mit der Anfrage, auf die Vollständigkeit und die Eindeutigkeit des Angebotes. Die materielle Angebotsprüfung bezieht verschiedene Kriterien, etwa die der Qualitätssicherung, die Preise und deren Gestaltung einschließlich der Zahlungsbedingungen, die Qualität der Materialien, die Lieferzeit, die Lieferbedingungen einschließlich eventueller Sonderleistungen und den Standort ein. Zum Vergleich der unterschiedlichen Bepreisung und deren Gestaltung wird der Nettoeinstandspreis (Bezugspreis) anhand eines **Kalkulationsschemas** ermittelt:

|  |
|---|
| Listenpreis pro Stück |
| – Rabatte |
| = Zieleinkaufspreis |
| – Skonti |
| = Bareinkaufspreis |
| + Bezugskosten |
| **= Nettoeinstandspreis** |

Die Qualität der zu beschaffenden Güter ist mit von entscheidender Bedeutung für die Beschaffungsentscheidung. Bei der Beurteilung ist daher eine **Qualitätsannahmegrenze** festzulegen, bei der die erforderliche Qualität und Leistung gerade noch tolerabel sind. Die Entscheidung für eine höhere Qualität oder für Mehrleistungen des Lieferanten sollte nicht ausschließlich bei technischen Prüfstellen liegen, sondern auch unter Berücksichtigung der jeweiligen Marktsituationen auf der Absatz- und Beschaffungsseite erfolgen. Die angebotene Lieferzeit ist nicht nur für ein steigendes Beschaffungsrisiko von Bedeutung, sondern lange Lieferzeiten führen zu höheren Sicherheitsbeständen, die wiederum zu höheren Lagerhaltungskosten führen. In die Beurteilung der Liefer- und Zahlungsbedingungen einschließlich etwaiger Sonderleistungen gehen unter anderem Kriterien wie Abschlagszahlungen, Zahlungsziel und Serviceleistungen, Kundendienst und technische Beratung ein. Der Standort des Lieferanten findet insofern Berücksichtigung, als er die Transportmöglichkeiten, wie z. B. Schienen-, Schiffs- und Straßenverkehr oder Flugzeug, beeinflusst, ebenso wie die Transportdauer und das Transportrisiko. Der Bezug außerhalb der EU kann sich zollrechtlich nachteilig gegenüber einem Bezug innerhalb der EU auswirken.

## 4.3.3.3.4   Angebotsvergleich und Lieferantenauswahl

Die formelle und die materielle Angebotsprüfung bilden die Basis für das sich anschließende Vergleichen der Angebote mittels standardisierter Formulare in Form von Skalierungen oder Polaritätenprofilen. Wie bereits im vorangegangenen Abschnitt gezeigt wurde, kann das Kriterium der Lieferantenauswahl nicht allein der Preis sein. Durch eine Gewichtung der einzelnen Merkmale und eine sich anschließende Punktevergabe für die jeweilige Ausprägungsstärke der einzelnen Lieferantenkriterien wird eine Vergleichbarkeit herbeigeführt. Durch eine Addition der bepunkteten Merkmale der einzelnen Lieferanten kann eine **Gesamtbewertung** erfolgen. Eine andere Möglichkeit der Lieferantenauswahl bietet die Erstellung einer Angebotsvergleichsübersicht, allerdings nur sinnvoll bei zu beschaffenden Materialien der gleichen Art mit übereinstimmenden oder ähnlichen Merkmalen.

*Beispiel:*
*Nachfolgende Angaben zur Auswahl des günstigsten Lieferanten stehen zur Verfügung:*

| Merkmal | Lieferant 1 | Lieferant 2 | Lieferant 3 |
|---|---|---|---|
| Preis | 32 €/Stück | 27 €/Stück | 28,50 €/Stück |
| Qualität | befriedigend | überschreitet das notwendige Maß und ist auch für ein anderes Produkt einsetzbar. | gut |
| Lieferfrist | 14 Tage | 21 Tage | 21 Tage |
| Garantie | gut | gut | befriedigend |
| Kulanz | befriedigend | befriedigend | gut |
| Flexibilität | stetige Bereitschaft für Sonderanfertigungen | Sonderanfertigungen nicht möglich | Sonderanfertigungen möglich |
| Termintreue | gut | gut | Lieferverzögerungen sind möglich |

*Die Kriterien werden nun auf einer Skala von 1 bis 5 bepunktet, wobei die Punktzahl 1 für nicht ausreichend und die Punktzahl 5 für sehr gut steht.*

| Merkmal | Lieferant 1 | Lieferant 2 | Lieferant 3 |
|---|---|---|---|
| Preis | 2 | 4 | 3 |
| Qualität | 3 | 5 | 4 |
| Lieferfrist | 5 | 3 | 4 |
| Garantie | 4 | 4 | 3 |
| Kulanz | 3 | 3 | 4 |
| Flexibilität | 5 | 2 | 4 |
| Termintreue | 4 | 4 | 3 |
| Summe | 26 | 25 | 25 |

*Nach diesem Lösungsvorschlag würde dem Lieferanten 1 der Vorzug gegeben, obwohl dieser einen höheren Einstandspreis fordert.*

Bei diesem Vorgehen wird unterstellt, dass alle Merkmale die gleiche Priorität besitzen, was in der Praxis jedoch nicht immer der Fall sein muss. Bei dem Verfahren der **kombinierten Bepunktung und Gewichtung** werden die jeweiligen Merkmale zusätzlich zu einer Punktvergabe prozentual gewichtet, was eine stärkere Akzentuierung des Einzelmerkmals erlaubt. Bei der prozentualen Gewichtung ist darauf zu achten, dass die Summe aller Gewichtungsfaktoren 100 % nicht übersteigt.

*Ausgehend vom vorangegangenen Beispiel ergibt sich beim kombinierten Verfahren der Bepunktung und Gewichtung nachstehender Angebotsvergleich:*

| Merkmal | Gewichtung | Lieferant 1 | Lieferant 2 | Lieferant 3 |
|---|---|---|---|---|
| Preis | 15 % | 2 · 15 = 30 | 4 · 15 = 60 | 3 · 15 = 45 |
| Qualität | 30 % | 3 · 30 = 90 | 5 · 30 = 150 | 4 · 30 = 120 |
| Lieferfrist | 20 % | 5 · 20 = 100 | 3 · 20 = 60 | 4 · 20 = 80 |
| Garantie | 10 % | 4 · 10 = 40 | 4 · 10 = 40 | 3 · 10 = 30 |
| Kulanz | 5 % | 3 · 5 = 15 | 3 · 5 = 15 | 4 · 5 = 20 |
| Flexibilität | 10 % | 5 · 10 = 50 | 2 · 10 = 20 | 4 · 10 = 40 |
| Termintreue | 10 % | 4 · 10 = 40 | 4 · 10 = 40 | 3 · 10 = 30 |
| **Summe** | **100 %** | **= 365** | **= 385** | **= 365** |

*Nach diesem Lösungsvorschlag würde dem Lieferanten 2 der Vorzug gegeben.*

## 4.3.3.4 Verhandlungsstrategien

Nach der Auswahl des Lieferanten erfolgt meist eine Bestellung, es sei denn, es gäbe die Notwendigkeit für weitere Verhandlungen, um eine Nachbesserung des Angebotes zu erreichen.

Grundsätzlich ist davon auszugehen, dass der mit Verhandlungen verbundene Zeit- und Kostenaufwand in einem angemessenen Verhältnis zum erzielbaren Erfolg der Verhandlung stehen muss. Insbesondere sind Verhandlungen notwendig, wenn das vorliegende Angebot des ausgewählten Lieferanten nicht eindeutig ist oder es sich um die Erfüllung besonderer Qualitätsvorgaben bei hochwertigen Materialien handelt.

Ein Verhandlungserfolg ist auch von der entsprechenden Vorbereitung und Planung der Verhandlung abhängig. Um keine Inhalte zu vernachlässigen, sollte eine entsprechende **Checkliste** erstellt werden. Zu deren Inhalt gehört die Wahl des Termins und des Ortes ebenso wie die Zusammensetzung des Verhandlungsteams, das Zusammenstellen von erforderlichen Dokumentationen sowie das Festlegen des Verhandlungszieles mit der minimalen und maximalen Verhandlungsposition.

Neben diesen Vorbereitungen ist auch die jeweilige Verhandlungstechnik mit ihren Elementen »Verhandlungseröffnung« und »Verhandlungsführung« (z. B. defensiv oder offensiv) von Bedeutung, auf die an dieser Stelle jedoch nicht weiter eingegangen werden soll. Jede Verhandlung sollte, wenn nicht mit einem Vertragsschluss, dann aber mit einer konkreten Aussage zum Stand der Dinge schließen.

Um späteren Unsicherheiten der verhandelnden Parteien entgegenzuwirken, empfiehlt sich eine schriftliche Fixierung der verhandelten und/oder beschlossenen Inhalte. Hierzu bieten sich das **Verlaufs-** oder das **Ergebnisprotokoll** sowie das **kaufmännische Bestätigungsschreiben** an. Beim Verlaufsprotokoll wird der Verlauf der Verhandlung protokolliert und bei Sitzungsende von den Verhandlungsparteien gegengezeichnet. Das Ergebnisprotokoll hingegen fasst die Ergebnisse der Verhandlung zusammen. Das kaufmännische Bestätigungsschreiben hält mündlich ausgehandelte Vertragsergebnisse fest und ist daher besonders aufmerksam zu lesen; denn ein Schweigen des Empfängers beim zweiseitigen Handelskauf kann zur Akzeptanz des Inhaltes führen!

## 4.3.3.5 Kaufentscheidung und Vertragsabschluss

Ist das Angebot des Lieferanten ausgewählt (vgl. Abschnitt 4.3.3.3.4) und wird ohne Abweichung von diesem bestellt, so entsteht mit der Bestellung ein wirksamer **Vertrag.** Die Bestellung stellt hierbei die Abgabe der **Willenserklärung** dar, die bestimmten Güter zu den angegebenen Bedingungen zu erwerben. Die Abgabe der Willenserklärung ist in aller Regel an keine Form gebunden und kann schriftlich oder mündlich erfolgen. Aus Gründen der Beweissicherheit ist allerdings der schriftlichen Form der Vorzug zu geben. Bei mündlichen oder fernmündlichen Formen sollte der Inhalt schriftlich fixiert und dem Vertragspartner zugeleitet werden. Erhebt dieser binnen eines angemessenen Zeitraumes keinen Widerspruch, so ist von der Richtigkeit der getroffenen Vereinbarungen auszugehen. Ist der Bestellung kein Angebot vorausgegangen, ist für eine Rechtswirksamkeit zunächst die Bestätigung des Lieferanten abzuwarten. Als verbindlich gelten stets diejenigen Bedingungen, die zuletzt angegeben wurden und unwidersprochen blieben. Zu den häufigsten Arten des Vertragsschlusses zählen natürlich der Kaufvertrag, aber auch Werkvertrag und Werklieferungsvertrag. Beim Kaufvertrag ist die Lieferung bestimmter Sachen vereinbart, seine Rechtsgrundlage bilden die §§ 433 ff BGB. In einem Werkvertrag ist die Herstellung bestimmter Sachen vereinbart, wobei die Ausgangsstoffe vom Besteller gestellt werden; seine Rechtsgrundlage bilden die §§ 631 ff BGB. Der Werkliefervertrag sieht ebenfalls die Herstellung bestimmter Sachen vor, allerdings werden hier die Ausgangsstoffe vom Lieferanten gestellt (§ 651 BGB mit dem Verweis auf das Kaufrecht).

## 4.3.3.5.1  Erfüllungsort

Zu einem Vertragsschluss gehört die Einigkeit über die Beschaffenheit des Materials, dessen Menge und eventuelle Verpackung. Darüber hinaus muss natürlich Einigkeit über den Preis, die Liefer- und Zahlungsbedingungen sowie den Leistungsort (§ 269 BGB) herrschen. Der gesetzliche Leistungs-/Erfüllungsort ist der Ort, an dem der Lieferant des Materials seinen Wohn- oder Geschäftssitz hat. Der vertragliche Erfüllungsort ist der Ort, der zwischen den Vertragspartnern vereinbart wird, oder der Ort, der im Angebot oder bei der Bestellung genannt und unwidersprochen geblieben ist. Der natürliche Erfüllungsort ist der Ort, an dem die Leistung ihrer Natur oder den Umständen nach (nur) zu bewirken ist. Wenn nichts Besonderes vereinbart wurde, wird häufig ein Versendungskauf nach § 447 BGB vorliegen: Versendet der Verkäufer auf Verlangen des Käufers die Sache nach dessen Ort, geht die Gefahr (des Untergangs usw.) auf den Käufer über, sobald der Verkäufer die Ware dem Frachtführer, Spediteur u. a. übergeben hat.

## 4.3.3.5.2  Besondere Einkaufsverträge

Die Beschaffenheit der Kaufsache kann durch besondere Vereinbarungen abgesichert werden:

– Beim **Kauf nach Probe** erfolgt ein Kauf nach einer Warenprobe, einem Muster oder auch nach bereits zuvor erfolgter Lieferung. Dadurch sind Art, evtl. auch Menge festgelegt.

– Beim **Kauf zur Probe** werden kleine Mengen einer in Aussicht gestellten größeren Menge zum Stückpreis des größeren Mengengerüsts verkauft. Dieser Kauf sieht die Möglichkeit vor, dass das beschaffende Unternehmen die Materialien binnen einer zuvor vereinbarten Frist oder binnen eines angemessenen Zeitraumes ohne Angabe von Gründen zurückgeben kann.

– Eine weitere Möglichkeit der Absicherung des Beschaffungsrisikos besteht im **Kauf auf Basis einer bestimmten Qualität.** Hierbei wird ein bestimmter Preis für bestimmte Qualitäten vereinbart. Der Lieferant kann in diesem Fall eine andere als die vereinbarte Qualität liefern, wobei der Preis entsprechend variiert.

– Beim **Kauf en bloc** werden große Partien ohne Zusicherung einer bestimmten Qualität zu einem Pauschalpreis gekauft.

## 4.3.3.5.3  Preisgleitklauseln

So vorteilhaft Lieferverträge mit langfristiger Laufzeit sind, ist es dennoch problematisch für den Lieferanten, bei Angebotsabgabe bzw. bei Auftragsannahme feste Preise zu vereinbaren, da gerade diese im Zeitablauf schwanken können. Durch Preisvorbehaltsklauseln versuchen Lieferanten daher, dieses Preisrisiko auf die Käufer abzuwälzen. Grundsätzlich lassen sich Preisvorbehaltsklauseln in zwei Arten gliedern, nämlich in Preisgleitklauseln mit und ohne feste Bezugsbasis. Häufig verwendete Preisvorbehalte sind die unbestimmte Preisvorbehaltsklausel, die Tagespreisklausel und die Preisgleitklausel mit festen Ausgangspreisen.

– Die **unbestimmte Preisgleitklausel** wird durch den Zusatz »freibleibend« oder »unverbindlich« ausgedrückt.

– Die **Tagespreisklausel** bringt ebenfalls einen unbestimmten Preisvorbehalt zum Ausdruck: Berechnet wird der am Tag der Lieferung gültige Preis. Hierbei ist es nicht unwichtig festzulegen, ob der am Tag der Lieferung gültige Preis aus dem Börsen- oder Marktpreis ermittelt wird. Derartige Preisvorbehalte können den Kunden in eine ungünstige Situation versetzen, da ein rechtsverbindlicher Auftrag bereits erteilt wurde und es im Nachhinein nicht leicht ist, den geschlossenen Vertrag ganz oder teilweise aufzulösen.

– Bei der **Preisgleitklausel mit festen Ausgangspreisen** wird zwar von einem festen Bezugspreis ausgegangen, jedoch behält sich der Lieferant Preisänderungen infolge von Kostensteigerungen vor. Die endgültige Preisfestsetzung kann bei Klauseln mit festen Ausgangspreisen unter Zuhilfenahme von **Indizes** erfolgen. Liegen keine Indizes vor, kann nach der Leistungswert- oder der Kostenelementklausel verfahren werden:

– In die **Leistungswertklausel** fließen die Preise repräsentativer Materialien ein.

– Die **Kostenelementklausel** berücksichtigt die veränderten Kostenbestandteile für den in Frage kommenden Zeitraum.

– Eine Erweiterung erfährt die Kostenelementklausel durch das Verfahren der **automatischen Preisgleitklausel.** Durch die nachstehende, vertraglich zu vereinbarende Formel wird der Preis am Tag der Lieferung berechnet.

$$P_{Neu} = \frac{P_{Alt}}{100} \left[ F + \left( M \cdot \frac{M_{Neu}}{M_{Alt}} \right) + \left( L \cdot \frac{L_{Neu}}{L_{Alt}} \right) \right]$$

$P_{Neu}$ = Preis am Tag der Bestellung
$P_{Alt}$ = Angebotspreis
$F$    = Anteilige Fixkosten sowie Gewinnanteil in Prozent vom Angebotspreis
$M$    = Materialkosten in Prozent vom Angebotspreis
$M_{Neu}$ = Materialpreis am Tag der Lieferung
$M_{Alt}$ = Materialpreis am Tag des Angebotes
$L$    = Lohnkostenanteil in Prozent vom Angebotspreis
$L_{Neu}$ = Tariflich festgelegter Ecklohn am Tag der Lieferung
$L_{Alt}$ = Tariflich festgelegter Ecklohn am Tag des Vertragsschlusses

*Beispiel:*
*Ein Lieferant rechnet mit den nachstehenden Preisen und Kostenanteilen:*

| | |
|---|---|
| *Angebotspreis:* | *50. 000 €* |
| *Fixkosten- und Gewinnanteil:* | *30 %* |
| *Materialkostenanteil:* | *45 %* |
| *Lohnkostenanteil:* | *25 %* |
| *Materialpreis bei Vertragsschluss:* | *25.000 €* |
| *Materialpreis bei Lieferung:* | *27.500 €* |
| *Lohnkosten bei Vertragsschluss:* | *18.000 €* |
| *Tarifäre Änderung:* | *3,6 %* |

$$P_{Neu} = \frac{50.000}{100} \left[ 30 + \left( 45 \cdot \frac{27.500}{25.000} \right) + \left( 25 \cdot \frac{18.648}{18.000} \right) \right]$$

*$P_{Neu}$ = 500 (30 + 49,5 + 25,9)*

*$P_{Neu}$ = 52.700 €*

*Für den Tag der Lieferung ergibt sich ein Preis von 52.700 €.*

## 4.3.3.5.4   Kleinbestellungen

Kleinbestellungen sind Lieferantenaufträge, deren Bestellwert, gemessen am Gesamtbestellwert, relativ gering ist. Kleinbestellungen können je nach Kundengröße unterschiedlich hoch ausfallen, verursachen aber durch die Bestellabwicklung bestellfixe Kosten und gegebenenfalls sogar **Mindermengenzuschläge** von Seiten des Lieferanten. Daher sollte auch bei so genannten geringwertigen Bedarfsfällen eine optimale Beschaffung angestrebt werden. Sind Kleinbestellungen nicht zu vermeiden, sollte ihre Bestellabwicklung so vereinfacht werden, dass das Verhältnis von Bestellaufwand und Bestellwert wirtschaftlich zu vertreten ist. Dies kann unter anderem durch Sammelanforderungen und lieferantenbezogene Bedarfskonzentration erfolgen.

### 4.3.3.5.5    Bestellbestätigung

Eine Gewissheit über den Eingang der Bestellung beim Lieferanten und deren Abwicklung erhält der Kunde nur durch eine Bestellbestätigung vom Lieferanten. Nach deren Eingang sind Bestellung und Bestätigung abzugleichen, Abweichungen unverzüglich anzuzeigen. Das Schweigen eines Kaufmanns auf das Bestätigungsschreiben eines anderen Kaufmanns kann als inhaltliche Zustimmung gelten!

## 4.3.3.6    Terminverfolgung

Aufgabe der Terminüberwachung ist es, sicherzustellen, dass die für einen bestimmten Termin zu liefernden Materialien auch **termingerecht** eintreffen; denn eine zu späte Lieferung kann zu Störungen in der Produktion führen, während eine zu frühe Anlieferung der Materialien die Kosten der Lagerhaltung und die Liquidität der Unternehmung negativ beeinflussen. Die Lieferterminkontrolle kann durch den Einkäufer oder durch eine zentrale Stelle erfolgen, welche die Überwachung mittels Bestellscheinkopien oder Terminüberwachungskarten durchführt – oder natürlich mittels EDV-integrierter Systeme, die die ausgelösten Bestellungen überwachen und rechtzeitig fällige Posten ausgeben.

Im Rahmen der Terminverfolgung gilt es, nicht nur den Wareneingangstermin zu verfolgen, sondern auch den Bestelltermin zu sichern, um keine Produktionseinschränkungen zu riskieren. Bei den weiter oben beschriebenen Verfahren der Bestellrechnung wurde eine Bestellung durch das Erreichen des buchmäßigen oder des körperlichen Bestellpunktes ausgelöst.

Bei einer Änderung des Bedarfes oder der Beschaffungszeit muss eine **Anpassung** des Bestellpunktes vorgenommen werden. Bei dem Prinzip der Gegenüberstellung der Soll- und Ist-Eindeckungszeit erfolgt eine Bestellauslösung durch einen periodengerechten Abgleich des Bedarfs mit dem vorhandenen und verfügbaren Lager- und Bestellbestand.

### 4.3.3.6.1    Der Soll-Eindeckungstermin

Der Soll-Eindeckungstermin gibt nach HARTMANN den Zeitpunkt an, bis zu welchem der Lager- und Bestellbestand die Bedarfsanforderungen gewährleisten soll. Um eine Lieferbereitschaftsunterbrechung zu vermeiden, müssen die Beschaffungszeit ($B_Z$), der Bestelltag ($T_B$), die Länge der Planperiode ($T_P$), die Prüf- und Einlagerungszeit ($T_{PE}$) und die Sicherheitszeit ($T_s$) in die nachstehende Formel zur Berechnung der Soll-Eindeckungszeit ($Soll_E$) eingehen:

$$Soll_E = B_Z + T_B + T_P + T_{PE} + T_S$$

Der Bestelltag bildet den Ausgangspunkt der Terminrechnung, mit der der Zeitpunkt errechnet wird, zu dem eine tatsächliche Lagerbestandserhöhung stattfindet. Eine Beschaffung wird ausgelöst, wenn die Soll-Eindeckungszeit ($Soll_E$) größer als die Ist-Eindeckungszeit ($Ist_E$) ist:

$$Ist_E \leq Soll_E$$

## 4.3.3.6.2 Der Ist-Eindeckungstermin

Der Termin, bis zu dem der verfügbare Bestand den zu erwartenden Bedarf deckt, wird der Ist-Eindeckungstermin genannt. Der verfügbare Bestand lässt sich dem Bestell- und Lagerbestand entnehmen. Der Tag der Periode, dessen Bedarf nicht mehr gedeckt werden kann, liegt außerhalb der Ist-Eindeckungszeit. Eine Berechnung des verfügbaren Bestandes sowie die sich daraus ergebende Ermittlung des Ist-Eindeckungstermins erfolgt wie nachstehend:

$$V_{Bi} = V_{Bi-1} - B_P$$

$V_{Bi}$ = Verfügbarer Bestand
$B_P$ = Bedarf pro Periode
i   = Laufende Periode

*Beispiel:*

| Periode | 1 | 2 | 3 | 4 | 5 |
|---|---|---|---|---|---|
| Fabriktage | 150 | 165 | 180 | 195 | 210 |
| $V_{Bi-1}$ | 1500 | 1150 | 800 | 450 | 100 |
| $B_P$ | 350 | 350 | 350 | 350 | 350 |
| $V_{Bi}$ | 1150 | 800 | 450 | 100 | −250 |

*Der verfügbare Lagerbestand, ohne Berücksichtigung des Bestellbestandes, reicht für 4 Perioden; der Lagerbestand für die 5. Periode deckt nur noch knapp 28 % des Fertigungsbedarfs. Unter Annahme einer Länge der Fertigungsperiode von jeweils 15 Tagen reicht der verfügbare Lagerbestand für 64 Tage.*

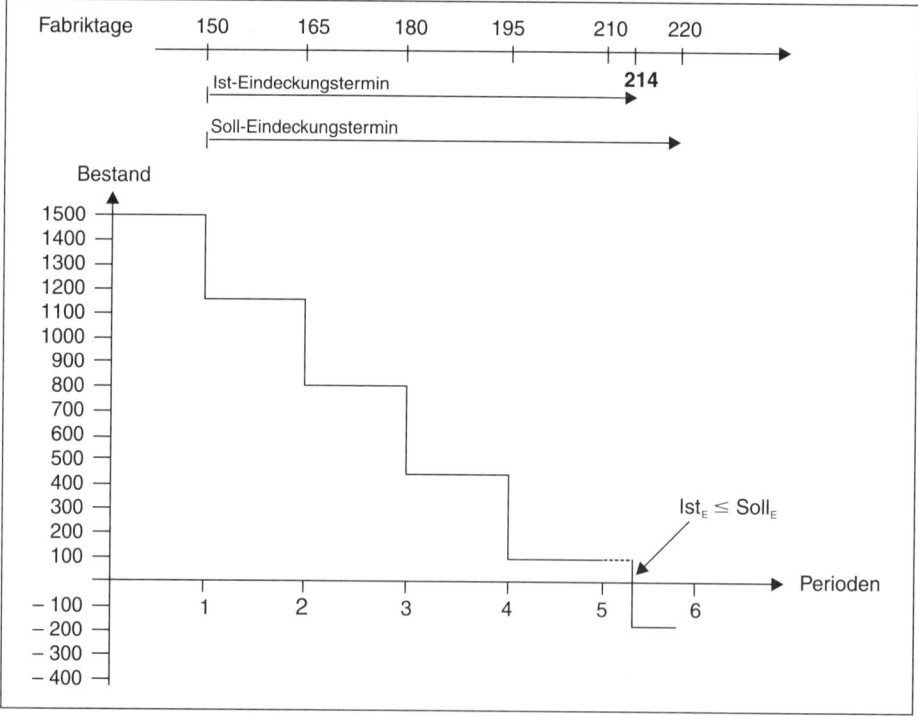

Soll-Eindeckung und Ist-Eindeckung

Als Ist-Eindeckungstermin wird das Ende der Periode gewählt, deren Bedarf gerade noch gedeckt ist, $V_{Bi} - V_{Bi+1}$. Hierbei wird unterstellt, dass der gesamte Periodenbedarf jeweils zu Beginn der Periode auftritt. Eine Bestellung wird ausgelöst, sobald der errechnete Ist-Eindeckungstermin ($Ist_E$) den Soll-Eindeckungstermin ($Soll_E$) erreicht oder unterschreitet.

*Beispiel:*

$B_Z$ $\quad$ = Beschaffungszeit = 35 Tage
$T_B$ $\quad$ = Bestelltag, Starttag = 150igster Fabrikkalendertag
$T_P$ $\quad$ = Länge der Planperiode = 15 Tage
$T_{PE}$ $\quad$ = Überprüfungszeit und Einlagerungszeit = 10 Tage
$T_S$ $\quad$ = Sicherheitszeit = 10 Tage

$Soll_E$ = $B_Z + T_B + T_P + T_{PE} + T_S$
$Soll_E$ = 35 + 150 + 15 + 10 + 10
$Soll_E$ = 220ster Fabriktag

| Fabriktag | 150 | 165 | 180 | 195 | 210 | 225 |
|---|---|---|---|---|---|---|
| $V_{Bi-1}$ | 1500 | 1150 | 800 | 450 | 100 | −250 |
| $B_P$ | 350 | 350 | 350 | 350 | 350 | 350 |
| $V_{Bi}$ | 1150 | 800 | 450 | 100 | −250 | −600 |

*Der verfügbare Lagerbestand, ohne Berücksichtigung des Bestellbestandes, reicht für 4 Perioden; der Lagerbestand für die 5. Periode nur noch für knapp 28 % der Fertigung. Der verfügbare Lagerbestand reicht für 64 Tage. Der Zeitpunkt der Ist-Eindeckung ist also der 214. Tag. Wegen der offensichtlichen Unterdeckung ab dem 214. Tag ist eine Eilbestellung zu erwägen.*

### 4.3.3.6.3 Der Soll-Liefertermin

Die Ermittlung des Soll-Liefertermins soll gewährleisten, dass eine Lagerauffüllung zum Ist-Eindeckungstermin erfolgt, um die Lieferbereitschaft des Lagers aufrechtzuerhalten. Möglichen Verzögerungen bei der Beschaffung und bei der Einlagerung wird durch Sicherheitszeiten ($T_S$) sowie Prüf- und Einlagerungszeiten ($T_{PE}$) begegnet.

Ausgehend vom Ist-Eindeckungstermin ($Ist_E$) wird die Sicherheitszeit ($T_S$) sowie die Prüf- und Einlagerungszeit ($T_{PE}$) subtrahiert. Der Soll-Liefertermin ($Soll_L$) wird wie folgt bestimmt:

$$Soll_L = Ist_E - T_S - T_{PE}$$

*Beispiel:*
*Da der Ist-Eindeckungstermin (214ter Tag) im vorangegangenem Beispiel kleiner als der Soll-Eindeckungstermin (220ster Tag) ist, muss der Soll-Liefertermin berechnet werden.*

$Soll_L = Ist_E - T_S - T_{PE}$
$Soll_L = 214 - 10 - 10$
$Soll_L = 194$

*Der errechnete Zeitpunkt liegt vor dem Wiederbeschaffungstermin, eine Eilbestellung ist in Erwägung zu ziehen.*

### 4.3.3.6.4 Die Kontrollrechnung

Die Kontrollrechnung während der Terminrechnung überprüft vor allem, ob eine Eilbestellung von Materialien erforderlich ist, ob für die laufende Bestellung eine Mengen- oder

Terminänderung durchgeführt werden muss, oder ob eine Stornierung für bestimmte Materialpositionen erfolgen soll:

$$\text{Soll}_L \leq T_B + B_Z + T_{PE} + T_S$$

$\text{Soll}_L$ = Soll-Liefertermin
$B_Z$    = Beschaffungszeit
$T_B$    = Bezugstag, Starttag
$T_{PE}$  = Prüf- und Einlagerungszeit
$T_S$    = Sicherheitszeit

*Beispiel:*
  *$\text{Soll}_L$ = 194 Tage*
  *Ist-Eindeckung = 214 Tage*
  *$B_Z$ = Beschaffungszeit = 35 Tage*
  *$T_B$ = Bestelltag, Starttag = 150igster Fabrikkalendertag*
  *$T_{PE}$ = Prüfungs- und Einlagerungszeit = 10 Tage*
  *$T_S$ = Sicherheitszeit = 10 Tage*

  *$\text{Soll}_L \leq T_B + B_Z + T_{PE} + T_S$*
  *194 ≤ 150 + 35 + 10 + 10*
  *194 ≤ 205*

*In diesem Fall wird eine Eilbestellung vorgeschlagen.*

## 4.3.3.7    Abwicklung und Prüfung des Wareneingangs

Das Ziel der Beschaffungsabwicklung ist die Sicherstellung der ordnungsgemäßen Vertragserfüllung.

Zu den Aufgaben der Beschaffungsabwicklung zählen die bereits angesprochene Lieferterminüberwachung, die Materialannahme und -prüfung sowie die Rechnungsprüfung.

### 4.3.3.7.1   Warenannahme

Die Warenannahme findet im Eingangslager statt. Dort ist vermerkt, welcher Lieferant welche Materialien zu welchem Termin anliefert. Neben der Lieferberechtigungsprüfung dient der Vermerk des Lieferantennamens auch der Wahrung von Rechtsansprüchen, wie z. B. Gewährleistungsansprüchen gegenüber dem Lieferanten. Etwa zur gleichen Zeit findet eine Inaugenscheinnahme des Materials statt, die sich auf erkennbare Transportschäden und Mängel bezieht. Erkennbare Beschädigungen und offensichtliche Mängel sind dem Lieferanten **unverzüglich** mitzuteilen und auf den Lieferpapieren festzuhalten, um so alle Rechtsansprüche zu wahren.

Nach einer Identifizierung der gelieferten Materialien, mit der festgestellt wird, ob der Lieferung auch eine entsprechende Bestellung gegenübersteht, erfolgt eine grobe **Quantitäts- und Qualitätsprüfung.** Die Mengenprüfung dient dem Vergleich der ausgewiesenen Lieferscheinmengen mit den gelieferten Mengen sowie einem Vergleich mit den Bestellsatzmengen. Die Qualitätsprüfung soll gewährleisten, dass nur die Materialien eingelagert werden, die dem zuvor festgelegten Qualitätsprofil entsprechen; denn eine Verwendung qualitativ ungeeigneter Materialien kann zu höheren Kosten führen, veranlasst durch Fertigungsverzögerung, Nachbearbeitung, höhere Energieverbräuche, höhere Löhne usw. – und die Maßnahme dient natürlich wieder der Wahrung aller Rechtsansprüche.

Mit dem Wareneingang ist die Lieferung nun vollzogen und nach der erfolgten Wareneingangsprüfung und Identitätskontrolle der Materialien bestätigt der Wareneingang die Lieferung und unterrichtet den Einkauf sowie die Bedarfsträger über die entsprechenden Wareneingänge!

Des Weiteren obliegt es dem Wareneingang, im Rahmen eines ordnungsgemäßen Rechnungswesens gem. § 143 AO eine **Wareneingangsmeldung** zu veranlassen. Die Aufzeichnung muss den Tag des Wareneingangs, den Namen und die Anschrift des Lieferanten, eine handelsübliche Materialbezeichnung sowie den Materialpreis und einen Beleghinweis enthalten!

Eine Vereinfachung und Beschleunigung der Erfassung der Wareneingänge wird heutzutage natürlich durch den Einsatz von EDV erreicht.

## 4.3.3.7.2   Wareneingangsprüfung

Die Annahme der Waren findet im Eingangslager statt. Dort wird geprüft, ob die Lieferung an dem bestimmten Tag erfolgen soll und welche weiteren Einlagerungsverrichtungen durchzuführen sind. Gleichzeitig wird die angelieferte Ware erneut auf erkennbare Beschädigungen geprüft.

Hierauf folgt die **Identifikation** der angelieferten Waren, in deren Rahmen geprüft wird, ob der Lieferung auch eine entsprechende Bestellung in der angelieferten Art und Menge gegenübersteht. Für die folgende **genaue Qualitätsprüfung** müssen deren Art und Umfang zuvor festgelegt worden sein, ebenso die akzeptierten Qualitätsgrenzen zur Annahme des Materials.

Als **Qualitätskontrollverfahren** bietet sich eine Vollprüfung, eine Stichprobenprüfung oder die Prüfung mittels statistischer Verfahren an. Darüber hinaus kann eine Qualitätsprüfung z. B. im Rahmen der ISO-Normen 9000 ff durch ein vom Lieferanten ausgestelltes Qualitätsattest erfolgen.

## 4.3.3.7.3   Rechnungsprüfung

Eine zügige Bearbeitung der Rechnungen ist Voraussetzung für die Inanspruchnahme eventueller Skonti. Die Rechnungsprüfung vollzieht sich in zwei Schritten: Zunächst wird die Rechnung auf **sachliche Richtigkeit,** dann auf ihre **rechnerische Richtigkeit** geprüft. Die sachliche Prüfung ist im Gegensatz zur rechnerischen Prüfung eine vergleichende Kontrolle, in der geprüft wird, ob die berechnete Menge mit der bestellten und letztlich gelieferten Menge übereinstimmt und ob der Stückpreis der Bestellung entspricht. Des Weiteren werden die Zahlungsbedingungen bezüglich der Fälligkeit und des in Betracht kommenden Skontos geprüft, ebenso wie die Verpackungs- und die Transportkosten. An die sachliche Prüfung schließt sich die rechnerische Prüfung an, in der die Rechnung auf rechnerische Stimmigkeit geprüft wird.

Die Bezahlung innerhalb einer eingeräumten Skontofrist lohnt sich durchweg, wie die folgende Berechnung verdeutlicht. Skonti müssen jedoch vom Lieferanten »gewährt« werden. Ein einseitiger, eigenmächtiger Abzug ist weder rechtlich zulässig noch führt er zur vollständigen Erfüllung der Kaufpreisschuld!

*Beispiel:*

*Die Rechnung eines Lieferanten an einen Büromöbelhersteller trägt den Zusatz:*

*»Zahlungsbedingungen: 14 Tage, 3 % Skonto oder 30 Tage netto Kasse«.*

*Somit kreditiert der Lieferant die Lieferung 16 Tage (30 Tage – 14 Tage = 16 Tage). Wird die Rechnung jedoch innerhalb von 14 Tagen beglichen, erfolgt dafür vom Lieferanten eine Zinsgutschrift in Höhe von 3 % auf den Rechnungsbetrag an den Büromöbelhersteller.*

*Die nachfolgende Rechnung soll verdeutlichen, dass es sich für das Unternehmen unbedingt empfiehlt, Skonto zu ziehen (Berechnung erfolgt auf Basis der banküblichen 360 Zinstage):*

$$\text{Zins pro Jahr} = \frac{360 \cdot \text{Skonto in \%}}{\text{Zahlungsziel in Tagen} - \text{Skontoziel in Tagen}} = \frac{360 \cdot 3}{30 - 14} = 67{,}5\,\%$$

*Die Zinshöhe verdeutlicht, dass ein Lieferantenkredit (der Verzicht auf Skontoabzug also) wesentlich teurer wird als ein vergleichbarer Bankkredit.*

## 4.3.4   Der Einkauf im Unternehmensablauf

Der Einkauf kann als eine Art Bestellabwicklungsabteilung für andere Abteilungen betrachtet werden oder mit weiteren Befugnissen ausgestattet werden, wie die Verantwortung über die gesamte Beschaffung, den Einkauf, die Disposition und die Vorratswirtschaft. Dieser Kompetenzbereich führt dann zum Ansatz der klassischen Materialwirtschaft. Wird dieser enge Ansatz um die den Bereich der Warenverteilung ergänzt, gelangt man zum erweiterten Kompetenzbereich der Materialwirtschaft. Die Ausdehnung dieses erweiterten Ansatzes um die Fertigungssteuerung führt dann zum **integrierten Kompetenzbereich.**

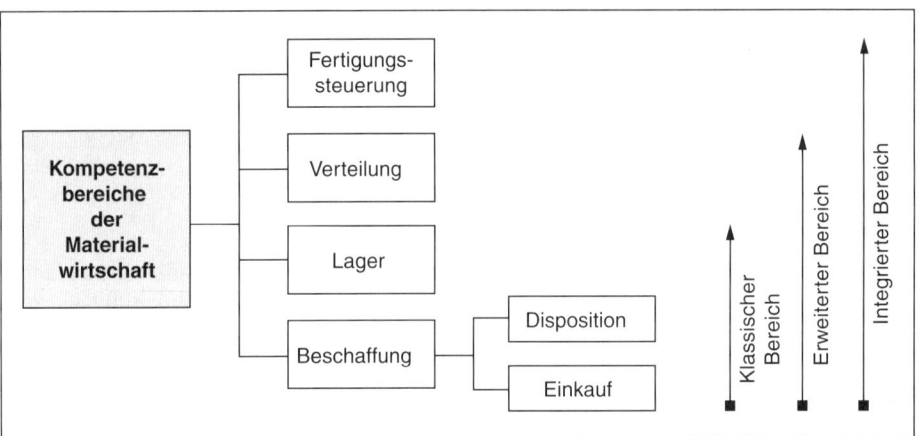

Kompetenzbereiche der Materialwirtschaft

Die Eingliederung der Materialwirtschaft in die verschiedenen Ebenen einer Unternehmung kann unterschiedlich ausfallen und hängt von Faktoren wie der Unternehmensgröße, der Branche, der Unternehmensstruktur (z. B. Spartengliederung oder geografische Lagen), der Fertigungsstruktur (z. B. Klein- oder Großserienfertigung) sowie von einer zentralen oder dezentralen Organisationsstruktur ab.

– Eine **zentrale Eingliederung** der Materialwirtschaft unterhalb der Unternehmensleitung bietet den Vorteil der Selbständigkeit der Materialwirtschaft, ohne dass Problemlösungen einseitig von kaufmännischen oder technischen Denkstrukturen dominiert werden.

– Die **dezentrale Lösung** ordnet die materialwirtschaftlichen Teilbereiche kaufmännischen und technischen Bereichen zu (Einlinienorganisation). Dies führt, von der Unternehmensleitung her betrachtet, zu einfachen Kommunikations- und Berichtswegen, birgt aber auch die Gefahr, dass der Kostenverantwortung der Materialwirtschaft nicht ausreichend Rechnung getragen wird.

Sowohl die zentrale als auch die dezentrale Eingliederung der Materialwirtschaft in die Unternehmensorganisation sind in kleinen oder mittleren Unternehmen anzutreffen.

Großunternehmen mit verschiedenen Produktionsstandorten und unterschiedlichen Produktionsprogrammen stehen bei der aufbauorganisatorischen Eingliederung der Materialwirtschaft vor komplexeren Entscheidungsfeldern. Eine **zentrale Organisation** bietet sich für Unternehmen mit **einem** Produktionsstandort und gegebenenfalls mit einem **homogenen** Produktionsprogramm an. Dies bietet den Vorteil einer optimalen Abstimmung aller Teilbereiche der Materialwirtschaft.

Eine **dezentrale Lösung** bietet sich für Unternehmen mit **verschiedenen** Produktionsstandorten und **heterogenen** Produktionsprogrammen. Ein Vorteil der Dezentralisation liegt z. B. in einer stärkeren Spezialisierung und einer größeren Selbständigkeit der Werke. Die Unternehmensleitung wird nur bei Grundsatzentscheidungen oder strategischen Entscheidungen, wie Qualitätsnormen oder Fuhrpark, zentral einbezogen.

Für die Eingliederung in kleine und mittlere Unternehmen, vor allem aber für größere Unternehmen bieten sich die funktions- und objektorientierten Organisationsformen sowie die Matrixorganisation an. In diesem Zusammenhang ist die Stablinienorganisation, die Divisional-, und die Produktmanagementorganisation als Matrixorganisation, innerhalb derer eine der beiden Leitungsebenen von Produktmanagern besetzt ist, zu nennen.

## 4.3.4.1    Aufgabenteilung zwischen Einkauf und Disposition

Die Materialwirtschaft hat die Aufgabe, das Unternehmen, und hier insbesondere den Fertigungsbereich, mit allen Gütern und Dienstleistungen des periodischen und aperiodischen Bedarfs zu versorgen. Die erfolgte Eingrenzung des Beschaffungsbegriffes erscheint sinnvoll, da beispielsweise das Beschaffen anderer Produktionsfaktoren außerhalb des materialwirtschaftlichen Bereiches anderen Überlegungen folgt, die nicht in gleicher Weise übertragbar sind. Bei der Beschaffung ist darauf zu achten, dass

– das richtige Material und die richtige Leistung
– in ausreichende Menge,
– zum richtigen Zeitpunkt,
– am richtigen Ort,
– in der richtigen Qualität sowie
– zum optimalen Preis

bereitgestellt wird.

Diese Aufgaben setzt die Materialwirtschaft durch die Funktionen Disposition, Einkauf, Lager- und Vorratswirtschaft (vgl. Abschn. 4.5.1), Transport und Entsorgung (vgl. 4.5.2) um.

– Die **Disposition** beinhaltet in diesem Sinne alle Tätigkeiten einer mengen- und termingerechten Sicherstellung einer optimalen Lieferbereitschaft.

– Der **Einkauf** richtet sich auf alle Güter und Dienstleistungen, die nicht vom Unternehmen selbst bereitgestellt werden, sondern vom Markt zu beschaffen sind.

– Die **Lagerung** umfasst alle Tätigkeiten einer Bevorratung zur mengen- und termingerechten Bereitstellung der Güter.

– Der **Transport** erfüllt die Funktion der Verteilung. Die Verteilung der Güter und Waren erstreckt sich sowohl auf die innerbetrieblichen Anforderungen als auch auf die Verteilung versandfertiger Waren vom Unternehmen zum Kunden zu optimalen Preisen. Die innerbetriebliche **Materialbewegung** richtet sich auf die Sicherstellung der mengen- und termingerechten Versorgung der einzelnen Produktionsstätten mit den entsprechenden Materialien, die **Verteilung** auf die Distribution der Erzeugnisse.

– Die **Entsorgungsfunktion** beinhaltet die Entwicklung eines geeigneten Entsorgungskonzeptes unter Berücksichtigung des ökologisch-ökonomischen Umgangs mit den anfallenden Gütern und unter Einhaltung der entsprechenden Gesetze und Vorschriften.

Die betriebliche **Logistik** bezeichnet die ganzheitliche und integrierte Planung, Steuerung, Durchführung und Kontrolle aller Güterströme sowie die Sammlung dazu gehörender Informationen.

## 4.3.4.1.1 Einkauf

Der Einkauf beschafft alle notwendigen Güter, die der Betrieb nicht selbst produziert, vom Markt. Zielvorgaben des Einkaufs sind die termingerechte Beschaffung der Güter in den richtigen Mengen unter wirtschaftlichen und ökologischen Bedingungen.

Zu den Aufgaben des Einkaufs gehört die Einkaufsvorbereitung, der Beschaffungsvorgang selbst sowie die Überwachung und Kontrolle des Bestellablaufs und der Vertragserfüllung. Hierzu gehört auch die Sicherung der Mengen, Termine, Qualitäten sowie eine Rechnungsprüfung.

Im Rahmen der vorbereitenden Maßnahmen des Einkaufs muss geprüft werden, ob dieser zentral oder dezentral eingerichtet werden soll. Dazu nachfolgend eine kurze Gegenüberstellung beispielhafter Vor- und Nachteile einer zentralen bzw. dezentralen Einkaufsabwicklung.

| Zentraler Einkauf | | Dezentraler Einkauf | |
|---|---|---|---|
| Vorteile | Nachteile | Vorteile | Nachteile |
| – Bedarfs-konzentration | – Geringeres Reaktionsvermögen | – Schnelles Reaktions-vermögen | – Ungünstigere Preise |
| – Hohe Mengengerüste | – Längere Kommuni-kationswege | – Kurze Informations-wege | – Kleinere Mengen-gerüste |
| – Günstige Preise | – Hoher Koordina-tionsbedarf | – Direkter Kontakt zu Bedarfsträgern | – Erhöhter Mitarbeiterbedarf |
| – Geringere Mitarbeiterbedarf | | | |
| – . . . | – . . . | – . . . | – . . . |

Zentraler und dezentraler Einkauf – Vor- und Nachteile

Weitere Maßnahmen im Rahmen des Beschaffungsmarketings umfassen Analyse, Beobachtung und Prognose des Beschaffungsmarktes.

## 4.3.4.1.2 Disposition

Wie bereits angesprochen, umfasst die Disposition alle Tätigkeiten, die darauf gerichtet sind, den Betrieb termingerecht mit den nach Art und Menge erforderlichen Gütern ordnungsgemäß zu versorgen.

Um dieser Aufgabe zu entsprechen, muss im Rahmen der Disposition verbindlich festgestellt werden,

– welche Materialien
– in welcher Menge
– an welchem Ort
– zu welchem Zeitpunkt

benötigt werden.

Die Bestimmung des Nettobedarfs kann auf Basis einer **Bestandsrechnung** wie folgt vorgenommen werden:

Vormerkbestand
+ Werkstattbestand
_____

**= verfügter Bestand**
════════════════════

Lagerbestand
./. Vormerkbestand
_____

= verfügbarer Lagerbestand
+ Bestellbestand
_____

**= verfügbarer Bestand**
════════════════════

Bruttobedarf
./. verfügter Bestand
./. verfügbarer Bestand
_____

**= Nettobedarf = Bestellbedarf**
════════════════════

Eine Überprüfung der Aktivitäten der Materialdisposition dient vor allem einer Zielkontrolle in Hinblick auf die materialwirtschaftliche Optimierungsproblematik. Zur Zielerreichungskontrolle bietet sich ein auf die Aufgaben der Disposition ausgerichtetes **Kennzahlensystem** an. Kennzahlen können zu Perioden- und Betriebsvergleichen herangezogen werden. Bei der Auswahl der Kennzahlenkomponenten ist darauf zu achten, dass sie sich auf alle Bereiche der Materialdisposition beziehen und sinnvoll zueinander in Beziehung gesetzt werden.

Eine Kennzahl zur Kontrolle der Lieferbereitschaft ist der **Servicegrad.** Dieser kann als Bedarfs- und Stückservice ausgedrückt werden.

$$\text{Bedarfsservice} = \frac{\text{Anzahl der bedienten Abforderungen pro Periode}}{\text{Gesamte Anforderungen pro Periode}} \cdot 100$$

$$\text{Stückservice} = \frac{\text{Bediente Stückmenge pro Periode}}{\text{Gesamte Stückmenge pro Periode}} \cdot 100$$

Bedeutende Kennziffern der Bestandskontrolle sind der durchschnittliche Lagerbestand bei relativ gleichmäßigen Lagerzu- und Lagerabgängen, die Umschlagshäufigkeit, die Lagerdauer sowie die Lagerreichweite, auf die in Abschnitt 4.5.1.5 näher eingegangen wird.

## 4.3.4.2    Zusammenarbeit von Materialwirtschaft und anderen Unternehmensbereichen

Die Materialwirtschaft und ihre in formulierten Funktionen und Ziele der Teilbereiche der Materialwirtschaft befinden sich zum Teil in einem Interessenkonflikt mit anderen betrieblichen Teilbereichen, wie z. B. der Produktion, dem Absatz und dem Rechnungswesen. Dieses Spannungsfeld unterschiedlicher Interessen resultiert daher, dass jeder Teilbereich traditionell seine Interessen und Ziele verfolgt und eine ganzheitliche Einbeziehung der Materialwirtschaft von daher Probleme aufwirft. Idealtypischerweise erwartet die Fertigung hochwertige Materialien von konstanter Qualität und eine unverzüglichen

Lieferbereitschaft jeder Bedarfsanforderung, unabhängig von optimalen Beschaffungslosgrößen oder aber schwierigen Situationen auf den Rohstoffbeschaffungsmärkten. Der Absatz soll jeden Kundenwunsch sofort erfüllen, er verlangt daher eine sofortige Abgabebereitschaft, ungeachtet etwaiger Fertigungslosgrößen oder Lagerkapazitäten. Das Rechnungswesen verlangt hingegen eine geringe Lagerhaltung, um die damit verbundene Kapitalbindung zu reduzieren und entsprechende Liquidität freizusetzen.

## 4.3.4.2.1    Kostenverantwortung der Materialwirtschaft

Die Kosten der Materialwirtschaft betragen in der verarbeitenden Industrie nicht selten 50 % für Materialaufwendungen und ca. 20 % an Materialbewirtschaftungskosten im Verhältnis zum Umsatz bzw. zur Gesamtleistung. Dies soll das nachstehende Schaubild veranschaulichen.

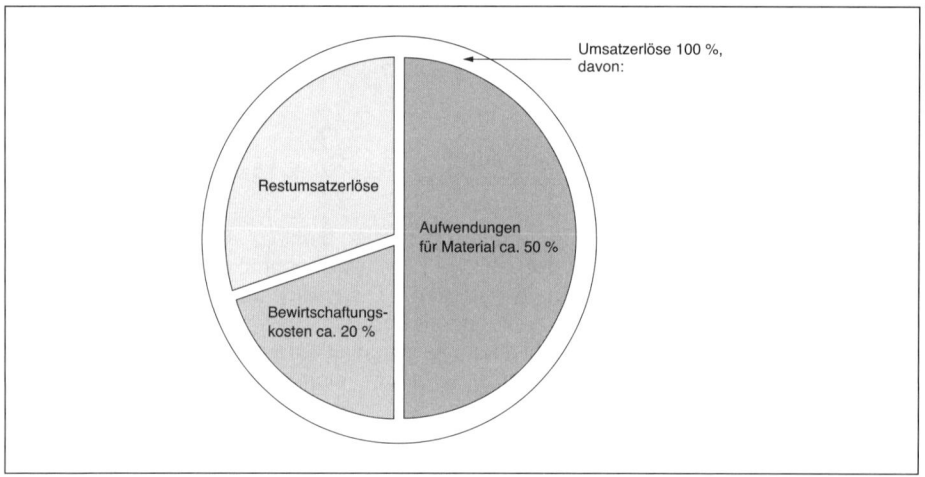

Kostenanteile der Materialwirtschaft

Der Materialaufwand setzt sich aus den zu beschaffenden Roh-, Hilfs- und Betriebsstoffen und den Bezugskosten sowie aus den Kosten für Einzelteile, Baugruppen, Handelswaren und Dienstleistungen zusammen.

Die **Materialbewirtschaftungskosten** umfassen alle Aufwendungen für das Beschaffen, Lagern, Bewegen und Verteilen der Güter. Im Einzelnen beinhaltet dies die Bestell-, Einkaufs- und Dispositionskosten sowie alle Kosten von der Warenannahme bis zur letztendlichen Verteilung der Güter.

Die **Lagerhaltungskosten** beinhalten die Kosten der Kapitalbindung, des Beständewagnisses, Abschreibungen bzw. Wertberichtigungen sowie die Lagerkosten.

Zu den **Bewegungskosten** zählen die Kosten des innerbetrieblichen Materialtransportes und -flusses. Versanddisposition und die Versanddurchführung bilden die wesentlichen Bestandteile der **Verteil- oder Distributionskosten.**

## 4.3.4.2.2    Einfluss auf das Unternehmensergebnis und die Liquidität

Die oben dargestellten Kostenanteile der Materialwirtschaft sollen verdeutlichen, dass materialwirtschaftliche Entscheidungen sich durchaus erfolgs- und/oder liquiditätswirksam auf das Unternehmen auswirken.

Die positive Beeinflussung der Material- und Materialbeschaffungskosten einschließlich der Bezugskosten und anderer Dienstleistungen wirkt sich auf den Erfolg und die Liquidität aus; die Kostenverantwortung macht deutlich, dass sich bereits beim Materialeinkauf erzielte Kosteneinsparungen nicht unerheblich auf eine Verbesserung der Kapitalrendite (Gewinn/Kapital · 100) auswirken können oder gegebenenfalls auch stagnierende Umsätze vorübergehend ausgleichen können.

Dies rechtfertigt die Redewendung: »**Im Einkauf liegt der Gewinn**«.

Die Kennzahl des Return on Investment (ROI = Umsatzrentabilität · Kapitalumschlag) verdeutlicht die Auswirkungen von Kostensenkungen im materialwirtschaftlichen Zuständigkeitsbereich auf die Unternehmensrentabilität.

# 4.4 Berücksichtigung der rechtlichen Möglichkeiten im Ein- und Verkauf sowie der Lieferklauseln des internationalen Warenverkehrs

Das gesamte Wirtschaftsleben wird durch vertragliche Vereinbarungen rechtlich gestaltet. Die meisten kaufmännischen Handlungen wie der Kauf, der Verkauf, der Einsatz von Wechseln oder die Sicherungsübereignung stellen Verträge dar oder basieren auf Verträgen. Aber auch der internationale Warenverkehr basiert auf vertraglichen Regelungen. In der Praxis spielen bei grenzüberschreitenden Geschäften INCOTERMS eine wichtige Rolle. Dabei handelt es sich um von der Internationalen Handelskammern in Paris (ICC) aufgestellte Listen von Handelsklauseln und der sich daraus ergebenden Pflichten für Käufer und Verkäufer.

Im Folgenden werden die Vertragsanbahnung und das Zustandekommen von Verträgen, Probleme des allgemeinen Schuldrechts des Bürgerlichen Gesetzbuches (BGB), einzelne Vertragsarten, Leistungsstörungen eines Vertrags und ihre Konsequenzen sowie der internationale Warenverkehr behandelt.

Wichtige Regelungen zum **Vertragsrecht** finden sich im Bürgerlichen Gesetzbuch (BGB). Es besteht aus fünf Büchern:

– 1. Buch: Allgemeiner Teil (z. B. Rechts- und Geschäftsfähigkeit, Willenserklärung, Verträge, Vertretung, Verjährung usw.)
– 2. Buch: Schuldrecht (der Allgemeine Teil des Schuldrechts enthält Vorschriften, die für alle Schuldverhältnisse gelten; im Besonderen Teil des Schuldrechts sind einzelne Verträge näher geregelt)
– 3. Buch: Sachenrecht
– 4. Buch: Familienrecht
– 5. Buch: Erbrecht

| Allgemeiner Teil, §§ 1 – 240 BGB | |
|---|---|
| Vorschriften, die für das gesamte Zivilrecht von Bedeutung sind, z. B. Geschäftsfähigkeit, Stellvertretung, Verjährung | |
| **Allgemeines Schuldrecht, §§ 241 – 432 BGB** | **Besonderes Schuldrecht, einzelne Schuldverhältnisse, §§ 433 – 853 BGB** |
| Vorschriften, die für alle Schuldverhältnisse des besonderen Teils gelten, z. B. Inhalt der Schuldverhältnisse, Leistungsstörungen, Allgemeine Geschäftsbedingungen | z. B. §§ 433 ff. BGB: Kaufvertrag |
| | §§ 488 ff. BGB: Darlehensvertrag |
| | §§ 516 ff. BGB: Schenkung |
| | §§ 535 ff. BGB: Miete und Pacht |
| | §§ 598 ff. BGB: Leihe |
| | §§ 611 ff. BGB: Dienstvertrag |
| | §§ 631 ff. BGB: Werkvertrag |

Die Struktur der ersten beiden Bücher des BGB

# 4.4.1   Vertragsanbahnung und Vertragsabschluss

## 4.4.1.1   Rechtsgeschäft

Ein Rechtsgeschäft besteht aus einer oder mehreren Willenserklärungen und ist darauf gerichtet, einen bestimmten rechtlichen Erfolg – nämlich den in den Willenserklärungen bezeichneten – herbeizuführen.

Ein Vertrag ist meistens ein zweiseitiges Rechtsgeschäft, bei dem durch mindestens zwei übereinstimmende Willenserklärungen ein rechtlicher Erfolg erzielt werden soll. Der Vertrag kommt demnach grundsätzlich durch Vertragsantrag oder Offerte **(Angebot)** der einen Seite und durch Vertragsannahme oder Akzept dieses Antrags **(Annahme)** durch den anderen Beteiligten zustande (§§ 145 ff. BGB).

Von den zweiseitigen Rechtsgeschäften werden einseitige Rechtsgeschäfte unterschieden, wie z. B. das Testament (§ 2064 BGB) oder die Auslobung nach § 657 BGB. Eine nur einseitige Willenserklärung ist mit Vollendung ihrer Voraussetzungen (z. B. Unterschrift unter die Testamentsurkunde) bereits wirksam.

## 4.4.1.2   Willenserklärung

Eine Willenserklärung ist die Äußerung eines Willens zur Herbeiführung eines Rechtserfolgs. Objektiv besteht sie aus der **Erklärungshandlung,** z. B. der Unterzeichnung eines Vertrags oder dem Heben der Hand auf einer Auktion zur Abgabe eines Gebots.

Subjektiv müssen Handlungswille und Erklärungswille bei dem Erklärenden vorliegen:

**Handlungswille** ist das Bewusstsein, eine bestimmte Handlung vorzunehmen. Er liegt nicht vor, wenn die unterzeichnende Hand »geführt« wird oder das Heben der Hand auf der Auktion ein Reflex war. Fehlt der Handlungswille, liegt also keine Willenserklärung vor.

**Erklärungswille** ist das Bewusstsein, eine Erklärung ganz bestimmten Inhalts abzugeben, die eine bestimmte Rechtsfolge herbeiführt. Hebt ein Auktionsbesucher den Arm, um einen Freund zu grüßen, fehlt ihm in diesem Moment das Bewusstsein, eine Rechtsfolge herbeizuführen, auch wenn der Auktionator seine Geste als Gebot wertet. Bei fehlendem Erklärungswillen kommt es darauf an, wie der Empfänger die Erklärungshandlung verstehen durfte, nicht wie der Handelnde sie verstanden haben möchte.

Ein **Angebot** muss so formuliert sein, dass der Adressat nur noch zuzustimmen braucht. Es muss also alle wesentlichen vertraglichen Inhalte enthalten. Damit das Angebot angenommen werden kann, muss es dem Empfänger zugegangen sein. Zugang des Angebots liegt vor, wenn es in den Machtbereich des Empfängers (z. B. seinen Briefkasten) gelangt ist, sodass er Kenntnis davon nehmen konnte.

Eine **Annahme** des Angebots liegt vor, wenn der Empfänger erklärt, dass er das Angebot uneingeschränkt annehme und diese Erklärung rechtzeitig bei dem Anbieter eintrifft. Eine Annahme unter Modifizierung des Angebots gilt als neues Angebot.

Ob die Annahme rechtzeitig erfolgt, hängt von der Art des Angebots ab. Hat der Anbieter eine bestimmte Frist gesetzt, so muss die Annahme innerhalb dieser erfolgen.

Hat der Anbieter keine Frist gesetzt, ist entscheidend, wann die Antwort erwartet werden durfte. Bei einem schriftlichen Angebot wird dem Empfänger eine Überlegungsfrist eingeräumt und er kann dann das Angebot schriftlich annehmen. Er kann aber auch eine schnellere Übermittlungsart wählen und beispielsweise das Angebot telefonisch annehmen.

Bei gleichzeitiger Anwesenheit von Anbieter und Empfänger muss die Annahme sofort erfolgen (§147 BGB).

# 4.4.1.3    Geschäfts- und Rechtsfähigkeit

**Geschäftsfähigkeit** ist die Fähigkeit, Rechtsgeschäfte in eigenem Namen wirksam vorzunehmen. Gemäß § 2 BGB ist die Geschäftsfähigkeit an die Volljährigkeit (Vollendung des 18. Lebensjahres) gebunden. Kinder bis zum siebten Lebensjahr sind nicht geschäftsfähig (§ 104 BGB).

Nach Vollendung des siebten bis zum 18. Lebensjahr ist der Mensch beschränkt geschäftsfähig. Das bedeutet, dass die gesetzlichen Vertreter (Eltern oder Vormund) in solche Willenserklärungen einwilligen müssen, die einen rechtlichen Nachteil für den Minderjährigen mit sich bringen, z. B. die Verpflichtung einen Kaufpreis zu zahlen, unabhängig davon, ob es etwa ein besonders günstiger Kauf war oder nicht. Diese Regelung dient dem Schutz der Minderjährigen.

Schließt ein Minderjähriger ohne die Einwilligung des gesetzlichen Vertreters ein Rechtsgeschäft ab, das auch einen rechtlichen Nachteil für ihn bedeutet, so ist dies aber nicht von Anfang an nichtig, sondern nur schwebend unwirksam. Der gesetzliche Vertreter kann durch eine nachträgliche Zustimmung (Genehmigung) dessen Wirksamkeit herbeiführen (§§ 108, 184 BGB). Erteilt der gesetzliche Vertreter die Genehmigung nicht, ist das Rechtsgeschäft allerdings von Anfang an unwirksam.

Von diesem Grundsatz gibt es die Ausnahme, dass der Minderjährige den abgeschlossenen Vertrag sofort mit Mitteln erfüllt, die ihm im Rahmen seines Taschengeldes zur Verfügung stehen (§ 110 BGB, »Taschengeldparagraf«); weitere Besonderheiten gelten für Dienst- und Arbeitsverhältnisse von Minderjährigen (§ 113 BGB).

Von der Geschäftsfähigkeit ist die **Rechtsfähigkeit** zu unterscheiden: Rechtsfähigkeit ist die Fähigkeit, Träger von Rechten und Pflichten zu sein. Unsere Rechtsordnung differenziert zwischen natürlichen und juristischen Personen. Natürliche Personen sind Menschen, juristische Personen sind Rechtsgebilde, wie beispielsweise Aktiengesellschaften oder Vereine.

Natürliche Personen erlangen Rechtsfähigkeit mit der Vollendung der Geburt (§ 1 BGB) und verlieren sie mit dem Tod.

Juristische Personen erlangen die Rechtsfähigkeit mit der Eintragung in das für sie vorgesehene Register, z. B. das Handelsregister oder das Vereinsregister. Die Rechtsfähigkeit der juristischen Person endet mit der Löschung aus dem Register.

# 4.4.1.4    Stellvertretung und Vollmacht

Eine Willenserklärung wird grundsätzlich dem zugerechnet, der sie abgibt. Die Regelungen über die **Stellvertretung** (§§ 164 ff. BGB) ermöglichen, dass Willenserklärungen auch in Vertretung für einen Dritten abgeben werden können.

Für eine wirksame Stellvertretung ist erforderlich, dass der Erklärende nach außen erkennbar in fremdem Namen handelt. Dies kann entweder ausdrücklich deutlich gemacht werden oder sich aus den Umständen ergeben. Falls der Erklärende nicht als Vertreter erkennbar ist, wird ihm selbst die abgegebene Willenserklärung zugerechnet.

Weiterhin bedarf eine wirksame Vertretung der **Vollmacht** des Vertretenen. Die Erteilung der Vollmacht erfolgt gemäß § 167 BGB. Sie ist prinzipiell an keine bestimmte Form gebunden. Sie kann mündlich, schriftlich oder durch öffentliche Bekanntmachung erfolgen und jederzeit widerrufen werden. Im Handelsgesetzbuch (HGB) sind bestimmte Formen der Vollmacht wie z. B. die Prokura geregelt. Auch bei Grundstücksgeschäften kann notarieller Formzwang bestehen.

Überschreitet der Vertreter die ihm erteilte Vollmacht, ist der Vertretene nicht vertraglich gebunden, sondern hat ein Wahlrecht:

Er kann den Vertrag **genehmigen** und dadurch wirksam werden lassen oder nicht (§ 177 BGB).

Wird eine Genehmigung **verweigert,** ist der Vertrag unwirksam. In diesem Fall ist der Vertreter nach § 179 BGB schadensersatzpflichtig. Falls der Vertreter den Mangel seiner Vertretungsmacht nicht kannte, hat er aber nur den so genannten »Vertrauensschaden« zu ersetzen. Danach ist der Geschädigte so zu stellen, als sei die Erklärung des Vertreters nicht abgegeben worden. Gewinnverluste fallen also nicht darunter.

Vom Vertreter abzugrenzen ist der **Bote.** Ein Bote gibt keine eigene Willenserklärung ab, sondern übermittelt nur eine fremde. Damit finden auf Boten die Regelungen über die Stellvertretung keine Anwendung.

## 4.4.1.5    Unwirksamkeit von Verträgen

Die Unwirksamkeit bzw. Nichtigkeit eines Vertrags kann auf verschiedenen Ursachen beruhen, von denen einige in der folgenden Übersicht dargestellt sind.

| Gesetzliche Regelung | Inhalt |
|---|---|
| §§ 117, 118 BGB | Ein Rechtsgeschäft, das nur zum Schein oder Scherz geschlossen wird, ist nichtig. |
| § 125 BGB | Ein Rechtsgeschäft, für das eine bestimmte Form vorgeschrieben ist, ist nichtig, wenn es diese Form nicht aufweist, z. B. notarielle Beurkundung bei der Grundstücksübertragung, § 311b BGB. |
| § 134 BGB | Ein Rechtsgeschäft, das gegen ein gesetzliches Verbot verstößt, ist nichtig (z. B. Verkauf von Drogen). |
| § 138 BGB | Ein Rechtsgeschäft, das gegen die guten Sitten verstößt oder den Tatbestand des Wuchers erfüllt, ist nichtig. |
| § 142 BGB | Ein anfechtbares Rechtsgeschäft ist nach wirksamer Anfechtung nichtig. |

Ursachen der Nichtigkeit von Verträgen

Diese »Nichtigkeitsgründe« stellen eine Einschränkung des Grundsatzes der Vertragsfreiheit dar: Nach diesem Grundsatz ist jeder berechtigt, Verträge nach seiner Wahl abzuschließen und diese inhaltlich beliebig auszugestalten.

## 4.4.1.6    Anfechtung von Willenserklärungen

Unter den Voraussetzungen der §§ 119 ff. BGB können einmal abgegebene Willenserklärungen wieder angefochten werden. Wer bei Abgabe über deren Inhalt irrt, sich z. B. verspricht oder verschreibt, oder wer eine Erklärung dieses Inhalts überhaupt nicht abgeben wollte (d. h. er weiß zwar, was er sagt, aber er weiß nicht, was er damit sagt) kann die abgegebene Willenserklärung anfechten (§ 119 BGB). Ebenso kann eine Willenserklärung angefochten werden, die falsch übermittelt wurde (§ 120 BGB) oder aufgrund einer Täuschung oder Drohung (§ 123 BGB) zustande kam.

Die Anfechtung bewirkt, dass das Rechtsgeschäft von Anfang an (ex tunc) als nichtig angesehen wird (§ 142 BGB). Gemäß § 122 BGB ist der Anfechtende aber zum Schadensersatz verpflichtet, falls die Anfechtung nach §§ 119, 120 BGB erfolgt ist.

## 4.4.1.7 Allgemeine Geschäftsbedingungen

Das Vertragsrecht des BGB enthält überwiegend rechtliche Regelungen, die den Parteien die Freiheit lassen, ihre vertraglichen Beziehungen zusätzlich – weiter oder enger – auszugestalten. Im Rahmen dieser Vertragsfreiheit haben sich Allgemeine Geschäftsbedingungen (AGB) entwickelt, auch bekannt als das »Kleingedruckte«.

Durch AGB werden die Ausgestaltung und Abwicklung von Verträgen standarisiert und rationalisiert. Für den Verwender hat die Einbeziehung seiner AGB in den Vertrag den Vorteil, dass bei Vertragsabschluss Verhandlungen über Gewährleistungsfristen, Zahlungsbedingungen, Haftung usw. vermieden werden.

Um eine unangemessene Abwälzung vertraglicher Risiken zu Lasten des Vertragspartners seitens des Verwenders der AGB zu vermeiden, trat 1976 das AGB-Gesetz in Kraft, das seit dem 1. Januar 2002 im Zuge der Schuldrechtsreform in das BGB integriert worden ist.

§§ 305 bis 310 BGB bestimmen, ob **überhaupt** AGB vorliegen, wie sie in Verträge **einbezogen** werden und ob sie **inhaltlich wirksam** sind.

Nach § 305 BGB liegen AGB nur dann vor, wenn es sich um Vertragsbedingungen handelt, die für eine Vielzahl von Verträgen vorformuliert sind. Dabei müssen sie nicht vom Verwender stammen, sondern können auch von Dritten verfasst werden, wie z. B. bei der Verwendung eines Standard-Mietvertrags, der aus dem Schreibwarenhandel stammt.

Diese Vertragsbedingungen müssen von der einen Vertragspartei der anderen Vertragspartei bei Abschluss des Vertrags gestellt werden. Das bedeutet, dass der Verwender die Einbeziehung der Bedingungen einseitig und diskussionslos fordert. Es handelt sich also nicht um AGB, wenn beide Parteien übereinstimmend die Einbeziehung gleicher Bedingungen – z. B. der Verdingungsordnung für Bauleistungen (VOB) – wünschen: Diese werden vielmehr Vertragsbestandteil, ohne AGB zu sein. Damit scheidet eine inhaltliche Überprüfbarkeit solcher Bedingungen nach den Vorschriften des BGB über AGB aus.

**Keine** AGB sind außerdem Vertragsbedingungen, die von den Parteien im Einzelnen ausgehandelt wurden. Ein Aushandeln liegt vor, wenn der Verwender seine AGB ernsthaft zur Disposition des Vertragspartners stellt und ihm die Möglichkeit zur Änderung von Klauseln zwecks Wahrung eigener Interessen einräumt.

Für die **Einbeziehung** der AGB in den Vertrag ist es notwendig, dass der Verwender ausdrücklich auf die AGB hinweist und der anderen Vertragspartei die Möglichkeit verschafft, in zumutbarer Weise von deren Inhalt Kenntnis zu nehmen. Der Hinweis des Verwenders kann dadurch erfolgen, dass er die AGB auf der Rückseite des Vertrags abdruckt oder für jedermann zugänglich in seinen Geschäftsräumen aushängt.

Für die **inhaltliche Wirksamkeit** der AGB ist maßgebend, ob sie den Vertragspartner des Verwenders entgegen den Geboten von Treu und Glauben unangemessen benachteiligen (§ 307 BGB) – eine Generalklausel.

Eine unangemessene Benachteiligung kann darin bestehen, dass eine Bestimmung unverständlich ist, dass sie mit wesentlichen Grundgedanken einer gesetzlichen Regelung, die durch die AGB geändert wurde, nicht vereinbar ist oder dass wesentliche Rechte und

Pflichten, die in der Natur eines Vertrags liegen, dermaßen eingeschränkt werden, dass eine Erreichung des Vertragszwecks gefährdet wird.

Die Generalklausel der treuwidrigen Benachteiligung wird in §§ 308, 309 BGB inhaltlich konkretisiert. Unwirksam sind beispielsweise der Ausschluss des Wahlrechts zwischen Nachbesserung oder Ersatzlieferung oder eine Verkürzung der Verjährungsfristen unter ein Jahr beim Kauf- oder Werkvertrag.

Die Inhaltskontrolle ist das **Kernstück** der Vorschriften über die AGB. Sie schränkt die Gestaltungsfreiheit beim Verfassen von AGB erheblich ein. Dadurch wird ein Ausgleich für den schwächeren Vertragspartner geschaffen, dem durch die Verwendung der AGB die Möglichkeit genommen ist, durch Verhandlungen seine vertraglichen Interessen angemessen durchzusetzen.

Die **Rechtsfolge** bei Nichteinbeziehung, Unwirksamkeit der gesamten AGB oder einzelner Klauseln ergibt sich aus § 306 BGB: Danach »bleibt der Vertrag im Übrigen wirksam«, d. h. an die Stelle der AGB oder der unwirksamen Klauseln tritt die gesetzliche Regelung. Dies gilt jedoch nicht, wenn ein Festhalten am Vertrag für eine Vertragspartei eine unzumutbare Härte bedeuten würde – dann ist der gesamte Vertrag hinfällig.

Wer AGB-Bestimmungen, die nach den §§ 307 bis 309 BGB unwirksam sind, verwendet oder für den rechtsgeschäftlichen Verkehr empfiehlt, kann auf Unterlassung und im Fall des Empfehlens auch auf Widerruf in Anspruch genommen werden. Antragsberechtigt sind Industrie- und Handelskammern, Handwerkskammern, Verbraucherverbände und Verbände der Gewerbetreibenden. Einzelheiten sind im Gesetz über Unterlassungsklagen bei Verbraucherrechts- und anderen Verstößen **(Unterlassungsklagengesetz)** geregelt.

## 4.4.2     Allgemeines Schuldrecht

Das Schuldrecht ordnet die privatrechtlichen Beziehungen zwischen verschiedenen Personen. Sein wesentlicher Inhalt ist die nähere Bestimmung des Entstehens, der Ausgestaltung und Abwicklung der verschiedenen Schuldverhältnisse. Das Schuldrecht des BGB ist in einen Allgemeinen Teil und einen Besonderen Teil untergliedert; außer allgemeinen Regeln normiert das Gesetz zahlreiche typische Schuldverhältnisse (z. B. Kauf, Mietvertrag usw.). Das Schuldrecht ist durch das Schuldrechtsmodernisierungsgesetz mit Wirkung vom 1. Januar 2002 grundlegend umgestaltet worden.

### 4.4.2.1     Leistungsort

Der Leistungsort ist der Ort, wo die vertraglich geschuldete Leistung zu erbringen ist. Die Bestimmung des Leistungsorts ist wichtig für die Frage, ob der Schuldner seine Leistung richtig erbracht hat und damit von seiner Verpflichtung frei geworden ist. Hat der Schuldner die Leistung am falschen Ort erbracht, ist er nicht von seiner Verpflichtung befreit. Er muss gegebenenfalls **erneut** leisten!

Wenn die Vertragsparteien keinen Ort vereinbart haben und sich auch aus den Umständen des Vertrags nichts ergibt, so bestimmt § 269 BGB, dass der Leistungsort dort ist, wo der Schuldner zur Zeit der Entstehung des Schuldverhältnisses seinen **Wohnsitz** hatte.

Gehört der Vertragsabschluss zum Gewerbebetrieb des Schuldners, so ist der Leistungsort der **Sitz des Gewerbebetriebs.**

Nach dieser Regelung muss der Gläubiger die Leistung beim Schuldner abholen; daher bezeichnet man diese Schuld auch als **Holschuld.** Ist hingegen der Schuldner aus dem

Vertrag verpflichtet, die Leistung beim Gläubiger zu erbringen, liegt eine Bringschuld vor. Daneben gibt es noch die so genannte Schickschuld, bei der der Leistungsort zwar beim Schuldner liegt, die Parteien aber vereinbart haben, dass der Schuldner die Leistung an einen bestimmten Ort sendet.

Die Unterscheidung dieser Schuldformen ist maßgebend für die Frage, zu wessen Lasten eventuelle Schäden beim Transport gehen, wer also das **Transportrisiko** trägt.

Bei einer **Bringschuld** liegt dieses Risiko beim Schuldner. Falls die geschuldete Leistung unterwegs zerstört wird, kann der Gläubiger noch immer die Leistung verlangen. Bei der Schickschuld hingegen trägt der Gläubiger das Risiko des Transports. Der Schuldner hat alles seinerseits Erforderliche getan, wenn er die Leistung auf den Weg gebracht hat (Übergabe an Spedition, Paketservice u. a.).

Geldschulden sind grundsätzlich Schickschulden, allerdings mit der Besonderheit, dass der Schuldner die Gefahr der Übersendung trägt.

## 4.4.2.2    Leistungszeit

Unter Leistungszeit wird der Zeitpunkt für die Erbringung der vertraglich vereinbarten Leistung verstanden. Der Schuldner muss die geschuldete Leistung zur rechten Zeit erfüllen, um sich von seiner vertraglichen Verbindlichkeit zu befreien.

Der Gläubiger kann vor der Leistungszeit die Leistung nicht verlangen; die Leistung ist noch nicht **fällig.** Aber der Schuldner darf sie vorher erbringen, wenn dies dem Erfolg des Rechtsgeschäfts nicht zuwider läuft (§ 271 BGB); die Leistung ist erfüllbar.

Falls die Parteien nichts vereinbart haben, kann der Gläubiger die Leistung sofort verlangen und der Schuldner sie sofort erbringen.

## 4.4.2.3    Stück- und Gattungsschuld

Eine **Stückschuld** liegt vor, wenn die Parteien eine genau definierte Sache zum Leistungsgegenstand des Vertrags gemacht haben, z. B. einen Gebrauchtwagen oder ein Kunstwerk.

Bei einer **Gattungsschuld** beschreiben die Parteien den Leistungsgegenstand nach Gattungsmerkmalen. Es geht ihnen nicht um einen konkreten Gegenstand, sondern um einen Gegenstand »mittlerer Art und Güte« aus der Gattung, z. B. einen Zentner Kartoffeln. Eine Einschränkung der Gattungsschuld ist die so genannte **Vorratsschuld.** Dabei hat der Schuldner den nach Gattungsmerkmalen bestimmten Leistungsgegenstand nur aus einem bestimmten Vorrat (z. B. Warenlager, Sommerernte) zu leisten.

Relevant ist die Unterscheidung von Stück- und Gattungsschulden immer dann, wenn dem Leistungsgegenstand etwas zustößt, er beispielsweise untergeht oder beschädigt wird. Dann schließt sich die Frage an, ob der Schuldner erneut leisten muss oder nicht.

Bei einer Stückschuld kommt es den Parteien genau auf diesen Leistungsgegenstand an. Daher ist die (erneute) Leistung im Falle des Untergangs dieses Gegenstands nicht mehr möglich – sie scheidet also aus (das verbrannte Kunstwerk kann nicht mehr geliefert werden).

Ist der Leistungsgegenstand bei einer Stückschuld beschädigt, gelten die Vorschriften über die Gewährleistung, da der Schuldner zur mangelfreien Lieferung verpflichtet war.

Bei einer Gattungsschuld ist die Leistung aus einer Gattung zu erbringen. Das heißt, die Leistung ist erst dann nicht mehr möglich, wenn die **gesamte** Gattung untergegangen ist. Solange die Gattung noch existiert, ist der Schuldner weiter zur Leistung verpflichtet.

Auch wenn der Leistungsgegenstand bei einer Gattungsschuld beschädigt ist, hat der Gläubiger nach wie vor einen Anspruch auf Erfüllung, da der Schuldner ja Ware von mittlerer Art und Güte zu liefern hat. Es greifen nicht die Vorschriften über die Gewährleistung.

Anders ist die Situation, wenn der Schuldner einer Gattungsschuld bereits »das seinerseits zur Leistung Erforderliche« getan hat (§ 243 Abs. 2 BGB). Das ist der Fall, wenn er durch **Aussonderung** die Gattungsschuld **konkretisiert** hat.

Hat z. B. der Schuldner im Fall einer Holschuld den Zentner Kartoffeln für den Gläubiger zur Abholung bereitgestellt, so hat er durch diese Handlung alles seinerseits Erforderliche getan; die Gattungsschuld ist konkretisiert.

Nach der Konkretisierung beschränkt sich das Schuldverhältnis nur noch auf den konkretisierten Gegenstand. Durch die Konkretisierung wandelt sich die Gattungsschuld in eine Stückschuld. Damit finden bei Untergang dieser Sache (die Kartoffeln verbrennen) wie bei einer Stückschuld die Vorschriften über die Unmöglichkeit Anwendung.

## 4.4.2.4      Erfüllung

Erfüllung tritt ein, wenn der Schuldner die geschuldete Leistung an den Gläubiger erbringt, und zwar

– in der rechten Art,

– am rechten Ort und

– zur rechten Zeit.

Damit **erlischt** nach § 362 BGB das Schuldverhältnis. Liegen die genannten Voraussetzungen nur teilweise vor, so tritt keine Erfüllung ein. Der Gläubiger kann die Annahme einer Teilleistung nämlich ablehnen, ohne dadurch in Annahmeverzug zu geraten.

Der Gläubiger hat aber die Möglichkeit, eine andere als die geschuldete Leistung anzunehmen. Nimmt er eine andere Leistung »an Erfüllungs Statt« an, erlischt das Schuldverhältnis ebenfalls (§ 364 BGB).

## 4.4.2.5      Aufrechnung

Aufrechnung ist die wechselseitige Tilgung sich gegenüberstehender Forderungen. Die Voraussetzungen für eine Aufrechnung ergeben sich aus § 387 BGB. Danach ist eine Aufrechnung möglich, wenn

– die geschuldeten Leistungen **gleichartig** sind (z. B. Geld gegen Geld),

– die Forderung, mit der aufgerechnet wird, **erfüllbar** ist (wenn also der Aufrechnende die von ihm geschuldete Leistung erbringen darf) und

– die Forderung, gegen die aufgerechnet wird, **fällig** ist.

Darüber hinaus darf die Forderung, mit der aufgerechnet werden soll, nicht einredebehaftet sein (§ 390 BGB): Danach scheidet z. B. eine Aufrechnung mit einer verjährten Forderung aus.

Die Voraussetzungen der Aufrechnung mögen auf den ersten Blick verwirrend aussehen. Die wirtschaftliche Folge – die Verrechnung der Forderungen – ist jedoch äußerst sinnvoll und dient letztlich dem Zweck, die Partei, gegen die aufgerechnet werden soll, vor Anspruchsverlusten zu schützen.

Eine Aufrechnung erfolgt nur, wenn sie ausdrücklich **erklärt** wird. Diese Erklärung ist eine einseitige empfangsbedürftige Willenserklärung. Die Wirkung der Aufrechnung besteht im Erlöschen der sich deckenden Forderungen.

## 4.4.2.6    Fernabsatzverträge

Der Fernabsatzvertrag ist ein Vertrag zwischen einem Unternehmer und einem Verbraucher über die Lieferung von Waren oder über die Erbringung von Dienstleistungen. Er wird nicht unter Anwesenden, sondern unter ausschließlicher Verwendung von so genannten Fernkommunikationsmitteln (Brief, Katalog, Telekopie, E-Mail, Rundfunk, Internet und sonstige Teledienste) im Rahmen eines für den Fernabsatz organisierten Vertriebssystems (Versandhandel) abgeschlossen.

Für die Vertriebsform des Fernabsatzes normiert das BGB besondere Regeln, die dem Verbraucherschutz Rechnung tragen sollen (§§ 312b bis 312j BGB). Seit dem 1. Januar 2002 sind die Vorschriften über den Fernabsatz in das BGB integriert. Zuvor waren sie im Gesetz über Fernabsatzverträge geregelt.

**Verbraucher** im Sinne des BGB ist jede natürliche Person, die ein Rechtsgeschäft abschließt, das weder zu ihrer gewerblichen noch zu ihrer selbstständigen beruflichen Tätigkeit gehört (§ 13 BGB). Als **Unternehmer** hingegen gilt nach § 14 BGB jede natürliche oder juristische Person, die mit dem Abschluss des Rechtsgeschäfts ihr Gewerbe oder ihre selbstständige berufliche Tätigkeit ausübt.

Der Schutz des Verbrauchers findet u. a. darin Ausdruck, dass er ein **Widerrufsrecht** (§ 312g BGB) hat, über das er bei Vertragsabschluss zu belehren ist. In jedem Fall können Fernabsatzverträge innerhalb von zwei Wochen ohne Angaben von Gründen widerrufen werden. Zudem treffen den Unternehmer umfassende Informationspflichten (vgl. § 312d BGB).

Für den elektronischen Geschäftsverkehr gelten darüber hinaus weitere rechtliche und technische Vorgaben (§ 312i f. BGB): So muss der Unternehmer u. a. dem Kunden den Zugang der Bestellung unverzüglich elektronisch bestätigen und ihm die Vertragsbestimmungen sowie die AGB so zugänglich machen, dass der Kunde sie bei Vertragsschluss abrufen und speichern kann.

# 4.4.3    Besonderes Schuldrecht

Im Besonderen Schuldrecht sind einzelne Vertragsarten rechtlich ausgestaltet, z. B. Kaufvertrag, Schenkungsvertrag, Mietvertrag oder Werkvertrag. Diese rechtliche Gestaltung verschiedener Vertragstypen stellt für die Parteien aber kein zwingendes Recht dar. Aufgrund der in § 311 Abs. 1 BGB gewährten Vertragsfreiheit können Vertragsparteien von den gesetzlichen Regelungen abweichen, sie durch individuelle Vereinbarungen abändern oder Verträge eigener Art abschließen, wie beispielsweise Leasing- oder Franchise-Verträge.

Soweit die Vertragsparteien den Vertrag nicht oder nur teilweise individuell gestaltet haben, gelten die Vorschriften des BGB.

Im Folgenden werden einzelne Vertragsarten behandelt.

## 4.4.3.1    Kaufvertrag

Der Kaufvertrag ist in den §§ 433 ff. BGB geregelt. Danach verpflichtet sich der **Verkäufer,** dem Käufer eine bestimmte Sache zu übergeben und ihm daran das Eigentum zu verschaffen. Der Kauf von Rechten ist ähnlich geregelt (vgl. § 453 BGB).

Der **Käufer** hingegen verpflichtet sich, den vereinbarten Kaufpreis zu zahlen und den Kaufgegenstand abzunehmen. Für Kaufleute gelten ergänzend die Vorschriften des Handelsgesetzbuches (HGB).

### 4.4.3.1.1   Gegenstand und Form des Kaufvertrags

Gegenstand eines Kaufvertrags können Sachen, Rechte und sonstige Gegenstände sein (§ 433 i.V.m. § 453 BGB). Sachen sind körperliche Gegenstände; veräußerbare Rechte sind beispielsweise Nutzungsrechte oder Forderungen; sonstige Gegenstände sind z. B. nicht-körperliche Dinge wie Elektrizität.

Grundsätzlich ist ein Kaufvertrag an keine bestimmte Form gebunden. Kaufverträge können mündlich, schriftlich oder durch anerkannte Handelsbräuche (z. B. Handschlag) geschlossen werden. Aus Gründen der Beweisbarkeit ist aber bei wichtigen Rechtsgeschäften stets die Schriftform zu empfehlen.

In Sonderfällen schreibt das Gesetz eine besondere Form für den Vertrag vor: Beispielsweise muss der Kaufvertrag über ein Grundstück schriftlich abgefasst und notariell beurkundet werden (§ 311b BGB).

Nach § 433 BGB ist der Verkäufer verpflichtet, dem Käufer die Sache zu übergeben und ihm das Eigentum an ihr zu verschaffen. Übergabe ist dabei nicht wörtlich zu verstehen, sondern bedeutet, dass der Verkäufer dem Käufer den Besitz an der Sache einräumen muss. Ist der Käufer bereits im Besitz der Sache, bedarf es nur noch der Übereignung.

Der Käufer ist aus dem Kaufvertrag verpflichtet, den vereinbarten Kaufpreis zu zahlen und die gekaufte Sache abzunehmen. Nimmt der Käufer die Sache nicht zum vereinbarten Zeitpunkt ab, gerät er in **Annahmeverzug.** Der Verkäufer kann dann einen Verzugsschaden geltend machen, z. B. Kosten für die Lagerung der Sache.

### 4.4.3.1.2   Besondere Arten des Kaufs

Unterscheidung nach Bestimmung der Art, Beschaffenheit und Güte der Ware:

- **Stückkauf:** Kaufgegenstand ist eine nicht vertretbare Sache, z. B. ein Modellkleid.
- **Gattungskauf:** Kaufgegenstand ist eine vertretbare Sache, z. B. ein Konfektionskleid.
- **Kauf nach Besichtigung:** Der Käufer kann die Ware vor Vertragsabschluss besichtigen und etwaige Mängel erkennen, z. B. Kauf eines Gebrauchtwagens.
- **Kauf zur Probe:** Endgültiger Kauf, bei dem der Käufer dem Verkäufer zu erkennen gibt, später weitere Bestellungen aufgeben zu wollen, wenn die gelieferte Probe seinen Erwartungen entspricht. Eine rechtliche Verpflichtung zu späteren Käufen wird durch den Kauf zur Probe nicht begründet.
- **Kauf nach Probe (oder nach Muster):** Endgültiger Kauf aufgrund bereits bezogener Waren (Muster). Die später gekaufte Ware muss der Probe (Muster) entsprechen, unwesentliche Abweichungen müssen aber geduldet werden.
- **Kauf auf Probe:** Kauf mit Rückgaberecht innerhalb einer vereinbarten Frist, wenn die Ware den Erwartungen des Käufers nicht entspricht. Haben die Parteien keine Frist vereinbart, gilt nach § 455 BGB eine angemessene Frist. Die Ablehnung der Ware muss vom Käufer innerhalb der Frist ausdrücklich erklärt werden. Schweigen des Käufers gilt als Billigung.
- **Kauf mit Umtauschrecht:** Der Käufer kann verlangen, dass an Stelle der gekauften Sache eine andere gleichen Wertes tritt, wenn die Sache nachträglich nicht gefällt, z. B. Kauf eines Geschenks.
- **Typenkauf:** Der Kauf erfolgt aufgrund einer Type, also aufgrund einer durch eine Güteklasse bezeichneten Durchschnittsqualität.
- **Bestimmungskauf (Spezifikationskauf):** Kaufvertrag über eine genau festgelegte Gesamtmenge einer Gattungsware, wobei der Käufer das Recht hat, innerhalb einer

vereinbarten Frist die zu liefernde Ware nach Maß, Form oder Farbe näher zu spezifizieren. Meist werden für die Gesamtmenge ein Grundpreis sowie Zuschläge für die Ausführungsarten vereinbart.

Unterscheidung nach der Bestimmung der Lieferzeit:

– **Sofortkauf:** Die Lieferung hat unmittelbar nach der Bestellung zu erfolgen (»Lieferung sofort«).

– **Terminkauf:** Die Lieferung erfolgt zu einem vereinbarten Termin oder innerhalb einer vereinbarten Frist (»Lieferung Ende August; Lieferung innerhalb zweier Monate; Lieferung 1 Monat nach Auftragseingang«).

– **Fixkauf:** Die Lieferung muss an oder bis zu einem bestimmten Zeitpunkt erfolgen (»Lieferung am 20. Mai fix«; »Lieferung bis 20. Januar fix«). Wichtig ist dies z. B. bei Hochzeitskarten, Büfetts zu einer Ladeneröffnung oder sonstigen terminabhängigen Artikeln. Der Kaufvertrag »steht und fällt« mit dem vereinbarten Leistungszeitpunkt.

– **Kauf auf Abruf:** Der Zeitpunkt der Lieferung wird vom Käufer bestimmt. Er ruft die Ware ab, z. B. beim Kauf von Fliesen für einen Hausbau.

– **Teillieferungskauf:** Die Lieferung erfolgt in Teilmengen. Dies kann sowohl ein Kauf auf Abruf sein als auch ein Zeitkauf, bei dem z. B. monatliche Teilmengen geliefert werden.

Unterscheidung nach der Bestimmung des Zahlungszeitpunktes:

– **Kauf gegen Vorauszahlung:** Die Zahlung erfolgt vor der Lieferung.

– **Barkauf:** Ware gegen Geld.

– **Ziel- oder Kreditkauf:** Die Zahlung erfolgt nach einer vereinbarten Zeit nach der Lieferung.

– **Ratenkauf:** Die Zahlung erfolgt in Teilbeträgen zu bestimmten Zeitpunkten vor, bei oder nach der Lieferung.

Unterscheidung nach dem Erfüllungsort:

– **Versendungskauf:** Verkäufer und Käufer befinden sich an verschiedenen Orten. Erfüllungsort ist der Ort des Verkäufers, der aber auf Verlangen des Käufers die Ware an einen anderen Ort versendet.

– **Fernkauf:** Verkäufer und Käufer befinden sich an verschiedenen Orten. Als Erfüllungsort für die Übergabe der Ware ist aber ein anderer Ort als der Ort des Verkäufers vereinbart.

– **Platzkauf:** Verkäufer und Käufer befinden sich an verschiedenen Stellen desselben Orts; Ausgangs- und Endpunkt der Lieferung sind soweit voneinander entfernt, dass eine Versendung erforderlich ist. Meist wird bei Versendungen innerhalb desselben Orts die Adresse des Käufers als Erfüllungsort vereinbart.

– **Handkauf:** Verkäufer und Käufer befinden sich am selben Ort, die Ware wird im Geschäft des Verkäufers gekauft und auch dort übergeben.

Eine Besonderheit, die im Großhandel häufiger vorkommt, ist das so genannte **Streckengeschäft,** bei dem Fracht-, Verlade- und Lagerkosten eingespart werden können.

*Beispiel:*
*Ein Stahlgroßhändler bestellt bei einem Stahlwerk eine größere Menge an Baustahl, die von seinem Kunden, einem Bauunternehmen, benötigt wird. Er veranlasst die Lieferung unmittelbar ab Werk an den Kunden zu den Bedingungen des Lieferers. Der Großhändler hat nur vermittelnde Funktion. Der Kaufvertrag wird dann direkt zwischen Hersteller und Großhandelskunden geschlossen. Im Übrigen gelten die Bedingungen, die zwischen dem Großhändler und seinem Kunden vereinbart wurden.*

## 4.4.3.2 Werkvertrag und Werklieferungsvertrag

### 4.4.3.2.1 Werkvertrag

Durch einen Werkvertrag (§§ 631 ff. BGB) verpflichtet sich der Unternehmer zur Herstellung eines Werks und der Besteller zur Entrichtung der dafür vereinbarten Vergütung (Werklohn).

Bei dem zu erstellenden Werk kann es sich um die **Herstellung** einer Sache (Bau eines Hauses) oder um die **Veränderung** einer Sache (Lackierung eines Autos) handeln. Gegenstand eines Werkvertrags kann aber auch jede andere erfolgsabhängige Leistung sein, die durch Arbeit oder Dienstleistung erbracht werden kann, wie beispielsweise die Entwicklung bestimmter Software.

In Abgrenzung zum Dienstvertrag, bei dem nur die Dienstleistung an sich geschuldet wird, ist der Werkvertrag erfolgsabhängig. Zu seiner Erfüllung muss also der **vereinbarte Erfolg** eintreten.

Der Werklohn ist bei der **Abnahme** des Werks zu zahlen. Die Abnahme ist die Erklärung des Bestellers, dass das Werk die vertragsmäßig geschuldete Leistung darstelle; sie ist eine Hauptleistungspflicht. Der Besteller darf wegen nur unwesentlicher Mängel die Abnahme nicht verweigern.

Die Abnahme kann auch durch die **Fertigstellungsbescheinigung** eines Gutachters ersetzt werden.

Der Unternehmer hat dem Besteller das Werk frei von Rechts- und Sachmängeln zu verschaffen. Die Definition von Rechts- und Sachmängeln erfolgt durch das Gesetz in § 633 BGB und ist ähnlich wie beim Kaufvertrag.

Es kann vorkommen, dass bei einem Werkvertrag die **Mitwirkung** des Bestellers erforderlich ist. Kommt der Besteller dieser Mitwirkungspflicht nicht nach, gerät er in Verzug und der Unternehmer kann eine angemessene Entschädigung verlangen. Holt der Besteller innerhalb einer vom Unternehmer gesetzten Frist die erforderliche Mitwirkung nicht nach, kann der Unternehmer den Vertrag kündigen.

### 4.4.3.2.2 Kostenvoranschlag

Ein Kostenvoranschlag dient der besseren Kalkulierbarkeit eines Werkvertrags. Er ist im Zweifel kostenlos. Falls ein Kostenvoranschlag vergütungspflichtig sein soll, muss dies vertraglich vereinbart werden. Ebenso muss vertraglich geregelt sein, ob die Vergütung für einen Kostenvoranschlag auf den Werklohn angerechnet werden soll, wenn er denn zustande kommt.

Ist dem Werkvertrag ein Kostenvoranschlag zugrunde gelegt und ist eine wesentliche Überschreitung des Anschlags zu erwarten, hat der Unternehmer dies dem Besteller unverzüglich anzuzeigen. Kündigt der Besteller darauf den Werkvertrag, kann der Unternehmer einen der geleisteten Arbeit entsprechenden Teil der Vergütung und Ersatz der Auslagen verlangen, die nicht in der Vergütung enthalten sind.

### 4.4.3.2.3 Werklieferungsvertrag

Der Werklieferungsvertrag ist eine Sonderform des Werkvertrags, auf den die Regelungen des Kaufrechts Anwendung finden. Er liegt vor, wenn der Unternehmer die Lieferung beweglicher Sachen schuldet, die er herstellen oder erzeugen wird (§ 651 BGB).

Wenn es sich um die Herstellung oder Erzeugung nicht vertretbarer Sachen handelt, finden zusätzlich zum Kaufrecht die Vorschriften über die Mängelansprüche aus dem Werkvertragrecht Anwendung. Nicht vertretbare Sachen sind Gegenstände, die nicht nach Zahl, Maß oder Gewicht bestimmt werden (Umkehr aus § 91 BGB).

Zu beachten ist, dass durch die Verweisung auf das Kaufrecht bei Werklieferungsverträgen auch die Vorschriften über den Verbrauchsgüterkauf angewendet werden können, wenn dessen Voraussetzungen vorliegen.

### 4.4.3.3    Dienstleistungsvertrag

Der Dienstleistungs- oder **Dienstvertrag** ist ein gegenseitiger Vertrag, durch den der eine Teil zur Leistung der versprochenen Dienste, der andere zur Entrichtung der vereinbarten Vergütung verpflichtet wird (§ 611 BGB). Entscheidend gegenüber dem Werkvertrag ist also die bloße **Verpflichtung zum Tätigwerden,** nicht zur Herbeiführung eines Erfolgs. Gegenstand eines Dienstleistungsvertrags können Dienste jeder Art sein; liegt eine selbständige höhere – meist geistige – Tätigkeit wirtschaftlicher Art vor (z. B. Rechtsanwaltsvertrag), so gelten die Besonderheiten des Geschäftsbesorgungsvertrags (§ 675 BGB).

Besondere Bedeutung hat der Dienstvertrag für das Recht der abhängigen Arbeit: Verpflichtet sich jemand zur entgeltlichen Leistung von Diensten, indem er in einen Betrieb eingegliedert und der Weisungsbefugnis des Dienstherrn unterworfen wird, so spricht man von einem **Arbeitsvertrag.** Dieser unterscheidet sich vom Dienstleistungsvertrag insbesondere dadurch, dass aus der sozialen Einordnung heraus weitergehende gegenseitige Rechte und Pflichten – z. B. Weisungsbefugnis, Fürsorgepflicht, Sozialansprüche, Arbeitsschutz, Urlaub, Entgeltfortzahlung usw. – entstehen.

Ein Dienstvertrag liegt stets vor, wenn die vereinbarte Dienstleistung den Umständen nach nur gegen **Vergütung** zu erwarten ist. Diese braucht nicht notwendig in Geld zu bestehen; mangels Vereinbarung der Höhe ist eine etwa bestehende Taxe, sonst die ortsübliche Vergütung zu entrichten (§ 612 BGB). Die Dienste sind im Zweifel in Person zu leisten, der Anspruch auf die Dienste ist im Zweifel nicht übertragbar (§ 613 BGB).

Ein Dienstleistungsvertrag oder Dienstvertrag ist sowohl für den Lieferanten wie auch für den Besteller ein wesentlich offeneres Vertragsverhältnis im Vergleich zum Werkvertrag. Dies ergibt sich aus den rechtlichen Grundlagen bezogen auf die **Kündigung** des Dienstverhältnisses. Das Dienstverhältnis endet mit Ablauf der vereinbarten Zeit (§ 620 BGB), mit Erreichung seines Zwecks, durch Aufhebungsvertrag sowie – bei unbefristeten Dienstverhältnissen – durch Kündigung.

Eine **ordentliche** Kündigung ist unter Einhaltung bestimmter Kündigungsfristen zulässig (§ 621 BGB). Das Dienstverhältnis kann darüber hinaus von jedem Teil ohne Einhaltung einer Frist gekündigt werden, wenn ein wichtiger Grund hierfür vorliegt (§ 626 Abs. 1 BGB, **außerordentliche** Kündigung). Dieses Kündigungsrecht ist zwingend. Ein wichtiger Grund liegt vor, wenn dem Kündigenden unter Berücksichtigung aller Umstände des Einzelfalls und unter Abwägung der Interessen beider Vertragsteile die Fortsetzung des Dienstvertrags bis zum Ablauf der normalen Kündigungsfrist nicht mehr zugemutet werden kann. Bei Diensten höherer Art, die auf Grund besonderen Vertrauens übertragen werden (z. B. Rechtsanwaltsvertrag), ist eine jederzeitige außerordentliche Kündigung möglich (§ 627 BGB).

Nach der Kündigung eines Dienstvertrags oder Arbeitsverhältnisses hat der Dienstherr die Pflicht, dem Dienstverpflichteten auf Verlangen Zeit zur **Stellensuche** zu gewähren (§ 629 BGB); die Vergütungspflicht besteht während dieser Zeit fort. Bei Beendigung des Dienstvertrags kann der Verpflichtete ferner ein schriftliches **Zeugnis** verlangen (siehe §§ 630 BGB und 113 GewO).

### 4.4.3.4 Mietvertrag

Der Mietvertrag ist ebenfalls ein gegenseitiger Vertrag, durch den sich der Vermieter verpflichtet, dem Mieter den Gebrauch der Mietsache während der Mietzeit gegen die Zahlung einer Miete zu überlassen (§ 535 Abs. 1 BGB). Gegenstand des Mietvertrags können sowohl **bewegliche** (z. B. Pkws oder Fahrräder) als auch **unbewegliche Sachen** (Grundstücke, Räume) sein. Für den **Wohnraummietvertrag** gelten jedoch zahlreiche Sondervorschriften, vor allem zum Kündigungsschutz. Tritt neben die bloße Gebrauchsüberlassung (Nutzungsmöglichkeit) das Recht zur Fruchtziehung, so liegt ein Pachtvertrag vor. Der Mietvertrag unterscheidet sich von der Leihe insofern, als diese unentgeltlich erfolgt.

Der Vermieter hat dem Mieter die Mietsache in einem zum **vertragsgemäßen Gebrauch** geeigneten Zustand zu überlassen und sie während der Mietzeit in diesem Zustand zu erhalten (§ 535 Abs. 1 BGB). Er hat also die Pflicht, die Mietsache instand zu halten (nicht aber die Mietsache zu verbessern oder zu modernisieren), Störungen Dritter fernzuhalten, die auf der Mietsache ruhenden öffentlichen und privatrechtlichen Lasten zu tragen (§ 535 Abs. 1 Satz 3 BGB) usw. Eine bestimmte Form des Mietvertrags ist nur für den Wohnraummietvertrag sowie für Grundstücke und sonstige Räume vorgesehen.

Hat die Mietsache zur Zeit der Überlassung einen **Mangel,** der ihre Tauglichkeit zum vertragsgemäßen Gebrauch aufhebt (z. B. unzureichende Tragfähigkeit des Bodens) oder entsteht während der Mietzeit ein solcher Mangel, so ist der Mieter für die Zeit, in der die Tauglichkeit aufgehoben ist, von der Entrichtung der Miete befreit. Ist die Tauglichkeit nicht nur unerheblich gemindert, so hat er nur eine angemessen herabgesetzte Miete zu entrichten (Mietminderung, § 536 Abs. 1 BGB). Das Gleiche gilt, wenn eine zugesicherte Eigenschaft (z. B. Grundstücksgröße, Bebauungsfähigkeit) fehlt oder nachträglich wegfällt (§ 536 Abs. 2 BGB) oder wenn dem Mieter der vertragsgemäße Gebrauch der Mietsache durch das Recht eines Dritten ganz oder teilweise entzogen wird (§ 536 Abs. 3 BGB). Ist ein solcher Mangel schon bei Vertragsschluss vorhanden, hat der Vermieter ihn verschuldet oder kommt er mit der Beseitigung eines Mangels in Verzug, so kann der Mieter außerdem Schadensersatz verlangen; bei Verzug des Vermieters kann der Mieter den Mangel selbst beseitigen und Ersatz der hierfür erforderlichen Aufwendungen verlangen (§ 536a BGB). Der Mieter hat im Laufe der Mietzeit auftretende Mängel der Sache oder behauptete Rechte Dritter unverzüglich dem Vermieter mitzuteilen. Unterlässt er dies, so ist er zum Ersatz des hieraus entstehenden Schadens verpflichtet.

Der Mieter ist verpflichtet, dem Vermieter die vereinbarte **Miete** zu entrichten (§ 535 Abs. 2 BGB). Die Pflicht zur Mietzahlung entfällt jedoch, solange der Vermieter infolge Gebrauchsüberlassung an einen Dritten außerstande ist, dem Mieter den vertraglich vereinbarten Gebrauch zu gewähren (§ 537 Abs. 2 BGB). Der Mieter hat die gemietete Sache pfleglich zu behandeln. Änderungen oder Verschlechterungen, die durch den vertragsgemäßen Gebrauch herbeigeführt werden, hat er jedoch nicht zu vertreten (§ 538 BGB).

Das **befristete Mietverhältnis** endet mit dem Ablauf der Zeit, für die es eingegangen ist, sofern es nicht zulässigerweise außerordentlich gekündigt oder einvernehmlich verlängert wird (§ 542 Abs. 2 BGB). Mietverhältnisse auf unbestimmte Zeit werden – abgesehen von der Möglichkeit eines Aufhebungsvertrags – durch **Kündigung** beendet (§ 542 Abs. 1 BGB). Eine ordentliche Kündigung kann mit der vertraglich vereinbarten Frist erklärt werden. Sonst gelten die gesetzlichen Fristen des § 580a BGB. Bei einem Mietverhältnis über bewegliche Sachen sind sehr kurze Kündigungsfristen vorgesehen. Ist beispielsweise eine Wohnung oder ein Grundstück vermietet, so hängt die Länge der Frist von der Art der Mietzahlung ab (z. B. bei monatlicher Zahlweise spätestens am dritten Werktag eines Kalendermonats zum Ablauf des übernächsten Monats). Bei einem Mietverhältnis über Geschäftsräume ist die ordentliche Kündigung spätestens am dritten Werktag eines Kalendervierteljahrs zum Ablauf des nächsten Kalendervierteljahrs zulässig.

## 4.4.3.5 Leasingvertrag

Der Leasingvertrag dient wirtschaftlich in erster Linie einer mittelfristigen Finanzierung, so genanntes **Finanzierungs-Leasing.** Er ist rechtlich gesehen – auch wenn er mit einer Kaufoption verbunden ist – ein Mietvertrag. Der Leasinggeber überlässt dem Leasingnehmer gegen Entgelt eine von diesem ausgesuchte Sache zum Gebrauch; dabei trägt regelmäßig der Leasingnehmer die Gefahr bzw. Haftung für Instandhaltung, Untergang und Beschädigung, während der Leasinggeber dafür seine Ansprüche gegen Dritte (insbesondere den Lieferanten) dem Leasingnehmer überträgt. Das Risiko ist also ähnlich wie beim Kauf verteilt; vor allem richten sich Ansprüche aus Gewährleistung wegen Sachmängeln gegenüber dem Lieferanten nach Kaufrecht. Halter eines Kraftfahrzeugs ist i. d. R. der Leasingnehmer (»wirtschaftlicher Eigentümer«).

## 4.4.3.6 Lizenzvertrag

Der Lizenzvertrag ist ein Vertrag, durch den der Inhaber eines Urheberrechts, Patents, Gebrauchsmusters, Geschmacksmusters (Design), einer Marke oder von Know-how sein Nutzungsrecht ganz oder zum Teil auf eine andere Person überträgt. Der Erwerber erlangt dadurch die Nutzungsrechte in dem Umfang und mit der Wirkung gegenüber Dritten, wie sie dem Urheber, Patent-, Marken- oder Gebrauchsmusterinhaber zustanden. Man unterscheidet die **ausschließliche Lizenz,** bei der das Urheber- oder Erfinderrecht so übertragen wird, dass der Erwerber nicht nur die Benutzungshandlungen vornehmen, sondern sie auch anderen verbieten darf, und die **einfache Lizenz,** bei der er nur die Benutzungshandlungen vornehmen darf, während das Recht, es Dritten zu verbieten, beim Urheber-, Patent-, Marken- oder Gebrauchsmusterinhaber verbleibt (vergl. Abschn. 4.2.3.7).

Die Erteilung einer Lizenz berühren nicht Rechte, die Dritten vorher erteilt worden sind. Die Lizenzen können zeitlich und räumlich begrenzt oder auf bestimmte Personen, Gegenstände, Betriebe, Mengen und Benutzungsarten beschränkt werden. Unterschieden wird zwischen

– **Gebrauchslizenz** (zur Herstellung von anderen Sachen, die nicht Gegenstand der Erfindung sind),

– **Herstellungslizenz** (mit Beschränkung auf das Herstellungsrecht),

– **Betriebslizenz** (Beschränkung des Nutzungsrechts auf einen bestimmten Betrieb),

– **Vertriebslizenz** (Beschränkung auf den Vertrieb, ggf. in einem bestimmten Gebiet).

Der Lizenzvertrag verpflichtet den Lizenzgeber, das Benutzungsrecht einzuräumen sowie für dessen Bestand zu haften. Auch steht dieser dafür ein, dass Mängel der Erfindung oder des Werks nicht bestehen. Der Lizenznehmer ist dem gegenüber zur Zahlung der vereinbarten Lizenzgebühr verpflichtet.

# 4.4.4 Zahlungsvereinbarungen

Zahlungsvereinbarungen können rechtlich unterschiedlich ausgestaltet werden.

Ist für die Kaufpreiszahlung im Vertrag nichts vereinbart, besteht die Zahlungspflicht mit Abschluss des Vertrags. Solange keine Vorleistungspflicht des Käufers vereinbart wurde, kann dieser die Zahlung bis zur Bewirkung der Gegenleistung verweigern (§ 320 BGB).

Die Vereinbarung einer Vorleistung kann z. B. durch den Zusatz »Kasse gegen Dokumente« erfolgen. Das bedeutet, dass der Käufer den Kaufpreis bereits gegen Vorlage der Frachtdokumente zu erbringen hat.

## 4.4.4.1    Rabatte

Rabatte sind Preisnachlässe für Waren und Leistungen, die aus absatzpolitischen Gründen gegenüber verschiedenen Abnehmerkreisen gewährt werden. Die Arten der Rabatte lassen sich nach dem Grund der Rabattvergabe und nach dem Zeitpunkt der Rabattvergabe unterscheiden, z. B. Barzahlungsrabatt, Mengenrabatt, Treuerabatt.

Bis zur Aufhebung des Rabattgesetzes und der Zugabeverordnung im Juli 2001 durften Rabatte und Zugaben nur in gesetzlich bestimmten Ausnahmefällen gewährt werden, um für den Käufer Preisklarheit sicherzustellen.

Beispielsweise war Skonto eine Sonderform des Rabattes, die nur bei Barzahlung oder bei einer Zahlung innerhalb einer vereinbarten Zahlungsfrist gewährt werden durfte. An den Endverbraucher gewährt, durften Barzahlungsrabatte 3 % nicht überschreiten.

Seit Aufhebung der beiden Gesetze ist die Gewährung von Rabatten und Zugaben grundsätzlich erlaubt und frei aushandelbar. Die maßgebende Grenze wird durch das Gesetz gegen den unlauteren Wettbewerb (UWG) gezogen: So dürfen marktbeherrschende Unternehmen Rabatte und Zugaben nicht so einsetzen, dass dadurch Wettbewerber und andere Marktteilnehmer behindert oder etwa diskriminiert werden.

## 4.4.4.2    Unterschiedliche Zahlungsbedingungen

Ist in einem Kaufvertrag nichts über die Kaufpreiszahlung vereinbart, ist sie sofort fällig. Abweichend hiervon können die Parteien andere Zahlungszeitpunkte und Zahlungsmöglichkeiten bestimmen, die in der folgenden Abbildung dargestellt sind:

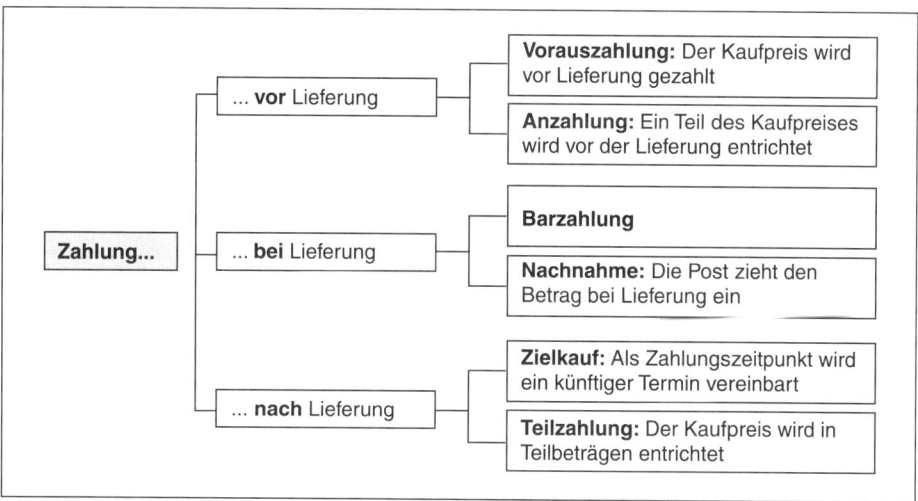

Zahlungsbedingungen

Für Zahlungsaufschübe oder sonstige Finanzierungshilfen, die ein Unternehmer einem Verbraucher gewährt, enthalten die §§ 491 ff. BGB besondere Verbraucherschutzvorschriften, die einer unangemessenen Belastung des Verbrauchers aufgrund wirtschaftlicher Unerfahrenheit oder Unterlegenheit vorbeugen sollen.

Dieselbe Schutzrichtung verfolgte zuvor das Abzahlungsgesetz, das 1991 durch das Verbraucherkreditgesetz ersetzt wurde. Mit der Schuldrechtsreform wurde das Verbraucherkreditgesetz in das BGB integriert.

Verträge für Teilzahlungsgeschäfte müssen schriftlich abgeschlossen werden und Angaben über den Barzahlungspreis, den Teilzahlungspreis, die genauen Zahlungsmodalitäten, den effektiven Jahreszins, die Kosten einer in diesem Zusammenhang geschlossenen Versicherung und die Vereinbarung eines Eigentumsvorbehalts oder einer anderen zu bestellenden Sicherheit enthalten (§ 507 BGB). Verstöße gegen diese Vorschrift führen zur **Nichtigkeit** des Teilzahlungsvertrags.

Der Verbraucher kann den Teilzahlungsvertrag innerhalb von zwei Wochen ohne Angabe von Gründen widerrufen. Das Rücktrittsrecht des Unternehmers wegen Zahlungsverzugs ist eingeschränkt. Erst ein Verzug des Verbrauchers mit mindestens zwei aufeinander folgenden Teilzahlungen und der erfolglose Ablauf einer Nachfristsetzung mit Gesamtfälligkeitsstellung ermöglichen den Rücktritt des Unternehmers.

# 4.4.5     Gewährleistung und Garantie

## 4.4.5.1    Mängelansprüche im Kaufrecht

Die gesetzlichen Ansprüche bei Mängeln der Kaufsache sind in den §§ 434 ff. BGB geregelt.

Der Verkäufer einer Sache schuldet dem Käufer die Übergabe und Übereignung einer mangelfreien Sache. Dem Käufer stehen daher bei Fehlern an der Kaufsache gegenüber dem Verkäufer verschiedene Ansprüche zu.

In welchen Fällen ist die **Kaufsache mangelhaft?**

– Die Kaufsache hat nicht die zwischen den Vertragsparteien vereinbarte Beschaffenheit.
  *Beispiel: Maschine erreicht die vereinbarte Stückzahl pro Stunde nicht.*

– Die Kaufsache eignet sich nicht für die nach dem Vertrag vorausgesetzte Verwendung.
  *Maschine erreicht zwar die vereinbarte Stückzahl, kann jedoch nur im Ein-Schicht-Betrieb eingesetzt werden, obwohl dem Verkäufer bekannt war, dass der Käufer die Maschine für den Drei-Schicht-Betrieb benötigt.*

– Die Kaufsache eignet sich nicht für die gewöhnliche Verwendung, der Käufer konnte aber erwarten, dass sie sich für diese Verwendung eignet.
  *Rauchmelder schlägt schon bei Zigarettenrauch an.*

– Die Kaufsache entspricht hinsichtlich ihrer Beschaffenheit nicht den öffentlichen Werbeaussagen des Herstellers oder Verkäufers, auf die der Käufer vertrauen durfte.
  *Angaben des Herstellers im Fernsehen zum durchschnittlichen Benzinverbrauch eines Kraftfahrzeugs werden merklich überschritten.*

– Die Kaufsache wird durch den Verkäufer oder dessen Gehilfen fehlerhaft montiert.

– Die Montageanleitung zur Kaufsache ist fehlerhaft.
  *Falsche oder unverständliche Montageanleitung.*

– Statt der vereinbarten Kaufsache wird eine andere Sache geliefert.
  *Lieferung von Wandfliesen statt bestellter Bodenfliesen.*

– Die Kaufsache wird nicht in der vereinbarten Menge geliefert.
  *Lieferung von nur 90 statt 100 bestellter Bohrmaschinen.*

– Die Kaufsache weist einen Rechtsmangel auf.
  *Grundstück ist mit einer Grundschuld oder einem Nießbrauch eines Dritten belastet.*

Grundsätzlich muss die Mangelhaftigkeit der Kaufsache bereits im Zeitpunkt des so genannten **Gefahrübergangs** vorliegen. Gefahrübergang ist der Zeitpunkt, zu dem die Gefahr des zufälligen Untergangs der Kaufsache (Zerstörung, Verlust) auf den Käufer übergeht. Im Regelfall stellt die Übergabe der Ware vom Verkäufer an den Käufer den maßgeblichen Zeitpunkt dar, d. h. die Ware muss bereits zu diesem Zeitpunkt mit dem Mangel behaftet sein.

Im Zweifelsfall muss daher der Käufer beweisen, dass die Sache bereits bei der Übergabe mangelhaft war. War dem Käufer der Mangel schon bei Abschluss des Kaufvertrages bekannt, sind Gewährleistungsansprüche wegen dieses Mangels ausgeschlossen. Dasselbe gilt, wenn der Verkäufer dem Käufer nachweisen kann, dass der Mangel erst durch einen unsachgemäßen Umgang mit der Kaufsache nach Gefahrübergang verursacht wurde, beispielsweise durch von der Gebrauchsanweisung abweichende Benutzung, mutwilliges Zerstören usw.; Verschleiß, als gebrauchsbedingte normale Abnutzung eines Produkts stellt jedoch grundsätzlich keinen Mangel dar.

### 4.4.5.1.1   Nacherfüllungsanspruch des Käufers

Ist die Kaufsache mangelhaft, so kann der Käufer zunächst **Nacherfüllung** verlangen (§§ 437 Nr. 1, 439 Abs. 1 BGB).

Der Käufer hat dabei die Wahl zwischen

– **Nachbesserung,** also Beseitigung des Mangels durch Reparatur der mangelhaften Kaufsache oder

– **Nachlieferung,** also Umtausch der mangelhaften gegen eine neue, mangelfreie Sache.

Alle Kosten der Nacherfüllung (Transport-, Arbeits- und Materialkosten usw.) hat der Verkäufer zu tragen (§ 439 Abs. 2 BGB).

Der Verkäufer kann die vom Käufer gewählte Art der Nacherfüllung ausnahmsweise dann verweigern, wenn sie für ihn mit unverhältnismäßig hohen Kosten verbunden oder ihm aus einem sonstigen Grund unzumutbar ist (§ 439 Abs. 3 BGB).

### 4.4.5.1.2   Weitergehende Mängelansprüche des Käufers

Grundsätzlich kann der Käufer weitere Ansprüche nur geltend machen, wenn eine der folgenden Voraussetzungen erfüllt ist:

– Der Käufer hat dem Verkäufer eine angemessene Frist zur Nacherfüllung gesetzt, in welcher dieser nicht tätig geworden ist.

– Auch ein zweiter Nachbesserungsversuch des Verkäufers ist fehlgeschlagen.

– Eine Fristsetzung zur Nacherfüllung ist aufgrund besonderer Umstände des Einzelfalles nicht erforderlich. Beispiele: just-in-time-Lieferung, Fixgeschäft usw.

– Der Verkäufer verweigert die Nacherfüllung endgültig.

Als **weitergehende** Mängelansprüche stehen dem Käufer dann zu:

– Minderung des Kaufpreises oder

– Rücktritt vom Vertrag und/oder

– Schadensersatz wegen Nichterfüllung oder Ersatz vergeblicher Aufwendungen.

**Minderung (§§ 437 Nr. 2, 441 BGB)**

Wählt der Käufer die Minderung des Kaufpreises, kann der Kaufpreis entsprechend der durch die Mangelhaftigkeit verursachten Wertminderung der Kaufsache angepasst werden. Diese Berechnung nimmt im Streitfall das Gericht vor.

## Rücktritt vom Vertrag (§§ 437 Nr. 2, 440, 323, 326 BGB)

Der Rücktritt vom Vertrag bewirkt, dass der Kaufvertrag rückwirkend aufgelöst wird, d. h. **als nicht abgeschlossen** angesehen wird. Die Ansprüche des Käufers auf Übergabe und Übereignung der Kaufsache sowie des Verkäufers auf Zahlung des Kaufpreises bestehen daher nach Erklärung des Rücktritts nicht mehr. Bereits erbrachte Leistungen sind gegenseitig zurückzugewähren. Wichtig ist hierbei, dass der Rücktritt gesetzlich ausgeschlossen ist, wenn es sich um einen unerheblichen Mangel handelt.

## Schadensersatz (§§ 437 Nr. 3, 440, 280, 281 BGB)

Die Geltendmachung von Schadensersatz setzt grundsätzlich ein Verschulden des Verkäufers voraus. Dem Verkäufer muss daher hinsichtlich der Herbeiführung der Schäden zumindest fahrlässiges Verhalten vorgeworfen werden können. Dabei sind folgende Kosten ersatzfähig:

- Kosten, die erforderlich sind, um den Mangel zu beseitigen, z. B. Reparaturkosten, Minderwert.

- Ersatz der Schäden, die an anderen Rechtsgütern als der Kaufsache infolge der Mangelhaftigkeit der Kaufsache entstanden sind (z. B. Kosten für eine durch Brand zerstörte Wohnungseinrichtung wegen Kabelbrands an einer defekt gelieferten Schreibtischlampe).

Der Käufer kann Schadensersatz auch dann verlangen, wenn er wegen des Mangels bereits vom Kaufvertrag zurückgetreten ist (§ 325 BGB).

Es gibt verschiedene Formen des Schadenersatzes:

Beim **Schadensersatz statt der Leistung** (§§ 280 Abs. 1, 3, 281 ff. BGB) muss der Käufer so gestellt werden, wie er gestanden hätte, wenn ordnungsgemäß erfüllt worden wäre. Dabei gibt es zwei Möglichkeiten:

- Der Käufer kann die mangelhafte Kaufsache behalten und Ersatz des Wertunterschieds zwischen mangelfreier und mangelhafter Sache verlangen (»kleiner Schadensersatz«).

- Der Käufer kann die Kaufsache zurückgeben und den Geldbetrag verlangen, der seinem Leistungsinteresse entspricht (»großer Schadensersatz«), d. h. auch Mehrkosten eines Deckungsgeschäfts oder entgangener Gewinn aus Weiterverkauf usw. Schadensersatz statt der Leistung ist jedoch , wie beim Rücktritt, gesetzlich ausgeschlossen, wenn es sich nur um einen unerheblichen Mangel handelt.

Beim **Schadensersatz neben der Leistung** (§ 280 Abs. 1 BGB) bleiben die Verpflichtungen der Parteien aus dem Kaufvertrag bestehen, d. h. der Käufer behält die mangelhafte Ware. Dieser Schadensersatzanspruch erfordert keine Fristsetzung zur Nacherfüllung. Der Verkäufer muss dem Käufer dabei alle Schäden ersetzen, die diesem aufgrund der Mangelhaftigkeit der Kaufsache entstanden sind und die durch Nachbesserung oder Ersatzlieferung nicht beseitigt werden können (z. B. Schaden an anderem Eigentum des Käufers, der infolge der Mangelhaftigkeit der Kaufsache entstanden ist).

## Aufwendungsersatz (§§ 437 Nr. 3, 280, 281, 284 BGB)

Anstelle von Schadensersatz statt der Leistung kann der Käufer auch Ersatz seiner vergeblichen Aufwendungen verlangen. Voraussetzung ist, dass er diese **nur deshalb** getätigt hat, weil er auf die ordnungsgemäße Erfüllung des Vertrages vertraut hat. Ersatzfähig sind dabei Kosten für Anschaffungen, die der Käufer im Vertrauen auf die ordnungsgemäße Einhaltung des Vertrages durch den Verkäufer getätigt hat und die sich wegen der Mangelhaftigkeit der Kaufsache als nutzlos erweisen (z. B. Kosten für die Anschaffung eines teuren Gehäuses für die sich später als nicht funktionstüchtig herausstellende gekaufte Maschine nach Rücktritt).

### 4.4.5.1.3   Besonderheiten bei Unternehmensgeschäften

Für Geschäfte, bei denen **alle** Vertragspartner Unternehmer sind, ohne dass die Produkte im Weiterverkauf an Verbraucher verkauft werden, sind weitere Möglichkeiten eröffnet:

– Die Gewährleistungsfrist kann durch allgemeine Geschäftsbedingungen oder individuelle Vereinbarungen auf ein Jahr (statt gesetzlich zwei Jahre) verkürzt werden.

– Das Recht zur Auswahl zwischen Reparatur oder Umtausch kann durch allgemeine Geschäftsbedingungen oder individuelle Vereinbarungen dem Verkäufer übertragen werden. Gesetzlich steht dieses Wahlrecht nämlich dem Käufer zu.

– Gemäß der Untersuchungs- und Rügepflicht nach § 377 Handelsgesetzbuch (HGB) hat der Käufer die Kaufsache unverzüglich nach Erhalt auf eventuelle Mangelhaftigkeit zu prüfen und bestehende Mängel anzuzeigen. Kommt er dieser Verpflichtung nicht nach, so verliert er seine Mängelansprüche. Unverzügliche Prüfung bedeutet hierbei Prüfung im laufenden üblichen Geschäftgang.

Mit Wirkung zum 01.01.2018 werden durch das »Gesetz zur Reform des Bauvertragsrechts und zur Änderung der kaufrechtlichen Mängelhaftung« einige Neuerungen in Kraft treten, die im Schwerpunkt den Rückgriff des Handwerkers gegen seinen Lieferanten betreffen.

### 4.4.5.1.4   Besonderheiten bei Verbrauchergeschäften

Ist der **Käufer ein Verbraucher,** so gelten ergänzend zu seinen bereits genannten Ansprüchen die folgenden Regelungen über den Verbrauchsgüterkauf (§§ 474 ff. BGB):

– Eine Verkürzung der Verjährungsfrist für Neuwaren ist nicht möglich (§ 475 Abs. 2 BGB).

– Bei Gebrauchtwaren, z. B. gebrauchte Kfz, kann die Verjährung der Mängelansprüche durch individualvertragliche Vereinbarungen oder allgemeine Geschäftsbedingungen auf ein Jahr verkürzt werden (§ 475 Abs. 2 BGB).

– Zugunsten des Käufers tritt eine Beweislastumkehr gemäß § 476 BGB ein: Macht der Käufer innerhalb der ersten sechs Monate nach der Übergabe der Kaufsache Ansprüche wegen eines Mangels geltend, so wird gesetzlich vermutet, dass die Sache schon bei der Übergabe fehlerhaft war. Bei Ablehnung von Mängelansprüchen muss daher **der Verkäufer** den Beweis erbringen, dass die Sache bei Übergabe mangelfrei war. Dies ist in der Praxis ohne Einschaltung eines Sachverständigen regelmäßig sehr schwierig. Nach Ablauf der sechs Monate muss dann der Käufer wiederum den entsprechenden Beweis erbringen, nämlich dass die Ware bereits bei Lieferung mangelhaft war.

– Der Verkäufer kann nach Abwicklung von Mängelansprüchen des Verbrauchers gegenüber seinen Lieferanten unter erleichterten Voraussetzungen Regress nehmen (§§ 478, 479 BGB).

Innerhalb der gesamten »Lieferantenkette« bis hin zum Hersteller oder Importeur gelten grundsätzlich dieselben strengen Regelungen wie gegenüber dem Verbraucher selbst, z. B. die strikten Verjährungsfristen oder die Beweislastumkehr. Allerdings ist zwischen den Unternehmen der Lieferkette jedoch auch § 377 HGB anwendbar.

### 4.4.5.1.5   Abgrenzung zur Garantie

Im Gegensatz zur zwingenden gesetzlichen Haftung des Verkäufers bei Mangelhaftigkeit der Kaufsache können Ansprüche des Käufers auch aus einem freiwilligen Garantieversprechen des Verkäufers **(Händlergarantie)** oder eines Dritten, z. B. des Herstellers **(Herstellergarantie),** resultieren (§ 443 BGB). Die Garantie ist daher von den gesetzlichen Mängelansprüchen zu unterscheiden. Der Garantiegeber räumt dem Käufer einen Anspruch entsprechend der Garantievereinbarung ein. Dieser geht regelmäßig über die gesetzlichen Verpflichtungen bei Mangelhaftigkeit hinaus. Die Ansprüche aus einer Garantie bestehen dabei unabhängig **neben** den gesetzlichen Mängelansprüchen. Fehlt der Kaufsache die garantierte Beschaffenheit innerhalb der Garantiezeit, so haftet der Garantiegeber ohne Verschulden und unabhängig davon, ob der Mangel bereits im Zeitpunkt der Übergabe vorlag. Eine Garantie muss nicht schriftlich erfolgen, sondern kann auch mündlich abgegeben werden. Häufig sind Garantieversprechen auch in Werbematerialen anzutreffen.

**Beschaffenheitsgarantie**

Der Garantiegeber übernimmt die Haftung dafür, dass die Kaufsache eine bestimmte Beschaffenheit hat. Fehlt der Kaufsache diese garantierte Beschaffenheit, so stehen dem Käufer Ansprüche gegen den Garantiegeber entsprechend dem im Garantieversprechen festgehaltenen Umfang zu.

**Haltbarkeitsgarantie**

Der Garantiegeber steht dafür ein, dass die Beschaffenheit der Kaufsache über einen bestimmten Zeitraum besteht. Weist die Kaufsache innerhalb dieses Garantiezeitraums einen Mangel auf, so wird gesetzlich vermutet, dass dem Käufer die Ansprüche aus dem Garantieversprechen zustehen.

## 4.4.5.2      Mängelansprüche im Werkvertragsrecht

Beim Werkvertrag ist der Werkunternehmer verpflichtet, einen konkreten Arbeitserfolg zu erbringen. Dieser kann darin bestehen, dass eine Sache vom Werkunternehmer hergestellt wird, z. B. Bau eines Hauses. Es kann sich dabei auch um ein Produkt geistiger Leistung handeln (z. B. Bauplan eines Architekten, Programmierung von Software). Ferner fallen ergebnisorientierte Arbeitsleistungen, wie beispielsweise die Reparatur eines Kfz oder die Installation einer Telekommunikationsanlage unter das Werkvertragsrecht.

Der Werkunternehmer schuldet dem Besteller die Herstellung eines mangelfreien Werks (§ 633 BGB). Ist das Werk daher mangelhaft, so ist der Besteller nicht verpflichtet, es abzunehmen. Es stehen ihm gesetzliche Mängelansprüche gegen den Werkunternehmer zu. Wann ein Mangel vorliegen kann, ist großteils ähnlich wie im Kaufrecht geregelt. Folgende **Unterschiede zum Kaufrecht** bestehen jedoch:

– Es liegt keine Mangelhaftigkeit infolge Abweichung von Werbeanpreisungen des Herstellers vor.

– Es liegt keine Mangelhaftigkeit infolge fehlerhafter Montage bzw. Montageanleitung vor.

– Die Geltendmachung von Mängelansprüchen ist bei Werkverträgen grundsätzlich erst nach erfolgter Abnahme des Werks (§ 640 BGB) durch den Besteller möglich. Hat der Besteller das Werk noch nicht abgenommen, so besteht der ursprüngliche vertragliche Anspruch des Bestellers auf Herstellung eines mangelfreien Werks fort. Nimmt der Besteller das Werk ab, obwohl er von dessen Mangelhaftigkeit weiß, so stehen ihm die gesetzlichen Mangelrechte nur dann zu, wenn er sich die Geltendmachung dieser Ansprüche bei der Abnahme ausdrücklich vorbehalten hat (§ 640 Abs. 2 BGB).

## 4.4.5.2.1      Die einzelnen Ansprüche des Bestellers

Die gesetzlichen Mängelansprüche sind in den §§ 634 ff. BGB geregelt.

Der Besteller muss zunächst – wie im Kaufrecht – dem Werkunternehmer die Möglichkeit einräumen, den Mangel zu beseitigen. Deshalb hat er zunächst einmal einen Anspruch auf **Nacherfüllung** (§§ 634 Nr. 1, 635 BGB).

Im Unterschied zum Kaufrecht kann beim Werkvertrag **der Werkunternehmer** wählen, ob er den Mangel durch Nachbesserung (Reparatur) oder durch Neuherstellung des Werkes beseitigen möchte (§ 635 Abs. 1 BGB). Die Kosten der Mangelbeseitigung hat der Werkunternehmer aber wie im Kaufrecht alleine zu tragen (§ 625 Abs. 2 BGB). Ein Recht zur Verweigerung der Nacherfüllung hat der Werkunternehmer nur dann, wenn diese mit unverhältnismäßig hohen Kosten verbunden oder ihm sonst unzumutbar ist (§ 635 Abs. 3 BGB).

## 4.4.5.2.2  Weitergehende Mängelansprüche des Bestellers

Hat der Besteller dem Werkunternehmer eine angemessene Frist zur Nacherfüllung gesetzt und ist diese fruchtlos verstrichen, so kann er weitergehende Ansprüche geltend machen. Er kann dann – wie im Kaufrecht – wahlweise vom Vertrag **zurücktreten,** das vereinbarte Entgelt **mindern** und/oder **Schadensersatz** oder **Aufwendungsersatz** verlangen.

Das Werkvertragsrecht kennt aber noch ein weiteres Recht bei mangelhafter Leistung: Das **Selbstvornahmerecht** (§ 637 BGB). Dabei kann der Besteller den Mangel nach fruchtlosem Ablauf der Nacherfüllungsfrist selbst auf Kosten des Werkunternehmers beseitigen oder von einem ihm beauftragten Dritten beseitigen lassen. Für die Kosten der Mängelbeseitigung kann der Besteller einen Vorschuss vom Werkunternehmer verlangen.

## 4.4.5.3  Gegenüberstellung von Mängelansprüchen im Kaufrecht und Werkvertragsrecht

| Mängelrechte | Kaufvertrag | Werkvertrag |
|---|---|---|
| **Nacherfüllung** | §§ 437 Nr. 1, 439 BGB Nach Wahl des Käufers: Nachbesserung (Reparatur) oder Nachlieferung (Umtausch) | §§ 634 Nr. 1, 635 BGB Nach Wahl des Unternehmers: Nachbesserung (Reparatur) oder Nachlieferung (Umtausch) |
| **Selbstvornahme** | | §§ 634 Nr. 2, § 637 BGB Beseitigung des Mangels auf Kosten des Unternehmers durch den Besteller oder von diesem beauftragten Dritten (grds. vorher Fristsetzung zur Nacherfüllung) |
| **Rücktritt vom Vertrag** | §§ 437 Nr. 2, 440 i.V.m. §§ 323, 326 Abs. 5 BGB (grds. vorher Fristsetzung zur Nacherfüllung) | §§ 634 Nr. 3, 636 i.V.m. §§ 323, 326 Abs. 5 BGB (grds. vorher Fristsetzung zur Nacherfüllung) |
| **Minderung des Kaufpreises** | §§ 437 Nr. 2, 441 BGB (grds. vorher Fristsetzung zur Nacherfüllung) | §§ 634 Nr. 3, 636 BGB (grds. vorher Fristsetzung zur Nacherfüllung) |
| **Schadensersatz statt der Leistung** | §§ 437 Nr. 3, 440 i.V.m. §§ 280, 281, 283, 311a BGB (grds. vorher Fristsetzung zur Nacherfüllung) | §§ 634 Nr. 4, 636 i.V.m. §§ 280, 281, 283, 311a BGB (grds. vorher Fristsetzung zur Nacherfüllung) |
| **Schadensersatz neben der Leistung** | §§ 437 Nr. 3, 440, § 280 Abs. 1 BGB (keine Fristsetzung zur Nacherfüllung!) | §§ 634 Nr. 4, 636, § 280 Abs. 1 BGB (keine Fristsetzung zur Nacherfüllung!) |
| **Ersatz vergeblicher Aufwendungen** | §§ 437 Nr. 3, 284 BGB (grds. vorher Fristsetzung zur Nacherfüllung) | §§ 634 Nr. 4, 284 BGB (grds. vorher Fristsetzung zur Nacherfüllung) |

# 4.4.6 Verjährung

Das Recht, von jemandem ein Tun oder Unterlassen zu verlangen – ein **Anspruch** – unterliegt nach § 194 BGB der Verjährung. Die Wirkung der Verjährung besteht darin, dass der Schuldner nach deren Eintritt das Recht hat, die Leistung zu verweigern (§ 214 BGB).

Der Grund für diese Regelung liegt in dem Bestreben des Gesetzgebers, **Rechtssicherheit** herbeizuführen:

Nach Ablauf der Verjährungsfrist besteht einerseits die Auffassung, dass der Schuldner nicht mehr mit einer Inanspruchnahme durch den Gläubiger zu rechnen braucht, und dass sich andererseits die Beweissituation durch das Verstreichen der Zeit maßgeblich verschlechtert hat.

Die Verlängerung oder Verkürzung der Verjährung durch die Parteien ist grundsätzlich möglich. § 202 BGB macht von diesem Grundsatz zwei Ausnahmen:

– Bei einer Haftung wegen Vorsatzes kann die Verjährung nicht durch Parteivereinbarung erleichtert (verkürzt) werden.

– Eine Verlängerung der Verjährungsfrist von dreißig Jahren ist unzulässig.

## 4.4.6.1 Dreijährige Verjährungsfrist

Die **regelmäßige** Verjährungsfrist beträgt nach § 195 BGB drei Jahre:

Diese Frist gilt für alle Ansprüche, bei denen der Gesetzgeber keine abweichende Regelung getroffen hat, wie z. B. im Kauf- und Werkvertragsrecht.

Die regelmäßige Verjährung beginnt gemäß § 199 BGB mit dem Schluss des Jahres zu laufen, in dem der Anspruch entstanden ist und der Schuldner Kenntnis von den Anspruch begründenden Umständen sowie von der Person des Gläubigers hat (dies gilt auch, falls dem Gläubiger aufgrund grober Fahrlässigkeit diese Kenntnis fehlt).

## 4.4.6.2 Zehnjährige Verjährungsfrist

Die zehnjährige Verjährungsfrist gilt gemäß § 196 BGB für Rechte an einem Grundstück, z. B.

– Ansprüche auf Übereignung eines Grundstückes,

– Ansprüche auf Begründung, Übertragung oder Aufhebung eines Rechts an einem Grundstück oder auf Änderung des Inhalts eines solchen Rechts und

– Ansprüche auf die Gegenleistung.

Für den Beginn dieser Verjährungsfrist ist § 200 BGB maßgebend, der den Beginn aller Verjährungsfristen regelt, die nicht regelmäßig sind und für die es keine spezielle Regelung gibt: Danach beginnt die Verjährung schlicht mit der Entstehung des Anspruchs.

## 4.4.6.3 Dreißigjährige Verjährungsfrist

Eine dreißigjährige Verjährungsfrist gilt für folgende Ansprüche:

– Herausgabeansprüche aus Eigentum und anderen dinglichen Rechten,

– bestimmte Ansprüche aus Familien- und Erbrecht,

– so genannte titulierte Ansprüche (z. B. rechtskräftig durch Urteil festgestellte Ansprüche, Ansprüche aus unanfechtbaren Vollstreckungsbescheiden oder Ansprüche aus vollstreckbaren Vergleichen).

## 4.4.6.4 Abweichende Regelungen

Von den genannten Verjährungsfristen hat der Gesetzgeber einige abweichende Regelungen getroffen.

### Kaufvertrag

Der Anspruch des Verkäufers auf **Zahlung des Kaufpreises** unterliegt zwar der regelmäßigen Verjährung von drei Jahren. Die Ansprüche des Käufers sind aber unterschiedlich davon geregelt. Die Verjährung der **Mängelansprüche** aus einem Kaufvertrag richtet sich nach § 438 BGB: Danach verjähren sie grundsätzlich in zwei Jahren. In 30 Jahren verjähren die Mängelansprüche, wenn der Mangel in einem dinglichen Recht eines Dritten auf Herausgabe der Kaufsache besteht. In fünf Jahren verjähren Ansprüche wegen eines Mangels an einem Bauwerk.

Bei dem Verkauf gebrauchter Sachen ist eine Verkürzung der Verjährung auf ein Jahr möglich. Wenn ein Fehler arglistig verschwiegen wurde, beträgt die Verjährungsfrist drei Jahre ab Kenntnis des Fehlers oder grob fahrlässiger Unkenntnis, längstens aber zehn Jahre ab Fälligkeit.

Die Verjährung beginnt mit der Ablieferung der Sache, bei Grundstücken mit der Übergabe.

### Werkvertrag

Beim Werkvertrag gibt es gemäß § 634a BGB drei unterschiedliche Verjährungsfristen für Mängelansprüche:

In zwei Jahren verjähren Ansprüche für ein Werk, dessen Erfolg in der Herstellung, Wartung oder Veränderung einer Sache oder der Erbringung der hierin verkörperten Planungs- oder Überwachungsleistung besteht. Die Verjährung beginnt mit der Abnahme des Werks.

Eine dreijährige Verjährungsfrist gilt für Werkverträge über die Erstellung von nicht körperlichen Sachen, z. B. Software. Diese Frist ergibt sich aus § 634 a Abs. 1 Nr. 3 BGB, der auf die regelmäßige Verjährung von drei Jahren nach § 195 BGB verweist. Die Verjährung beginnt mit der Kenntnis der anspruchsbegründenden Umstände und der Person des Schuldners.

Ebenfalls nach drei Jahren verjähren Ansprüche aus einem Werkvertrag beim arglistigen Verschweigen eines Mangels. Maßgebend für den Beginn der Verjährung sind die Kenntnis der Arglist und der Person des Täuschenden.

Für Bauwerke und Werke, deren Erfolg in der Erbringung von Planungs- und Überwachungsleistungen für Bauwerke liegt, gilt eine Verjährungsfrist von fünf Jahren. Die Verjährung beginnt mit der Abnahme des Bauwerks.

### Schadensersatzansprüche

Schadensersatzansprüche wegen der Verletzung des Lebens, des Körpers, der Gesundheit oder der Freiheit verjähren ohne Rücksicht auf Entstehung und Kenntnis innerhalb von 30 Jahren ab dem schadensauslösenden Ereignis (§ 199 Abs. 3 BGB).

Sonstige Schadensersatzansprüche verjähren – ebenfalls unabhängig von der Kenntnis des Schuldners – entweder in zehn Jahren ab Entstehung oder in 30 Jahren ab Schadensauslösung. Maßgeblich ist die früher endende Frist.

|  | Gesetzliche Regelung | Verjährungsfrist |
|---|---|---|
| Regelmäßige Verjährung | § 195 BGB | 3 Jahre |
| Rechte an Grundstücken | § 196 BGB | 10 Jahre |
| Herausgabeansprüche aus dinglichen Rechten | § 197 BGB | 30 Jahre |
| Ansprüche aus Familien- und Erbrecht | § 197 BGB | 30 Jahre |
| Titulierte Ansprüche | § 197 BGB | 30 Jahre |
| Kaufvertrag (Mängelansprüche) | § 438 BGB | 2 Jahre, 5 oder 10 Jahre Sonderfälle: 1 Jahr oder 3 Jahre |
| Werkvertrag | § 634 a BGB | 2 Jahre, 3 Jahre oder 5 Jahre |
| Schadensersatz | § 199 Abs. 2 BGB | 30 Jahre oder 10 Jahre |

Übersicht zu den Verjährungsfristen

## 4.4.6.5    Hemmung und Neubeginn der Verjährung

In §§ 203 ff. BGB nennt das Gesetz verschiedene Tatbestände, bei deren Vorliegen die Verjährung gehemmt wird. Der Zeitraum, während dessen die Verjährung gehemmt ist, wird nicht in die Verjährungsfrist eingerechnet.

Die Verjährung wird beispielsweise durch Rechtsverfolgung (Klageerhebung, Zustellung eines Mahnbescheides usw.) oder ein Leistungsverweigerungsrecht des Schuldners gehemmt.

Der Neubeginn der Verjährung richtet sich nach § 212 BGB. Die Verjährung beginnt erneut, wenn der Schuldner dem Gläubiger gegenüber den Anspruch anerkennt, z. B. durch Abschlagszahlungen oder bei Vornahme oder Beantragung einer gerichtlichen oder behördlichen Vollstreckungsmaßnahme.

# 4.4.7    Sicherheiten

Die Sicherung von Forderungen kann je nach Geschäftsgrundlage unterschiedlich erfolgen. Die Absicherung kann vom einfachen, erweiterten oder verlängerten Eigentumsvorbehalt über Wechselgeschäfte bis zu Akkreditiven oder Kombinationen daraus reichen.

## 4.4.7.1    Eigentumsvorbehalt

Durch den Abschluss eines Kaufvertrags ist der Verkäufer verpflichtet, dem Käufer den gekauften Gegenstand zu übergeben und das Eigentum zu übertragen. Der Käufer hat hingegen die Pflicht, den Kaufpreis zu bezahlen. Da diese Leistungen Zug um Zug – also Ware gegen Geld – zu erbringen sind, hat der Verkäufer im Prinzip das Recht, den Kaufgegenstand bis zur Bezahlung zurückzuhalten.

Oft möchte der Käufer in der Praxis den Kaufgegenstand aber sofort nutzen, ist jedoch nicht in der Lage, den Kaufpreis vollständig zu zahlen. Der Verkäufer hingegen ist am Verkauf seiner Ware interessiert, würde aber durch die bedingungslose Übereignung der Sache sein Eigentum verlieren. Ihm bliebe nur der schuldrechtliche Anspruch auf Zahlung des Kaufpreises, der bei Insolvenz des Käufers eventuell nicht befriedigt werden kann.

## 4.4.7.1.1   Einfacher Eigentumsvorbehalt

In diesen Fällen haben die Parteien die Möglichkeit, einen Eigentumsvorbehalt zu vereinbaren (§ 449 BGB), wenn es um den Verkauf einer beweglichen Sache geht. Der Verkäufer übergibt die Sache zwar an den Käufer, behält sich aber das Eigentum so lange vor, bis der Kaufpreis vollständig gezahlt ist. Danach geht das Eigentum auf den Käufer über.

Der Vorteil des Eigentumsvorbehalts liegt für den Verkäufer darin, dass er sein Eigentum vorerst nicht verliert und **gleichzeitig** einen Anspruch auf Zahlung des Kaufpreises hat. Wird der Kaufpreis nicht gezahlt, kann er als Eigentümer den Kaufgegenstand herausverlangen.

Zudem sichert die Eigentümerstellung den Verkäufer gegen Pfändungen durch Gläubiger des Käufers, da grundsätzlich nur schuldnereigene Sachen gepfändet werden dürfen.

Gegen eine weitere Übereignung durch den Käufer an einen gutgläubigen Dritten ist der Verkäufer jedoch nicht geschützt. Falls der Käufer das Eigentum an eine andere Person überträgt, die glaubt, der Käufer sei Eigentümer, hat der Verkäufer das Eigentum verloren.

## 4.4.7.1.2   Verlängerter Eigentumsvorbehalt

Der einfache Eigentumsvorbehalt reicht aufgrund der Möglichkeit des gutgläubigen Eigentumserwerbs nicht für Kaufverträge, bei denen von vornherein feststeht, dass der Käufer den Kaufgegenstand weiter veräußern wird. In diesen Fällen können Verkäufer und Käufer einen so genannten verlängerten Eigentumsvorbehalt vereinbaren:

Danach wird nicht nur das Eigentum am Kaufgegenstand bedingt übertragen, sondern der Käufer (und Weiterverkäufer) tritt gleichzeitig seine Forderungen **aus dem Erlös** des Weiterverkaufs an den ursprünglichen Verkäufer ab.

## 4.4.7.1.3   Verarbeitungsklausel

Trotz Eigentumsvorbehalts würde der Verkäufer durch Verarbeitung oder Umbildung des Kaufgegenstands zu einer neuen Sache durch den Käufer das Eigentum verlieren. Denn § 950 BGB bestimmt einen Eigentumserwerb kraft Gesetzes für diese Fälle. Zur Sicherung des Verkäufers können die Parteien aber eine so genannte Verarbeitungsklausel im Kaufvertrag vereinbaren: Danach verarbeitet der Käufer den Kaufgegenstand **für den Verkäufer,** sodass dieser als Hersteller nach § 950 BGB Eigentümer der neuen Sache wird.

## 4.4.7.2   Bürgschaft

Die Bürgschaft ist ein Vertrag, der zwischen dem Bürgen und dem Gläubiger eines Dritten geschlossen wird (§ 765 BGB). Durch das Bürgschaftsversprechen verpflichtet sich der Bürge, für die Verbindlichkeit des Dritten (des **Hauptschuldners**) einzustehen, wenn dieser zahlungsunfähig wird.

Die Bürgschaft kann die gesamte Forderung erfassen; es besteht aber auch die Möglichkeit, eine Höchstgrenze festzulegen. Auch ist eine zeitliche Begrenzung der Bürgschaft möglich; mit Ablauf der vereinbarten Zeit erlischt die Bürgschaft dann.

Da die Bürgschaft für den Bürgen ein risikobehaftetes Rechtsgeschäft ist, verlangt der Gesetzgeber, dass sie **schriftlich** zu erklären ist (Warnfunktion der Schriftform); die Erteilung der Bürgschaft in elektronischer Form ist dabei ausgeschlossen. Kaufleute können aber gemäß § 350 HGB im Rahmen ihrer kaufmännischen Tätigkeit auch mündliche Bürgschaftserklärungen abgeben. Hintergrund dieser Ausnahme ist, dass Kaufleute im Rahmen ihrer kaufmännischen Tätigkeit weniger schutzbedürftig sind als Privatpersonen.

Da die Bürgschaftserklärung zur Sicherung einer Hauptverbindlichkeit abgegeben wird, ist es für ihren Bestand **zwingende** Voraussetzung, dass die Hauptverbindlichkeit existiert.

*Beispiel:*
*Wird der Kaufvertrag, für dessen Kaufpreis die Bürgschaftserklärung abgegeben wurde, wirksam angefochten, ist das Bürgschaftsverspechen automatisch gegenstandslos.*

Der Gläubiger des Hauptschuldners ist nur dann berechtigt, den Bürgen in Anspruch zu nehmen, wenn er zuvor erfolglos versucht hat, seine Forderung im Wege der Zwangsvollstreckung gegen den Hauptschuldner zu verfolgen. Versucht der Gläubiger, ohne vorherige Zwangsvollstreckung gegen den Bürgen vorzugehen, kann der Bürge nach § 771 BGB die Einrede der Vorausklage erheben und die Zahlung verweigern.

Von dieser Regel gibt es Ausnahmen (§ 773 BGB). Verzichtet z. B. der Bürge in der Bürgschaftserklärung ausdrücklich auf diese »Einrede der Vorausklage«, kann der Gläubiger ohne den Nachweis der Zahlungsunfähigkeit des Hauptschuldners sofort gegen den Bürgen vorgehen.

Diese Art der Bürgschaft wird als **selbstschuldnerische Bürgschaft** bezeichnet, weil der Bürge neben dem Hauptschuldner wie ein Schuldner in Anspruch genommen werden kann. Im Geschäftsverkehr ist diese Bürgschaftsform der Regelfall.

Ist der Bürge Kaufmann und erfolgt die Bürgschaft im Rahmen seines Handelsgeschäfts, ist die Einrede der Vorausklage ohne besondere Vereinbarung ausgeschlossen (§ 349 HGB).

Dem Bürgen stehen alle Einreden zu, die auch der Hauptschuldner erheben kann. Er kann sich auf Verjährung berufen, die Einrede des nicht erfüllten Vertrags erheben oder Zurückbehaltungsrechte geltend machen.

Hat der Bürge die Forderung des Gläubigers befriedigt, geht diese Forderung kraft Gesetzes auf den Bürgen über (§ 774 BGB). Der Bürge kann dann vom Hauptschuldner Ausgleich verlangen.

### 4.4.7.3    Forderungsabtretung

Zur Sicherung einer Forderung kann der Schuldner an den Gläubiger Forderungen übertragen, die ihm (dem Schuldner) gegen Dritte zustehen. Die Übertragung einer Forderung wird »Abtretung« genannt. Mit der Vereinbarung der Abtretung tritt der Gläubiger an die Stelle des bisherigen Gläubigers (§ 398 BGB).

Im Zuge der Abtretung kann auch vereinbart werden, dass der Gläubiger den Dritten erst auf Erfüllung in Anspruch nimmt, wenn er sich wegen seiner Forderung erfolglos an den Schuldner gewandt hat.

### 4.4.7.4    Sicherungsübereignung

Eine Sicherungsübereignung ist die Übereignung einer Sache durch den Schuldner an den Gläubiger zur Sicherung der Forderung des Gläubigers. Der Gläubiger darf das Sicherungsgut verwerten, wenn der Schuldner seine Verbindlichkeit nicht erfüllt.

Anstelle der Übergabe der Sache, die nach § 929 BGB für eine Übereignung nötig wäre, wird ein **Besitzkonstitut** zwischen Gläubiger und Schuldner vereinbart. Damit verbleiben Besitz und Nutzungsmöglichkeit beim Schuldner, der Gläubiger wird mittelbarer Besitzer.

Hat der Schuldner die Verbindlichkeit erfüllt, fällt das Eigentum an ihn zurück.

## 4.4.7.5 Hypothek und Grundschuld

Durch eine Hypothek (§§ 1113 ff. BGB) oder eine Grundschuld (§§ 1191 ff. BGB) wird das Eigentum an einem Grundstück zur Sicherung einer Forderung belastet. Der Forderungsinhaber ist berechtigt, das Grundstück im Wege der Zwangsversteigerung zu verwerten, wenn der Grundstückseigentümer seiner Zahlungspflicht nicht nachkommt. Hypothek und Grundschuld werden in das **Grundbuch** eingetragen. Die Hypothek muss mit einer bestimmten Forderung, die sie sichert, verbunden sein (»Akzessorietät«), die Grundschuld nicht.

## 4.4.7.6 Pfandrecht

Durch ein Pfandrecht an einer beweglichen Sache zur Sicherung einer Forderung wird der Gläubiger berechtigt, die Sache zu verwerten, wenn die Forderung nicht erfüllt wird (§ 1204 BGB). Die Verwertung des Pfands geschieht durch öffentliche Versteigerung, die dem Eigentümer vorher angedroht werden muss (§§ 1234, 1235 BGB).

Für die Bestellung des Pfandrechts ist es **zwingend** erforderlich, dass der Eigentümer die Sache an den Gläubiger übergibt und dass sich die Parteien einig sind, dass dem Gläubiger das Pfandrecht zusteht.

Neben dieser rechtsgeschäftlichen Begründung eines Pfandrechts gibt es Pfandrechte, die kraft Gesetzes entstehen, z. B. das Vermieterpfandrecht (§ 562 BGB).

## 4.4.7.7 Wechsel

Ein Wechsel ist eine Urkunde, durch die der Aussteller eine Person (den »Bezogenen«) auffordert, zu einem bestimmten Zeitpunkt an ihn oder einen Dritten eine bestimmte Geldsumme zu zahlen. Der Wechsel ist im Wechselgesetz geregelt.

Der Ausstellung eines Wechsels können verschiedene Rechtsgeschäfte zugrunde liegen; danach werden Warenwechsel, Finanzwechsel und Bankakzepte unterschieden.

Je nach Anzahl der Wechselbeteiligten unterscheidet man weiter den gezogenen und den Solawechsel. Beim **gezogenen Wechsel** weist der Aussteller den Akzeptanten des Wechsels an, bei Fälligkeit an einen Dritten oder dessen Order zu zahlen. Der eigene oder »**Solawechsel**« stellt ein Zahlungsversprechen des Ausstellers dar.

Der Wechsel dient einerseits der Sicherung von Forderungen, ist andererseits aber auch Zahlungs- oder Kreditmittel: Während der Laufzeit eines Wechsels kann er an Dritte zur Erfüllung von Verbindlichkeiten weitergegeben werden. Diese Weitergabe ist beliebig oft möglich und wird auf der Rückseite des Wechsels vermerkt (»indossiert«). Der ursprüngliche Schuldner leistet die Zahlung am Fälligkeitstag an den auf der Rückseite des Wechsels genannten Inhaber.

Der Wechsel kann auch einer Bank vor Fälligkeit übertragen werden; diesen Vorgang nennt man **diskontieren.** Unter Abzug des Diskontsatzes/Basiszinssatzes und weiterer Gebühren erhält der Wechselgläubiger Bargeld.

Die Erfüllung der Zahlungsverpflichtung aus einem Wechsel ist durch das Wechselgesetz und die darin begründete Wechselstrenge relativ gut abgesichert.

Banken können die von ihren Kunden hereingenommenen Wechsel bei der Europäischen Zentralbank unter bestimmten Bedingungen zur Refinanzierung einreichen. Seit dem Ersatz des Diskontsatzes durch den Basiszinssatz und Herausnahme des früheren Rediskontgeschäfts aus dem Notenbankinstrumentarium erfolgt dies im Rahmen eines Bietungsverfahrens am Finanzmarkt.

## 4.4.7.8    Akkreditiv

Die Abwicklung von Außenhandelsgeschäften unterliegt gewissen Risiken, die sich durch die Entfernungen, die unterschiedlichen Rechtsordnungen sowie durch politische und wirtschaftliche Unsicherheiten begründen. Zur Sicherung der Waren- und Zahlungsströme haben sich daher besondere Zahlungsbedingungen, wie das Dokumentenakkreditiv, herausgebildet.

Das **Dokumentenakkreditiv** (Letter of Credit) ist ein Auftrag, den die Akkreditivbank vom Käufer, dem Importeur, erhält, um dem Verkäufer, dem Exporteur, gegen Vorlage bestimmter Versanddokumente den fälligen Rechnungsbetrag gutzuschreiben.

Zur Abwicklung des Geschäfts wendet sich die Akkreditivbank an die Korrespondenzbank am Wohnsitz des Verkäufers. Die Aufgabe der Korrespondenzbank besteht in der Unterrichtung des Verkäufers von der Akkreditiveröffnung, in der Entgegennahme der Versanddokumente und in der Auszahlung des Rechnungsbetrages.

Eine häufige Voraussetzung für eine Akkreditiveröffnung ist, dass der Käufer auf seinem Konto den entsprechenden Betrag bereitgestellt hat. Die folgende Abbildung veranschaulicht den Ablauf des Akkreditivs.

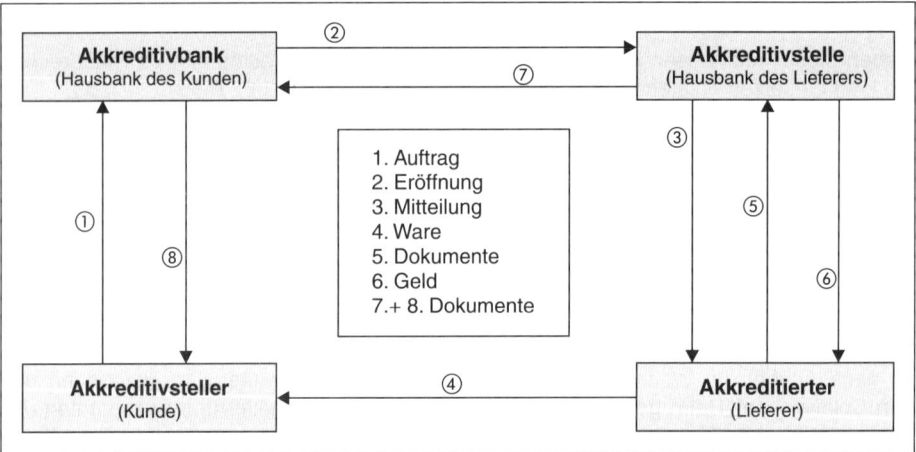

Abwicklung von Außenhandelsgeschäften mittels Akkreditiv

Andere gebräuchliche Zahlungsbedingungen sind z. B. »Dokumente gegen Bezahlung« (Documents against Payment) oder »Dokumente gegen Bankakzept« (Documents against Acceptance), auch Rembourskredit genannt.

– Bei der Vereinbarung »**Dokumente gegen Bezahlung**« reicht der Exporteur nach der Versendung der Ware die Versanddokumente inklusive eines Inkassoauftrages bei seiner Hausbank ein. Die Dokumente werden zur Bank des Importeurs gesandt. Dieser erhält die Dokumente von seiner Bank, wenn er den Rechnungsbetrag auf seinem Konto bereitgestellt hat: Im Besitz und Eigentum der Dokumente kann der Importeur nun über die Ware verfügen.

– Beim **Rembourskredit** handelt es sich um eine Verbindung von Diskontkredit, Dokumentenakkreditiv und Akzeptkredit. Nachdem in Vorverhandlungen die Importbank die Zusage eines Akzeptkredits gegeben hat, zieht der Exporteur auf die Importbank einen Wechsel (»Tratte«) und übergibt diesen mit den Versanddokumenten seiner Bank. Diese diskontiert den Wechsel. Die Exportbank schickt die Tratte unter Beifügung der Dokumente an die Importbank zum Akzept (Gegenzeichnung als Bezogener: »Querschreiben«).

Nach Akzeptierung geht der Wechsel an die Exportbank zurück. Die Importbank händigt dem Importeur die Dokumente aus und erhält von ihm spätestens einen Werktag vor Verfall den Wechselbetrag. Hier haben alle Beteiligten die volle Sicherheit: Der Exporteur kann sicher mit der Bezahlung seiner Lieferung rechnen, da ein Kreditinstitut seine Tratte akzeptiert. Jedes Kreditinstitut hat als Sicherheit die Dokumente in der Hand, mit denen über die Ware verfügt werden kann. Der Importeur hat die Gewähr der Warenlieferung, für die er bezahlt hat.

# 4.4.8    Leistungsstörungen beim Schuldverhältnis

Eine Leistungsstörung liegt vor, wenn eine der Vertragsparteien die ihr obliegenden Pflichten verletzt, indem sie schlecht, gar nicht oder verspätet leistet. Je nach Pflichtverletzung greifen die Vorschriften über Schlechtleistung, Unmöglichkeit oder Verzug. Die Rechtsfolgen aus dem Recht der Leistungsstörungen können in der mangelfreien Erfüllung (z. B. durch Nachbesserung oder Nacherfüllung), im Ersatz etwa entstandener Schäden oder aber in der Auflösung des Vertrags bestehen (vgl. noch Abschn. 4.4.9).

Neben der Haftung aus dem Recht der Leistungsstörungen kann sich eine weitere Haftung bei Fehlerhaftigkeit eines Produktes auch aus dem Produkthaftungsgesetz oder aus § 823 BGB (»Unerlaubte Handlung«) ergeben.

## 4.4.8.1    Unmöglichkeit

Eine Leistung ist unmöglich, wenn sie nicht erbracht werden kann.

Die Rechtsfolge der Unmöglichkeit besteht darin, dass der Schuldner von seiner Leistungspflicht frei wird (§ 275 BGB). Diese Rechtsfolge ist zwingend logisch, da ein Erfüllungsanspruch des Gläubigers auf eine unmögliche Leistung ins Leere ginge. Der Gläubiger hat die Möglichkeit, vom Vertrag zurückzutreten, wenn der Schuldner aufgrund von Unmöglichkeit von seiner Leistungspflicht frei wurde (§ 323 Abs. 5 BGB).

Die Frage, ob der Gläubiger Schadensersatz verlangen kann oder ob der Anspruch des Schuldners auf die Gegenleistung erhalten bleibt, richtet sich danach, wer die Unmöglichkeit **zu vertreten** hat.

Hat der Schuldner die Unmöglichkeit zu vertreten, kann der Gläubiger Schadensersatz verlangen. Beruht die Unmöglichkeit auf einem Vertretenmüssen des Gläubigers, so kann der Schuldner die Gegenleistung verlangen (§ 326 Abs. 2 BGB), obwohl er selbst nicht mehr zur Leistung verpflichtet ist.

*Beispiel:*

*Verkäufer V verkauft an den Kunden K einen Gebrauchtwagen. Sie vereinbaren, dass V das Auto noch zum TÜV bringen wird und K es am nächsten Tag abholen kann. Auf der Fahrt zum TÜV erleidet der Wagen durch einen Unfall einen Totalschaden.*

*Durch den Totalschaden ist die Leistung des Wagens durch V unmöglich. Er ist also von der Leistungspflicht befreit. Hat V den Unfall verschuldet, kann K von ihm Schadensersatz verlangen. Ist zufälligerweise K der Unfallgegner und trägt er allein die Schuld an dem Unfall, behält V den Anspruch auf Kaufpreiszahlung.*

## 4.4.8.2    Schuldnerverzug

Erbringt der Schuldner seine Leistung nicht zum vereinbarten Zeitpunkt, gerät er in Verzug, wenn er die Nichtleistung **zu vertreten** hat.

Falls die Parteien keinen Zeitpunkt vereinbart haben, gerät der Schuldner durch eine **Mahnung** des Gläubigers in Verzug.

Bei Geldschulden tritt 30 Tage nach Fälligkeit und Zugang der Rechnung beim Schuldner ohne Mahnung Verzug ein (§ 286 Abs. 3 BGB).

Der Gläubiger kann aufgrund des Verzugs (einfachen) Schadensersatz oder Schadensersatz statt der Leistung verlangen sowie vom Vertrag zurücktreten. Die Rechte des Gläubigers sind also dieselben wie bei der Schlecht- oder Nichtleistung.

Eine Geldschuld ist während des Verzugs zu **verzinsen** (§ 288 BGB). Wenn Verbraucher an dem Rechtsgeschäft beteiligt sind, beträgt der Verzugszinssatz für das Jahr fünf Prozentpunkte über dem Basiszinssatz; ist keine der Vertragsparteien Verbraucher, beträgt der Zinssatz acht Prozentpunkte über dem Basiszinssatz.

Während des Verzugs hat der Schuldner eine erhöhte Verantwortlichkeit zu tragen. Er haftet für **jede** Fahrlässigkeit.

Hinsichtlich der geschuldeten Leistung haftet er darüber hinaus auch für Zufall.

*Beispiel:*
*Der Galerist G veräußert ein Bild an den Kunstliebhaber K. Sie vereinbaren, dass K das Ausstellungsstück am gleichen Abend nach der Ausstellung abholen soll. G vergisst, dass K kommen wollte und geht früher nach Haus. K steht vor verschlossener Tür. In der Nacht werden alle Bilder gestohlen.*

*K kann von G Schadensersatz verlangen, da G sich in Verzug befindet. Daher haftet G für den Diebstahl des Bildes, auch wenn die Ausstellungsräume ordnungsgemäß gesichert waren.*

### 4.4.8.3　　Gläubigerverzug

Bietet der Schuldner seine Leistung vertragsgerecht an, nimmt der Gläubiger diese Leistung aber nicht ab, gerät dieser in Annahmeverzug (§ 293 BGB).

Während des Annahmeverzugs ist der Schuldner nicht mehr für jede Beeinträchtigung des Leistungsgegenstands verantwortlich, sondern hat nur noch Vorsatz und grobe Fahrlässigkeit zu vertreten.

Die Leistungsgefahr geht also vom Schuldner auf den Gläubiger über (§ 300 BGB). Entstehen dem Schuldner durch den Annahmeverzug Kosten für die Aufbewahrung, so hat der Gläubiger diese Aufwendungen zu ersetzen.

*Der Lieferant liefert vereinbarungsgemäß am 1. Januar 2005 um 12.00 Uhr kalte Platten für einen Empfang. Der Besteller hat jedoch vergessen, die kurzfristige Änderung der Lieferadresse mitzuteilen. Daher werden die Platten nicht abgenommen.*

*Auf der Rückfahrt in das Geschäft fällt die Kühlanlage in dem Transporter aus, und die Platten verderben. Der Besteller muss die Platten bezahlen, da durch den Annahmeverzug die Leistungsgefahr auf ihn übergegangen ist und er für den zufälligen Untergang der kalten Platten selbst verantwortlich ist.*

### 4.4.8.4　　Verletzung von Nebenpflichten

Die Möglichkeit, Schadensersatz zu verlangen, besteht auch bei der Verletzung von Nebenpflichten. Nebenpflichten sind die Pflichten einer Vertragspartei, die nicht auf die Erbringung der geschuldeten Leistung an sich zielen, sondern auf deren Vorbereitung, Unterstützung, Sicherung und vollständige Durchführung gerichtet sind.

*Beispiel:*
*Wenn Malermeister M die Wohnung eines Auftraggebers renovieren soll, bestehen als Nebenpflichten z. B., dass M bei Ausführung der Arbeiten nicht die Möbel seines Auftraggebers beschädigt und dass M seine Lehrlinge überwacht.*

## 4.4.8.5  Pflichtverletzung bei der Vertragsanbahnung

Auch die Verletzung von Pflichten aus einem rechtsgeschäftsähnlichen Schuldverhältnis führt zu Schadensersatzansprüchen. Diese rechtsgeschäftsähnlichen Schuldverhältnisse können sich aus der Aufnahme von Vertragsverhandlungen, durch Vertragsanbahnungen oder durch ähnliche geschäftliche Kontakte (§ 311 Abs. 2 BGB) ergeben.

*Jemand betritt einen Supermarkt, um etwas zu kaufen, stolpert über nachlässig verlegten Bodenbelag und bricht sich das Bein. Der potenzielle Kunde kann aus dem vorvertraglichen Schuldverhältnis Schadensersatz verlangen.*

## 4.4.8.6  Sach- und Rechtsmängel

### Sachmängel

Erbringt der Schuldner die von ihm geschuldete Leistung nicht oder mangelhaft, so verletzt er dadurch seine vertraglichen Pflichten und der Gläubiger hat folgende Möglichkeiten:

– Der Gläubiger kann »einfachen« Schadensersatz verlangen (§ 280 Abs. 1 BGB), wenn der Schuldner für die Verletzung der vertraglichen Pflicht verantwortlich ist. Die Verantwortlichkeit für einen Umstand, das so genannte Verschulden, ergibt sich aus § 276 BGB: Danach hat der Schuldner Vorsatz und Fahrlässigkeit zu vertreten. Fahrlässig handelt, wer die typischerweise erforderliche Sorgfalt außer Acht lässt.

– Damit der Gläubiger Schadensersatz statt der Leistung verlangen kann, müssen zu der verschuldeten Pflichtverletzung noch weitere Voraussetzungen erfüllt sein (§ 281 BGB): Der Gläubiger muss dem Schuldner eine angemessen lange Frist zur Nacherfüllung gesetzt haben, die erfolglos verstrichen ist. Falls der Schuldner die Erfüllung verweigert oder die Leistung unmöglich ist, braucht aber keine Frist bestimmt zu werden.

– Der Gläubiger kann von dem Vertrag zurücktreten (§ 323 BGB), wenn er dem Schuldner eine angemessen lange Frist zur Nacherfüllung gesetzt hat und diese abgelaufen ist. Die Fristsetzung ist auch hier entbehrlich, wenn der Schuldner die Erfüllung verweigert. Zu beachten ist, dass die Möglichkeit des Rücktritts nicht vom Verschulden des Schuldners abhängt. Der Gläubiger kann also auch vom Vertrag zurücktreten, wenn der Schuldner nicht für die Schlechtleistung verantwortlich ist.

Das Verhältnis von Schadensersatz und Rücktritt regelt § 324 BGB: Danach kann der Gläubiger Schadensersatz verlangen, auch wenn er vom Vertrag zurückgetreten ist.

Das Recht des Kaufvertrags und des Werkvertrags enthält für die Fälle der mangelhaften Sachleistung besondere Gewährleistungsvorschriften (vgl. hierzu Abschn. 4.4.5.1 und 4.4.5.2).

### Rechtsmängel

Nach §§ 433 Abs. 2, 453 BGB hat ein Verkäufer die verkaufte Sache auch frei von Rechtsmängeln zu verschaffen. Sie ist nur dann frei von Rechtsmängeln, wenn Dritte in Bezug auf die Sache keine oder nur die im Kaufvertrag übernommenen Rechte gegen den Käufer geltend machen können. Der Verkäufer hat also regelmäßig auf der Sache lastende Rechte – z. B. eine Grundschuld oder Hypothek – oder persönliche Ansprüche Dritter vorher zu beseitigen bzw. im Grundbuch eingetragene, aber nicht mehr bestehende Rechte löschen zu lassen (§ 435 Satz 2 BGB).

Entscheidend ist der tatsächliche Bestand des Rechts eines Dritten. Auch öffentlich-rechtliche Beschränkungen (z. B. Bauvorschriften) können einen Rechtsmangel darstellen. Der Verkäufer haftet aber nicht für die Freiheit von öffentlichen Abgaben und anderen öffentlichen Lasten (§ 436 Abs. 2 BGB). Beim Verkauf einer Forderung oder eines sonstigen Rechts haftet der Verkäufer für deren rechtlichen Bestand (**Verität** der Forderung), mangels besonderer Abrede aber nicht für deren Durchsetzbarkeit, insbesondere also nicht für die Zahlungsfähigkeit des Schuldners (**Bonität** der Forderung).

# 4.4.9 Produkthaftung

Im Produkthaftungsgesetz (ProdHaftG) ist geregelt, wann und wer für Folgeschäden an Personen oder Sachen einstehen muss, die ein fehlerhaftes Produkt verursacht hat. Für Schäden am mangelhaften Produkt selbst ist das ProdHaftG aber ausdrücklich nicht einschlägig, sondern die Regelungen zur Mangelhaftung im BGB.

Eine Haftung setzt voraus, dass eine bewegliche Sache (Produkt), bereits bei Inverkehrbringung fehlerhaft war (§ 2 ProdHaftG). Inverkehrbringung heißt, dass das Produkt von Anfang an mangelhaft sein muss und nicht erst zu einem späteren Zeitpunkt fehlerhaft wurde. Unerheblich für die Haftbarkeit ist, ob das bewegliche Produkt in ein anderes bewegliches oder unbewegliches Produkt eingebaut wurde.

*Produktbeispiele:*

*Maschinen und Geräte, Konsumgüter aller Art, Verpackungsmaterialien, Fahrzeuge, Chemische Stoffe, Erzeugnisse und Zubereitungen, Nahrungsmittel, Strom, Gas, Fernwärme, Wasser, menschliche Organe, Blutkonserven usw...*

## 4.4.9.1 Hersteller des Produkts

Bei industrieller Fertigung, in der Endprodukte oftmals aus vielen einzelnen Teilprodukten von unterschiedlichen Herstellern zusammengesetzt werden, wird bei der Geltendmachung von Haftungsansprüchen nicht selten die Frage nach dem Verantwortlichen aufgeworfen. § 4 ProdHaftG definiert, wer als Hersteller haftbar gemacht werden kann:

– **Hersteller des Endprodukts**

   Voraussetzung für eine Haftbarkeit des Herstellers des Endprodukts ist, dass es sich um eine **gewerbsmäßige** Herstellung handelt, die eigenverantwortlich und selbstständig betrieben wird.

– **Hersteller des Teilprodukts**

   Der Hersteller eines Teilprodukts kann genauso für den gesamten entstandenen Schaden haftbar gemacht werden, wie der Endprodukthersteller. Seine Haftung setzt dabei voraus, dass das von ihm hergestellte **Teilprodukt fehlerhaf**t war. Allerdings kann sich der Zulieferer entlasten (§ 1 Abs. 3 ProdHaftG), wenn der Fehler aufgrund fehlerhafter Konstruktion des Endprodukts entstanden ist.

– **Quasihersteller**

   Als »Quasihersteller« werden solche Hersteller bezeichnet, die ein Produkt nicht selbst herstellen, sondern lediglich von anderen Herstellern produzierte Produkte unter Anbringung des eigenen Namens, Warenzeichens oder einer eigenen Marke in die Öffentlichkeit bringen.

– **Importeure**

Bei Importen aus Mitgliedsländern der EU nach Deutschland wird der Importeur im Schadensfall haftungsfrei, wenn er den Hersteller benennt, da hier davon ausgegangen wird, dass der Hersteller selbst haftbar gemacht werden kann.

Anders sieht es bei fehlerhaften Importen aus Drittländern in die EU aus, hier kann immer der Importeur haftbar gemacht werden.

– **Händler**

Generell können auch Händler haftbar gemacht werden. Allerdings sieht das ProdHaftG vor, dass ein Händler haftungsfrei wird, wenn er den Vorlieferanten innerhalb einer einmonatigen Frist nennen kann.

## 4.4.9.2   Haftungsumfang

Hersteller haften prinzipiell nur, wenn ihre Produkte nicht die Sicherheit bieten, die ein verständiger objektiver Verbraucher erwarten kann (§ 3 ProdHaftG). Entscheidend ist hierbei nicht die subjektive Erwartung einer Einzelperson, sondern die Meinung der Allgemeinheit.

*Beispiel:*
*Es ist allgemein bekannt und akzeptiert, dass der Konsum von Zigaretten Krebs auslöst, womit eine Haftung des Herstellers hierfür aber bisher – in Deutschland – nicht in Frage kommt.*

Die **Beweislast** für das Vorliegen eines Fehlers und dessen Ursächlichkeit für den entstandenen Schaden liegt beim Geschädigten selbst. Das ProdHaftG sieht aber für den geschädigten Verbraucher Beweislasterleichterungen vor: So muss der Geschädigte z. B. nur den Fehler zum Zeitpunkt des Schadens beweisen, nicht jedoch dass der Fehler schon bei Inverkehrbringung vorhanden war.

Das ProdHaftG sieht je nach Schaden unterschiedliche **Haftungsumfänge** des Herstellers vor:

– **Sachschäden**

Generell begründet das ProdHaftG keinen Anspruch auf Ersatz des fehlerhaften Produkts selbst, sondern nur einen Anspruch auf Ersatz anderer **durch** das Produkt entstandener Sachschäden (§ 1 Abs. 1 Satz 2 ProdHaftG). Der Selbstbehalt beträgt 500 Euro (§ 11 ProdHaftG).

– **Körperverletzung**

Die Ersatzpflicht bei Körperverletzung (§ 8 ProdHaftG) beinhaltet alle Heilungskosten (z. B. Krankenhaus, Arzt usw.), alle Nebenkosten der Heilung (z. B. Kur, Massagen usw.), den Ersatz des durch die Schädigung entstandenen Vermögensschadens und auch zukünftige Rentenansprüche. Die Haftungshöchstgrenze für Körperverletzung liegt bei 85 Millionen Euro (§ 10 ProdHaftG).

– **Tötung**

Grundsätzlich begründet das ProdHaftG nur Haftungsansprüche des Geschädigten selbst gegen den Hersteller. Für die Beerdigungskosten und die Versorgung aller Unterhaltsberechtigten (z. B. Witwe, Waisen) wird allerdings mitgehaftet. Die Haftungshöchstgrenze für einen Todesfall liegt ebenfalls bei 85 Millionen Euro.

– **Schmerzensgeld**

Schmerzensgeld sieht das ProdHaftG vor, wenn das schädigende Ereignis nach dem 31. Juli 2002 eingetreten ist (Zeitpunkt der Einfügung von § 9 ProdHaftG). Die Höhe des Schmerzensgeldes richtet sich nach freiem Ermessen, eine verbindliche Schmerzensgeldtabelle existiert nicht. Im Übrigen ist bei Bagatellverletzungen, die nur vorübergehender Natur sind, ein Anspruch auf Schmerzensgeld nach dem ProdHaftG ausgeschlossen.

Neben der Produkthaftung kommt stets ein Anspruch aus § 823 BGB in Betracht (»Produzentenhaftung«), wenn die entsprechenden Voraussetzungen gegeben sind.

### 4.4.9.3     Verjährung der Ansprüche

Die Verjährungsfrist nach dem ProdHaftG beträgt drei Jahre (§ 12 ProdHaftG). Für den Beginn der Verjährung müssen folgende Voraussetzungen nebeneinander vorliegen:

– Der Anspruchssteller muss den **Schaden** kennen bzw. hätte ihn kennen müssen.

– Der Anspruchssteller muss den für den Schaden **ursächlichen Fehler** kennen bzw. hätte ihn kennen müssen. Hierfür ist in den meisten Fällen ein Sachverständigengutachten unentbehrlich.

– Der Anspruchssteller muss den **Ersatzpflichtigen** kennen bzw. hätte ihn kennen müssen. Dies ist in der Praxis häufig unproblematisch, da es in vielen Haftungsfällen mehrere Ersatzpflichtige gibt.

Grundsätzlich erlischt die Haftung des Herstellers zehn Jahre nach Inverkehrbringung des Produktes (§ 13 ProdHaftG).

## 4.4.10     Internationale Geschäfte

### 4.4.10.1     INCOTERMS®

Seit langer Zeit finden im internationalen Handel Klauseln und Kurzformeln Anwendung, um die immer wieder aufkommenden Fragen zu typischen Pflichten des grenzüberschreitend tätigen Käufers und Verkäufers in einer kaufmännisch praktikablen Kurzfassung zu regeln. Die INCOTERMS® (International Commercial Terms) gehören dabei zu den bekanntesten Regelwerken, die branchenunabhängig eingesetzt werden. Das offizielle Regelwerk stammt von der **Internationalen Handelskammer** mit Hauptsitz in Paris (Chamber of Commerce – ICC). Der Begriff und auch die einzelnen Klauseln sind von der ICC geschützte Marken. Die aktuelle Fassung sind die INCOTERMS® 2010, die zum 1. Januar 2011 implementiert wurden.

Die ersten INCOTERMS® wurden 1936 von der Internationalen Handelskammer in Paris veröffentlicht. Die Klauseln müssen regelmäßig angepasst werden, weil wesentlich stärker elektronische Übertragungswege genutzt werden, sich die Transporttechniken verändern und eindeutige Sprachregelungen durch den weltweiten Einsatz von Containern entstanden sind.

Die Akzeptanz der INCOTERMS® ist weltweit deshalb so hoch, weil durch Bezug auf eine der 11 INCOTERMS®-Klauseln auf sehr einfache Art und Weise die Bedingungen für die technische Durchführung des Transportes vereinbart werden können. Dabei wird eine eindeutige Regelung des Übergangs der Kosten und Transportgefahren vom Verkäufer auf den Käufer getroffen, ohne dass hierüber umfangreiche Bestimmungen in den Liefervertrag aufzunehmen sind.

Die INCOTERMS® regeln jedoch lediglich einen Ausschnitt aus den bei Außenhandelsgeschäften typischen Pflichten des Käufers und des Verkäufers. Sie enthalten z. B. keine Aussage zum Abschluss des Kaufvertrags, zu den Modalitäten der Kaufpreiszahlung, zu den Eigentumsverhältnissen an der Ware und den Konsequenzen von Leistungsstörungen. Sie ersetzen also keinesfalls den Kaufvertrag selbst, noch die darüber hinaus notwendigen Beförderungs-, Versicherungs- und Finanzierungsverträge. Diese Fragen müssen durch besondere Abmachungen im Vertrag und das jeweils anwendbare Recht gelöst werden.

INCOTERMS® treffen Aussagen zur Lieferung von beweglicher Ware. Sie regeln den Abschluss eines Beförderungs- und Versicherungsvertrags, den Gefahrübergang, die Kostentragung sowie die Verantwortung für Lizenzen, Formalitäten und Genehmigungen. Die INCOTERMS® werden von den jeweiligen nationalen Gerichten anerkannt. Sie haben jedoch **keinen Gesetzesstatus,** müssen also in den entsprechenden Vertrag aufgenommen werden, um ihre Gültigkeit zu sichern.

Seit der Revision von 2010 bestehen die INCOTERMS® aus **11 Klauseln** mit jeweils einem eigenen 3-Buchstaben-Code. Nach den Anfangsbuchstaben der englischsprachigen Fassung gliedern sich die INCOTERMS® in **vier Hauptgruppen.** Jede Hauptgruppe ist dadurch gekennzeichnet, dass die Kosten- und Risikotragung innerhalb der Gruppe nach dem gleichen Prinzip, aber unterschiedlich gegenüber den anderen Hauptgruppen ausgestaltet ist. Die Pflichten des Verkäufers nehmen von der E- über die F- und die C- bis zu den D-Klauseln zu, während sich die Verantwortung des Käufers entsprechend reduziert.

| Gruppe E:<br>Abholklausel | EXW | Ex Works | Ab Werk |
|---|---|---|---|
| Gruppe F:<br>Haupttransport vom<br>Verkäufer nicht bezahlt | FAS<br>FCA<br>FOB | Free Alongside Ship<br>Free Carrier<br>Free On Board | Frei Längsseite Seeschiff<br>Frei Frachtführer<br>Frei an Bord |
| Gruppe C:<br>Haupttransport vom<br>Verkäufer bezahlt | CFR<br>CIF<br><br>CPT<br>CIP | Cost And Freight<br>Cost, Insurance And<br>Freight<br>Carriage Paid To<br>Carriage And Insurance<br>Paid | Kosten und Fracht<br>Kosten, Versicherung,<br>Fracht<br>Frachtfrei bis<br>Frachtfrei versichert |
| Gruppe D:<br>Ankunftsklauseln | DAT<br>DAP<br><br>DDP | Delivered At Terminal<br>Delivered At Place<br><br>Delivered Duty Paid | Geliefert Terminal<br>Geliefert benannter Ort im<br>Einfuhrland<br>Geliefert verzollt |

Übersicht zu den INCOTERMS® 2010

Auf einige dieser Klauseln wird nochmals in Abschnitt 4.5.2.5 eingegangen.

## 4.4.10.2    UN-Kaufrecht

### 4.4.10.2.1  Anwendungsbereich

In Anbetracht der besonderen Bedeutung des Außenhandels hat sich die UNO der Thematik angenommen und in den 70er Jahren ein international durchsetzbares UN-Kaufrecht entwickelt, das bis heute von 18 Staaten unterzeichnet und von 85 Staaten – darunter alle großen Industrienationen – ratifiziert wurde. Ziel des UN-Kaufrechts ist es, weltweit einheitliche Bestimmungen zu schaffen, um den internationalen Handel zu vereinfachen.

Fast 80 % des deutschen Außenhandels werden mit Geschäftspartnern abgewickelt, die in Vertragsstaaten des UN-Kaufrechts ansässig sind. Von den EU-Staaten haben bislang lediglich Großbritannien, Irland, Portugal sowie Malta das UN-Kaufrecht noch nicht übernommen. Für den deutschen Exporteur bedeutet dies, dass die Bestimmungen des UN-Kaufrechts weitgehend die Vorschriften von BGB und HGB ersetzen.

Das UN-Kaufrecht gilt für alle Exportgeschäfte über Waren. Ausgenommen sind Käufe zu privaten Zwecken (z. B. PKW-Kauf im Ausland). Die Käufe müssen **grenzüberschreitend** sein. Für reine Inlandsgeschäfte gilt das UN-Kaufrecht nicht. Gleichwohl muss Kontakt zu mindestens einem Vertragsstaat des UN-Kaufrechts bestehen. Dabei ist allein die Niederlassung entscheidend, nicht etwa die Staatsangehörigkeit. Das UN-Kaufrecht kommt somit dann zur Anwendung, wenn die Staaten – in denen Käufer und Verkäufer ihre Niederlassung haben – beide Vertragsstaaten des UN-Kaufrechts sind.

Allgemein gehaltene Rechtswahlklauseln wie etwa »Dieser Vertrag unterliegt deutschem Recht.« ändern für gewöhnlich nicht, dass das UN-Kaufrecht als Teil des deutschen Rechts maßgeblich bleibt. Da die Regelungen des UN-Kaufrechts in vielen Fragen von BGB und HGB abweichen, müssen die Vertragschließenden genau prüfen, inwieweit sie das UN-Kaufrecht anwenden **wollen**. Die Vertragsparteien können die Anwendbarkeit des UN-Kaufrechts nämlich teilweise oder insgesamt ausschließen. Der Ausschluss muss rechtswirksam vereinbart werden. Insbesondere Ausschlussklauseln in Allgemeinen Geschäftsbedingungen (AGB) greifen nur dann, wenn dem Vertragspartner spätestens bis zum Vertragsabschluss auch tatsächlich und in einer sprachlich verständlichen Form AGB vorgelegt werden.

## 4.4.10.2.2   Vertragsabschluss

Sowohl nach dem BGB als auch nach UN-Kaufrecht kommt der Vertrag durch Angebot und Annahme zustande. Das **Angebot** muss die Ware genau bezeichnen, die Menge festsetzen und den Preis bestimmen. Der Anbietende muss deutlich zu erkennen geben, dass er an sein Angebot gebunden sein will. Wirksam ist ein Angebot erst dann, wenn es dem Empfänger zugeht. Nach UN-Kaufrecht kann das Angebot nur von dem akzeptiert werden, an den es gerichtet ist. Eine wichtige Unterscheidung zwischen BGB und UN-Kaufrecht besteht darin, dass ein Angebot nach UN-Kaufrecht frei widerrufen werden kann, wenn der Widerruf dem Empfänger vor dessen Annahmeerklärung zugeht.

Eine wichtige Besonderheit gilt auch, wenn sich die **Annahme** inhaltlich nicht mit dem Angebot deckt: Nach dem BGB gilt jede Änderung als neues Angebot. Nach dem UN-Kaufrecht kommt das Angebot mit dem veränderten Inhalt zustande, es sei denn, die Abweichung ist wesentlich. Wenn jedoch die Änderung für den Anbietenden günstiger ist, kommt der Vertrag bei Annahme zustande und die Wesentlichkeit spielt keine Rolle.

## 4.4.10.2.3   Einbeziehung Allgemeiner Geschäftsbedingungen

Nach dem UN-Kaufrecht beurteilt sich auch, ob AGB wirksam zum Vertragsinhalt geworden sind. Dafür sind die AGB vollständig entweder in der Heimatsprache des Vertragspartners oder in der Sprache des Vertrags abzufassen. Die AGB müssen der anderen Partei spätestens bei Vertragsabschluss vorliegen und nur bis zu diesem Zeitpunkt kann der Hinweis auf deren Geltung erfolgen. Eine ausdrückliche Zustimmung der anderen Partei zu den AGB ist jedoch nicht erforderlich. Damit sind die Anforderungen für die Einbeziehung von AGB nach dem UN-Kaufrecht deutlich strenger, als beim innerdeutschen kaufmännischen Geschäftsverkehr.

## 4.4.10.2.4   Formerfordernisse

Das UN-Kaufrecht sieht ausdrücklich vor, dass für Kaufverträge keine besonderen Formerfordernisse gelten. Da einzelne Vertragsstaaten jedoch von einer Vorbehaltsmöglichkeit Gebrauch gemacht haben, empfiehlt es sich, Verträge **schriftlich** niederzulegen.

## 4.4.10.2.5  Pflichten von Verkäufer und Käufer

Der Verkäufer muss die Ware liefern, eventuell erforderliche Dokumente übergeben und das Eigentum übertragen. Lieferort ist nach dem UN-Kaufrecht gewöhnlich der Ort, an dem der Verkäufer die Ware dem Beförderer übergibt. Das gilt natürlich nicht, wenn die Parteien vereinbart haben, dass die Ware zum Käufer geliefert werden soll.

Den Käufer trifft eine verschärfte **Untersuchungs- und Rügepflicht.** Während nach den Bestimmungen des HGB bei gravierenden Quantitätsfehlern und Falschlieferungen, bei denen ein Einverständnis des Käufers mit der Ware ausgeschlossen ist, eine alsbaldige Rüge nicht erforderlich ist, muss nach UN-Kaufrecht **alles,** was nicht vertragsmäßig ist, sofort gerügt werden. Als »Faustregel« lässt sich festhalten, dass die kurze Untersuchungsfrist gewöhnlich einen Zeitraum von drei bis vier Arbeitstagen umfasst, der jedoch nach Lage des Einzelfalls zu verkürzen oder zu erweitern ist. Für die Berufung auf eine Vertragswidrigkeit räumt das UN-Kaufrecht dem Käufer ebenfalls nur eine kurze Frist ein. Die deutsche Rechtsprechung geht hier im Durchschnitt von einer Wochenfrist aus, die zu laufen beginnt, wenn der Käufer Kenntnis von der Vertragswidrigkeit hat. Nur eine ordnungsgemäße Anzeige sichert dem Käufer alle Folgeansprüche.

Wenn der Kaufgegenstand falsch oder minderwertig ist, behält der Käufer nach dem UN-Kaufrecht grundsätzlich den Anspruch auf **Erfüllung.** Der Käufer kann allerdings Nachbesserung nur geltend machen, wenn diese unter Berücksichtigung aller Umstände für den Verkäufer nicht unzumutbar ist.

Der Anspruch auf Ersatzlieferung setzt – insoweit deutlich strenger als das deutsche Kaufrecht – voraus, dass die vertragswidrige Lieferung auch eine wesentliche Pflichtverletzung darstellt.

*Beispiel:*
*Wenn geliefertes Fleisch anstelle der vereinbarten 30 % Fettanteil 50 % aufweist und daher dem Käufer eine weitere Verwendung nicht zumutbar ist, liegt eine wesentliche Vertragswidrigkeit vor.*

Nach dem UN-Kaufrecht **verjähren** diese Ansprüche – wie im nationalen Recht – nach zwei Jahren.


## 4.4.10.3  Rechtswahl und Gerichtsstand

National wie international gilt der Grundsatz der Vertragsfreiheit. Die Vertragsschließenden müssen sich darüber Gedanken machen, welche Bestandteile »ihr« Vertrag umfassen soll – das gilt auch für die Rechtswahl und den Gerichtsstand.

Die rechtlichen Bestimmungen eines Vertrags können sich nach nationalem Recht richten oder es gelangt – bei internationalen Geschäften – das UN-Kaufrecht zur Anwendung. In jedem Fall ist es sinnvoll, wenn sich die Vertragsparteien vorab über die **Rechtswahl verständigen.** Andernfalls muss im Streitfall in einem zeit- und geldaufwendigen Verfahren, nach den Grundsätzen des Internationalen Privatrechts anhand einer Reihe von Indizien ermittelt werden, welches Recht auf den Vertrag anzuwenden ist. Dabei wird regelmäßig das am Ort des angerufenen Gerichts geltende Recht zur Beurteilung des Sachverhalts herangezogen.

Ist die Rechtswahl nicht wirksam vorgenommen worden, beurteilen sich grenzüberschreitende Verträge aus deutscher Sicht nach der Rechtsordnung der Vertragspartei, die die typischen Vertragsleistungen zu erbringen hat. Für Kaufverträge hat die Rechtsprechung hierzu wiederholt festgestellt, dass der Verkäufer die vertragstypischen Leistungen vornimmt. Bei Exportgeschäften führt diese Sichtweise also zur Anwendung der Rechtsordnung des Verkäufers.

Prinzipiell können die Vertragsparteien eines internationalen Geschäfts das Recht, dem der Vertrag unterliegen soll, frei wählen. So kann z. B. bei einem Lizenzvertrag mit deutsch-spanischer Beteiligung deutsches Recht, spanisches Recht oder auch das Recht eines Drittlandes vereinbart werden. Die Vertragspartner können die Rechtswahl für den ganzen Vertrag oder nur für einen Teil treffen. Regelmäßig muss daher sorgfältig geprüft werden, welches Recht die günstigeren Bestimmungen enthält. Von besonderer Bedeutung sind Fragen zur Haftung und der Verjährung. Meistens ist es sinnvoll das eigene nationale Recht als »Heimvorteil« zu nutzen.

Im Vorfeld sollten sich die Vertragsparteien auch über den **Gerichtsstand einigen.** Dadurch wird festgelegt, an welchem Ort eventuell auftretende Rechtsstreitigkeiten ausgefochten werden. Die Wahl des Gerichtsstands kann erhebliche Folgekosten verursachen, wenn Rechtsstreitigkeiten mit hohen Gegenstandswerten im Ausland entstehen. Berücksichtigt werden muss aber auch, wie lange in dem betreffenden Land die Verfahrensdauer eingeschätzt wird und ob sichergestellt werden kann, dass die Urteile auch vollstreckt werden können.

Grundsätzlich bieten sich vier Wahlmöglichkeiten an:

− Deutsches Gericht,

− ausländisches Gericht,

− Wahlklausel (Geschäfts- oder Wohnsitz des Leistungsempfängers bzw. -bringers),

− Verzicht auf eine Vereinbarung.

# 4.5     Materialflusssysteme, Lagersysteme und Logistikkonzepte

Die derzeitige Situation des Käufermarktes ist unter anderem dadurch gekennzeichnet, dass der Kunde in kürzeren Zeitintervallen neue Produkte – in möglichst individueller Ausführung – nachfragt. Gleichzeitig steigen die Qualitätsansprüche an die Produktausführung sowie die Ansprüche an eine schnelle Auslieferung der Erzeugnisse.

Dies stellt die Unternehmungen vor Wandlungsprozesse, die notwendig sind, um den wachsenden Anforderungen gerecht werden zu können. Zu diesen gehört auch die optimale Gestaltung des Material-, Produktions- und Informationsflusses im Rahmen des betrieblichen Leistungsprozesses. Dies geschieht unter Mitwirkung der Logistik; jedoch nicht als eine Aneinanderreihung von Einzelmaßnahmen, sondern als ganzheitliches Konzept.

## 4.5.1     Materialfluss- und Lagersysteme

Der Materiallagerungsprozess beginnt mit der Materialannahme und endet mit der Abgabe der Erzeugnisse aus dem Erzeugnis- bzw. Versandlager. Zwischen diesen beiden Punkten im Materialfluss müssen die Materialien gelagert und bewegt werden. Die Aufgaben der Beschaffung, Lagerung sowie des innerbetrieblichen Transports können daher nicht isoliert betrachtet werden: Vielmehr bedarf es logistischer Ketten und Netzwerke, um einen optimalen Zu- und Abfluss der Güter, je nach Produktionsart und Produktionsorganisation zu gewährleisten.

### 4.5.1.1     Logistische Ketten und Netzwerke

Im industriellen Bereich werden unter dem Begriff »Logistik« alle Prozesse subsumiert, die der Raum- und Zeitüberbrückung dienen. Dies beinhaltet auch deren Planung und Steuerung. Für die teilweise existierenden Teillogistiken, wie z. B. die Beschaffungs- oder Vertriebslogistik, bedeutet dies eine Zusammenfassung zu einer ganzheitlichen Logistikaufgabe. Sie beinhaltet dann alle planerischen, dispositiven und steuernden Aktivitäten in einem wechselseitigen Prozess vom Absatzmarkt bis zum Beschaffungsmarkt.

Der Vorteil dieser ganzheitlichen Betrachtung liegt zum Beispiel in der **Integration der Teillogistiken** und den daraus resultierenden Synergieeffekten, in einem reduzierten Koordinationsaufwand sowie in einer höheren Flexibilität hinsichtlich sich verändernder Bedingungen an den Märkten. Die logistische Funktion beschäftigt sich mit dem Informations- und Materialflüssen zwischen den Märkten, mit den versorgungsorientierten Aufgaben, derweil sich die **integrierte Materialwirtschaft** mit den marktorientierten Aufgaben der Beschaffung und letztendlichen Fertigungssteuerung befasst. Die nachfolgende Abbildung soll dies veranschaulichen.

Eine Aufgabe der Planung ist die Bestimmung des geeigneten Beschaffungskonzeptes. Für das beschaffende Unternehmen bietet sich hierfür die **direkte** oder die **indirekte** Beschaffung an; erstere durch einen Direktbezug vom Hersteller, letztere durch den Bezug über so genannte Lagerstufen, den Großhandel oder gegebenenfalls den Einzelhandel. Alternativ für einen direkten oder indirekten Bezug der zu beschaffenden Güter ist z. B. ein kooperativer Einkauf, ein Einkauf über Einkaufbüros oder ein Bezug über Importeure zu nennen.

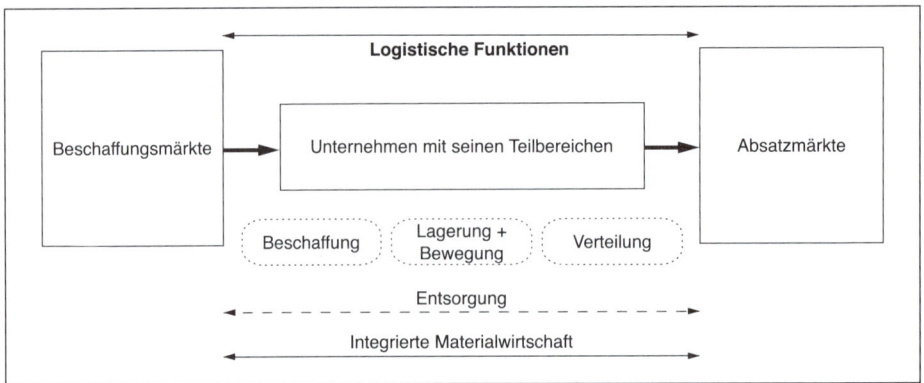

Logistische Funktionen

Die wirtschaftlichste Konzeptionsvariante kann auch – nach vorangegangen Einsatz geeigneter Entscheidungshilfen, wie z. B. einer Wertigkeitsbestimmung – in einer Kombination aus direktem und indirekten Beschaffungswegen bestehen.

Der **Direktbezug** vom Erzeuger führt im Allgemeinen zu einer Verkürzung der Transportkette und trägt damit zur Kostenreduktion bei. Gleichzeitig können Preisvorteile durch entsprechende Mengengerüste hinzutreten. Ein weiterer Grund für eine Beschaffung beim Erzeuger kann in der stets konstanten Qualität des zu beschaffenden Materials gesehen werden oder aber in der Beschaffung von Spezialteilen, die der Handel nicht führt. Nachteilig können sich eventuelle Mindestabnahmemengen oder Mindermengenzuschläge auswirken.

Nicht immer hat das zu beschaffende Unternehmen die Wahl des Beschaffungskonzeptes, z. B. wenn die zu beschaffenden Güter **Mindermengenzuschläge** auslösen, die einen erzielten Kostenvorteil aufwiegen, die Abnahmemenge über der Bedarfsmenge liegt oder aber der Erzeuger einen Direktbezug ausschließt. Zugunsten des Groß- und Einzelhandel sprechen die jeweilige Standortnähe und damit auch die Möglichkeit kurzfristiger Lieferungen im kleineren Mengen zu erhalten. Deren Kosten geringer sein können als etwaige Mindermengen- und Transportkostenzuschläge im Vergleich zu einem Direktbezug. Darüber hinaus verursachen kleinere Bezugsmengen eine geringere Vorratshaltung und eine Reduktion der damit verbundenen Risiken und Kosten. Ein breit geführte Sortiment des Handels ermöglicht entsprechende Vergleiche und führt somit zu eines erhöhten Markttransparenz, die ihrerseits zu einer optimalen Beschaffungskonzeptionsgestaltung beiträgt.

Zwischen den Beschaffungskanälen und der Beschaffungslogistik besteht eine enge Beziehung. Eine wichtige Entscheidung im Rahmen der Beschaffungspolitik ist die geeignete Bestimmung des Beschaffungsweges und gegebenenfalls die Bestimmung des geeigneten Speditionskonzepts für die physikalische Verteilung der Güter. Im Folgenden werden einige Beispiele für logistische Ketten und Netzwerke im Zu- bzw. Abförderbetrieb vorgestellt.

## 4.5.1.1.1 Montage in der Nähe zum Abnehmer

Eine Montagenähe zum Abnehmer verkürzt die logistische Kette mit der Folge kurzer Lieferzeiten zur Produktionsplandurchführung. Die Lieferverträge können beispielsweise durch **Rahmenlieferverträge** mit Konventionalstrafen abgesichert werden.

Systemlieferanten beschaffen z. B. Materialien nach Werksnormen für eine Produktlebenszeit des Erzeugnisses oder erbringen andere logistische Leistungen über Lager in Werksnähe.

Kurze Lieferzeiten durch geringe Entfernungen vom Unternehmensstandort erweisen sich zumeist als sinnvoll. Weit entfernt liegenden Zulieferern bietet sich über die Einrichtung eines Beschaffungslagers in der Nähe des Abnehmers die Versorgung an. Diese externen Lager werden dann zumeist von Logistikanbietern bewirtschaftet.

Externe Beschaffungslager bieten sich auch dann an, wenn die Lieferlose kleiner sind, als eine direkte Belieferung vom weit entfernten Zulieferer es von den Transportkosten her erlauben würde.

### 4.5.1.1.2  Gebietsspediteur

Bei geographischen Streuungen der Zulieferbetriebe kann auch das Logistikkonzept des Gebietsspediteurs Einsatz finden. Dieses Konzept unterteilt das Beschaffungsgebiet in Regionen. Dem in der jeweiligen Region ansässigen Lieferbetrieb wird ein logistischer Dienstleister zugeordnet. Dieser Gebietsspediteur organisiert Sammeltouren der verschieden Lieferanten in seinem Gebiet. Dies geschieht, indem er die Güter an einem Konzentrationspunkt sammelt und von dort die komplette Ladung zum Abnehmer transportiert.

Neben einer solchen **Sternstruktur** ist auch eine **vernetzte Struktur** möglich, in der etwaige Leerfahrten reduziert werden. Die Abbildung soll dies veranschaulichen.

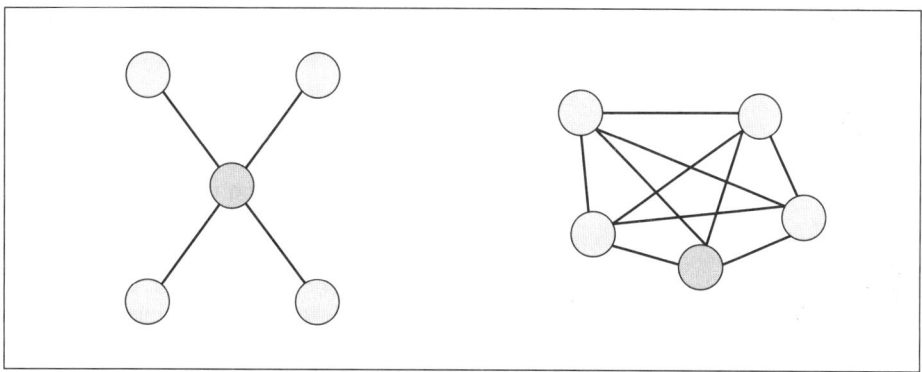

Sternförmige und vernetzte Transportstruktur

Der Begriff des Spediteurs wird in Abschnitt 4.5.2.5.1.2 noch ausführlicher behandelt.

### 4.5.1.1.3  Logistikdienstleister

Logistikdienstleister schaffen mittels EDV die Voraussetzung, Warte- und Liegezeiten zu reduzieren, Leerfahrten zu vermeiden und damit Lagerkosten zu senken. Ihre Dienstleistungspalette reicht von Einzellösungen, wie etwa Verpackung und Sicherung des Transportgutes, bis hin zu **Gesamtsystemlösungen,** z. B. Just-in-Time-Steuerung.

### 4.5.1.1.4  Ringspediteur

Die Verknüpfung von Transportpunkten in einer Folge spiegelt die Ringstruktur wider. Hier ist der Ausgangspunkt auch gleichzeitig Zielpunkt.

Eine Ringstruktur ist gegeben, wenn die Transporte im Rahmen von Rundfahrten, möglicherweise innerhalb festgelegter Zeiten, erfolgen.

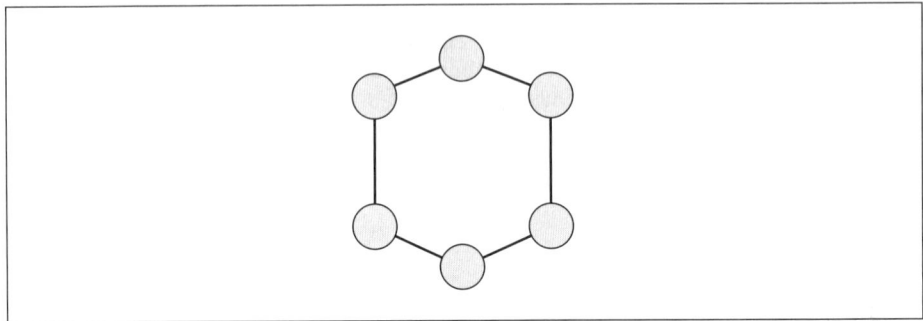

Ringstruktur

## 4.5.1.2    Aufgaben von Materialfluss- und Lagersystemen

Nicht immer lässt sich das Logistikkonzept einer fertigungssynchronen Zu- und Abförderung des Materialflusses realisieren, sodass Lagersysteme erforderlich werden.

Unter einem Lager wird die Gesamtheit der Gebiete oder Räume zur Güteraufbewahrung verstanden, einschließlich der zur Ein- und Auslagerung notwendigen Einrichtungen eines Betriebes mit den dazugehörigen Mitarbeitern.

Zu den Aufgaben der Vorratswirtschaft gehört die Sicherung einer optimalen Lieferbereitschaft durch die Bevorratung der Materialien und deren inner- und außerbetrieblicher Transport. Zum Aufgabenbereich der Vorratswirtschaft gehört auch die Behandlung gefährlicher Güter sowie das Wertstoffrecycling und die Entsorgung nicht mehr verwendbarer Güter.

Lager dienen der mengenmäßigen, zeitlichen, qualitativen und wertmäßigen Anpassung der Bestände an den sich anschließenden Leistungserstellungs- und Verwertungsprozess. Bei der **mengenmäßigen Anpassung** gleichen die Lager Schwankungen in der Beschaffung sowie im Absatz aus. Dies ist erforderlich, wenn größere Mengen angeliefert werden, als die Fertigung kurzfristig benötigt.

Die **zeitliche Komponente** berücksichtigt, dass die Materialien häufig vor ihrer eigentlichen Verwendung in der Fertigung zu Verfügung stehen. Darüber hinaus stehen die fertigen Erzeugnisse vielfach vor ihrem Verkauf zur Verfügung und müssen entsprechend zwischengelagert werden.

Eine **qualitative Anpassung** erfolgt, wenn im Verlauf der Lagerung eine Wertverbesserung des eingelagerten Materials eintritt, wie dies zum Beispiel bei Hölzern oder Weinen der Fall ist. Eine **wertmäßige Anpassung** erfolgt durch die Ausnutzung besonderer Situationen auf dem Beschaffungsmarkt, um beispielsweise Kostenvorteile durch günstige Preiskonstellationen zu realisieren.

Zusammengefasst bestehen die wesentlichen Lagerfunktionen aus der Sicherungs-, der Versorgungs- und der Ausgleichsfunktion.

## 4.5.1.3    Kosten von Materialfluss- und Lagersystemen

Während in der Öffentlichkeit die Höhe der Personalkosten heftig beklagt wird, schenkt man den Materialkosten wenig öffentliche Aufmerksamkeit.

Dabei kommt ihnen enorme Bedeutung zu: Wie bereits in Abschnitt 4.3.4.2.1 gezeigt wurde, können die Kosten der Materialwirtschaft einschließlich der Materialbewirtschaftung im industriellen Bereich bis zu 70 % der Umsatzerlöse ausmachen, wobei durchschnittlich ca. 50 % auf reine Materialaufwendungen und 20 % auf die Bewirtschaftungskosten entfallen.

Aufgrund der steigenden Weltmarktpreise für bestimmte Materialien (wobei insbesondere Rohöl zu nennen ist, das sich durch das Drängen neuer, großer Nachfrager, vor allem China, auf den Weltmarkt und durch politische Krisen in Fördergebieten stetig verteuert) verschärft sich diese Problematik zunehmend, sodass für die verarbeitende Industrie teilweise noch höhere Anteile angenommen werden können.

Zum Vergleich: Für Handwerksbetriebe ist mit einem Materialkostenanteil zwischen 30 % im so genannten »Dienstleistungshandwerk für den privaten Bedarf« und knapp 60 % im KFZ-Gewerbe auszugehen; der Durchschnitt wird hier bei 40 % angesiedelt.

Die Reduktion der Materialkosten bewirkt somit durchschlagende Wirkung auf den Unternehmensgewinn, frei nach dem alten Grundsatz:

»Im Einkauf liegt der Gewinn!«

*Beispiel:*
*Vom Umsatzerlös eines Unternehmens der verarbeitenden Industrie entfallen*

>    *55 % auf Materialkosten,*

>    *28 % auf Personalkosten,*

>    *13 % auf sonstige Kosten und*

>    *4 % auf Gewinn.*

*Von 100 € Umsatzerlös entfallen also 55 € auf Materialkosten und 4 € auf den Gewinn. Wenn es gelingt, diese um 2 % zu senken, so macht das 1,10 € je 100 € Umsatz aus. Bleiben alle anderen Kosten gleich, so steigt der Gewinn auf 5,10 € bzw. um 27,5 %!*

*Anders ausgedrückt:*

*Eine Senkung der Materialkosten um 2% entspricht einer Umsatzerlössteigerung von 27,5 %!*

### 4.5.1.3.1   Lagerkosten

Neben den logistischen Kosten, verursacht durch in Anspruch genommene Logistikdienste, sind mögliche Kosten einer Lagerhaltung und deren Bewirtschaftungskosten nicht unerheblich.

Die durch die Lagerhaltung verursachten Kosten setzen sich zusammen aus den durch die Bevorratung bedingten **Kapitalbindungskosten, den Lagerraumkosten, den Mitarbeiterkosten,** den **Kosten für Arbeitsmittel** und den **sonstigen Kosten,** die durch die Lagerhaltung und den damit verbundenen Werteverzehr ausgelöst werden.

Zu den **variablen** Kosten zählen Kapitalbindungskosten, Versicherungskosten und die Kosten für das Bestandswagnis.

Die Lagerraumkosten stellen einen **fixen** Kostenanteil dar. Die Höhe dieser Kosten ist nicht so sehr von der Art und der Menge der jeweils zu lagernden Güter abhängig, sondern vielmehr von der zuvor festgelegten Lieferbereitschaft. Die Kosten und Nebenkosten für die Mitarbeiter im Lager stellen ebenfalls fixe Kosten dar.

Sie schwanken im kurzfristigen Zeitintervall unabhängig von der Lagernutzung nur gering.

Zu den Gemeinkosten des Lagers zählen z. B. die anteiligen Verwaltungskosten der Geschäftsleitung, der Personal- und Organisationsabteilungen und die Kosten der EDV. In die Berechnung des Lagerhaltungskostensatzes fließen die variablen und die fixen Kosten ein.

## 4.5.1.3.2    Fehlmengenkosten

Im Zusammenhang mit Lagerkosten, Servicegrad und Fehlmengenkosten soll an dieser Stelle nochmals auf das materialwirtschaftliche **Optimierungsproblem** hingewiesen werden. Die Lieferbereitschaft des Lagers ist eine Größe, die Auskunft über die Verfügbarkeit der Materialien gibt. Eine hohe Lieferbereitschaft des Lagers wird mit hohen Sicherheitsbeständen, einer entsprechend hohen Kapitalbindung sowie hohen Lagerkosten bei gleichzeitiger Reduktion der Fehlmengenkosten erkauft.

Fehlmengenkosten **(Stock out Costs)** fallen an, wenn ein auftretender Bedarf nicht vom Lager gedeckt werden kann. Zu diesem Kosten zählen beispielsweise Umsatzverluste, Minderproduktion mangels Aufträgen, Imageverluste beim Kunden aufgrund von Lieferverzögerungen sowie Mehrkosten bei Nacharbeit des Produktionsausfalles.

Darüber hinaus entstehen Fehlmengenkosten auch durch Einzelbeschaffungen, durch die eine Produktionsunterbrechung aufgefangen werden soll. Zu den Kosten der Einzelbeschaffung zählen erhöhte bspw. Schreib- und Telefonkosten, verlorene Rabatte und anderes mehr. Es gilt also, den Umfang der Bevorratung am wirtschaftlichen Erfolg zu beurteilen und die Lagerhaltungskosten, die unter anderem auch durch den Sicherheitsbestand verursacht werden, den Fehlmengenkosten gegenüberzustellen und zu optimieren.

*Beispiel:*
*Durch eine Fehldisposition steht ein wichtiges Erzeugnisbestandteil für eine Produktion von 5.000 Stück/Tag nicht zur Verfügung. Das Erzeugnisbestandteil in gleicher Güte zum gleichen Preis (2,00 €/Stück) lässt sich kurzfristig nicht beschaffen. Ersatzweise wird ein anderes Material in höherer Güte und zu einem höheren Preis (3,50 €/Stück) eingesetzt. Die Beschaffungszeit dieses Materials beträgt 2 Tage, während dieser zwei Tage ruht die Produktion. Die Vertragsstrafe für Lieferverzug beträgt 2.000 €/Tag. Die Fehlmengenkosten (FMK) können wie nachstehend (ohne zusätzliche Umsatzverlustbetrachtung) ermittelt werden:*

*FMK = (3,50 € – 2,00 €) · 5.000 Stk. + 2 Tage · 2.000 €*

*FMK = 7.500 € + 4.000 € = 11.500 €*

*Die Fehlmengenkosten betragen also insgesamt 11.500 €.*

## 4.5.1.3.3    Lieferbereitschaftskosten

Bei der Bestimmung des Servicegrades sind die Lagerhaltungskosten, die durch die Sicherheitsbestände hervorgerufen werden, den Kosten gegenüberzustellen, die durch fehlendes Material entstehen.

Hier gilt es, ein **Optimierungsproblem** zu lösen; denn ein Sicherheitsbestand wird unterhalten, um eine hohe Lieferbereitschaft des Lagers zu gewährleisten – gleichzeitig steigen aber die Kosten mit zunehmendem Servicegrad überproportional an.

Die Lagerhaltungskosten und die damit einhergehende Kapitalbindung ist allerdings nur eine Kostenkomponente zur Beurteilung des Servicegrades eines Lagers. Eine nicht zu vernachlässigende Größe stellen die bereits erwähnten Fehlmengenkosten (Stock out costs) dar. Diese Kosten fallen an, wenn ein Bedarf nicht aus dem Lager gedeckt werden kann und es zu Mehrkosten durch Fertigungsbeeinträchtigung, Mehr- und Nachtarbeit, Umsatz- und Imageverlust kommen kann. Als Entscheidungshilfe bietet sich hier (außer bei Engpassmaterialien, die außerhalb der ABC-Analyse zu betrachten sind) die ABC-Analyse in Verbindung mit der XYZ-Analyse an. Der Servicegrad muss in diesem Fall entsprechend der ABC-/XYZ-Analyse für jede Materialposition oder Artikelgruppe differenziert bestimmt werden. Für die verbleibenden Positionen sollte für A-Materialien ein niedrigerer und für B-Materialien ein entsprechend höherer Servicegrad gewählt werden. C-Materialien können einen hohen Servicegrad erhalten, da die angestrebte Sicherheit mit einer geringen Kapitalbindung erreicht werden kann.

## 4.5.1.4    Lagerorganisation und Lagertechniken

Zur optimalen Wahrnehmung der Lagerfunktion werden die Lager in Haupt-, Neben- und Hilfslager differenziert. Dabei dient das **Hauptlager** der Warenannahme und der internen Weiterverteilung an die Neben- und Hilfslager. Die **Nebenlager** dienen der Fertigungsunterstützung und beziehen die Lagermaterialien vom Hauptlager. Die **Hilfslager** dienen der Lagerung gefährlicher Stoffe, die nicht im Hauptlager oder den Nebenlagern aufbewahrt werden können. Die verschiedenen Lager können stoff- oder verbrauchsorientiert organisiert sein. Bei stofforientierten Lagern handelt es sich um Lager, in denen bestimmte Lagergüter oder Lagergruppen zusammengefasst sind, wie beispielsweise Treibstofflager oder Kabellager. Die verbrauchsorientierten Lager orientieren sich am Verbrauchsablauf der Fertigung.

Die Organisation des Lagerzugriffs kann zugriffsfrei oder zugriffsgebunden erfolgen. Eine **zugriffsfreie** Organisation liegt vor, wenn die Mitarbeiter im Bedarfsfall berechtigt sind, selbstständig Materialien zu entnehmen. Vorteilhaft hierbei ist der geringere Verwaltungsaufwand, nachteilig kann sich auswirken, dass die Entnahmen unter Umständen nicht ordnungsgemäß erfasst werden. Eine **zugriffsgebundene** Lagerorganisation ist gegeben, wenn sichernde Maßnahmen den freien Zugriff verwehren. Nachteil: höherer Verwaltungsaufwand und höhere Personalintensität. Vorteil der zugriffsgebundenen Entnahmeform: vollständige Erfassung aller Lagerbewegungen, die Entnahmen lassen sich zusammenfassen, der Verwaltungsaufwand wird gesenkt.

### 4.5.1.4.1    Lagerorganisation

Die Lagerwirtschaft stellt ein Teilgebiet der Materialwirtschaft dar. In das Zuständigkeitsgebiet der Lagerwirtschaft fallen alle Entscheidungen im Zusammenhang mit der Lagerplanung, der Haltung von Lagern, den Lagerbeständen sowie den Lagerhaltungssystemen. Darüber hinaus befasst sich die Lagerwirtschaft mit der Lagerorganisation, mit Entscheidungen im Rahmen der baulichen, technischen und organisatorischen Beschaffenheit von Lagern und der Festlegung von Verwaltungsabläufen und den Organisationsmitteln der Lagerwirtschaft.

#### 4.5.1.4.1.1    Bestandsplanung

Durch eine Bestandsplanung soll Einfluss auf zu hohe bzw. zu geringe Materialbestände genommen werden. Zu geringe Bestände gefährden die Leistungserstellung bzw. -verwertung des Unternehmens, zu hohe Bestände wirken sich negativ auf die Wirtschaftlichkeit des Unternehmens aus. Die Aufgabe der Bestandsplanung ist deshalb die Sicherstellung des Vorhandenseins der erforderlichen Materialien nach Zeit, Art, Menge und Qualitäten.

Bei der Materialbereitstellungsplanung bieten sich verschiedene Möglichkeiten der Beschaffungsplanung an, wobei die angewendeten Prinzipien je nach Materialart unterschiedlich sein können. Die Beschaffungsprinzipien lassen sich gliedern in

– Einzelbeschaffung,
– Vorratsbeschaffung und
– Just-in-time-Beschaffung bzw. -Anlieferung.

### Einzelbeschaffung

Im Rahmen einer Einzelbeschaffung wird das Material in den benötigten Mengen jeweils zum Zeitpunkt seiner Verwendung beschafft; eine Lagerung der beschafften Materialien verliert bei einer Einzelbeschaffung an Bedeutung. Im Vergleich zur Vorratsbeschaffung werden die Kapitalbindungskosten sowie die Zins- und Lagerkosten stark reduziert. Eine Einzelbeschaffung birgt allerdings auch Risiken, die die Fertigung erheblich beeinflussen können. In diesem Zusammenhang sind das Risiko einer verspäteten Nachbestellung von Materialien sowie qualitative und quantitative Mängel bei der Anlieferung zu nennen.

Eine Einzelbeschaffung erfolgt überwiegend bei Unternehmen, die auftragsorientiert produzieren oder aber Aufträge bearbeiten, die zeitlich und mengenmäßig begrenzt sind und deswegen eine Einzelbeschaffung anbieten. Bei der Einzelbeschaffung wird der Beschaffungsvorgang erst zum Zeitpunkt des Bedarfs ausgelöst. Jedoch muss bei der Terminplanung bedacht werden, dass sich die Risiken für verspätet gelieferte oder nicht gelieferte Ware erhöhen und auch das Risiko steigt, dass nach Güte und Menge fehlerhafte Materialien geliefert werden.

### Vorratsbeschaffung

Bei diesem Beschaffungsprinzip besteht keine Übereinstimmung von Beschaffungs- und Verbrauchsmengen zu einem bestimmten Zeitpunkt. Diese Form der Vorratspolitik ist häufig bei verbrauchsorientiert produzierenden Unternehmen anzutreffen. Die Einstellung der Materialien in das Lager kann aber auch periodisch oder aus spekulativen Gründen erfolgen. Die wesentlichen Vor- und Nachteile dieser Bewirtschaftung sind die folgenden:

| Vorteile | Nachteile |
|---|---|
| – Beschaffungsmarktunabhängigkeit bei knappen Gütern<br>– Wahrnehmung von (Sonder-)Angeboten<br>– Preisvorteil bei größeren Mengen | – Hohe Lagerhaltungskosten<br>– Hohe Lager- und Zinskosten<br>– Hohe Kapitalbindungskosten |

Die Gründe für eine Vorratsbeschaffung können aber auch in einer stärkeren Markstellung des Lieferanten zu suchen sein und damit umgekehrt in einer schwachen Marktstellung der beschaffenden Unternehmung.

### 4.5.1.4.1.2 Lagerverwaltung

Die Aufgaben der Lagerverwaltung umfassen die rechnerische Erfassung der Materialien, die Materialflussüberwachung sowie die wirtschaftliche Organisation der Lagerbewegungen. Durch EDV-gestützte Systeme beschleunigen sich die Lagerverwaltungsvorgänge. Dies beginnt bei der Einlagerung und endet erst mit Auslagerung der Materialien. Darüber hinaus ermöglichen DV-integrierte Systeme (vgl. hierzu auch Abschn. 4.6.3) neben einer einmaligen Erfassung der Güter die unverzügliche Angabe des Meldebestandes, des Bestellpunktes und anderer Informationen, die von Bedeutung sind.

### 4.5.1.4.1.3   Bestandsaufnahme

Die **Verbrauchsrechnung** dient der rechnerischen Erfassung der Materialbewegungen und Materialbestände im Lager. Auf der einen Seite stellt sie eine Hilfsrechnung für das Rechnungswesen dar, auf der anderen Seite ist sie ein Kontrollinstrument der Materialwirtschaft zur Ermittlung der Bestände sowie der Zu- und Abgänge des Lagers. Zur Ermittlung der Verbrauchsverläufe kann eine laufende Materialrechnung oder eine Stichtagsrechnung durchgeführt werden.

Wie schon in Abschnitt 2.1.4 dargelegt, hat nach § 240 HGB jeder Kaufmann am Ende eines jeden Geschäftsjahres ein **Inventar** aufzustellen. Dies erfolgt anhand der Ergebnisse der Inventur. Durch eine **Inventur** wird der tatsächliche Bestand des Vermögens und der Verbindlichkeiten für einen bestimmten Zeitpunkt durch eine Bestandsaufnahme wert- und mengenmäßig erfasst. Hierbei gilt es, die Grundsätze der Vollständigkeit, der Richtigkeit, der Wirtschaftlichkeit, der Klarheit sowie der Nachprüfbarkeit zu beachten.

Die Organisation der Inventur kann auf verschiedene Weise, nämlich als Stichtagsinventur (§ 241 HGB), als permanente Inventur (§ 241 Abs. 2 HGB) oder als verlegte Inventur (§ 241 Abs. 3 HGB) durchgeführt werden.

Die Bestandsaufnahme kann nach der Fortschreibungsmethode, als Befundrechnung und nach der Rückrechnungsmethode erfolgen.

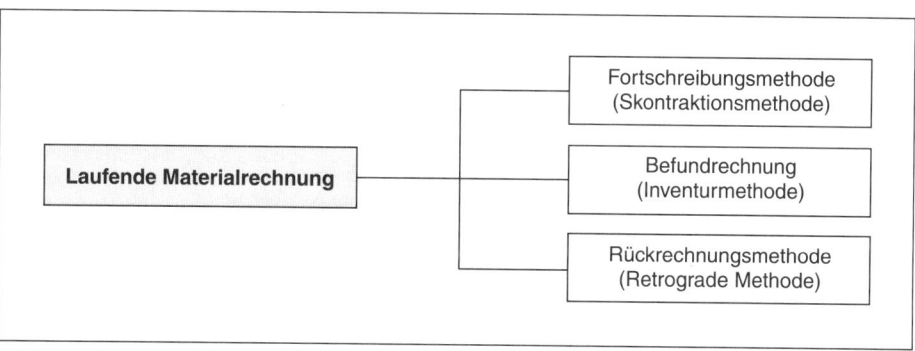

Laufende Materialrechnung

**Fortschreibungsmethode**

Bei der Fortschreibungsrechnung werden die Materialbewegungen nach Tag, Art und Menge erfasst. Durch **Skontraktion** können die Materialbestände und die Verbrauchsmengen ermittelt werden. Um den buchmäßigen Endbestand zu ermitteln, wird, ausgehend vom Anfangsbestand, der um die Zugänge vermehrt und um die Abgänge vermindert wird, der Endbestand ermittelt.

$$\text{Endbestand} = \text{Anfangsbestand} + \text{Zugänge} - \text{Abgänge}$$

Außer durch eine buchmäßige Ermittlung des Endbestandes an Materialien wird dieser jährlich durch eine körperliche Bestandsaufnahme ermittelt. Der Vorteil der Fortschreibungsrechnung liegt in der Erfassung von Kostenarten, -stellen und -trägern. Irreguläre Bestandsminderungen werden durch den Vergleich des rechnerisch ermittelten Bestandes mit dem durch die Inventur ermittelten Bestand erkennbar. Durch einen Vergleich des Soll-/Ist-Bestandes kann somit ein Lagerverlust ermittelt werden. Der Nachteil der Fortschreibungsmethode liegt im relativ hohen Arbeitsaufwand, der Vorteil im jederzeit feststellbaren Sollbestand.

**Befundrechnung**

Bei der Befundrechnung oder **Inventurmethode** ergibt sich der Verbrauch pro Periode aus dem Anfangsbestand, vermehrt um die Lagerzugänge und vermindert um den Endbestand.

Verbrauch = Anfangsbestand + Zugänge − Endbestand

Bei dieser Methode wird keine laufende Verbrauchsermittlung durchgeführt; die Verbrauchsmengen ergeben sich erst am Ende der Wirtschaftsperiode aus dem Vergleich des Anfangsbestandes mit dem durch Inventur neu ermittelten Endbestand. Die Vorteile dieser Bestandsdifferenzmethode bzw. dieser Befundrechnung liegen in der Reduktion des Verwaltungsaufwandes. Nachteilig hierbei wirkt sich aus, dass nur die Gesamtverbrauchsmenge festgestellt wird und eine Zuordnung nach Kostenstellen und -trägern nur schwer möglich ist. Zudem werden irreguläre Bestandsminderungen erst am Jahresende aufgedeckt und können daher nicht rechtzeitig abgestellt werden, was das Gesamtergebnis negativ beeinflussen kann.

**Rückwärtsrechnung**

Die Rückwärtsrechnung geht vom fertigen Erzeugnis aus und berechnet so den Verbrauch der eingesetzten Materialien rückwärts. Bei dieser Methode wird von der Kostenträgerrechnung über die Kostenstellenrechnung auf die Kostenartenrechnung zurückgegangen. Als Grundlage für die **retrograde Rechnung** dienen die Stücklisten, die eine vollständige Aufstellung aller verwendeten Teile enthalten.

Sollverbrauch = produzierte Stückzahl · Sollverbrauchsmenge/Stück

Aus dieser Sollverbrauchsrechnung lassen sich dann der Sollbestand, der Ist-Verbrauch sowie ein Mehr- und Minderverbrauch ermitteln.

Sollbestand = Anfangsbestand + Zugänge − Sollverbrauch

Mehr- bzw. Minderverbrauch = Sollbestand − Ist-Bestand

Ist-Verbrauch = Sollverbrauch ± Mehr- bzw. Minderverbrauch

Der Nachteil dieser Methode liegt in der Ungenauigkeit der Werte, die sie produziert, vor allem, wenn ein komplexer Fertigungsprozess zu Grunde liegt. Die anfallenden Materialgemeinkosten werden unzureichend erfasst, sodass eine verursachungsgerechte Zuordnung nicht exakt möglich ist. Irreguläre Bestandsminderungen sind nicht ohne weitere Kontrollen feststellbar. Der Einsatz der retrograden Verbrauchsrechnung empfiehlt sich daher nur bei Erzeugnissen mit geringer Strukturelementanzahl.

## 4.5.1.4.2   Lagertechniken

Die Anwendung der jeweiligen Lagertechnik hängt entscheidend von dem zu lagernden Gütern, deren Beschaffenheit und Volumina ab, aber auch von vorhandenen baulichen Strukturen, die eine Zu- und Abförderung der zu lagernden Waren ebenfalls beeinflusst.

### 4.5.1.4.2.1   Lagerarten

Die Lagerarten lassen sich in die funktionsorientierte, die materialorientierte, lagerstufenorientierte, standortorientierte, organisationsorientierte und die kaufmännisch orientierte Lagerart gliedern.

Einen Überblick verschafft die Abbildung:

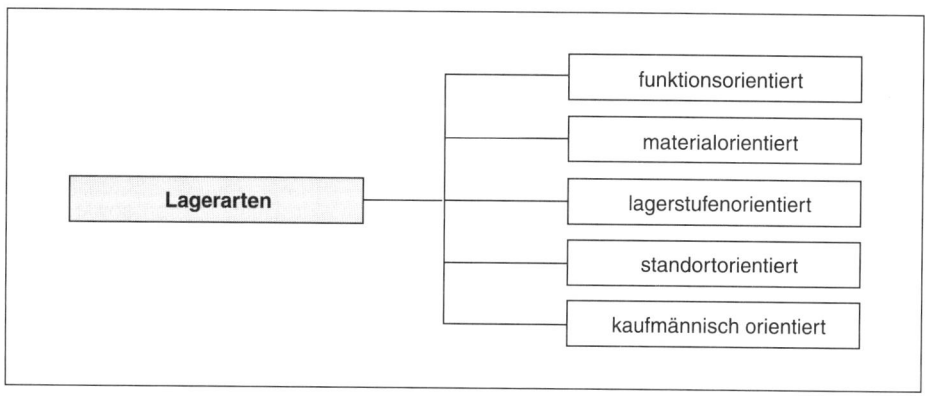

Lagerarten

## Funktionsorientierte Lagerung

Bei der funktionsorientierten Lagerung richtet sich die Lagerart nach den Aufgaben bzw. den Funktionen des Lagers. Zu dieser Lagerart zählen beispielsweise das Wareneingangs- und das Vorratslager. Im Wareneingangslager werden die angelieferten Materialien vor einer Weitergabe in andere Lager zunächst quantitativ und qualitativ geprüft. Das Vorratslager überbrückt die Zeitspanne zwischen der Anlieferung des Materials und dessen Verbrauch im Leistungserstellungsprozess. Darüber hinaus dient das Vorratslager zur Überbrückung möglicher Engpässe auf dem Beschaffungsmarkt.

## Materialorientierte Lagerung

Diese Lagerart orientiert sich an den Maßen, Volumina sowie den Aggregatzuständen der Materialien. Diese Materialkriterien beeinflussen wesentlich die Lagertechnik und deren Organisation sowie die entsprechende Sicherheitstechnik. Je nach Materialart existieren für diese Lagerart gesetzliche Auflagen, die es zu beachten gilt.

## Lagerstufenorientierte Lagerung

Die lagerstufenorientierte Materiallagerung erfolgt entsprechend dem Produktionsprozess und kann in die Stufen vor, während und nach dem Leistungserstellungsprozess gegliedert werden.

## Standortorientierte Lagerung

Diese Lagerart orientiert sich an dem Produktionsstandort, dem Verbrauchsort oder dem Standort des Bedarfsträgers. Prinzipiell stellt sich bei der standortorientierten Lagerart die Frage nach einer zentralen oder dezentralen Errichtung des Lagers bzw. nach dem Ort, an dem die Unternehmung das Lager einrichtet.

## Kaufmännisch orientierte Lagerung

Die kaufmännisch orientierte Lagerung richtet sich nach den Eigentumsverhältnissen der Lagergüter, Lagergebäude und Lagereinrichtungen. Diese Lagerart lässt sich in das Eigenlager, das Konsignationslager, das Zolllager und das Speditionslager systematisieren.

Beim **Eigenlager** befinden sich das Lagergut und das Lagergebäude sowie die Lagereinrichtungen im Eigentum des einlagernden Betriebes.

Im Gegensatz hierzu befindet sich beim **Konsignationslager** das Lagergut im Eigentum des Lieferanten, das Lagergebäude und die Lagereinrichtungen befinden sich jedoch im Eigentum des bestellenden Betriebes. Eine Berechnung der Materialien erfolgt bei einer Materialentnahme über die Materialentnahmescheine. Die mit der Lagerhaltung und -bewegung verbundenen Verrichtungen werden vom einlagernden Betrieb vorgenommen. Die Vorteile eines solchen Lagers liegen für das einlagernde Unternehmen in einer hohen Versorgungssicherheit, verbunden mit einer sofortigen Verfügbarkeit. Weitere Vorteile ergeben sich aus der geringen Kapitalbindung, den minimalen Bestellkosten sowie in der Arbeitsreduktion des Einkaufs. Die Nachteile eines Konsignationslagers liegen in einer unflexiblen Lieferantenpolitik sowie in einer Mindest- und Höchstmengenbestimmung.

In **Zolllagern** werden importierte Güter bis zu ihrer zollamtlichen Abfertigung unter Verschluss gehalten. Die öffentlichen Zolllager werden von den Hafenbetrieben, den Importeuren sowie den Zollbehörden eingerichtet. Diese Lager können als offene Zolllager, also unter Zollmitverschluss, oder aber auch als komplette Zollverschlusslager geführt werden. Private Zolllager bedürfen einer behördlichen Bewilligung und können ebenfalls als offene Zolllager oder als Zollverschlusslager betrieben werden.

Beim **Speditionslager** befindet sich das Lagergut im Eigentum des beauftragenden Unternehmens, während das Lagergebäude und die Lagereinrichtung im Eigentum des Spediteurs stehen.

### 4.5.1.4.2.2 Lagerbauformen

Die Lagerbauformen orientieren sich an den einzulagernden Gütern und lassen sich in stufenbezogene, standort- und gestaltungsbezogene Lager systematisieren. Einen Überblick soll die Abbildung vermitteln.

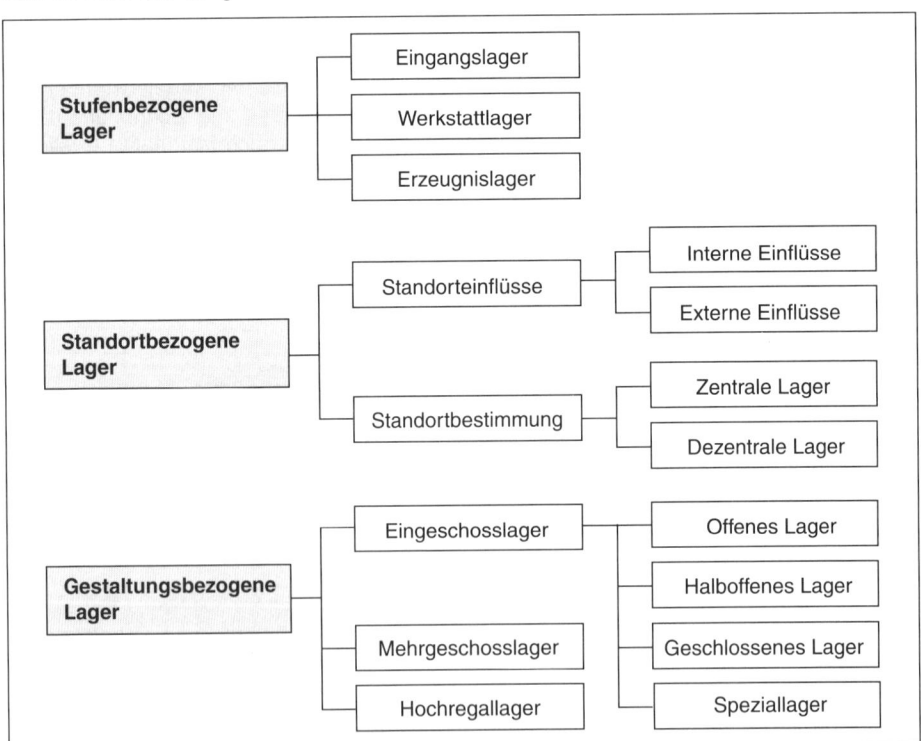

Lagerbauformen und Einflussfaktoren

## Stufenbezogene Lager

Entsprechend des Fertigungsflusses gliedert sich das stufenbezogene Lager in das Eingangslager, das Werkstattlager sowie das Erzeugnislager.

Das Eingangslager nimmt die Materialien von außen an und dient der Fertigung als Puffer zwischen den Bestellrhythmen und dem Fertigungsverbrauch. Die angelieferten Güter verbleiben zumeist solange im Eingangslager, bis alle Tätigkeiten im Rahmen des Materialeingangs verrichtet sind. Erst dann werden die Materialien in die **Werkstattlager** abgegeben. Werkstattlager dienen aber auch zur Zwischenlagerung von Materialien im mehrstufigen Fertigungsprozess. Der Bestand und die Größe möglicher Werkstattlager sind abhängig von den zu lagernden Materialien sowie von der Art der Fertigung. Beim **Werkstattfertigungsverfahren** sind häufig mehrere Werkstattlager innerhalb der einzelnen Produktionsabschnitte notwendig, wohingegen das **Fließfertigungsverfahren** (vgl. Abschn. 4.7.2.2.4) weitgehend ohne Werkstattlager auskommt.

Das **Erzeugnislager** nimmt neben den produzierten Erzeugnissen auch veräußerbare Halbfabrikate, Ersatzteile sowie Handelswaren auf. Aufgabe des Erzeugnislagers ist es, auftretende Absatzmarktschwankungen aufzufangen. Die Organisation des Erzeugnislagers ist wiederum abhängig von den jeweiligen Distributionswegen der Unternehmung. Erfolgt ein Vertrieb direkt an den Endverbraucher, ist eine andere Organisationsform notwendig als bei einem Vertrieb über Großhändler oder beispielsweise über Handelsvertreter.

## Standortbezogene Lager

Die Wirtschaftlichkeit des Lagers hängt weitgehend von einer funktionsgerechten Planung ab: Denn nicht allein die Menge der zu lagernden Güter, sondern auch die Art der Lagerung sowie der innerbetriebliche Materialtransport sind kostenwirksam. Deshalb ist der Standort eines Lagers so zu planen, dass die Fertigungsstellen ohne Unterbrechungen mit Material versorgt werden und dabei der innerbetriebliche Materialtransport minimiert wird. Für eine Standortbestimmung sind grundsätzlich zwei Szenarien denkbar:

– Die räumliche Struktur der Unternehmung ist **nicht veränderbar,** sodass versucht werden muss, einen innerbetrieblichen Standort zu wählen, bei dem die innerbetrieblichen Transporte und die dadurch verursachten Kosten minimiert werden.

– Die räumliche Struktur des Unternehmensstandortes ist **frei gestaltbar,** wie dies etwa bei Neuansiedlungen der Fall ist. Hier sollte eine Lagerstandortbestimmung in einem engen Zusammenhang mit dem geplanten Fertigungsverfahren und mit den einzusetzenden Betriebsmitteln erfolgen.

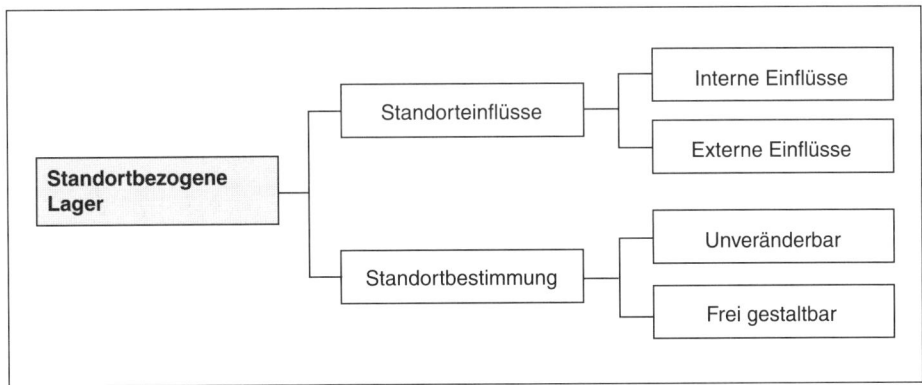

Standortbezogene Lager

Darüber hinaus sind bei der Wahl des optimalen Lagerstandortes die internen und externen betrieblichen Einflussfaktoren zu berücksichtigen:

Zu den **internen Einflusskriterien** zählen die Materialannahme, die Eingangsmenge sowie die Lagerungshäufigkeit der Materialien. Die Materialannahme beeinflusst die Standortwahl durch die Art und Form der anzunehmenden Materialien; denn die Form und die Beschaffenheit des Materials bilden Bestimmungsgrößen zur Auswahl der einzusetzenden Lagermittel und Gerätschaften. Die Einlagerungsmenge und die Materialentnahmehäufigkeit beeinflussen die Größe des Lagers und die Art des Materialtransports. Durch die Auswahl geeigneter Fördermittel werden schließlich die Fertigungs- und Lagerbereiche miteinander verknüpft, sodass der Materialfluss durch die Fertigungsstufen nach räumlichen und zeitlichen Aspekten optimal abgestimmt ist.

Zu den zu berücksichtigenden Komponenten der **externen betrieblichen Einflüsse** zählen Verordnungen und Bestimmungen, die das Errichten und Betreiben von Lagern in bestimmten Räumen untersagen. Des Weiteren zählen zu den externen Einflüssen die infrastrukturellen Bedingungen, wie die Anbindung des Unternehmens an Straßen, Bahn- und Wasserwege.

Die **Standortbestimmung** des Lagers erfolgt im Hinblick auf eine Minimierung der Transportkosten bei einer maximalen Versorgung der Fertigung mit den benötigten Materialien. Des Weiteren fließen in die Betrachtung zur optimalen Standortbestimmung die Fördergrößen und -zeiten der einzelnen Materialarten ein sowie die chronologische Betriebsmittelbelegung. Auch darf der räumliche Bedarf der eingesetzten Betriebsmittel sowie die eingesetzten Transport- und Fördermittel nicht außer Acht gelassen werden.

Bei der letztendlichen Standortwahl stellt sich die Frage nach einer Zentralisation bzw. einer Dezentralisation der Lager:

**Zentrale Lager** bieten sich zumeist in kleinen oder mittleren Unternehmen an, wo die Materialien zusammengefasst gelagert werden können, oder wo durch eine Konzentration der Lageraufgaben größere Materialeinheiten gebildet werden können. Der Vorteil eines zentralen Lagers liegt gegenüber dezentralen Lagern in den geringeren Materialbeständen. Zudem verringert sich der Sicherheitsbestand, und die Kapitalbindung sinkt. Ein weiterer Vorteil der zentralen Lagerung liegt in einem geringeren Lagerrisiko, da die Umschlagshäufigkeit meist höher ist als in dezentralen Lagern. Beim Einsatz von zentralen Lagern kann der Mitarbeitereinsatz effektiver gestaltet werden und die Lagereinrichtungen werden besser genutzt als bei der dezentralen Lagerorganisation.

Die Einrichtung von **dezentralen Lagern** empfiehlt sich insbesondere bei räumlichen Entfernungen der Lagerstätte zum jeweiligen Fertigungsbereich bzw. zu den jeweiligen Fertigungsstufen. Ein weiterer Grund für die Unterhaltung dezentraler Lager liegt in der sachgerechten Lagerung der verschiedenen Materialarten in separaten Speziallagern. Ein anderer Vorteil einer Dezentralisation liegt in einer exakteren Materialdisposition in den Fertigungsbereichen. Spezialgeräte sowie speziell geschulte Mitarbeiter können bei stofforientierten Lagern effektiver eingesetzt werden.

### Gestaltungsbezogene Lager

Entsprechend der jeweiligen Größe des Unternehmens, dessen Organisationsstruktur und Materialbedarf kommt es zur Gestaltung verschiedener Lagertypen, die wiederum die entsprechenden Techniken beeinflussen.

Hierzu folgt zunächst eine Übersicht:

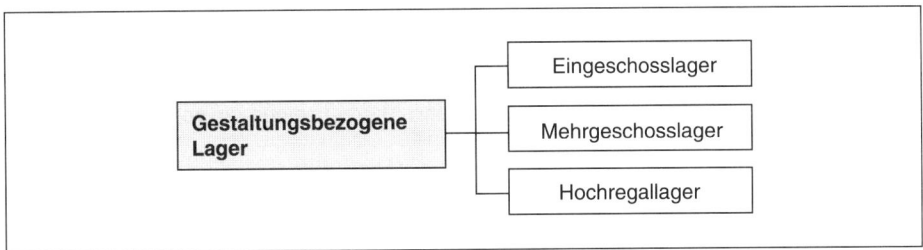

Gestaltungsbezogene Lager

**Eingeschosslager** finden sich dort, wo die Materialart dies unbedingt erfordert bzw. dort, wo keine räumliche Begrenzung der verfügbaren Lagerfläche besteht und somit kein Sachzwang zur Lagerung der Materialien in Mehrgeschosslagern entsteht. Der Vorteil des Eingeschosslagers liegt in der leichten Zugänglichkeit der Materialien beim An- und Abtransport.

Entsprechend der Bauart systematisieren sich die Eingeschosslager in offene, halboffene, geschlossene sowie in Speziallager. **Offene Lager** bieten keinen Witterungsschutz und empfehlen sich nur für Materialien, die durch diese Art der Lagerung keine Qualitätsreduktion erfahren, wie etwa Schüttgut. Bei **halb offenen** Lagerflächen handelt es sich zumeist um überdachte Lagerflächen. Durch die Materialart oder dank ihrer Verpackung erleiden die Produkte keine Qualitätsminderung, wie zum Beispiel verpackte Maschinenteile und Rohre oder etwa mit einer abwaschbaren Schutzschicht überzogene Pkw. **Geschlossene Lager** enthalten Lagereinrichtungen zum Aufbewahren oder Fördern der Materialien. Darüber hinaus sind diesen Lagern Funktionsräume angegliedert, in denen die eingehenden Materialien gezählt, gemessen, gewogen und registriert sowie versandfertige Güter umgelagert oder kommissioniert werden. Die **Speziallager** schließlich dienen der sachgerechten und gesetzlich geregelten Lagerung flüssiger, gasförmiger oder giftiger Stoffe. Die einzelnen Materialien werden aus wirtschaftlichen Gründen in Objektgruppen zusammengefasst. Dies bietet den Vorteil einer besseren Lagerübersicht und einer genaueren Bestands- und Bewertungsmöglichkeit. Gleiche Materialgruppen können von entsprechend geschulten Mitarbeitern eine einheitliche Behandlung erfahren. Die Differenzierung der Lager nach Objektgruppen erfolgt dann in Rohstofflager, Fertigungsteilelager und Hilfs- und Betriebsstofflager. Entsprechend der Unterteilung der Lager nach Objekten kann auch eine Unterteilung hinsichtlich der Funktionen der Lager, beispielsweise in Reparatur-, Außen- und Ersatzteillager, erfolgen.

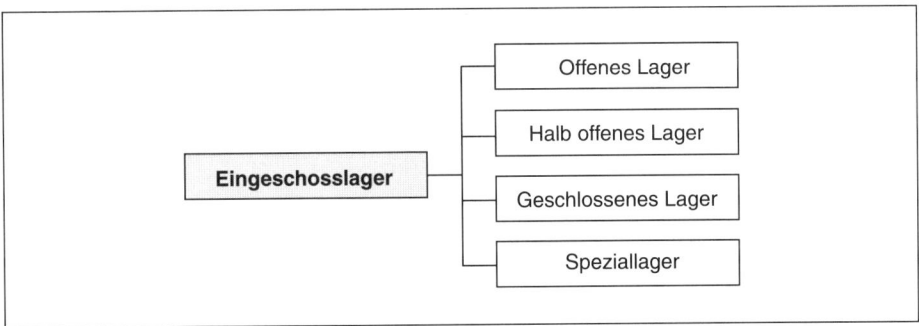

Eingeschosslager

Die Form des **Mehrgeschosslagers** ist dann angezeigt, wenn die verfügbare Lagerfläche durch das Betriebsgrundstück begrenzt wird oder wenn die Fertigung, wie in Bereichen der Elektrotechnik, in mehreren Geschossebenen eingerichtet ist und daher auch eine geschossweise Materiallagerung und -versorgung wirtschaftlich ist.

Bei der Erfüllung der Materiallagerungsaufgaben gilt es, die Materialien so einzulagern, dass ein jederzeitiger Zugriff darauf erfolgen kann. Hierbei zeigen die konventionellen Lager Nachteile gegenüber dem **Hochregallager.**

Die Belegung der Lagerflächen der herkömmlichen Lager erfolgt nach dem Zu- und Abgangsprinzip. Im Falle einer fehlerhaften Zugangsverbuchung gestaltet sich der Zugriff häufig schwierig. Muss das einzulagernde Material auf verschiedene Lagerplätze verteilt werden, so muss die geführte Lagerkartei alle Lagerplätze und deren Mengen vermerken, ansonsten gestaltet sich ein späterer Zugriff schwierig. Hochregallager, besonders solche mit EDV-gesteuerten Zu- und Abfördersystemen, vermeiden die zuvor geschilderten Nachteile der herkömmlichen Lager und sind wirtschaftlicher durch ihre genormten Lagereinheiten und ihre verhältnismäßig geringe Grundfläche. Zwar fordern Hochregallager einen höheren Automatisierungsgrad gegenüber konventionellen Lagersystemen; sie garantieren aber auch eine bessere Raumnutzung und eine schnellere Bedarfsabwicklung durch verkürzte Zugriffszeiten, denn, anders als beispielsweise beim Festplatzsystem, erfolgt die Einlagerung hier willkürlich; das System selbst sucht den entsprechend freien Lagerplatz. Dieses **Freiplatzsystem** (vgl. auch Abschn. 4.5.1.7.1.1) führt zu einer erheblichen Platzeinsparung gegenüber dem **Festplatzsystem,** da nun nicht mehr die jeweilige maximale Lagerplatzkapazität für eine Materialposition freigehalten werden muss.

Um eine optimale Ein- und Auslagerungsanordnung zu erreichen, müssen Hochregallager bestimmte Funktionen erfüllen. Diese Funktionen können beispielsweise darin bestehen, dass die ältesten Materialien der Fertigung zuerst zugeführt werden (**FiFo-Prinzip** = »First in – First out«) oder aber eine vorrangige Auslagerung der Materialien für zeitkritische Aufträge gewährleistet wird. Normale Fördergeräte in Hochregallagern, wie Gabelstapler und Hubwagen, sind in ihrer Förderhöhe begrenzt. Bei einer Automatisierung des Hochregallagers werden beispielsweise Kletterkräne eingesetzt; dies ermöglicht eine bessere Raumnutzung durch eine größere Stapelhöhe sowie durch engere Gänge zwischen den Regalen. Bei automatischen Systemen erfolgt eine Einlagerung der Materialien nach einer vorgegebenen Materialflusssteuerung unter zuvor festgelegten Kriterien. Ein vom System gefundener und belegter Lagerplatz wird im intern festgehaltenen Lagerabbild des Rechners gespeichert und steht für weitere Lagerplatzreservierungen nicht mehr zu Verfügung. Das Auffinden der eingelagerten Materialien geschieht mittels Material- und Regalnummernsystemen. Durch den Einsatz von EDV-Systemen werden die Transportbewegungen der Ein- und Auslagerung optimiert und damit auch die Kosten reduziert.

### 4.5.1.4.2.3  Lagereinrichtungen

Für eine zweckorientierte Einlagerung der Materialien werden Regale, Pack- und Transportmittel verwendet, deren jeweiliger Einsatz vom einzelnen Lagerobjekt abhängt sowie durch die Komponenten der Lagerflächen- und Raumnutzung, der Transportmöglichkeiten und der Qualifikation der Mitarbeiter beeinflusst wird.

**Regale** gibt es in verschiedenen Formen und Systemen, die sich dem jeweiligen Lager und den Aufgaben anpassen lassen. **Palettenregale** beispielsweise erlauben ein Lagern ohne Umpacken der Materialien von ihrer Verladung bis zu ihrer Bearbeitung. **Durchlaufregale** werden von einer Seite mit Materialien gefüllt, und von der anderen Seite werden die Materialien entnommen. Weitere Regalarten sind Kompaktregale, Paternosterregale sowie Sonderformen wie Waben-, Fach- und Röhrenregale.

Die **Packmittel** dienen neben dem Schutz der Materialien auch dem Transport sowie der Lagerung der Güter in standardisierten Größen. Zu den häufig genutzten Packmitteln gehören unter anderem Container und Paletten. **Container** sind in verschiedenen Größen standardisierte Behälter, die allerdings überwiegend als Transportmittel Verwendung finden und im Lager eine eher untergeordnete Bedeutung haben. **Paletten,** beispielsweise als genormte Flach- und Gitterboxpaletten, kommen wegen ihrer guten Stapelfähigkeit überall zum Einsatz.

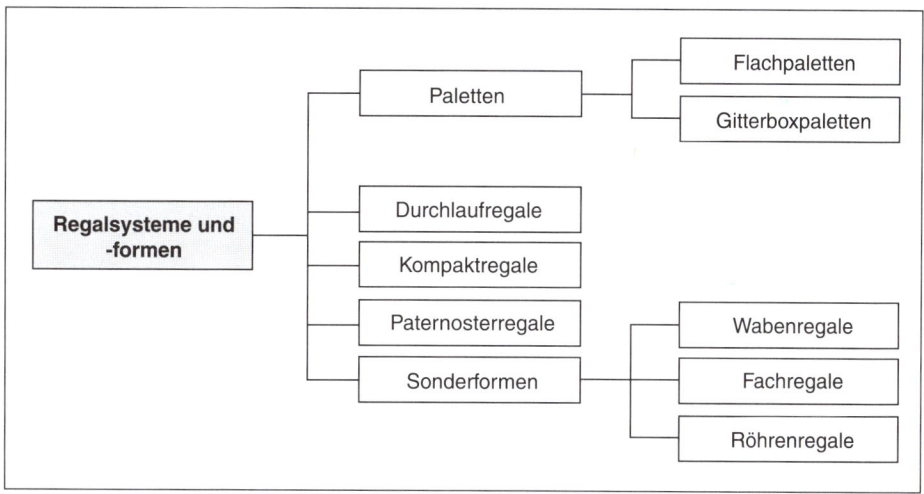

Regalsysteme und -formen

Die Transport- oder Fördermittel dienen der Bewegung der Materialien und können in Lade-, Transport- und Lagerhilfsgeräte gegliedert werden.

Die **Ladegeräte** dienen dem Be- und Entladen der Waren, aber auch dem innerbetrieblichen Transport der Materialien zu den Fertigungsstufen. Typische Beispiele hierfür sind Bodenfahrzeuge und Kräne. Zu den **Transportgeräten** zählen Kettenförderanlagen, Aufhängevorrichtungen, Paternoster und Transportbänder. Die **Lagerhilfsgeräte** schließlich werden zum Um- und Auslagern, zum Zählen, Messen und Wiegen sowie zur Pflege und Wartung der Materialien eingesetzt.

## 4.5.1.5   Lagerkennzahlen

Kennzahlen bieten wichtige Informationen und dienen der Gewinnung von Vergleichsmaßstäben für Betriebs- und Periodenvergleiche. Darüber hinaus ermöglichen sie Soll- und Ist-Vergleiche und können somit als ein Entscheidungshilfsmittel eingesetzt werden.

Bedeutende Kennziffern der Bestandskontrolle (vgl. hierzu auch Abschn. 4.3.4.1.2) sind der durchschnittliche Lagerbestand bei relativ gleichmäßigen Lagerzu- und Lagerabgängen, die Umschlagshäufigkeit, die Lagerdauer sowie die Lagerreichweite:

**Durchschnittlicher Lagerbestand**

$$\text{Durchschnittlicher Lagerbestand} = \frac{\text{Anfangsbestand} + \text{Endbestand der Periode}}{2} \text{ bzw.}$$

$$= \frac{\text{Jahresanfangsbestand} + 12 \text{ Monatsendbestände}}{13}$$

Über den durchschnittlichen Lagerbestand lasst sich die Höhe des durch die Vorräte durchschnittlich gebundenen Kapitals errechnen.

## Umschlagshäufigkeit

$$\text{Umschlagshäufigkeit} = \frac{\text{Jahresverbrauch (oder Lagerabgang)}}{\text{durchschnittlicher Lagerbestand}}$$

Um eine höhere Aussagefähigkeit dieser Kennziffer zu erreichen, empfiehlt es sich, die Lagervorräte getrennt nach A-, B- und C-Materialien zu betrachten.

## Lagerdauer

$$\text{Lagerdauer} = \frac{\text{Tage des Betrachtungszeitraumes}}{\text{Umschlagshäufigkeit}}$$

Diese Kennziffer sagt aus, wie lange ein Material durchschnittlich lagert.

## Lagerreichweite

$$\text{Lagerreichweite} = \frac{\text{durchschnittlicher Lagerbestand}}{\text{durchschnittlicher Verbrauch je Zeiteinheit}}$$

Die Lagerreichweite gibt Auskunft darüber, für wie viele Bedarfsperioden der durchschnittliche Bestand ausreicht.

*Beispiel:*
*Ein Betrieb hat einen Lageranfangsbestand von 1050 Stück und einen Endbestand von 250 Stück ermittelt. Der Betrieb hat einen konstanten Materialverbrauch in Höhe von 80 Stück pro Monat.*

$$\textit{Durchschnittlicher Lagerbestand} = \frac{1050 + 250}{2} = 650 \text{ (Stück)}$$

$$\textit{Umschlagshäufigkeit} \quad = \frac{12 \cdot 80}{650} \quad = 1,48$$

$$\textit{Lagerdauer in Tagen} \quad = \frac{365}{1,48} \quad = 247 \text{ (Tage)}$$

$$\textit{Lagerreichweite} \quad = \frac{650}{80} \quad = 8,125$$

*Der durchschnittliche Lagerbestand sichert einen Verbrauch von gut 8 Monaten.*

Anders als bei der Bildung von Kennziffern, die mit Ist-Werten arbeiten, geht es bei den Standards der Materialwirtschaft um die Vorgabe von **Soll-Werten.** Ein Vergleich der Soll- und Ist-Werte ermöglicht ein schnelleres Handeln und entsprechende Ursachenforschung bei nennenswerten Abweichungen.

Ein gebräuchlicher Standard ist die Soll-Lagerreichweite, in deren Berechnung die zukünftige Bedarfsprognose, die ermittelte Beschaffungszeit sowie die geplante Sicherheitszeit einfließen.

Da eine Einzelwertberechnung für jede Materialposition zu zeit- und kostenintensiv ist, können hier die Ergebnisse der ABC-Analyse verwendet werden. Durch die ABC-Analyse wurde bereits für jede Wertgruppe ein Standard errechnet. Für einen Soll-Ist-Vergleich werden nun die Lagerreichweiten der jeweiligen Wertgruppen mit den Ist-Lagerreichweiten verglichen. Die Werte für die Ist-Lagerreichweiten können der Bestandsfortschreibung entnommen werden.

## 4.5.1.6      Außerbetrieblicher Materialfluss

Die Abwicklung externer Transporte richtet sich unter anderem nach dem Transportgut, dem Standort der Liefer- bzw. Empfangspunkte sowie der Struktur und Beschaffenheit des Liefergebietes. Für ein gegebenes Transportproblem ist die Frage nach dem günstigsten **Transportprozess** sowie dem günstigsten **Transportmittel** zu beantworten.

Die Frage nach dem Transportprozess sowie die rechtliche Ausgestaltung der multimedialen Transportkette soll an dieser Stelle nicht vertieft werden; ebenso wenig ablauforganisatorische Regelungen, die optimale Beladung eines Transportmittels, die Bestimmung des kürzesten Weges zwischen einem Liefer- und Empfangspunkt oder die Bestimmung einer optimalen Gesamtroute für die Belieferung mehrerer Empfangspunkte von einem Ausgangspunkt.

### 4.5.1.6.1      Kosten des externen Transports

Als externe Transportmittel kommen verschiedene Verkehrsmittel – Kraftfahrzeuge, Schienenfahrzeuge, Binnen- und Seeschiffe, Luftfahrzeuge – sowie Rohrleitungssysteme in Betracht. Neben der Kenntnis der Transportgüter, deren Mengen und des zeitlichen Rahmens setzt die Auswahl kostengünstiger externer Transportmittel auch die Kenntnis der jeweiligen Transportmärkte sowie deren unterschiedliche Ausgestaltung voraus.

Vor dem Hintergrund einer Globalisierung der Märkte und der damit einhergehenden Wettbewerbszunahme, aber auch durch verkürzte Produktlebenszyklen, gewinnt die Einbindung der Logistik in das Unternehmen zur Erreichung unternehmerischer Ziele (wie zum Beispiel einer kostenoptimalen Beschaffung der Güter innerhalb kurzer Lieferfristen) zunehmend an Bedeutung, sodass der reine Transport von Gütern allein nicht mehr zur Zielerreichung genügt.

Logistik-Dienstleister, auf die noch gesondert eingegangen wird, schaffen mittels EDV die Voraussetzung, Warte- und Liegezeiten zu reduzieren, Leerfahrten zu vermeiden und damit Lagerkosten zu senken. Ihre Dienstleistungspalette reicht von Einzellösungen, wie Verpackung und Sicherung des Transportgutes bis hin zu Gesamtsystemlösungen, z. B. Just-in-Time-Belieferung.

Transportkosten werden ausführlicher in Abschnitt 4.5.2.5 behandelt.

### 4.5.1.6.2      Verpackungskosten

Die Verpackungskosten gliedern sich in die Kosten der Verkaufsverpackung und die Kosten der Versandverpackung. Die Kosten der **Verkaufsverpackung** sind im Preis des Gutes enthalten, etwa bei Konfektschachteln oder Getränken in Flaschen. Die Kosten der **Versandverpackung**, also für Kartons, Fässer oder Container, werden entsprechend der Abrede vom Verkäufer oder vom Käufer getragen. Ist nichts vereinbart, gelten die entsprechenden gesetzlichen Regelungen (§ 448 BGB, § 380 HGB). Danach trägt die Kosten der Übergabe der verkauften Sachen, insbesondere die Kosten des Messens und Wiegens, der Verkäufer und der Käufer trägt die Kosten der Abnahme und der Versendung an einen anderen Ort als den Bestimmungsort.

### 4.5.1.6.3      Transportversicherung

Die Transportversicherung tritt bei Schäden ein, die z. B. während des Transports oder des Umladens entstehen und für die der Frachtführer haftet. Die Vielfalt der möglichen Kasko-, Waren- und Frachtversicherungen soll an dieser Stelle nicht wiedergegeben werden. Die folgende Abbildung bietet eine grobe Übersicht.

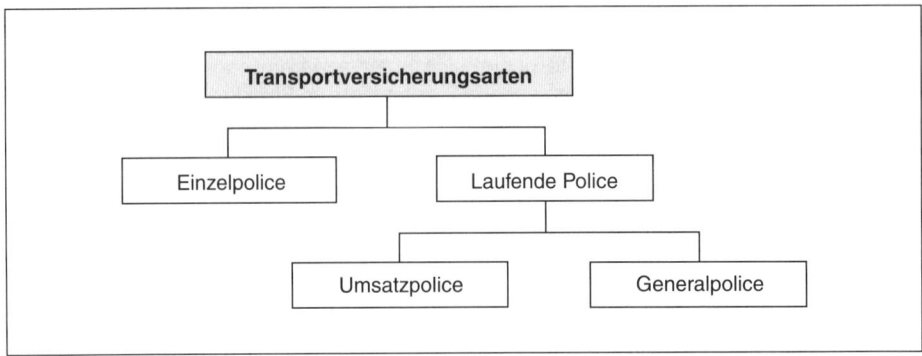

Transportversicherungsarten

Ist der Spediteur beauftragt worden, eine Transportversicherung abzuschließen, kann er dies im Rahmen einer Einzelpolice oder einer laufende Police, z. B. einer Generalpolice, erledigen.

Die **Einzelpolice** deckt einzelne Risiken von Einzelbeförderung.

Die **laufende Police** wird dann eingesetzt, wenn permanent gleichartige Sendungen versichert werden sollen; mit einem einzigen Antrag werden sämtliche Sendungen versichert. Die laufende Police zerfällt in die Umsatzpolice und die Generalpolice:

– Die **Umsatzpolice** findet Verwendung, wenn innerhalb eines begrenzten Gebietes gleiche Waren mit gleichen Transportmitteln befördert werden. Der Prämiensatz wird dabei als Durchschnittssatz aus der voraussichtlichen Transportsumme errechnet und im Voraus beglichen. Die endgültige Prämienabrechnung erfolgt dann am Jahresende anhand der tatsächlich umgesetzten Transportsumme.

– Die **Generalpolice** findet Verwendung, wenn verschiedenartige Risiken abgedeckt werden sollen (der Versand unterschiedlicher Güter erfolgt mit verschiedenen Transportmitteln in verschiedene Gebiete).

**Sichtbare Schäden** sind dem Frachtführer bei Erhalt des Beförderungsgutes sofort anzuzeigen und deutlich zu beschreiben. **Versteckte Mängel** müssen innerhalb von sieben Tagen nach Ablieferung angezeigt werden. Ansprüche aus Lieferfristüberschreitung erlöschen, wenn der Empfänger dem Frachtführer dies nicht innerhalb von einundzwanzig Tagen nach Erhalt der Lieferung angezeigt hat (§ 438 HGB).

## 4.5.1.7 Innerbetrieblicher Materialfluss

Jeder innerbetriebliche Transport der Materialien trägt nur mittelbar zu einer Werterhöhung des Produktes bei. Daher sind unnötige Transporte zu vermeiden.

Entsprechend dem Prinzip des Transportkostenminimums sind alle Regale und Gänge so anzuordnen, dass je nach Transporthäufigkeit und Volumen die Summe der Transportwege gering ist. Eine optimale Materialflusslösung besteht aber nicht nur aus der Festlegung der kürzesten Transportrouten, sondern wird durch die Wahl zweckmäßiger Fördermittel ergänzt. Die Fördermittel lassen sich in die Flurfördermittel, die flurfreien sowie in die Stetigfördermittel systematisieren:

– **Flurfördermittel** sind nicht stetig arbeitende Fördermittel, wie beispielsweise Handkarren, Hubwagen und Stapelfahrzeuge.

– Zu den **flurfreien Fördermitteln** zählen alle sich nicht am Boden bewegenden Förder-mittel, wie Kräne und Aufhängevorrichtungen.

– Die **Stetigfördermittel** umfassen ortsfeste und bewegliche Einrichtungen, die das Fördergut kontinuierlich fördern. Sie finden dort ihre Verwendung, wo große Förderleis-tungen und ein ununterbrochener Materialfluss vorausgesetzt werden. Beispiele für Stetigförderanlagen sind Rollbahnen, Rutschen und Laufbänder.

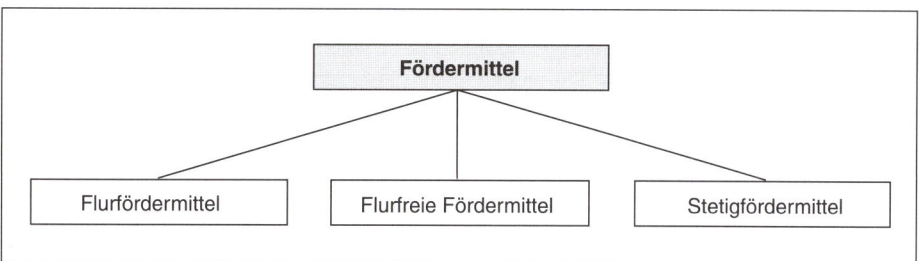

Fördermittel

## 4.5.1.7.1 Lagersteuerung

In den materialwirtschaftlichen Optimierungsprozess muss auch die Lagersteuerung inte-griert werden. Dies betrifft im Einzelnen das Lagerordnungssystem, die Auslagerungssys-teme, die Lagerverwaltung sowie den Automatisierungsgrad der Lagersteuerung.

### 4.5.1.7.1.1 Lagerordnungssysteme

Grundsätzlich gibt es zwei Möglichkeiten der Systematisierung der Zuordnung von Lager-raum und Lagergut, nämlich das Festplatz- und das Freiplatzsystem.

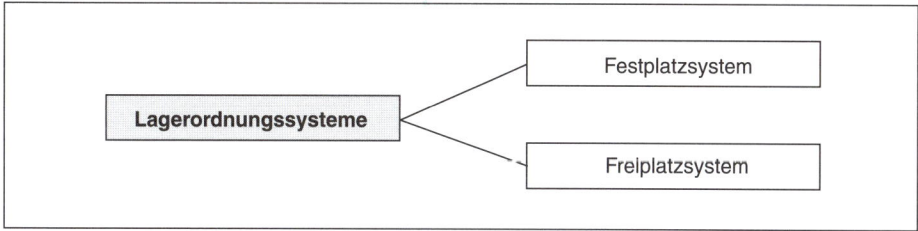

Lagerordnungssysteme

Beim **Festplatzsystem** wird jedem Lagergut ein ständiger Lagerplatz zugewiesen. Artikel mit hoher Entnahmehäufigkeit erhalten einen zugriffsgünstigeren Standort. Dieser Stammplatz bleibt für das entsprechende Lagergut reserviert, unabhängig von der aktuel-len Lagerraumsituation. Dies löst einen erhöhten Lagerraumbedarf aus sowie Umorgani-sationen im Lager für den Fall von Mehrbedarfen.

Beim **Freiplatzsystem** hingegen wird keine feste Platzzuordnung für das Lagergut vorge-nommen. Das Lagergut kann sich an verschiedenen und wechselnden Lagerorten befin-den. Hierdurch wird zwar die Lagerfläche besser genutzt, jedoch kann eine willkürliche Einlagerung der Güter die innerbetrieblichen Transportwege negativ beeinflussen, da die Güter mit einer hohen Entnahmerate nunmehr nicht so transportgünstig stehen. Unab-hängig von der manuellen oder elektronischen Steuerung der Lagerordnungssysteme muss ein **Standortauskunftsystem** die Frage beantworten, auf welchem Lagerplatz welches Material gelagert wird bzw. welches Material sich auf welchem Lagerplatz befindet. Als Hilfsinstrument zur optimalen Lagerplatzbelegung kann die **ABC-Belegungsstrategie** dienen: A-Materialien mit einer hohen Entnahmerate werden hiernach Lagerflächen mit günstigen Wege- und Zugriffszeiten zugeordnet.

### 4.5.1.7.1.2 Automatisierung

Durch eine Automatisierung des Ein- und Auslagerns wird nicht nur die Raumnutzung verbessert und die Zugriffsrate auf die eingelagerten Güter erhöht, sondern auch der Mitarbeitereinsatz optimiert. Darüber hinaus kann das System so eingestellt werden, dass es zum Beispiel nach dem FiFo-Prinzip arbeitet oder andere Auslagerungsdringlichkeiten (wie etwa durch Bruch verursachten Sonderbedarf) berücksichtigt. In diesem Fall hält ein Zentralrechner alle Bestandsveränderungen und die damit verbundenen Informationen über die Materialien fest. Ein reservierter Lagerplatz im Lagerabbild des Systems steht für weitere Einlagerungen nicht mehr zur Verfügung. Das Auffinden der Materialien erfolgt mittels Material- und Regalnummern.

### 4.5.1.7.1.3 Auslagerungssysteme

Bei der Materialentnahme gelten die gleichen dokumentarischen Grundsätze wie beim Materialeingang: Jeder Vorgang muss eindeutig und richtig erfasst werden, damit eine spätere Bedarfserfassung exakt möglich ist. Beim innerbetrieblichen Transport der Materialien zu den Verbrauchsstellen ist zu unterscheiden, ob die Materialien dorthin nach dem ablauforganisatorischen Hol- oder Bringprinzip verbracht werden. Beim **Holsystem** werden die benötigten Materialien von den Mitarbeitern selbst geholt. Der Einsatz dieses Systems ist vor allem dann vorteilhaft, wenn die zurückgelegten Wegstrecken kurz sind. Das **Bringsystem** findet überwiegend Anwendung in Großbetrieben mit Fließfertigung. Die Verbrauchsgüter werden mengen- und termingerecht zum Verarbeitungsort gebracht, sodass Stillstandszeiten vermieden werden. Bei dem in den 50er Jahren des vorigen Jahrhunderts in Japan entwickelten **Kanban-System** (vgl. Abschn. 4.6.2.4.2) als dezentralem Konzept zur Fertigungssteuerung wird das Hol- bzw. Pull-Prinzip zur Materialflusssteuerung eingesetzt. Das benötigte Material wird von der verbrauchenden Fertigungsstufe aus der vorgelagerten Stufe abgeholt.

## 4.5.1.7.2 Sicherheitseinrichtungen

Beim Betrieb aller Lagerarten, deren Einrichtungen und Fördermitteln gilt es, die sicherheitstechnischen Auflagen des Gesetzgebers und der Berufsgenossenschaften, wie z. B. Bau- und Betriebsvorschriften, Umweltauflagen, TÜV-Begutachtungen, Arbeitsschutzvorrichtungen u.v.m. zu beachten, um mögliche Schäden von Mitarbeitern, Umwelt und Materialien abzuwenden. Der **betriebliche Unfallschutz** umfasst alle Maßnahmen, die zum Schutz der Menschen geeignet sind. Die Zielsetzung ist, Gefahrenquellen frühzeitig zu erkennen und zu beseitigen. Neben freiwilligen Maßnahmen existieren gesetzliche Regelungen hierzu, in der Gewerbeordnung (GewO), im Arbeitsschutzgesetz (ArbSchG) und darauf beruhenden Verordnungen.

## 4.5.1.7.3 Innerbetrieblicher Transport

Der innerbetriebliche Materialtransport dient der Raumüberwindung von Objekten innerhalb der Betriebsstätten der Unternehmung. Der innerbetriebliche Materialtransportes hat sicherzustellen, dass die angeforderten Materialien zu einem bestimmten Termin, am gewünschten Ort in der entsprechenden Art, Menge und Qualität zur Verfügung stehen. Bei mehrstufigen Produktionsprozessen, bei denen die Werke an verschiedenen Standorten betrieben werden, wird der innerbetriebliche Materialtransport um den **Werkverkehr** ergänzt.

Der Werkverkehr wird in § 1 Abs. 2 Güterkraftverkehrsgesetz (GüKG) definiert: Es werden Güter transportiert, die im Betrieb gebraucht, verbraucht oder erzeugt werden. Das Fahrzeug ist zumeist Betriebseigentum und der Fahrer Betriebsangehöriger.

Im Gegensatz zum gewerblichen Güterkraftverkehr besteht keine Genehmigungs- und Versicherungspflicht (§ 9 GüKG). Allerdings muss der Werkverkehr bei dem Bundesamt für Güterverkehr (BAG) angemeldet werden (§ 15a GüKG). Die Wirtschaftlichkeit des Werkverkehrs kann anhand der in Abschnitt 4.5.2.5.1.1 vorgestellten Kennzahlen ermittelt und überwacht werden.

Es wurde bereits darauf hingewiesen, dass innerbetriebliche Transporte aus **Kostengründen** minimiert werden sollten. Wo sie unvermeidlich sind, ist im Rahmen einer optimalen Materialflusslösung das richtige, d. h. kostengünstigste Transportmittel zu bestimmen.

In Abschnitt 4.5.2.5 werden die Transportkosten noch ausführlicher behandelt.

### 4.5.1.8    Entsorgungslogistik

Mit der Planung einer Lieferantenauswahl ist zumeist ebenfalls die Planung der Entsorgung verbunden. Die Entwicklung einer umweltbewussten und umweltgerechten Beschaffungs- und Entsorgungsstrategie leitet sich aus dem Abfallrecht ab. Der Einkauf steht im einen unmittelbaren Dialog zum Lieferanten und kann somit direkten Einfluss auf Umweltschutzmaßnahmen wie etwa einer Verringerung des Abfallaufkommens durch Verpackungsrückführung, Mehrwegverpackungen und andere Maßnahmen nehmen.

Im Zentrum der Entsorgungsplanung stehen Maßnahmenfelder, die sich mit der Abfallvermeidung, der Abfallverminderung, der Abfallverwertung und der Abfallbeseitigung befassen. Auf diese wird in Abschnitt 4.5.2.4 sowie in Kapitel 8 näher eingegangen.

## 4.5.2    Logistikkonzepte

Die Qualität der Einsatzstoffe nimmt unmittelbaren Einfluss auf die mögliche erreichbare Qualität der abzusetzenden Produkte. Deshalb ist es unerlässlich, ein Profil der Anforderungen an die Beschaffenheiten, Funktionen und Integrierbarkeit der zu beschaffenden Güter zu entwerfen.

Durch den hohen Einfluss der Material- und Materialbeschaffungskosten auf die Rentabilität und Liquidität des Unternehmens gilt es, auch in dieser Hinsicht Kostenzielen zu folgen. Neben den eigentlichen Materialkosten werden vor allem entscheidungsrelevante Kosten wie die Bezugskostenbestandteile fokussiert, deren Höhe sich durch die Variation der Beschaffungsmengen und die Realisierung von Beschaffungsalternativen verändern lässt.

Das logistische Zielsystem gewinnt vor allem vor dem Hintergrund an Bedeutung, dass die Leistungsfähigkeit des Betriebes vom Lieferantensystem abhängt; denn bestandsmindernde Beschaffungsstrategien erhöhen nicht nur die Unternehmensliquidität, sondern ebenfalls die Abhängigkeit von Zulieferern.

# 4.5.2.1   Beschaffungslogistik

Im Zentrum der Beschaffungslogistik stehen neben der Preis- und Qualitätspolitik – die Teilmenge der Vertrags- und Lieferantenpolitik sind – die Beschaffungsprogrammpolitik, die Vertrags- und Lieferantenpolitik.

– Die **Beschaffungsprogrammpolitik** richtet sich auf den Produktionsbedarf aus. Eine Veränderung dieses Bedarfes, z. B. durch Normierung oder Typisierung, trägt zu einem Einkaufserfolg ebenso bei wie der Einsatz von Substitutionsmaterialien. In diesem Zusammenhang ist auch eine Make-or-Buy-Entscheidung abzuwägen.

– Die **Vertragspolitik** beinhaltet die Vertragspflege sowie die Neugestaltung von Einzelvereinbarungen hinsichtlich bestimmter Vertragsformen, z. B. Abrufvertrag, Konsignationsvertrag oder Vertragsinhalte, die Mengen, Preise und sonstige Konditionen betreffen.

– Die **Lieferantenpolitik** befasst sich unter anderem mit den Fragen der Lieferantenauswahl, Pflege und Entwicklung auch im Hinblick auf Schlüssellieferanten.

Die Festlegung einer geeigneten Beschaffungsform hängt nicht zuletzt vom Standort des Zulieferers und des eigenen Fertigungsbedarfs sowie von beschaffungslogistischen Bedingungen ab. Die Beschaffungslogistik erfüllt die Aufgabe der körperlichen Bereitstellung der zu beschaffenden Güter. Die Schnittstelle zum Markt wird aber durch Parameter beeinflusst, die außerhalb des Gestaltungsraumes der Beschaffung liegen. Hier ist die Marktstruktur genauso zu nennen wie die zu beschaffende Güterart. Die eigentliche Festlegung der Beschaffungsform erfolgt durch Versorgungs- und Belieferungskonzepte.

Die Verringerung der Fertigungstiefe hat zur Strategie des »**Modular Sourcing**« geführt. Dies eröffnet die Möglichkeit zur Neugruppierung der Lieferantenkette, die nunmehr in den Sublieferanten und die Modullieferanten zerfällt. Als Sublieferant wird der ehemalige Direktlieferant bezeichnet, der nunmehr seine Materialien nicht mehr direkt ans Werk liefert, sondern zur Montage zum Modullieferanten. Das Modular Sourcing hat zur Abnahme der Mehrquellenversorgung und damit zu einer Zunahme der Einquellenversorgung (»Single Sourcing«) geführt. Die Zulassung eines Lieferanten erfolgt in einem Auditing durch ein Team des Abnehmers. Diese kontinuierliche Lieferantenbewertung gibt z. B. Aufschluss über die Entwicklung der Termin- und Qualitätszuverlässigkeit des Lieferanten.

Alternative Beschaffungsstrategien sind das **Dual Sourcing** (Bezug des Gutes bei zwei verschiedenen Lieferanten als Ausfallabsicherung) und das **Multi** (oder **Multiple) Sourcing** (Pflege eines Netzes unterschiedlicher Lieferanten für ein- und dasselbe Gut mit möglichen Kostenvorteilen durch Ausnutzung des Wettbewerbs zwischen den Anbietern). Werden dabei weltweit Einkaufsquellen genutzt, wird häufig von **Global Sourcing** gesprochen. Das Gegenteil ist **Local Sourcing** (auch **Domestic Sourcing**). Im Rahmen einer integrativen Materialwirtschaft kommt auch **Forward Sourcing** (Einbezug des Lieferanten bereits in die Produktplanung) in Betracht.

Im Rahmen einer Versorgungskonzeption ist zunächst zu überlegen, für welchen Zeitraum welche Materialien beschafft werden sollen. Aus Gründen der Reduktion der Kapitalbindung kann es vorteilhaft sein, die Materialien erst kurz vor ihrem Bedarf zu beschaffen, dieses Vorgehen kann aber Risiken in sich bergen. Zum einen ist eine termingerechte Bereitstellung der Güter notwendig, zum anderen bieten größere Mengengerüste andere Konditionen als kleinere Bestellmengen.

Prinzipiell bieten sich dem Unternehmen verschiedene Möglichkeiten von Versorgungskonzepten, die auch nebeneinander zum Einsatz kommen können. Im Rückgriff auf die ABC Analyse in ihrer Kombination mit der XYZ-Analyse ist es durchaus möglich, die ABC Materialien mit unterschiedlichen Versorgungskonzeptionen zu bewirtschaften, auf die bereits teilweise im Rahmen der **Bestandsplanung** im Abschnitt 4.5.1.4.1.1 eingegangen wurde.

### 4.5.2.1.1  Produktionssynchrone Anlieferung

Bei der produktionssynchronen Anlieferung handelt es sich um eine Mischung aus Vorrats- und Einzelbeschaffung. Zum einen beschafft das Unternehmen in Abstimmung mit der Fertigung und zum anderen werden größere Mengen durch Rahmenlieferverträge beschafft bzw. abgesichert, so dass eine kostenoptimale Beschaffung ermöglicht wird. Eine heute gängige Form ist die **Just-in-Time-Anlieferung.**

Grundidee der Just-in-Time-Anlieferung ist die Anpassung der Kapazitäts- und Materialbedarfsplanung an die sich kurzfristig ändernde Auftragssituation. Das Ziel des Just-in-Time-Systems, das noch ausführlicher in Abschnitt 4.6.2.4.1 dargestellt wird, ist es, in allen Fertigungsstufen eine Produktion auf Abruf zu gestalten, um so den Materialbestand zu senken und doch eine genaue Termineinhaltung zu gewährleisten.

Im Fall eines **Konsignationslagers** wird der Materialfluss in einer Art Selbstbedienung, vergleichbar mit dem Prinzip in SB-Märkten, organisiert. Der Artikel wird dem Regal entnommen, die Entnahmelücke wird bemerkt und aufgefüllt. Hierzu muss die Fertigung allerdings in verflochtene Regelkreise eingeteilt werden, die eine entsprechende Steuerung des Materialflusses ermöglichen. Die Vorteile dieses Systems liegen in den relativ geringen Zins- und Lagerkosten bei minimaler Kapitalbindung. Die Abwälzung der Verantwortung für die Bereitstellung der Materialien nach Art, Menge und Qualität zum Fertigungszeitpunkt auf den Lieferanten setzt eine starke Nachfragemacht des Käufers voraus und wird nur dann gesichert sein, wenn auch der Lieferant aufgrund gesicherter Abnahme zu Kosteneinsparungen kommt. Allerdings setzt dieses Beschaffungssystem eine Massenfertigung oder Großserienfertigung voraus.

Dieses betriebswirtschaftliche Verfahren kann jedoch mit einer ökologischen und ökonomischen Sicht der Dinge in einen Zielkonflikt geraten, verursacht es doch möglicherweise ein höheres Verkehrsaufkommen, was wiederum zu höheren Umweltschutzkosten führt, die auch volkswirtschaftlich wirksam sind. Getroffene Umweltschutzmaßnahmen können dann den Kostenvorteil des Just-in-Time-Verfahrens aufzehren.

Im Falle der Anlieferung werden die Lieferverträge zumeist durch hohe **Konventionalstrafen** abgesichert, die z. B. fällig werden, wenn der Lieferant zu bestimmten Zeiten nicht liefert, bei Nichtlieferung nach Abruf innerhalb einer zuvor bestimmten Frist oder aber bei fehlerhafter Lieferung: Denn diese Nicht- oder Schlechterfüllung der Belieferung kann zum Erliegen der Produktion des beschaffenden Unternehmens führen und damit nicht unerhebliche Kosten verursachen!

Für den Einsatz einer fertigungssynchronen Beschaffung sollte, wie gesagt, eine Großserien- oder Massenfertigung vorliegen und das beschaffende Unternehmen sollte über eine ausreichende Nachfragemacht verfügen, um angemessenen Lieferverträge aushandeln zu können.

### 4.5.2.1.2  C-Teile-Management

Bereits in Abschnitt 4.3.2.3.5 wurde darauf hingewiesen, dass A-, B- und C-Güter eine unterschiedliche Aufmerksamkeit erfahren sollten. Hieraus darf aber nicht geschlossen werden, dass die Material-, Materialbeschaffungs- und Materialbewirtschaftungskosten von C-Gütern vollkommen vernachlässigt werden dürfen. Die entsprechenden Maßnahmen des C-Güter-Managements wurden bereits an angegebener Stelle dargestellt.

### 4.5.2.1.3  E-Commerce/E-Logistic

Eine Auswahl geeigneter Beschaffungs- und Logistikpartner betrifft nicht nur die Festlegung eines Global Sourcing oder Single Sourcing, sondern auch die Aspekte möglicher

Beschaffungswege. Eine Bezugsquelle am Verbrauchsort, losgelöst von einem direkten oder indirekten Bezug, erscheint am günstigsten.

Darüber hinaus entscheiden in einer Wahlsituation aber auch die Materialart (hinsichtlich Norm- oder Spezialteilen), Qualitätskonstanz, Rabatte und Transportkosten über die Wahl der geeigneten Beschaffungspartner.

Als unterstützendes Instrument können bei der (Aus-)Wahl von Beschaffungs- und Logistikpartnern auch die Möglichkeiten, die das Internet bietet, eingesetzt werden. In diesem Zusammenhang sind etwa Newsgroups, Chatrooms oder E-Boards zu nennen.

Im Rahmen einer »integrierten Materialwirtschaft« (vgl. auch »Supply Chain Management«, Abschn. 4.6) kommt ein internetbasierter elektronischer Datenaustausch (EDI, vgl. Lehrbuch 3, Abschn. 19.2.1.1) bzw. der Einbezug von Lieferanten über Intranet in Betracht.

Neue Möglichkeiten eröffnet der immer stärker zunehmende Einsatz von **RFID-Chips,** die in ihrer passiven und aktiven Ausführung logistische Daten senden oder aber auch empfangen können – und dies in einem wesentlich größeren Umfang und in einer höheren Geschwindigkeit als dies bisher mit konventionellen Barcodes möglich ist. Durch den Einsatz dieser Technologie können nun vielfältigere und präzisere logistische Parameter ausgetauscht werden, die den Warenfluss inner- wie außerbetrieblich beschleunigen und somit auch logistisch relevante Kostengrößen positiv beeinflussen.

### 4.5.2.2　Produktionslogistik

Die Produktionslogistik ist für den innerbetrieblichen Materialtransport, dessen materialflussgerechte Fabrikinfrastruktur und letztendlich für die Planung und Steuerung der Fertigung zuständig.

Im Rahmen der »integrierten Materialwirtschaft« hat hier in vielen Betrieben eine Veränderung in der Kompetenzstruktur stattgefunden:

Das integrierte Konzept der Bewirtschaftung der Materialien stellt einen ganzheitlichen Ansatz dar, der nicht nur die externe Beschaffung und die Lagerhaltung der extern beschafften Materialien, sondern auch die Koordination des innerbetrieblichen Materialflusses zur Fertigung und die Steuerung der Auslieferung von Fertigerzeugnissen an den Kunden umfasst. Dies erfolgt vor den Hintergrund der jeweiligen Produktionsart und -organisation.

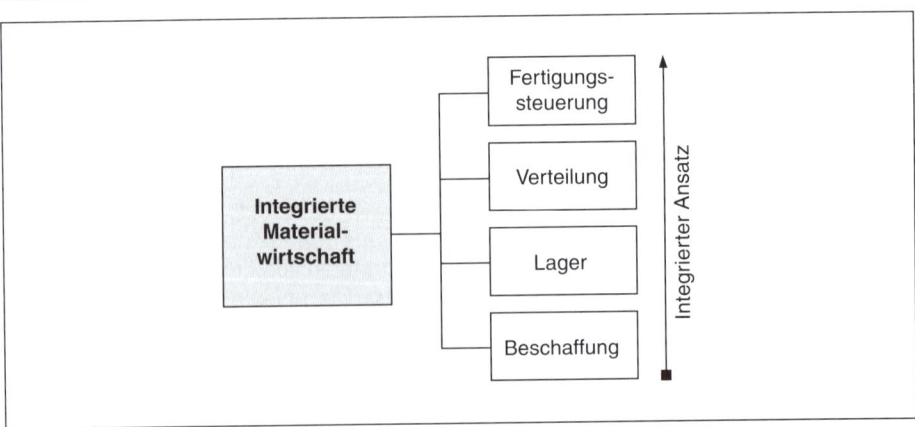

Integrierte Materialwirtschaft

Die Fertigungssteuerung, die nunmehr zum Kompetenzbereich der Materialwirtschaft gehört, koordiniert die Auslastung der Produktion mit den jeweiligen Absatz- und Beschaffungsmöglichkeiten. Damit sorgt die Produktionslogistik für eine optimale Nutzung der Kapazitäten. Die Fertigung kann sich optimal auf den Fertigungsprozess konzentrieren; der Absatzbereich wird entlastet zugunsten einer verstärkten Hinwendung zu Aufgabenkomplexen wie Kundengewinnung, -pflege- und -entwicklung.

## 4.5.2.2.1   Verpackung

Die Verordnung über die Vermeidung von Verpackungsabfällen **(Verpackungsverordnung)** verfolgt zwei Hauptziele:

– Zum einen sind Verpackungen aus umweltverträglichen Materialien herzustellen sowie aus solchen, die die stoffliche Verwertung nicht belasten.

– Das zweite Ziel ist die Vermeidung von Abfällen, indem Verpackungen nach Volumen und Gewicht auf ein zum Schutze des Füllgutes notwendiges Maß beschränkt werden. Verpackungen müssen so beschaffen sein, dass sie, soweit dies technisch möglich und zumutbar ist, wiederbefüllt werden können. Sofern eine Wiederbefüllung nicht möglich ist, sollen die Verpackungen stofflich verwertbar sein.

Der Anwendungsbereich dieser Verordnung erstreckt sich auf alle, die gewerbsmäßig oder im Rahmen wirtschaftlicher Unternehmen oder als öffentliche Einrichtung Verpackungen oder solche Erzeugnisse herstellen, aus denen unmittelbar Verpackungen hergestellt werden, und generell auf alle, die Ware in Verpackungen in Verkehr bringen (vgl. ausführlich Abschn. 8.2.2.1.3).

Verpackungen im Sinn dieser Verordnung sind u. a.

– Transportverpackungen, z. B. Fässer, Kanister, Kisten, Paletten;
– Verkaufsverpackungen, wie Becher, Beutel, Dosen, Eimer;
– Umverpackungen, wie Folien, Kartonagen;
– Getränkeverpackungen.

### 4.5.2.2.1.1   Grundlagen und Bedeutung

Verpackung kann definiert werden als die lösbare Umhüllung eines Packgutes, um dieses zu schützen oder um andere Funktionen zu erfüllen. Das Verpackungssystem setzt sich aus dem Packgut, der Verpackung und dem Verpackungsprozess zusammen. Die Verpackung selbst stellt dabei eine Einheit aus Packmittel, Packstoff und Packhilfsmittel dar (DIN 55405). Dabei ist der **Packstoff** der Werkstoff, aus dem die Verpackung hergestellt ist, das **Packmittel** umschließt das Packgut oder hält es zusammen. Der Begriff der **Packhilfsmittel** ist ein Sammelbegriff; hierzu zählen alle Mittel, die zum Verpacken, Verschließen oder Versenden des Packgutes dienen.

Die Verpackung dient verschiedenen Funktionen, wie auch die nachfolgende Abbildung noch veranschaulichen wird:

Von der **Produktionsfunktion** der Verpackung wird gesprochen, wenn direkt aus der Verpackung produziert werden sowie im umgekehrten Fall in die Verpackung produziert werden kann. Dies minimiert Umschlagvorgänge und reduziert Zwischenlager.

Im Rahmen der **Marketingfunktion** dient die Verpackung als Werbeträger. Die **Verwendungsfunktion** dient der Wiederverwendung der Verpackung für denselben Zweck. Dies bedingt ein Rückführsystem der wieder verwendbaren Verpackung zwischen den Lieferanten und dem Kunden. Die Verwendungsfunktion beinhaltet auch eine möglichst umweltfreundliche Beseitigung des Materials.

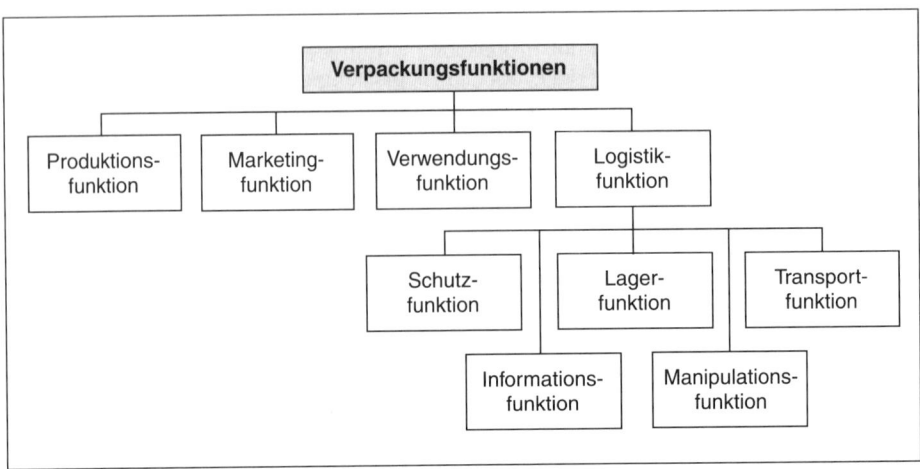

Verpackungsfunktionen

Im folgenden Abschnitt soll auf die Logistikfunktionen von Verpackungen gesondert eingegangen werden.

### 4.5.2.2.1.2  Logistikfunktionen von Verpackungen

Die Verpackung soll dazu beitragen, Logistikprozesse zu unterstützen bzw. zu ermöglichen.

Sie dient außerdem verschiedenen Logistikfunktionen: der Schutzfunktion, der Lagerfunktion, der Transportfunktion, der Manipulationsfunktion und der Informationsfunktion.

– Die **Schutzfunktion** der Verpackung richtet sich in qualitativer Hinsicht auf den Schutz des Packgutes gegen mechanische oder klimatische Einwirkungen, in quantitativer Hinsicht auf den Schutz des Packgutes vor Verlust oder Diebstahl. Darüber hinaus dient die Verpackung auch dem Schutz der Umgebung vor dem Packgut.

– Die **Lagerfunktion** besteht in der Erleichterung der Lagerung von Packgütern. Dies setzt voraus, dass die Verpackung eine Stapelfähigkeit unterstützt und somit zur besseren Raumnutzung beiträgt. Hierzu gehört auch die Abstimmung der Abmessungen der Verpackungen mit denen der Lagerbehälter und -einrichtungen.

– In der **Transportfunktion** übernimmt die Verpackung die Aufgabe, die Güter transportfähig zu machen. Dies geschieht mittels standardisierter Abmessungen des zu transportierenden Gutes.

– **Manipulationen** finden häufig zwischen Lager- und Transportvorgängen eines Gutes statt, sodass die Verpackung und die Bildung von Verpackungseinheiten auch unter Berücksichtigung der Lager- und Transportfunktion zu erfolgen hat. Durch die Verpackung sollen die Güter zu Einheiten zusammengefasst werden, die eine erleichternde Handhabung bei der Lieferung zulassen.

– Die **Informationsfunktion** gewinnt vor dem Hintergrund der Auftragszusammenstellung sowie der Handhabung von Gütern an Bedeutung. Eine leichte Identifikation der Güter, z. B. durch Farben, erleichtert eine Auftragszusammenstellung. Piktogramme weisen auf die Zerbrechlichkeit oder Verderblichkeit von Gütern hin, die eine besondere Behandlung erfordern. Darüber hinaus ermöglichen geeignete Informationen, wie zum Beispiel Barcodes, die Automatisierung von Transport- und Umschlagsprozessen.

### 4.5.2.2.1.3  Verpackungstechnik

Die Gesamtheit aller notwendigen Arbeitsschritte zum Verpacken eines Gutes stellt der Verpackungsprozess dar. Er beginnt bei der Zuführung des leeren Verpackungsmaterials und des zu verpackenden Gutes zum Verpackungsort und führt über die verschiedenen Stufen des sich anschließenden Verpackungsvorganges, bis zum Etikettieren und abschließendem Bereitstellen zum Abtransport.

Der Einsatz von **Verpackungsmaschinen,** wie zum Beispiel einer Komponente zum Aufstellen der Verpackung oder einer Maschine zum Befüllen und anschließendem Verschließen der Verpackung, hängt sowohl von der Beschaffenheit des Packgutes und deren Menge als auch von den Formen und Maßen der Verpackung ab. Vollautomatisierte Verpackungsprozesse bedingen häufig geringe Toleranzen in Form und Abmessung der Verpackung, wie z. B. im Brief- oder Containerverkehr.

Verschiedene Verpackungsinhalte bedingen unterschiedliche **Verpackungsarten.** Die kleinste Verpackungseinheit ist die Einzelpackung; sie umschließt das Packgut direkt. Werden größere Mengen eines bestimmten Gutes zum Versand vorbereitet, kann die Sammelpackung eingesetzt werden. Die Versandpackung umschließt wiederum verschiedene Einzel- und/oder Sammelpackungen.

**Packmittel** und **Packstoffe** haben durch ihre Eigenschaften einen Einfluss auf den Verpackungsprozess und somit auf das logistische System. So beeinflusst z. B. die Reißfestigkeit eines Packstoffes die Einsatzmöglichkeiten von Verpackungsmaschinen im Verpackungsprozess. Einheitliche Formen und Maße des Packmittels tragen zur Beschleunigung von Verpackungs-, Transport-, und Lagerprozessen bei, indem sie die Bildung logischer Einheiten wie Faltkisten, Behälter oder Paletten ermöglichen.

## 4.5.2.3  Absatz- und Distributionslogistik

Der Aufgabenbereich des Teilbereiches Absatz- und Distributionslogistik bezieht sich im Wesentlichen auf das **Fertigwarenlager** und den Vertrieb der sich dort befindlichen Waren bzw. Güter.

Die Aufgaben der Logistik im Rahmen des Fertigwarenlagers reichen von der Übernahme des Erzeugnisses aus der Produktion, dessen Zwischen- oder Einlagerung, der Bestandsüberwachung, Kommissionierung, Verpackung, bis hin zur Transportplanung und Versandabwicklung.

**Vertriebslogistische Tätigkeiten** richten sich neben der Kundenakquisition und Auftragsabwicklung und den daraus resultierenden Pre- und After-Sales-Aktivitäten auch auf Bedarfsmeldungen sowie auf die Planung und Prognose des Absatzes.

## 4.5.2.4  Entsorgung

Mit der Planung der Lieferanten und deren Auswahl ist auch die Planung der Materialentsorgung verbunden.

Die Notwendigkeit einer ökologischen Beschaffungsstrategie erwächst nicht nur aus ethischen oder moralischen Gründen, sondern auch aus gesetzlichen Bestimmungen. Dabei gilt die Priorität der **Abfallvermeidung.** Dies bedeutet, dass nicht nur von vornherein möglichst wenig Abfall zu »produzieren« ist, sondern auch Reststoffe in den Wirtschaftskreislauf zurückzuführen und aus Abfällen möglichst viele Reststoffe zu recyceln sind.

Bezüglich der Umweltanforderungen wird auf die Ausführungen in Kapitel 8 verwiesen.

# 4.5.2.5    Transport

In den voranstehenden Abschnitten 4.5.1.1 und 4.5.1.6 wurden innerbetriebliche und externe Transporte bereits vorrangig auf die mit ihnen einhergehenden Kosten untersucht. Zugleich wurden dort teilweise schon Transportmittel vorgestellt.

Diese Ausführungen sollen an dieser Stelle ergänzt und vertieft werden, wobei hier die **Wahl des Transportmittels** im Vordergrund stehen soll.

Für ein gegebenes Transportproblem ist die Frage nach dem günstigsten Transportprozess sowie dem günstigsten Transportmittel zu beantworten.

Die wesentlichen Entscheidungen betreffen die optimale Beladung eines Transportmittels und den kürzesten Weg zwischen einem Liefer- und Empfangspunkt bzw. die optimale Gesamtroute für die Belieferung mehrerer Empfangspunkte.

## 4.5.2.5.1    Wahl der Verkehrs- und Transportmittel

Die Frage nach dem günstigsten Transportmittel betrifft die Auswahl der Transportmittel, mit denen Güter befördert werden sollen; nachfolgend einige Aspekte zur Wahl des geeigneten Verkehrsmittels.

### 4.5.2.5.1.1    Kriterien der Transportmittelwahl

Um Gütertransporte schnell, sicher und dennoch kostengünstig abzuwickeln, bedarf es, je nach Entfernung und Transportweg, einer Vielzahl von Unternehmen.

Die Planung und Überwachung des Transports sowie das Verpacken, Lagern, Umschlagen und Abfertigen der Güter zählen zum Tätigkeitsspektrum des Spediteurs (§§ 453 ff HGB), während der eigentliche Transport durch Frachtführer oder Verfrachter (§ 407 ff HGB) besorgt wird.

Im Folgenden werden Begriffe, Personen und Institutionen aus dem und um das Transportwesen erläutert, ohne die Transport nicht funktioniert.

**Beförderungsbedingungen**

Für eine Beförderung von Gütern kommen verschiedene Alternativen in Betracht:

– Einsatz eigener Fahrzeuge,
– Einsatz von Beförderungsunternehmen,
– Einschaltung von Spediteuren.

Vor Versand der Güter müssen geeignete Verkehrswege, Verkehrsträger und Verkehrsmittel ausgewählt werden. Mit dem Verkehrsbetrieb, Spediteur oder Frachtführer sind entsprechende Verträge abzuschließen und die notwendigen Transportpapiere auszustellen. Dies alles erfolgt unter Beachtung und Abwägung der Kosten.

**Transportkosten**

Zu den Transportkosten zählen

– die Kosten für die Beschaffung des periodischen und aperiodischen Bedarfs an Halb- und Fertigprodukten sowie der sekundären und tertiären Bedarfe,

– die Kosten der Bereitstellung der Materialien durch das Lager sowie

– die Kosten der Bereithaltung und des Einsatzes der Transportgeräte zuzüglich der Kosten für die Inanspruchnahme eines Fremdbezugs von Transportleistungen.

Hinzu kommen die Kosten der Kapitalbindung.

Wird eine Verringerung der Lagerbestände angestrebt, ohne dabei den Servicegrad zu reduzieren, kann dies nur über schnellere bzw. häufigere Transporte geschehen. Dies bedeutet, dass sich die Transportkosten unterhalb der Lager- und Kapitalbindungskosten befinden sollten. Die Abbildung setzt die Lager- und Transportkosten und die Liefermenge zueinander in Beziehung. Die optimale Liefermenge ist nach diesem Modell dort zu sehen, wo die Gesamtkosten aus Lager- und Transportkosten ihr **Minimum** erreichen.

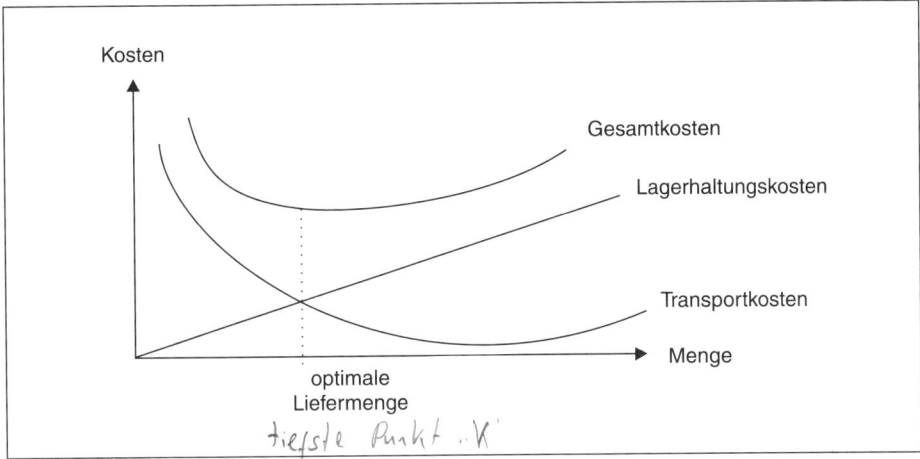

Optimale Liefermenge

Wirtschaftlichkeit und Nutzungsgrad des Werkverkehrs können anhand folgender Kennzahlen überwacht werden:

Einsatzgrad = Einsatzzeit/Arbeitszeit

Ausfallgrad = Stillstandszeit/Einsatzzeit

Nutzungsgrad = Transportierte Menge/Transportkapazität

**Spediteur, Frachtführer und andere**

Der **Spediteur** als fremdnütziger Geschäftsbesorger ist verpflichtet, die Versendung des Gutes zu besorgen (§ 453 Abs. 1 IIGB). Daneben umfasst die Verpflichtung die Bestimmung des Beförderungsmittels, des Beförderungsweges, die Auswahl der ausführenden Unternehmen sowie die Anspruchssicherung (§ 454 Abs. 1 HGB). Die weiteren spediteurstypischen Organisations- und Tätigkeitspflichten, wie etwa die Verpackung, die Versicherung, Kennzeichnung und zollrechtliche Behandlung können hinzutreten, sofern diese gesondert vereinbart wurden (§ 454 Abs. 2 HGB). Da der Spediteur im minimalen Leistungspaket den Transport des zu versendenden Gutes nur organisieren muss, diesen jedoch nicht selbst durchführt, haftet er für die Auswahl des ausführenden Unternehmers. Zu den Pflichten des Spediteurs zählt ferner die Ausführung sonstiger vereinbarter, auf die Beförderung bezogener Leistungen.

**Frachtführer** ist der vom Absender gewerblich beauftragte Beförderer von Gütern (§ 407 HGB). Wird die Beförderung ganz oder teilweise durch einen Dritten ausgeführt, wird vom ausführenden Frachtführer gesprochen. Er haftet für etwaige Schäden, Verluste oder Lieferfristüberschreitungen des Transportgutes während seiner Tätigkeit in gleicherweise wie der Frachtführer. Diese Regelung ermöglicht einem Geschädigten die wahlweise Inanspruchnahme des Frachtführers oder Unterfrachtführers (vgl. § 442 HGB).

Die **Haftung** des Frachtführers wird durch die §§ 425 ff HGB geregelt. Danach haftete er verschuldensunabhängig für Güter- und Verspätungsschäden sowie für einen eingetretenen Vermögensschaden im Sinne einer Obhutshaftung. Der Absender muss in diesem Fall dem Frachtführer also kein schuldhaftes Verhalten nachweisen, es sei denn, es »hat bei der Entstehung des Schadens ein Verhalten des Absenders oder Empfängers oder ein besonderer Mangel des Gutes mitgewirkt«. In besonderen Fällen haftet der **Absender** verschuldensunabhängig (§ 414 HGB), beispielsweise für unrichtige oder unvollständige Angaben im Frachtbrief oder bei ungenügender Verpackung oder Kennzeichnung des Gutes (z. B. bei Versendung gefährlicher Güter – §455 Abs. 1 HGB).

**Handelsmakler** ist diejenige Person, die gewerbsmäßig die Vermittlung von Verträger über Gegenstände des Handelsverkehrs übernimmt, ohne dabei in einem ständigen Vertragsverhältnis zu seinem Auftraggeber zu stehen, § 93 HGB. Im Transportwesen gibt es Schiffsmakler, die unter anderem die Vermittlung von Schiffsladeraum vertreiben. Der Handelsmakler unterliegt einer besonderen Sorgfaltspflicht gegenüber den Interessen beider Parteien und haftet ihnen für den durch sein Verschulden entstandenen Schaden.

**Handelsvertreter** hingegen sind selbstständige Gewerbetreibende, die ständig für einen anderen Unternehmer Geschäfte vermitteln, im Sinne eines Vermittlungsvertreters, oder in dessen Namen Geschäfte abschließen, im Sinne eines Abschlussvertreters, §§ 84 ff. HGB. Dies kann zum Beispiel im Rahmen einer Transportversicherung oder eines Frachtvertrages geschehen.

Bei der Auswahl geeigneter Verkehrswege, Verkehrsträger und Verkehrsmittel sind drei Merkmale maßgeblich, gleichviel durch wen oder auf wessen Geheiß transportiert wird:

– Die zu transportierenden Güter nach deren Art, Gewicht und Volumen,
– die Dringlichkeit der Sendung,
– die Entfernung zum Empfänger.

Der globale Warenverkehr hat zur Kooperation der Verkehrsträger geführt. Dadurch wird der Warenfluss beschleunigt, und mögliche Schadensquellen werden weitgehend minimiert. So werden beispielsweise Lkw-Trailer auf Spezialwaggons der Bahn befördert, wodurch der Transport beschleunigt wird, da z. B. Lenkzeitunterbrechungen entfallen, die Kosten gesenkt und mögliche Schäden reduziert werden.

### International commercial terms (INCOTERMS®)

In Abschnitt 4.4.10.1 wurde bereits auf die internationalen Regeln für die einheitliche Auslegung von Vertragsklauseln im grenzüberschreitenden Handelsverkehr hingewiesen. Diese Klauseln können nach ihrer Anwendbarkeit auf bestimmte **Transportarten in 2 Gruppen** und nach der Art der **Abwicklung des Transports in 4 Gruppen** unterschieden werden.

Gruppe I:  Klauseln, die für alle Transportmittel und -wege (Land, Wasser, Luft oder multimodal, also auf mehr als einem Transportweg) gelten:

EXW, FCA, CPT, CIP, DAP, DAT, DDP

Gruppe II:  Klauseln, die nur für den Schiffstransport (See- oder Binnenschifffahrt) gelten:

FAS, FOB, CFR, CIF

Die Unterscheidung nach der Transportabwicklung ergibt sich aus dem Anfangsbuchstaben der Klausel:

Gruppe E:  Abholklausel; umfasst nur die Klausel EXW

Gruppe F:  Absendeklauseln, bei denen der Verkäufer die Kosten für den Haupttransport nicht übernimmt

Gruppe C:  Absendeklauseln mit Übernahme der Haupttransportkosten durch den Verkäufer

Gruppe D:  Ankunftsklauseln

Nachfolgend sollen einige dieser Regeln näher erläutert werden.

| | |
|---|---|
| **EXW** | **Ex Works/ab Werk**<br>Der Verkäufer erfüllt seine Lieferverpflichtung, indem er die Ware in seinem Werk/Lager oder einem sonstigen benannten Lieferort zur Abholung bereitstellt. Dort erfolgt der Gefahren- und Kostenübergang auf den Käufer. |
| **FCA** | **Free Carrier/frei Frachtführer**<br>Der Verkäufer hat die Ware der vom Käufer benannten Person (i.d.R. Frachtführer) zu einem vertraglich bestimmten Ort zu liefern. Dort gehen Gefahr und Kosten auf den Käufer über. |
| **CIF** | **Cost, Insurance and Freight/Kosten, Versicherung und Fracht**<br>Schiffsverkehrklausel, wobei der Verkäufer die Ware an Bord des Schiffes liefert und sowohl die Kosten des Transports als auch der Transportversicherung (mind. 110 % des Kaufpreises) und der Ausfuhrabwicklung trägt. Der Gefahrenübergang erfolgt an Bord des Schiffes (und nicht, wie nach Incoterms 2000, an der Reling). |
| **DAP** | **Delivered At Place/geliefert benannter Bestimmungsort**<br>Der Verkäufer erfüllt seine Lieferpflicht durch Bereitstellung der Ware zur Entladung am benannten Bestimmungsort. Bis dahin trägt er Kosten und Gefahren. |
| **DAT** | **Delivered At Terminal/Geliefert Terminal**<br>Der Verkäufer stellt dem Käufer die Ware entladen am vereinbarten Terminal (Kai, Lager, Depot...) zur Verfügung. Bis dahin trägt er Kosten und Gefahren. |
| **DDP** | **Delivered Duty Paid/Geliefert verzollt**<br>Der Verkäufer liefert, indem er die Ware entladebereit am Bestimmungsort bereitstellt. Bis dahin trägt er alle Kosten, auch der Aus- und Einfuhrabwicklung, und Gefahren. |

INCOTERMS® (Auszug)

Ausführliche Erklärungen aller Regeln bei der Internationalen Handelskammer ICC Deutschland e.V. sowie den Industrie- und Handelskammern – auch im Internet.

### Gefahrgutverordnung

Unter Gefahrgütern versteht man Stoffe und Gegenstände, bei deren unkontrolliertem Entweichen eine Gefahr für Mensch und Umwelt (z. B. in Form von Verätzungen oder Vergiftungen bei entwichenen Gasen oder Chemikalien) entsteht. Beim Transport von gefährlichen Gütern gilt die **gesetzliche Kennzeichnungspflicht** der jeweiligen Gefahrgutklasse mit zusätzlichen Bildzeichen, um im Gefahrenfall spezifische Sofortmaßnahmen zu ermöglichen.

Für Gefahrgut im Sinne der Verordnung über die innerstaatliche und grenzüberschreitende Beförderung gefährlicher Güter auf der Straße und mit der Eisenbahn gelten das **Zusammenpackverbot, Zusammenladeverbot** sowie **Zulade-Mengengrenzen**. Die »Gefahrgutverordnungen« regeln Art und Umfang der Verpackung sowie Stabilität, Verschluss und Abschluss. Jeder Sendung müssen griffbereit entsprechende Unfallmerkblätter beigefügt werden, um im Gefahrenfall Sofortmaßnahmen einleiten zu können. Die Verantwortung für eine richtige Kennzeichnung trägt der Absender. Die **Gefahrgutklassen:**

| Klasse | Gefahrgut |
|---|---|
| 1 | Explosive Stoffe |
| 2 | Verdichtete, verflüssigte oder unter Druck gelöste Gase |
| 3 | Entzündbare Flüssigkeiten |
| 4 | Entzündbare feste Stoffe und andere Stoffe |
| 5 | Entzündend wirkende Stoffe |
| 6 | Giftige und ansteckende Stoffe |
| 7 | Radioaktive Stoffe |
| 8 | Ätzende Stoffe |
| 9 | Verschiedene |

## 4.5.2.5.1.2 Güterverkehrssysteme

Die folgende Abbildung veranschaulicht das Güterverkehrssystem. Dabei werden zunächst die Medien und die Transportmittel unterschieden. Die Untergliederung der Transportmittel erfolgt dann nach organisatorischen Kriterien, wie gewerblicher Straßengüterverkehr oder Werkverkehr und nach technischen Merkmalen, wie Motor- oder Schleppschifffahrt.

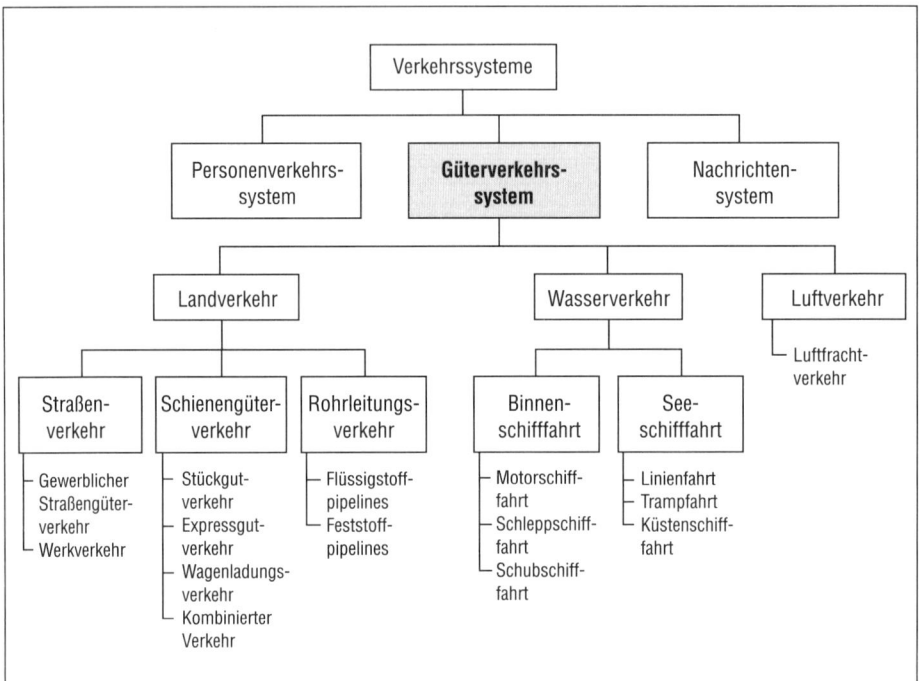

Güterverkehrssystem

**Straßengüterverkehr**

Der Straßengüterkraftverkehr mit Kraftfahrzeugen wird durch das Güterkraftverkehrsgesetz (GüKG) geregelt.

Das GüKG definiert den Güterkraftverkehr als die geschäftsmäßige oder entgeltliche Beförderung von Gütern mit Kraftfahrzeugen, die einschließlich Anhänger ein höheres Gesamtgewicht als 3,5 Tonnen haben (§ 1 Abs. 1 GüKG).

Ausgenommen von dieser Bestimmung ist die nicht gewerbsmäßige Beförderung z. B. durch Vereine (§ 2 GüKG). Wer im gewerblichen Güterverkehr tätig sein will braucht eine Erlaubnis. Diese Erlaubnis wird dem Unternehmer, der seinen Sitz im Inland hat, für die Dauer von fünf Jahren erteilt, sofern er zuverlässig und fachlich geeignet und die finanzielle Leistungsfähigkeit des Unternehmens gewährleistet ist.

Der Unternehmer ist zum Abschluss einer Haftpflichtversicherung für etwaige Güterschäden (§ 7a GüKG). Darüber hinaus ist er für den Einsatz ordnungsgemäß Beschäftigter verantwortlich (§ 7b GüKG).

Für den **grenzüberschreitenden** Straßengüterkraftverkehr gilt das **CMR** (Übereinkommen über den Beförderungsvertrag im internationalen Straßenverkehr) in der letzten geänderten Fassung von 1980, ergänzt durch verschiedene Genehmigungen, wie z. B.:

– Die Gemeinschaftslizenz der EU (berechtigt allerdings nicht zum Transport in Drittländer),

– Genehmigung eines multilateralen Kontingents im internationalen Straßengüterverkehr (CEMT-Genehmigungen),

– Drittstaatengenehmigung bzw. Genehmigungen bei bilateralen Verkehrsabkommen.

Die tarifäre Ausgestaltung im gewerblichen Gütertransport richtet sich nach Art, Größe und Umfang des zu transportierenden Gutes.

### Transport gefährlicher Güter im Straßengüterverkehr

Generell darf Gefahrgut nur dann mit dem Lkw befördert werden, wenn die für **das einzelne Gut** geltenden Sicherheitsbestimmungen eingehalten werden.

Verantwortlich für die Einhaltung der Vorschriften ist praktisch jeder Beteiligte, der Frachtführer oder Verfrachter, der Absender, der Verlader, der Fahrzeugführer sowie der Auftraggeber. Der Transport gefährlicher Güter im Güterkraftverkehr wird von einer Vielzahl von Gesetzen und Verordnungen geregelt.

Eine beispielhafte Aufzählung:

– Gefahrgutbeförderungsgesetz (GGBefG) sowie die Änderung hierzu (GGbefÄndG);

– Verordnung über die innerstaatliche und grenzüberschreitende Beförderung gefährlicher Güter auf Straßen (GGVS);

– Europäisches Übereinkommen über die internationale Beförderung gefährlicher Güter auf der Straße (ADR);

– Gesetz über explosionsgefährliche Stoffe.

### Schienengüterverkehr

Durch die erfolgte Bahnreform wurde die ehemalige Bundesbahn, jetzt Deutsche Bahn AG, schrittweise dereguliert.

Weggefallen ist z. B. die Genehmigungspflicht für Beförderungsbedingungen (Aufhebung §6 EVO) sowie die Beförderungspflicht. Lediglich die Beförderung im Schienenpersonenverkehr und die dort zur Anwendung kommenden Beförderungsbedingungen unterliegen einer Genehmigungspflicht (§12 AEG – Allgemeines Eisenbahngesetz).

Bis auf wenige Ausnahmen ist das gesamte Gütertransportrecht der Eisenbahn in das Landfrachtrecht des HGB eingestellt worden. Neben der freien Vereinbarung des Inhaltes des Beförderungsvertrages ist die Haftung allerdings begrenzt. Sie beträgt 8,33 Rechnungseinheiten für jedes Kilogramm Rohgewicht der Sendung (§ 431 HGB).

Die Vorschriften hinsichtlich der Verpackung und der Kennzeichnung über Gefahren- und Unfallmerkzettel sowie über Vermerke im Beförderungspapier oder Vorgaben für Beförderungsmittel sind in der Anlage der Gefahrengutverordnung Eisenbahn (GGVE) festgelegt. Der Inhalt von Unfallmerkblättern für Gefahrgut umfasst die Bezeichnung des gefährlichen Gutes, die Art der Gefahr, erforderliche Sicherheitsmaßnahmen sowie Maßnahmen für Mensch, Umwelt und Material im Falle eines Unfalls.

Der europäische internationale Eisenbahngüterverkehr wird durch ein zwischenstaatliches Abkommen **CIM** (Convention internationale concernant le transport des merchandies) geregelt. Danach sind alle Teilnehmerstaaten verpflichtet, gegenseitig Güter zu befördern. Die Versandpapiere umfassen einen internationalen Frachtbrief, der mindestens in zwei Sprachen gehalten sein muss, von denen eine Arbeitssprache der Organisation ist.

Der globale Warenverkehr hat zur Kooperation der Verkehrsträger geführt, die den Warenfluss beschleunigt und mögliche Schadensquellen weitgehend minimiert. So werden z. B. LKW-Trailer auf Spezialwaggons der Bahn befördert, wodurch der Transport beschleunigt wird, indem Lenkzeitunterbrechungen entfallen, ferner die Kosten gesenkt und mögliche Schäden reduziert werden.

Als Wagenladungsmittel werden neben Containern beispielsweise Paletten, Collico, Stückfrachtboxen und Logistikboxen eingesetzt.

**Container** sind stabile, kranbare Transportbehälter, die sowohl auf Schiffen, Bahnen und LKW als auch im kombinierten Verkehr verladen und wiederholt verwendet werden können. Sie bieten einen geschützten Laderaum, der sich auch für empfindliche Stückgüter eignet. Transportrisiken und Verpackungskosten lassen sich durch ihren Einsatz mindern. Weitere Vorteile im Containerverkehr sind schnelle Be- und Entladung, Stapelbarkeit sowie Frachtersparnis, da ein Rückversand häufig entfällt. Aufgrund dieser Vorteile wird der Container sowohl in direkten Transportketten als auch im multimodalen Verkehr des nationalen und internationalen Bereichs eingesetzt. Eine mögliche Systematisierung:

**Kleincontainer:**  Volumen $1 - 3$ m$^3$

**Mittelcontainer:**  Volumen $3 - 32$ m$^3$ (< 20 Fuß),
für Schiene und Straße mit besonderen Fahrzeugen

**Großcontainer:**  Volumen $33 - 86$ m$^3$ (20 $-$ 45 Fuß),
erfordern zum Umsetzen Spezialfahrzeuge, wie dies bei Containerterminals der Fall ist

### Paketdienste

Die Paketbeförderung wurde schrittweise dereguliert, sodass heute neben der Deutschen Post AG (DHL) eine Reihe weiterer privater Beförderungsdienste in diesem Sektor tätig ist. Die Beförderung wird zunehmend von der Schiene auf die Straße verlagert. Die Paketdienste befördern die Güter mit eigenen Verkehrsmitteln oder kooperieren mit verschiedenen Vertragsunternehmen.

Der Beförderer haftet für das zu versendende Gut, jedoch nur bis zu einer gewissen Höhe. Eine Höherversicherung ist möglich, die Kosten dafür ergeben sich aus dem entsprechenden Versicherungstarifen. Die Kosten der Beförderung selbst richten sich nach den jeweils gültigen Beförderungsentgelten.

### Luftfrachtverkehr

Besteht ein Bedarf an Luftfrachtbeförderung, so sind die limitierenden Faktoren die Tonnage sowie die Abmessungen des zu transportierenden Gutes; denn nicht jedes Beförderungsgut passt von den Abmessungen und vom Gewicht in ein Flugzeug. Das Be- und Entladen wird durch den Einsatz von Ladeeinheiten (**ULD** – Unit Load Devices) vereinfacht. Als Lademittel stehen z. B. Container in unterschiedlichen Größen und Arten zur Verfügung. Daneben können unterschiedliche Racks zum Transport von Autos oder Motorrädern sowie Paletten für Blumen oder Lebendvieh dienen.

Für den Einsatz von Luftfracht spricht natürlich die Geschwindigkeit des Transportes. Diese führt zu verkürzten Lieferzeiten und hilft somit Terminschwierigkeiten zu reduzieren. Ein anderer Vorteil liegt in der hohen Sicherheit von Lufttransporten und darin, dass die schonende Durchführung des Transportes zu geringen Versicherungsprämien führt. Die Güter werden geringeren Belastungen ausgesetzt, was zu einer Reduktion an Verpackungsmaterial führen kann. Dank sinkender Frachtraten und größerer Transportkapazitäten werden

Fracht-Carrier immer häufiger eingesetzt. Jedoch stehen der Geschwindigkeit und den damit verbundenen Vorteilen auch die vergleichsweise hohen Beförderungskosten und ökologischen Lasten des Luftfrachtverkehrs, die Beförderungseinschränkungen für gefährliche Güter sowie mögliche Probleme beim Transport sperriger Güter gegenüber.

Die internationalen rechtlichen Grundlagen des Luftfrachtverkehrs werden durch die IATA und durch die ICAO geregelt. Die **IATA** (International Air Transport Association) ist ein Zusammenschluss von Luftfahrtgesellschaften zur Vereinfachung der Durchführung und Überwachung von Flügen, von Beförderungsbedingungen und Tarifen. Die **ICAO** (International Civil Aviation Organisation)-Bestimmungen bilden eine Grundlage zur zwischenstaatlichen Abwicklung des Luftverkehrs und beinhalten z. B. das Recht, einen Vertragsstaat ohne Zwischenlandung zu überfliegen oder das Recht, aus nichtkommerziellen Gründen zwischenzulanden.

Das Beförderungsdokument ist, wie bei anderen Beförderungsarten auch, der Frachtbrief. Als Grundlage für die Luftfrachtberechnung dient der international gültige **TACT** (The Air Cargo Tarif). Der TACT gliedert sich in die Bereiche allgemeine Frachtraten, Warenklassenraten, Spezialraten, Behälter- und Palettentarife sowie besondere Tarife. Die Beförderung gefährlicher Güter wird auch durch die **IATA-DGR** (Dangerous Good Regulations) bestimmt.

### Binnenschifffahrt

Die Binnenschifffahrt vollzieht sich auf Flüssen, Seen und Kanälen. Sie erfolgt auf Motorschiffen und Motorschleppschiffen sowie auf Kähnen, die geschleppt oder geschoben werden. Sämtliche Binnenschiffe sind in einem Binnenregister eingetragen. Ein Auszug aus diesem Schiffsregister heißt Schiffsbrief. Im Rahmen der Binnenschifffahrt wird zwischen Stück-, Voll- und Raumverfrachtung unterschieden.

Der auf Verlangen auszustellende Frachtbrief wird in der Binnenschifffahrt als Ladeschein oder Konnossement bezeichnet (vgl. §§ 444 ff. HGB). Darin verpflichtet sich der Frachtführer, dem rechtmäßigen Besitzer das Transportgut auszuhändigen; er dient als Empfangsbescheinigung durch den Frachtführer, als Beförderungs- und Ablieferungsversprechen des Frachtführers. Gegenstand des Frachtvertrages sind Gesamt-, Stück- oder Teilfrachten.

Die **Transportkosten** setzen sich aus den festgelegten Frachtkosten, d. h. Kanalgebühren, Umschlaggebühren, Ufer- und Liegegeld sowie Löschgebühren zusammen.

Die Vorteile der Binnenschifffahrt liegen vor allem in den vergleichsweise niedrigen Frachtkosten und in der Eignung zum Transport großer Mengen sowie sperriger Güter. Die Binnenschifffahrt gehört zu den energieschonendsten Verkehrsträgern und bietet hohe Sicherheit.

Nachteilig sind die vergleichsweise langen Transportzeiten. Eine Haus-zu-Haus-Lieferung ist häufig unmöglich, sodass ein Umladen erforderlich wird. Die Binnenschifffahrt ist außerdem von Hoch- oder Niedrigwasser und Eisgang abhängig.

### Seeschifffahrt

Die Seeschifffahrt vollzieht einen weltweiten Gütertransport mittels Schiffen. Nach der Art des Seeschiffes kann eine Systematisierung in Stück- oder Massengutfrachter sowie Spezialschiffe erfolgen. Zu den Stückgutschiffen gehören neben den konventionellen Stückgutschiffen z. B. auch Container- und Ro-Ro-Schiffe. Trocken- oder Flüssiggutladungsschiffe werden zu den Massengutfrachtern gerechnet, Spezialschiffe lassen sich z. B. in Kabelleger, Kühlschiffe oder Eisbrecher einteilen.

Seit 1994 hat eine internationale Verständigung für die Bemessung des Raummaßes von Schiffen platzgegriffen. Danach wird der Rauminhalt nicht mehr ausschließlich in Bruttoregistertonnen angeben, sondern in Brutto- und Nettoraumzahlen eines Schiffes.

Die Betriebsarten der Seeschifffahrt zerfallen in die Linien- und die Trampschifffahrt. Die **Linienschifffahrt** vollzieht sich nach einem bestimmten Fahrplan auf einer zuvor festgelegten Route, während die **Trampschifffahrt** ohne einen bestimmten Fahrplan und mit wechselnden Zielen betrieben wird. Die Verfrachtung kann als Stückgut, als Vollcharter, Teil- und Raumcharter erfolgen.

In der Seeschifffahrt wird der Frachtbrief als **Konnossement** oder englisch als **Bill of Lading** (B/L) bezeichnet. Das B/L ist ein Warenwertpapier. Innovative Umschlagtechniken reduzieren jedoch die Liege- und Reisedauer im Seefrachtverkehr, sodass das Beförderungsgut bereits am Ziel sein kann, die Originalpapiere jedoch noch nicht. Dies führt zu Verzögerungen bei der Auslieferung und erhöht somit die Kapitalbindung. Werden keine handelbaren Papiere benötigt, können teilweise Alternativen zum traditionellen B/L eingesetzt werden, wie z. B. die Ocean Waybills oder die Sea Waybills.

Schäden, die während einer Beförderung auftreten, heißen **Havereien** (volkstümlich »Haverien«). Für sie gelten die Bestimmungen des Seehandelsrechts:

**Große Haverei** (§ 700 HGB) liegt vor, wenn dem Schiff oder der Ladung außergewöhnliche Schäden und Kosten zugefügt werden, etwa wenn auf Befehl des Kapitäns zur Verhinderung eines größeren Unglücks Teile der Ladung über Bord geworfen werden.

**Besondere Haverei** (§ 701 HGB) liegt z. B. bei einer Beschädigung des Schiffes durch Sturm oder Kollision vor.

**Kleine Haverei** wird in § 621 HGB geregelt: Der Verfrachter hat die gewöhnlichen und ungewöhnlichen Kosten, wie Lotsen- und Hafengeld oder auch Schlepplohn zu tragen, falls nicht anders geregelt.

Die **Frachttarife** sollten aus Aktualitätsgründen stets direkt bei der Reederei oder einem entsprechenden Makler eingeholt werden. Bei der Berechnung der Fracht können verschiedene Auf- und Abschläge erhoben werden, wie etwa Schwergewichts- oder Längenzuschläge, Hafengebühren oder Palettenabschläge.

Der Vorteil des Seefrachtverkehrs liegt im Transport großer Gütermengen im interkontinentalen Verkehr. Allerdings ist der Seeweg deutlich langsamer als der Luftweg und die Vor- und Nachläufe sind beim Seetransport häufig länger.

**Rohrleitungssysteme**

Der Rohrleitungsverkehr befördert hauptsächlich gasförmige und flüssige Stoffe durch ein Rohrleitungssystem (»Pipeline«), meistens Erdgase, Rohöle und Benzine.

## 4.5.2.5.2   Informationssysteme

Der Beschaffungskommunikationsprozess kann mit den bereits bekannten konventionellen Kommunikationsarten in mündlicher, fernmündlicher oder schriftlicher Form und hier in den verschiedenen Weiterleitungsarten erfolgen.

Das **Internet** ermöglicht im Vergleich zu konventionellem Informations- und Kommunikationsverhalten weiterreichende Möglichkeiten der Information und der Kommunikation. Dies beinhaltet nicht nur die bereits im vorangegangenen Kapitel angesprochenen Informationswege, sondern auch die Möglichkeit von Downloads, um Informationen zu gewinnen und weiterzuverarbeiten, sowie auch im umgekehrten Fall die Möglichkeit zum Upload, um Informationen – etwa über eigene Bedarfe und laufende Ausschreibungen – auf der eigenen Homepage zu veröffentlichen. Neben diesen Möglichkeiten der Informationsgewinnung und des daraus erwachsenden Nutzens des WWW kann ein großer Teil der Kommunikation über das Netz abgewickelt werden – neben Ausschreibungen z. B. Bestellungen, Bezahlung und Terminsicherung.

Durch eine Ausschreibung auf elektronischem Weg werden Abwicklungszeiten und damit verbundene Kosten reduziert. Gleichzeitig entfällt das konventionelle Anfragewesen, eine sofort Information und Kommunikation über **E-Mail** hebt die Kundenfreundlichkeit und deren Supportlevel. Bestellungen im Netz reduzieren ebenfalls Abwicklungszeiten und Kosten. Zudem kann eine Bestellung auch unabhängig von Öffnungszeiten ausgeführt werden.

**Homebanking-Funktionen** ermöglichen die Abwicklung von elektronischem Zahlungsverkehr über das Netz via PC oder Mobilfunktelefon.

Im Rahmen der Terminsicherung und Termintreue ermöglichen einige Hersteller und Dienstleister die Verfolgung des Produktionsprozesses bzw. der Distribution: Verbreitet ist dieser »**Supply Management Support**« inzwischen bei Paketdiensten. Die Prozessverfolgung des Bestellers im Netz trägt zu einer Verbesserung der Termintreue seitens des Lieferanten bei.

# 4.6     Produktionsplanung und -steuerung

Die betriebliche Leistungserstellung ist ein Transformationsprozess, der den »Input« des Beschaffungsmarktes, also menschliche und maschinelle Arbeitskraft sowie Roh-, Hilfs- und Betriebsstoffe, in den für den Absatzmarkt bestimmten »Output«, die Erzeugnisse des Betriebes, umformt.

Produktion als Transformationsprozess

Dieser Transformationsprozess ist Teil einer Wertschöpfungskette, die sich von der Rohstoffbeschaffung über die Fertigung, den Vertrieb und ggf. den Zwischenhandel bis zum Endkunden erstreckt. Die Organisation und Koordination von Informationen, Gütern, Arbeit, Betriebsmittel- und Kapitaleinsatz entlang dieser unternehmensübergreifenden Kette wird unter dem Begriff des »**Supply Chain Management**« erfasst.

Die in diesem Transformationsprozess beteiligten Stellen und die in der Produktionsplanung zu entfaltenden Aktivitäten werden immer weniger isoliert gesehen; vielmehr agieren Betriebe heute in dem Bewusstsein der zahlreichen Interdependenzen, die zwischen den verschiedenen Aspekten der Produktionsplanung bestehen. Durch die Entscheidung für ein bestimmtes Produktionsprogramm werden die in Frage kommenden Produktionsverfahren ebenso mitbestimmt wie die Art des zu beschaffenden Materials. Letzteres beeinflusst wiederum Lagerhaltung und Transport; die Aufzählung der Wechselwirkungen ließe sich beliebig fortsetzen. Wenn im Folgenden die Aspekte und Probleme der Produktionsplanung nacheinander abgehandelt werden, so erfolgt dies ausschließlich aus didaktischen Gründen; es wäre jedoch irrig, hieraus eine zwangsläufige Chronologie der Aktivitäten ableiten zu wollen.

Zentrale Probleme der Produktionsplanung und -steuerung sind

– die Erlangung der notwendigen Kenntnisse über die Mechanismen, Bestimmungsfaktoren und Tendenzen am Beschaffungs- und Absatzmarkt als Voraussetzung für die **Produktionsprogrammplanung** und **Produktentwicklung** bzw. die Entscheidung für die Herstellung eines oder mehrerer Produkte;

– das **Mengenproblem,** d. h. die Fragen,

  – welche Mengen welchen Produktes hergestellt werden sollen und

  – wie sich Variationen einer Menge oder Veränderungen im Produktionsmitteleinsatz auf das Produktionsergebnis auswirken;

– das **Strukturproblem,** d. h. die Frage, welches Fertigungsverfahren zur Anwendung kommen soll.

Diese Probleme können nicht isoliert betrachtet werden. Ihre Lösung erfordert die enge interdisziplinäre Zusammenarbeit aller betrieblichen Bereiche. Die klassische Trennung von »Technikern« und »Kaufleuten« muss dabei zugunsten einer alle Tätigkeitsfelder umfassenden betriebswirtschaftlichen Betrachtungsweise überwunden werden.

Im Folgenden werden die genannten Problematiken ausführlich, dabei teils überlappend, behandelt. Auf Forschungen am Beschaffungs- und Absatzmarkt wird dabei aber nur am Rande eingegangen, weil diese bereits Gegenstand der ausführlichen Betrachtungen in den Abschnitten 4.1 bis 4.3 waren. Vorab sollen jedoch einige grundsätzliche Überlegungen zu den begrifflichen Unschärfen angestellt werden, die die einschlägige Literatur gerade in Bezug auf den Themenkomplex Produktion/Fertigung kennzeichnen.

### Begriffliche Unschärfen im Produktionsbereich

In der einschlägigen Literatur und im betrieblichen Gebrauch werden die Begriffe »Produktion« und »Fertigung« teilweise als Synonyme verwendet, teilweise aber auch gegeneinander abgegrenzt. Da beide Begriffe in den folgenden Abschnitten häufig benutzt werden (teilweise in Abweichung vom Rahmenstoffplan, der ausschließlich den Begriff der Produktion verwendet), soll an dieser Stelle eine Erläuterung erfolgen.

Die Abgrenzung erfolgt im Allgemeinen in der Weise, dass

— der Begriff der **Produktion** als der übergeordnete, allgemeinere Begriff (in der Betriebswirtschaftslehre meist auch als Bezeichnung für den zu Beginn des Kapitels dargestellten Transformationsprozess) im Zusammenhang mit grundlegenden Festlegungen über den Gegenstand des Unternehmens und langfristig ausgerichtete Aktivitäten verwendet wird, wobei jede Art von Leistungserstellung gemeint sein kann, also z. B. auch Dienstleistungen;

— der Begriff der **Fertigung** auf konkrete Prozesse und detaillierte Arbeitsschritte und auf die mittel- bis kurzfristigen Entscheidungen über den Material-, Arbeits- und Betriebsmitteleinsatz bezogen wird und dabei ausschließlich technische/industrielle Prozesse meint.

Dort, wo zum wesentlichen Teil strategische Gesichtspunkte eine Rolle spielen, ist also eher von Produktion die Rede, während der Begriff der Fertigung den taktischen/operativen Aspekten zuzuordnen ist.

Auch die Planungsbegriffe im Bereich der Produktionswirtschaft werden sehr uneinheitlich verwendet.

— Unter dem Begriff der **Produktionsplanung** werden häufig alle strategischen und operativen Planungen rund um die Produktion – von der Programmplanung über die Bereitstellungsplanung bis zur Ablaufplanung – zusammengefasst. Im engeren Sinne wird dieser Begriff jedoch nur für diejenigen Planungen verwendet, die keine einmaligen Planungen darstellen; und dabei wird meistens die Begriffskombination »**Produktionsplanung und -steuerung (PPS)**« verwendet.

Kernaufgaben der PPS sind

— die Planung von Mengen, Terminen und Kapazitäten der Produktion und
— die Veranlassung, Überwachung und Sicherung der Produktionsdurchführung.

Die Lösung dieser Aufgaben erfolgt in der betrieblichen Praxis im Allgemeinen unter Einsatz computergestützter Produktionsplanungs- und Steuerungssysteme (**PPS-Systeme**). Die Grenzen zwischen Produktionsplanung und Produktionssteuerung sind dementsprechend stark verwischt; häufig in einem Maße, das die Zuordnung einzelner Aktivitäten zu dem einen oder dem anderen Oberbegriff unmöglich macht. Die folgenden Darstellungen orientieren sich in dieser Hinsicht an den Vorgaben des Rahmenstoffplans für den »Technischen Betriebswirt«; es sei aber darauf hingewiesen, dass in der einschlägigen Literatur viele andere Darstellungs- und Zuordnungsformen anzutreffen sind.

- Der Begriff der **Arbeitsplanung** steht dagegen für die Festlegung des Fertigungsverfahrens, also alle den Arbeitsablauf betreffenden Festlegungen, die auf Basis eines schon festgelegten Produktionsprogramms einmalig vorzunehmen sind: Die Art und Weise, in der Arbeiten zu tun sind, ihre Reihenfolgen, die dabei einzusetzenden Hilfsmittel und die benötigten Zeiten (im Sinne von Zeiträumen/Dauern, nicht konkreten Terminen).

- Besonders offenkundig wird der Mangel an begrifflicher Klarheit bei der **Fertigungsplanung.** Diese wird meist als Synonym zur Produktionsplanung im engeren Sinne verwendet. Die Durchführung der Fertigungsplanung wird als **Fertigungssteuerung** oder Arbeitssteuerung bezeichnet. Gelegentlich wird der Begriff der Fertigungsplanung aber auch zur Bezeichnung der kurzfristigen Programmplanung benutzt oder sogar – im Widerspruch zu den bisherigen Erklärungen – mit Arbeitsplanung gleich- oder zumindest zu dieser in Beziehung gesetzt.

Diese definitorischen Unschärfen sind zu berücksichtigen, wenn verschiedene Quellen zu Rate gezogen werden. Letztlich beeinflussen sie auch die Auffassung darüber, was unter Arbeitsvorbereitung verstanden wird.


# 4.6.1    Produktionsplanung

Aufgabe der Produktionsplanung ist die organisatorische Gestaltung des betrieblichen Leistungserstellungsprozesses. Im Einzelnen verfolgt sie folgende Anliegen:

- Auswahl des gewinnmaximalen Fertigungsprogramms,
- Auswahl gewinnmaximaler Produktionsverfahren,
- Gewährleistung einer reibungslosen, kontinuierlichen Fertigung ohne Leerläufe,
- Optimierung der Lagerhaltung,
- Sicherung einer systematischen Auftragsabwicklung,
- Optimierung des Personalbestandes,
- Optimale Auslastung der Kapazitäten.

Von einigen der mit diesen angestrebten Zielen verbundenen Aktivitäten geht eine langfristige Bindungswirkung aus. Sie erfordern eine strategische Planung. Auf Basis der getroffenen Festlegungen werden wiederum operative Planungen vorgenommen und umgesetzt.

Im Einzelnen werden die folgenden Planungen betrachtet:

- Programmplanung,
- Kapazitätsplanung,
- Planung des Materialbedarfs und
- Fertigungsablaufplanung.

Unterstellt wird dabei jeweils, dass das betrachtete Unternehmen keine rein auftragsorientierte Fertigung (also ausschließliche Konzentration auf die Bearbeitung individueller Kundenaufträge) betreibt, sondern als **Programm-** und **Lagerfertiger** zumindest teilweise für eine anonyme Abnehmerschaft produziert.

Mögliche Ausprägungen der Produktion sind

- **Reine Lagerfertigung (»Make to stock«):** Keine Produktionsstufe ist unmittelbar mit einem Kundenauftrag verbunden. Die Fertigung erfolgt auf Lager, aus dem die Kundenaufträge erfüllt werden.

- **Kundenauftragsbezogene Endmontage (»Assemble to Order«):** Die Teilefertigung erfolgt aufgrund von Bedarfsprognosen; die Endmontage wird aber erst durch einen konkreten Kundenauftrag ausgelöst.

– **Kundenauftragsbezogene Fertigung (»Make to Order«):** Die gesamte Produktion erfolgt auftragsbezogen. Wenn dies auch die Beschaffung der benötigten Materialien (Rohstoffe und Fremdbauteile) einschließt, wird auch von »Purchase and Make to Order« gesprochen.

Im Folgenden wird jeweils nach den strategischen und operativen Aspekten der Planung unterschieden.

## 4.6.1.1 Strategische Planung

### 4.6.1.1.1 Strategische Programmplanung

In der langfristigen (strategischen) Programmplanung werden die **Produktfelder** festgelegt, auf dem die Unternehmung tätig sein möchte. Ein Produktfeld ist die Gesamtheit aller Produkte, die sich auf ein Grunderzeugnis zurückführen lassen, und stellt damit eine sehr grobe Richtungsvorgabe dar, die der Präzisierung bedarf. Aus der Vielfalt der Produkte, die das gewählte Produktfeld darstellen, muss eine Gruppe von Produkten, die so genannte **Produktlinie,** bestimmt werden, bevor konkrete Überlegungen hinsichtlich einzelner Produkte angestellt werden können. Diese Überlegungen, die in die eigentliche Produktidee einmünden, erstrecken sich auf

– **Innovation,** d. h. die Aufnahme eines völlig neuen Produktes in das Produktionsprogramm,

– **Produktverbesserung,** also die qualitative Aufwertung eines bereits hergestellten Produktes,

– **Produktdiversifikation,** d. h. die Aufnahme von Produkten außerhalb der bisher verfolgten Produktlinie und

– **Produktvariation,** d. h. das Angebot desselben, bereits vertriebenen Erzeugnisses in verschiedenen, geringfügig voneinander abweichenden Ausführungen, um verschiedene Käuferschichten anzusprechen, oder die Anpassung eines seit längerem vorhandenen Produktes an den geänderten Kundengeschmack.

Die Entscheidung für oder gegen eine Produktidee hängt ab von den in einer **Marktanalyse** ermittelten Antworten auf folgende Fragen:

– Gibt es Verbraucherbedürfnisse, die vom bestehenden Angebot nicht oder nur unzureichend befriedigt werden (Marktlücken)?

– Wie muss das neue Produkt gestaltet und ausgestattet werden?

– Welche Menge des entworfenen Produktes kann im Betrachtungszeitraum voraussichtlich abgesetzt werden?

– Welche Reaktion wird die Einführung des neuen Produktes hervorrufen (Auswirkungen auf eigene und Konkurrenzprodukte)?

Stehen mehrere Alternativprojekte zur Auswahl, so wird sich das Unternehmen für dasjenige entscheiden, das den maximalen Gewinn verspricht.

Die für die Produktentwicklung erforderlichen Kenntnisse über mögliche **Fertigungsverfahren** können in Lizenz erworben oder im Zuge eigener Forschungen **(Produktforschung)** gewonnen werden.

Der **Entwurf** (die **Konstruktion**) des einzelnen Produktes mitsamt der möglichen Produktabwandlungen wird in der Literatur der mittelfristigen (auch als »taktisch« bezeichneten) Fertigungsprogrammplanung zugerechnet.

In dieser Phase werden die ausgewählten Produktfelder in dem Sinne konkretisiert, als die Breite und Tiefe des Produktionsprogramms festgelegt wird:

– Die **Programmbreite** bezeichnet – analog zu dem im Handel gebräuchlichen Begriff der Sortimentsbreite (vgl. Abschn. 4.1.3.8.6.8) die Zahl der unterschiedlichen Produkte, die das Unternehmen fertigt, einschließlich aller Variationen der Grundprodukte.

– Die **Programmtiefe** beziffert Art und Umfang der eigenen Produktionsaktivität durch die Anzahl der Produktionsstufen, die ein Produkt im eigenen Betrieb durchläuft. Somit werden im Rahmen der taktischen Programmplanung auch Entscheidungen über den Fremdbezug von Bauteilen gefällt.

Wegen der ggf. neu zu schaffenden Produktionskapazitäten stellen insbesondere Kenntnisse über die Altersstruktur und Lebensphasen der vorhandenen Produkte sowie den Lebenszyklus des neu oder weiter zu entwickelnden Produktes wesentliche Entscheidungshilfen dar. Ein heuristisches (d. h. nicht verlässlich zum Optimum, aber in Optimumnähe führendes) Verfahren zur Beurteilung eines Produktprogramms ist die **Portfolio-Technik** (vgl. Abschn. 4.1.2.3).

## 4.6.1.1.2   Strategische Kapazitätsplanung

Kapazität ist nach MELLEROWICZ das Fertigungsvermögen eines Betriebes in einem Zeitabschnitt. Das benötigte Fertigungsvermögen wohnt den verschiedenen Produktionsanlagen, Werkstoffen, Finanzmitteln und Arbeitskräften inne, die zunächst quantitativ und qualitativ zu planen und zu beschaffen sind. Die für die Beschaffung zuständigen Fachabteilungen (Einkauf, Finanzabteilung, Personalabteilung) benötigen Informationen darüber, was mit welchen Mitteln und in welcher Menge in welchem Zeitraum produziert werden soll, also Daten der **strategischen Fertigungsablaufplanung.** Dabei sind die zu betrachtenden Zeiträume naturgemäß verhältnismäßig sehr lang, wenn grundsätzliche Entscheidungen über Beschaffungen von Anlagevermögen (Gebäude, technische Anlagen) aufgrund der Aufnahme bestimmter Produkte in die Produktpalette oder der Installation bestimmter Fertigungsverfahren zu treffen sind, und eher mittel- bis kurzfristiger Natur, wenn über Bestellstrategien und -mengen bei Materialien (vgl. Abschn. 4.6.1.1.2 und 4.6.1.2) zu entscheiden ist.

Bei Anschaffungen langfristig nutzbarer, kostenintensiver Betriebsmittel wird die Entscheidung in der Regel von der Geschäftsleitung in Abstimmung mit der Finanzabteilung getroffen. Auf die Darstellung der Investitionsplanung und -rechnung sei jedoch an dieser Stelle verzichtet; sie ist Gegenstand des Kapitels 3.

Die Kapazitätsplanung **im engeren Sinne** beschränkt sich auf die **Personalbedarfsplanung** und die **Betriebsmittelplanung.** Beide Bereiche beinhalten sowohl strategische als auch operative Elemente. Da die Personalplanung Gegenstand ausführlicher Betrachtungen in Kapitel 10 sein wird, werden in den folgenden Abschnitten nur die Aspekte der Material- und Betriebsmittelbereitstellung eingehender behandelt. Hinsichtlich der Personalbereitstellung sei auf das genannte Kapitel verwiesen.

**Kapazitäten** werden zunächst grundsätzlich in quantitative und qualitative Kapazitäten unterschieden:

**Quantitative** Kapazität ist das mengenmäßige Leistungsvermögen in einem Zeitabschnitt, das

– vorrangig an der Ausbringungsmenge je Zeiteinheit und ersatzweise z. B.
– nach (Maschinen)stunden oder
– nach verbrauchten Materialmengen

gemessen wird.

**Qualitative** Kapazität erfasst die Art und Güte des Leistungsvermögens, z. B. in

– Genauigkeitstoleranzwerten,
– Belastbarkeit,
– Variabilität der Produktion.

Die folgende Übersicht zeigt weitere Kapazitätsbegriffe.

| | |
|---|---|
| **Technische Kapazität** | Technisches Leistungsvermögen eines Betriebsmittels, für das es herstellerseitig ausgelegt wurde. |
| **Maximalkapazität** | Größtmögliche Leistungsabgabe während der Betrachtungsperiode durch ununterbrochenen bzw. nur durch unvermeidbare Rüst- und Wartungszeiten unterbrochenen Einsatz |
| **Effektive Kapazität** | Tatsächlich während einer Periode produktiv nutzbare Kapazität unter Berücksichtigung anlagen-, personal- oder rechtlich induzierter Verlustzeiten (wie viel an Kapazität tatsächlich in einer Periode verfügbar war, kann exakt erst im Nachhinein angegeben werden) |
| **Optimale Kapazität** | Wirtschaftliche Kapazität, die auf diejenige Ausbringungsmenge pro Zeiteinheit ausgerichtet ist, für die die Stückkosten minimiert werden. |
| **Mindestkapazität** | Minimale Leistung, die erbracht werden muss, um das Betriebsmittel überhaupt (technisch oder ökonomisch) betreiben zu können. |
| **Normalkapazität** | Die unter Normalbedingungen erreichte Leistungsabgabe |
| **Durchschnittliche Kapazität** | Die Leistungsabgabe, die über mehrere Perioden hinweg durchschnittlich erzielt werden soll (s. u., Kapazitätsharmonisierung) |

Aus der Gegenüberstellung der in einer Periode benötigten Kapazität und der effektiven Kapazität derselben Periode ergibt sich der Kapazitätsauslastungsgrad:

$$\text{Kapazitätsauslastungsgrad} = \frac{\text{Kapazitätsbedarf}}{\text{effektive Kapazität}}$$

Die Gegenüberstellung der tatsächlich in einer Periode abgerufenen Kapazität (etwa ausgedrückt durch die tatsächliche Ausbringungsmenge) mit der effektiven Kapazität ergibt den Kapazitätsausnutzungsgrad oder Beschäftigungsgrad:

$$\text{Beschäftigungsgrad} = \frac{\text{Ausbringung}}{\text{effektive Kapazität}}$$

Welche Strategie das **Ressourcenmanagement** bei der Kapazitätsplanung verfolgt, hängt vor allem mit den folgenden Faktoren zusammen:

– **Lieferbereitschaftsgrad:** Je höher der angestrebte Lieferbereitschaftsgrad angesetzt wird, desto mehr Kapazitäten müssen vorgehalten werden, um auch Spitzenbedarfe befriedigen zu können. Es liegt auf der Hand, dass das Ziel einer hohen Lieferbereitschaft mit Forderungen nach einer möglichst nahe an 100 % liegenden Kapazitätsauslastung im Zeitverlauf kollidiert. Die langfristige Bemühung wird vielmehr auf die Erreichung der optimalen Kapazität ausgerichtet sein.

– Die **zeitliche Verteilung** der Produktion: Diese korrespondiert häufig mit (z. B. saisonal bedingten) Nachfrageschwankungen, hängt aber auch mit Eigenschaften des Produktes – Haltbarkeit, Lagerfähigkeit oder auch Lagerbedürftigkeit (z. B. bei Wein, Käse) – zusammen. Die langfristige Kapazitätsplanung wird im Falle schwankender Auslastung darum bemüht sein, eine weitgehende **Kapazitätsharmonisierung** zu erreichen.

– Das **Instandhaltungsmanagement:** Stillstandszeiten durch notwendige oder aber vorgeschriebene Wartungen und Instandhaltungen müssen ebenso bei der quantitativen Planung der Betriebsmittel berücksichtigt werden wie die Folgen ungeplanter Ausfälle.

Strategien der Kapazitätsanpassung werden in Kapitel 7 in Zusammenhang mit dem Projektmanagement noch ausführlicher behandelt.

### 4.6.1.1.3   Strategische Betriebsmittelplanung

**Betriebsmittel (Potenzialfaktoren)** sind alle Güter, die nicht im Produktionsprozess verbraucht werden, sondern während ihrer Nutzungs- oder Lebensdauer wiederholt Leistungen in die Produktion abgeben. Zu ihnen zählen Gegenstände des materiellen Anlagevermögens wie Grundstücke, Gebäude, maschinelle Anlagen, Fuhrpark und Betriebs- und Geschäftsausstattung sowie Gegenstände des immateriellen Anlagevermögens wie Patente, Lizenzen und Konzessionen.

Ziel der Betriebsmittelbedarfsplanung ist es, die Voraussetzungen dafür zu schaffen, dass die zur Umsetzung der Produktionsplanung erforderlichen Kapazitäten verfügbar sind, also die erforderlichen Potenzialfaktoren in den benötigten Mengen und in hinreichender Qualität zur richtigen Zeit am richtigen Ort bereitstehen. Diese Aufgabe umfasst außer der Vorbereitung von Neu-Investitionen bzw. der Eigenfertigung von Betriebsmitteln auch die Planung von Ersatz-, Rationalisierungs- und Erweiterungsinvestitionen.

Konkrete Aktivitäten der Betriebsmittelbereitstellungsplanung mit Langfristwirkung sind

– die Planung des **Betriebsmittelbedarfs,**

– die Planung der **Betriebsmittelbeschaffung** (Lieferantenauswahl, Entscheidung über Kauf oder Miete, Wahl des Beschaffungszeitpunktes usw.),

– die Planung des **Betriebsmitteleinsatzes** (z. B. Wahl des Produktionsverfahrens oder -ortes),

– die Planung der **Sicherung der Einsatzbereitschaft** (Wartung und Instandsetzung).

Ein besonderes Problem, das sich in Zusammenhang mit der Betriebsmittelbereitstellungsplanung stellt, ist die Festlegung des Ortes, an dem bestimmte Betriebsmittel bereitzustellen sind: Er entscheidet maßgeblich über Transportwege, -zeiten und -mittel und damit über bedeutende Kostenfaktoren. Die Festlegung des **Bereitstellungsortes** (auch als **Layoutplanung** bezeichnet) muss in enger Abstimmung mit der strategischen Fertigungsablaufplanung ausgewählt werden und steht in starkem Zusammenhang mit dem Organisationstypus der Fertigung (Abschn. 4.7.2.2).

### 4.6.1.1.4   Strategische Aspekte der Materialbedarfsplanung

Unter Material oder Werkstoff sind alle Güter zu verstehen, die als Grund- oder Ausgangsstoffe von Erzeugnissen der Aufrechterhaltung der Produktion dienen. Hierzu gehören Roh-, Hilfs- und Betriebsstoffe sowie Fertigteile, die in ein Produkt eingehen:

– **Rohstoffe** gehen als Hauptbestandteil des Erzeugnisses mit ihrer Substanz in das Produkt ein. Typische Rohstoffe sind Eisen, Holz, Getreide.

- **Hilfsstoffe** gehen gleichfalls substanziell in das Produkt ein, bekleiden jedoch nur den Rang eines Nebenbestandteils. Beispiele hierfür sind Farben und Lacke.
- **Betriebsstoffe** dienen der Inbetriebnahme und -haltung des Produktionsprozesses, ohne dass sie mit ihrer Substanz in das Erzeugnis eingehen. Beispiele sind Öle und Fette als Schmiermittel, Treibstoffe und Strom.

Die Aufgaben der Materialbedarfsplanung sind eng mit der **Fertigungsprogrammplanung** (vgl. Abschn. 4.6.1.2.1) verbunden und insoweit mehrheitlich mittel- und kurzfristiger Natur. In Vorbereitung dieser Aufgaben sind aber eine Reihe von Entscheidungen und Festlegungen zu treffen, die strategischer Natur sind. Hierzu zählen

- die **Umsetzung** der in der kontinuierlich durchgeführten Beschaffungsmarktforschung gewonnenen Erkenntnisse, die häufig den Charakter langfristiger Festlegungen hat, etwa wenn auf Basis der Beschaffungssituation für bestimmte Bauteile oder Materialien eine Make-or-Buy-Entscheidung getroffen wird;
- die grundsätzliche Festlegung des **Lieferbereitschaftsgrades** (vgl. auch Abschn. 4.6.1.1.2), aus dem sich wiederum Folgerungen für die Bevorratungspolitik und damit für die Bereithaltung von Lagerkapazitäten ergeben. Wie bereits in Abschn. 4.3 gezeigt wurde, geht ein hoher Lieferbereitschaftsgrad mit einer entsprechend hohen Kapitalbindung einher: insoweit ist auch die Kapitalbeschaffung und -bereitstellung berührt;
- die Festlegung der Bereitstellungspolitik, d. h. welche **Bereitstellungsprinzipien** (vgl. Abschn. 4.6.2.4) für welche Materialien angewandt werden sollen.

Die ökonomische Aufgabe der Bereitstellungsplanung leitet sich aus den Erfolgszielen der Unternehmung ab. Wird Gewinnmaximierung angestrebt, so bedeutet dies für die Bereitstellungsplanung, dass die Minimierung der Bereitstellungskosten anzustreben ist. Diese Bereitstellungskosten sind vor allem

- **Beschaffungskosten** (alle Kosten der Abwicklung des Beschaffungsvorgangs),
- **Reservierungskosten** (Kosten der Lagerhaltung, Leerlaufkosten bei Betriebsmitteln),
- **Fehlmengenkosten** (entgangene Gewinne, Konventionalstrafen).

Auch hier können Technik und Ökonomie nicht getrennt betrachtet werden; vielmehr sind bei allen anstehenden Entscheidungen gleichermaßen technische Belange (»Machbarkeit«) wie wirtschaftliche Erfordernisse zu beachten. Interdisziplinäre Zusammenarbeit und fachübergreifende Kenntnisse der Entscheidungsträger sind hier unverzichtbar.

## 4.6.1.1.5  Strategische Entscheidung für ein Fertigungsverfahren

Fertigungsverfahren können grundsätzlich anhand

- des Produktionsprogramms,
- der technischen Prozesse und
- der organisatorischen Ausgestaltung des Fertigungsablaufs

unterschieden werden.

### Produktionsprogramm

Grundsätzlich sind die **Einprodukt-** und die **Mehrproduktfertigung** zu unterscheiden. Im ersteren Falle liegt häufig Massenfertigung vor, während sich das Fertigungsverfahren bei Mehrproduktfertigung zum einen nach der Verwandtschaft der gefertigten Produkte und der damit ggf. möglichen Verbindung ihrer Fertigung in einem teils einheitlichen, teils verzweigenden Prozess, zum anderen nach der Losgröße, d. h. der in einer Periode zu fertigenden Stückzahl, richtet. Im Ergebnis fällt die Entscheidung für **Einzel-, Sorten-** oder **Serienfertigung.** Einzelheiten hierzu werden in Abschnitt 4.7.2.1 behandelt.

## Technische Prozesse

Je nach Anzahl der einzubindenden Arbeitsstationen werden Fertigungsverfahren unterschieden in

– **einstufige Verfahren:** Alle Verrichtungen erfolgen an ein- und demselben Arbeitsplatz;

– **mehrstufige Verfahren:** Es sind mehrere Arbeitsplätze beteiligt.

Nach Art des vorherrschenden Prozesses sind folgende Unterscheidungen zu treffen:

– **mechanische/physikalische Prozesse,** wie sie z. B. im Maschinenbau vorherrschen;

– **chemische Prozesse,** bei denen chemische Reaktionen durch thermische, katalytische, elektro-, photo- oder biochemische Verfahren angeregt werden und die in Betrieben der chemischen und pharmazeutischen Industrie eine wichtige Rolle spielen;

– **biologische Prozesse,** die innerhalb lebender Organismen ablaufen oder bei denen lebende Organismen eine Rolle spielen, etwa in Brauereien, Molkereibetrieben;

– **energetische** (elektrische, thermische, kerntechnische, magnetische) Prozesse, anzutreffen z. B. in Kraftwerken.

Dabei steht die Art des Prozesses in engem Zusammenhang zu den eingesetzten Technologien und der Produktionsorganisation (vgl. Abschn. 4.7.2) bzw. der Gestaltung des Arbeitssystems (vgl. Abschn. 7.2.4.1).

Eine Sonderform stellen **geistige Prozesse** dar, wie sie etwa in der Forschung und Entwicklung ablaufen.

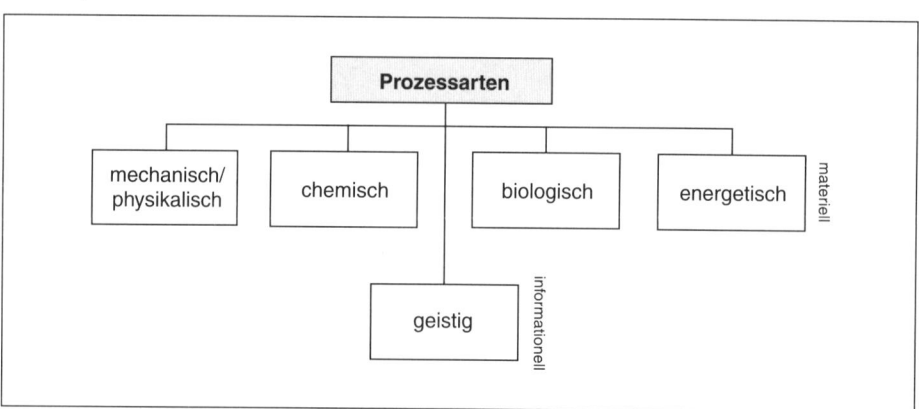

Prozessarten

Als **divergierende** Fertigungsverfahren werden Verfahren bezeichnet, bei denen aus einem Einsatzgut mehrere unterschiedliche Produkte erzeugt werden. Geschieht dies zwangsläufig und gewissermaßen unfreiwillig (z. B. wenn bei der Tonerdeproduktion Alkohol anfällt), handelt es sich um eine **Kuppelproduktion.** Wird dagegen nur eine Produktart hergestellt, spricht man von einem **durchgängigen** oder **glatten** Fertigungsverfahren. Die Fertigung einer Produktart aus mehreren Einsatzstoffen schließlich wird **konvergierendes** Fertigungsverfahren genannt.

Schließlich kann nach der **Kontinuität** (Unterbrechungsfreiheit) des Fertigungsverfahrens unterschieden werden in

– **kontinuierliche** Fertigungsverfahren, bei denen der Produktionsprozess nicht unterbrochen wird, und

– **diskontinuierliche** Fertigungsverfahren, die aufgrund technologischer Anforderungen Unterbrechungen des Prozesses erfordern, etwa weil Trocknungs-, Ablagerungs- oder Schmelzvorgänge anstehen.

Auf die Unterscheidung in **manuelle** Verfahren und **mechanisierte** Verfahren wird in Abschnitt 4.7.2.3 noch ausführlich eingegangen werden.

**Organisatorische Ausgestaltung**

Die organisatorische Gestaltung der Fertigung betrifft vor allem die räumliche Anordnung der Betriebsmittel und Arbeitsplätze zueinander. Auf die hierbei möglichen Varianten wird in Abschnitt 4.7.2.2 sehr ausführlich eingegangen.

## 4.6.1.1.6    Strategische Fertigungsablaufplanung

Die Fertigungsablaufplanung legt fest, mit welchen Fertigungsverfahren und in welcher Zeit die geplanten Erzeugnismengen hergestellt werden sollen. Sie zerfällt, ebenso wie die Fertigungsprogrammplanung, in die langfristige (strategische) und die kurzfristige (operative) Planung.

Gegenstand der strategischen Fertigungsablaufplanung ist die Auswahl eines von mehreren möglichen technischen Fertigungsverfahren und die Planung der für dessen Realisierung bereitzustellenden Betriebsmittel und Arbeitskräfte.

Grundsätzliche Entscheidungen der strategischen Fertigungsablaufplanung betreffen

– den **Produktionstyp,** der von der Häufigkeit der Wiederholung des Fertigungsvorgangs abhängt (vgl. Abschn. 4.7.2.1),

– den **Organisationstyp** der Fertigung, der nach Verrichtungs- und Objektorientierung unterscheidet und vor allem die Anordnung der Produktionsmittel zueinander betrifft (vgl. Abschn. 4.7.2.2) und

– die **Produktionstechnik** (den Automatisierungsgrad), d. h. den Anteil menschlicher Arbeitskraft in der Produktion (vgl. Abschn. 4.7.2.3).

Die konkreten Probleme der Fertigungsablaufplanung – Durchlaufzeiten-, Arbeitsfolge-, Transport- und Belegwesenplanung – werden in Abschnitt 4.6.1.2.4 behandelt, wobei die Grenzen zwischen strategischer und operativer Planung generell als fließend anzusehen sind.

## 4.6.1.2    Operative Planung

### 4.6.1.2.1    Operative Programmplanung

In der kurzfristigen **Fertigungsprogrammplanung** wird festgelegt, welche Produkte in welchen Mengen im festgelegten Planungszeitraum hergestellt werden sollen (**Primärbedarfsplanung,** vgl. Abschn. 4.3.2.1.1). Als rollierende Planung wird sie periodisch, z. B. monatlich, durchgeführt. Diese Planung richtet sich vorrangig nach den Absatzmöglichkeiten, darf aber Fertigungsengpässe nicht vernachlässigen:

– **Absatzorientierung** liegt vor, wenn die am Markt absetzbaren Produkte ohne Kapazitätsbeschränkungen hergestellt werden können. Unter dieser Voraussetzung werden diejenigen Erzeugnisse für die Produktion ausgewählt, die den größten positiven Deckungsbeitrag aufweisen.

– **Engpassorientierung** der Planung bedeutet, dass die Kapazität einer Fertigungsstelle (z. B. einer Maschine) nicht ausreicht, um alle absetzbaren Mengen herzustellen. Unter dieser Voraussetzung wird unter Beachtung des Deckungsbeitrages (vgl. Abschn. 4.7.2) dasjenige Produktionsprogramm ausgewählt, das den größten Gesamtertrag erbringt.

– **Auftragsorientierung** liegt vor, wenn für die beplante Periode Kundenaufträge vorliegen, für deren Erfüllung die Bereitstellung von Betriebsmittelkapazitäten und Materialien erforderlich sind.

Für die einzelne Periode ist zwischen dem Absatz- und dem Produktionsprogramm zu unterscheiden:

– Das **Absatzprogramm** bezieht sich auf die Mengen eines Produktes, die in der betreffenden Periode abgesetzt werden sollen. Die Basisdaten hierfür liefert der Absatzbereich aufgrund von Kundenaufträgen und Absatzprognosen (bzgl. der kundenanonymen Abforderungen).

– Das **Produktionsprogramm** bezieht sich auf die Mengen eines Produktes, die in der betreffenden Periode gefertigt werden sollen, und hat die verfügbaren Ressourcen zu berücksichtigen.

Absatz- und Produktionsprogramm stimmen häufig nicht überein. Mögliche Gründe hierfür sind z. B.

– das Vorhandensein von Lagerbeständen, die in der Periode abgebaut werden sollen;

– die Notwendigkeit, in der betreffenden Periode außer für den Absatzmarkt auch für den Eigenbedarf zu produzieren;

– eine geplante Produktion für das Lager, um saisonale Beschaffungsvorteile in der aktuellen Periode ausnutzen zu können und hinreichende Bestände für Folgeperioden aufzubauen;

– geplante Zukäufe von Handelswaren, die nicht selbst gefertigt werden können und das Angebot der Periode qualitativ oder quantitativ erweitern sollen.

Die **Bestandsplanung** ist zum einen eng mit der Lieferbereitschaft verknüpft: Je höher der angestrebte Lieferbereitschaftsgrad ist, desto höher sind die vorzuhaltenden Bestände – nicht nur an Fertigerzeugnissen, sondern im Vorfeld an Roh-, Hilfs- und Betriebsstoffen, Fremdbauteilen und Halbfertigerzeugnissen.

Zum anderen hängt sie davon ab, in welchem Maße in der spezifischen Betriebssituation kundenauftragsorientiert produziert bzw. aufgrund von Absatzprognosen gewissermaßen »kundenanonym« auf Lager gefertigt wird:

– Für die auftragsorientierte Fertigung sind Termineinhaltung und Durchlaufzeitminimierung prioritär;

– (konfliktäre) Ziele der auftragsunabhängigen Lagerfertigung sind Lagerbestandsminimierung und hohe Kapazitätsauslastung.

Betriebe, die neben der Fertigung im Kundenauftrag auch eine Lagerfertigung betreiben, müssen also ab dem »**Kundenauftragsentkopplungspunkt**« (KEP, in der Literatur auch KAEP) andere Ziele verfolgen.

## 4.6.1.2.2   Operative Kapazitätsplanung

In der operativen Kapazitätsplanung wird über den **kurzfristigen** Einsatz von Betriebsmitteln und Arbeitskräften entschieden. Die hierzu erforderlichen Überlegungen und Aktivitäten werden ausführlich in den späteren Abschnitten zur Kapazitätssteuerung (Abschn. 4.6.2.3) behandelt und sollen hier nicht vorweggenommen werden.

## 4.6.1.2.3 Operative Aspekte der Materialbedarfsplanung

Ziel der operativen Materialbedarfsplanung ist die Ermittlung des Materialbedarfs für den Planungszeitraum auf Basis der im Zuge der Produktgestaltung erstellten Stücklisten (vgl. Abschn. 4.6.1.2.3.1). Die dabei anfallenden Planungen des **Sekundärbedarfs** an Baugruppen, Einzelteilen und Rohstoffen sowie des **Tertiärbedarfs** an Hilfs- und Betriebsstoffen sowie Verschleißwerkzeugen wurden bereits ausführlich in Abschnitt 4.3 behandelt.

Im Einzelnen wird in der operativen Materialbedarfsplanung über

– Liefermengen je Planungsperiode,
– Lieferzeitpunkte und
– Lieferanten

entschieden, wobei als Auswahlkriterien z. B.

– Liefermöglichkeiten,
– Beschaffungspreise,
– Transportkosten sowie
– Liefer- und Zahlungsbedingungen

heranzuziehen sind und insoweit – etwa bei der Lieferantenauswahl – auf Erkenntnisse aus der vorangegangenen Beschaffungsmarktforschung, auf ausgehandelte Konditionen mit langfristigem Bestand und weitere Ergebnisse der strategischen Materialbedarfsplanung zurückgegriffen wird.

Im Folgenden werden die Stücklistenauflösung und die Vorkalkulation als Aufgaben der operativen Materialbedarfsplanung gesondert vorgestellt. Die Prinzipien der Materialbereitstellung werden dagegen in Zusammenhang mit der Produktionssteuerung in Abschnitt 4.6.2.4 behandelt. Eine ausführliche Darstellung der Materialbedarfsermittlung enthält Abschnitt 4.3.

### 4.6.1.2.3.1 Stücklistenauflösung

Wichtige Arbeitsgrundlage für die Auftragsdurchführung sind die verschiedenen Stücklisten. Die **Konstruktionsstückliste** wird in verschiedene **Arbeitsstücklisten** aufgelöst, die für Zwecke der Materialbedarfs-, Termin- und Arbeitsablaufplanung sowie der Vor- und Nachkalkulation benötigt werden. Häufig enthalten sie Material- bzw. Teilenummern anstelle von Klartextangaben sowie Mengenangaben, die nicht den handelsüblichen Mengeneinheiten entsprechen und von der Einkaufsabteilung umgerechnet werden müssen. Im Wesentlichen werden folgende Arbeitsstücklisten unterschieden:

– Die **Fertigungsstückliste** enthält die in Eigenleistung zu be- oder verarbeitenden Teile eines Produktes und kann zusätzliche Angaben für die Fertigungsplanung und -steuerung enthalten. Damit dient sie als wichtige Arbeitsunterlage für die Auftragsdurchführung. Die Fertigungsstückliste kann nach Merkmalen der Fertigung in Einzellisten aufgelöst werden, z. B. Variantenstückliste, Montagestückliste.

– Die **Fremdbedarfsliste** erfasst die Teile (Rohstoffe, Halb- oder Fertigerzeugnisse), die fremdbezogen werden. Häufig erfolgt eine Auflösung in Einzellisten nach Werkstoff- und Teilegruppen.

– Die **Teilebereitstellungsliste** regelt Ort, Menge und Reihenfolge der Bereitstellung von Teilen.

### 4.6.1.2.3.2 Vorkalkulation

Die Vorkalkulation als **Grundlage für die Kalkulation** von Angeboten ist zugleich Mengen- und Wertrechnung. Ihre Durchführung setzt voraus, dass das Produkt in seinen

Bestandteilen und in seinen Fertigungsdaten genau bestimmt ist und Materialpreise sowie sonstige anzusetzende Kostenzuschläge, letztere als Erfahrungswerte der Vergangenheit, bekannt sind. Wird ein Produkt zum ersten Mal hergestellt, können Zeitbedarf und Kostenaufwand jedoch lediglich geschätzt werden, wodurch die Vorkalkulation mit Unsicherheiten behaftet wird. Als Orientierungshilfen werden möglichst vergleichbare, bereits hergestellte Produkte herangezogen. Handelt es sich dagegen um die Vorkalkulation von Serienfertigungsprodukten, wobei auf Wertgrößen früherer Serien zurückgegriffen werden kann, ist die Unsicherheit erheblich geringer.

Die Vorkalkulation erfordert z. B. Mengenangaben über Materialeinsatz, Betriebsmitteleinsatz, Fertigungszeiten, Umrüstzeiten, Transport- und Wartezeiten und die entsprechenden Wertangaben, nämlich Materialpreise, Kosten der Betriebsmittelnutzung, Fertigungslohnkosten, Gemeinkosten des Materials, der Fertigung und der Verwaltung usw.

Sie wird nach dem folgenden (vereinfachten) Schema aufgestellt:

>   Materialkosten
> \+ Fertigungskosten
>   (= Fertigungslöhne + Fertigungsgemeinkosten)
> ───────────────────────────
> = Herstellkosten
> \+ Vertriebsgemeinkosten
> \+ Verwaltungsgemeinkosten
> ───────────────────────────
> = Selbstkosten
> \+ Gewinnzuschlag
> ───────────────────────────
> **= Planerlös**
> ═══════════════════════════

## 4.6.1.2.4    Operative Fertigungsablaufplanung

Ausgehend von den Festlegungen der strategischen Planung, befasst sich die operative Fertigungsablaufplanung oder spezielle Arbeitsvorbereitung mit den konkreten Problemen ihrer **Umsetzung.** Dabei sind die Grenzen zwischen langfristig gültigen und einmaligen Festlegungen fließend, ebenso wie die Zuordnung einzelner Aktivitäten zur Fertigungsablaufplanung oder zur Fertigungssteuerung, insbesondere Arbeitssteuerung, oft kaum möglich ist.

Folgende Einzelprobleme werden untersucht:

– Durchlaufzeitplanung,
– Arbeitsfolgeplanung,
– Transportplanung,
– Belegwesenplanung.

Unterstellt wird dabei jeweils ein Mehrprodukt-Unternehmen, das innerhalb eines bestimmten Zeitabschnitts n verschiedene Güterarten X1,...,Xn unter Kombination von m Produktionsfaktoren R1,...,Rm herstellen kann. Die verschiedenen Planungsprobleme werden dabei im Kern geschildert; auf die Darstellung der in der Produktionstheorie beschriebenen mathematischen Lösungsverfahren wird jedoch verzichtet.

### 4.6.1.2.4.1  Durchlaufzeitplanung

Zeit ist eine wesentliche Dimension jeglicher Planung; so auch im Zusammenhang mit der Planung der Arbeitsabläufe, Entlohnung und Kosten.

Die **Durchlaufzeit** (vgl. auch Abschn. 4.3.2.2.4) eines Erzeugnisses bezeichnet die Zeitspanne zwischen der Erstbearbeitung des Werkstoffes und der Fertigstellung des Produktes bis zu seiner Auslieferung an den Vertriebsbereich. Sie beinhaltet

- **Durchführungszeiten,** die bei Bearbeitung und Prüfung des Erzeugnisses anfallen;

- **Zwischenzeiten** als Übergangszeiten, die beim Übergang des Erzeugnisses zum nächsten Teilprozess anfallen, und Liegezeiten, die entweder Wartezeiten vor der nächsten Arbeitsstation oder Lagerzeiten darstellen. Zwischenlagerungen können auch prozessbedingt notwendig sein, z. B. wenn eine Trocknung oder Reifung erfolgen muss;

- **Zusatzzeiten,** die als Zeitpuffer für nicht exakt planbare unvorhersehbare Ereignisse wie Maschinenstörungen oder notwendige Nachbearbeitungen am halbfertigen Erzeugnis vorgesehen werden müssen. Meist werden hierfür prozentuale Zeitaufschläge auf die Durchführungs- und Zwischenzeiten eines Prozesses vorgenommen.

Vielfach machen **Wartezeiten** einen großen Teil der Durchlaufzeit aus. Werden im Mehrproduktunternehmen bei Werkstattfertigung Maschinen zur Bearbeitung mehrerer Produkte eingesetzt, so entstehen häufig Wartezeiten, während derer ein halbfertiges Produkt nicht weiterbearbeitet werden kann, weil die hierzu benötigte Maschine damit beschäftigt ist, ein anderes Produkt zu bearbeiten. Hierin zeigt sich das klassische Dilemma der Ablaufplanung als Zielkonflikt zwischen dem Wunsch nach hoher Kapazitätsauslastung einerseits und der Forderung nach schnellen Durchlaufzeiten andererseits. Dieses Problem wird in Zusammenhang mit der Produktionssteuerung (Abschn. 4.6.2) eingehender behandelt. Auch im Einproduktunternehmen können Wartezeiten auftreten, wenn es nicht gelingt, die Bearbeitungszeiten an den einzelnen Bearbeitungsstationen aufeinander abzustimmen (Problem der Taktabstimmung).

Die Minimierung von Durchlaufzeiten ist ein Optimalitätskriterium der Produktionsplanung. Maßnahmen zur Reduzierung der Durchlaufzeit, die im Rahmen der Produktionssteuerung zu berücksichtigen sind, sind z. B.

- die Erhöhung der Priorität eines Auftrages zu Lasten anderer Aufträge, um die Übergangs- und Liegezeiten zu verkürzen;

- die Teilung eines Auftrages nach Art oder Menge und gleichzeitige Bearbeitung von Auftragsteilen an mehreren (je nach vorgenommener Teilung gleichartigen oder unterschiedlichen) Arbeitsstationen;

- die Zusammenfassung gleichartiger Teile verschiedener Aufträge zu einem Arbeitsauftrag.


**Zeitbegriffe**

Wesentliche Zeitbegriffe im Rahmen der Fertigungsplanung sind

aus der »Sicht« des **Auftrages:**

- **Auftragszeit:** Vorgabezeit für das Ausführen eines Auftrages (Rüsten und Ausführen) durch den Menschen; sie beinhaltet die

  - **Rüstzeit:** Vorgabezeit für das der Ausführung vorangehende Rüsten mit

    - Rüstgrundzeit,
    - Rüsterholungszeit und
    - Rüstverteilzeit;

- **Ausführungszeit:** Vorgabezeit für das Ausführen eines Auftrages; sie wird auf eine Mengeneinheit bezogen und beinhaltet

  - die Ausführungsgrundzeit,
  - die Ausführungserholungszeit und
  - die Ausführungsverteilzeit;

- **Übergangszeit:** Transportzeit und Liegezeit.

aus der »Sicht« des **Betriebsmittels** (maschinelle Anlage usw.):

– **Belegungszeit:** Vorgabezeit für die Belegung eines Betriebsmittels durch einen Auftrag; sie beinhaltet

   – die **Betriebsmittelrüstzeit:** Vorgabe für das Belegen eines Betriebsmittels durch das Rüsten für einen Auftrag; sie wiederum zerfällt in

      – die Betriebsmittelrüstgrundzeit und
      – die Betriebsmittelrüstverteilzeit;

   – die **Betriebsmittelausführungszeit:** Vorgabe für das Belegen eines Betriebsmittels durch einen Auftrag; sie wird auf eine Mengeneinheit bezogen und gliedert sich gleichfalls in

      – die Betriebsmittelausführungsgrundzeit und
      – die Betriebsmittelausführungsverteilzeit.

– **Übergangszeit:** Transportzeit und Liegezeit.

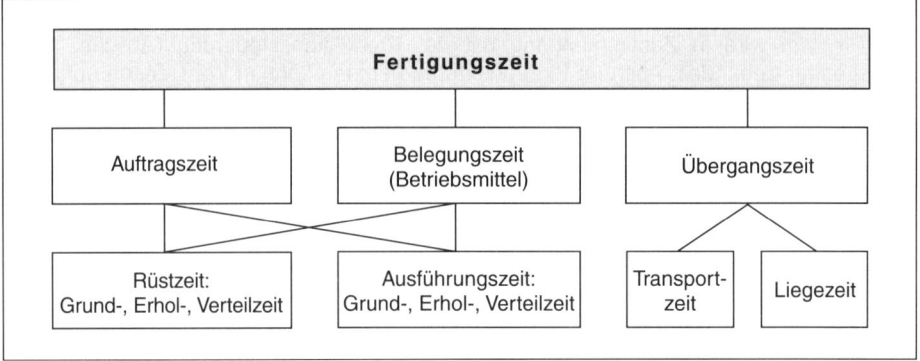

Zeitbegriffe in der Fertigungsplanung

Im Rahmen der **Zeitermittlung** sind u. a. folgende Daten wesentlich:

– der **Zeitbedarf** für die Ausführung einzelner Ablaufabschnitte;

– die **Einflussgrößen,** von denen dieser Zeitbedarf abhängt, etwa

   – die Person, die die Arbeit ausführt,
   – die zum Einsatz kommenden Betriebsmittel,
   – die angewandten Arbeitsmethoden und -verfahren,
   – die Arbeitsbedingungen, d. h. die Umgebungseinflüsse am Arbeitsplatz,
   – die Bezugsmengen (Stücke), auf die sich die ermittelte Zeit bezieht.

Einige wichtige Zeitbegriffe in formelhafter Darstellung zeigt die folgende Tabelle.

Im Rahmen der Fertigungsplanung kommt der Ermittlung von Soll-Zeiten als Planungsgrundlage größte Bedeutung zu. Verfahren der Zeitaufnahme beschreibt (wie auch die vorstehenden Zeitbegriffe) die **REFA-Methodenlehre.**

Der »REFA-Verband für Arbeitsstudien und Betriebsorganisation e. V.«, gegründet 1924 als »Reichsausschuss für Arbeitszeitermittlung«, ist ein von Arbeitgeberverbänden und Gewerkschaften unterstützter Verband zur Förderung arbeitswissenschaftlicher Grundlagenforschung.

| | |
|---|---|
| Auftragszeit T | Rüstzeit $t_r$ + Ausführungszeit $t_a$ |
| Ausführungszeit $t_a$ | Zeit je Einheit $t_e$ · Anzahl der Einheiten m |
| Zeit je Einheit $t_e$ | Ausführungszeit $t_a$ + Erholungszeit $t_{er}$ + Verteilzeit $t_v$ |
| Verteilzeit $t_v$ | Sachliche Verteilzeit $t_s$ + persönliche Verteilzeit $t_p$ |
| Tätigkeitszeit $t_t$ | Beeinflussbare Tätigkeitszeit $t_{tb}$ + unbeeinflussbare Tätigkeitszeit $t_{tu}$ |
| Rüstzeit $t_r$ | Rüstgrundzeit $t_{rg}$ + Rüsterholungszeit $t_{rer}$ + Rüstverteilzeit $t_{rv}$ |
| Belegungszeit $T_{bB}$ | Betriebsmittelrüstzeit $t_{rB}$ + Betriebsmittelausführungszeit $t_{aB}$ |
| Betriebsmittel-ausführungszeit $t_{aB}$ | Betriebsmittelzeit je Einheit $t_{eB}$ · Anzahl der Einheiten m |
| Betriebsmittelzeit je Einheit $t_{eB}$ | Betriebsmittelgrundzeit $t_{gB}$ + Betriebsmittelverteilzeit $t_{vB}$ |
| Durchlaufzeit $T_D$ | Planmäßige Durchlaufzeit $t_{pS}$ + Zusatzzeit $t_{zuS}$ |
| Planmäßige Durchlaufzeit $t_{pS}$ | Durchführungszeit $t_{dS}$ + Zwischenzeit $t_{zwS}$ |
| Durchführungszeit $t_{dS}$ | Hauptdurchführungszeit $t_{hS}$ + Nebendurchführungszeit $t_{nS}$ |

Wichtige Zeitbegriffe nach REFA

## 4.6.1.2.4.2 Arbeitsfolgeplanung

Jeder Auftrag unterliegt einer in einem Ablaufplan zu fixierenden technologischen Reihenfolge, in der die einzelnen Arbeitsschritte durchzuführen sind. In der Arbeitsablaufplanung wird fixiert, wo (Arbeitsplatz, Kostenstelle), wann und womit (Betriebsmittel) der Arbeitsgegenstand (Produkt-Vorstufe) bearbeitet oder verbraucht wird.

Bei einfachen Fertigungsabläufen kann der Arbeitsplan (vgl. Abschn. 4.6.1.3) zugleich als Arbeitsfolgeplan dienen. Für komplexere Prozesse empfiehlt sich die Aufteilung in Teil-Arbeitspläne. Auftragsspezifika werden dabei jeweils in **Auftrags-Arbeitsplänen** erfasst, die als Grundlage für die den Auftrag begleitenden Belege wie Laufzettel, Terminkarten, Lohnscheine usw. dienen. Für die grafische Darstellung von Arbeitsfolgen bieten sich Datenflusspläne oder Netzpläne (vgl. Kap. 7) an.

Eine Form der Aufgliederung von Arbeitsabläufen stellt die Zerlegung in Ablaufschritte nach REFA dar. Dabei wird wie folgt vorgegangen:

- **Gesamtabläufe** werden in Teilabläufe zerlegt.

- **Teilabläufe** bestehen aus mehreren Ablaufstufen.

- Jede **Ablaufstufe** besteht aus einer Folge von Vorgängen.

- **Vorgänge** gliedern sich wiederum in **Vorgangsstufen** und Vorgangselemente.

- **Vorgangselemente** als kleinste Gliederungseinheiten sind entweder Bewegungselemente (vom Menschen ausgeführte Grundbewegungen, z. B. Greifen eines Gegenstandes, Bedienen eines Hebels) oder Prozesselemente (von Maschinen ausgeführte Grundfunktionen, z. B. Walzen).

Die Abbildung zeigt eine derartige Aufgliederung.

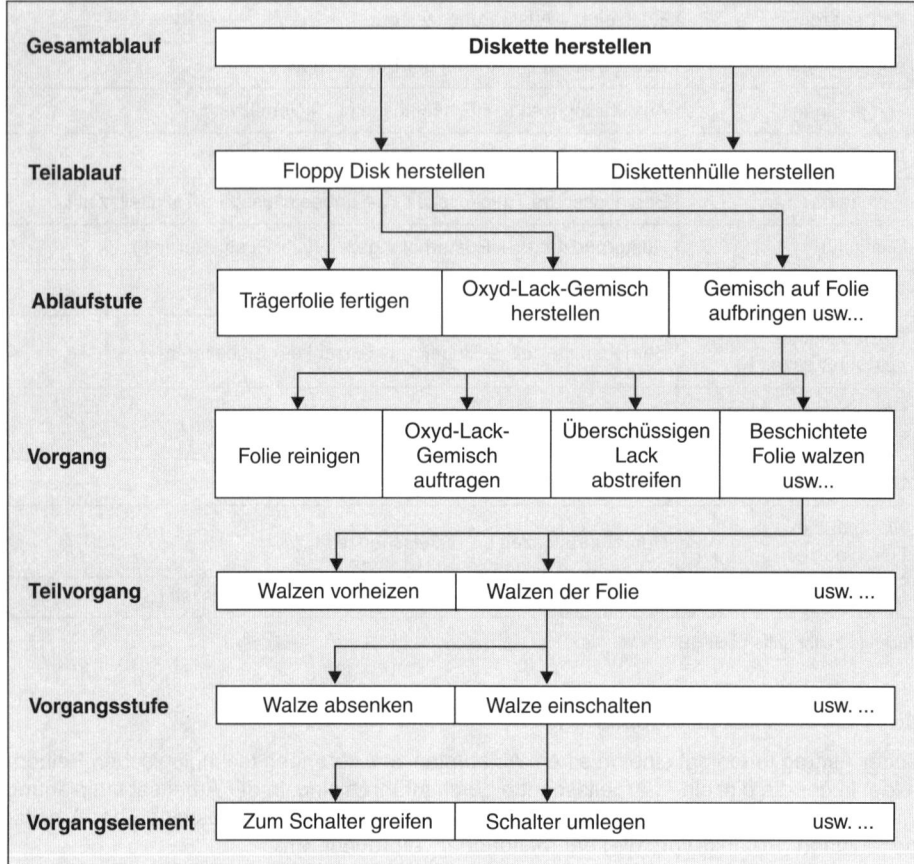

Arbeitsfolgeplan »Herstellung einer Diskette«

### 4.6.1.2.4.3  Transportplanung

Im Zuge der Fertigungsvollzugsplanung stellen sich folgende Transportprobleme:

– Das Problem der räumlichen Verteilung von Aufträgen. Räumliche Verteilung bedeutet sowohl die **Zuordnung** von Aufträgen zu Zweigwerken eines Industriebetriebes mit gleichartigen Produktionsanlagen als auch die Zuordnung von Aufträgen zu bestimmten unter mehreren gleichartigen Maschinen und Arbeitsplätzen;

– das Problem der Beförderung von Materialien, Halbfertig- und Fertigerzeugnissen zwischen Arbeitsstationen und Lagerorten.

Transporte verursachen Zeitbedarfe und Kosten, die bei der Verteilungs-, insbesondere der Maschinenbelegungsplanung, zu berücksichtigen sind.

Eine ausführliche Darstellung der unterschiedlichen Möglichkeiten, Arbeitsstationen anzuordnen und dabei Transportnotwendigkeiten ggf. zu minimieren, enthalten die Ausführungen zu den Organisationstypen der Fertigung (Abschn. 4.7.2.2). Auf die unterschiedlichen **Transportmittel** wurde bereits in Abschnitt 4.5.2 ausführlich eingegangen.

### 4.6.1.2.4.4   Belegwesenplanung

Von der Auftragserteilung bis zur Übergabe an die Vertriebsabteilung wird jeder Auftrag von Belegen begleitet, mit deren Hilfe der Arbeitsablauf gesteuert und kontrolliert wird. Diese Belege werden auftragsindividuell und so spät wie möglich erstellt, um ihre Aktualität zu gewährleisten.

Belege sind z. B.

- **Laufzettel/Laufkarte:** Jeder zu erledigende Arbeitsvorgang ist mit der zugehörigen Arbeitsstation auf dem Laufzettel vermerkt und muss nach Erledigung an der betreffenden Arbeitsstation mit Datumsangabe persönlich abgezeichnet, ggf. mit Prüfvermerk gegengezeichnet werden. Der Laufzettel sichert die fristgerechte Erledigung und bestimmungsgemäße Weitergabe der Erzeugnisse (Auftragszusteuerung und -weitergabe) während ihres Entstehungsprozesses. Er begleitet den Auftrag von Station zu Station.

- **Terminkarte:** Gegenstück zum Laufzettel, das aber beim Planenden verbleibt und aufgrund von Rückmeldungen (Kontrollzettel, Rückmeldeschein) fortgeschrieben wird. Diese Fortschreibung dient der Kontrolle der fristgerechten Erledigung.

- **Betriebsauftragsformular:** Jede an einem Auftrag beteiligte Stelle erhält vorab einen Betriebsauftrag in Form einer Kopie des Arbeitsplans als rechtzeitige Information über die zu erledigende Arbeit.

- **Materialkarte:** Mit der Materialkarte wird die Bereitstellung des zur Auftragsbearbeitung benötigten Materials durch die Materialwirtschaft sichergestellt. Sie dient sowohl der Disposition als auch als Materialentnahmeschein und damit sowohl als Buchungsunterlage für die Lagerbuchhaltung als auch als eine Grundlage der Nachkalkulation.

- **Lohnkarte/Lohnschein:** Die Lohnkarte ist sowohl Arbeitsanweisung für einzelne Mitarbeiter als auch Lohnberechnungsunterlage für die Lohnbuchhaltung. Der Kostenrechnung dient sie als Grundlage der Nachkalkulation.

Welche Daten in welcher Form auf Belegen festgehalten werden, richtet sich letztlich nach den Anforderungen des einzelnen Betriebes.

## 4.6.1.3   Arbeitsvorbereitung

Nach einer heute weitgehend akzeptierten, von vielen Quellen übernommenen Definition von EVERSHEIM umfasst die Arbeitsvorbereitung die Teilbereiche Arbeitsplanung und Arbeitssteuerung. Da die Arbeitssteuerung jedoch heute als Teil der Produktionssteuerung aufgefasst wird, soll an dieser Stelle nur die Arbeitsplanung behandelt werden.

Die Arbeitsplanung umfasst **alle einmalig auftretenden Maßnahmen der Planung,** die notwendig sind, den Arbeitsablauf festzulegen und dessen Durchführung zu ermöglichen. Durch sie wird für jedes Erzeugnis festgelegt, in welcher Weise und in welcher Reihenfolge, auf welchen Betriebsmitteln und mit welchen Hilfsmitteln in welcher Zeit die Fertigung erfolgen soll.

Die Arbeitsplanung umfasst also

- die Fertigungsgestaltung, in deren Rahmen das Fertigungsverfahren festgelegt wird,
- die Betriebsmittelplanung bezüglich Maschinen, Material und Arbeitskraft,
- die Zeitermittlung,
- die Transportplanung bei Bearbeitung an verschiedenen Plätzen.

Ziel der Arbeitsplanung ist die Minimierung der Fertigungskosten. Das Ergebnis ist ein **Arbeitsplan** als auftragsunabhängige Dokumentation des Arbeitsablaufs.

Der Arbeitsplan greift die zuvor genannten Planungstätigkeiten auf (vereinfacht):

| Arbeitsplan Nr. *BZ126* | | | | | |
|---|---|---|---|---|---|
| **Erzeugnis:** | Sachnummer: | *BZ561a* | Bezeichnung: | *Lochplatte* | |
| **Material:** | Sachnummer: | *MA122.1* | Bezeichnung: | *Stahlblech* | |
| | | | Mengeneinheit: | *Stück* | |
| Arbeitsablauf: | | | Menge: | *1* | |
| Arbeitsgang | AG-Nr. | Arbeitsplatz | Rüstzeit / Minuten | Bearbeitungs-zeit / Minuten | Betriebsmittel |
| Bohren | 1 | W1-1 | | 8 | B-23 |
| Entgraten | 2 | W1-2 | | 4 | F-02 |
| Polieren | 3 | W1-5 | 2 | 2 | S-11 |
| ... | ... | ... | ... | ... | ... |

Arbeitsplan »Fertigung einer Lochplatte«

Arbeitspläne sollen grundsätzlich die folgenden Angaben enthalten:

– **Kopfdaten:** Diese umfassen mindestens die Sachnummer des Arbeitsgegenstandes und seine Bezeichnung, ggf. auch Angaben zur Art des Arbeitsplanes (siehe unten), eine Arbeitsplannummer und, falls es sich um einen auftragsabhängigen Durchlauf handelt, auch Angaben wie Auftragsnummer, Losnummer und Losgröße.

– **Materialdaten:** Das eingesetzte Material wird mit seiner Bezeichnung, Sachnummer, Mengeneinheit und benötigter Menge angegeben.

– **Fertigungsdaten:** Im Einzelnen sind dies
  – Nummer und Bezeichnung des Arbeitsganges (AG),
  – Nummer und nähere Bezeichnung des Arbeitsplatzes, evtl. Angabe der Kostenstelle,
  – Zeitvorgaben (Bearbeitungs-, Transport-, Rüstzeiten),
  – Nummer und Bezeichnung des eingesetzten Betriebsmittels mit Menge und Ort.

Arbeitspläne sind unverzichtbare Hilfsmittel bei der Bewältigung folgender konkreter Problemstellungen, die eng miteinander verzahnt sind:

– **Fertigungsdurchführung:** Der Arbeitsplan enthält bindende Anweisungen hinsichtlich der Art und Weise, in der die einzelnen Arbeitsgänge durchzuführen sind.

– **Ablaufsteuerung:** Der Arbeitsplan legt die Reihenfolge der Arbeitsgänge fest.

– **Betriebsmittelbelegung/Arbeitsverteilung:** Aus dem Arbeitsplan ergibt sich die für die Aufgabenerledigung notwendige Belegung von Maschinen bzw. Beanspruchung von menschlicher Arbeitskraft. Diese Angaben sind Voraussetzung für eine die maschinellen Anlagen gleichmäßig auslastende, engpassbedingte Verzögerungen minimierende und Durchlaufzeiten optimierende Kapazitätsauslastung.

– **Terminierung:** Sie umfasst die Festlegung von Anfangs- und Endterminen für Aufträge und, daraus abgeleitet, für einzelne Arbeitsgänge.

– **Kalkulation und Lohnberechnung:** Aus den sich aus dem Arbeitsplan ergebenden Material-, Zeit-, Betriebsmittel- und Arbeitskräftebedarfen lassen sich die Kosten der Herstellung ermitteln.

– Erstellung von **Auftragsunterlagen,** die den Auftrag an die einzelnen Arbeitsstationen begleiten (Werkstattpapiere).

– **Qualitätssicherung:** Durch die für alle gleichartigen Aufträge bindenden gleichartigen Vorgaben stellt der Arbeitsplan per se ein Instrument der Qualitätssicherung dar. Zugleich ist er Grundlage für die Bestimmung geeigneter Prüfungen.

Konventionell werden Arbeitspläne von Arbeitsplanern von Hand erstellt. Im Rahmen der computerunterstützten Planung (**CAP** = Computer Aided Planning) kann die Erstellung der Arbeitspläne jedoch entweder im Dialog zwischen Computer und Arbeitsplaner oder auch automatisch erfolgen.

Die Aktivitäten des CAP stehen dabei zwischen denjenigen des CAD – der computerunterstützten Konstruktion – einerseits, aus dem die Grunddaten des zu fertigenden Gegenstandes übernommen werden, und denjenigen der Maschinenprogrammierung andererseits.

Wie schon erwähnt wurde, sind Arbeitspläne von Natur aus zunächst auftragsunabhängige (auftragsneutrale) Ablaufdokumentationen. Sind konkrete Aufträge auf Basis eines Arbeitsplanes zu erledigen, wird dieser um die auftragsbezogenen Daten ergänzt; hierdurch entsteht ein auftragsabhängiger Arbeitsplan, der auch als **Auftrags-Arbeitsplan** oder kurz als Auftrag bezeichnet wird. Außerdem werden aus dem Grundaufbau des Arbeitsplans (AP) diverse Arbeitsplanvarianten abgeleitet, die die Abbildung zeigt.

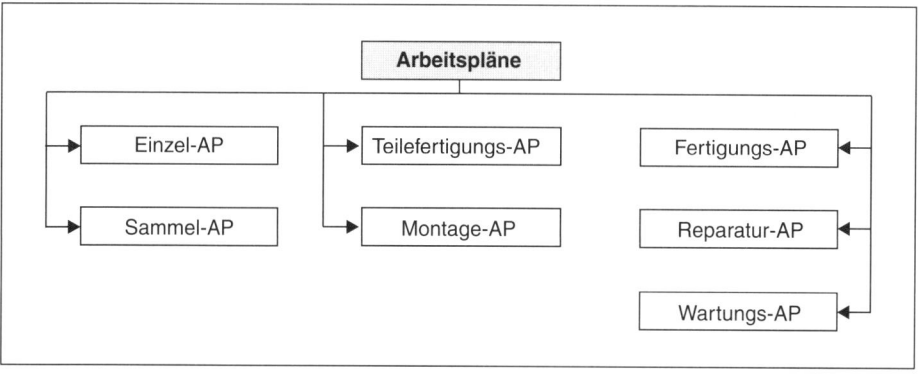

Arbeitsplanvarianten

# 4.6.2    Produktionssteuerung

Unter Produktionssteuerung ist die Umsetzung der vorangegangenen Planungen zu verstehen. Der Unterschied zu der in Abschnitt 4.6.2.2 dargestellten Werkstattsteuerung ist fließend: Während die Produktionssteuerung eher mittelfristig angelegt ist und insoweit noch beträchtlichen Planungscharakter aufweist, behandelt die Werkstattsteuerung die Realisierung von Aufträgen im Kurzfristbereich.

An dieser Stelle sei nochmals auf den – durch den Einsatz computergesteuerter PPS-Systeme verstärkten – integrativen Charakter von Planung und Steuerung hingewiesen, der häufig eine eindeutige thematische Zuordnung nicht zulässt.

Ziel der Produktionssteuerung ist die kostenoptimale Produktion. Da jedoch Kosten als Steuerungsgrößen häufig nicht in hinreichender Detaillierung zur Verfügung stehen, bedient sich die Produktionssteuerung vorrangig Zeitgrößen, daneben aber auch Mengengroßen als Ersatzziele.

**Zeitziele** sind vor allem

- Minimierung der Durchlaufzeiten,
- Maximierung der Kapazitätsauslastung,
- Einhaltung von Terminen.

**Mengenziele** sind vor allem auf die Minimierung von Lagerhaltungs- und Kapitalbindungskosten ausgerichtet, etwa

- Minimierung der Eingangs-, Zwischen-, Werkstatt- und Ausgangslagerbestände,
- Minimierung von Fehlmengen (d. h. nachgefragte Mengen, die nicht bereitgestellt werden konnten).

Zwischen diesen inhaltlich verschiedenartigen Zielen können Zielkonflikte auftreten, die GUTENBERG als »**Dilemma der Ablaufplanung**« bezeichnet.

Im Folgenden werden die Aktivitäten der Fertigungssteuerung in folgender Gliederung behandelt:

- Arbeitssteuerung,
- Werkstattsteuerung,
- Kapazitätssteuerung,
- Materialsteuerung.

Die hierzu eingesetzten EDV-gestützten Systeme werden anschließend gesondert in Abschnitt 4.6.3 behandelt.

## 4.6.2.1    Arbeitssteuerung

Der Begriff der Arbeitssteuerung wird in der Literatur nicht selten mit demjenigen der Produktionsplanung und -steuerung gleichgesetzt, soll hier aber im Sinne von »Umsetzung der Fertigungsplanung anhand konkreter Aufträge« verstanden werden. Viele der in diesem Zusammenhang anfallenden Aktivitäten wurden bereits in den vorangegangenen Abschnitten, vor allem bezüglich ihrer Kernaktivitäten der **Auftragszusteuerung und -weiterleitung** in Abschnitt 4.6.1.2.4, behandelt. Ergänzende Darstellungen enthalten die folgenden Abschnitte, insbesondere Abschnitt 4.6.3, der der EDV-gestützten Produktionsplanung und -steuerung gewidmet ist.

An dieser Stelle beschränkt sich die Darstellung daher auf die Auftragsvorbereitung, die Auftragsverteilung und -überwachung sowie die Terminplanung.

### 4.6.2.1.1    Auftragsvorbereitung

Die Auftragsvorbereitung verfolgt das Ziel, einen **Werkauftrag** zu formulieren, also eine Anweisung an die Fertigungsstellen, ein bestimmtes Produkt in einer vorbestimmten Art, Menge und Güte innerhalb einer vorgegebenen Zeit herzustellen. Auslösendes Moment eines Werkauftrags kann ein **Kundenauftrag,** ein lagerbestimmter Auftrag (**Lagerauftrag)** oder ein **Eigenbedarf** sein.

Folgende Werkaufträge werden unterschieden:

- **Fertigungsauftrag:** Auftrag zur Fertigung eines Produktes aus dem Programm;

- **Entwicklungsauftrag:** Auftrag zur Entwicklung eines Produktes;

- **Anlagenauftrag:** Auftrag zur Erstellung einer Anlage für den Eigenbedarf;

- **Versandauftrag:** Auftrag zum Versand einer im Lager vorrätigen Ware;

- **Einkaufsauftrag:** Auftrag über fremdzubeziehende Ware.

**Vorarbeiten** im Rahmen der Auftragsvorbereitung sind

- Prüfung der Durchführbarkeit in technischer und wirtschaftlicher Hinsicht,
- Prüfung der Vollständigkeit und ggf. Korrektur bzw. Beseitigung von Unklarheiten,
- Vergabe einer Auftragsnummer,
- Einsetzen der betriebsinternen Bezeichnungen,
- Terminfixierung,
- ggf. Zusammenfassung mehrerer Aufträge zu einem größeren Werkauftrag.

## 4.6.2.1.2    Auftragsverteilung und -überwachung

Auftragsverteilung (Arbeitsverteilung) und Auftragsüberwachung (Arbeitsüberwachung) sind flankierende bzw. begleitende Maßnahmen der Fertigungsdurchführung:

- Die Verteilung der Werkaufträge auf einzelne Arbeitsplätze erfolgt kurzfristig (häufig eine Woche vor Durchführungsbeginn) auf der Basis der Terminplanung.
- Die Überwachung der Aufgabendurchführung begleitet die Fertigung von Beginn an und endet mit der Fertigmeldung im Anschluss an die Ergebniskontrolle.

Die Aufgaben der **Arbeitsverteilung (Dispatching)** sind

- die Versorgung der einzelnen Arbeitsplätze mit Aufträgen,
- die Sicherung der Termineinhaltung und
- die Erkennung und Vermeidung von Engpässen.

Sie kann dezentral durch den Meister oder Vorarbeiter erfolgen, wenn die Zahl der zu disponierenden Aufträge, ebenso wie die Zahl der betreuten Arbeitsplätze, gering ist oder wenn die Erledigung bestimmter Aufgaben an ganz bestimmte Maschinen und/oder Arbeitskräfte gebunden ist, mithin nur ein geringer Entscheidungsspielraum besteht.

Ist die Anzahl der zu verteilenden Aufträge jedoch beträchtlich, so erfolgt die Arbeitsverteilung im Allgemeinen zentral durch speziell hierfür ausgebildetes Personal.

Die **Arbeitsüberwachung (Supervision)** erstreckt sich im engeren Sinne auf die Kontrolle von Mengen (entnommenes Fertigmaterial, abgelieferte Produktion) und Terminen. Im weiteren Sinne umfasst sie jedoch auch die Überwachung der Qualität, der Kosten, der Betriebsmittel und der Arbeitsbedingungen.

Zu den Überwachungsaufgaben im Rahmen der Produktionssteuerung sind auch die Identifizierung der Ursachen von Soll-/Ist-Abweichungen und die Einleitung von Maßnahmen zur Fehlerbehebung zu zählen. Eine ausführliche Behandlung der hierbei anwendbaren Methoden erfolgt in Kapitel 8.

**Organisationshilfen** der Arbeitsverteilung und -überwachung sind z. B.

- **Lauf- und Terminkarten,** die das in Bearbeitung befindliche Teil begleiten und fortgeschrieben werden,
- **Materialentnahmescheine** als Lagerbuchhaltungsbeleg,
- **Fertigungslohnscheine,** anhand derer die Belegung einzelner Arbeitsplätze mit Aufträgen nachverfolgt werden kann,
- **Unterweisungspläne** für einzelne Arbeitsvorgänge.

Weiteres zum Belegwesen wurde bereits in Abschnitt 4.6.1.2.4.4 behandelt.

## 4.6.2.1.3    Terminplanung

Die Terminplanung **(Timing, Scheduling)** legt Anfangs- und Endtermine für einzelne Werkaufträge fest und knüpft damit an die Feinterminierung im Rahmen der Produktionsprogrammauflösung und Auftragsneustrukturierung an.

Die Vorgehensweise bei der Terminplanung im Rahmen der Auftragssteuerung hängt davon ab, ob die Produktion durch Kapazitätsgrenzen und -engpässe bestimmt ist oder nicht:

– Sind ausreichende Kapazitäten vorhanden, so kann die Terminplanung **auftragsorientiert** erfolgen, d. h. konkurrierende Aufträge werden nicht berücksichtigt.

– Das Vorhandensein von Kapazitätsgrenzen bzw. die Zielsetzung einer gleichmäßigen Kapazitätsauslastung erfordern eine **kapazitätsorientierte** Terminplanung, die, ausgehend vom Kapazitätsbestand, den Kapazitätsbedarf terminiert.

– Bei bestehenden **Kapazitätsengpässen** erfolgt die Planung zunächst auftrags-, anschließend kapazitätsorientiert.

Die Terminplanung bedient sich diverser Hilfsmittel, die auch die Überwachung der Sollvorgaben und die Aufdeckung von Soll-Ist-Abweichungen ermöglichen, z. B

– Netzplantechnik (vgl. Kap. 7),
– Gantt-Diagramme (ebenda),
– Plantafeln,
– Terminkarteien.

## 4.6.2.2 Werkstattsteuerung

Die Werkstattsteuerung ist die Ablaufsteuerung einzelner Aufträge und damit gewissermaßen die Kurzfrist-Komponente der Produktionssteuerung. Sie beinhaltet

– die Auftragsauslösung,
– die kurzfristige Ablaufplanung und Arbeitszuteilung,
– die Betriebsdatenerfassung und
– die Fertigungskontrolle.

Da hier auf Wiederholungen verzichtet werden soll, wird im Folgenden häufiger auf bereits behandelte Sachverhalte unter Angabe der Fundstelle hingewiesen.

### 4.6.2.2.1 Auftragsauslösung

In der mittelfristigen Planung und Steuerung wurden Zeitpunkte für die Inangriffnahme einzelner Aufträge festgelegt. Zum jeweiligen Zeitpunkt ist zu prüfen, ob eine Auftragsfreigabe erfolgen kann. Diese beinhaltet die Entscheidung über den Bearbeitungsbeginn und die Zuordnung des Auftrages zu den ausführenden Arbeitsplätzen und setzt die Verfügbarkeit der notwendigen Betriebsmittel und des erforderlichen Materials voraus. Die formale Freigabe besteht in der Erstellung der Werkstattpapiere und der Bereitstellung des Materials.

Werkstattpapiere, die zu Beginn der Auftragsbearbeitung vorliegen müssen, sind

– der **Fertigungsauftrag** (auch: Laufkarte, Werkstattauftrag, Arbeitsbegleitschein),

– der **Materialschein** (auch: Bereitstellungsstückliste),

– sonstige **Bezugsbelege** für benötigte Materialien und Betriebsmittel,

– **Lohnscheine** oder andere Zeitvorgabebelege.

Im Zuge der Bearbeitung fallen weitere Papiere an:

– Fertigstellungs-**Rückmeldebelege,**

– **Lagerzugangsbelege** (Einlagerungsbelege für Fertig- und Halbfertigteile).

Die Erstellung dieser Belege leistet in der Regel ein computergestütztes PPS-System.

## 4.6.2.2.2 Kurzfristige Modifizierungen in der Ablaufplanung und Arbeitszuteilung

Die in der mittelfristigen Produktionssteuerung bereits festgelegten Abläufe und Zuteilungen müssen in der kurzfristig angelegten Werkstattsteuerung häufig infolge von Störungen noch modifiziert werden. Störungen, die zu Abweichungen führen, können

– anlagenbedingt (Maschinenausfall oder -störung),

– materialbedingt (qualitative Abweichungen, Fehlmengen),

– arbeitsbedingt (Fehlzeiten durch Krankheit, Urlaub, Unfall, Streik; Arbeitsfehler oder Leistungsgradabweichungen) oder

– dispositionsbedingt (Planungsfehler, mangelhafte Werkstattpapiere)

sein und durch kompensatorische Maßnahmen wie das Ansetzen von Überstunden, den Einsatz von Springern und Reserveanlagen oder die Anpassung von Schichten »entstört« werden. Auf das Erkennen, Beseitigen und Vermeiden von Störungen wird in Abschnitt 4.6.2.5 noch ausführlich eingegangen.

Wenn sich in der kurzfristigen Planung ergibt, dass mehrere Aufträge zur Bearbeitung an einem Arbeitsplatz in Wartestellung stehen, ist eine Entscheidung über die Bearbeitungsreihenfolge zu treffen. Eine ausführliche Darstellung der **Belegungs- oder Reihenfolgeproblematik** enthält Abschnitt 4.6.2.3.3. Die dort in Bezug auf die Maschinenbelegung getroffenen Feststellungen gelten analog für alle Arbeitsplätze. Zusätzlich zu den dort beschriebenen beschreibt die einschlägige Literatur eine Fülle weiterer ein- und mehrdimensionaler **Prioritätsregeln,** auf die hier aber nicht im Einzelnen eingegangen werden soll.

## 4.6.2.2.3 Betriebsdatenerfassung

Die Betriebsdatenerfassung **(BDE)** erfasst und verarbeitet die im Zuge der Fertigungsdurchführung auflaufenden Rückmeldungen. Sie muss kurzfristig und vollständig erfolgen, da die Werkstattsteuerung bei der Zuteilung von Aufträgen zu Arbeitsplätzen auf diese Rückmeldedaten angewiesen ist. Der Umfang der Rückmeldungen ist in der betrieblichen Praxis sehr unterschiedlich:

– Die **Grobsteuerung** beinhaltet lediglich die Weitergabe von Endterminen für einzelne Werkstätten, unabhängig davon, ob in der jeweiligen Werkstatt mehrere Arbeitsgänge vollzogen wurden;

– **Feinsteuerung** bedeutet, dass jeder beendete Arbeitsgang rückgemeldet wird.

Ferner können Rückmeldungen

– ereignisabhängig (Fertigungsbeginn, -ende, Transportbeginn, -ende usw.) oder
– periodenabhängig (Ende der Schicht, des Tages, der Woche...)

sein.

Die ordnungsmäßige Weiterbearbeitung macht eine Reihe von Rückmeldedaten erforderlich, z. B. Auftragsnummer, Arbeitsgangnummer und Menge. Daneben können weitere Daten vorgesehen werden, etwa die Nummer des Mitarbeiters, der den Auftrag erledigt

hat, oder des Arbeitsplatzes, der Zeitbedarf oder der von den Vorgaben abweichende Endtermin.

Vor allem maschinelle Arbeitsplätze können mit **Datengebern,** etwa Sensoren und Impulszählern, ausgestattet werden, die eine automatische Betriebsdatenerfassung ermöglichen. In modernen **Leitstandsystemen** (vgl. Abschn.4.6.3.1.2) sind alle Arbeitsstationen in Standverbindung (»online«) mit dem Leitstand und dieser wiederum mit einem betriebsumspannenden EDV-System gekoppelt. Auf diese Weise können zu jedem Zeitpunkt

Aussagen über den Betriebszustand und die Auslastung einer jeden Arbeitsstation getroffen und zeitlich lückenlose Dokumentationen erstellt werden.

Neben Betriebszuständen und Auslastungssituationen einzelner Arbeitsplätze zählen zu den Betriebsdaten weitere technische und organisatorische Informationen wie Produktmengen, Produktionsdurchlaufzeiten, Lagerbestände und Lagerbewegungen.

Die Verarbeitung der Betriebsdaten durch ein computergestütztes **PPS-System** (vgl. Abschn. 4.6.3) kann im Rahmen eines Soll-Ist-Abgleichs erfolgen. So vergleicht die Auslastungsüberwachung (Kapazitätsüberwachung) die verfügbare mit der tatsächlich beanspruchten Kapazität. Sie dient der Ergründung der Ursachen für Stillstände. Mittels automatisierter Systeme können Diagramme erstellt werden, die die wesentlichen Ursachen wie Werkzeugwechsel, Reparatur, Warten auf/Holen von Material- oder Betriebsstoffen, Wartungsarbeiten, Übergabe bei Schichtwechsel usw. ausweisen und zugleich in anschaulicher Weise visualisieren. Ihre Auswertung liefert Anhaltspunkte für Maßnahmen, die zur Verbesserung der Auslastung ergriffen werden können.

Die erfassten Betriebsdaten werden nicht allein von der Produktionsplanung und -steuerung genutzt:

– Die **Lohnbuchhaltung** verarbeitet die erhaltenen Zeitdaten (Einsatz- und Abwesenheitszeiten) und Leistungsdaten (wesentlich für Akkordlohnberechnungen) in der Bruttolohnabrechnung.

– Die für die **Wartung** und **Instandhaltung** zuständigen Technischen Dienste verarbeiten erhaltene Maschinendaten (Laufzeiten, Intensitäten, aufgetretene Störungen) in ihrer Planung.

– Viele der gewonnenen Daten fließen in die **Nachkalkulation** ein: z. B. Personaleinsatzdaten, Maschinenlaufzeiten, Materialverbrauch, Ausschussquoten usw., wobei – die entsprechend notwendige Aktualität der Datengewinnung vorausgesetzt – auch eine »mitlaufende Kalkulation« eingerichtet werden kann.

– Insgesamt stellen die gewonnenen Betriebsdaten wertvolle Informationen für **Kostenrechnung** und **Controlling** dar.

Die computergestützte Produktionsplanung- und -steuerung wird ausführlich in Abschnitt 4.6.3 behandelt.

### 4.6.2.3     Kapazitätssteuerung

Die auftragsbezogene Kapazitätsplanung und -steuerung (Auftrags- und Terminsteuerung) umfasst

– die Produktionsprogrammauflösung und Auftragsneustrukturierung,
– die Beschaffung und Bereitstellung der Produktionsfaktoren,
– die Terminbearbeitung,

– die Durchlaufterminierung,
– die Kapazitätsterminierung und Maschinenbelegungsplanung.

Einige dieser Aspekte sollen im Folgenden kurz behandelt werden. Hinsichtlich der Durchlaufterminierung sei jedoch auf Abschnitt 4.6.1.2.4.1 verwiesen.

### 4.6.2.3.1     Auftragsneustrukturierung

In der kurzfristigen Produktionsprogrammplanung des Unternehmens wird festgelegt, wie viel wovon in welcher Zeit hergestellt werden soll. Dieser Festlegung folgt die Materialbedarfsermittlung und -beschaffung für die betreffende Periode sowie eine **Grobterminierung**.

Konkrete Kundenaufträge erfordern jedoch eine **Feinterminierung.** Ausgehend von den gewünschten Endterminen und auf der Basis von Arbeitsplänen, die die erforderlichen Materialarten und -mengen, Arbeitsabläufe und Vorgabezeiten enthalten, wird unter Berücksichtigung der Materialbestände und der freien Betriebsmittelkapazitäten eine Auflösung des Produktionsprogrammes in einzelne Aufträge vorgenommen, die jedoch nicht mit Kundenaufträgen identisch sein müssen. Oft erweist es sich als wirtschaftlich, Kundenaufträge und Lager- bzw. Eigenbedarfsaufträge zu größeren Einheiten, so genannten **Werkaufträgen,** zusammenzufassen.

## 4.6.2.3.2  Beschaffung und Bereitstellung der Produktionsfaktoren

Die Bereitstellungsplanung erstreckt sich auf die Produktionsfaktoren

– Arbeitskräfte,
– Betriebsmittel,
– Material

und hat im operativen Bereich vor allem die technische Aufgabe, dafür zu sorgen, dass die Produktionsfaktoren in der erforderlichen Art, Menge und Qualität zur richtigen Zeit am richtigen Ort bereitstehen. Dies erfolgt auf Basis längerfristig getroffener Festlegungen, die sich z. B. bezüglich des Materials auf Beschaffungsquellen, -häufigkeiten, -konditionen usw. beziehen, und setzt insoweit die Erledigung der **ökonomischen Aufgabe** der Bereitstellungsplanung voraus.

Die Materialbeschaffungsproblematik wird ausführlich in Abschnitt 4.3 behandelt. Auf die Arbeitskräftebereitstellung soll hier ebenfalls nicht eingegangen werden, da diese Gegenstand der Behandlung in Kapitel 10 ist.

Die **Betriebsmittelbereitstellungsplanung** muss die Verteilung der Aufträge auf die hintereinander gelagerten Bereichskapazitäten (Konstruktion, Fertigung, ggf. Zwischenlagerung, Montage, Kontrolle, Versand) vornehmen. Dabei werden zunächst die notwendigen Durchlaufzeiten errechnet, die sich aus der Addition der mengenbezogenen Bearbeitungszeiten, Rüstzeiten und Einstellzeiten ergeben. Im ersten Schritt kann diese Berechnung das Vorhandensein von Kapazitäten noch nicht berücksichtigen. Deren Berücksichtigung erfolgt erst im zweiten Schritt, in dem konkurrierende Aufträge durch die Anwendung von Prioritätsregeln in eine Reihenfolge gebracht werden. In einer weiteren Feinplanung werden die einzelnen Arbeitsgänge terminiert. Maßnahmen der Kapazitätsabstimmung sind dabei

– **zeitliche Anpassung:** Verschieben einzelner Arbeitsvorgänge auf einen späteren Zeitpunkt;

– **technische Anpassung:** Auslagerung einzelner Arbeitsvorgänge auf andere Kapazitäten.

Ein Beispiel für eine zeitliche Anpassung im Zuge der Maschinenbelegungsplanung schließt sich hier an.

## 4.6.2.3.3  Maschinenbelegungsplanung

In der industriellen Fertigung stellt sich häufig das Problem, dass ein Produkt auf mehreren Maschinen bearbeitet werden muss. Während bei Fließfertigung die Anordnung der einzusetzenden Betriebsmittel und Arbeitsplätze an dieser Reihenfolge ausgerichtet ist, stellt sich bei Werkstattfertigung häufig das **Reihenfolgeproblem (Sequencing)** als zentrale Frage der Maschinenbelegungsplanung.

Dieses Problem soll im Folgenden an einem Beispiel dargestellt werden:

*Die ABC-AG führt ihre Aufträge in Werkstattfertigung durch. Sie besitzt fünf verschiedene Maschinen A, B, C, D und E, die in Erledigung zweier verschiedener Aufträge 1, 2 zum Einsatz kommen. Jeder dieser Aufträge unterliegt einer unveränderlichen technologischen Reihenfolge (S) der Bearbeitung:*

*S1: A, D, C, B, E*
*S2: B, E, C, A, D*

*Weiterhin bekannt sind die Operationszeiten tij, die angeben, wie lange Auftrag i auf Maschine j bearbeitet wird (Angabe in Stunden):*

| Maschine j<br>Auftrag i | A | B | C | D | E |
|---|---|---|---|---|---|
| 1 | 2 | 3 | 3 | 2 | 1 |
| 2 | 1 | 2 | 4 | 2 | 2 |

*Bei unabhängiger Betrachtung beider Aufträge, also unterstellt, dass jeder Auftrag unmittelbar auf der jeweils erforderlichen Maschine bearbeitet werden kann, ergibt sich die in einem Gantt-Diagramm, dem so genannten **Maschinenfolgegantt,** darstellbare Maschinenfolge:*

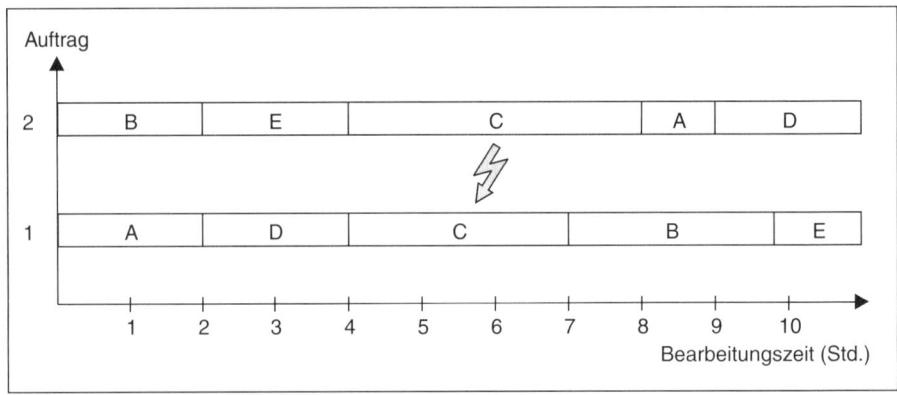

Maschinenfolgegantt

*Da jedoch zwischen der 4. und der 7. Stunde beide Aufträge gleichzeitig Maschine C für sich beanspruchen, ist die unabhängige Durchführung nicht möglich.*

Die Lösung des Maschinenbelegungsproblems erfolgt in der Praxis mittels nicht-exakter **(heuristischer)** Verfahren, da die exakte Lösung nur auf dem Wege der vollständigen Enumeration (Vergleich sämtlicher möglicher Varianten) gefunden werden kann.

Die Anzahl der Kombinationen K bei n Aufträgen und m Maschinen errechnet sich aus $K = (n!)^m$. Bei 5 Aufträgen und 5 Maschinen gibt es also $120^5 = 24.883.200.000$ Kombinationen – eine Anzahl, die die vollständige Enumeration nicht zulässt (zur Erläuterung: Die Fakultät einer natürlichen Zahl n, ausgedrückt durch das Ausrufzeichen in der Form n!, ist das Produkt aller natürlichen Zahlen von 1 bis n, hier also $1·2·3·4·5 = 120$).

Häufig praktizierte **Näherungsverfahren** sind

– **Auswahlverfahren:** Ausgehend von einer zufällig gewählten Bearbeitungsreihenfolge wird durch Umgruppierung oder paarweises Tauschen versucht, schrittweise Verbesserungen der ersten (Zufalls-)Lösung zu erzielen. Folgen die Umgruppierungen der Aufträge einer Systematik, so spricht man von gezielter Auswahl.

– **Verfahren mit Prioritätsregeln,** bei dem Regeln aufgestellt werden, wie für jede einzelne Maschine bei Auftreten von Warteschlangen das Reihenfolgeproblem zu behandeln ist. Bekannte Regeln sind z. B.

  – **KOZ-Regel** (Belegungszeitregel): Der Auftrag mit der kürzesten Operationszeit wird zuerst bearbeitet (gegenteilige Regel: LOZ; längste Operationszeit);

  – **WAA-Regel:** Der Auftrag mit den wenigsten noch auszuführenden Arbeitsgängen wird vorgezogen;

  – **FRZ-Regel:** Der Auftrag mit der kürzesten noch verbliebenen Arbeitszeit (Fertigungsrestzeit) wird vorgezogen;

  – **KGB-Regel:** Der Auftrag mit der kürzesten Gesamtbearbeitungszeit wird vorgezogen (gegenteilige Regel: GGB; größte Gesamtbearbeitungszeit);

  – **FFT-Regel:** Der Auftrag mit dem frühesten Fertigstellungstermin hat höchste Priorität.

  – **First come first serve:** Der als erster eintreffende Auftrag wird zuerst bearbeitet.

  – **Dynamische Wertregel:** Dasjenige zu bearbeitende Teil, das den bis dahin größten Wert repräsentiert, wird zuerst weiterbearbeitet.

  – **Schlupfzeitregel:** Der Auftrag mit dem geringsten Zeitpuffer bis zum Liefertermin (kürzeste Differenz zwischen Fertigstellungstermin FT und Liefertermin LT) wird zuerst bearbeitet.

  Andere denkbare Prioritätskriterien betreffen die Umrüstzeiten bzw. -kosten oder die höchste extern vorgegebene Priorität (»Chefauftrag«). In Ermangelung »natürlicher« Prioritäten kann die Priorität auch per Zufallszahlengenerator vergeben werden (**»Zufallsregel«).**

– **Simulationsverfahren:** Mit Hilfe von EDV-Anlagen wird eine willkürlich oder nach bestimmten Kriterien ausgewählte Menge von Kombinationen berechnet und hieraus die günstigste Kombination ausgewählt.

– **Analytische Verfahren:** Sie stellen entweder algebraische oder grafische Methoden dar und gehen meist von der Zielsetzung der Minimierung der Durchlaufzeit aus, wie z. B. das (hier nicht dargestellte) graphische Verfahren nach AKERS.

## 4.6.2.4    Materialsteuerung

Die Materialbereitstellungsplanung beinhaltet eine Reihe von Teilplanungen, die zum Teil grundsätzliche Festlegungen und damit die Produktionsplanung betreffen, teilweise aber auch der operativen Planung und der Produktionssteuerung zuzuordnen sind. Ergänzend zu den bereits in den Abschnitten 4.3, 4.6.1.1.4 und 4.6.1.2.3 behandelten Aspekten (insbesondere der Materialbedarfsplanung, der Lieferantenauswahl und der Beschaffungszeit) sollen an dieser Stelle die folgenden Aspekte der Materialbeschaffung behandelt werden:

– die Entscheidung für ein **Bereitstellungsprinzip,**

– die Entscheidung für ein **Bereitstellungssystem.**

## 4.6.2.4.1    Bereitstellungsprinzipien

### Bereitstellungsprinzipien der Materialwirtschaft

– **Einzelbeschaffung im Bedarfsfall:** Dieses Verfahren ist nur praktizierbar, wenn das benötigte Material am Markt ohne Zeitverlust beschaffbar ist; in der Praxis beschränkt sich die Einzelbeschaffung in der Regel auf den nicht vorhersehbaren Materialbedarf.

– **Vorratshaltung:** Dieses Verfahren ist unumgänglich für Material, das nicht ohne Zeitverlust beschaffbar ist, kann aber nur für solche Güter praktiziert werden, die durch die
Lagerung keine (nennenswerte) Qualitätseinbuße erleiden. Es erfordert die Betreibung
von Lagern und die Festlegung und Überwachung von Mindest- und Höchstbeständen.

– **Einsatzsynchrone Beschaffung:** Dieses Verfahren ist nur praktizierbar, wenn der Gü-
terbedarf vorab genau quantifiziert werden kann. Es bedingt die (meist langfristige)
vertragliche Bindung von Lieferanten an feste Liefertermine und -mengen und wird im
Folgenden näher beschrieben.

### Die Just-in-Time-Steuerung

»Just-in-Time«, abgekürzt **JIT,** erfordert eine Teile- und Materialzulieferung in exakter zeit-
licher Abstimmung auf den jeweiligen Bedarf: Vielfach wird eine stundengenaue Bereitstellung gefordert. In diesem Zusammenhang wird häufig fälschlich von »rollender Lagerhaltung« gesprochen, bei der LKW und Züge das stationäre Vorratslager ersetzen. Die
Vorstellung einer »in Warteschleifen rollenden« mobilen Flotte, die häufig als ökologisch
begründeter Einwand gegen die JIT-Konzeption angeführt wird, ist jedoch nicht haltbar:
Vielmehr ergibt sich für den Zulieferer in der Regel die Notwendigkeit der Unterhaltung
größerer Warenausgangslager mit der Folge der Kostenverlagerung vom Abnehmer zum
Lieferanten. Transportiert wird aus Kostengründen nur, was tatsächlich und aktuell benötigt wird; ökologische Einwände gegen die hieraus resultierenden Leer-Rückfahrten sind
aber nicht von der Hand zu weisen. Daneben erwächst aus der JIT-Konzeption eine Vielzahl von Problemen und Konsequenzen für alle Beteiligten:

– Der Idealfall eines linearen, über einen längeren Zeitraum kontinuierlichen Bedarfs (der
den Zulieferer im günstigsten Falle in die Lage versetzt, seinerseits »Just-in-Time«-
Steuerung mit seinen Vorlieferanten zu praktizieren) ist vielfach nicht gegeben. Zulieferer und Weiterverarbeiter müssen daher in engem, unmittelbarem Austausch stehen:
Bedarfe müssen verzögerungsfrei unter Ausnutzung der informationstechnischen Möglichkeiten weitergegeben werden, Reaktionen müssen unmittelbar und ohne organisa-
tionsbedingte Verzögerungen erfolgen. Die Umstellung auf JIT erfordert daher **weit-
reichende organisatorische Anpassungen** innerhalb des Zulieferbetriebes, die mit
Kosten-Vorleistungen, langfristig gesehen jedoch häufig mit rationalisierungsbedingten
Ersparnissen einhergehen.

– Die Zulieferer stehen unter dem Druck, termintreu anliefern zu müssen, wollen sie nicht
hohe Vertragsstrafen und den Verlust langfristig angelegter Kontrakte riskieren. Insbesondere Straßentransporte sind stets mit Verzögerungsrisiken behaftet. Nach Möglichkeit treffen Zulieferer eine dementsprechende Standortwahl, indem sie die räumliche
Nähe zum Abnehmer unter Berücksichtigung der günstigsten Verkehrsanbindung
suchen. Starke **Konzentration auf bestimmte Regionen** und ein »Ausbluten« struktur-
schwacher, industrieferner Gebiete sind die Folgen.

– Produktionssynchrone Beschaffung macht nur Sinn, wenn eine gleichbleibende, den Anforderungen entsprechende **Qualität** der angelieferten Teile oder Rohstoffe gewährleistet ist: Aufwändige Wareneingangskontrollen verzögern den Materialeinsatz, und wenn
kein »Notfall-Lager« vorhanden ist, kann bei festgestellten Mängeln nur mit Produktions-
Stilllegung reagiert werden – selbstverständlich ein unannehmbarer Zustand. Zulieferer
werden daher zunehmend mit hohen Anforderungen an ihr Qualitätssicherungssystem
(vgl. Kap. 8) konfrontiert. Hierzu gehören auch in unregelmäßigen Zeitabständen stattfin-
dende »**Qualitätsaudits**«, d. h. Qualitätskontrollen seitens des Abnehmers im Zulieferbetrieb, die sich nicht nur auf die Güte des zu liefernden Materials, sondern auf alle die
Produktqualität beeinflussenden betrieblichen Prozesse erstrecken.

– Angesichts der Qualitätsanforderungen und der logistischen Probleme wird es für Zulieferbetriebe zunehmend schwieriger, mehrere Weiterverarbeiter gleichzeitig zu bedie-

nen. Hieraus resultiert die Konzentration auf wenige oder sogar nur einen Abnehmer. Konsequenz ist ein **eingeschränkter Handlungs-, Entscheidungs- und Preisgestaltungsspielraum.** Umgekehrt stützen sich Weiterverarbeiter auf wenige oder einzelne Zulieferer (»Single-Sourcing«) mit der Folge einer bilateralen Abhängigkeit.

– Ein Ausbleiben von Anlieferungen führt fast augenblicklich zum **Stillstand der Produktion.** In Arbeitskämpfen wirkt der Hebel von »Schwerpunktstreiks«, bei denen (zwecks Schonung der Streikkassen) wenige ausgewählte Zulieferbetriebe bestreikt werden, daher unmittelbar: Den Produktionsbetrieben bleibt nur das Mittel der »kalten Aussperrung« mit allen negativen Folgen vor allem für die nicht gewerkschaftlich organisierten Mitarbeiter.

Es ist zu beobachten, dass große Hersteller, insbesondere im Bereich der Automobil- und Elektrogerätefertigung, immer komplexere Aufgaben auf externe Lieferanten übertragen. Dieses »**Outsourcing**« beinhaltet die Herstellung ganzer Baugruppen von der Entwicklung bis zur Montage, die vordem beim Abnehmer vorgenommen wurde. Für die abnehmenden Betriebe geht hiermit eine **Verminderung der Fertigungstiefe** und eine – unter Kostengesichtspunkten durchaus erwünschte – »**Verschlankung**« **der Produktion** einher, die angesichts der notwendigen Umverteilung der Arbeit auf vorgelagerte Produktionsstätten jedoch erhebliche Auswirkungen auf den Arbeitsmarkt zeigt.

Unter anderem aus der zunehmenden Verbreitung der JIT-Bereitstellung erklärt sich die wachsende Bedeutung der Qualitätssicherung, die in Abschnitt 8.3 ausführlich behandelt wird.

## 4.6.2.4.2   Bereitstellungssysteme

Die Bereitstellung des Materials kann in der Organisationsform des Bringsystems oder des Holsystems erfolgen:

– Beim **Bringsystem** werden die für die Durchführung eines Werkauftrages benötigten Materialien und Unterlagen zum Beginntermin am Arbeitsplatz angeliefert. Bei gesamtbetrieblicher oder zwischenbetrieblicher Betrachtung bedeutet dies, dass ein Auftrag am Anfang des Fertigungsprozesses »in Gang gesetzt« wird: Bei Auftragseingang erfolgen die entsprechenden Bestellungen bei den Zulieferbetrieben; die maschinellen Anlagen werden umgerüstet; nach Vollendung einer Fertigungsstufe wird das unfertige Erzeugnis an die unmittelbar nachgelagerte Stelle weitergereicht.

– Beim **Holsystem** sind die benötigten Materialien und Arbeitsunterlagen von den nachgelagerten Stellen bei den vorgelagerten Stellen abzufordern. Anders als beim »Bringsystem« werden eingehende Aufträge am Ende des Fertigungsprozesses eingesetzt; der hier entstehende Bedarf wird der vorgelagerten Stelle gemeldet, die ihren Bedarf wiederum bei der ihr vorgelagerten Stelle deckt, usw. Das Holprinzip wird – nach der japanischen Bezeichnung für die zur Bedarfsmeldung eingesetzten Pendelkarten – mit dem Begriff »**Kanban**« belegt.

– **Kombinierte Systeme** sehen häufig vor, dass Materialien und Arbeitsunterlagen gebracht, Werkzeuge dagegen geholt werden.


### Kanban-System

Das Kanban-System zur Fertigungsablaufsteuerung ist eine bereits Ende der 1940er Jahre begonnene Entwicklung der Toyota Motor Corporation, die wegen ihres großen Erfolgs bei der Beständeminimierung zunächst von anderen japanischen Unternehmen und ab den 1970er Jahren auch von Unternehmen in den USA und in Deutschland übernommen wurde.

Die Kanban-Philosophie beruht auf der Auflösung der zentralen Produktionssteuerung in kleinere, selbststeuernde **Regelkreise.** Innerhalb dieser Regelkreise wird das traditionelle Produktionsprinzip, bei dem jeder Auftrag an der ersten zum Einsatz kommenden Arbeitsstation eingesetzt und anschließend von Station zu Station weitergereicht wird, umgekehrt: Die Auftragseinsetzung erfolgt am Ende der Kette. Die letzte Arbeitsstation entnimmt das hierfür benötigte Vormaterial aus dem Pufferlager der Vorgängerstation und fordert diese ggf. (z. B. vollständiger Entleerung eines Behälters, bei Unterschreiten einer definierten Mindestmenge oder bei Anbruch eines Gebindes) auf, neues Material bereitzustellen. Diese Aufforderung ergeht durch einen Kanban (eine Pendelkarte). Die Vorgängerstation darf nur bei Vorliegen eines Kanbans produzieren. Ergibt sich bei ihr ebenfalls ein Bedarf an Materialnachschub, löst sie bei der ihr vorangehenden Arbeitsstation ihrerseits eine Fertigung aus, usw. Auf diese Weise entsteht eine rein bedarfsorientierte Produktionssteuerung, die sich ohne Eingriff von außen selbsttätig steuert. Angestrebt wird ein möglichst »glatter«, d. h. gleichbleibender Produktionsfluss; nach aufgetretenen Störungen wird die Anforderungsfrequenz erhöht, bis die entstandene Mengenabsenkung kompensiert ist.

Im klassischen Kanban-System spielen **Transportbehälter** eine große Rolle. Sie dienen der Aufnahme von Zwischenprodukten, die von einer Arbeitsstation abgegeben und der nachfolgenden Station auf Anforderung angeliefert wurden. Für die Nachfolgestation stellt der Inhalt des Behälters das Pufferlager dar, aus dem sie sich selbst bedient und dessen Füllzustand sie zum Anlass für eine Anforderungsauslösung nimmt.

Ein positiver Nebeneffekt von Kanban ist die besondere Betonung der **Qualität.** Einspeisungen von Vorprodukten, Fertigbauteilen und Rohmaterialien in den Produktionsprozess erfolgen mit kurzer Vorlaufzeit. Deswegen muss an alle diese Materialien der Anspruch nach einwandfreier Qualität gerichtet werden; für Ersatzbeschaffungen bleibt keine Zeit. Insoweit war das Kanban-System ein Wegbereiter des **Qualitätsmanagements** und des **Zertifizierungswesens,** durch das herstellerübergreifend eine gleichbleibend hohe Produktqualität gesichert werden soll.

Kanban eignet sich wegen der vorauszusetzenden Standardisierung des Produktionsprogramms vor allem für die Massen- und Großserienfertigung, wird aber in Verbindung mit moderner Informationstechnologie auch in der Variantenfertigung eingesetzt. In der Praxis wird über Rückgänge bei der durch Lagerbestände bedingten Kapitalbindung von 50 – 60 % und Verbesserungen der Lieferbereitschaft um 30 % berichtet. Für Einzel- und Kleinserienfertigung ist das Kanban-Verfahren ungeeignet.

# 4.6.2.5    Fertigungssicherung

Wenn Betriebsmittel für die Produktion ausfallen bzw. Ausschuss produzieren, so sind Nichteinhaltung von Terminen und Lieferfristen, Kundenverärgerung, schlimmstenfalls Konventionalstrafen die Folgen. Die Gewährleistung einer kontinuierlich und störungsfrei ablaufenden Fertigung ist Aufgabe der Fertigungssicherung. Sie setzt voraus, dass Störungen sofort bei Auftreten auch hinsichtlich ihrer Ursachen erkannt werden und umgehend die geeigneten Maßnahmen zur Störungsbeseitigung eingeleitet werden können.

Selbstverständlich gilt, ebenso wie in der an späterer Stelle noch behandelten Qualitätssicherung, dass Störungen in erster Linie zu vermeiden sind. Dies wiederum setzt eine sorgfältige Analyse der Fehler-Möglichkeiten voraus. Dabei bedient sich die Fertigungssicherung auch der Methoden aus dem Qualitätswesen, z. B. der **Fehler-Möglichkeits- und -einfluss-Analyse** (FMEA; vgl. Abschn. 7.3.1.5).

Außerdem bedient sie sich zur Anlagenüberwachung, Instandhaltung und Instandsetzung ausgebildeter Fachkräfte, die entweder in einer Fachgruppe (Werktechnik, Technischer Dienst) zusammengefasst oder dezentral in der Produktion eingesetzt sind. Auf beide Varianten wird im Folgenden eingegangen.

## 4.6.2.5.1    Anlagenüberwachung, Instandhaltung und Instandsetzung

Die **Anlagenüberwachung** dient dazu, den Zustand von Maschinen und Anlagen festzustellen. Damit soll dem Ausfallen, aber auch der Schlechtleistung von Einheiten und deren Folgen (Ausschussproduktion bzw. Notwendigkeit der Nacharbeit an unzureichend gefertigten Erzeugnissen) vorgebeugt werden. Kontrollierende Maßnahmen erstrecken sich dabei nicht allein auf maschinelle Anlagen, sondern beziehen auch Werkzeuge und Messgeräte ein. Der regelmäßigen Nachjustierung oder Aussonderung schadhaften Messwerkzeugs kommt vor allem im Rahmen der Qualitätssicherung besondere Bedeutung zu.

Maßnahmen zur Bewahrung und Wiederherstellung des Sollzustandes sowie zur Feststellung und Beurteilung des Istzustandes von technischen Arbeitsmitteln, Anlagen und Gebäuden werden nach DIN 31051 mit dem Begriff der **Instandhaltung** bezeichnet. Die Instandhaltung von Maschinen und Anlagen umfasst ihre

– Wartung,
– Inspektion und
– Instandsetzung.

Die Wartung der Betriebsmittel erfolgt im Allgemeinen auf Basis der vom Hersteller einer maschinellen Anlage mitgelieferten Wartungspläne. Sie besteht insbesondere im Ersetzen oder Ergänzen von Hilfsstoffen (Schmieren nach »Schmierplan«), in Pflege- und Reinigungsmaßnahmen oder Neueinstellungen (Nachziehen von Schrauben). Ein Betriebsmittelausfall geht mit der Wartung in der Regel nicht einher.

Inspektionen, zumeist unter Zuhilfenahme von Checklisten durchgeführt, liefern Daten über den Umfang durchzuführender Arbeiten, auf deren Basis Ersatzteile und Fachkräfte rechtzeitig angefordert und der Zeitpunkt der Instandsetzung in Abstimmung mit der Produktion geplant werden kann.

Im Gegensatz zur Wartung bedingt die **Instandsetzung,** deren Notwendigkeit sich häufig aus einer vorangegangenen Inspektion, ungünstigenfalls aber auch unvorhergesehen infolge des ungeplanten Ausfalls einer Einheit ergibt, eine Stilllegung des Betriebsmittels.

## 4.6.2.5.2    Störungserkennung und -beseitigung

Nicht jede Störung ist gleich ein Totalausfall: Viele Störungen vollziehen sich vielmehr schleichend und treten schlimmstenfalls erst in der Endkontrolle des fertigen Produktes zutage, wenn sich Normabweichungen zeigen. Dies kann durch eine frühzeitige Störungserkennung vermieden werden. Eine geeignete Strategie wird unter dem Stichwort »Maschinen- und Prozessfähigkeitsuntersuchung (MFU/PFU)« in Kapitel 8 behandelt.

Zur Vermeidung bzw. raschen Beseitigung von Störungen werden häufig zentrale technische Dienste im Betrieb installiert, die dafür Sorge tragen sollen, dass die Fertigungseinrichtungen jederzeit zur Verfügung stehen. Ihnen obliegt die Überwachung, Wartung und Instandhaltung von Maschinen und Fertigungsanlagen.

Die Störungsbeseitigung kann aber auch **dezentral** organisiert sein, also von den Mitarbeitern der Produktion selbst geleistet werden. Gewichtige Argumente sprechen für diese dezentrale Variante: Die Produktionsmitarbeiter tragen Mitverantwortung für die Funktionstüchtigkeit »ihrer« Maschine. Zusammen mit der Tatsache, dass Störungen nicht automatisch zu einer Pause führen, während der sich Mitarbeiter des zentralen Störungsdienstes um die Wiederherstellung der Funktionsbereitschaft kümmern, erhöht dieser Umstand die Motivation, Störungen durch vorbeugende Instandhaltung zu vermeiden, auf Anzeichen für Störungen zu achten und dennoch eingetretene Störungen unverzüglich zu beheben. Außerdem bedingt die erforderliche Maschinenschulung der Produktionsmitarbeiter einen Qualifikations- und Identifikationszuwachs.

In der Praxis wird die dezentrale oder autonome Instandhaltung häufig so angelegt, dass die wartungstechnisch geschulten Produktionsmitarbeiter die Störungsbehebung zunächst selbst versuchen. Gelingt diese innerhalb einer vorher festgelegten Zeit nicht oder zeigt sich, dass eine umfangreichere oder schwierigere Reparatur – etwa in Verbindung mit einem Teileaustausch – erforderlich ist, wird die zentrale Fachgruppe angefordert.

### 4.6.2.5.3   Störungsvermeidung

Bezüglich der Störungsvermeidung wurde bereits oben auf einige Verfahren aus der Qualitätssicherung (FMEA; MFU/PFU) hingewiesen. Ergänzend kommt die Installation einer vorbeugenden Instandhaltung in Betracht. In Verbindung mit der vorstehend geschilderten autonomen Instandhaltung kann diese darin bestehen, dass die zuständigen Produktionsmitarbeiter regelmäßig – je nach Sachlage und Beanspruchung der technischen Anlage in mehrtägigen Abständen, täglich oder sogar mehrmals täglich – bestimmte Maschinenteile und Funktionen (so genannte **Prüfpunkte**), die ohne Demontage oder Stilllegung erreichbar bzw. kontrollierbar sind, überprüfen. Die zentrale Wartungsgruppe nimmt sich in diesem Fall nur derjenigen Arbeiten an, für die eine Abschaltung und teilweise Demontage der Maschine erforderlich ist.

Einer vorbeugenden Instandhaltung kann bereits bei der Konstruktion und Installation einer maschinellen Anlage Rechnung getragen werden, indem die kritischen, eine regelmäßige Inspektion erfordernden Prüfpunkte gut zugänglich, im Idealfall auch jederzeit einsehbar, angebracht werden.

### 4.6.2.5.4   Total Productive Maintenance (TPM)

Aus den im vorstehenden Abschnitt dargelegten Vorteilen der Dezentralisierung der Instandhaltung lassen sich im Umkehrschluss die wesentlichen Schwachstellen der »konventionellen« Instandhaltungsorganisation ableiten, nämlich

– hohe Wahrscheinlichkeit ungeplanter Anlagenausfälle und -stillstände infolge mangelnder oder unterbliebener vorbeugender Instandhaltung,

– mangelnde Motivation der Produktionsmitarbeiter hinsichtlich der Vermeidung von Störungen,

– zusätzliche Wartezeiten bei Störungen bis zum Eintreffen des Instandsetzungspersonals.

Kerngedanke der Total Productive Maintenance (TPM) ist die Abkehr von der Trennung zwischen Produktion und Instandsetzung und Hinwendung zu einem integrierten System im Sinne der »Lean Production«-Philosophie. Dabei stützt sich TPM auf

– Dezentralisierung der Instandhaltung,
– vorbeugende Instandhaltung,
– ständige Anlagenüberwachung,
– Installation von Gruppenarbeit,
– Übertragung der Wartungsverantwortung auf die Produktionsgruppen,
– Qualifizierung der Produktionsmitarbeiter,
– saubere, zugängliche Anlagen.

Ähnlich dem Total Quality Management (TQM) ist auch TPM ein ganzheitlicher Ansatz, der alle Produktionsanlagen in einem Betrieb und alle Ebenen einbezieht. Die TPM-Einführung stellt einen erheblichen Eingriff in die Aufbau- und Ablauforganisation des Betriebes dar, bedarf einer sorgfältigen Planung und bietet sich als Projekt für ein interdisziplinär zusammengesetztes Team an.

## 4.6.2.6    Rationalisierung im Betrieb

Rationalisierung ist die überlegte (= rationale) Anwendung wissenschaftlicher, technischer und organisatorischer Mittel zur Mengensteigerung, Verbilligung und Verbesserung der Produktion. Diese Ziele werden in der Regel dadurch erzielt, dass von Maschinen ausgeführte Verrichtungen in einer solchen Häufigkeit und Regelmäßigkeit anfallen, dass Zeiten der Nichtbeanspruchung der Anlagen, etwa infolge von Umrüstvorgängen, so gering wie möglich gehalten werden. Dieser Effekt wird vor allem durch eine Vereinheitlichung der zu produzierenden Güter und der Arbeitsvorgänge erreicht. Dementsprechend werden Rationalisierungsmaßnahmen in produktorientierte und verfahrensorientierte Maßnahmen unterschieden. Weitere Aspekte der Rationalisierung, auf die bereits an anderer Stelle eingegangen wurde, betreffen die Produktgestaltung (insbesondere die montage- bzw. demontagegerechte Gestaltung, vgl. Abschn. 4.2.2.3.2), die Fertigungstiefe (vgl. Abschn. 4.2.2.4) und den Automatisierungsgrad der Fertigung (vgl. Abschn. 4.7.2.3). Ebenfalls als Beitrag zur Rationalisierung im Betrieb kann die Philosophie der »Kontinuierlichen Verbesserung« angesehen werden, die in Abschnitt 6.4.3 dargestellt wird.

### 4.6.2.6.1    Produktorientierte Rationalisierung

Produktorientierte Maßnahmen zur Rationalisierung der Produktion sind:

– **Normung:** Maße, Formen, Bezeichnungen, Bestandteile, Herstellverfahren für Einzelteile oder so genannte »einteilige Fertigerzeugnisse« werden durch eine Norm vereinheitlicht (standardisiert). Diese Norm soll eine optimale Lösung darstellen und mögliche Variationen eines Erzeugnisses unterbinden, um so eine rationelle Massenfertigung zu ermöglichen. Die Normung von Begriffen und Bezeichnungen trägt zur Eindeutigkeit im Sprachgebrauch in Wirtschaft und Wissenschaft bei. Die Erarbeitung von Normen obliegt wesentlich dem **Deutschen Institut für Normung e. V.,** das diese gemeinsam mit Interessenten aus Wirtschaft, Wissenschaft und Behörden entwickelt.

– **Typung:** Mehrteilige, zusammengesetzte Gegenstände werden vereinheitlicht. Wie die Normung von Einzelteilen begünstigt die Typung eine rationale Massenfertigung. Das **Baukastensystem** ist eine innerbetriebliche Typung, die es ermöglicht, aus einer Anzahl genormter Einzelteile, die unterschiedlich kombiniert werden können, nach einem Baumusterplan verschiedene Endprodukte herzustellen.

   Eine andere Form der Typung ist die Bildung von **Teilefamilien,** d. h. die Zusammenfassung formähnlicher Gegenstände, die mit gleichem Werkzeug bzw. gleichen Maschinen gefertigt werden können.

– **Spezialisierung:** Das Produktionsprogramm eines Betriebes wird eingeschränkt; die Produktion konzentriert sich auf die Massenfertigung weniger Erzeugnisse. Im Extremfall wird nur ein Gut hergestellt (»Ein-Produkt-Betrieb«).

### 4.6.2.6.2    Verfahrensorientierte Rationalisierungsmaßnahmen

Maßnahmen zur Rationalisierung der Fertigungsverfahren sind:

– **Arbeitsteilung:** Übersteigt der – quantitative und/oder qualitative – Umfang einer Arbeitsaufgabe die Leistungsfähigkeit einer Arbeitskraft bzw. Stelle, wird die Zerlegung der Gesamtaufgabe in Teilaufgaben und eine Verteilung dieser Teilaufgaben auf mehrere Stellen erforderlich, und zwar im Sinne einer

   – **Artteilung:** Die Arbeitsaufgabe wird in mehrere verschiedenartige Teilaufgaben zerlegt, wobei untersucht und gekennzeichnet wird, ob und Inwieweit zwischen diesen

Teilaufgaben sachlogische und zeitliche Abhängigkeiten bestehen. Mit der **Netzplantechnik** (vgl. Kap. 7) wird ein gebräuchliches Verfahren der Artteilung beschrieben. Die Zerlegung kann in diverse Arbeitsstufen und darüber hinaus in einzelne Tätigkeiten innerhalb der Arbeitsstufen vorgenommen werden;

– **Mengenteilung:** Gleichartige Teilaufgaben einer Arbeitsaufgabe werden parallel von mehreren Stellen ausgeführt, um Staus und Leerläufe im Arbeitsablauf zu vermeiden.

– **REFA-Studien:** Der »REFA-Verband für Arbeitsstudien und Betriebsorganisation e. V.« hat zur rationellen Gestaltung von Arbeitsverfahren diverse Methoden entwickelt, zum Beispiel:

– **Arbeitsablaufstudien** als Grundlage für eine Zerlegung des Fertigungsprozesses in Arbeitsstufen, Griffe und Griffelemente,

– **Arbeitszeitstudien** zur Ermittlung der Vorgabezeit für die Erledigung einer Aufgabe durch einen Arbeiter mit durchschnittlicher Leistung,

– **Arbeitswertstudien** zur Ermittlung des Schwierigkeitsgrades einer Arbeit als Berechnungsgrundlage für die Entlohnung.

## 4.6.2.7　DV-Einsatz in der Fertigungswirtschaft

In den voranstehenden Ausführungen über die Betriebsdatenerfassung wurde bereits auf die großen Vorteile des DV-Einsatzes in der Fertigung hingewiesen: Diese zeigen sich sowohl in der – im Idealfall jederzeitigen – Gewinnung von Auskünften über Betriebs- und Auslastungszustände sowie der Erstellung und Speicherung lückenloser Dokumentationen als auch in der Gewinnung von Daten als Basis verschiedenster Auswertungen.

Die Datengewinnung und -auswertung ist erleichtert und beschleunigt, wenn die in den Fertigungsprozessen anfallenden Betriebsdaten bereits am Ort ihres Anfalls und ohne Zeitverzögerung in durch EDV-Systeme verarbeitbarer Form erhoben und gespeichert werden. Damit dies möglich ist, müssen Prozesse entsprechend gestaltet sein.

Die EDV-gestützte Datenerhebung muss daher durch eine Analyse des Prozesses, also eine Begutachtung der wesentlichen Prozesselemente durch gedankliche »Zerlegung« des Gesamtprozesses, eingeleitet werden. Dabei müssen die für die EDV-gestützte Datenerhebung geeigneten Stellen identifiziert und ggf. angepasst werden.

Die Betriebsdatenerfassung erfasst die während des Betriebes tatsächlich erbrachten Leistungen. Weitergehende prozesstechnologische Strategien, die die integrierte Verarbeitung von Informationen aus verschiedenen – oder gar allen – mit der Leistungserstellung befassten betrieblichen – kaufmännisch-verwaltenden und technischen – Bereichen und die darauf basierende Abstimmung der Aktivitäten dieser Bereiche zum Ziel haben, sind:

– Die integrierte (betriebswirtschaftliche) Produktionsplanung und -steuerung **(PPS);**

– die integrierte (technische) Produktentwicklung (**CAE** – Computer Aided Engineering), -konstruktion (**CAD** – Computer Aided Design) und -produktion (**CAM** – Computer Aided Manufacturing), zusammengefasst im Begriff **CAD/CAM;**

– die Verknüpfung der vorgenannten technischen und betriebswirtschaftlichen Bereiche zur computerintegrierten Produktion (**CIM** – Computer Integrated Manufacturing).

Zu den prozesstechnologischen Strategien und deren Zusammenhang folgt noch eine Abbildung:

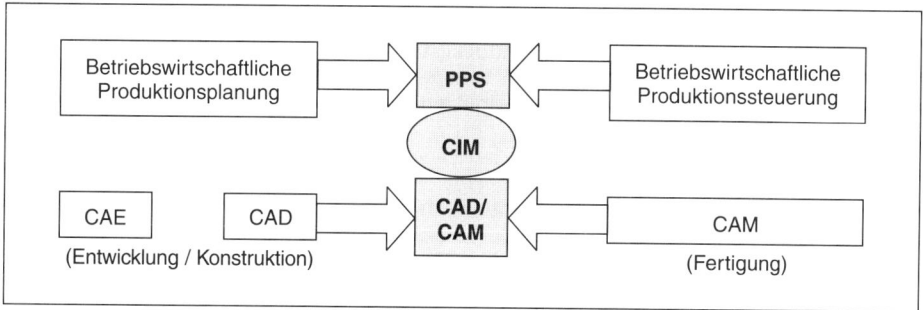

Prozesstechnologische Strategien im Zusammenhang

## 4.6.2.7.1   Computergestützte Konstruktion (CAD) und Planung (CAP)

**CAD** im engeren Sinne ist die Erstellung von Konstruktionszeichnungen, wobei dank der Erfassung der Zeichnungsdaten im EDV-System eine Weiterentwicklung zweidimensionaler Darstellungen zu dreidimensionalen Modellen inklusive der Simulation von Funktions- und Bewegungsabläufen möglich ist. Im weiteren Sinne werden dem CAD aber häufig auch die Arbeitsplanerstellung (vgl. Abschn. 4.6.1.3) und die Programmierung von NC-Maschinen (NC = Numerical Control, **CNC** = Computer Numerical Control), auf denen das konstruierte Teil gefertigt werden soll, zugerechnet. Die beiden letztgenannten Aktivitäten werden auch unter dem Begriff **CAP** (Computer Aided Planning) zusammengefasst. CAD und CAP wiederum werden gelegentlich gemeinsam als **CAE** (Computer Aided Engineering) bezeichnet.

## 4.6.2.7.2   Computergestützte Qualitätssicherung (CAQ) und Fertigungsdurchführung (CAM)

In einer weiteren häufig anzutreffenden Zusammenfassung wird CAP, meist zusammen mit CAQ (Computer Aided Quality Assurance), dem CAM (Computer Aided Manufacturing) zugeordnet.

**CAQ** steht für ein computerunterstütztes Qualitätsmanagement zur Überwachung von Prüfplänen und Auswertung von Prüfdaten.

**CAM** umfasst die in Zusammenhang mit der Fertigungsrealisierung anfallenden, computergestützt auszuführenden Aktivitäten wie Maschinen-, Transport-, Lager-, Montagesteuerung sowie die Überwachung und Steuerung von Wartung und Instandhaltung.

## 4.6.2.7.3   Computerintegrierte Fertigung (CIM)

Wenn zusätzlich Produktionsplanungs- und Steuerungssysteme in den Datenverbund einbezogen werden, so spricht man von **Computer Integrated Manufacturing (CIM).** In CIM-orientierten Betrieben sind alle mit der Auftragsabwicklung befassten Systeme in einem Netzwerk zusammengefasst, sodass ein Auftrag von der Kundenanfrage bis zur Auslieferung und Rechnungslegung auf Basis eines systematisch gemeinsam genutzten Datenbestandes abgewickelt werden kann.

Die Verbindung von PPS und CAE/CAM zu einem vollständig computerintegrierten Produktionskonzept (CIM) kann nach SCHEER in einem »**Y-Modell**« dargestellt werden.

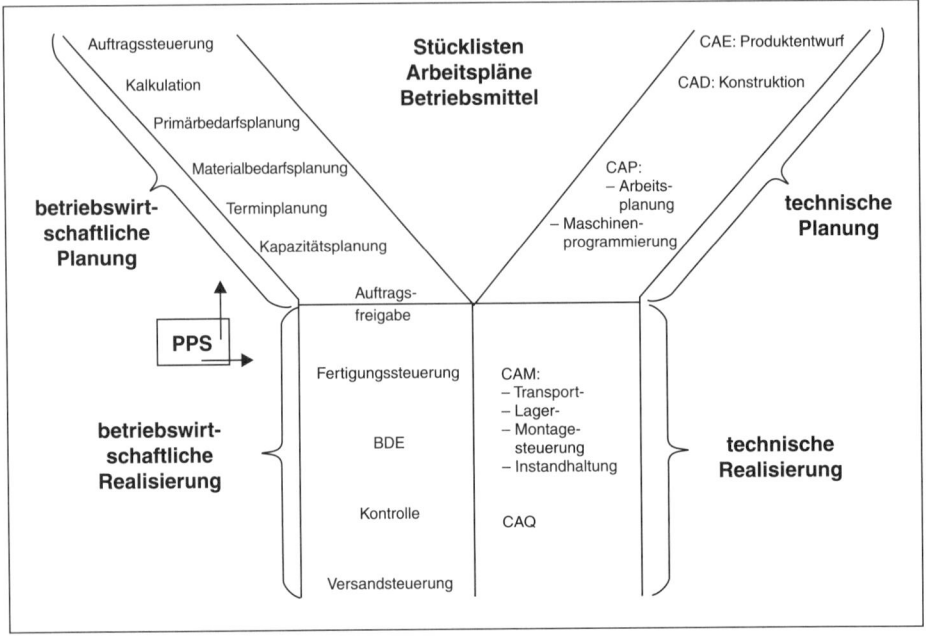

Das CIM-Y-Modell nach SCHEER

# 4.6.3    Produktionssteuerungssysteme

## 4.6.3.1    Aufgaben und Ziele von PPS-Systemen

Produktionsplanungs- und Steuerungs-(PPS)-Systeme kommen vorrangig bei Planung und Steuerung der Fertigung auf der operativen Ebene zum Einsatz. Ihren Hauptbeitrag leisten sie bei der Lösung folgender Aufgaben:

– Planung des Produktionsprogramms (konkrete Mengen konkreter Produkte) für definierte Planperioden,

– Planung des Bedarfs an Rohstoffen und Vorprodukten (Sekundärbedarf) sowie an Hilfs- und Betriebsstoffen (Tertiärbedarf) einschließlich der Bestellmengenplanung,

– Planung der Auftragsabwicklung unter Berücksichtigung besonderer Anforderungen einzelner Aufträge,

– Zusammenstellung von Werkaufträgen,

– Durchlauf-, Termin- und Kapazitätsplanung.

Schon in einem mittelgroßen Industriebetrieb nehmen die zu verarbeitenden Daten enorme Ausmaße an. SCHEER verweist auf das Beispiel eines mittelgroßen Fertigungsbetriebes, in dem sich folgende Größenordnungen fanden: 40.000 Teile, davon 100 Endprodukte und 10.000 Eigenfertigungsteile; 280.000 Erzeugnisstruktursätze; 20.000 Arbeitspläne; 100.000 Arbeitsgänge;, 200.000 Betriebsmittelzuordnungen zu Arbeitsgängen und 750 Einzelbetriebsmittel. In diesem Beispiel sind über 640.000 Datensätze zu verwalten!

---

**Grunddatenverwaltung**
(Erzeugnisstrukturdaten, Arbeitsplandaten, Betriebsmittel- und Arbeitsplatzdaten)

**als Basis für:**

**vorgelagert:** Auftragssteuerung
durch Akquise/Vertrieb

**Produktionsplanung**

**Produktionsprogrammplanung**

Aufgabe:
Festlegung des Produktionsprogrammes
nach Art, Menge, Zeitraum...

Leistung:
– Bedarfsprognoseerstellung
– Auftragsverwaltung
– Grobplanung der Produktionsmenge
  (Primärbedarf) im Prognosezeitraum

**Materialwirtschaftliche Mengenplanung**

Aufgabe:
Errechnung des Teilebedarfs (Sekundär-
und Tertiärbedarf) nach Art, Menge,
Zeitraum...

Leistung:
– Teilebedarfserrechnung
– Bestandsermittlung
– Disposition
– Bestellrechnung

**Zeitwirtschaftliche Rechnung**

Aufgabe:
– Terminplanung
– Kapazitätsplanung

Leistung:
– Durchlaufzeitrechnung
– Kapazitätsbedarfsrechnung
– Errechnung der Beginn- und Endtermine
  für die einzelnen Arbeitsstationen/-vorgänge

**Produktionssteuerung**

**Auftragsveranlassung**

Aufgabe:
Feinplanung der Auftragsrealisierung

Leistung:
– Auftragsfreigabe für Fertigung
– Verfügbarkeitsrechnung von Betriebs-
  mitteln und Arbeitskräften
– Maschinenbelegungsplanung (Scheduling)
– Arbeitsverteilung (Dispatching)

**Produktionskontrolle**

Aufgabe:
– Auftragsüberwachung
– Kapazitätsüberwachung

Leistung:
– Überwachung des Auftragsfortschritts
– Überwachung der Inanspruchnahme
  von Betriebsmitteln und Arbeitskräften
– Soll-Ist-Abgleich mit BDE-Daten

**nachgelagert:** Versandsteuerung

Grundstruktur von PPS-Systemen

Die Verwaltung der Datensätze erfolgt getrennt von den Programmfunktionen des PPS-Systems in **Datenbanksystemen.** Heutige PPS-Systeme greifen üblicherweise über **SQL-Schnittstellen** (SQL = Structured Query Language; Standardsprache für Datenbankabfragen) auf Datenbanken zu, in denen folgende Grunddaten verwaltet werden:

- **Erzeugnisstrukturdaten** (Stücklistendaten) unter Angabe der Komponenten, aus denen sich ein Erzeugnis zusammensetzt, mit Mengenangabe, Teilenummer, Lagerbestand, Kosten usw.,

- **Arbeitsablaufdaten** (Arbeitsplandaten) unter Angabe von zu durchlaufenden Arbeitsstationen, Ausführungszeiten usw.,

- **Betriebsmitteldaten/Arbeitsplatzdaten/Fertigungsstrukturdaten,** wie Kapazitäten, Verfügbarkeit, Kosten, Leistungsgrad usw.

Die gängigen PPS-Systeme sind nach einer mehr oder weniger einheitlichen Grundstruktur aufgebaut. Bei der Einplanung und Durchführung von Aufträgen werden dabei auf Basis der oben aufgeführten Grunddatenbanken die in der letzten Abbildung gezeigten Module durchlaufen.

Grafisch lassen sich die Elemente eines PPS-Systems wie folgt verdeutlichen:

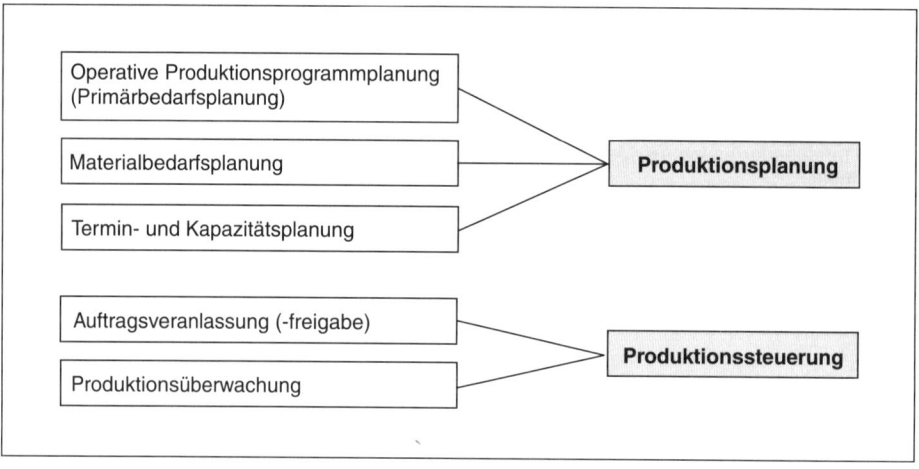

Elemente eines PPS-Systems

## 4.6.3.2    PPS-Planungslogiken und -Konzepte

### 4.6.3.2.1    MRP

Viele, vor allem amerikanische, PPS-Systeme folgen einer Planungslogik, die unter der Bezeichnung MRP seit den 1950er Jahren weiterentwickelt wurde:

- **MRP** (Material Requirements Planning) steht dabei für eine bedarfsorientierte Materialdisposition, d. h. die Ermittlung des Materialbedarfs ausgehend von der Produktionsplanung (vom Primärbedarf).

- **MRP I** (Manufacturing Resource* Planning I) entstand Mitte der 1960er Jahre und berücksichtigte in der Planung auch die verfügbaren Kapazitäten.

- **MRP II** (Manufacturing Resource Planning II) entstand um 1980 und erweitert die Planungsparameter um wirtschaftliche und strategische Faktoren.

* in der »eingedeutschten« Version findet sich häufig die Schreibweise »Ressource«

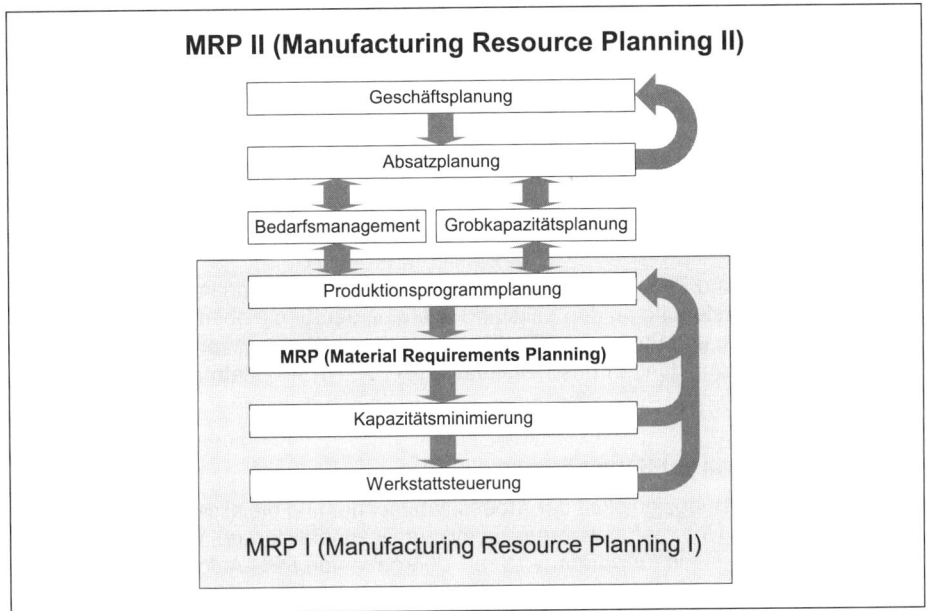

Die MRP-Planungslogik (nach SCHEER)

Das ursprüngliche **MRP-Konzept** zur Materialbedarfsplanung wurde in den fünfziger Jahren des vorigen Jahrhunderts entwickelt und kennzeichnete den Wandel von der verbrauchs- zur bedarfsorientierten Materialdisposition. Mitte der sechziger Jahre entstand das **MRP I**-Konzept, das erstmals auch die Produktionskapazitäten mit in die Planung einbezog. In den achtziger Jahren entstand dann das **MRP II**-Konzept, das zusätzlich wirtschaftliche und strategische Gesichtspunkte der Produktionsplanung berücksichtigt.

Dem MRP-II-Konzept liegt folgende Systematik zugrunde:

– Die **Geschäftsplanung** (Business Planning) auf Ebene der Unternehmensführung gibt die Ziele vor, auf denen die langfristige Absatz- und Produktionsplanung (Sales and Operations Planning) basiert. Aus dieser werden sowohl eine langfristige Bedarfsplanung (Demand Management) als auch eine Grobkapazitätsplanung (Rough-cut Capacity Planning) entwickelt.

– Die **Produktionsprogrammplanung** bezüglich der Endprodukte (Master Production Scheduling) liefert die Vorgaben für die

– **Materialbedarfsplanung** (Material Requirements Planning), die die zur Herstellung der zuvor festgelegten Produktquantitäten benötigten Mengen an Rohmaterialien, Bauteilen und -gruppen ermittelt.

– Die **Kapazitätsbedarfsplanung** (Capacity Requirements Planning) stimmt die verfügbaren Kapazitäten mit den aus der bisherigen Planung resultierenden Kapazitätserfordernissen ab.

– Die termingerechte Freigabe und Ausführung der Planungen obliegt der Fertigungs- oder **Werkstattsteuerung** (Shop Floor Control), die die Erstellung eines auftragsspezifischen Arbeitsplans, die Lagerentnahme der benötigten Materialien und ihre Bereitstellung an den Arbeitsstationen, die Bereitstellung der benötigten Betriebsmittel und Arbeitskräfte sowie den Fertigungsdurchlauf steuert.

## 4.6.3.2.2 Dezentralisierung

### Elektronische Leitstände

Die Abkehr von der zentralen Datenverarbeitung durch das Aufkommen von Arbeitsplatz-rechnern ermöglichte etwa seit Mitte der 1980er Jahre eine dezentrale Produktionssteuerung (bei meist noch zentraler Planung). Diese greift im Prinzip die klassische Arbeitsweise des Fertigungsleitstands auf, die auf Plantafeln beruht, und setzt wie diese auf grafische Darstellung und Visualisierung. Elektronische Leitstände kommen vor allem bei der Maschinenbelegungs- und Kapazitätsplanung und der Fertigungsüberwachung zum Einsatz.

Leitstandsysteme und PPS-Systeme können gekoppelt werden, indem das PPS-System die Grobplanung leistet und an den Leitstand übergibt, der für die oben genannten Aufgaben die Feinplanung und Steuerung übernimmt und für die Auftragsfreigabe zuständig ist. Zwischen- und Endmeldungen des Leitstandes an das PPS-System sorgen für die notwendige Rückkopplung.

### Verteilte Systeme/Client-Server-Systeme

Die gesteigerte Leistungsfähigkeit der Arbeitsplatzrechner und die allgemein beobachtbare Hinwendung der Unternehmensorganisation zur Dezentralisierung, Verschlankung und Entscheidungsdelegation führte zur weiteren Übergabe von PPS-Aufgabenbereichen an einzelne Arbeitsplätze und damit zur Installation von so genannten **verteilten Systemen.** Dieser Trend wurde auch dadurch begünstigt, dass mit der Einbindung die Investitions-kosten überschaubarer wurden, da die Einführung des PPS-Systems schrittweise möglich ist. Die technische Umsetzung erfolgt meist in **Client-Server-Systemen** (vgl. Kap. 17). Dabei ist ein wesentlicher Aspekt die zentrale Dateiverwaltung auf einem Fileserver.

## 4.6.3.2.3 ERP

Etwa seit Anfang der 1990er Jahre wurde die bis dahin an der funktionalen Gliederung (d. h. an der Aufbauorganisation) des Unternehmens und an den Funktionen der einzelnen Arbeitsbereiche (Materialwirtschaft, Fertigung, Buchhaltung ...) orientierte Strukturierung der PPS-Systeme allmählich durch eine geschäftsprozessorientierte Sichtweise abgelöst, wie sie bereits im obigen CIM-Modell dargestellt wurde. Seither lässt sich eine zunehmende Verschmelzung von PPS-Systemen und ERP-Systemen beobachten.

ERP **(Enterprise Resource Planning)** steht für den geschilderten Perspektivwechsel, der das Unternehmen ganzheitlich betrachtet und dabei die Geschäftsprozesse in den Vordergrund stellt; ERP-Systeme bieten keine »Schnittstellen« zwischen den verschiedenen Funktionsbereichen, sondern sind integrierte informationstechnische Systeme, die die Unternehmensorganisation und die sich in ihr vollziehenden Prozesse über die Bereichsgrenzen hinweg integriert abbilden und zumindest teilweise automatisieren.

Vorhandene PPS-Lösungen und sonstige Informationssysteme im Sinne von ERP zu verknüpfen (sog. »**integrationsorientiertes Reengineering**«) hat sich jedoch in der Praxis als schwierig herausgestellt. Deswegen wurden neue Softwaresysteme geschaffen, wobei sich die deutsche SAP AG als Vorreiter erwies. Andere bedeutende Anbieter sind Infor Global Solutions, Sage Group und Oracle Corp. (USA).

## 4.6.3.2.4 Workflow-Management

Die ganzheitliche Sicht des ERP auf die Geschäftsprozesse wird auf der operativen Ebene durch Workflow-Management-Systeme (WFMS) umgesetzt. Dabei handelt es sich um Softwaresysteme, die bestimmte Arbeitsabläufe automatisiert unterstützen. Voraussetzungen sind ein **Organisationsmodell,** das die Organisationseinheiten des Unternehmens – z. B. Abteilungen, Gruppen, Stellen –, ihre Aufgaben und Befugnisse, ihre Beziehungen zueinander und die Regeln ihres Zusammenwirkens abbildet, und ein **Prozessmodell,** das die Arbeitsschritte des Workflows definiert. Die zu unterstützenden Ereignisse – etwa Materialbestellungen, Kundenanfragen, Auftragseingänge –, die zu ihrer Bearbeitung bereitstehenden Methoden und die Attribute, deren Kenntnis erforderlich ist, werden als »**Business Objects**« bezeichnet. Business Objects sind aber auch Personen, Arbeitsplätze, Pläne, Betriebsmittel usw. Gemeinsam werden sie in einem Objektmodell beschrieben. Auf der Basis der angelegten Modelle können wiederkehrende Arbeitsabläufe voll- oder teilweise automatisch gesteuert werden.

*Beispiel:*

*Um eine Bestellung bei einem neuen Lieferanten vornehmen zu können, muss dieser Lieferant zunächst mit seinen Stammdaten erfasst werden. Dazu wird ein neues Business Object »Geschäftspartner« angelegt und mit allen notwendigen Attributen (Name des Unternehmens, Adresse, Ansprechpartner, Funktion usw.) erfasst. Die Bestellung mit ihren Attributen (Artikel, Menge, Spezifikation, Termin, Preis usw.) stellt wieder um ein Business Object dar. Die Bestellung ist ein Standardvorgang, für den ein Workflow definiert ist. Dieser sieht vor, dass der Bedarfsträger in der Fertigung bis zu einem Bestellwert von 1.000 € direkt eine Bestellung auslösen kann, während bei einem höheren Bestellwert die Freigabe durch den Gruppenleiter zu erfolgen hat. Die Weiterleitung der Bestellung in Abhängigkeit vom Bestellwert wird vom Workflow-Management-System automatisch vorgenommen. Nach der Freigabe wird die Bestellung erzeugt, gedruckt und versandt. Der Bedarfsträger erhält eine Rückmeldung über die ausgeführte Bestellung.*

Softwarelösungen (etwa das Workflow-Modul von SAP R/3) stellen für solche Arbeitsabläufe, die in vielen Unternehmen ähnlich gestaltet sind, Workflow-Schablonen (Templates) bereit, die das anwendende Unternehmen auf seine Bedürfnisse anpassen kann. Diese Anpassung an die Bedürfnisse des Benutzers wird als »Customizing« bezeichnet.

## 4.6.3.2.5 Sonstige PPS-Planungskonzepte

PPS-Systeme basieren heute mehr oder weniger auf dem dargestellten MRP II – Konzept. Wesentliche Varianten sind die folgenden:

**OPT (Optimized Production Technology):** Dieses Konzept berücksichtigt insbesondere die Erfordernisse der Engpassplanung. Es werden alle Aufträge und die mit ihnen einhergehenden Arbeitsgänge in einen unkritischen (= engpassfreien) und krItIschen Bereich aufgeteilt. Letztere werden dann mit vorrangiger Aufmerksamkeit beplant.

**FZ-(Fortschrittszahlen)-Konzept:** Dieses Konzept wird auf Fertigungen angewendet, die nach dem Flussprinzip organisiert sind. Es wird eine Planperiode in definierte Zeiträume (Kontrollblöcke) aufgeteilt, für die jeweils eine zu produzierende Teilmenge als Sollmenge definiert wird. Dabei werden die Mengen jeweils kumuliert, d. h. für jeden Zeitraum wird festgelegt, welche Gesamtmenge bis zum Ende des Zeitraums erreicht sein soll. Die Darstellung erfolgt in einem Koordinatensystem, in dem den Soll-Mengen die tatsächlich produzierten Ist-Mengen – ebenfalls kumuliert – gegenübergestellt werden. Auf diese Weise können der Materialfluss bzw. -bedarf und die Bestandsentwicklung relativ simpel überwacht werden; Vorläufe (Mehrmengen) und Rückstände (Mindermengen) sind sofort ersichtlich. Ziel des Einsatzes ist die Erreichung möglichst niedriger Lagerbestände bei gleichzeitiger Gewährleistung einer ausreichenden Materialversorgung.

Zum FZ-Konzept folgt noch eine Abbildung:

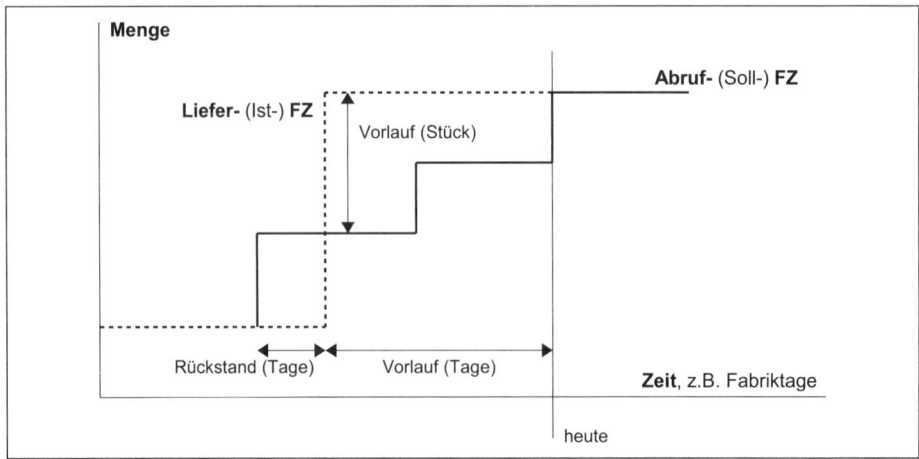

FZ-Konzept

**Kanban-System:** Dieses für die Massenfertigung konzipierte System organisiert die Materialbereitstellung nach dem Holprinzip. Sobald an einer materialverbrauchenden Stelle (Senke) ein Materialmindestbestand unterschritten wird, ergeht eine Anforderung an die vorgelagerte Stelle (Quelle). Die Steuerung erfolgt über die so genannten Kanbans (Kanbankarten). Eine ausführliche Darstellung enthält Abschnitt 4.6.2.4.2. Die Anwendung des Kanban-Systems zielt ab auf die Reduzierung der Materialbestände.

**Belastungsorientierte Auftragsfreigabe (BOA):** Bei Vorliegen von Aufträgen mit unterschiedlicher Dringlichkeit erfolgt eine Auftragsfreigabe erst nach einem Kapazitätsabgleich mittels einer für den einzelnen Arbeitsplatz definierten Belastungsschranke. Auf diese Weise werden zu frühe Freigaben mit den hieraus möglicherweise resultierenden negativen Folgen vermieden, die der folgende »Teufelskreis« beschreibt:

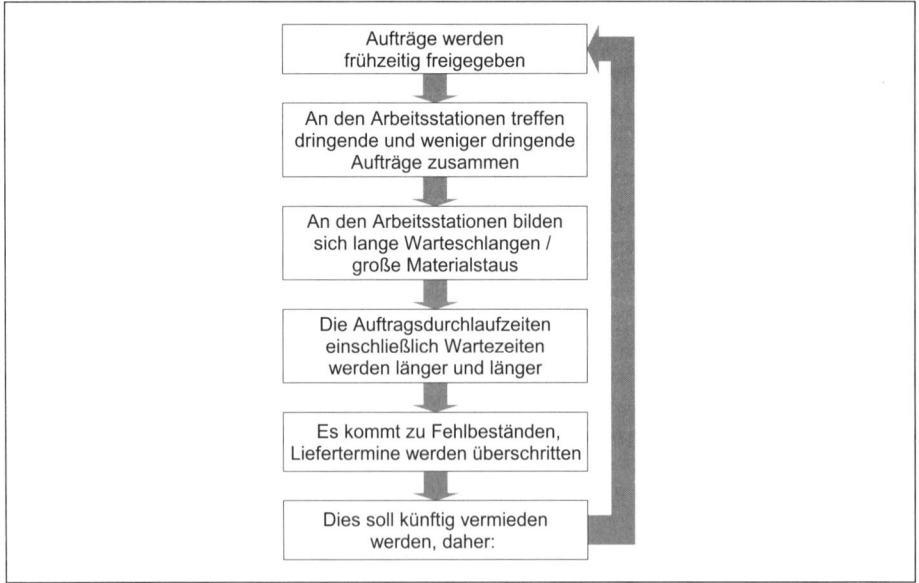

Der »Teufelskreis« der Auftragsfreigabe

Das Verfahren eignet sich besonders für die Einzel- und Serienfertigung in **Werkstattfertigung.** Ziel ist ein möglichst konstanter Auftragsdurchlauf mit relativ konstant-niedrigen Durchlaufzeiten und -beständen sowie verbesserter Termintreue.

## 4.6.3.2.6 Qualitätsmanagement im Rahmen von PPS

Ein Managementsystem, das das gesamte Unternehmen ähnlich integrativ durchzieht wie das ERP-System, ist das Qualitätsmanagement (QM). Daher liegt es nahe und ist unverzichtbar, innerhalb des ERP-Systems Funktionen bereitzustellen, die die Aufgaben des QM unterstützen.

SAP R/3 bietet vor allem die folgenden Komponenten:

– **Stammdatenverwaltung:** Hier werden Materialspezifikationen, Prüfmerkmale, -methoden und -verfahren und weitere qualitätsrelevanten Daten spezifiziert.

– **Qualitätsplanung:** Diese Komponente erstellt Qualitätsprüfpläne und legt darin die Prüfmittel und die zu prüfenden Materialien fest.

– **Qualitätsprüfung:** Stellt Prüfpläne und sonstige benötigte Papiere für den Prüfer bereit und ermittelt automatisch die Prüflose.

– **Qualitätslenkung:** Sie erfasst die Prüfergebnisse, wertet sie aus, erstellt ggf. Qualitätszeugnisse und veranlasst entweder die Freigabe der geprüften Teile oder andere für notwendig befundene Aktionen; sie reagiert auf die zuvor angetroffene Qualitätslage und steuert die weiteren durchzuführenden Prüfungen.

– **Qualitätsmeldung:** Es erfolgt die Dokumentation von Störungen, Qualitätsmängeln und sonstigen aufgetretenen Problemen.

## 4.6.3.3 Neue Tendenzen in der Produktionsplanung und -steuerung

Aktuell arbeiten PPS-Programme die Planungen **sukzessiv** (»Top down«) ab: Teilbereiche, die einander beeinflussen – etwa Primärbedarfsplanung, Materialbedarfsplanung, Terminplanung, Kapazitätsplanung – werden nacheinander abgearbeitet, wobei ein Plan die Ergebnisse des vorherigen Plans als gegeben nimmt. Rückkopplungen sind dagegen nicht möglich, wodurch die Planungen insgesamt ungenau werden und rasch ihre Aktualität einbußen.

Für die Zukunft ist – vor allem angesichts der rasanten Entwicklung der Computerleistung – zu erwarten, dass sich Programme zur **simultanen** Planung durchsetzen werden, für deren Realisierung derzeit die technischen Möglichkeiten noch nicht ausreichen. Im Umfeld von PPS könnte ein bedeutendes Anwendungsfeld für **Expertensysteme** (vgl. Abschn. 20.6) liegen.

Aktuelle Veröffentlichungen verweisen auf die mögliche künftige Bedeutung von Problemlösungsansätzen, die unter den Oberbegriffen »Soft Computing« oder »Computational Intelligence« zusammengefasst werden: Künstliche Neuronale Netze, Fuzzy Logic und Evolutionäre Algorithmen.

## 4.6.3.4 Beurteilung des PPS-Einsatzes

PPS-Systeme sind aus der modernen industriellen Produktion nicht mehr wegzudenken. Die mit ihrem Einsatz erreichbaren Verbesserungen und Einsparungen sind beeindruckend.

So verweisen KITTEL/SPEITH bereits 1981 auf folgende **Nutzeffekte** gegenüber dem Verzicht auf PPS-Einsatz:

Senkung der Halbfabrikatebestände um . . . . . . . . . . . . . . . . . . . .10 %
Senkung der Fertigwarenbestände um . . . . . . . . . . . . . . . . . . . .15 %
Erhöhung der Lieferbereitschaft um . . . . . . . . . . . . . . . . . . . . . .10 %
Senkung der Durchlaufzeit je Arbeitsgang um . . . . . . . . . . . . . . .20 %
Steigerung der Termintreue um . . . . . . . . . . . . . . . . . . . . .35 – 40 %
Verringerung der durchschn. Terminüberschreitungen um . . .40 – 50 %
Verringerung der Eilaufträge um . . . . . . . . . . . . . . . . . . . . . . . .70 %
Erhöhung der Kapazitätsauslastung um . . . . . . . . . . . . . . . .5 – 10 %

Andere positive Effekte sind die Steigerung des Anteils der Bearbeitungszeit an der Durchlaufzeit, die ihrerseits wiederum durch geringere Rüst- und Wartezeiten verkürzt werden kann, und die Kostensenkungen aufgrund geringerer Konventionalstrafen wegen Terminüberschreitung.

Auf der anderen Seite bemängeln Praktiker jedoch häufig die zu geringe Übereinstimmung zwischen den vom PPS-System ausgeworfenen Plänen und dem tatsächlichen Fertigungsablauf, die vor allem darauf zurückgeführt wird, dass die errechneten Pläne infolge der im realen Betriebsgeschehen häufigen Änderungen z. B. durch Eilaufträge, Störungen, unerwartete Engpässe usw. sehr schnell ihre Aktualität einbüßen.

Detailpläne werden aus Grobplänen entwickelt (die zudem den Mangel aufweisen, die vorhandenen Produktionskapazitäten nur unzureichend zu berücksichtigen) und bauen zudem aufeinander auf, indem die für einen Bereich abgeschlossene Planung die Planungsprämissen für die folgenden Planungen liefert. Diese sukzessive Planung wird, wie oben bereits erwähnt, von Kritikern als gravierendes Problem bezeichnet, das nur durch die – praktisch allerdings (noch) nicht umsetzbare – Simultanplanung lösbar wäre.

Weitere in der Literatur beschriebene Probleme sind die vielen Systemen fehlende Möglichkeiten, bestimmte Zielgrößen gezielt zu beeinflussen, und die zu kleinteilige, in ihren Aus- und Wechselwirkungen unüberschaubare »Parametrisierung«, die Berechnungen zu schwerfällig macht. Ein in der Praxis oft formulierter Wunsch betrifft die verbesserte Unterstützung der Vorkalkulation von Aufträgen, denn die grundsätzliche Frage, ob ein Kundenauftrag überhaupt vorteilhaft ist, wird von PPS-Systemen nur unzureichend beantwortet.

Auf zwei spezielle Problembereiche soll im Folgenden eingegangen werden.

## 4.6.3.4.1  Auslastung und Durchlaufterminierung

Durchlaufterminierung und Kapazitätsplanung stehen naturgemäß in engem Zusammenhang: Die Festlegung von Produktionsterminen setzt voraus, dass die benötigten Kapazitäten dann auch zur Verfügung stehen; Eingriffe der Kapazitätsplanung mit dem Ziel einer besseren Lastenverteilung auf mehrere Perioden greifen andererseits in die Terminplanung ein. Es erscheint von daher kaum möglich, beide Planungen getrennt voneinander vorzunehmen: In der Praxis ist aber genau dies die Regel.

Die Durchlaufterminierung plant ohne Rücksicht auf Kapazitäten und wird als Vorwärts- oder Rückwärtsrechnung vorgenommen:

– **Rückwärtsterminierung:** Ausgehend vom Endtermin des Auftrags werden die zu seiner Erfüllung notwendigen Arbeitsgänge in Rückwärtsrechnung terminiert. Vorteil dieses Verfahrens ist, dass die Fertigung zum spätest möglichen Zeitpunkt beginnt und eine unnötige Kapitalbindung vermieden wird. Diesem Vorteil steht jedoch das Risiko unvorhergesehener Störungen und hieraus resultierender Verspätungen gegenüber.

– **Vorwärtsterminierung:** Ausgehend von der niedrigsten Fertigungsstufe werden die zur Erfüllung eines Auftrags notwendigen Arbeitsgänge in Vorwärtsrechnung terminiert, wobei Ausgangspunkt der frühestmögliche Zeitpunkt ist. Vorteil dieses Verfahrens ist die Entstehung von Pufferzeiten, dank derer Terminüberschreitungen weitgehend vermieden werden können; nachteilig sind jedoch die vergleichsweise langen Liege- und Lagerzeiten und die hiermit einhergehende Kapitalbindung.

PPS-Systeme sind oft mit Routinen ausgestattet, die in einem Abgleich von Vorwärts- und Rückwärtsterminierung die möglichen Zeitpuffer ermitteln und der Flexibilisierung der Planung dienen. In diesen Fällen wird von »**doppelter Terminierung**« gesprochen. Ein Verfahren zur Ermittlung von Pufferzeiten wird in Zusammenhang mit der Behandlung der Netzplantechnik (Kap. 7) vorgeführt. Maßnahmen zur Durchlaufzeitverkürzung wurden in Abschnitt 4.6.2.3.3 behandelt.

## 4.6.3.4.2    Prioritätensteuerung und Prioritätenkonflikte

Auf die Notwendigkeit, den Durchlauf von Arbeitsaufträgen durch das Setzen von Prioritäten zu steuern, wurde bereits in Abschnitt 4.6.2.3.3 hingewiesen. Dort wurden auch verschiedene Prioritätsregeln vorgestellt. In Simulationen, die in den 1960er und 1970er Jahren durchgeführt wurden, stellte sich heraus, dass einzelne Regeln zwar in Bezug auf bestimmte Ziele zu guten Ergebnissen führen, andere Ziele dafür aber unzureichend unterstützen. Dies ist insbesondere deswegen von Bedeutung, weil viele Fertigungsbetriebe sowohl Auftragsfertigung als auch Lagerfertigung betreiben und dabei unterschiedliche Ziele verfolgen (vgl. Abschn. 4.6.1.2.1). PPS-Systeme arbeiten daher mit **Verknüpfungen** elementarer Prioritätsregeln:

– **Alternative Verknüpfungen** berücksichtigen je nach Sachlage die eine oder die andere Regel: z. B. wird standardmäßig die KOZ-Regel verwendet, die sich besonders gut für die Optimierung der Kapazitätsauslastung und Durchlaufzeitverkürzung eignet. Wird aber ein Auftrag eingespeist, bei dem eine Terminverletzung droht, wird die Schlupfzeitregel angewandt.

– **Dominante Verknüpfungen** verfahren nach einer definierten Hauptregel. Wenn diese jedoch in einer konkreten Situation bei der Prioritätenvergabe zwischen zwei Aufträgen zu keinem Ergebnis gelangen kann (Indifferenz), wird eine andere Regel herangezogen.

– **Additive** und **multiplikative Verknüpfungen** errechnen die Prioritäten eines jeden Auftrags nach verschiedenen Regeln und verknüpfen diese durch Rechenanweisungen, die die Einzelergebnisse z. B. mit Gewichtungsfaktoren versehen, zu einer Gesamtpriorität, die wiederum über den Rang des Auftrags gegenüber anderen anstehenden Aufträgen entscheidet.

Anzumerken ist jedoch, dass es ein optimales Verfahren nicht zu geben scheint. In der Literatur ist die Bedeutung der Prioritätsregeln jedenfalls umstritten.

## 4.6.3.5    Auswahl und Einführung eines PPS-Systems

PPS-Systeme sind im Allgemeinen auf bestimmte **Produktions- und Organisationstypen** der Fertigung (vgl. Abschn. 4.7.2) ausgerichtet. Betriebe, die z. B. einige Produkte in Einzel- oder Kleinserienfertigung, andere als Massenproduktion in Fließfertigung herstellen, kommen durch den Einsatz dieser einseitig ausgelegten Programme oft zu teilweise unbefriedigenden Ergebnissen. Der Entscheidung für ein PPS-System kommt damit große Bedeutung zu, der sich die Betriebe mehrheitlich durchaus bewusst sind: In einer 1997 veröffentlichten Untersuchung (STEIN) wurde ermittelt, dass die Systemauswahl durchschnittlich 14 Monate, die Einführung sogar bis zu fünf Jahre dauert.

In der Literatur finden sich zahlreiche **Fragenkataloge** und **Checklisten,** die bei der Auswahl des geeigneten PPS-Systems hilfreich sein können. Im Allgemeinen wird der Betrieb vorab ein **Pflichtenheft** erstellen, das die von dem PPS-System erwarteten Leistungen beschreibt. Eine zu exakte Leistungsbeschreibung birgt jedoch die Gefahr, dass notwendige oder zumindest ratsame Veränderungen der betrieblichen Organisation im Vorfeld der PPS-Einführung unterbleiben und ein suboptimaler Produktionsverlauf vielmehr festgeschrieben wird. Zwar gilt, dass ein PPS-System die betrieblichen Verhältnisse so exakt wie möglich abbilden und sich so passgenau wie möglich an die Aufbau- und Ablauforganisation anlehnen muss.

Häufig offenbaren sich aber in der Vorbereitung der PPS-Einführung Schwachstellen in der bisherigen Organisation, sodass die Annäherung eher von der anderen Seite erfolgt: Die Organisation wird dem PPS-System angepasst!

# 4.6.3.6   PPS-Controlling

Wie schon in den Ausführungen über die Betriebsdatenerfassung (vgl. Abschn. 4.6.2.2.3) gezeigt wurde, sind die Kosten- und Leistungsrechnung und das Controlling sehr an den gewonnenen Daten interessiert; denn sie ermöglichen die Überprüfung, ob das Unternehmen die festgelegten Ziele erreicht hat, und geben Hinweise auf notwendige steuernde Eingriffe. Für Betriebe, die PPS-Systeme einsetzen, bietet sich damit die Möglichkeit des Zugriffs auf die im Zuge der Produktion angefallenen Daten. PPS-Systeme unterstützen dies im Allgemeinen durch eine Querschnittsfunktion »PPS-Controlling«, die als Teilfunktion ein Monitorsystem bereitstellt.

Das **Monitoring** ermöglicht die periodische Ermittlung und Auswertung von Kennzahlen aus den betrieblichen Ablaufdaten und bietet meist auch eine grafische Aufbereitung in Form von Diagrammen an. Aus auftrags- und arbeitssystembezogenen **Durchlaufdiagrammen** können z. B. mittlere Leistungen, mittlere Durchlaufzeiten, Kapazitätsauslastung, Termintreue usw. abgelesen werden. Verläufe von Leistungen und Durchlaufzeiten oder funktionale Zusammenhänge zwischen den Werten bestimmter Kenngrößen (etwa zwischen Beständen, Leistungen und Durchlaufzeiten oder zwischen Durchlaufzeiten und Kapazitätsauslastung) werden durch **Betriebskennlinien** abgebildet.

Letztlich ist das Monitoring auch eine Überprüfung der Leistung des PPS-Systems. Die Erkenntnisse des Monitoring können daher – im Sinne eines **Regelkreises** (vgl. Abschn. 6.4.3) – wiederum dazu verwendet werden, die Konfiguration des PPS-Systems neu zu justieren.

# 4.7 Einsatz der Produktionsfaktoren, Produktions- und Organisationstypen

## 4.7.1 Der Einsatz der Produktionsfaktoren

Produktion setzt das Vorhandensein und den Einsatz von Produktionsfaktoren voraus. Diese Faktoren, die insgesamt den **Input** der Produktion darstellen, müssen kombiniert werden, um miteinander einen **Output,** andere Güter also, erzeugen zu können.

Der funktionale Zusammenhang zwischen Inputfaktoren und Output wird durch eine **Produktionsfunktion** beschrieben. Der Leistungserstellungsprozess wird als **Throughput** bezeichnet.

### 4.7.1.1 Input

Die in den Produktionsprozess eingebrachten Güter werden nach einem Ansatz von GUTENBERG wie folgt eingeteilt:

– **Elementarfaktoren:**

  – menschliche Arbeit, soweit sie objektbezogen ist,
  – Betriebsmittel wie Maschinen, Geschäftsausstattungen und Werkzeuge sowie
  – Werkstoffe (Roh-, Hilfs- und Betriebsstoffe sowie fremdbezogene Fertigteile).

– **Dispositiver Faktor:**

  – Geschäftsleitung als originärer dispositiver Faktor,
  – Planung und Organisation als derivativer dispositiver Faktor.

Weitere wichtige Begriffe in Zusammenhang mit Produktionsfaktoren (PF) sind

| | |
|---|---|
| **Repetierfaktoren:** | Verbrauchsfaktoren; Güter, die im Produktionsprozess verbraucht werden |
| **Potenzialfaktoren:** | Güter, die im Produktionsprozess eingesetzt (genutzt) werden, ohne in einem einzigen Prozess verbraucht zu sein |
| **Freie Faktoren:** | Faktoren, die keiner Knappheit unterliegen (vgl. »freie Güter«, Kap. 1) |
| **Ökonomische Faktoren:** | Knappe Faktoren |
| **Originäre Faktoren:** | Im volkswirtschaftlichen Sinne: Arbeit; Boden im Sinne von Natur; im betriebswirtschaftlichen Sinne: PF, die nach ihrem Bezug am Beschaffungsmarkt unverändert in die Produktion eingehen |
| **Derivative Faktoren:** | Im volkswirtschaftlichen Sinne: Kapital; im betriebswirtschaftlichen Sinne: »produzierte Produktionsmittel«; PF, die durch eigene Bearbeitung aus am Beschaffungsmarkt bezogenen Stoffen entstanden sind |
| **Immaterielle Faktoren:** | Im Gegensatz zu den materiellen PF: Informationen und Rechte |
| **Externe Faktoren:** | PF, die bei einer Dienstleistung vom Auftraggeber/Abnehmer eingebracht wurden und damit nicht autonom disponierbar sind, im Gegensatz zu den durch das Unternehmen selbst gestellten, internen PF |

## 4.7.1.2    Faktoreinsatzbeziehungen im Leistungserstellungsprozess

Der Leistungserstellungsprozess (Throughput) besteht darin, Input-Faktoren in einer bestimmten Kombination zu neuen Produkten zu verarbeiten. Industrielle Produktionen sind primär technologische Vorgänge, bei dem es unter ökonomischen Gesichtspunkten wesentlich darauf ankommt, die Faktoren kostenoptimal einzusetzen.

Sie unterscheiden sich nach den Beziehungen zwischen dem Output und den eingesetzten Produktionsfaktoren, die im Folgenden eingehender beleuchtet werden sollen. Der Einfachheit halber werden in den Betrachtungen jeweils solche Fälle betrachtet, in denen zur Herstellung eines Endprodukts genau zwei unterschiedliche Produktionsfaktoren benötigt werden.

### 4.7.1.2.1    Faktorsubstitution

Substitutionale Faktoreinsatzbeziehungen liegen vor, wenn zwischen der Einsatzmenge eines Produktionsfaktors und der Outputmenge keine feste Relation besteht und unterschiedliche Mengenkombinationen zum selben Output führen. In solchen Fällen kann mindestens eine kostenoptimale Faktorkombination gefunden werden, die als **Minimalkostenkombination** bezeichnet wird. Zu unterscheiden sind Fälle, in denen eine Substitution jedes Faktors durch den jeweils anderen Faktor vollständig möglich ist (**totale Faktorsubstitution;** auch: alternative Faktorsubstitution) oder genau ein Faktor durch den anderen ersetzt werden kann, dies jedoch umgekehrt nicht oder nicht vollständig möglich ist (**partiell-totale Faktorsubstitution)** oder ein Ersatz des einen Faktors durch den anderen nur teilweise möglich ist (**partielle Faktorsubstitution;** auch: Randsubstitutionalität, periphere Substitution).

*Beispiele:*

*Bei der Einrichtung eines Montagebandes muss entschieden werden, ob eine bestimmte Verrichtung entweder rein maschinell oder durch menschliche Arbeit vorgenommen werden soll. Es besteht also die Möglichkeit zur totalen Substitution des Faktors »maschinelle Arbeit« durch den Faktor »menschliche Arbeit«.*

*In einer Großbäckerei wird ein Gebäck unter Verwendung von Butter und Margarine hergestellt. Dabei kann die Margarine vollständig durch Butter, die Butter aber – wegen damit einhergehender Qualitätseinbußen – nicht vollständig durch Margarine ersetzt werden. Es handelt sich folglich um partiell-totale Faktorsubstitution. Zusätzlich ist zu berücksichtigen, dass wegen des höheren Wassergehaltes der Margarine eine Ersetzung von Butter durch Margarine nicht im Gewichtsverhältnis 1:1 erfolgen kann.*

*Die Herstellung einer Zweifruchtmarmelade aus Erdbeeren und Kirschen erlaubt die Variation des Mischungsverhältnisses in beide Richtungen; jedoch können weder Erdbeeren vollständig durch Kirschen noch Kirschen vollständig durch Erdbeeren ersetzt werden. In diesem Falle ist nur partielle Faktorsubstitution möglich.*

Die grafische Lösung eines Zwei-Faktoren-Falles soll im folgenden Beispiel erläutert werden. Auf die analytische Lösung von Mehr-Faktoren-Fällen mittels Lagrange-Multiplikatoren wird nicht eingegangen.

*Beispiel:*
*In einer Zwei-Faktoren-Produktion ist jeweils eine Mindestmenge von Faktor 1 ($r_1$) und Faktor 2 ($r_2$) erforderlich. Im Zwischenbereich gilt die Produktionsfunktion $x = r_1 \cdot r_2$; d. h. beide Faktoren können gegeneinander ausgetauscht werden. Die Mengenkombinationen, die zur selben Outputmenge x führen, können in einem Isoquantensystem dargestellt werden. Die folgende Abbildung zeigt die Isoquanten für drei verschiedene Outputmengen $x_1 = 10$, $x_2 = 30$ und $x_3 = 40$.*

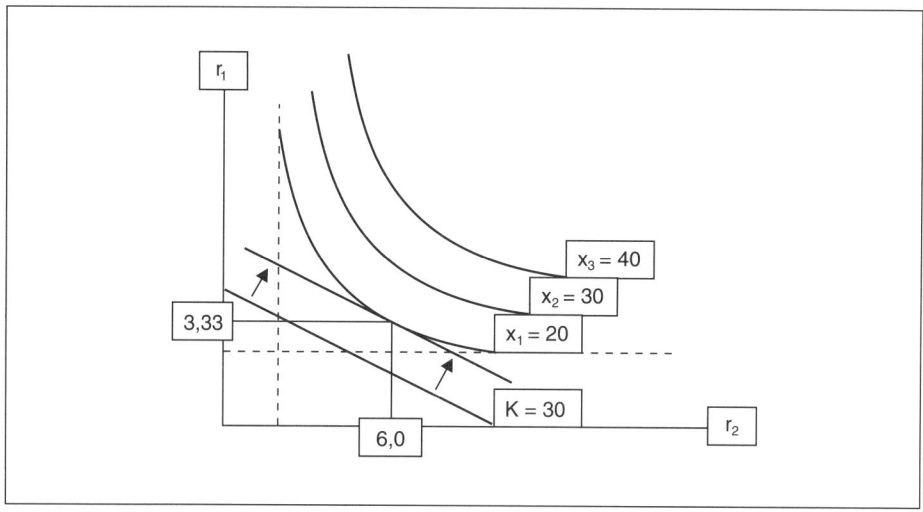

Ermittlung der Minimalkostenkombination in einem Isoquantensystem

*Zur Beurteilung des günstigsten Faktoreinsatzverhältnisses werden die Faktorpreise benötigt. Diese betragen $q_1 = 10$ für eine Einheit von $r_1$ und $q_2 = 5$ für eine Einheit von $r_2$. Die Kostenfunktion lautet dann*

$$K = q_1 r_1 + q_2 r_2$$
$$= 10 r_1 + 5 r_2$$

*Diese Kostenfunktion wird – unter Annahme eines beliebigen Kostenbetrages K, hier: K = 30 – in die Grafik eingefügt (als sog. **Isokostenlinie**) und durch Parallelverschiebung an die Isoquanten herangeführt. Der Tangentialpunkt der Kostenfunktion mit der jeweiligen Isoquante kennzeichnet die Minimalkostenkombination. Diese ergibt sich für $x_1 = 20$ demnach bei $r_1 = 3\,^1/_3$, $r_2 = 6$ und $K = 63{,}33$.*

## 4.7.1.2.2  Limitationale Faktoreinsatzverhältnisse

Limitationale Faktoreinsatzverhältnisse liegen vor, wenn die Inputmenge eines Produktionsfaktors die Outputmenge festlegt. Eine Mehreinbringung dieses Faktors führt nicht zu einer Outputsteigerung, woraus auch folgt, dass der betreffende Faktor nicht geeignet ist, einen anderen Faktor zu ersetzen.

Wenn das Verhältnis der Einsatzfaktoren zueinander für alle Outputmengen konstant ist, liegt **lineare** Limitationalität vor, anderenfalls **nichtlineare** Limitationalität.

*Beispiel:*
*Zur Montage von Fahrrädern aus Rahmen und Rädern sind je Fahrrad ein Rahmen und zwei Räder erforderlich. Sind nur 100 Rahmen, aber 1000 Räder vorhanden, können nur 100 Fahrräder montiert werden, während 800 Räder ungenutzt am Lager bleiben müssen: Die Anzahl der Rahmen limitiert den möglichen Output. Das Verhältnis 1:2 verändert sich mit der Ausbringungsmenge nicht: Es handelt sich also um ein Beispiel für lineare Limitationalität.*

*Wenn der Faktor »Rahmen« als $r_1$ und der Faktor »Räder« als $r_2$ angenommen wird, so stellt sich die Beziehung zwischen den beiden Faktoren graphisch wie folgt dar:*

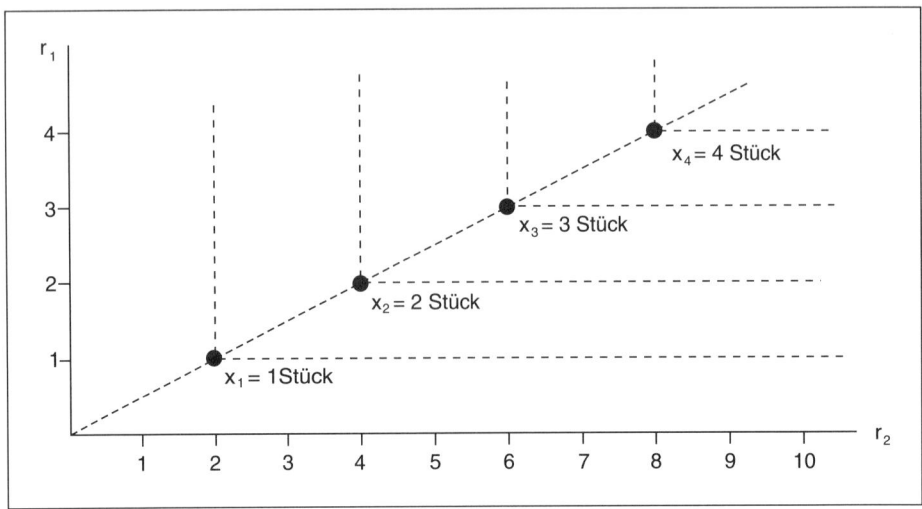

Linear-limitationale Produktionsfunktion

## 4.7.1.3 Output

Jeder Produktionsprozess ist auf die Erzeugung eines bestimmten Outputs gerichtet. Die entstandenen Produkte können (nach FANDEL) unterteilt werden in

- **materielle Erzeugnisse:**
  - Endprodukte in Form von
    - Investitionsgütern,
    - Konsumgütern,
  - Zwischenprodukte,
  - Abfallprodukte;

- **immaterielle Erzeugnisse:**
  - Dienstleistungen,
  - Arbeitsleistungen,
  - Informationen;

- **Mischformen:**
  mit unterschiedlichen Wertanteilen der materiellen und immateriellen Elemente.

Regelmäßig entstehen durch die industrielle Erzeugung unerwünschte Ausbringungen, nämlich **Abfallstoffe** und **Verunreinigungen** der Umwelt. Bei der Beurteilung des Outputs müssen diese nachteiligen Wirkungen in Form der durch ihre Beseitigung verursachten Kosten berücksichtigt werden.

## 4.7.1.4 Beurteilung des Faktoreinsatzes

In den vorstehenden Absätzen bezogen sich die gebotenen Beispiele vorrangig auf die zum Einsatz kommenden Werkstoffe. Die Betrachtung des Faktoreinsatzes hat aber ebenso die anderen Produktionsfaktoren gemäß der Darstellung in Abschnitt 4.7.1.1 zu berücksichtigen.

Eine wichtige ökonomische Beurteilung des Produktionsprozesses besteht in der Beachtung der **Minimalkostenkombination.** Die ökonomische Beurteilung des Einsatzes der Produktionsfaktoren und – darüber hinausgehend – des Produktionsprozesses kann sowohl im Zeit- als auch im Unternehmensvergleich (vgl. **»Benchmarking«,** Abschn. 1.7.3.2.2) unter anderem anhand der folgenden Kriterien und Kennzahlen erfolgen:

**Kennzahlen des Betriebsmittel- und Arbeitskräfteeinsatzes:**

$$\text{Kapazitätsauslastungsgrad} = \frac{\text{Kapazitätsbedarf}}{\text{effektive Kapazität}}$$

$$\text{Beschäftigungsgrad} = \frac{\text{Ausbringung}}{\text{effektive Kapazität}}$$

Fragen des Ressourcenmanagements wurden ausführlich in Abschnitt 4.6.1.1.2, das Problem der Maschinenbelegungsplanung in Abschnitt 4.6.2.3.3 behandelt. Die Optimierung des Fertigungsprogramms bei kapazitivem Engpass wird im folgenden Abschnitt behandelt.

**Kennzahl für die Effizienz des Faktoreinsatzes:**

$$\text{Produktivität} = \frac{\text{Ausbringungsmenge (Output)}}{\text{Einsatzmenge (Input) eines Faktors}} \cdot 100$$

(sowie alle Kennzahlen der **Produktionsstatistik,** vgl. Abschnitt 1.7.3.2.1.1).

Letztlich gibt die Rentabilität des eingesetzten Kapitals Auskunft darüber, inwieweit der Faktoreinsatz als gelungen betrachtet werden kann. Insoweit sind die in Abschnitt 1.7.3 aufgeführten **Rentabilitätskennzahlen** ebenfalls zur Beurteilung heranzuziehen.

# 4.7.2    Produktions- und Organisationstypen

### Die Verfahren

Die in der Fertigungsdurchführung anwendbaren Verfahren werden üblicherweise nach zwei unterschiedlichen Kriterien eingeteilt:

– nach **Produktionstypen,** d. h. nach der Häufigkeit der Wiederholung des Fertigungsvorganges,

– nach **Organisationstypen,** d. h. nach der Art der Produktionsorganisation.

Maßgeblich für die Wahl des anzuwendenden Fertigungsverfahrens ist die vorgesehene Produktionsmenge, deren Festlegung vor allem davon abhängt, ob das betrachtete Unternehmen nur ein Produkt (als so genannter **Ein-Produkt-Betrieb**) oder mehrere Produkte (im **Mehr-Produkt-Betrieb**) herstellt. Zum besseren Verständnis der nachfolgenden Ausführungen zu den unterschiedlichen Produktionsverfahren ist daher zunächst ein Exkurs zur Mengenproblematik erforderlich.

### Das Mengenproblem

Der Ein-Produkt-Betrieb orientiert sich bei der Mengenfestlegung an der **Absatzerwartung,** d. h. sein Ziel ist, zu jeder Zeit gerade diejenige Menge an fertigen Erzeugnissen vorzuhalten, die der Markt abzunehmen bereit ist (die Beeinflussung der Absatzmenge durch die Preisgestaltung wurde im Rahmen der Absatzwirtschaft bereits behandelt.).

Unterliegt die absetzbare Menge saisonalen Schwankungen, kann diesen durch Kapazitätsanpassung, d. h. Ausweitung der Kapazitäten in Spitzenzeiten – etwa durch Ansetzen von Überstunden oder befristete Einstellung zusätzlichen Personals – und Rücknahme der Kapazitäten in nachfrageschwachen Perioden, begegnet werden. Durch diese Synchronisation von Produktion und Nachfrage werden Lagerhaltungskosten vermieden, jedoch – insbesondere bei Anordnung von Mehrarbeit – überproportional hohe Lohnkosten verursacht **(Synchronisationsprinzip).**

Alternativ kommt – sofern die Natur des Produktes dies zulässt – die Fixierung einer mittleren Produktionsmenge in Betracht, wobei in absatzschwachen Zeiten Lagerbestände gebildet werden, die in nachfragestarken Zeiten abgebaut werden **(Emanzipationsprinzip).** In diesem Falle bleiben die Beschäftigungskosten konstant, während zusätzliche Lagerhaltungskosten entstehen. Beide geschilderten Alternativen sind mit dem Nachteil steigender Kosten behaftet.

Viele Betriebe versuchen diesem Dilemma auszuweichen, indem sie zusätzlich solche Produkte in ihre Angebotspalette aufnehmen, deren Herstellung weitestgehend mit den schon vorhandenen Anlagen und Arbeitskräften geleistet werden kann, deren saisonale Nachfrageschwankungen aber gerade entgegengesetzt ablaufen: So könnte ein Betrieb z. B. im Sommerhalbjahr Schlittschuhe für die Wintersaison, im Winterhalbjahr dagegen Rollschuhe für die Sommersaison produzieren. Allerdings wäre dieser Betrieb dann kein Ein-Produkt-Betrieb mehr.

**Der Mehr-Produkt-Betrieb**

Für den Mehr-Produkt-Betrieb stellt sich die Produktmengenplanung als wesentlich vielschichtiger dar, vor allem dann, wenn die verschiedenen Produkte Belegungszeiten auf denselben Anlagen beanspruchen: Bei konstanter Beschäftigung bedingt die Entscheidung, zusätzliche Stücke eines Produktes herzustellen, die Rücknahme der Stückzahl mindestens eines anderen Produktes. Bei der Festlegung des optimalen Produkt-Mix müssen daher insbesondere die mit den einzelnen Produkten erzielbaren **Deckungsbeiträge** (vgl. Kap. 2) beachtet werden. Eine Methode zur Identifizierung des optimalen Produktionsprogramms ist die **lineare Programmierung.** Voraussetzung ist allerdings ein linearer Verlauf sowohl der zu optimierenden Funktion als auch der Nebenbedingungen. Dieses Verfahren soll anhand eines Beispiels erläutert werden.

Vorab ist jedoch die Einführung einiger Begriffe erforderlich:

– **Zielfunktion:** Zielfunktion ist eine zu optimierende (d. h. zu maximierende oder minimierende) Funktion, z. B. eine Gewinnfunktion.

– **Nebenbedingungen** betreffen z. B. Kapazitätsgrenzen oder Absatzgrenzen; die Angaben erfolgen in Form einer Ungleichung $\leq$ oder $\geq$.

– **Nichtnegativitätsbedingungen:** Diese bestimmen, dass die gesuchten Größen nicht kleiner als Null sein dürfen.

Lineare Optimierungsprobleme sind grafisch oder rechnerisch zu lösen. Eine grafische Lösung soll an folgendem Beispiel demonstriert werden:

*Zwei Produkte P1 und P2 sollen hergestellt werden. Jedes der beiden Produkte durchläuft die beiden Maschinen M1 und M2 in unterschiedlicher Stundenzahl. Jede der beiden Maschinen hat eine bekannte Gesamtkapazität, die in Maschinenstunden pro Monat ausgedrückt wird.*

*Die Ausgangsdaten sind der folgenden Tabelle zu entnehmen:*

| Maschinen | Gesamtkapazität (Std.) | P1  Produkte  P2 Maschinenstunden je Einheit | |
|---|---|---|---|
| M1 | 120 | 1 | 5 |
| M2 | 80 | 4 | 2 |

*Die angegebenen Daten sind unabhängig von der produzierten Menge. Jede beliebige Menge beider Produkte kann am Markt abgesetzt werden. Die unbekannte Anzahl von zu produzierenden Mengeneinheiten des Produktes P1 wird mit $X_1$ bezeichnet, analog wird für P2 die Variable $X_2$ verwendet.*

*Die formale Darstellung des obigen Sachverhaltes, der die Bedingungen der Produktion umschreibt, hat folgendes Aussehen:*

*$X_1 + 5 X_2 \leq 120$*

*$4X_1 + 2 X_2 \leq 80$*

*$X_1 \geq 0$*

*$X_2 \geq 0$*

*Die Nichtnegativitätsbedingungen ergeben sich aus der trivialen Tatsache, dass die produzierten Mengen X nicht negativ sein können.*

*Die Unternehmensleitung fordert das gewinnmaximale Produktionsprogramm. Bei dessen Ermittlung sind die Deckungsbeiträge der einzelnen Produkte zu Grunde zu legen (der Deckungsbeitrag ist die Differenz zwischen Erlös und direkt zurechenbaren Kosten. Verringert man diese Differenz noch um die Fixkosten, so erhält man den Gewinn. In unserem Beispiel werden die fixen Kosten der Einfachheit halber »unterschlagen«).*

*Folgende Deckungsbeiträge wurden ermittelt:*

*Produkt 1: 5 Geldeinheiten pro Mengeneinheit*
*Produkt 2: 3 Geldeinheiten pro Mengeneinheit*

*Addiert man $5X_1$ und $3X_2$, so erhält man den Gewinn, der beim Absatz von $X_1$ Mengeneinheiten von P1 und $X_2$ Mengeneinheiten von P2 anfällt. Die lineare Gewinnfunktion hat also die Form*

*$Z = 5X_1 + 3X_2$*

*Das lineare Modell hat insgesamt also die folgende Form:*

*$Z = 5X_1 + 3X_2 => max!$*

u.d.N.

*$X_1 \quad + 5X_2 \leq 120$*

*$4X_1 + 2X_2 \leq 80$*

*$X_1 \qquad \geq 0$*

*$X_2 \qquad \geq 0$*

*Hierbei steht max. für »maximiere« und u.d.N. für »unter den Nebenbedingungen«.*

Durch die Darstellung der Nebenbedingungen in einem Koordinatensystem erhält man den in der folgenden Abbildung schraffiert dargestellten Lösungsraum, der die Menge der zulässigen (d. h. auch der nicht-optimalen) Lösungen enthält. Zeichnet man nun auch die Zielfunktion ein, indem man einen beliebigen fiktiven Zielwert annimmt, so kann durch deren Parallelverschiebung die »optimale Ecke«, also die äußerste gerade noch zulässige Lösung, ermittelt werden.

Die grafische Problemlösung insgesamt verdeutlicht die folgende Abbildung.

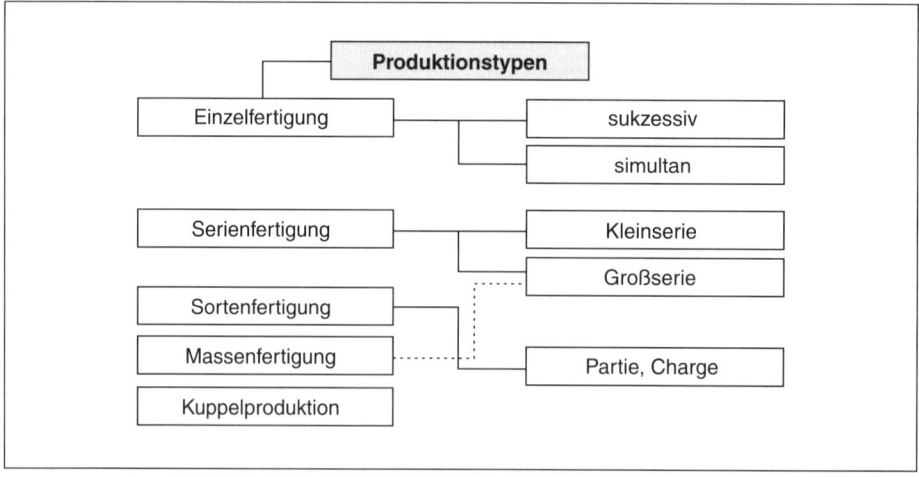

Grafische Lösung eines LOP's

Ein mathematisches Lösungsverfahren für lineare Optimierungsprobleme ist die **Simplex-Methode** (Berechnungen im Matrix-Tableau unter Durchführung Gauß'scher Eliminationen). Die Praxis bedient sich dieser Methode im Rahmen fertiger EDV-Lösungen.

## 4.7.2.1 Produktionstypen

Produktionstypen werden meist erzeugungsorientiert nach der Häufigkeit der Leistungswiederholung unterschieden. Hierbei werden zunächst **Einzelfertigung** und **Mehrfachfertigung** unterschieden, die sich jeweils wiederum in verschiedene Untergruppen teilen.

Produktionstypen

## 4.7.2.1.1    Einzelfertigung

Bei Einzelfertigung wird nur ein Stück eines Produktes hergestellt. Zwar besteht eine durch das Produktionsprogramm vorgegebene grundsätzliche Verwandtschaft zwischen den gefertigten Unikaten (etwa zwischen den in einem Schiffbauunternehmen gefertigten Schiffen), doch sind alle gefertigten Einheiten nach Bauart, Material, Ausstattung, Größe etc. verschieden. Die Notwendigkeit, auf spezielle Kundenwünsche reagieren zu können, erfordert die Vorhaltung universell einsetzbarer Maschinen und breit qualifizierten, vielseitig einsetzbaren Personals. Für auf Einzelfertigung spezialisierte Betriebe kommt als Organisationsform der Fertigungsdurchführung nur Werkstatt- oder flexible Fertigung in Frage.

Wird jeweils nur ein Einzelerzeugnis je Zeiteinheit gefertigt, so liegt **sukzessive** Einzelfertigung vor. Werden dagegen mehrere (unterschiedliche) Einzelerzeugnisse gleichzeitig gefertigt, so spricht man von **simultaner** Einzelfertigung. In diesem (in der betrieblichen Praxis regelmäßig auftretenden) Fall stellt sich die Problematik der terminlichen Abstimmung. Zu ihrer Lösung bietet sich die Netzplantechnik an, die in Kapitel 7 ausführlich beschrieben wird.

## 4.7.2.1.2    Serienfertigung

Bei der Serien- oder Mehrfachfertigung werden mehrere Einheiten eines Produktes sukzessive oder simultan gefertigt, bevor eine Umrüstung der Produktion auf die Fertigung eines anderen Erzeugnisses innerhalb des Fertigungsprogramms erfolgt. Nach der Menge der innerhalb einer Serie gefertigten Produkte unterscheidet man die – der Massenfertigung angenäherte – **Großserienfertigung** (Automobile, Haushaltsgeräte) und die **Kleinserienfertigung** (Spezialmaschinenbau, Fertighäuser).

## 4.7.2.1.3    Sortenfertigung

Bei der Sortenfertigung besteht zwischen den verschiedenen Produkten innerhalb des Produktionsprogrammes eine weitaus größere Verwandtschaft als bei der zuvor beschriebenen Serienfertigung, die eine Umstellung des Herstellungsprozesses zwischen den Fertigungsserien erfordert. Die Herstellung basiert auf einem einzigen Grundstoff und bedient sich für alle Produkte der gleichen Produktionsanlagen, die nur geringfügiger Umrüstung bedürfen. Eine häufig, z. B. im Automobilbau, anzutreffende Ausprägung dieser Fertigungsform ist die **Variantenfertigung,** d. h. die Herstellung verschiedener Variationen eines Grundmodells.

## 4.7.2.1.4    Partie- und Chargenfertigung

Bei der Partie- oder Chargenfertigung als Sonderform der Sortenfertigung ergeben sich Abweichungen zwischen den einzelnen Erzeugnissen zwangsläufig daraus, dass entweder das Herstellungsmaterial nicht in konstanter Qualität verfügbar ist oder Abweichungen im Herstellungsprozess auftreten.

Dabei gilt:

– Eine **Partie** ist eine Menge (eine Lieferung) eines Rohmaterials von einheitlicher Qualität. Insbesondere bei Naturprodukten (Schurwolle, Rohkaffee, Tee, Weizen usw.) weichen einzelne Partien qualitativ in der Regel voneinander ab.

– Eine **Charge** ist diejenige Menge eines Gutes, die im gleichen Herstellungsprozess verarbeitet wird.

## 4.7.2.1.5  Massenfertigung

Charakteristisch für Massenfertigung ist die Herstellung völlig gleichartiger Produkte über einen (verglichen mit den vorab geschilderten Formen der Mehrfachfertigung) verhältnismäßig langen Zeitraum.

Wird nur ein einziges Erzeugnis in Massen hergestellt, so spricht man von **einfacher** Massenfertigung. Bei gleichzeitiger Herstellung großer Mengen mehrerer Erzeugnisse auf jeweils eigenen Fertigungsanlagen liegt dagegen **mehrfache** Massenfertigung vor.

In der Massenfertigung kommen häufig eigens für den Betrieb konstruierte Spezialmaschinen zum Einsatz, die für andere Zwecke nicht eingesetzt werden können. Produktionsumstellungen sind daher die Ausnahme und erfolgen lediglich aus produktionstechnischen Gründen oder in Anpassung an langfristig wirksame marktwirtschaftliche Veränderungen.

## 4.7.2.1.6  Kuppelproduktion

Bei der Kuppelproduktion fällt im Zuge der Verarbeitung eines Stoffes neben dem gewünschten Hauptprodukt ein **Nebenprodukt,** das sog. Kuppelprodukt, an. Eine derartige »unfreiwillige« Nebenproduktion stellt sich z. B. bei der Entsalzung von Meerwasser ein, bei der zwangsläufig neben dem gewünschten Trinkwasser auch Meersalz anfällt. Ein anderes Beispiel ist der zwangsläufige Produktionszusammenhang von Alkoholen und Tonerde. Während in diesem Beispiel auch mit dem Nebenprodukt Erlöse erzielt werden können, kann in anderen Fällen mit der notwendigen Entsorgung des Kuppelprodukts ein Aufwand einhergehen.

## 4.7.2.2   Organisationstypen der Fertigung

Unterscheidungsmerkmal für die verschiedenen Organisationstypen ist die organisatorische Gestaltung des Fertigungsablaufs, die sich vorrangig in der räumlichen Anordnung der Betriebsmittel und Arbeitsstellen ausdrückt.

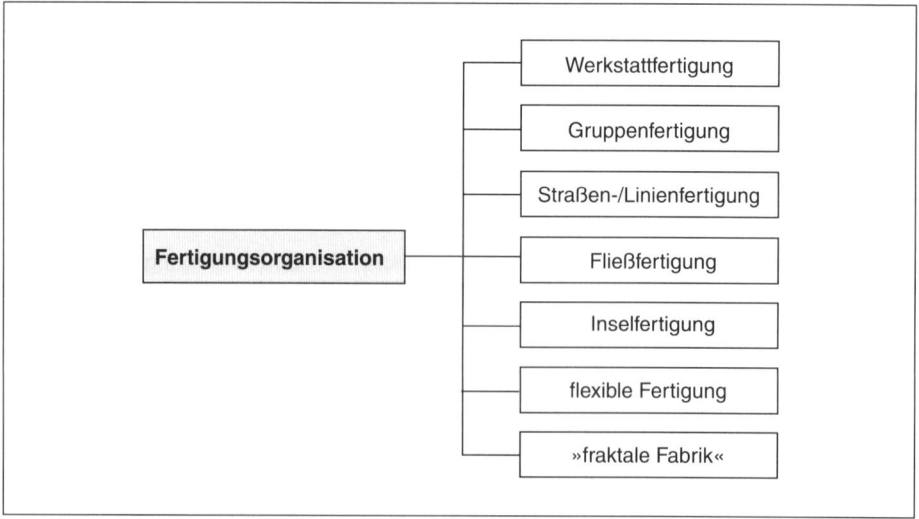

Organisationstypen

Die Organisation der Fertigung hängt von einer Vielzahl betriebsindividueller Faktoren ab. Die wichtigsten sind

- das Fertigungsverfahren,
- die verfügbaren Betriebsmittel und Arbeitsräume,
- die Auftragsgröße (Losgröße) und
- die Umrüsthäufigkeit.

Die in der obigen Abbildung dargestellten Organisationstypen der Fertigung sollen nachfolgend detailliert beschrieben werden.

### 4.7.2.2.1   Werkstattfertigung

Die Werkstattfertigung ist ein **ortgebundenes** Organisationssystem, bei dem Arbeitsplätze und Maschinen mit gleicher Arbeitsaufgabe jeweils in einem Raum untergebracht sind: Die einzelnen Werkstätten heißen beispielsweise Dreherei, Fräserei, Schweißerei usw. Diese Form der Arbeitsmittelanordnung orientiert sich an der Verrichtung, nicht jedoch am Arbeitsablauf, und eignet sich insbesondere für Betriebe mit häufig wechselnder Auftragsproduktion. Der Nachteil längerer Materialtransportwege wird aufgewogen durch größere Anpassungsfähigkeit sowie den Vorteil der erleichterten Übersicht über freie Kapazitäten und Engpässe. Für die Lösung des Reihenfolgeproblems bei mehreren gleichzeitig zu bearbeitenden Aufträgen bietet sich die an früherer Stelle dargestellte **Sequencing-Methode** (vgl. Abschn. 4.6.2.3.3) an. In der Praxis kommen häufig EDV-gestützte Produktionsplanungs- und Steuerungssysteme (PPS) zum Einsatz.

### 4.7.2.2.2   Gruppenfertigung

Die Gruppenfertigung (häufig auch als **Gemischtfertigung** bezeichnet) verbindet die oben geschilderte Werkstattfertigung mit den nachfolgend beschriebenen Verfahren, bei denen die Anordnung der Arbeitsplätze und Maschinen dem Flussprinzip folgt: So werden die Arbeitsplätze zwar in der durch den Arbeitsfluss vorgegebenen Reihenfolge angelegt; die für bestimmte Erzeugnisse oder Baugruppen benötigten Fertigungseinrichtungen werden jedoch verrichtungsorientiert zu homogenen Gruppen zusammengefasst. Damit vereinigt diese Organisationsform der Fertigung die Flexibilität und Übersichtlichkeit der Werkstattfertigung mit dem mit der Flussorientierung einhergehenden Verkürzung der Transportwege im Materialfluss.

### 4.7.2.2.3   Straßen- und Linienfertigung

Bei der Straßen- oder Linienfertigung (beide Begriffe meinen dasselbe) sind die Fertigungseinrichtungen nach dem **Flussprinzip** angeordnet, also in derjenigen Reihenfolge, die das Material auf dem Weg zum fertigen Produkt durchläuft. Hieraus resultiert eine straßenartige Aufstellung von Maschinen und Arbeitsplätzen und eine Arbeitszerlegung, die den Einsatz von Spezialmaschinen ermöglicht. Jedem Produkt ist eine eigene Fertigungsstraße zugeordnet, woraus ein wesentlicher Nachteil dieses Systems resultiert: Der Kapitalbedarf ist besonders hoch, da jede dieser Straßen über einen kompletten Anlagensatz verfügen muss; gleichartige Arbeitsgänge innerhalb der Herstellung verschiedener Produkte können – im Gegensatz zu der zuvor beschriebenen Werkstattfertigung – nicht auf eine einzige Arbeitsstation konzentriert werden.

Die Flexibilität dieses Organisationsmodells hinsichtlich der Anpassung der Produktion an geänderte Verfahren oder Markterfordernisse ist relativ gering. Der Vorteil dieses Systems liegt in der Minimierung der Transportwege, die allerdings nicht zwangsläufig mit einer Minimierung der Durchlaufzeit einhergeht: Da bei Straßenfertigung, im Gegensatz zur nachfolgend beschriebenen Fließfertigung, keine zeitliche Festlegung und Abstimmung der einzelnen Arbeitsschritte erfolgt, können Wartezeiten vor einzelnen Arbeitsstationen entstehen.

## 4.7.2.2.4 Fließfertigung

Die Anordnung der Fertigungseinrichtungen entspricht bei der Fließfertigung derjenigen der Straßenfertigung. Der Unterschied zwischen beiden Organisationstypen besteht darin, dass bei der Fließfertigung eine zeitliche Abstimmung der einzelnen Arbeitsschritte erfolgt, sodass das zu bearbeitende Material die verschiedenen Stationen ohne Wartezeiten durchlaufen kann. Die Weitergabe des Arbeitsgegenstandes erfolgt durch ein kontinuierlich in Bewegung befindliches Beförderungsmittel (z. B. ein Fließband oder eine Rollbahn) das sich in gleich bleibender Geschwindigkeit fortbewegt. Die Auswirkung der Geschwindigkeit auf die produzierte Stückzahl und somit auf das Verhältnis zwischen Lohnkosten und erzielbarem Umsatz liegt dabei auf der Hand. In älteren Anlagen bewegen sich die Werkstücke an den Bearbeitungskräften vorbei, während modernere Bänder die Arbeiter mittransportieren und zwischen den verschiedenen Bearbeitungsgängen Manipulationen am Bearbeitungsstück vornehmen, indem sie es z. B. drehen oder anheben und somit in eine günstige Bearbeitungsposition bringen.

Bei einigen Produkten (Gas, Bier, Papier) führen chemische Prozesse oder technische Anforderungen zwangsläufig zu einer ganz bestimmten Anordnung der Arbeitsplätze. In diesen Fällen spricht man von **Zwangslauffertigung.** Ist die Fließfertigung dagegen beabsichtigt, ohne dass hierfür eine zwingende Notwendigkeit besteht, so handelt es sich um **organisierte Fließfertigung.** Diese findet sich z. B. in der Automobilherstellung.

Fließfertigung ist immer zugleich Massenfertigung, da die Anpassungsfähigkeit der in sie einbezogenen Fertigungseinheiten äußerst gering ist. Ihren **Vorteilen,** nämlich

– minimierte Durchlaufzeiten und entsprechend verringerte Transport-, Lager- und Personalkosten,

– qualitative und quantitative Leistungssteigerung durch Spezialisierung von Menschen und Maschinen und

– Übersichtlichkeit der Fertigung

stehen massive **Nachteile** gegenüber, z. B.:

– mangelnde Anpassungsfähigkeit,

– Gefahr des Vollausfalls durch Störungen im Ablauf,

– Einseitigkeit der Arbeit,

– hoher Kapitalbedarf (siehe »Straßenfertigung«).

Vor allem wegen der **sozialen Problematik** wird die Fließfertigung stark kritisiert. Sie bedingt monotone, langweilige Arbeiten; dem Fließbandarbeiter, der eine bestimmte Verrichtung am entstehenden Produkt ständig wiederholt, geht der Bezug zum fertigen Erzeugnis und damit das unmittelbare Erfolgserlebnis verloren; auch sind soziale Kontakte während der Arbeitszeit nicht möglich: Die Aneinanderreihung von Arbeitsplätzen und die Geschwindigkeitsvorgabe bedingen eine isolierte Arbeitssituation. Frustration, hohe Ausfallraten und Fluktuationsneigung sind oft die Folgen. In modernen Betrieben wird daher häufig anstelle des geradlinigen Fließbandverlaufs ein durch Schleifen aufgelockerter Ablauf geschaffen, der die Bildung von Arbeitsgruppen erlaubt, innerhalb derer sich die Arbeiter bei ihren verschiedenen Tätigkeiten abwechseln können. Im Zuge der Humanisierung der Arbeitswelt ist bereits eine Abkehr von der Fließfertigung eingetreten.

## 4.7.2.2.5    Inselfertigung

Auf die Erkenntnis der nachteiligen Auswirkung der Fließfertigung auf das Individuum rea-gierten zahlreiche Betriebe mit der Umstellung auf Gruppenarbeit: In Fertigungsinseln, denen eine überschaubare Anzahl von nicht mehr als zwanzig Arbeitern zugeordnet wird, werden größere Arbeitsaufgaben in kollektiver Verantwortung unter Praktizierung motiva-tionsfördernder Führungselemente erfüllt. Diese Instrumente sind

– **Job Rotation:** In regelmäßigen Zeitabständen tauschen die Gruppenmitglieder ihre Arbeitsplätze; im Idealfall kann jeder jede Aufgabe übernehmen und somit auch jeden Kollegen vertreten. Dieses System bietet Abwechslung und wirkt Horizont erweiternd, bedingt aber einen hohen Schulungsaufwand und Rationalitätseinbußen, die jedoch durch gestiegene Motivation und sinkenden Krankenstand teilweise aufgefangen werden;

– **Job Enlargement:** Dem einzelnen Mitarbeiter werden geschlossene, zusammenhän-gende Arbeitsgänge übertragen, d. h. auf eine Zerstückelung von Arbeitsprozessen bis hin zu einzelnen Handgriffen wird verzichtet;

– **Job Enrichment:** Die Stelle wird qualitativ aufgewertet durch Übertragung von Verant-wortung, Mitspracherecht und Kontrollbefugnissen, z. B. im Rahmen von »teilautono-men Arbeitsgruppen«.

Als nachteilig erweisen sich jedoch häufig gruppendynamische Prozesse, die zur Heraus-bildung von Rang- und »Hack«-ordnungen führen und physisch oder psychisch schwä-chere Mitarbeiter einem Druck aussetzen, der dem in der Fließbandarbeit empfundenen Druck gleichkommt.

## 4.7.2.2.6    Flexible Fertigung

Die flexible Fertigung stellt eine neuere Entwicklung innerhalb der Fertigungsverfahren dar. Sie erfordert den intensiven Einsatz computergesteuerter Maschinen (vgl. die Ausführun-gen zu CAD/CAM- und CIM-Systemen in Abschn. 4.6.2.7). Eine **flexible Fertigungszelle** ist eine »computergesteuerte Werkstatt« mit einer oder mehreren CNC-Maschinen (DNC-System = Direct Numerical Control; mehrere zentral gesteuerte CNC-Maschinen bilden ein Verbundsystem), einer Versorgungseinrichtung, die die Maschinen mit wechselnden Werk-zeugen versorgt, sowie einer Beladestation, die das jeweils benötigte Material heranführt und positioniert. Mehrere solcher Zellen können zu einem flexiblen Fertigungssystem **(FFS)** zusammengefasst werden; dies erfordert die Installation eines gemeinsamen Trans-port- und Steuerungssystems. Im Idealfall können unterschiedliche Werkstücke in beliebi-ger Reihenfolge automatisch, d. h. ohne jeden manuellen Eingriff, bearbeitet werden. Damit zeichnet sich dieses System durch außerordentliche Vielseitigkeit und Flexibilität aus.

Der Einsatz menschlicher Arbeitskraft innerhalb flexibler Fertigungssysteme beschränkt sich auf Dispositions-, Steuerungs- und Kontrollaufgaben. Diese anspruchsvollen Tätig-keiten, die – wie oben unter dem Stichwort »Job Rotation« geschildert – im Rotationsver-fahren ausgeübt werden können, erfordern eine breit gefächerte Qualifikation, die häufig über eine Spezialausbildung als »zweite Ausbildung nach der Berufsausbildung« erwor-ben werden muss, sowie das Vorhandensein von **Schlüsselqualifikationen** wie Koopera-tions-, Koordinations- und Kommunikationsfähigkeit.

Die Schaffung solcher Arbeitsstellen stellt einen weiteren Beitrag zur Humanisierung der Ar-beitswelt dar, mit ihr geht aber auch ein aktuell in vielen Betrieben beobachtbares Phäno-men einher: Durch die Verlagerung von Dispositionsaufgaben auf die Ebene der ausführen-den Stellen fallen angestammte Aufgaben des mittleren Managements fort. Vielfach kann die mittlere Führungsebene ausgedünnt werden oder sogar entfallen. Eine Verflachung der Organisationsstruktur ist die Folge; diese Entwicklung wird mit den Schlagworten »**Lean Production**« (vor allem in Zusammenhang mit der Verwirklichung des **Just-in-Time (JIT)-**

Prinzips) bzw. »**Lean Management**« umrissen. Im Zuge dieser Entwicklung deutlich beobachtbar ist eine zunehmende Verschmelzung von Aufgaben, die bis dato dem »klassischen« technischen oder dem »klassischen« kaufmännischen/betriebswirtschaftlich orientierten Bereich zugeordnet wurden: Interdisziplinarität gewinnt sprunghaft an Bedeutung.

### 4.7.2.2.7　Die fraktale Fabrik

Vor allem in Zusammenhang mit dem prozessorientierten Qualitätsmanagement (vgl. Abschn. 4.6), aber auch bedingt durch immer komplexer werdende und dadurch an Transparenz verlierende Prozessabläufe, wird in der modernen Fabrikplanung zunehmend darüber nachgedacht, wie der Übergang von funktionsorientierten Produktionsstrukturen zu einer prozessorientierten Arbeitsstrukturierung geleistet werden kann. Dieser wird insbesondere für Betriebe mit Variantenfertigung für notwendig gehalten, bei der typischerweise einzelne Bauteile und Baugruppen in mehreren Produkten Verwendung finden und einzelne Arbeitsstationen von mehreren Produkten durchlaufen werden müssen. Aus letzterer Erfordernis resultiert die Weiterentwicklung der zuvor beschriebenen Gruppenfertigung (vgl. Abschn. 4.7.2.2.2) zu einer die Vorteile der oben beschriebenen flexiblen Fertigung so weit wie möglich nutzenden Struktur, für die sich inzwischen der Begriff der »fraktalen Organisation« durchgesetzt hat (vgl. auch Abschn. 6.3.2.3.7).

### 4.7.2.2.8　Sonstige Organisationstypen und -prinzipien

Weitere geläufige Prinzipien und Organisationsformen aus dem Bereich der Fertigungsorganisation sind die folgenden:

– **Sternprinzip:** Hierunter ist die sternförmige Anordnung von Arbeitsplätzen um ein Zwischenlager herum zu verstehen. Dabei wird der Arbeitsgegenstand nach jeder Bearbeitung an einem Arbeitsplatz von diesem ans Zwischenlager zurückgegeben und von dort von der im Ablauf folgenden Arbeitsstation abgeholt. Ein direkter Transport des Arbeitsgegenstandes zwischen den einzelnen Arbeitsstationen ist nicht vorgesehen.

– **Baustellenprinzip:** Der Arbeitsgegenstand ist ortsgebunden und kann daher nicht zu den Arbeitskräften oder Betriebsmitteln transportiert werden; vielmehr müssen sich diese zum Arbeitsgegenstand hinbewegen. Dieses Prinzip wird bisweilen auch als Platzprinzip, die dazugehörige Fertigung als Baustellenfertigung bezeichnet.

– **Wanderprinzip:** Menschen und Betriebsmittel bewegen sich entsprechend dem Arbeitsfortschritt an dem Arbeitsgegenstand entlang und entwickeln ihn weiter. Diese Art der Fertigung ist z. B. beim Straßen- und Gleisbau anzutreffen.

## 4.7.2.3　**Produktionstechniken**

Nach dem Anteil menschlicher Arbeitskraft in der Produktion werden die folgenden Produktionstechniken unterschieden:

– Handarbeit,
– mechanisierte Produktion,
– automatisierte Produktion und
– Vollautomation.

### 4.7.2.3.1　Handarbeit

Unter **reiner Handarbeit** wird menschliche Arbeit verstanden, die ohne Werkzeuge auskommt. Sie ist heute weder im Industriebetrieb noch im Handwerk anzutreffen, weil einfache Werkzeuge wie Hammer oder Schraubendreher überall zum Einsatz kommen. **Handarbeit im weiteren Sinne** bedient sich leistungsverstärkender und -beschleunigender Werkzeuge, etwa elektrischer Bohrmaschinen oder Handsägen, wobei jedoch die Aktivität des Arbeiters den Erfolg der Verrichtung bestimmt. Handarbeit findet sich vor allem in der Einzel- und Werkstattfertigung, in der Montage, Maschinensteuerung, der Kontrolle und im Versand. Sie erfordert im Allgemeinen eine hohe Qualifikation der ausführenden Person.

### 4.7.2.3.2   Mechanisierte Produktion

Bei der mechanisierten Produktion wirken Mensch und Maschine in einem Maße zusammen, das die oben geschilderte Beziehung zwischen Arbeiter und Werkzeug insoweit übertrifft, als sich die Tätigkeit des Menschen lediglich auf die Steuerung und Regelung des Maschinenlaufs beschränkt. Dabei ist der Übergang zwischen Handarbeit und mechanisierter Produktion fließend: So kann z. B. eine Bohrmaschine sowohl als leistungsverstärkendes, handgeführtes Werkzeug als auch – mit speziellen Haltevorrichtungen ausgerüstet – als selbstständig werkzeug- und werkstückführende Maschine eingesetzt werden. Der Begriff der Maschine umfasst in diesem Zusammenhang

– **muskelkraftbetriebene** Maschinen,

– **energieangetriebene** Maschinen, durchgängig von Menschen zu bedienen, und

– **Halbautomaten,** die im Anschluss an eine vom Menschen vorgenommene Einrichtung oder Umrüstung Verrichtungen selbsttätig ausführen können.

Auch die mechanisierte Produktion stellt hohe Anforderungen an die Qualifikation des Ausführenden.

### 4.7.2.3.3   Automatisierte Produktion

**Automaten** sind Maschinen, die Arbeitsgänge selbstständig regeln, steuern und ausführen. Bei der automatisierten Produktion oder Teilautomation erfolgt die Herstellung eines Produktes mit Hilfe verschiedener Automaten, zwischen denen kein automatisch gesteuerter Transport stattfindet. Insoweit kommt diese Produktionstechnik nicht ohne Menschen aus, von denen Tätigkeiten wie Materialzu- und -abführung, Wartung und Überwachung zu leisten sind. Abgesehen von der Überwachung, sind diese Tätigkeiten überwiegend als Hilfstätigkeiten einzustufen, die keine hohe Qualifikation voraussetzen.

### 4.7.2.3.4   Vollautomation

Wenn auch die Transportvorgänge zwischen den verschiedenen Fertigungsautomaten selbstregelnd ablaufen, so liegt Vollautomation vor. Sie ist die höchstentwickelte Stufe der Produktionstechnik und Rationalisierung und sieht den Menschen lediglich in einer Überwachungstätigkeit vor, die aber eine starke nervliche Beanspruchung darstellt. Die Flexibilität des Produktionsapparates ist kaum noch gegeben.

## 4.7.2.4     Beurteilung von Produktions- und Organisationstypen

Für welchen Produktions- und Organisationstyp sich ein Unternehmen in Bezug auf ein bestimmtes Produktfeld oder ein einzelnes Produkt entscheidet, hängt von einer Reihe von **quantitativen** und **qualitativen** Faktoren ab, von denen einige nachfolgend beispielhaft genannt werden sollen.

**Losgröße einzelner Aufträge:** Je größer die in einem Auftrag zu fertigende Anzahl gleicher Stücke ist, desto lohnender wird der Einsatz von Produktionsstraßen. Kleinere Losgrößen – und folglich eine größere Zahl unterschiedlicher Auftragscharakteristika – legen die Entscheidung für flexiblere Fertigungssysteme, etwa den Einsatz von NC-Maschinen und flexiblen Fertigungszellen, nahe. Dagegen ist die Einproduktfertigung häufig Massenfertigung und zweckmäßigerweise als solche zu organisieren.

**Betriebsmittelstruktur:** Von Art und Menge, Kapazität, Alter und Zustand der verfügbaren Betriebsmittel hängt maßgeblich ab, welche Produktionsverfahren überhaupt zum Einsatz kommen können: Wenn z. B. die vorhandenen Maschinen eine Taktabstimmung nicht zulassen, kann eine Fließfertigung nicht realisiert werden. Gleiches lässt sich zur räumlichen Situation feststellen: Die Zusammenfassung von Arbeitsstationen zu einer Fertigungsstraße setzt entsprechend große Räume voraus.

**Besondere Erfordernisse des Prozesses** (vgl. hierzu insbesondere Abschn. 4.6.1.1.5): Einstufige Fertigungsverfahren legen eine völlig andere Betriebsmittelanordnung nahe als mehrstufige Prozesse, divergierende Fertigungsverfahren andere als konvergierende oder glatte Verfahren. Oben wurde bereits darauf hingewiesen, dass die einem Produktionsverfahren immanenten chemischen Prozesse oder technologischen Anforderungen eine bestimmte Reihenfolge »diktieren« können. In diesen Fällen bieten sich Straßen- oder Fließfertigung an. Eine Verallgemeinerung ist dabei aber nicht möglich: z. B. können diskontinuierliche Prozesse besondere Betriebsmittelanordnungen zur Folge haben.

**Anpassung der menschlichen Arbeitsleistung:** Technologische Änderungen bedingen durch anders geartete Aufgabenstellungen und ggf. neue Aufgabenzuordnungen (z. B. höhere Planungs- und Organisationsanteile; mehr Entscheidungsspielraum und Verantwortung) auch andere Belastungen und Beanspruchungen der Mitarbeiter, ggf. auch notwendige Qualifikationsanpassungen und Änderungen im Lohnsystem. Ein wichtiges, unbedingt zu lösendes Problem ist die Schaffung der notwendigen Akzeptanz für die geplanten Maßnahmen.

Festlegungen bezüglich des Organisations- und Produktionstyps sind längerfristiger Natur und können, vor allem wegen der in diesem Zusammenhang notwendigen Investitionen, kaum kurzfristig revidiert werden. Aus diesem Grunde sind sorgfältige Überlegungen hinsichtlich der zu verfolgenden Strategien erforderlich, die auch die Fragen des Eigen- oder Fremdbezugs und der Qualitätssicherung berücksichtigen müssen. Unternehmen, die strategieorientiert geführt werden und z. B. das **Balanced-Scorecard-Konzept** (vgl. Abschn. 1.7.3.2.2) umsetzen, werden in diesem Rahmen auch produktionsstrategische Überlegungen anstellen.

# Literaturverzeichnis

Ahlert, D., Becker J., Kenning, P., Schütte, R. (Hrsg.): Internet & Co. im Handel, Berlin 2000

Bailom, F., Hinterhuber, H., Matzler, K., Sauerwein, E.: Das KANO-Modell der Kundenzufriedenheit, in: Marketing Zeitschrift für Planung, H. 2, S. 117–126, 1996

Birker, K., Voss, R.: Handelsmarketing, Berlin 2000

Cournot, A.: Untersuchungen über die mathematischen Grundlagen der Theorie des Reichtums, Jena 1924

DIN – Deutsches Institut für Normung (Hrsg.): Qualitätsmanagement Begriffe.

DIN EN ISO 8402:1995–08

Eversheim, W.: Organisation in der Produktionstechnik, Bd. Arbeitsvorbereitung, 3. Aufl., Berlin 1997

Fandel, G.: Produktion 1. Produktions- und Kostentheorie, 6. Aufl., Berlin 2005

Gabler Kompakt Lexikon Wirtschaft, 9. Aufl., Wiesbaden 2006

Gabler Wirtschaftslexikon, 16. Aufl., 2004

Gotta, F.: Haßloch, das Experimentierfeld für Marktforscher, »Die Welt«, 21.6.1996

Grupp, B.: Materialwirtschaft mit EDV im Mittel- und Kleinbetrieb, 6. Aufl., Renningen 2003

Gutenberg, E.: Grundlagen der Betriebswirtschaftslehre, Bd. 1: Die Produktion, 1994; Der Absatz, 1996

Hartmann, H.: Materialwirtschaft, 8. Aufl., Gernsbach 2002

Jehle, E. et al: Produktionswirtschaft. Eine Einführung mit Anwendungen und Kontrollfragen, Heidelberg 1999

Kittel, Th., Speith, G.: Wirtschaftlichkeit von Planungs- und Steuerungssystemen in der Produktion. In: Online 19 (1981) 11, S. 888–893

Klaus, P. (Hrsg.), Krieger, W.: Gabler Lexikon Logistik, Management logistischer Netzwerke und Flüsse, 2. Aufl., Wiesbaden 2004

Klis, N.: Marketingstrategie und Vertriebspraxis, Sindelfingen, Wien 1985

Kotler, P., Bliemel, F.: Marketing-Management. Analyse, Planung und Verwirklichung, 10. Aufl., Stuttgart 2001

Kurbel, K.: Produktionsplanung und -steuerung im Enterprise Resource Planning und Supply Chain Management, 6. Aufl., Wien, München 2005

Kurbel, K.: Produktionsplanung und Steuerung. Methodische Grundlagen von PPS-Systemen und Erweiterungen, Wien, München 2002

Meffert, H.: Marketing, 9. Aufl., Wiesbaden 2000

Mellerowicz, K.:Allgemeine Betriebswirtschaftslehre, Berlin 1961

Meyer, P.: Entscheidungsfindung für Eigenfertigung oder Fremdbezug für die kurze Periode, in: Buchführung, Bilanzierung, Kostenrechnung (BBK) 4/1981, Fach 25

Nakane, Y.: Lean production – a japanese solution, in: Tagungsband 18. Deutscher Kongress für Materialwirtschaft, Einkauf und Logistik, Wiesbaden 1992

Oeldorf, G., Olfert, K. (Hrsg.): Materialwirtschaft, 11. Aufl., Ludwigshafen 2004

Pfohl. H.-Chr.: Integrative Management- und Logistikkonzepte, in: Festschrift für Prof. Dr. H.-C. Pfohl zum 60. Geburtstag, Wiesbaden 2002

Pfohl, H.-Chr.: Logistiksysteme, Betriebswirtschaftliche Grundlagen, 6. Aufl., Berlin 2000

Pfohl, H.-Chr.: Supply Chain Management, Logistik Plus?, Deutcsche Gesellschaft für Logistik, Berlin 2000

Pfohl, H.-Chr., Gareis, K.: Die Rolle der Logistik in der Anlaufphase, in: Zeitschrift für Betriebswirtschaft: ZfB, Bd. 70, Wiesbaden 2000

Ries, A.; Trout, J.: Marketing Generalstabsmäßig, Hamburg 1986

Schäfer, E.: Grundlagen der Marktforschung, Marktuntersuchung und Marktbeobachtung, Stuttgart 1978

Scheer, A.-W.: EDV-orientierte Betriebswirtschaftslehre. Grundlagen für ein effizientes Informations-
management, Berlin 1990

Schierenbeck, H.: Grundzüge der Betriebswirtschaftslehre, 16. Aufl., München 2003

Schmalen, H.: Grundlagen und Probleme der Betriebswirtschaft, Köln 1999

Simon, H.: Die heimlichen Gewinner (Hidden Champions), Frankfurt/Main 1996

Statistisches Bundesamt Deutschland: Amtliche Statistik, www.destatis.de

Stein, Th.: PPS-Systeme und organisatorische Veränderungen, Berlin 1996

Theis, H.-J.: Handelsmarketing. Analyse- und Planungskonzepte für den Einzelhandel, Frankfurt/Main 1999

Weber, R.: Zeitgemäße Materialwirtschaft mit Lagerhaltung, Flexibilität, Lieferbereitschaft, Bestands-
reduzierung, Kostensenkung; das deutsche Kanban, 4. Aufl., Renningen-Malmsheim 1997

Weis, Chr.: Marketing, 13. Aufl., Ludwigshafen 2004

Wöhe, G., Döring, U.: Einführung in die allgemeine Betriebswirtschaft, 22. Aufl., München 2005

# Stichwortverzeichnis

Der Technische Betriebswirt Lehrbuch 2 © FELDHAUS VERLAG, Hamburg

# Inhaltsübersicht LEHRBUCH 1:

# Lern- und Arbeitsmethodik

# A Grundlagen wirtschaftlichen Handelns und betrieblicher Leistungsprozess

# Inhaltsübersicht LEHRBUCH 3:

# B Management und Führung

# I Organisation und Unternehmensführung

# II Personalmanagement

## 9 Moderations- und Präsentationstechniken

9.1 Professionelles Führen und Moderieren von Gesprächen
mit Einzelpersonen oder Gruppen
9.2 Berücksichtigen von rhetorischen Kenntnissen, Argumentations-
und Problemlösungstechniken
9.3 Professionelles Vorbereiten und Vorstellen von Präsentationen

## 10 Personalplanung und -beschaffung

10.1 Anwenden der Personalplanung als Teil der Unternehmensplanung
10.2 Ermitteln des qualitativen und quantitativen Personalbedarfs
eines Unternehmens
10.3 Beschaffen von Personal unter Berücksichtigung der Grundsätze
der Personalpolitik

## 11 Personalentwicklung und -beurteilung

11.1 Auswählen und Einsetzen von Mitarbeitern
11.2 Beurteilen von Mitarbeitern nach vorgegebenen Beurteilungssystemen
11.3 Durchführen von Mitarbeitergesprächen und Festlegen von Zielvereinbarungen
11.4 Anfertigen von Stellenbeschreibungen
11.5 Erarbeiten von Schulungsplänen und Ergreifen von Maßnahmen
zur Qualifizierung der Mitarbeiter

## 12 Personalentlohnung

12.1 Auswählen geeigneter Entlohnungsformen
12.2 Auswählen von Kriterien zur Festlegung der Entgelthöhe

## 13 Personalführung einschließlich Techniken der Mitarbeiterführung

13.1 Anwenden und Beurteilen der diversen Führungsstile und Führungsverhalten
13.2 Zielorientiertes Führen von Gruppen unter gruppenpsychologischen Aspekten
13.3 Zielorientiertes Führen von Mitarbeitern

## 14 Arbeitsrecht

14.1 Rechtsgrundlagen und Gestaltungsfaktoren des Arbeitsrechts
14.2 Wesen und Zustandekommen des Arbeitsvertrags
14.3 Arten des Arbeitsverhältnisses
14.4 Haftung des Arbeitnehmers
14.5 Beendigung des Arbeitsverhältnisses
14.6 Betriebsverfassungsrecht
14.7 Tarifvertragsrecht
14.8 Arbeitskampfrecht
14.9 Arbeitsgerichtsbarkeit

Der Technische Betriebswirt Lehrbuch 2 © FELDHAUS VERLAG, Hamburg

## 15 Sozialwesen

# II Informations- und Kommunikationstechniken

## 16 Datensicherung, Datenschutz und Datenschutzrecht

## 17 Auswahl von IT-Systemen und Einführung von Anwendersoftware

## 18 Übergreifende IT-Systeme

## 19 Kommunikationsnetze, auf Medien bezogen

## 20 Grundlagenwissen EDV

# C Fachübergreifender technik-bezogener Prüfungsteil

## 21 Projektareit und Fachgespräch